修訂十三版

商事法

Commercial Law

潘維大
范建得　著
羅美隆
黃心怡　修訂

三民書局

訂繼續持有三個月以上的過半股份股東得自行召集股東臨時會，不須經主管機關許可。五、強化公司治理：1.董事長不召開董事會，過半董事得自行召開，解決僵局。2.新增董事會「書面表決」機制。六、與國際接軌：廢除外國公司認許制度，新增公司得以外文名稱進行登記。此次修正已於一〇七年十一月一日公布施行。

至於保險法之修正，除配合中華民國刑法於民國一百零四年十二月增訂「沒收」一章進行用語上統一，最主要之修正為，落實身心障礙者權利公約第三條及第五條所定「不歧視」原則，刪除「精神障礙或其他心智缺陷」及「心神喪失或精神耗弱之人」之文字用語，並以民法第十四條有關監護宣告之規定取代之；另以「失能」取代「殘廢」用語，失能之內容依各保險契約之約定。

修訂十三版延續本書向來之風格，在編排上務求綱舉目張、提綱挈領，希冀讀者迅速瞭解我國商事法之理論與實務。

本書之成匯集多方戮力與協力，此次修訂有賴黃心怡博士以及三民書局編輯群之協助，特此致謝。本書雖已盡心斟酌，仍不免有謬誤之處，敬請見諒與指教。

作者謹識

初版序

　　民主法治國家建設的目標，政府施政的方針，而普及法學教育、厚植法治根基，係實踐國家現代化的必要步驟，教育部有鑑於此乃將商事法列為法、商科必修科目；希藉此提升法學專業知識。

　　本書的撰寫，除依教育部頒訂的課程標準，體系地解釋商事法外，依著者多年教學之經驗，調整全書篇幅，其有涉及重要理論者，或加圖表，或舉例說明，務期理論與實務並重。

　　本書之成，承蒙三民書局劉振強先生關垂、編輯部諸先生惠助，至深感荷，茲值成書之際，謹誌謝悃，唯筆者學植未深，謬誤之處，在所難免，至祈方家指正。

作者謹識

商事法

目　次

第一篇　緒　論

一、商事法的意義

商事法為規範商事活動的法律，可分為形式商事法與實質商事法。形式意義的商事法，係專指商法法典而言，我國係採民商合一法制，並無如民法、刑法等專門以商法命名的法典，但仍有以相關商事法規為名的單行法規，例如海商法、票據法、保險法、公司法等。至於實質意義的商事法，指有規範商事活動的法規，其名稱未必與商事有關，例如刑法上關於妨害商號商標的處罰（刑法第二百五十三條以下）、民事訴訟法關於票據訴訟的特別審判籍（民事訴訟法第十三條）等。

二、商事法的性質

㈠商事法兼有私法與公法的性質

商事法雖然是以私人間相互的商事活動關係為規範對象，但現行商事法中，為維護社會經濟秩序，並保障交易安全，在商事法中也有許多公法性質之規定，如公司法中有關公司登記程序及各項罰則、海商法中對於船長的刑罰、保險法中有關保險業者的罰則等。

㈡商事法兼有任意法與強行法的性質

商事法既以私人間之權利義務關係為規範對象，依所謂私法自治之原則，商事交易行為，應可由當事人任意約定其商事行為的內容，以促進經濟繁榮。例如公司董事報酬由股東會決定、票據是否附有利息由當事人自行約定、保險契約的特約條款也委由當事人自由訂定等。但與交易安全有關的事項，為維護社會大眾的利益，仍由法律強行規定，例如公司法定公積的提存與使用、票據的應記載事項、船長解職的限制、保險業者責任準備金的提存等。

三、商事法為民法的特別法

民法是就私法上一般行為而為規定，而商事法為關於商事活動的特別

規定，所以因商事活動所產生的權利義務關係，應優先於民法適用。此種特別規定，有可能與民法完全不同，也有可能是民法的補充規定，例如公司法與民法中關於法人的規定、票據法與民法中關於指示證券的規定、海商法的運送契約及保險契約，與民法中一般契約的規定等。

四、商事法的地位

一個國家之所以有法律，是為了使社會各種現象有一定的軌道可循，使各種行為所產生的權利義務關係明確化，以杜絕紛爭。所以法律與社會現象密不可分，而各類法規的重要性，也隨著該法規所規範的社會現象，在當時社會是否盛行而定。

在早期農業社會時代，商事行為既不多見且型態也非常單純，多是小型買賣，其法律關係以簡單的民事規定即可解決。當時社會現象較多者，反而是強盜、搶劫、殺人等刑事案件，這是為什麼歷代律例多以刑事為主的原因。

清朝中葉以後，西方科技傳入中國，水路交通大為暢通，商業往來較過去迅速容易，再加上沿海貿易風氣逐漸傳入內地，商事活動逐漸成為社會普遍現象，商事活動的態樣亦隨之多樣化，商事法即有制訂的必要。

時至今日，社會結構轉變成工商社會，加上臺灣為島嶼，缺乏天然資源，經濟成長大半仰賴工商與貿易，商事活動成為社會現象的主流之一，因此，商事法不僅是民法的特別法、其他經濟法規的基本法，其重要性與民法或刑法已不相上下。換句話說，商事法已非過去民法的末枝，而是關係國家未來發展的重要法律。

五、商事法的特色

㈠商事法的二元性

商事法的產生，原是為了規範因商事行為所發生的權利義務關係，並解決因商事行為所引起的糾紛，使商事活動能順利的推行。但隨著商業活動的迅速發展，社會結構從農業社會轉變成工商社會時，商事活動不再只是商人與其交易對象間的私人行為，少數人的商事行為可能對整個社會帶來影響，例如一家大型股份有限公司或保險公司倒閉，可能影響數十萬至

數百萬人民的生活，其對整體社會的衝擊乃是不容忽視的。

　　因此，商事法的立法精神有二：一是自由性，一是強制性。這二個精神看似矛盾，但若分別從二個層面來加以觀察，並不會造成衝突。對於商事活動本身，強調其自由性，希望藉由賦予商事活動較大的空間，使商事活動能蓬勃發展。所以法律關於商事行為的成立要件、手續、效果等規定，無不力求簡便、迅速。至於商事活動的內容，也多由當事人自行約定，以期人們樂於從事商事行為。另一方面，凡是涉及交易安全的部分，多以強行規定，如企業組織、企業財務制度等，以保護處於弱勢地位的消費者。此即為商事法之二元性。

　　(二)商事法的技術性

　　商事法的誕生，乃是基於經濟上的需要，與民、刑法等源於社會倫理大不相同。商事法乃是社會上先有某種交易型態產生，為規範此種交易類型的權利義務關係，而產生的法律。因此商事法強調經濟上的實用性，其法條本身即具有技術性，例如票據的發行及背書、保險的費率及其計算、股東會的召集程序與決議方法等等。與民、刑法以深厚的理論基礎為背景相當不同。

六、商事法的沿革

　　(一)歐　洲

　　自歐洲出現以貨幣為媒介的交易起，商業制度即已存在。世界最古老的法典──巴比倫的罕摩拉比法典，其中即有運送、行紀及內河航行的規定。繼之而起的羅馬，商業雖稱繁盛，但因羅馬民法完備，用來規範商事活動，尚稱便利，故除民法外，並無特別的商事法。商業活動開始成為獨立法域的商事法，則始於九世紀時。九世紀時歐洲自由商業都市興隆，以義大利為中心的地中海沿岸，貿易更形頻繁，各地商人逐漸結合成同業組織，稱為基爾特 (Guild)，這種組織有自己的自治權與裁判權，除訂立自治規約外，並擷取以往的商業習慣，作為組織內部行政處理與訴訟程序的依據。但其適用範圍，僅限於組織內的商人，乃是以商人為規範對象的商人法，為現行商事法濫觴。

　　一直到十四世紀封建制度衰落，商人團體漸次淘汰，商人團體的商事法規，也隨之沒落。民族國家崛起後，立法權歸於中央政府，商人組織所採用的商事規範，也成為國家立法所採行的商事法。法皇路易十四在西元一六七三年公布的商事條例與西元一六八一年公布的海事條例，為國家立法的嚆矢。但十八世紀時商事法較發達的國家則為德國，當時德國各邦制訂的商事特別法典頗多，尤以西元一七九四年的普魯士商法（包含海商、票據、保險各法），最為完善。其後十九世紀初年，拿破崙頒行商法法典，將過去的商人法轉變為商事法，學者稱為近代商法的鼻祖。

　　西元一八七一年德意志帝國成立，先前頒行的普通票據法及普通商法，遂成為德意志帝國的法律。後來德國民法法典編成，同時並修訂舊商法，至西元一八九七年修訂完成，稱為新商法。民法典及其商法典中的部分內容，德國現仍沿用之。新商法修訂主旨有二：

　　1.糾正私法分裂的狀態，將應歸民法規定的事項均歸於民法，而商法只保其特別事項，使商法純化；

　　2.將舊商法對象的商人範圍予以擴大，使新商法成為專以商人營業為對象的特別法。

　　瑞士於西元一八七二年制訂債務法，其比較特別的是，採民商合一編制。西元一九〇七年瑞士又制訂民法，並於西元一九一一年將原有的債務法，納入民法而為其第五篇，其內容仍以德國商法為多。

　㈡英、美

　　英國的商法，乃是以商事習慣法所形成的判例法為其主要法源，而無完整的商法典，直到十九世紀後半期，才制訂商事單行法。美國深受英國法的影響，其商法也以英國的習慣法為基礎。依照美國憲法規定，商事法的立法權，原則上屬於各州，所以關於商事活動的成文法，各州法規內容皆有不同。但關於州際通商及國際通商等事項，則由聯邦制訂法律，而通行於各州。

　㈢日　本

　　日本舊商法原為德國人所起草，分為通則、海商、破產等三篇，篇別

採法國法，其規定的實質內容則採德國法。

明治三十二年（西元一八九九年），公布新商法（包括公司、票據、破產等）以代舊商法，舊商法除第三篇關於破產外，全部廢止，新商法除若干含有法國法成分的規定外，其大部分皆仿照德國舊商法。

昭和年間，依據日內瓦統一票據條約，先後制訂票據法及支票法，同時廢止商法典第四篇關於票據的規定，其後公布商法修正案並制訂有限公司。昭和二十三（西元一九四八年）至三十年（西元一九五五年）間，修正數次，其中以公司篇的修訂最為重要，因其廢止股份兩合公司、改採授權資本制等規定，為日本商法立法的轉捩點，從歐陸法系轉而傾向於英美法系。

七、我國商事法的制訂

我國過去基於政治統治方式及社會結構等因素，歷代無不以禮教為本、刑罰為輔，公法為主，私法為從，名刑為重，錢債為輕，務農為貴，經商為賤。商事行為不僅未被當權者所重視，且商人更被視為農民的剝削者。故在清朝以前，並無針對商事行為特別立法，直到清朝末年，歐風東漸，不少知識分子極力主張變法圖強，清廷亦迫於現實壓力，大量訂定、頒布法律，為我國商事法的立法端始。由於我國歷代律例中甚少涉及商事行為的規範，所以商事法幾乎是全盤繼受外國法律。民國肇始，凡前清法律與國體不牴觸者，均仍沿用。然而隨著時代的發展，商事行為的種類與態樣大量且迅速改變，為使法律能配合社會現況，每隔一段時間便須予以修訂。茲將各商事單行法規的修訂說明如下：

(一)公司法

清光緒二十九年公布商人通例及公司律一百三十一條，其內容體裁，分採德、日商法，為我國公司法之始。

民國三年從德國法系，重予修訂公布商人條例七十三條，公司條例二百五十一條。至民國十八年，立法院按中央政治會議決議，制訂新公司法，通過二百三十三條。

抗戰勝利後，加強公司制度，平衡公、私營公司的待遇，改採英美法

系，於民國三十五年公布公司法，增列有限公司、登記及認許等規定。

政府退守臺灣後，為發展經濟，極需外人、華僑投資，及促進股票公開上市，並調整不合時宜之條文，乃於民國五十五年修正公司法，總計四百四十九條，其修正要點包括：

1. 增訂公司重整制度。

2. 選舉董監事採累積投票制。

3. 加強公開發行股票及財務公開辦法。

4. 提高罰金罰鍰之標準。

5. 限制委託代理人出席股東會等。

其後又於民國五十七年三月、五十八年九月、五十九年九月作小幅之修正。至民國六十九年，工商業迅速成長，法條顯得不合時宜，乃再次修訂，此次修訂要點包括：

1. 刪除股份二合公司。

2. 提高股份有限公司股東人數。

3. 鼓勵設立股份有限公司。

4. 放寬轉投資、法定盈餘撥充資本與發行公司債之限制。

5. 促進財務公開化。

6. 簡化登記手續。

7. 改善公司組織、內部作業及改進選舉方法，增訂董監事同時選任。

8. 增訂員工分紅。

9. 加強管理、刪除規費。

10. 授權以行政命令定之。

民國七十二年十二月，再修正九十七條、刪除一條，其修正要點包括：

1. 提高罰則五倍、罰鍰增設下限。

2. 增訂虛設公司處罰。

3. 增訂年度報表，免予報核。

4. 虧損資本額達二分之一，應召集股東會報告。

5. 刪除董監事合併選舉規定，不禁止徵購委託書。

6.對上市公司之特別議案，為避免其不易召集及決議或流會，修訂以過半數出席，出席股東表決權三分之二或四分之三以上同意為可決。惟章程定有較高可決者，依其所定。

至民國七十九年，政府為促進商業現代化、加強管理，以塑造經濟發展之良好環境，再修正及增訂公司法共計十八條，其修正要點為：

1.放寬轉投資之限制。

2.落實員工分紅入股政策。

3.增訂可轉換公司債之規定。

4.增訂罰鍰、提高刑度等。

民國九十年十一月公布修正（十四日生效）的公司法，則為歷年來修正幅度最大的一次修法，修正條文共計二百三十五條，包含：

1.准許一人公司的設立、股票折價發行、以債（公司債券）作股（即轉換成股份）、交叉持股、認股權。

2.正式承認無實體發行與無實體交易。

3.創設公司分割制度、簡易合併制度。以及

4.明文規定公司負責人的忠實義務等七大重點。

民國九十四年六月為強化公司治理制度及落實股東民主，修正及增訂公司法共計十四條，其修正重點為：

1.股東表決權行使方式多元化。

2.增加股東提案權。

3.增訂公司章程關於董事及監察人之選舉得採候選人提名制度。

4.增加股東對董事及監察人提名權。

5.增訂股東會電子化程序。

6.要求公開發行股票公司編製股東會議事手冊。

7.增訂交叉持股無表決權之規定。

8.將「折衷式授權資本制」改為「授權資本制」。

9.增訂公司以外的法人也可以成為發起人。

民國九十五年二月為調整過於嚴苛的重整制度，避免公司走向破產，

修正及增訂公司法共計六條，其重點包括：

　　1.公司依重整計畫發行新股時，排除員工及原有股東優先認購權規定的適用。

　　2.增訂重整監督人的資格規定並增訂重整監督人有數人時，行使職權的方式。

　　3.修正重整計畫可決的方式並增訂期限，以降低實務運作上的困難度。

民國九十八年一月、四月及五月的修正重點包括：

　　1.增訂為改善公司財務結構或回復正常營運，接受政府紓困達到新台幣十億元以上的企業，必須到立法院報告自救計畫。

　　2.增訂主管機關得針對接受政府紓困的企業，限制其經理人、董事及監察人的報酬或為必要處理及限制。

　　3.增訂接受政府專案核定紓困方案的公司，得發行新股轉讓給政府，做為接受政府財務協助的對價，發行程序不受公司法有關發行新股規定的限制規定。

　　4.取消公司設立最低資本額的限制。

民國一百年六月及十二月的修正重點包括：

　　1.為保障權利人，公司使用之名稱如因侵害他人商標等原因，而經法院判決確定不得使用，公司於判決確定後六個月內尚未辦妥名稱變更登記，經限期辦理而未辦妥者，主管機關得依職權或利害關係人之申請，命令解散之。

　　2.為保障投資人的權益，增訂公開發行股票公司停止公開發行的程序。

　　3.刪除只能以盈餘或發行新股所得股款收回特別股之限制規定，以利企業彈性運用。

　　4.為便於企業激勵員工及留住員工之需，並參酌外國「員工限制股」之精神，增訂公司在收買自己股份以轉讓員工時，可限制員工一定期間內不得轉讓之規定，但該期間最長不得超過二年。

　　5.考量股東出資已不以現金為限，公司減資退還股款亦毋需再以現金為限，增訂公司得以現金以外財產退還股款之規定，使企業有更大彈性處

理退還股款事宜；惟因涉及股東權益甚鉅，其退還之財產及抵充之數額，應經股東會決議，並經該收受現金以外財產股東的同意。又財產之價值及抵充之數額，董事會應於股東會前，送交會計師查核簽證，以維股東權益。

6.為節省公開發行股票公司分發議事錄的成本，以及響應環保無紙化政策，刪除僅持有記名股票未滿一千股之股東，得以公告方式分發議事錄之限制規定。且因應電子科技進步，增訂得以電子方式為董事會召集通知之規定。

7.增訂公開發行股票公司，為激勵員工，得經股東會特別決議通過，發行限制員工權利新股，排除同條第一項至第六項有關員工承購權規定之限制，以便企業在規劃員工獎勵措施時，能有更大的彈性空間。

8.為配合刪除公司設立最低資本額法源之改革措施，並為便利民眾申請設立公司，提升企業開辦效率，增訂公司應於申請設立登記時或設立登記後三十日內，檢送經會計師查核簽證之文件，未於期限內檢送者，依第十條命令解散之規定。

9.考量並處理長久未清算完結等公司名稱禁止他人申請使用之問題，增訂經解散、撤銷、廢止登記或宣告破產之公司逾十年未清算完結或破產終結，其公司名稱得為他人申請使用之規定。

10.為避免法人之數代表人同時當選董事及監察人職務，則易導致監察人無法發揮其獨立功能，增訂政府或法人指派之代表人有數人時，不得同時當選或擔任董事及監察人之規定。

11.考量年度股東常會日期過度集中，致股東無法一一出席，影響股東行使表決權權益之問題，增訂證券主管機關應視公司規模，股東人數等條件，命其將電子方式列為表決權行使管道之一之規定。

12.為解決信託機構等專戶之表決得依實質投資人之個別指示，分別行使之程序問題，增訂授權證券主管機關訂定公開發行公司之股東係為他人持有股份時，得主張分別行使表決權之相關規定。

13.為釐清全面改選之程序與股東會解任個別董事須特別決議規定不同之問題，增訂董事任期未屆滿前，決議提前改選之股東會，應有過半出席

通盤檢討與修正，並進行大幅度的修正，此次修正重點包括：

1.在友善新創環境方面，明定公司經營業務得採行增進公共利益的行為。

2.為因應國際洗錢防制評鑑、增加法人透明度，新增董監事及股東等資料申報義務。並廢除無記名股票，以避免無記名股票成為洗錢工具。

3.新增「無票面金額股」制度。允許公司發行無票面金額股，以真實反映公司價值，也使股票發行價格更有彈性。過往公司法僅允許「票面金額股」且不得折價發行，不僅提高股權規劃難度且降低投資意願。新修正公司法則新增「非公開發行股份有限公司」可採「無票面金額股」，使其在決定發行價格時較具彈性，除有吸引投資人優勢外，亦可避免因新資金投入而稀釋股權比例困擾。

4.新增「非公開發行股份有限公司」得設計具有以下權利義務之「特別股」：複數表決權、對特定事項有否決權、保障當選一定董事席次之權利、限制或禁止當選董事監察人、一股轉換多股權利或轉讓限制等，以利新創業者可掌握決策王牌，避免吸引資金的同時失去經營權。

5.放寬發行「可轉換公司債與附認股權之公司債」。過往公司法僅開放閉鎖性股份有限公司得私募「可轉換公司債及附認股權公司債」，公開發行公司則依照證券交易法規定為之。為了鼓勵新創事業發展、鬆綁籌資限制，新修正公司法允許「非公開發行股份有限公司」亦得私募特別公司債。

6.非公開發行股份有限公司可發行無實體股票、公司債，使公司籌資管道更多元。

7.過往公司法限制股份有限公司必須設置法定董監人數為「三董一監」，為使企業經營更具彈性，非公開發行股份有限公司得由公司以章程決定置董事一名或二名，減輕公司人事成本；若非一人股份有限公司，則仍須設置監察人一名，以保障股東權益。

8.新增董事會「書面表決」機制，不須以實體集會或視訊會議方式為之。

9.放寬董事會召集程序，明訂董事長不召開董事會，過半董事得自行

召開，解決僵局，並確保召集權人得取得股東名簿，明定公司或股代不得拒絕提供。

10.增訂董事之配偶、二親等內血親或有母子關係之公司，與公司交易時，董事負揭露說明之義務。

11.刪除發起人持股一年限制，有利新創吸引投資。

12.除開放「非公開發行股份有限公司」得發行限制員工權利新股外，對於全部員工獎酬工具（如庫藏股、員工酬勞）之發放對象，得以章程訂明擴及至控制公司或從屬公司的員工。

13.鬆綁「盈餘分派次數」，公司得於章程訂定每季或每半年進行盈餘分配，以讓股東充分了解公司營運狀況並即時享受經營成果。

14.新增「表決權拘束或信託契約」機制，開放非公開發行股份有限公司股東得以協議或信託之方式共同行使表決權，以達到所需要之表決權數。具有鼓勵公司或股東間成立策略聯盟的正面效果。

15.新增股東會「召集事由」列舉項目。過往公司法規定僅「選解任董監、變更章程、公司解散、合併、分割、與第一百八十五條第一項各款等公司營業政策重大變更」等事項，方須在召集事由中列舉，且不得以臨時動議提出。新修正公司法新增「減資、申請停止公開發行、董事競業許可、盈餘轉增資、公積轉增資」等影響股東權益的事項，亦應於股東會召集事由列舉，並說明主要內容。

16.修正「股東提案」之方式，允許股東得以「電子方式」來提案，並開放非公開發行股份有限公司得以章程訂明採「視訊會議」召開股東會。

17.繼續持有三個月以上的過半股份股東得自行召集股東臨時會，不須經主管機關許可。董事會不得任意剔除股東提名的董監事候選人，保障股東提名權。

18.簡化「董監提名」程序。過往公司法要求採候選人提名制度時，提名股東須檢附董監候選人之學、經歷、願任承諾書等相關文件，公司董事會並得以之作為審查否准之依據，實務上時常衍生紛擾。新修正公司法規定，提名股東僅需「敘明」被提名人的姓名、學歷、經歷並遵守相關程序，

2.於第四條支票付款人規定中,增列漁會。凡經財政部核准辦理支票存款業務的銀行、信用合作社、農會及漁會,統稱為金融業者,併配合修正第一百二十七及一百三十九條。

配合民國七十五年修法時的期限規定,民國七十六年公布刪除第一百四十四條之一。

從票據法歷次的修正來看,如何使票據配合社會交易型態,成為更方便、更值得信賴的支付工具,為歷次票據法的修正精神,而未來票據法的修正方向亦應朝此目標前進。

㈢保險法

民國十八年,國民政府建都南京,鑑於保險制度關及國計民生,於同年公布保險法八十二條、民國二十四年公布保險業法八十條。並於民國二十六年修正保險法及保險業法,及公布施行法十九條。民國十八年的保險法絕大多數條文是按文字的表面意義,譯自德、日立法。

政府遷臺後,乃於民國四十九年開放保險業的經營,於民國五十二年將上述保險法及保險業法合併而成為保險法,至於保險法施行細則及保險業管理辦法,則實至民國五十七年始行公布。

由於法令係倉促完成,內容不夠完備,以致民國五十九年發生國光破產案件,主管機關於民國六十三年十一月就保險法關於保險業者的相關規定加以修正,民國八十一年二月並就保險法第六十四條關於要保人說明義務規定加以修正,並增加保證保險及年金保險的規定,以配合需求,健全保險的發展,遂成為現行的保險法。

保險法自民國八十一年二月修訂以來,又經過十次修訂。僅就修訂幅度較大的部分,予以重點說明。民國九十年七月修正重點包括:

1.修訂第一百零七條,以保障未成年被保險人的權益,避免道德風險。

2.增訂保險業應承保住宅地震危險及其相關規定。

3.允許財產保險業取得主管機關核准後,經營傷害保險。

4.放寬保險業資金運用之相關規定。

5.引進投資型保險商品。

6. 強化保險市場紀律。

7. 強化保險業的監管管理。

8. 強化保險安定基金功能。

民國九十六年七月修正重點包括：

1. 調整再保險人與原被保險人間的權益關係，得於原保險契約中約定直接給付條款。

2. 修正契約復效或變更時，保險人承諾期間限制的例外規定。

3. 增訂契約復效時，保險人危險篩選機制及復效期限。

4. 加強保險業財務的監督管理，增訂屬於股份有限公司組織的保險業，除其他法律另有規定或經主管機關許可外，其股票應辦理公開發行，以促進保險業財務透明化。

5. 增訂財務性投資不得擔任被投資公司董事、監察人及不得支持保險業關係人擔任被投資金融機構董事、監察人，並限制不得徵求委託書及規範保險業表決權行使程序。

6. 放寬保險業國外投資限額由保險業資金百分之三十五提高至百分之四十五。

7. 放寬保險業業務範圍。

8. 修正保險業退場處理程序，增訂保險業受接管或被勒令停業清理時，得暫停承接新業務、解約及保單貸款，且接管人必要時得依本法規定聲請重整。

9. 規定保險業、保險代理人公司等均應加入同業公會、同業公會得依章程對會員等為處置，並明確化主管機關的職權。

民國九十九年二月及十二月修正重點包括：

1. 考量道德危險防阻，增訂十五歲以下未成年人身故不提供死亡保障，僅能退回保費加計利息之規定，但生存險、健康險及年金險無限制，十五歲以下未成年人仍得享有前揭保險保障；

2. 為落實主管機關對保險公司具有控制權人資格適當性之監理，增訂同一人或同一關係人持股達一定比例須向主管機關申報或申請核准。且為

防止保險公司股東以迂迴間接之方法規避規範，明文訂定同一關係人及第三人之定義及違反前開規定之罰則。

民國一百年六月及十一月修正重點包括：

1. 配合民國九十九年五月已公布但尚未施行之個人資料保護法限制個人資料之蒐集、處理及利用，特增訂保險法第一百七十七條之一，以規範保險業及保險輔助人得於符合法定情形並經本人書面同意時，蒐集、處理或利用病歷、醫療、健康檢查個人資料。

2. 強化保險輔助人之監理，並杜絕違法銷售地下保單之情形，以保障消費者權益，維護金融市場秩序：⑴要求保險代理人、經紀人、公證人，應於修正施行之日起六個月內繳存保證金並投保責任保險及／或保證保險；屆期未辦理者，由主管機關廢止其許可，並註銷執業證照。⑵增訂保險代理人、經紀人、公證人違反法令或有礙健全經營之虞時，主管機關除得予以糾正或命其限期改善外，並得視情節之輕重，限制其經營或執行業務之範圍，或命解除經理人或職員之職務，或逕行解除董事或監察人職務或停止其於一定期間內執行職務之規定。⑶要求保險代理人、經紀人、公證人應符合相關業務及財務管理規定；應建立並確實執行內部控制、稽核制度、招攬處理制度或程序；於主管機關派員檢查業務及財務狀況或令其於限期內報告營業狀況時應予配合。及違反前揭規定之罰則。⑷銷售境外保單從行政罰改為刑事罰。

3. 放寬保險業從事國外投資的限制，規定保險業經主管機關核准銷售以外幣收付之非投資型人身保險商品，並符合主管機關規定條件者，得向主管機關申請核給不計入國外投資總額額度。

民國一百零三年及零四年就保險業法進行大幅度修正（第一百三十六條以下）。

民國一百零五年六月、十一月及十二月分別進行三次修正，修正重點如下：

1. 增訂保險法第一百四十六條之五，為引導保險業資金投入公共及社會福利事業，並考量現行公共及社會福利事業多要求投資者應成立特殊目

的公司專門負責該投資個案之營運，而該特殊目的公司多非屬公開發行公司，保險業應有一定之監督管理能力，以利其落實資金運用相關風險管理機制，爰修訂本法第一百四十六條之五第二項及增訂第三項但書，以放寬保險業資金辦理公共及社會福利事業投資時，不受本法第一百四十六條之一第三項及第四項關於行使表決權及擔任被投資公司董事、監察人，以及指派人員獲聘為被投資公司經理人等限制。

　　另考量保險業係以收取保戶之保費並履行保險契約責任之行業，具社會公益性，為避免保險業資金遭不當運用，其監理密度自應有別於一般行業，因此，雖放寬保險業資金辦理公共及社會福利事業投資時，不受關於行使表決權及擔任被投資公司董事、監察人，以及指派人員獲聘為被投資公司經理人等限制，惟仍應明文規定主管機關有定期監督與稽核管理之權限，以確保保險業資金運用之公益性，爰增訂本法第一百四十六條之五第四項規定。

　　2.修正保險法第一百六十三條第六項，明定授權主管機關得視實務及產業狀況訂定適用範圍及內容，保險經紀人於適用範圍內始需於為被保險人洽訂保險契約前，主動提供書面之分析報告，以符實際，避免不分投保金額、險種一概納入規範，過於繁瑣勞費且易流於形式之情況。

　　3.對於保險法第一百六十七條之二及第一百六十七條之三規定，保險輔助人違反管理規則、或未落實內稽、內控制度時，主管機關得裁罰額度範圍，未衡量其資本額、營業額間差異，而處以新臺幣六十萬元以上三百萬元以下之高額罰鍰，恐有違比例原則及平等原則，故降低至新臺幣十萬元以上五十萬元以下罰鍰。

　　4.另現行保險經紀人公司、保險代理人公司有違反內控制度時，逕處以罰鍰，未有限期改正之空間，該等規範未依違規情節輕重，給予不同程度之處罰空間，另參酌保險法其他規定，均有主管機關得予以糾正或命限期改善之空間，故增訂主管機關得限期改善之手段，始符行政法上之比例原則。

　　民國一百零七年一月，配合民國一百零四年十二月修正公布之中華民

國刑法增訂第五章之一「沒收」，明定沒收為刑罰及保安處分以外之法律效果，具有獨立性，而非從刑，故此次修正重點為避免就「犯罪所得」之同一用語異其認定之標準，相關法規應為相應之適當修正，修正重點如下：

1.為避免與修正後之刑法第三十八條之一所定犯罪所得混淆，造成未來司法實務犯罪認定疑義，爰將「犯罪所得」修正為「因犯罪獲取之財物或財產上利益」。

2.基於刑事立法政策一貫性，為與修正後之刑法第三十八條之一所定沒收之「犯罪所得」範圍一致，以達所宣示「任何人都不得保有犯罪所得」之立法目的，爰配合刑法沒收新制之犯罪所得範圍酌予修正。

3.刪除有關沒收因犯罪所得財物或財產上利益及追徵、抵償之規定，以回歸適用刑法。

民國一百零七年六月，為落實身心障礙者權利公約第三條及第五條所定「不歧視」原則，以及引導保險業參與投資社會福利事業，本次修正重點如下：

1.為使本法用語符合身心障礙者權利公約之精神，並配合民法之用語，刪除有關「精神障礙或其他心智缺陷」及「心神喪失或精神耗弱之人」之文字，並以民法第十四條有關監護宣告之規定取代之；另以「失能」取代「殘廢」用語，失能之內容依各保險契約之約定。

2.修正保險法第一百四十六條之五，放寬保險業辦理社會福利事業投資且符合規定者，不受第一百四十六條之一第三項及第四項所定不得擔任被投資事業董事、監察人、不得行使表決權等相關限制。

3.保險法原第一百零七條有關訂立人壽保險契約之規定，係採取保護性觀點，對於未成年被保險人與特定類別之身心障礙者，限制其死亡時僅能給付限制金額之喪葬費用。為符合身心障礙者權利公約之意旨，保障身心障礙者之獨立人格，爰將對未成年被保險人及對身心障礙被保險人之規定，改列於不同條文（修正第一百零七條，增訂第一百零七條之一）。

我國保險法的立法例多係仿自德、日，但我國保險事業早期操諸英人之手，其後雖由國人自營，但仍受英國慣例之影響，因此造成法理與實務

間有嚴重之差距。另一方面，保險制度的發展，是由海上保險至財產保險，再由財產保險發展出人身保險，此三種保險制度之理論基礎與內容有著極大的不同。

因此，如何調合實務與法條間的歧異、對人身保險與產物保險為妥適的規定，並加強對被保險人的保障及對保險業者的有效規範，一直是保險法的修正方向。

㈣海商法

鴉片戰役後，海禁洞開，正式與各國通商，方知海事重要，乃於光緒三十四年十月，延聘日人來華草擬海船法，然並未頒行，故無法律上的效力。民國八年交通、海軍兩部，奉令設立商船航律會，從事編纂商船航律之議，未有成案。民國十八年，由立法院商法起草委員會，起草海商法，大半採用法國顧問所擬定者，該草案於民國十八年公布，民國十九年施行。

由於舊法編纂時，未能與航業界廣泛深入地交換意見，內容並不完善，乃於民國五十一年參考海牙規則作修正，就船員、僱傭契約及撫卹退休之標準、載貨證券之規定、運送人責任等，有所增益，法條亦由一百七十四條增至一百九十四條。

民國八十八年七月修正公布全文共計一百五十三條，修正重點包括：

1.修訂船舶保全程序的強制執行，將終局執行與假處分、假扣押作一區別。

2.限縮船舶所有人責任限制項目、擴大船舶所有人定義、增加受害人賠償數額。

3.修正海事優先權與船舶抵押權的相關規定。

4.區分件貨運送契約與傭船運送契約的強制責任。

5.修訂貨物照管義務的基本最低強制責任。

6.修正運送人對貨物損失單位責任限制賠償。

民國八十九年一月修正有關海上運送人因貨物滅失、毀損或遲到對託運人或其他第三人所得主張的抗辯及責任限制的規定。

自海牙公約後，有關海商的公約（條約）不斷產生，然由於我國目前

國際地位特殊，甚少能參加或簽訂國際公約（條約），故如何使海商法更國際化，以適應未來的需要，一直是我國海商法的修正方向。

㈤相關用語的修訂

民法於民國九十七年五月修正時，將「禁治產宣告」更名為「監護宣告」，並將相關規定作一修正。此等修正雖自民國九十八年十一月二十三日始生效，惟相關法規如公司法第六十六條及第一百二十三條、海商法第十六及一百五十三條等，亦配合民法而將法條用語併與修正，生效日也是民國九十八年十一月二十三日。在此先予說明，後文將不再贅述。

八、關於判例與民事庭會議決議

立法院於民國一百零七年十二月七日三讀通過「法院組織法」與「行政法院組織法」部分條文，最高法院將成立「大法庭」統一法律見解，取代現行的「判例」與「民、刑庭決議」。先前選編的判例若無裁判全文可查考，自本條文生效後停止適用；仍有裁判全文可查者，其拘束則與一般裁判相同，若欲變更見解，一律循大法庭的提案程序為之。故本書仍保留有裁判全文之判例，僅將判例字樣變更為判決。至於民事庭決議仍予保留，留待日後判決或大法庭決議有更新時再予異動。

第二篇　公司法

第一章　總　則

第一節　公司的意義及種類

〔案　例〕

　　趙志宏甫自大學商學院畢業，欲實際自行經商以印證所學，遂與商學院好同學雷生達、俞點曉、魯招財、曾英顯及法律系同學李庫歷商量，決心合作共同創業，以賺得全世界為遠程目標，雄霸亞洲為中程目標，睥睨全臺為近程目標，他們預備在學校附近開一家店，專作學生生意，可能包括有書籍、班服系服製作、文具、化妝品、女性服飾等，因為學校是他們最瞭解的環境，學弟、學妹認識得又多，同學們的需求更是瞭若指掌，所以希望以此作為進軍全世界的起點。

〔問　題〕

一、所謂「開一家店」是什麼意思？包括有那些內涵？

二、趙志宏等人應該開何種店最適當？

〔說　明〕

一、商店的組織型態

　　經商做生意，追求利潤，可以採行攤販式的小型規模；也可以採行設立公司的大型規模。「開一家店」，規模的大小，往往也反映出法律性質的不同。一般來說，小型的商業組織，出資人人數少、法律關係單純；大型

的商業組織，則常有上萬的出資人，法律關係複雜。除此以外，小型的商業組織，最終的負責人也多是出資人本身，但大型的商業組織，最終負責的就是該大型商業組織本身。以最終負責人為何，可將商業組織區分為兩種：獨資、合夥及公司。

在介紹商業組織型態前，需先說明「權利主體」的概念。在法律上得享受權利負擔義務者為權利主體（得享受權利負擔義務的資格或地位，在法律上也稱為「人格」）。法律上的「權利主體」有二：自然人及法人。自然人就是有血肉之軀，自母體分娩而出的人類。法人則是依據法律設立的組織體。自然人的權利能力始於出生，終於死亡：只要自然人於出生時可獨立呼吸，則不論存活時間的久暫，都曾是法律上的權利主體。法人的權利能力則始於依據法律完成登記，終於清算終結。除了上述的自然人與法人外，其他的組織體均非法律上的權利主體，無法享受任何權利與負擔義務。

由於有無權利能力影響甚大，因此以商業組織是否具備法律上獨立的人格（簡稱「法人格」）為區分標準，更能顯現不同商業組織的法律性質。

二、獨資、合夥

㈠獨資、合夥的意義

首先介紹者，是沒有法人格的獨資與合夥。獨資與合夥的差別在於出資人的人數：由單獨一人自掏腰包出錢做生意的型態，在法律上稱為「獨資」；由兩人以上簽訂契約，約定共同出資（出錢、拿出實物或付出勞務），經營共同的事業（民法第六百六十七條）的法律關係，則稱為「合夥」。

光從外部的商店名稱或裝潢，是看不出來上述這種出資人數的內部差別，例如「老王牛肉麵店」、「小南門便當」等。但無論是因獨資或合夥所設立的商號，皆由出資人享受權利負擔義務。例如「小南門便當」由蔡頭、朱頭及湯頭共同出資。當「小南門便當」賺錢時，利潤（在法律上的性質為財產權）為三人共同分享；但當「小南門便當」負債，而合夥財產無法清償時，蔡頭、朱頭與湯頭就必須共同對「小南門便當」的債務負責。

㈡合夥契約關係

合夥，是一種民法上的契約關係。合夥人間的法律關係非常緊密，例

如合夥人的出資與出資後所產生的財產，稱為「合夥財產」，為合夥人全體公同共有（民法第六百六十八條）。例如「小南門便當」開張時，蔡頭出資二十萬元，朱頭出資十五萬元及價值五萬元的鍋、碗、瓢、盆，湯頭沒有那麼多現金，但有家傳秘方與十年的相關經驗，正式開張時，也是由湯頭掌廚，三人商量、評估之後，決定湯頭的勞務也價值二十萬元。則蔡頭、朱頭與湯頭的合夥事業總計有六十萬元財產，這六十萬元的合夥財產為三人公同共有。所謂公同共有，是指蔡頭、朱頭與湯頭的所有權及於四十萬現金與五萬元的鍋、碗、瓢、盆的任何一部分。在合夥關係結束之前，合夥人不可要求分割共有物（民法第八百二十九條）。沒有得到合夥人全體的同意，也不得處分共有物（民法第八百二十八條）。

　　合夥事業的決議，原則上必須經由合夥人全體同意，除非合夥人已於合夥契約中約定，得以全體或一部過半數決議。但關於合夥契約本身或合夥事業種類的變更，必須經由合夥人全體三分之二以上的同意才行（民法第六百七十條）。例如蔡頭想把「小南門便當」改為素食店，則必須另外爭取到一票同意才行。當合夥事業經營不佳而負債，而合夥財產不足以清償債務時，全體合夥人對於不足部分，需負起連帶責任。例如「小南門便當」因裝潢而積欠潘設計師五十萬元，則即便把價值五萬元的鍋、碗、瓢、盆都順利賣出，加上原有的現金四十萬元，也不足支付裝潢費用。此時，蔡頭、朱頭與湯頭必須對不足的十萬元部分，負起連帶責任。所謂「連帶責任」，是指債權人可以同時、先後對債務人全體或其中一人或數人請求全部或一部的給付（民法第二百七十三條）。而當債務人一人清償債務時，全體的債務消滅。例如蔡頭獨立將十萬元的債務清償完畢時，連帶債務即消滅，剩下的就是蔡頭、朱頭及湯頭三者間的分攤問題。

三、有限合夥

　　有鑑於傳統的獨資與合夥設立雖然簡易，但不具備獨立的法人格，造成實際經營的不便，而具備獨立法人資格的公司，設立條件與規定較為複雜，故民國一百零四年特別制定公布了「有限合夥法」，讓新創產業能夠靈活運作。

有限合夥指一人以上之普通合夥人，與一人以上之有限合夥人，互相約定出資組織而成，以營利為目的的社團法人（有限合夥法第四條第一款、第六條第一項）。普通合夥人指以現金、現金以外財產、信用、勞務或其他利益出資，直接或間接負責有限合夥之實際經營業務，並對有限合夥之債務於有限合夥資產不足清償時，負連帶清償責任之合夥人，並為有限合夥之負責人（有限合夥法第四條第二款、第四款前段、第十四條第一項）。有限合夥人則指以現金或現金以外之財產出資，依有限合夥契約，以出資額為限，對有限合夥負其責任之合夥人（有限合夥法第四條第三款、第十四條第一項）。

對許多年輕人來說，有創意和構想，但資金不足。而有意投資這些創意和構想的投資人，可能不想承擔無限清償責任的風險。成立公司又太過麻煩。於是透過有限合夥制度，將合夥人區分成二類，由提出創意並實行的人擔任普通合夥人，承擔無限責任。讓出資者擔任有限合夥人，僅就出資額負責，縱使產生虧損，也不致影響出資者其他資產。此外，有限合夥的出資轉讓、損益分配、存續期間等事項，都可以透過契約約定，經營彈性極高。

四、公　司

㈠公司的性質

公司是法人的一種，且為以營利為目的之社團法人。

法人，是人或財產的集合體。以人為本所組織的法人稱為「社團法人」；而以財產為基礎的法人則稱為「財團法人」（民法第五十九、六十條），例如財團法人中華民國消費者文教基金會、財團法人行天宮文教發展促進基金會等。不論是社團法人或財團法人，都是為了達成一定目標而組織設立的，例如組織政黨以實踐政治理想。法人欲達成的目的，可能是為了公益或私益，前者例如為了教育，後者例如追求利潤（民法第四十五、四十六條）。財團法人皆是基於公益而設立，但社團法人可基於公益或私益而設立。為了公益而設立的社團法人，例如社團法人中華民國老殘關懷協會；至於為了私益而成立的社團法人，公司就是個典型的例子。

　　雖然法人與自然人皆是權利主體，但法人所得享有的權利與負擔的義務與自然人有些不同。法人只有在一定條件下才可享有權利並負擔義務，所謂「一定條件」是指因法人的性質或法律的限制，例如自然人才享有的繼承權，法人當然無法享有；或是公開發行股票之公司不得為任何保證人，除非法律或公司章程例外允許（公司法第十六條）。在法人得享有權利及負擔義務的範圍內，法人的權利與義務，和其組成員（在社團法人的情形）或捐贈財產者（在財團法人的情形），互相獨立。除非法律另有規定。以公司為例，股東出資成立公司後，股東的出資即成為公司的財產，例如蔡頭、朱頭與湯頭共出資一百萬元，成立「真好吃有限公司」，則蔡頭等所有的一百萬元所有權，於出資後，即移轉給「真好吃有限公司」；換句話說，這一百萬的所有權人是「真好吃有限公司」。若「真好吃有限公司」利用資金與其他權利主體成立買賣契約，則在這個買賣契約的關係中，公司才是買賣契約的當事人，而非公司的股東；當公司無法履行債務時，公司才是債務人，與公司的股東無涉（無限股東為例外）。

　㈡公司的種類

　　依據不同標準，可將公司區分為不同的種類。例如以公司信用為區分標準，可將公司分為人合公司、資合公司與中間公司；以股東所負的責任是否相同，可分為一元公司與二元公司；以公司組織管轄為區分標準，可分為本公司與分公司；以國籍為區分標準，可分為本國公司與外國公司。我國公司法以公司的組織型態與股東責任為區分標準，將公司區分為無限公司、有限公司、兩合公司與股份有限公司。

　　股東，就是對公司出資之人。股東可以是自然人、法人或政府機關。例如中華電信股份有限公司的股東之一為交通部。股東所負的責任，一般而言，是指對公司的出資義務，但於例外情形，股東需對公司的債權人負責。

　1. 無限公司

　　是指由兩人以上股東所組織，對公司債務負連帶無限清償責任的公司（公司法第二條第一項第一款）。所謂連帶無限清償責任，是指當公司的財產無法滿足公司債權人的債務時，無限責任股東即必須負起清償公司債務

的責任，而且必須完全清償完畢公司債權人的債務，這種候補債務人的地位，才會消滅。假設蔡頭、朱頭與湯頭所成立的公司為資本額三百萬元的無限公司，開始營運後，積欠公司債權人八百萬元。則債權人向公司請求履行債務，但無法完全滿足時，可繼而向三位股東繼續請求履行債務，直到債務完全清償為止。而無限股東間的連帶責任，與合夥契約關係中的連帶債務一樣，可由債權人自行決定，向債務人全體或一部分，先後或同時，為全部或一部履行債務的請求。無限股東的責任，不以其出資為限，故當公司營運不佳而積欠債務時，無限公司不但無法賺取利潤，回收其投資，更必須另掏腰包，共同來清償公司的債務。無限公司能否得到債權人的信任，不在公司的資本多寡，而是取決於股東的信用，故無限公司又稱為「人合公司」。

2. 有限公司

是指由一人以上股東所組織，股東就其出資額為限，對公司負責的公司（公司法第二條第一項第二款）。假設蔡頭、朱頭與湯頭所設立的公司是有限公司，則僅需對公司就出資額負責即可。換句話說，有限股東的責任僅止於遵守承諾出資，對於公司的債務概不負責。公司的債權人無法自公司的資產清償債務時，亦無法轉向有限責任股東求償。當公司沒有盈餘反而虧損時，有限責任股東頂多無法回收其出資。而且即便股東決議公司要增資，同意增資的股東，亦無按原出資比例再出資的義務（公司法第一百零六條第一項）。有限公司兼具人合及資合的特性，故又可稱為「中間公司」或「折衷公司」。

3. 兩合公司

指由一人以上無限責任的股東，與一人以上有限責任的股東所組成，無限責任股東對公司的債務負連帶無限清償責任，有限責任股東，僅就其出資額為限，對公司負責（公司法第二條第一項第三款）。兩合公司兼有人合及資合之性質，故亦稱為中間公司或折衷公司。

4. 股份有限公司

是指由二人以上股東或政府、法人股東一人所組織，全部資本分為股

份，股東就其所認股份，對公司負責的公司(公司法第二條第一項第四款)。例如某股份有限公司資本額一千萬元，分為一百萬股，每股十元，則股東需對一百萬股份，進行認股，每人就所認股份，向公司繳交股金，繳交股金即為股東對公司唯一的責任，而不向公司的債權人負責。由於公司債權人信任公司而願意與公司作生意的基礎，取決於公司的資產，而非股東個人的信用，因此，股份有限公司又稱為資合公司。

【參考答案】

　　趙志宏等六人欲共同創業，所以獨資就不是他們應該選擇的類型。至於合夥的型態，各股東要負連帶無限清償責任，對於白手起家又沒有雄厚資金的社會新鮮人而言，風險非常大。所以大企業中無一是採用合夥組織者。若採無限公司，由於股東負連帶無限清償責任，亦與合夥一樣，負擔的風險較大。有限合夥與兩合公司最大的問題是誰來擔任無限責任股東，趙志宏等人中恐怕無人願意擔負起這麼重的責任。股份有限公司的股東責任有限，日後公司有發展時，再募集資本也較容易。但股份有限公司多為大型企業所採行的商業組織，應遵循的法定程序與強制規定較多，因此對剛創業的趙志宏等人恐不適宜。有限公司有股份有限公司的優點，又無有限合夥、兩合或無限公司的缺點，雖然在募集資金上不若股份有限公司便利，可向社會大眾募集資金，亦無法像無限公司或兩合公司般，以無限股東個人的信用籌措資金，但對剛起步的中小企業而言，應是較佳之選擇。

第二節　公司的名稱及住所

〔案　例〕

　　趙志宏等六人決定將他們所開的店，以有限公司的型態設立，但必須決定公司的住所及名稱，有關公司的住所，大家沒有太多意見，皆認為以所開的店的住址所在地為其公司之住所。至於公司的名稱，各人皆有自己的看法。趙志

宏主張取名為遠大有限公司。雷生達主張取名為一本萬利有限公司。俞點曉從易經八卦中取材，主張為未濟有限公司，以取其生生不息、不斷進步之意。魯招財主張為淡紫色的浪漫有限公司，因其公司消費者以學生為主，名稱應愈新鮮愈好，學生們對「愁」、「憂」、「浪漫」、「酷」、「帥」等不切實際的新新人類名詞有特別的偏好，所以新奇的名稱，一定可以招攬客戶。曾英顯主張為蜜斯佛陀有限公司，因蜜斯佛陀化妝品已有相當的知名度，可以順道搭便車。李庫歷則主張取名為保護消費者有限公司。

〔問　題〕

一、公司如何選定其住所？公司為何要有住所？

二、公司的名稱有何限制？

〔說　明〕

一、公司的住所

　　住所是權利主體生活及一切法律關係的中心。確定住所，在所有的法律關係中，都有其重要性。例如提起民事訴訟時，原則上必須向被告住所地的法院（民事訴訟法第二條）提起；又例如履行債務時，住所是確定履行地的因素之一。自然人的住所，依據民法第二十二條判斷，至於公司的住所是以本公司所在地為公司的住所（公司法第三條第一項）。當公司發展擴大後，往往在不同的地方設立據點，以發展業務。公司首先依法設立，以管理全部據點、組織的總機構稱為本公司，至於受本公司管轄之分支機構稱為分公司（公司法第三條第二項）。

　　為了協助公司健全經營，且保護交易安全與消費者權益，公司受到許多主管機關的監督與管理。公司法中所稱的主管機關，大多是指目的事業主管機關，但有時是指法院。就目的事業主管機關而言，在中央是指經濟部，在直轄市為直轄市政府。因此，當「藍貓有限公司」的本公司所在地設於新竹市時，其主管機關為經濟部。

二、公司的名稱

名稱，是權利主體用來作為區別人我的工具。公司的名稱，原則上可以自行決定，但為保障交易安全與維護社會的公共秩序、善良風俗，公司法定有下列限制：

(一)公司名稱應標明公司的種類

所謂公司的種類，是指公司的四種型態：無限公司、有限公司、兩合公司及股份有限公司。由於這四種不同公司的股東所負的責任型態不同，為使與公司交易之人，能從名稱上瞭解公司之性質，故公司之名稱，應標明公司之種類。

(二)避免使用與他公司相同或類似的名稱

由於公司名稱所代表之商譽，與人之名譽同，必須經過多方努力與多年的累積，才能獲得社會大眾的肯定，故公司法使公司名稱享有專用權與排他性，一方面避免他人影射冒用，謀取不法利益，另一方面亦可維護社會交易安全，因此，公司法規定，不可使用與他公司或其他有限合夥相同的名稱，且該公司名稱應使用我國文字（公司法第十八條第一項前段）。為了貫徹此項規定，公司必須先就公司的名稱申請核准，並保留一定期間，之後才可以經核准的公司名稱申請公司登記。不過，若公司名稱中加註不同的業務種類或其他可資區別的文字，就不屬於相同的公司名稱。例如 A、B 皆為圖書公司，但 A 的名稱為「東大圖書有限公司」，而 B 的名稱為「東大股份有限公司」，此時 A、B 的名稱即非相同。此外，當公司名稱中標明業務種類時，即便公司名稱及公司種類皆相同，其公司名稱亦不相同，例如 A 的名稱為「東大圖書股份有限公司」，而 B 的名稱為「東大電子股份有限公司」。但須注意的是，雖然公司名稱中加註業務種類，但公司實際上從事的業務內容卻不以此為限，只要不是需經主管機關許可的業務，皆可本於公司的多角化經營計畫，加以從事。例如「東大圖書股份有限公司」除可出版圖書之外，也可經營網路書店、複合式咖啡中心等等業務。

公司的名稱，除了受到經濟部的監管外，由於不肖人士可能濫用相同或類似公司名稱作為不公平競爭的手段，造成消費者及相關廠商權益的損

害，因此同時也受到職司維護公平交易秩序的公平交易委員會監管（公平交易法第二十二條）。此外，若使用他人著名商標中的文字作為自己公司的名稱，還可能構成商標權的侵害（商標法第七十條第二款），而必須負民事損害賠償責任。最後，公司是權利主體的一種，也享有「姓名權」（民法第十八、十九條），所以，因故意或過失使用相同或類似公司名稱，侵害其他公司的姓名權而造成損失時，另須負起民事損害賠償的責任（民法第一百八十四條）。

公司可否放棄名稱專用權，同意其他公司使用相同或相類似之名稱？由於公司法第十八條規定公司名稱專用權，不僅在保障公司本身，還為維護社會交易安全、防止不公平競爭，故縱使雙方同意，亦不應允許其登記。

為避免選取名稱重複，經濟部商業司置有全國名稱登記資料，供申請人免費自由查閱。居住在臺北市外之民眾，可用預查申請表申請預查，但預查結果僅供參考，是否有相同或類似情形，仍以申請登記之先後為準。

㈢不得使用與政府機關、公益團體相同或類似的名稱

「國立汽車有限公司」、「紅十字股份有限公司」等公司名稱都可能讓人誤認與政府機關或公益團體有關，為避免交易相對人或消費者誤會，故公司法明文禁止使用此種與政府機關、公益團體相同或類似的名稱（公司法第十八條第四項）。

㈣不得使用妨害公共秩序或善良風俗的名稱

公司名稱如有破壞維繫國家社會之優良秩序或違背國民一般道德標準者，主管機關得不許其登記（公司法第十八條第四項）。

如果公司違反上述之限制規定，主管機關應不允許其登記，此時公司應該換一個名稱再申請登記。

【參考答案】

趙志宏等人決定公司名稱時，應標明公司種類，不使用與他公司相同的名稱，並且不得使用與政府機關、公益團體相同或類似之名稱，尚須注意該名稱不得妨害公序良俗。在決定名稱後，趙志宏等人應先向經濟部商業司申請預查，

經濟部商業司將保留一段期間，才會核准。之後趙志宏等人才可以核准通過的公司名稱申請公司登記。至於公司的住所，除非趙志宏等人一開始一併設置分公司，否則其所設立的第一個據點就是本公司，並以其所在地為公司的住所，予以登記。

第三節　公司的設立及相關的登記

〔案　例〕

　　決定公司之住所與名稱後，再來就是要成立公司。由於趙、雷、俞、魯、曾等五人對公司應如何設立、登記一竅不通，決定交給法律系畢業的李庫歷負責研究，其他五人則為公司之營業作準備。公司營業的第一步，必須找到能招攬顧客而價錢又不昂貴的營業場所，大家公推雷生達負責此事，因為他是外地生，四年來在學校附近租過不少次房子，對房價頗有心得，且平日無事時多在學校附近消磨時間，最知道學生常去那些地方，一定能勝任此事。果然，不到兩三天的時間，就被雷生達發現原先學校附近的一家泡沫紅茶店，因為店主玩大家樂欠了不少錢，就此關門大吉，原先的屋主希望趁著暑假期間趕快把它租出去，所以價錢開得不是很高，加以店面位於學校大門的正對面，地點適中，雷生達惟恐被其他人捷足先登，所以就直接以遠大有限公司籌備處之名義與屋主簽約。不料李庫歷申請公司名稱預查後，發現遠大有限公司之名，已有人使用，趙志宏等人決定將公司更名為未濟有限公司。

〔問　題〕

一、趙志宏等人應如何設立公司？

二、趙志宏等人應向何機關辦理何種登記？登記之效力如何？

三、籌備中的公司所為之行為，其法律效果如何？

〔說　明〕

一、公司的設立

　　公司的設立有如自然人的出生。自然人的權利能力始於「出生」，在法律上，所謂「出」，就是自母體分娩（不論自然或剖腹生產）；而「生」，則是可以獨立呼吸。公司是個組織，判斷其「出生」，自然無法比照自然人的判斷標準，故必須另立標準。公司的「出」，即是依據法律組織、設立；而「生」，則是依法登記完畢時，此時公司才正式取得法人資格，成為權利主體。

　　公司是否依據法律組織、設立，有三個重要的判斷要件，分別是「設立人」、「資本」及「章程」：

㈠設立人

　　設立公司必須由有意成立公司之人出面推動，以完成設立行為，在本案中設立人即是趙志宏等六人（惟在股份有限公司中，法條稱設立人為「發起人」）。

㈡資　本

　　公司必須要有資本才方便進行營利活動，因此在設立時必須確定各股東的出資額以決定公司資本的多寡。確定資本額，有助於交易相對人與社會大眾判斷公司的財務結構如何，進而決定是否與公司交易或投資該公司。惟須注意者，過去只有無限責任之股東才能以信用或勞務為資本來進行出資，於民國一百零七年八月修法後，基於信用界定不易，且現行勞務或其他權利出資，已足敷股東使用，故刪除「信用」出資，但仍只有無限責任之股東才能以勞務為資本（公司法第四十三條）。

㈢章　程

　　章程係由設立人全體同意而訂定，其主要目的在於建構公司的組織架構（即公司的種類、股東、股東出資額等）並制訂公司活動的規則（即公司的營業項目等）。

　　訂定章程的目的一方面使得與公司交易之人得透過章程對公司的資本額、公司負責人、公司組織有所瞭解，有助維護交易安全；另一方面則成

為主管機關規範公司的標準，因此公司的章程如同一國的憲法，為公司組織、活動的基本準則。

章程所應記載之事項視公司之種類而有不同，一般而言包括公司的名稱、住址、種類、公司的營業項目、股東（於股份有限公司則為董事、監察人）、股東之出資方式及金額（於股份有限公司則為股份總額及每股金額）等。

【參考答案】

本案中趙志宏等人應先依公司法關於有限公司之規定（詳見第四章第一節）訂定章程，接著確定股東人數，然後決定每人出資多少以決定公司的資本額，最後選任一至三名董事，作為設立中公司的負責人（關於公司負責人詳見本章第六節）。

二、公司的登記

㈠公司登記的種類

公司法中的登記可分為兩種：公司設立登記與其他事項或變更登記。

1.設立登記

公司負責人依法完成設立登記後，公司才取得法人資格，開始擁有權利能力，也因此才可以開始營業或其他各種法律行為。

於民國一百零七年八月修法前，設立登記分為本國公司的設立登記與外國公司的認許制度兩種。惟修法後，依公司法第四條第二項之規定，外國公司無待我國認許，於法令限制內，即與我國公司有同一之權利能力，故外國公司僅須於事前向主管機關申請分公司登記即可為營業行為。需注意的是，民國九十年十一月修正前的公司法規定，主管機關發給公司執照後，才取得法人資格。但因為現今網際網路發達，民眾可以透過電腦連線查知公司的基本資料，故無核發執照的需要。此外，公司領取執照後，若公司解散或被勒令歇業，而公司仍持有執照時，很容易假借執照招搖撞騙，危害交易安全。因此，新修正的公司法刪除「核發執照」為公司取得法人資格的要件之一，而以辦理公司設立登記完畢時，即為公司成為權利主體

之時。

2.其他事項或變更登記

至於其他事項或變更登記，是指設立登記以外事項的登記與變更登記，例如分公司的登記、經理人變更登記、解散登記等等。公司辦理登記的目的，一方面是保護社會大眾並維護交易安全，例如某股份有限公司對外宣稱其資本達一百億元，並擁有上百頃土地，藉以吸引大眾購買其股票，此時投資人可透過閱覽該公司的設立登記資料，以瞭解該公司是否的確擁有一百億元的資本，及該公司是否為土地之真正所有權者，以免被不肖之徒詐騙；另一方面則是保護公司自身的權利，例如公司經設立登記後，其名稱便受到保護，其他的公司原則上不可以再使用與該公司相同的名稱。本案中，趙志宏應該辦理者為設立登記。

(二)公司登記的效力

由上述的說明可知，公司登記的種類與效力皆不同，進一步說明如下：

1.設立登記

我國公司法的設計採取「登記要件主義」，也就是說，未完成設立登記之前，在法律上公司尚未成立（公司法第六條）。既然這個權利主體還沒有存在，自然不可以公司的名稱經營業務或為其他法律行為（公司法第十九條）。公司完成設立登記，取得權利主體資格後，才享有名稱專用權、營業權等等權利；對股份有限公司而言，完成設立登記後才能發行股票及轉讓股份。

需注意的是，公司完成設立登記後，雖然取得可營業的資格，但卻不可馬上開始營業，必須向主管稅務的稽徵機關申請稅籍登記，取得營利事業之稅籍登記後才可開始營業（加值型及非加值型營業稅法第二十八條）。營利事業的設立登記，在於使所有營利事業（只要有固定營業場所者皆包含在內）取得一個稅籍（相當於自然人的戶籍），作為稅捐稽徵機關課稅的依據。但營利事業登記與公司的設立登記，二者的性質、目的、效力皆不相同。當公司的營利事業登記遭主管機關撤銷或廢止，公司雖不可繼續營業，但公司的權利能力依然存在，只不過在營業部分受到限制。但若公司的設立登記遭主管機關撤銷或廢止，公司不但不可繼續營業，亦不可為其

他法律行為。在公司清算期間，只有在清算目的內，公司還有權利能力。待清算完畢，公司的權利能力即告消滅。

2.其他事項的登記與變更登記

我國公司法對此二種登記的設計採取「對抗主義」，也就是說公司完成設立登記後，有其他應登記的事項尚未登記，或已經登記事項有所變更卻未為變更登記，該事項仍為有效，但與第三人發生爭執時，不可以該事項對抗第三人（公司法第十二條）。例如無敵成衣有限公司在設立登記時，負責人登記為馬大迪，嗣後變更為朱小玫，但該無敵成衣有限公司未辦理變更登記。馬大迪仍以無敵成衣有限公司的名義向師妹布料批發店訂購棉布五百匹，此時無敵成衣有限公司不能以馬大迪已非公司負責人而否認這筆買賣契約，亦即無敵成衣有限公司與師妹布料批發店所為的買賣契約有效，無敵成衣有限公司必須履行其債務。

㈢辦理登記的機關

公司設立登記應向主管機關辦理，惟基於案件繁多，無法單由經濟部處理，所以目前實務之作法是：凡公司的實收資本額（即實際收到的金錢，不包括債權或勞務出資）在新臺幣五億元以上或公司設於金門、馬祖時，向經濟部商業司申請；凡公司的實收資本額在新臺幣五億元以下，若公司所在地位於臺灣省者，向經濟部中部辦公室申請，若公司所在地位於直轄市者，向直轄市政府相關單位申請。位於加工出口區或科學工業園區的公司，分別向經濟部加工出口區管理處或科學工業管理局辦理。本案中，應向何機關申請，須視趙志宏等人的資本額多寡與公司住所所在地決定向何機關申請登記。

值得注意的是，若公司所欲經營之事業為依法律或法律授權所定的命令，須經政府許可的特許業務，如銀行業務、保險業務、重工業、海空運輸業務等，須先經政府許可取得許可文件後，才能申請登記（公司法第十七條第一項）。

三、籌備中公司的行為

籌備中的公司就好比尚未出生的胎兒一般，胎兒在出生前，尚未成為

權利主體，故無法享有任何權利。但若貫徹此項法律上的邏輯卻可能造成保護胎兒的漏洞，因此民法設有特別規定（民法第七條），使得胎兒可以享有一定的權益。但這樣「將胎兒視為已出生」的狀態，是以胎兒將來順利出生為前提。當胎兒將來無法順利出生而為死產時，原先民法所給予的權利狀態即溯及消失。至於籌備中的公司，雖然公司法中沒有如民法般的例外規定，但因公司也是權利主體的一種，故大多認為可以比照辦理。因此，籌備中的公司可為法律行為（但有限制），且因此產生的權利義務由成立後的公司承繼。

不過，籌備中的公司尚未完成設立登記，還沒有取得法人資格，故不可以公司的名義為法律行為，更不可從事任何營業行為。此時，籌備中的公司只可以「籌備處」的名義，否則公司負責人將被處以一年以下有期徒刑、拘役或科或併科新臺幣十五萬元以下罰金，並自負民事責任。此外，主管機關並可禁止其使用公司名稱（公司法第十九條）。且其所為者僅限於成立公司所必要的行為，例如公司營業場地的購買或承租、申請電話等。

【參考答案】

本案中雷生達所為的行為屬於成立公司所必要的行為，且以公司籌備處的名義所為，未違反公司法第十九條的規定。雖公司嗣後更名為「未濟有限公司」，與簽約時所使用的名稱（遠大有限公司籌備處）不同，並不會產生影響已成立法律行為的效力。（換句話說，公司籌備中與公司成立後名稱不同，並不影響成立後公司的權益。）名稱只是用來指稱權利主體的符號，只要是同一個公司，原先以「遠大有限公司籌備處」所為之法律行為所生之權利義務，仍由「未濟有限公司」加以承繼。值得討論的是，若公司未順利成立，那麼先前的行為是否有效？又應由誰來負責？從維護交易安全的觀點，為保護交易相對人的利益，公司成立前的行為仍屬有效，其權利義務，則比照合夥關係，由全體發起人負連帶責任。例如王甲、李乙、趙丙、錢丁、孫戊等人欲成立一個彼得攀有限公司從事玩具買賣，故先成立彼得攀有限公司籌備處，並以籌備處名義與陳己簽訂房屋租賃契約，作為籌備處所在地，後由於種種因素彼得攀有限公司未能成

立，該租賃關係所生之權利義務，則由王甲等人共同承受，若籌備處積欠陳己租金五萬元，陳己可向王甲等人中的一人或數人、先後或同時請求租金五萬元。

第四節　公司的能力

〔案　例〕

經一番波折後，趙志宏等人終於完成公司的成立手續，公司名稱為未濟有限公司，資本額三百萬元，選舉趙志宏擔任董事，營業項目包括：各種圖書、雜誌、文具、化妝品、服裝、服飾的買賣及進出口業務，各種服裝、服飾的製造加工業務，及有關前項業務之經營與投資，並在九月一日開幕。開幕當天，魯招財巧遇昔日高中同學郝汎通，郝汎通目前與他人合夥經營一家美容中心，看在老同學份上，便提議以新臺幣十萬元出售一批市價二十萬元之化妝品給未濟有限公司，魯招財一口承諾，郝汎通又推薦魯招財一系列有助養顏美容的健康食品，由於價格不貴，女學生一定會趨之若鶩，保證魯招財不會吃虧，唯一的請求，是希望魯招財能以公司名義替郝汎通的美容中心作保證人，以利郝汎通向銀行申請貸款。正當二人暢談之際，一名前來購物的學生被店內破裂的裝飾品割傷，血流如注。

〔問　題〕

一、郝汎通的建議與請求是否可行？

二、魯招財承諾以十萬元購買化妝品一批，其承諾是否等於未濟有限公司的承諾？

三、未濟有限公司是否須對該名受傷的學生負賠償責任？

〔說　明〕

一、公司的權利能力

公司是營利法人的一種，得享受權利、負擔義務。但其所享有的權利

能力與自然人所享有者不同：依據民法第二十六條，法人只有在法令限制的範圍內才有權利能力，且專屬於自然人之權利義務，法人無法享有。因此，公司的權利能力，受到本身性質及法令的限制。

所謂性質上的限制，係由於公司不像自然人一樣有肉體，所以像生命權、身體權、自由權、健康權、親權等由軀體衍生的權利義務，公司無法享有或負擔。但名譽權、財產權等無須附麗於軀殼之上的權利義務，則無性質上的限制，自得比照自然人一般的享有或負擔。

公司在法令上所受的限制詳細說明如下：

(一)目的事業的限制

所謂目的事業係指公司於其章程中所載之營業項目。由於不同事業可能發生的問題不同，主管機關必須針對不同的事業採用不同的管理方式，有的事業甚至必須經過許可。為避免某些公司以「掛羊頭賣狗肉」之方式，表面上經營甲事業，事實上經營需要許可之乙事業，故公司法明定，公司所營事業，若屬於須經政府許可者，就必須將其所營事業載明於公司章程中；若公司所營事業，不在須經政府許可的範圍內，公司的章程就無須載明公司所營事業（公司法第十八條第二項）。

此外，為簡政便民，自民國八十七年一月實施公司營業項目代碼化作業，新設立或新增所營事業者，其所營事業應依「公司行號營業項目代碼表」規定辦理。至於之前已設立登記之公司，其所營事業為文字敘述者，應於變更所營事業時，依代碼表規定辦理（公司法第十八條第三項）。

(二)為保證人的限制

一般而言，為他人作保所負擔之風險相當大，一旦被保證人無資力償債或惡意失信，則保證人必須替被保證人負責清償，因而使得保證人蒙受財產上巨大損失。設立公司的目的在於從事特定的營業行為，或透過多角化經營賺取利潤，為保障公司股東及債權人之權益，故民國一百零七年修法前，公司法第十六條第一項明定：公司除依其他法律或公司章程規定得為保證者外，不得為任何保證人。所謂依其他法律，如依銀行法第三條第十三款規定銀行可為保證；依章程規定以保證為業務者，如保證公司等。

　　民國一百零七年修法後，刪除無限公司、兩合公司、有限公司及非公開發行股票之股份有限公司擔任保證人之限制規定。僅公開發行股票之股份有限公司仍受規定限制，以確保投資人之權益。

　　保證人的型態有很多種，除了一般所知為借款人作保之外，還包括於在他人所簽發之匯票或本票上簽名或蓋章為保證人或承受他人保證契約為保證人等。至於公司之支票背書行為（即公司負責人以公司名義簽名或蓋章於票據背面，因而與其他票據人連帶負票據債務之附屬票據行為）雖有保證之實質效果，但形式上卻無保證之名義，故不受公司法第十六條第一項之限制，惟若公司在支票背書上加寫「連帶保證人」，由於支票不適用保證之規定，而依票據法第十二條：「票據上記載本法所不規定之事項者，不生票據上之效力。」故此時僅生支票背書之效力，不生連帶保證人之效力，公司仍須負起背書人責任。

　　若公司負責人違反公司法第十六條之規定，以公司為保證人，則此一保證契約對公司不生效力，而由公司負責人自負保證責任，也就是說，倘被保證人未清償，則由公司負責人清償，且若公司因此遭受損害，公司負責人須對公司負賠償責任（公司法第十六條第二項）。

二、公司的行為能力

　　行為能力，是指權利主體得獨立為有效法律行為的能力或資格。就自然人而言，具有完全行為能力之人，可獨立為有效的法律行為。所謂完全行為能力人，是指具有意思能力之人，也就是可以獨立判斷自己行為在法律上效果之人。一般而言，滿二十歲的成年人（民法第十二條），就是對於事物具有辨識能力的完全行為能力人。法人不似自然人，沒有年齡上的區分，在法律上皆有完全行為能力。但需注意的是，法人只是個組織，真正為法人從事各種法律上行為者是自然人，且具有「公司負責人」資格之自然人，其執行職務之行為，才能算是公司的行為。

　　公司的「負責人」，也就是公司的「代表人」。這些具有特殊資格的自然人，於執行職務時所為的行為，就是公司的行為。此時，其有如自然人的手足一般，與公司是同一體。需與公司「代表人」仔細區分者為公司的

「代理人」。代理人與公司是兩個不同的權利主體,在代理權限之內,代理人可以替本人(也就是公司)代為及代受意思表示,且其所為的法律行為效力及於本人。不過這與公司的代表人所為者就是公司的行為不同。未濟公司是個有限公司,而有限公司的負責人原則上為董事,故趙志宏才有權代表公司,魯招財非公司負責人,其所為的承諾不拘束未濟有限公司。

三、公司的責任能力

責任能力,是指負擔損害賠償的能力。權利主體是否有責任能力,須視其於行為時有無識別能力。而所謂識別能力,是指對事務具有正常認識及預見其行為可能發生什麼法律效果的能力。自然人有無責任能力,須依照具體情形分別判斷。法人是個組織,要如何判斷有無責任能力呢?相同的,也是從法人的代表人判斷,這是因為法人的各種行為都需透過自然人,故行為當時有識別能力的代表人,於執行職務時,因故意或過失侵害他人權益,造成他人受有損害時,法人就有責任能力,必須負起賠償責任。此外,真正為加害行為的自然人代表,當然也不能脫免責任,也必須負起賠償責任,法人與代表人必須共同負起連帶賠償責任(民法第二十八條,公司法第二十三條)。

【參考答案】

本案例中,未濟有限公司的章程並不包括保證業務,且無其他法令允許其為保證業務,故未濟有限公司負責人應拒絕郝汎通的請求,不得以公司為保證人。

由於公司法中未對公司的侵權行為作特別規定,故公司的侵權責任應依民法第二十八條規定處理。在本例中,趙志宏等人於布置店面時,不慎將破裂的裝飾品置於店內,使來參觀的顧客受到傷害,身為未濟有限公司董事的趙志宏,於布置店面時,明知破裂的裝飾品易使人受傷,卻疏於注意未移至他處。其於加害行為發生時具有識別能力,應無疑義,故應對於受傷學生負起賠償責任。此外,加害行為的發生,係因未濟有限公司的負責人執行業務,因此,未濟有限公司也必須負起賠償責任,受傷學生可對未濟有限公司與趙志宏要求負起連帶賠償責任。

第五節　公司資金運用的限制

〔案　例〕

未濟有限公司營業店面的房東，因家有急用欲出售該屋，向趙志宏表示若有興趣購買，可以廉售。趙志宏等人認為機不可失，但公司可運用的現金只有新臺幣一百五十萬元，全體股東頂多可再籌出二百萬元，仍不足二百萬元。俞點曉建議向他的叔叔借錢，湊滿不足的金額，借期為半年。雷生達認為公司只賺學生的錢，利潤有限，不如多借一百萬元，拿來炒作股票，公司才能迅速致富。此時，曾英顯接到期貨交易所的電話，得知其所購買之期貨商品因價格狂跌，須補繳五十萬元的保證金，曾英顯向趙志宏表示一時籌不出這麼多錢來，希望先借用公司的現金，數日後當即歸還。

〔問　題〕

一、趙志宏等人可否以公司名義向外借款？
二、趙志宏等人可否以公司資金買賣股票作為生財之道？
三、未濟有限公司可否借錢給曾英顯？

〔說　明〕

公司運用資金是否恰當，不僅影響公司的盈虧，甚至會影響公司的存續，因此公司法對於公司的資金運用設有若干限制，以達維護公司的財務及資本結構之目的。

公司運用資金的方式不外下列三種：轉投資、向他人借貸與將資金借貸給他人。首先就向他人借貸而言，現今商業型態較往昔有很大的不同，資金的靈活運用往往亦能為公司帶來豐厚利潤，故已少有公司將大筆資金積存於公司，甚至有時在公司有資金的情形下，向金融機構或個人舉債。可是，當債務過於龐大，超過公司的清償能力時，不僅會影響公司的營運，更會使公司債權人的權益受到影響。有鑑於此，公司法第十三條及第十五

條就公司資金之運用設有規定。說明如下：

一、公司轉投資的限制

為了使公司的資本確定且充足，使公司能穩健經營，以保障公司股東的權益，更為了避免有心人士利用公司發行大量股票或債券吸收投資人之資金，而後將公司資金轉移他處，置原公司於不顧，使投資人蒙受財產上損失，故公司法對於公司的轉投資設有限制（公司法第十三條）：

㈠無限股東或合夥人

公司不得成為他公司之無限股東或合夥事業之合夥人。主要原因在於無限責任股東或合夥人須與他公司或他合夥事業負連帶責任，萬一他公司或他合夥事業倒閉，勢必會影響原公司，故予以絕對之禁止（公司法第十三條第一項）。但公司可以擔任有限合夥的有限合夥人或普通合夥人。惟若擔任普通合夥人，須經股東同意或股東會決議（有限合夥法第八條）。

㈡有限股東

於民國一百零七年八月修法前，無論公開發行或非公開發行股票的公司、無限公司、兩合公司或有限公司，如為他公司有限責任股東時，其所有投資總額，原則上不得超過本公司實收股本百分之四十，除非公司係以投資為專業或章程另有規定或經依一定程序解除百分之四十之限制，始不受此限。此次修法後，放寬非公開發行股票之公司、無限公司、兩合公司及有限公司轉投資之限制。惟考量公開發行股票之公司為多角化而轉投資，屬公司重大財務，涉及投資人業務行為，為健全公開發行股票公司之財務業務管理，避免不當投資而使公司承擔過高之風險，致影響公司業務經營及損及股東權益，針對公開發行股票之公司，仍有加以規範之必要（公司法第十三條第二項）。

依民國一百零七年八月修法後之規定，公開發行股票之公司為他公司有限責任股東時，其所有投資總額，不得超過本公司實收股本百分之四十。此項限制，不因被投資公司為本國公司，或於我國經登記之外國公司，而有不同，換言之，即使是購買外國公司之股票，亦受公司法第十三條投資總額之限制。所謂的投資總額，指公開發行股票之公司以自有財產對他公

司為實際的出資行為而言，若因接受被投資公司以盈餘或增資配股所得之股份，則不包含在內（公司法第十三條第五項）。舉例來說，好望角食品股份有限公司為一公開發行之股份有限公司，其章程所定之資本額為一千萬元，但實際發行股份所取得的資本為四百萬元，好望角食品股份有限公司於民國一百零七年一月拿出一百五十萬元投資新南陽食品有限公司，成為新南陽食品有限公司的股東之一，新南陽食品有限公司因經營良好，於民國一百零七年八月分配盈餘給各個股東，好望角食品股份有限公司分得十五萬元。在這個例子中，好望角食品股份有限公司的投資總額，係以實收資本四百萬元計算，故其轉投資之金額不得超過一百六十萬元，而好望角食品股份有限公司實際拿出的金額只有一百五十萬元，其接受新南陽有限公司分配盈餘所得之十五萬元，不算入轉投資額中，故本例中好望角食品股份有限公司所為之轉投資合於公司法之規定。

在這裡要注意的是，成為他公司有限責任股東之方式有兩種，一是直接以現金、現物出資，另一種則是以購買股票的方式成為股份有限公司的股東。在後者的情況中，由於過去有些公司以購買股票卻不過戶的方式，規避公司法的規定，因為既然未辦理過戶，則理論上即非屬所購股票公司之股東，故經濟部於民國七十八年十一月作出解釋，認為購買股票無論是否在所買公司之股東名冊上登記，一律視為轉投資，受公司法第十三條拘束，即投資總額不得超過實收資本的百分之四十。

惟公司的投資總額限制仍有例外：

1.如果公司本身是以投資為專業，則無受限制之必要。所謂以投資為專業，是指公司專門以投資信託為業務，而不經營其他事業者而言，公司法對此種公司轉投資的總額未予限制；

2.若公司章程另有規定或取得股東同意、股東會決議，則不受限制。民國一百零七年修法前規定，如果公司取得股東同意或股東會決議時，以股東同意或股東會決議之內容為準，所謂取得股東同意或股東會決議，其要件如下：

(1)無限公司或兩合公司經全體無限責任股東同意；

(2)有限公司經全體股東同意；

(3)股份有限公司經代表已發行股份總數三分之二以上股東出席，出席股東表決權過半數同意之股東會決議。公開發行股票的公司，出席股東的股份總數不足三分之二時，則以有代表已發行股份總數過半數股東之出席，出席股東表決權三分之二以上之同意表決。前述出席股東股份總數及表決權數，若章程有較高之規定者，從其規定。

於民國一百零七年八月修法後，關於公開發行股票公司股東同意及股東會決議之限制，如同前述(3)之要件，但無限公司、兩合公司及有限公司已無轉投資總額之法定限制。

須注意者，公司法第十三條之規定為強行規定，未依規定取得股東同意或股東會決議，公司負責人若有違反，應賠償公司因此所受的損害。

【參考答案】

原則上未濟有限公司可以用買賣股票之方式，賺取差額以增加公司財富。在民國一百零七年修法前，投資總額不可超過公司實收資本的百分之四十，即一百二十萬元。於此情形，如果趙志宏等人想再多投資一點錢，有兩種解決方式，一是取得公司全體股東之同意，但此法有其缺點，若公司不止一次轉投資，則每遇到投資總額超過公司法之規定時，便須尋求股東之同意，不如以修改章程之方式，在章程中對投資總額另設規定，以達一勞永逸之效果。惟自修法施行後，未濟有限公司即不受轉投資額之限制。

二、公司貸款的限制

公司法第十五條第一項規定：公司之資金除因公司間或與行號間有業務交易行為或有短期融通資金之必要外，不得貸與股東或任何他人。本條之立法目的旨在確定公司資本，避免公司負責人任意將資金貸與他人，使公司的資本額形同虛設，不僅公司的業務無法順利推展，且損及投資人及公司債權人之權益。此外，亦為達到防止「人頭股東」之弊病，若公司貸款給股東，則該股東變成僅為部分出資或形同未出資，有心之人即可以將

股東出資額全數再貸與股東之方式，造成股東實質上並未出資的情形，因此特別立法禁止。

本條所稱「不得貸與之股東」，包含自然人股東與法人股東在內。至於常見的公司員工向公司借支，約定就其薪津及獎金於存續期間內扣還，依經濟部之解釋，認為此屬預支薪津，非屬一般貸款性質，故不構成本條限制之違反。

公司法第十五條設有例外規定：公司間或與行號間有業務往來或有短期融通業務交易行為，而有融通資金之必要者除外，但融資金額不得超過貸與企業淨值的百分之四十。由此可知符合下列情況得為資金貸與：㈠公司貸與資金之對象，包含公司及行號，依經濟部之解釋還包括公司之法人股東，至於自然人股東則在禁止之列；㈡公司間須有業務上的往來；㈢有短期融通資金之必要者。舉例來說：好望角食品股份有限公司係一公開發行股票的公司，其原料供應商科克企業有限公司，急需三十萬元購買原料，於是向好望角食品股份有限公司借款。在本例中，好望角與科克企業有限公司經常有業務往來，好望角食品股份有限公司亦須靠科克企業有限公司正常供應其所需之原料，才能生產食品，維持公司生產效率，故在本例中，好望角食品股份有限公司的負責人可以貸款給科克企業有限公司。最後需注意者，公司負責人違反上述禁止借貸的規範時，須與借用人連帶負返還責任。若公司受有損害，也需負起賠償責任。

【參考答案】

未濟有限公司依公司法第十五條第一項之規定，不得貸款給曾英顯。如果趙志宏違反規定將公司資金借給他，雖然此一借貸契約對未濟有限公司仍屬有效，但趙志宏必須對公司負賠償責任，即須賠償未濟有限公司五十萬元及利息，若未濟有限公司因此受有其他損害，趙志宏亦須一併賠償。

第六節　公司的股東及負責人

〔案　例〕

　　未濟有限公司之業務蒸蒸日上，趙志宏要照顧店內的業務又要外出洽商，著實分身乏術，便向大夥提議再選出一個經理負責店內生意的處理。雖說未濟有限公司只是個小公司，但名片上印個經理二字，總是顯得神氣許多，故有意出任者亦不在少數，曾英顯為使自己順利當選，想出一計妙招，首先以增加資金為由，說服大夥兒讓十九歲的表弟甄彌虎加入公司，成為新股東，等到開會時再叫甄彌虎投自己一票，如此一來自己必能順利當選。投票結果，曾英顯仍以一票之差，由李庫歷出任經理。

〔問　題〕

　　一、甄彌虎未滿二十歲，得否成為未濟有限公司之股東？

　　二、何謂經理人？其職務、責任為何？

　　三、趙志宏與李庫歷，誰才是未濟有限公司的負責人？

〔說　明〕

一、公司股東的資格與權利義務

　　股東，依其所負之責任可區別為無限責任股東（無限公司的股東與兩合公司的無限責任股東）及有限責任股東（有限公司與股份有限公司的股東）。前者所負責任較重，故公司法對前者資格之限制亦較嚴格，分述如下：

　　㈠不論是何種責任之股東，均享有一定法律上權利與負擔義務，故股東一定要具備權利能力。因此無權利能力者例如獨資或合夥事業，不具備法人之資格，所以不得以該事業之名義成為股東。

　　㈡由於有限責任股東僅就其出資額負責，責任較輕，例如古奇先生出資一百萬元成為羅馬服飾有限公司的股東，若該公司經營不善，則古奇先生至多只是收不回那一百萬元，不必再為公司之虧損負責。所以公司法對

有限責任股東之資格並不特別作限制，不論是政府、公司、他公司無限責任股東、限制行為能力人均可成為有限責任股東。只不過限制行為能力人，應得到法定代理人的同意（民法第七十七條），且於辦理股東登記時，須併附法定代理人之同意書。至於無行為能力人，如未滿七歲之人（民法第十三條）、受監護宣告人（民法第十四、十五條），雖然有權利能力，但必須透過法定代理人的代為及代受意思表示（民法第七十六條），才可與他人或物形成法律關係。因此須經由其法定代理人為其出資才可成為有限責任股東。例如古奇受監護宣告，其法定代理人仍可以古奇的名義購買彰化銀行的股票，使古奇成為彰化銀行的股東，但古奇無法行使股東權，必須完全由其法定代理人代為行使。

　　㈢無限責任股東之責任較重，在公司資產不足清償債務時，須負連帶清償責任，故公司法第六十六條第一項第四款規定，受監護宣告或輔助宣告者，不得成為無限責任股東。換言之，無行為能力人或限制行為能力人即使透過法定代理人之行為，亦不得成為無限責任股東。此外，依照公司法第十三條轉投資限制之規定，公司亦不得成為他公司之無限責任股東。如果原本就是無限責任股東，還要再成為他公司的無限責任股東，或合夥事業的合夥人，須得其他無限股東全體之同意，方得為之（公司法第五十四、一百十五條），以免影響原公司其他股東及債權人之權益。

　　㈣財團或公益社團法人得否成為股東？依經濟部之解釋，認為財團法人及公益社團法人具有公益性質，原則上不能經營商業，但如為達成公益目的而有營業之必要，並於章程訂明獲得主管機關之許可者，可投資於一般公司組織之營利事業，成為有限責任股東。最後，關於股東的資格，可簡化為下表：

股東身分 ＼ 股東種類	無限責任股東	有限責任股東
限制行為能力人／受輔助宣告人	不可	有條件限制
受監護宣告人	不可	可
政府	可	可
公司	不可	可
獨資或合夥事業	不可	不可
財團或公益社團法人	不可	有條件限制
他公司無限責任股東	有條件限制	可

【參考答案】

　　甄彌虎雖未滿二十歲，只要經過其法定代理人之同意，仍得成為未濟有限公司之股東。

二、公司的經理人

　　公司規模愈大，需要處理的事務愈多，無法完全由公司的一般負責人處理，故公司法規定，如果公司認為有必要，可以在章程中設置經理人，對內處理公司一部或全部之事務，對外則在其職權範圍內代表公司與第三人交涉，以分擔一般負責人之工作量。如果公司須處理之事務太多，可以設置多位經理人。

㈠經理人的權限範圍

　　至於經理人的確實職務內容為何，須視公司章程或公司與經理人簽訂的委任契約內容決定。例如在大公司中，可能把採購、行銷、人事管理等事務分別委任不同之經理負責，則此時各經理僅就該部門之事務有處理及代表公司之權限；但在小公司中，可能把全部事務都委由同一經理處理，而無明確之職權劃分。經理人在其權限範圍內，有為公司管理、簽名並代

表公司為原告或被告或其他一切訴訟上行為之權。

(二)公司對經理人權限設限時，與第三人的關係

　　雖然公司有權對經理人之職權作限制，但公司不得以其所加於經理人職權之限制，對抗善意第三人（公司法第三十六條）。換言之，公司不得以加於經理人之限制，對抗不知情的第三人。例如吳德電腦有限公司委任柯蓮為業務部門經理，柯蓮代表公司與大橘子電腦量販店簽訂電腦買賣契約，由於交易量大，柯蓮以市價八折出售，事後吳德電腦有限公司不得以柯蓮未被授權以折扣價出售商品為由，主張該契約無效。因為依民法第五百五十四條規定：「經理人對於第三人之關係，就商號或其分號，或其事務之一部，視為其有為管理上之一切必要行為之權。」柯蓮為業務部經理，就其業務範圍（出售商品）應有為管理上一切必要行為之權限，而按照一般交易習慣，以適當的折扣價格出售商品，應為業務經理之必要行為，有民法第五百五十四條之適用，故公司對柯蓮之限制不得對抗善意第三人。

　　民法就公司對於經理人之權限限制設有若干規定，說明如下：

　　1.民法第五百五十三條第三項：「經理權得限於管理商號事務之一部或商號之一分號或數分號。」依該項規定，公司可以將經理人之職權限制在公司之部分事務，例如專門處理企劃事務；亦可將經理人之職權限制在公司之一個或數個分公司。經理逾越權限所為之行為，屬於無權代理，公司可以不承認，該行為對公司將不生任何效力。但為了保護交易上相對人之權利，解釋上應認為公司之授權限制必須明確，使第三人從外觀上能清楚地瞭解該經理人之權限何在，例如名片上明白記載該經理人是某部門、或某分公司經理。

　　2.民法第五百五十四條第二項規定：「經理人，除有書面之授權外，對於不動產，不得買賣，或設定負擔。」由於不動產之買賣、設定負擔等事項，對公司之利害關係影響較為鉅大，對此種重大事件，應由公司出具書面授權，以保障公司及交易相對人之權益。第三人於不動產買賣或設定負擔的交易時，應主動要求公司的經理人出示書面授權書及其他必要的書據。也就是說，第三人對於公司經理人有無書面授權負有注意義務，若第三人

未盡此義務，則不問其是否為善意，公司均得對抗之。

　　3.民法第五百五十六條規定：「商號得授權於數經理人，但經理人中有二人之簽名者，對於商號，即生效力。」

(三)經理人的資格限制

　　從上面之敘述可知，經理人所經手之事務多為公司重大事務，因此經理人之優劣，對公司營運將產生重大影響，所以公司法中對於經理人之資格設有限制，且其任免有一定程序，以保障公司及全體股東之權益，茲分述如下：

　　民國一百零七年修法前規定，經理人須在國內有住所或居所，以確保經理人能就近、專心管理公司事務（公司法第二十九條第三項）。民國一百零七年修法時，為因應公司經營之國際化、自由化，刪除此項限制。

　　經理人常須處理公司重大事務，並經手大筆財物，其能力、人格、操守應有一定水準，故公司法第三十條對經理人之資格設有限制，如有下列情形之一，不得充任，若已充任則當然解任：

　　(1)曾犯組織犯罪防制條例規定之罪，經有罪判決確定，尚未執行、尚未執行完畢或執行完畢、緩刑期滿或赦免後未逾五年。此即所謂的「反黑條款」，以限制黑道人士擔任公司負責人，而影響公司正常營運及人民的權益。

　　(2)曾犯詐欺、背信、侵占罪，經受有期徒刑一年以上之刑確定，尚未執行、尚未執行完畢或執行完畢、緩刑期滿或赦免後未逾二年者。

　　(3)曾犯貪污治罪條例之罪，經判決有罪確定，尚未執行、尚未執行完畢或執行完畢、緩刑期滿或赦免後未逾二年。

　　(4)受破產之宣告或經法院裁定開始清算程序，尚未復權。

　　(5)使用票據經拒絕往來尚未期滿。

　　(6)無行為能力或限制行為能力。

　　(7)受輔助宣告尚未撤銷。

　　公司法第三十條第七款之增訂，係因民法第十五條之一第一項規定：受輔助宣告之人係因精神障礙或其他心智缺陷，致其意思表示或受意思表

示，或辨識其意思表示效果之能力，顯有不足者。同條第二、三項規定：受輔助宣告人，未經輔助人同意之行為，其效力分別準用第七十八至八十三條及第八十五條有關限制行為能力人之相關規定。顯見受輔助宣告尚未撤銷之人，並不具備完全行為能力。而經理人設置之目的在輔助公司業務之執行，若其無法獨立為有效之意思表示及為有效之法律行為，顯然無法輔助公司業務之執行，亦無法承擔身為經理人對於公司應盡之忠實義務及善良管理人之注意義務，爰增訂第七款。

　㈣經理人的任免程序

　　1.無限公司和兩合公司須經全體無限責任股東過半數同意（公司法第二十九條第一項第一款）。

　　2.有限公司須經全體股東過半數同意（公司法第二十九條第一項第二款）。

　　3.股份有限公司須經由董事會，以董事過半數之出席、及出席董事過半數之同意，且登記時須檢附董事會決議錄，確保該項決議之真正，以杜紛爭（公司法第二十九條第一項第三款）。

　　經理人之任免應於經理人到職或離職後十五日內，向主管機關登記（公司登記辦法第四條）。

　㈤經理人的義務

　　經理人的義務與責任除民法設有規定外（民法債編第二章第十一節），公司法也有特別規定：

　　1.經理人應遵守政府法令、公司章程，不可以變更董事或執行業務股東之決定、也不可以變更股東會或董事會的決議，當然更不可以超過公司所規定的權限（公司法第三十三條），若經理人違背此義務致公司受損時，對公司負賠償責任（公司法第三十四條）。例如董事會決議新上市之產品市價訂為五百元，但經理人卻擅自將價格降為四百元，致公司損失利潤，對此損失該經理人應負賠償責任。

　　2.競業禁止之義務。經理人不得兼任其他營利事業之經理人，並不得自營或為他人經營同類之業務（公司法第三十二條）。由於經理人所須處理

之事務多是公司重要事務,且對公司業務狀況瞭若指掌,如果任由經理人兼營其他營利事業之經理人,或自營或為他人經營同類業務,極可能發生經理人故意違背職守以圖利自己或他人之情形。例如焦檜是風波庭食品有限公司之業務經理人,經手麵粉交易,自己又開了一家後窗麵包店,將公司的麵粉以低價賣給自己的麵包店,以此手段降低製作麵包之成本,而造成風波庭公司之損失。風波庭公司可於知焦檜有此違法行為起一個月內,或自焦檜為此違法行為時起一年內,請求焦檜將後窗麵包店因其行為所增加之盈餘交給風波庭公司,作為風波庭公司之損害賠償。然而並不是每位經理人都會以此圖利自己,造成公司損失,因此公司法設例外規定:如果公司信任該經理人,可經董事或執行業務股東過半數同意,解除經理人競業禁止之義務。

3.公開發行股票之公司,為避免經理人因職務上知悉公司重大事項而趁機為內線交易,經理人如持有公司股票,應於就任後,將其數額向主管機關申報並公告之,並應於每月五日以前將上月份持有股數變動之情形,向公司申報,公司應於每月十五日以前,彙總向主管機關申報(證券交易法第二十五條第一至二項)。

（六）經理人的報酬

經理人為公司辛苦工作,理當享有報酬。其報酬金額,若是無限公司及兩合公司,須由全體無限責任股東過半數同意(公司法第二十九條第一項第一款)、若是有限公司則須由全體股東過半數同意(公司法第二十九條第一項第二款)、若是股份有限公司須由董事會(過半數董事出席及出席董事過半數)同意(公司法第二十九條第一項第三款),但若公司章程有較嚴格的規定,則依公司章程規定。

但股份有限公司若為改善財務結構或回復正常營運,參與政府專案核定的疏困方案時(詳如第二章第九節之二之（六）),專案核定之主管機關得限制其發給經理人報酬,或為其他必要之處置或限制,以免造成公司營運不佳時,經理人仍然享受高額報酬之不公平現象。關於限制經理人報酬的詳細辦法由中央主管機關規定(公司法第二十九條第二項)。經濟部已於民國

九十八年三月發布「參與政府專案紓困方案公司發行新股與董事監察人經理人限制報酬及相關事項辦法」。

三、公司的負責人

㈠公司負責人的種類、權限與義務

公司法上將有權對外代表公司並執行業務之人，稱為公司負責人。公司負責人又可區分為當然負責人與職務負責人：當然負責人（即公司的代表人，惟股份有限公司以董事長為公司的代表人）可全面性地代表公司，並執行公司各項業務，好比是一國元首；職務負責人僅在其職務範圍內被視為是公司之負責人，一旦超過其職務範圍，則無代表公司之權利，有如一國的部長。

公司法第二十三條所稱「公司負責人」，包括了當然負責人及職務負責人，至於民法第二十八條所稱「其他有代表權之人」範圍更廣，不限於當然負責人、職務負責人，凡職務上有權對外代表公司之人，即為民法第二十八條所稱「其他有代表權之人」。

公司負責人之權限範圍及其應遵守的義務，應符合公司法的規範，此外，由於公司是社團法人的一種，民法關於社團法人代表人之規定，於公司代表人亦有適用，社團法人代表人的義務包含民法第二十七條第一項「代表法人執行職務」，與第五十一條「召集總會」。最後，公司代表人還負有競業禁止義務、登記義務、及對第三人的損害賠償義務。

當然負責人之名稱、產生方式，因公司種類而異，在無限公司、兩合公司為執行業務或代表公司之股東；在有限公司、股份有限公司為董事（公司法第八條第一項）。

職務負責人包括公司之經理人、清算人或臨時管理人，股份有限公司之發起人、監察人、檢查人、重整人或重整監督人（公司法第八條第二項）。

㈡政府、法人或其代表人為公司負責人

政府或法人亦可成為股東，那麼政府或法人可否成為公司之負責人？依公司法第二十七條規定，答案是肯定的。政府或法人為股東時，得被推為執行業務股東或當選為董事或監察人，再由政府或法人指定自然人代表

行使職權。例如大東亞有限公司為新薪石油股份有限公司之股東，在股東大會中被推選為董事，此時新薪石油股份有限公司之當然負責人是大東亞有限公司，惟大東亞有限公司應指定自然人代表該公司行使職務，又大東亞有限公司可依其職務關係，隨時改派他人補足原任期。

按照公司法第二十七條第二項規定，政府或法人為股東時，其代表人亦得被推選為執行業務股東，或當選為董事或監察人。在此情形下，公司負責人就不是政府或法人，而是政府或法人的代表人。如果代表人有數人，可以分別被推選為執行業務股東，或當選為董事或監察人。如上例中，大東亞有限公司委由連和平與林河碼代表大東亞行使股東權，新薪石油股份有限公司的股東大會中，林河碼被推選為董事，此時新薪石油股份有限公司的負責人為林河碼，而非大東亞有限公司。惟若林河碼因故不再是大東亞有限公司的代表人，例如車禍身亡，為避免公司因政府或法人股東變更代表人，致公司需重新召開該股東大會重選公司負責人，造成公司業務之延滯，公司法允許大東亞有限公司另外派人接替林河碼，成為新薪石油股份有限公司之董事（公司法第二十七條第三項）。

須特別注意的是，上例中如果林河碼當選董事、連和平當選監察人，此時極有可能發生「董監事狼狽為奸」的狀況，以致公司營運不健全。所以民國一百零一年一月修正公司法時，特別在第二十七條第二項增加但書規定，明定政府或法人股東的代表人，不得同時當選或擔任董事及監察人。

公司負責人的責任，包含應忠實執行業務並盡善良管理人的注意義務，於執行公司業務時，如有違反法令，致他人受有損害時，對他人應與公司負連帶賠償責任（公司法第二十三條）。這裡所指的公司負責人，包含公司的當然負責人與職務負責人。

【參考答案】

原則上未濟有限公司之負責人為趙志宏，但李庫歷在其職權範圍內（關於店內生意的處理）亦為公司負責人。

第七節　公司的分公司

〔案　例〕

　　經過二年後，未濟有限公司不但還清了貸款，且有三百多萬元的盈餘。正巧俞點曉居家附近有一店面要出租，地點頗佳，俞點曉便向大夥兒建議再開一家門市部或分店。此時雷生達建議：「乾脆開個分公司好了，不是比分店來得有氣派嗎?!」幾經商議後，決定成立分公司，選任俞點曉為分公司經理。俞點曉以分公司經理的身分與高雅傢俱裝璜有限公司長安分公司簽訂一紙契約，孰料高雅傢俱裝璜有限公司未按約定時間完工，以致未濟有限公司第一分公司開幕典禮被迫取消，趙志宏等人決定以高雅傢俱裝璜有限公司為被告，提起訴訟，請求損害賠償。

〔問　題〕

　　一、何謂分公司？未濟有限公司應如何設立分公司？

　　二、趙志宏等可否以高雅傢俱裝璜有限公司長安分公司為被告提起訴訟？

〔說　明〕

一、分公司的意義

　　公司為了推展業務、擴大銷售網路及應付各項營運的需求，往往在不同縣市設立據點，公司據點的形式有很多，例如服務中心、辦事處、門市部、分店或分公司等，但並非所有取名為分公司者，就是公司法上的分公司，其要件如下（經濟部五五、二、二六商字〇四二一〇號函）：

　　㈠分公司必須要有營業行為，對外經營業務。有些據點只是用來方便處理部分事務，例如服務中心，可能只負責產品維修、倉儲部可能只負責原料與成品之存放等，這些據點都無法成為公司法上的分公司。

　　㈡分公司必須要有獨立的財務會計，亦即分公司要有自己的會計單位計算盈虧，如果其交易是逐筆轉報總公司列帳而不劃分設置主要帳冊者，

即非公司法上之分公司。

二、分公司的設立

分公司的設立應注意下列事項：

㈠分公司之設立，屬於公司章程中必要記載之事項（公司法第四十一、一百零一、一百十六、一百三十條。惟民國一百零七年修法時，將有限公司章程中分公司地址此一必載事項刪除），因此公司章程內應載明得設立分公司，如果公司成立時，公司章程中未載明得設立分公司，則必須先變更章程後，才能設立分公司。在變更章程方面，無限公司、有限公司或兩合公司，應得三分之二以上股東同意（公司法第四十七、一百十三、一百十五條）；股份有限公司，應有代表已發行股份總數三分之二以上之股東出席，出席股東表決權過半數之同意，始可變更章程，設立分公司。公開發行股票的公司，出席股東的股份總數不足前述的定額時，得以有代表已發行股份總數過半數股東之出席，出席股東表決權三分之二以上的同意變更章程，設立分公司（公司法第二百七十七條）。

㈡公司設立分公司，應於設立後十五日內向主管機關申請登記（公司登記辦法第四條第一項）。

㈢分公司之名稱不能與他人已登記經營同類業務公司之名稱相同或相類似，以免引起混同誤認，導致交易上糾紛。

【參考答案】

本案中，由於未濟有限公司成立時，並未在章程中載明得設立分公司，因此趙志宏等人應先徵得三分之二以上股東同意，變更公司章程。在此要提醒的是，公司章程經變更後，應向主管機關為公司登記事項之變更登記。

三、分公司的權利能力

由於分公司並非獨立的公司，係受本公司管轄的分支機構（公司法第三條第二項），而單一權利主體所享有的權利能力無法分割或移轉，故分公司並不享有權利能力，只有本公司才是權利主體。

然而在訴訟上堅持只有本公司才是權利能力主體，則與分公司發生糾紛欲提起訴訟時，對分公司、本公司或他方都造成相當不便。當他人欲對分公司提起訴訟時，依訴訟法上「以原就被」的原則（民事訴訟法第一條），必須至被告所在地之法庭提起訴訟，而通常分公司與本公司是在不同的縣市，因此原告須改至本公司所在地之法院提起訴訟，這會對原告產生極端的不便利；且若分公司欲提起訴訟，因其欠缺權利能力，必須透過本公司代為提起，亦對公司造成不便。因此最高法院判例從寬認定：分公司就其業務範圍內之事項涉訟時，有民事訴訟法上之當事人能力（最高法院六十六年臺上字第三四七〇號判例），換言之，在民事訴訟上，分公司雖無權利能力，就其業務範圍內的事項，亦得為訴訟上的原、被告。

【參考答案】

由於分公司與本公司係同一人格，故在本案中，趙志宏等人得本於未濟有限公司負責人身分，以未濟有限公司的名義以高雅傢俱裝璜有限公司長安分公司為被告，提起訴訟要求損害賠償。且未濟有限公司將來取得勝訴判決，除可就高雅傢俱裝璜有限公司長安分公司之財產進行強制執行外，尚可就高雅傢俱裝璜有限公司本公司及其他分公司之財產進行強制執行。

又，趙志宏除了以未濟有限公司為原告外，由於此件糾紛屬於未濟有限公司第一分公司業務範圍內之事項，俞點曉還得以未濟有限公司第一分公司為原告，對高雅傢俱裝璜有限公司提起訴訟。

第八節　公司的監督

〔案　例〕

李庫歷因母親罹患重病，負擔龐大的醫藥費，但他一時無法籌出這麼多的現金，遂與其他股東商量，希望能先暫時抽回其對未濟有限公司之出資，等經濟情況較寬裕時再補回來。趙志宏等人見狀，感到十分同情，當場應允李庫歷

的請求。惟曾英顯對趙志宏及李庫歷向來感到很「吃味」，好不容易逮到二人的「小辮子」，決定要好好利用一番，於是私下向經濟部檢舉未濟有限公司負責人趙志宏，指其將該公司股東李庫歷已繳之股款發還給李庫歷。

〔問　題〕

一、經濟部可否派員至未濟有限公司檢查曾英顯所檢舉之事？

二、公司受監督之事項有那些？

〔說　明〕

一、公司的監督機關

為使公司確實經營、避免執行業務之股東或董事怠惰或為違法情事，公司內部設置監督機關或由構成員監督，稱為自治監督。然有時公司為求賺錢不擇手段，往往公司上下一體同心，使用不當營業方式以謀利益，對社會經濟及交易安全產生嚴重影響，此時國家基於公益監督公司，稱為公權監督。

公司的營運涉及許多層面，因此也受到不同的行政部門管理及不同的法律規範。簡單來說，公司的監督機關可分為行政部門的監督及司法部門的監督，後者是指來自法院監督，前者因不同的事項，又可加以區分主管機關的監督和目的事業主管機關的監督。就公司本身的設立及營運，主管機關在中央是經濟部，在直轄市則是直轄市政府相關單位。而公司就其營業項目，須受目的事業主管機關監督。例如保險公司的目的事業主管機關是行政院金融監督管理委員會。

除了主管機關及目的事業主管機關外，公司依不同事項及法規還受到其他公權監督機關的監督。例如公開發行股票的股份有限公司，就發行股票事宜，受到「金融監督管理委員會證券期貨局」的管理。此外，所有的公司都受到「行政院公平交易委員會」的管理，公司間欲進行合併或策略聯盟，須先向公平交易委員會申請；甚至為不實廣告時，也會受到公平交易委員會的處罰。

依公司法第二十一條第一項及第二項規定：「主管機關得會同目的事業主管機關，隨時派員檢查公司業務及財務狀況，公司負責人不得妨礙、拒絕或規避。公司負責人妨礙、拒絕或規避前項檢查者，各處新臺幣二萬元以上十萬元以下罰鍰。連續妨礙、拒絕或規避者，並按次連續各處新臺幣四萬元以上二十萬元以下罰鍰。」主管機關派員調查後，若發現有不實登記或其他違法情事，經濟部應即向公司所在地之地方法院檢察署告發，由檢察官代表國家偵查並提起公訴，經法院依公司法第九條第一項判處公司負責人刑事責任確定後，由法院檢察署通知（民國一百零七年修法時，已刪除由法院檢察署通知）中央主管機關撤銷或廢止公司關於股東、出資額及公司資本額之登記，以防止虛設公司及防範經濟犯罪。

【參考答案】

本案中，經濟部可派員檢查趙志宏退還股東出資一事，且如果調查後發現曾英顯之檢舉屬實，應向法院告發，經法院作出趙志宏有罪之判決，且判決確定後，由中央主管機關廢止或撤銷未濟有限公司有關股東、出資額及公司資本額之登記。經濟部接獲通知後亦得命李庫歷補足應繳之股款，若李庫歷補足，則不必撤銷或廢止未濟有限公司相關之登記，惟李庫歷事後補足，並不能因此使趙志宏獲無罪判決！

幸而李庫歷在抽回股款前，巧遇大學好友王健平律師，經王健平提醒發現抽回股款將違反公司法規定，使趙志宏得以躲過一場牢獄之災。

二、公司的監督事項

公司受監督之事項，依公司成立前後二階段可分為事前監督及事後監督：

㈠事前監督

1. 設立登記

公司非在中央主管機關完成登記，不得成立（公司法第六條）。主管機關對公司設立登記之申請，認為有違反本法或不合法定程式者，應令其改

正，非俟改正合法後，不予登記（公司法第三百八十八條）。藉此預防不肖之人以設立公司為手段詐騙金錢，並確保公司組織、財務之健全。

2.公司名稱的禁止使用

未經設立登記，不得以公司名義經營業務或為其他法律行為，違反者由主管機關禁止使用公司名稱，且行為人處以一年以下有期徒刑拘役或科或併科新臺幣十五萬元以下罰金，並自負民事責任（公司法第十九條），以維護社會經濟及交易安全。

㈡事後監督

1.經中央主管機關廢止或撤銷登記（公司法第九條）

公司應收之股款股東未實際繳納，卻於申請文件中表明收足；或於登記後將股款發還股東，或任由股東收回者等情事，公司負責人各處五年以下有期徒刑、拘役或科或併科新臺幣五十萬元以上二百五十萬元以下罰金。並與各該股東連帶賠償公司或第三人因此所受之損害。但判決確定前已為補正者，不在此限。

公司之設立或其他登記事項有犯刑法偽造文書印文罪章之情事，經判決有罪確定後，中央主管機關得依職權或利害關係人之申請撤銷或廢止其登記。

2.主管機關命令解散（公司法第十條）

公司法賦與中央主管機關解散公司之權限，以期達到規範公司、整肅經濟秩序之目的。公司設立登記後，有下列情事者，中央主管機關得依職權，或利害關係人之申請，命令解散：

⑴公司設立登記後滿六個月尚未開始營業，且未辦妥延展登記。此項規定乃在避免有心人士利用公司名稱招搖撞騙，不好好經營公司業務。

⑵開始營業後自行停止營業六個月以上者，且未辦妥停業登記。其立法理由同上。

⑶公司名稱經法院判決確定不得使用，公司於判決確定後六個月內尚未辦妥名稱變更登記，並經主管機關令其限期辦理仍未辦妥。此項規定主要在保障受侵害之商標權人。

⑷未依規定於期限內，將設立登記或變更登記之資本額，檢送會計師查核簽證，且未於主管機關命令解散前檢送者。本項規定主要在確保公司設立時，有充足的資金供營業所需。

民國九十年十一月修正前的公司法規定，公司自設立或變更登記後，超過六個月未辦妥營利事業登記，也將受到主管機關解散命令的處分。此乃為避免公司逃漏稅，妨礙國家財政收入。但公司有無依法繳交營業稅，與公司的營運應分別處理，不應以此為由而撤銷公司的設立登記。因此，此次公司法修正時，將前述規定刪除，將公司逃漏稅的處罰回歸至相關營業稅法中：「營業人未依規定申請稅籍登記者，除通知限期補辦外，並得處新臺幣三千元以上三萬元以下罰鍰；屆期仍未補辦者，得按次處罰。」（加值型及非加值型營業稅法第四十五條）、「營業人有下列情形之一者，除通知限期改正或補辦外，並得處新臺幣一千五百元以上一萬五千元以下罰鍰；屆期仍未改正或補辦者，得按次處罰：一、未依規定申請變更、註銷登記或申報暫停營業、復業。二、申請營業、變更或註銷登記之事項不實。」（加值型及非加值型營業稅法第四十六條）。

3. 法院裁定解散

公司開始營業之後，若發生無法排除的困難或重大損害。則與其任由僵持不下的狀況繼續，不如趁早結束公司，使得公司的債權人與股東可及早解決債權債務與回收資金。因此，公司法規定，當公司的經營，有顯著困難或重大損害時，法院得依據股東的聲請，在徵詢主管機關及目的事業主管機關的意見，並通知公司提出答辯後，做出解散公司的裁定。需注意的是，當股份有限公司發生上述情形時，須由繼續六個月以上，持有已發行股份總數百分之十以上股份之股東向法院提出聲請才行（公司法第十一條）。

4. 財務表冊查核

⑴公司會計年度終了，應將營業報告書、財務報表及盈餘分派或虧損撥補之議案提請股東同意或股東會承認（公司法第二十條第一項）。上述各項表格主管機關得隨時派員查核或令其限期申報。

⑵公司資本額達中央主管機關所定一定數額以上者（現行規定為三千

萬元以上，經濟部九○、一二、一二商字○九○○二二六二一五○號函），前述財務報表並應先經會計師查核簽證（公司法第二十條第二項）。部分實收資本額不高但經濟活動具有一定規模之公司（如公司營業收入、總資產或員工人數等），因對社會整體之影響已達一定程度，有必要納入規範，故民國一百零七年修法時，新增公司未達一定數額但規模達中央主管機關規定者，其財務報表亦應先經會計師查核簽證之規定。

(3)主管機關查核公司法第二十條所定各項書表時，得令公司提出證明文件、單據、表冊及有關資料。但應保守秘密，並於收受後十五日內，查閱發還。公司負責人拒絕提出時，各處新臺幣二萬元以上十萬元以下罰鍰，連續拒絕時，並按次連續各處新臺幣四萬元以上二十萬元以下罰鍰。提出之證明文件、單據、表冊及有關資料有虛偽記載者，依刑法或特別刑法偽造文書、詐欺或背信等有關規定處罰（公司法第二十二條）。

(4)公開發行股票公司，除經證券主管機關核准者外，應於每營業年度終了後三個月內，及每會計年度第一、二、三季終了後四十五日內，將財務報告公告，並向財政部證管會申報（證券交易法第三十六條第一項）。

(5)對依證券交易法發行有價證券之股份有限公司，主管機關核准發行有價證券時，因保護公益或投資人利益，得命令其提出參考或報告資料，並得直接檢查有關書表、帳冊。股票或公司債發行後，主管機關得隨時命令公司提出財務、業務報告或直接檢查財務、業務狀況。有價證券發行後，主管機關得隨時命令發行人提出財務、業務報告或直接檢查財務、業務狀況（證券交易法第三十八條）。主管機關於審查發行公司所申報之財務報告、其他參考或報告資料時，或於檢查其財務、營業狀況時，發現發行公司有不符合法令規定之事項，得命令糾正並得依證券交易法之規定處罰（證券交易法第三十九條）。

(6)公司每年度辦理結算申報時，應向稅捐稽徵機關提出資產負債表、財產目錄及損益表（所得稅法第七十六條第一項）。

5.平時業務檢查

主管機關得會同目的事業主管機關，隨時派員檢查公司業務及財務狀

況，公司負責人不得妨礙、拒絕或規避。公司負責人妨礙、拒絕或規避者，各處新臺幣二萬元以上十萬元以下罰鍰，連續妨礙、拒絕或規避者，並按次連續各處新臺幣四萬元以上二十萬元以下罰鍰（公司法第二十一條）。主管機關檢查公司業務及財務狀況時，亦有公司法第二十二條命令公司提出有關資料供檢查之權限。

第九節　公司的變更組織、合併及解散

〔案　例〕

　　未濟有限公司之業務蒸蒸日上，趙志宏等人不免有些遺憾，當初要是成立股份有限公司，便有機會公開發行股票，吸收更多的資金。魯招財此時提議：「專做學生生意的公司，除了未濟以外，還有一家飛龍股份有限公司，不如兩家合併，將兩家公司的資金、人力、經銷網路整合，定能賺取更多的利潤。」對此建議，大夥覺得蠻有道理的，但恐怕飛龍股份有限公司不會願意。趙志宏抱著姑且一試的心態，與飛龍股份有限公司董事長商談此事，想不到兩人一見如故、相談甚歡，加上飛龍股份有限公司的多數股東亦不反對，於是未濟有限公司與飛龍股份有限公司合併，成立一家多多龍股份有限公司，沒想到公司開張不到三個月，就因為股東意見不合而宣告解散。

〔問　題〕

　　一、未濟有限公司是否可以直接變更為股份有限公司？

　　二、未濟有限公司與飛龍股份有限公司合併前，應否取得債權人同意？債權人於未濟有限公司合併後，應向誰請求履行債務？

　　三、如果多多龍股份有限公司的少數股東堅持不願解散公司，其他股東有無救濟辦法？

〔說　明〕

一、公司的變更組織

四種不同的公司型態中，其組成人數、股東責任等不盡相同，有時公司於設立後，營運情形不如預期，例如股東人數不足法定標準，或無限公司有增加資金的需求，但找不到願負無限責任的股東，為使公司順利營運，達到繁榮社會經濟的目的，公司法特別規定公司經一定法定程序，可以直接變更公司組織型態，不必將原公司解散再重組新公司。

㈠變更組織的態樣

公司變更組織非可任意為之，必須公司性質相似而股東責任相同，才可相互變更，以免影響債權人的權益。假設無限公司可變更為有限公司，則原本無限公司股東對公司債務，於公司不能清償時，應負連帶清償責任。且債權人願意借錢給無限公司，也往往是看在還有無限責任股東可為備位的債務人，但變更組織後股東只就其出資額負責，公司還不出錢來時債權人就沒輒了，此時對債權人影響非常大，所以公司法有限制公司變更種類的必要。說明如下：

1.無限公司得變更為兩合公司（公司法第七十六條）。其情形有二，一是經全體股東同意，將原來部分股東變更為只負有限責任的股東；一是經全體股東同意，另外加入負有限責任的股東，而成為兩合公司。

另外，為方便無限公司轉型，於民國一百零七年增訂第七十六條之一，允許無限公司僅須經股東三分之二以上之同意，即可變更章程將其組織變更為有限公司或股份有限公司；不同意之股東得以書面向公司聲明退股，以保障無限公司股東權利。

2.兩合公司得變更為無限公司（公司法第一百二十六條）。其情形有二，一是有限責任股東全體退股，剩下的無限股東在兩人以上時，得以一致的同意，變更為無限公司（第二項）；一是有限責任股東全體同意變更為無限責任股東（第三項）。

另外，於民國一百零七年修法後增訂同條第四項及第五項，以方便兩合

公司轉型。新法允許兩合公司經股東三分之二以上之同意，即可變更章程將其組織變更為有限公司或股份有限公司。因此，兩合公司得經股東三分之二以上之同意變更章程，將其組織變更為有限公司或股份有限公司；不同意之股東得以書面向公司聲明退股，以保障無限公司股東權利（第五項）。

　　3.有限公司得變更為股份有限公司（公司法第一百零六條第三項）。有限公司得經股東表決權過半數之同意，民國一百零七年修法前，原本規定須經全體股東之同意，但為便利有限公司減資或變更組織，故降低門檻。

　　另由於公司法之立法政策傾向將公司大眾化，擴大公司經營規模，改變臺灣以有限公司（多為家族企業）為經濟主力之型態，即便股份有限公司需要合併或分割時，也限於股份有限公司的型態，因此可知股份有限公司不得變更為其他種類的公司。

　　公司變更組織的態樣，可簡化成下表：

公司種類	得變更為何種公司
無限公司	兩合公司、有限公司、股份有限公司
兩合公司	無限公司、有限公司、股份有限公司
有限公司	股份有限公司
股份有限公司	不得變更為其他種類的公司

㈡公司變更組織的程序

　　1.需經全體股東同意。變更公司組織不僅影響公司債權人之權益，對公司股東之責任亦有影響，特別是有限責任股東變為無限責任股東，因此公司變更組織必需經過全體股東同意。

　　2.變更公司章程。公司名稱為公司章程之必載事項，而公司名稱中應標明公司的種類，故公司改組亦需變更公司章程。

　　3.為公司變更登記。

㈢變更組織的效果

　　公司變更組織不影響公司原來的法人資格，因此變更前公司的權利、

義務仍由變更後的公司享受、負擔。但公司股東所負的責任，可能會因公司變更組織而有不同，例如兩合公司的股東，經全體同意變更公司為無限公司，則原本負有限責任的股東，於公司變更組織後，對公司的債務於公司不能清償時亦負連帶清償之責。

【參考答案】

未濟有限公司可以變更為股份有限公司，但新加入之股東必需出資且與公司簽訂入股契約（即公司增資），始得經股東同意（民國一百零七年修法前，須經全體股東同意；修法後，僅須股東表決權過半數同意即可）變更為股份有限公司。

二、公司的合併

一個公司單憑自己的力量開發新市場，所投注的人力與資金非常可觀，若集合兩個以上公司之力，可使經銷範圍變大、生產力提高、節省經營費用及生產成本，公司營業能力得因規模經濟而變得更強大，因此公司合併之現象，在現代競爭激烈的商場已屢見不鮮。公司法上的公司合併，有其特殊定義：是指兩個以上的公司，在不辦理清算程序下，訂立契約，依法定程序，合併為一個公司之法律行為。同時公司法為了方便公司合併，特別規定公司合併不須經過清算程序，各公司合併前的權利義務，直接由合併後存續或新設的公司概括繼受，使公司的營運及各項法律關係不致中斷而蒙受損失。惟公司合併若漫無限制，容易形成壟斷，如何避免此種弊端，詳見本書公平交易法的部分。

㈠公司合併的態樣

我國公司法所規定合併的態樣有二：

1.吸收合併

是指合併的公司只有一家存續，其他公司的法人資格都歸於消滅。例如甲、乙、丙三家公司併入丁公司，只有丁公司之法人資格存續，甲、乙、丙三家公司的法人資格歸於消滅。

2.創設合併

是指合併的公司其法人資格都歸於消滅，另外新設一家公司。例如甲、乙、丙三家公司合併，成立一家丁公司，此時甲、乙、丙之法人資格都歸於消滅，以丁公司的型態存續。

同種類的公司，依公司法規定，可以相互合併成為同種類的公司，例如甲無限公司與乙無限公司合併，成為丙無限公司，但不同種類的公司得否合併？關於此點公司法並未明文規定，一般學者多認為，即便是不同種類的公司，仍得合併，但有限制：參與合併的公司，及合併後存續或設立的公司，應以同種類或性質相似者為限。此一解釋的出發點在於保護公司債權人，例如甲無限公司與乙有限公司合併為丙有限公司，原本甲無限公司的債權人，於甲公司不能清償時，可要求無限公司股東 A 負連帶責任，但甲、乙公司合併成為丙有限公司後，A 只就其出資額負責，此對原來甲公司債權人的權益影響甚大，因而有限制的必要。茲將不同型態公司之合併詳述如下：

(1)無限公司與兩合公司，可合併成為無限公司、或兩合公司。例如甲無限公司併入乙兩合公司，原本甲無限公司的股東，雖成為乙兩合公司的股東，仍負無限責任。又如甲無限公司與乙兩合公司合併，成立丙無限公司，此時原來乙兩合公司的有限責任股東，成為丙無限公司的股東後，亦負無限責任。

(2)有限公司與兩合公司，得合併為兩合公司。為了避免無限責任股東，逃避其連帶責任，故有限與兩合公司，只能合併為兩合公司，例如甲有限公司併入乙兩合公司，原本甲公司的股東，則成為乙兩合公司的有限責任股東。

(3)股份有限公司與有限公司，僅得合併為股份有限公司。股份有限公司與有限公司皆屬資合公司，股東僅就其出資額負責，原則上，若兩者為有限公司，亦對公司債權人無甚影響，惟考慮前述公司法的立法政策（公司法第三百十六條之一）：鼓勵籌設股份有限公司、減少有限公司的設立，故僅得合併為股份有限公司較妥。

㈡公司合併的程序

1.股東作成合併決議

由於公司合併對公司影響甚鉅，屬重大事項，非公司負責人所能單獨決定，應經股東決議通過，以確保各股東權益。關於股東的決議方法，在無限公司、兩合公司，應得全體股東之同意（公司法第七十二、一百十五條）；在有限公司，應經股東表決權三分之二以上之同意（第一百十三條）；在股份有限公司，應經股東會之特別決議，即應有代表已發行股份總數三分之二以上股東出席，出席股東表決權過半數之同意（公司法第三百十六條第一項）；公開發行股票之公司，出席股東之股份總數不足前述定額者，得以代表已發行股份總數過半數股東之出席，出席股東表決權三分之二以上之同意（公司法第三百十六條第二項）。在股份有限公司中，公司法特別規定若股東不同意公司合併，且在股東會議前以書面表達不同意，或在股東會議中以口頭表示異議經紀錄者，得放棄表決權，而請求公司按當時公平價格，收買其持有之股份，以保障其權益（公司法第三百十七條）。未經股東決議之合併行為，應屬無效。

2.訂立合併契約

各個參與合併的公司，以其股東決議之條件為基礎，訂定合併契約。若參與合併的公司為股份有限公司，其合併契約應以書面為之，並記載法定事項包括：⑴合併之公司名稱，合併後存續公司之名稱，或新設公司之名稱。⑵存續公司或新設公司因合併發行股份之總數、種類及數量。⑶存續公司或新設公司因合併對於消滅公司股東配發新股之總數、種類及數量與配發之方法及其他有關事項。⑷對於合併後消滅之公司，其股東配發之股份不滿一股應支付現金者，其有關規定。⑸存續公司之章程需變更者，或新設公司依第一百二十九條應訂立之章程。合併契約書，應於發送承認合併股東會之召集通知時，一併發送於股東（公司法第三百十七條之一）。如果公司負責人在股東或股東會決議前，已訂定合併契約，該合併契約雖成立，但要待股東或股東會同意後才生效。

3.編造資產負債表及財產目錄（公司法第七十三條第一項、第一百十三第二項、一百十五、三百十九條）

編造資產負債表及財產目錄，主要是讓債權人瞭解公司財務狀況，以便債權人決定是否同意公司合併之行為，公司負責人違反此規定而與他公司合併而損害債權人權益時，應依具體情形負損害賠償責任。其於資產負債表或財產目錄為虛偽記載者，依刑法或特別刑法有關規定處罰。

4.對債權人通知或公告（公司法第七十三條第二項、第一百十三第二項、一百十五、三百十九條）

為保護合併前公司的債權人，避免因公司合併受到損害，公司為合併決議後，應即向債權人分別通知，若債權人所在不明，則以公告為之，並指定三十日以上的期限，聲明債權人得於期限內提出異議，否則視為承認。公司對於依期限提出異議之債權人，應為清償或提出相當擔保，若公司未依法為通知或公告，或未依法對聲明異議之債權人為清償或提出相當擔保者，所為的合併仍屬有效，惟公司不得以其合併對抗該債權人。

5.辦理合併登記

公司登記事項如有變更者，應於變更後十五日內，向主管機關申請為變更之登記。因此公司實行合併後十五日內，應向主管機關申請登記：因合併而解散的公司應為解散登記；因合併而存續的公司應為變更登記；因合併而新設立的公司應為設立登記（公司登記辦法第四條）。

㈢合併的效果

原則上公司消滅應經過清算程序（清點公司財產，清償公司債務，分配剩餘財產的程序），但因公司合併而消滅的公司，可例外的不經該程序而全部歸於消滅。因合併而消滅的公司，其權利義務由合併後存續或設立的公司概括承受（公司法第七十五、一百十三第二項、一百十五、三百十九條），所謂的概括承受，是指合併前公司的全部權利義務，都由合併後的公司繼受。概括承受是法律的強行規定，所以亦不得以合併契約免除特定部分之承受。但須注意的是，權利的移轉仍應依法定程序辦理，例如不動產之移轉，仍應以書面為之，並至地政機關辦理登記方為有效。

【參考答案】

未濟有限公司與飛龍股份有限公司合併時，依法應通知或公告債權人，以便債權人於所定期限內提出異議，若債權人未在期限內提出異議，視為承認，但不需得到各個債權人的同意即得為合併。未濟有限公司與飛龍股份有限公司合併後，另成立多多龍股份有限公司，原未濟有限公司及飛龍股份有限公司之權利義務，由多多龍股份有限公司承受，故原本未濟有限公司的債權人，應向多多龍股份有限公司請求履行債務。

三、公司的解散

公司解散是公司法人人格消滅的原因，公司解散後，必需經過清算程序，清算完結後向法院為申報時，其法人人格才會歸於消滅。

㈠公司解散的原因

解散公司必定有其原因，隨公司種類之不同，其原因亦有所差異，其共同原因有：

1.任意解散

即公司基於本身之意思而解散。如公司章程定有解散事由，因該事由之發生而解散，或經股東全體同意或股東會決議解散。

2.命令或裁定解散

公司因主管機關或法院之命令而解散，可分為三種情形：

⑴主管機關依職權、或依利害關係人之申請，而命令解散（公司法第十條）。

⑵公司登記不實，於公司負責人有罪判決確定後，由中央主管機關撤銷或廢止其設立登記（公司法第九條）。

⑶公司之經營，有顯著困難或重大損害時，本公司所在之地方法院，得據股東之聲請，於徵詢中央主管機關及目的事業中央主管機關意見，並通知公司提出答辯後，裁定解散（公司法第十一條第一項）。在股份有限公司，應由繼續六個月以上持有已發行股份總數百分之十以上股份之股東提

出（公司法第十一條第二項）。

(二)公司解散的效果

公司宣告解散後，除因合併、破產而解散者外，應經過清算程序。清算之目的在於整頓公司對外既存之法律關係，清理公司債權債務關係，並做一了結。依法律規定，公司在清算期間仍有權利義務能力（公司法第二十五條），但如果公司逾越清算事務之範圍，繼續經營業務，依法不生效力。為了結現務及便利清算之目的，公司得暫時經營業務(公司法第二十六條)。進入清算程序後，清算人才是公司的負責人，清算人除公司另行選派外，在無限公司由全體股東為清算人（公司法第七十九條）、股份有限公司則以董事為清算人（公司法第三百二十二條）。在清算程序中，公司之監督機關為法院。

公司於解散開始後十五日內，應申請主管機關為解散登記，以免他人再冒用該公司之名稱騙吃騙喝。經核准後，應在本公司所在地公告之，公告應登載於本公司所在之直轄市或縣（市）之報紙顯著部分（公司法第二十八條，經濟部五六、五、八商字一一七二四號函）。但公開發行股票之公司，證券管理機關另有規定者，依其規定。若公司負責人不向主管機關申請解散登記者，主管機關得依職權或據利害關係人申請，廢止其登記。主管機關對於登記之廢止，除命令或裁定解散外，應定三十日之期間，催告公司負責人聲明異議，逾期不為聲明或聲明理由不充分者，即廢止其登記（公司法第三百九十七條）。

【參考答案】

若多多龍股份有限公司的少數股東堅持不願解散公司，其他股東可依公司法第十一條規定，以公司的經營有顯著困難為理由，聲請法院裁定命令解散。但必須由繼續六個月以上持有公司已發行股份總數百分之十以上的股東提出聲請。

第二章　股份有限公司

第一節　股份有限公司的概念

〔案　例〕

多多龍股份有限公司解散後，趙志宏等人為了誰應該為公司解散負責，彼此相互指責大吵一架，眾人決定分道揚鑣，從此互不相干。但趙志宏、李庫歷與魯招財仍決心一起創業，三人基於前次失敗經驗，想乾脆成立股份有限公司，以免將來事業規模擴大，又生資金不敷使用、公司組織不夠健全等問題。惟為避免草率成事，趙志宏等人認為應先對股份有限公司有所了解，才能完整規劃公司未來，於是請李庫歷蒐集相關資料，再將股份有限公司之大概解說給其他人聽。

〔問　題〕

一、何謂股份有限公司？

二、股份有限公司之特色何在？

三、為保護投資人及公司債權人，股份有限公司應踐行那些基本原則？

〔說　明〕

一、股份有限公司的意義

依公司法第二條第一項之規定，股份有限公司，是由二人以上股東或政府、法人股東一人所組織，全部資本分為股份，股東就其所認股份，對公司負責任的一種公司。進一步說明如下：

(一)股份有限公司乃由二人以上之股東所組織而成

公司股東的人數，需有二人以上或政府、法人股東一人。不僅公司成立時有此人數限制，公司存續中亦須符合此要件。

㈡股份有限公司其全部資本分為股份

　　股份有限公司與其他公司最大的不同，即在於其資本是以股份計算，而非以金錢計算，且每股之金額是相同的。非但股東出資以股份為計算單位（例如彩虹珠寶股份有限公司，每一股份為十元，孫二娘拿出一萬元投資，其出資額便是一千股），其他如分派股利、行使表決權等，亦是以股東所持有之股份比例為準，不過這也產生公司易被持股比例較多的大股東所把持，至於持股少的小股東，其權益常有不被顧及之弊。

　　須注意的是，公司資本與公司財產是兩個不同的概念，公司資本指的是公司實際發行的股份總數，乘以每股金額所得的總額，此為一確定不變之數額，非經法定程序，不得變更；至於公司財產，乃是公司現有財產價額之總體，會因為估價標準之不同及業績的好壞，而時常變動。舉例說明：彩虹珠寶股份有限公司的資本額為一百萬股，每股面額十元，該公司資本為一千萬元；彩虹珠寶股份有限公司董事長，拿出五百萬元購買土地，四百萬元買珠寶，一百萬元存入銀行，一年後土地貶值為四百萬元，公司賣出兩百萬元的珠寶，獲得現金三百萬元，未出售的珠寶，亦漲價為二百五十萬元，銀行利息收入為五萬元，則若依當時市價為評估標準，彩虹珠寶股份有限公司的財產為一千零五十五萬元。

㈢股份有限公司的股東僅就其所認股份對公司負責

　　股份有限公司股東僅就其所認股份，負有繳納股款之義務（公司法第一百三十九條），而股東對公司的責任，原則上亦以繳清其所認股份之金額為限（公司法第一百五十四條第一項），股東對公司債權人並不負責，債權人只能就公司財產求償。

　　但社會上常發生公司大股東，仗勢著自己只須負有限責任，用公司名義在外面吃香喝辣，讓公司背了一屁股債以後，拍拍屁股走人，嚴重影響公司債權人權益。所以民國一百零二年公司法特別引進英美「揭穿公司面紗原則」，規定如果股東濫用公司的法人地位，導致公司負擔特定債務且清償顯有困難，其情節重大而有必要者，該股東應負清償責任（公司法第一百五十四條第二項）。

二、股份有限公司的特色

股份有限公司有二大特色：

㈠股份轉讓的自由

股份有限公司性質上為資合公司，其優點在於吸收許多小額資本，而聚集成大資本，股份有限公司不注重股東個人之條件，因此亦不限制股東轉讓其股份，使股東在需要時，能隨時將股份轉讓，變換成現金，此種特色即是社會大眾願意投資購買股份有限公司股份之最大因素，也因此達到股份有限公司籌募資金之目的。

㈡企業所有與經營分離

由於股份有限公司的股東動輒在百人以上，且多數股東僅是購買該公司股份作為投資理財的工具，對公司經營並不感興趣，公司經營勢必委諸對企業經營及管理真正有經驗的人，因而發展出股份有限公司之所有權與經營權分離之特色。

三、股份有限公司的基本原則

前面曾述及股份有限公司的債權人，僅能就公司之財產求償，對債權人之保護較不周到，法律上為克服此弊點，乃發展出公司資本三大原則，確保公司財產於一定狀態，使債權人有所保障；並採公示原則，俾利投資人及債權人瞭解公司營運及財務狀況：

㈠資本三大原則

1. 資本確定原則

資本確定原則，是指在章程中必須明確訂定資本之多寡，且公司之股東應認足或募足該數額，以確保公司成立時有穩固的財產基礎。但股份有限公司資本額通常很龐大，要一次認足或募足實非易事，且一次募集超過公司所須之資金，易造成資金閒置，故民國九十四年六月修正後的公司法授權董事會視實際需要，將股份分次發行。因此，現行公司法對資本確定原則已呈相對化（公司法第一百五十六條第四項）。

2. 資本維持原則（又稱資本充實原則、資本拘束原則）

資本維持原則，是指公司在存續中，應該維持與資本總額相當之財產，

以確保企業健全發展，並保護公司債權人及未來股東之權益。因此，當公司採行票面金額股時，其股票的發行價格不得低於票面金額（公司法第一百四十條第一項），但若公司採行無票面金額股時，其股票的發行價格則不受限制（公司法第一百四十條第二項）；認股人延欠應繳的股款，經發起人定一個月以上的期限，催告繳交，並聲明逾期不繳失其權利，而仍不照繳時，認股人喪失權利。其所認股份另行募集。如有損害，發起人可以向認股人請求損害賠償（公司法第一百四十二條）；公司分派盈餘時，應先彌補虧損及提出百分之十為法定盈餘公積才可分派股息及紅利（公司法第二百三十二、二百三十七條）等規定，都是資本維持原則的具體實踐。

3.資本不變原則

即公司章程所定之資本總額，非依法定程序，不得任意變動。此一原則與資本維持原則相配合，才能確實維持公司財產，而保障公司債權人的權益。例如公司欲減少資本時，除經股東會決議外，更須向債權人分別通知及公告，對於提出異議的債權人，公司應清償或提供相當的擔保，否則不得以減少資本對抗公司債權人（公司法第七十三、七十四、二百八十一條）。

㈡公示原則

公司法所規定的公示原則，可從兩方面來看：

1.登　記

股份有限公司之設立、合併、增減資、公司債之募集及解散等均須登記。

2.公　告

關於一定之事項，公司應自行公告，例如募集公司債（公司法第二百五十二條）、會計表冊（公司法第二百三十條）等。

第二節　股份有限公司的設立

〔案　例〕

趙志宏、李庫歷與魯招財又各自找了昔日好友辜大有、蔡不群、王無忌、韋雙雙一起共組神鵰股份有限公司。他們先訂定公司章程，章程中營業項目仍

承繼未濟有限公司之營業項目，以服務學生為主，資本額定為二百萬股，每股十元，預定第一次發行八十萬股。章程訂定過程中，蔡不群提議：「發起人作牛作馬推動公司成立，沒有功勞也有苦勞，公司應該在章程中規定每月發給公司發起人各五萬元。」這一番話說得大家心有戚戚焉，就在章程中增訂了這一條。訂定章程後，趙志宏等人開始認股，共認了五十萬股，離八十萬股還差三十萬股，此時李庫歷建議乾脆對外募股來補足這差額。

〔問　題〕

一、發起人可不可以在章程中加入使發起人享受特別利益的規定？如果後來的股東認為這個特別利益過高，可不可以要求發起人返還？

二、股份有限公司在公司成立前，可否對外募股，其程序為何？

〔說　明〕

一、股份有限公司的設立要件

發起人、章程、認足股份，是成立股份有限公司的三個要件。說明如下：

㈠發起人

所謂的發起人，是指訂定章程、籌設公司之人，股份有限公司的發起人，原則上應有二人以上。但如果是由政府或法人股東一人所組成的股份有限公司，發起人可以只有一人（公司法第一百二十八條之一第一項）。民國一百零七年修法時，參考英國及香港公司法，新增一人股份有限公司得不設置董事會或監察人之規定。但未設董事會之公司應置董事一或二人（同條第二、三項）。另外，發起人的資格有下列限制：

1.無行為能力人、限制行為能力人或受輔助宣告尚未撤銷之人，不得為發起人（公司法第一百二十八條第二項）。

2.政府或法人均得為發起人。包括：⑴公司；⑵有限合夥（民國一百零七年修法新增）;⑶以其自行研發之專門技術或智慧財產權作價投資之法人；⑷經目的事業主管機關認屬與其創設目的相關而予核准之法人。

1.發起人的特別利益

由於發起人籌設公司，勞心勞力，且政府鼓勵股份有限公司之設立，以求經濟能蓬勃發展，故公司法特別允許發起人得於章程中註明享受特別利益（公司法第一百三十條第一項第四款），至於發起人之報酬則毋庸記載於章程上，但於公司為發起設立登記時，應登記報酬之數額。所謂特別利益，通常以盈餘分派或賸餘財產分派之優先權、新股認股權或利用公司設備等特權為其內容。此項特別利益，不論有無特定的數額或時間，均可經股東會變更或刪除，但不可損及發起人的既得利益（同條第二項），例如要求發起人返還所得利益。此乃因，雖然發起人對公司的成立居功厥偉，但畢竟公司是所有出資的投資人所有，且修訂章程也是股東會獨有的權限，若限制股東會不得變更章程中關於發起人特別利益的條款，不免對發起人太過保護。

2.發起人的責任

為避免存心不良之徒，以設立股份有限公司為名行詐騙錢財之實，故法律對發起人課以嚴格的責任，依現行公司法的規定，發起人的責任有：

(1)公司成立時的責任

①發起人負有認足或募足章程所定第一次發行股份之義務，因此如果發起人未認足之第一次發行股份，或認股人已認股而未繳股款、或認股人繳納股款後又撤回者，由發起人連帶認繳（公司法第一百四十八條）。但對於認股人認股而未繳股款者，發起人連帶繳納後，得依民法代位清償規定（民法第三百十二條）向認股人求償。

②依前述之規定，遇有發起人應負連帶繳納股款義務之情形發生，而致公司受有損害時，發起人還須負損害賠償責任（公司法第一百四十九條）。

③發起人所受之報酬、特別利益或設立公司負擔之費用有冒濫，致公司受損害時，應負賠償責任（公司法第一百四十七、一百四十九條）。

④發起人用以抵作股款之財產，如估價過高致公司受有損害時，應負賠償責任（公司法第一百四十七、一百四十九條）。

⑤發起人對於公司設立事項，如有怠忽其任務致公司受損害時，應對

公司負連帶賠償責任（公司法第一百五十五條第一項）。

⑥是設立中公司的負責人，如其於執行職務時，違反法令致他人受損害，應與公司負連帶賠償責任（公司法第二十三條第二項）。

⑦公司在設立登記前所負債務，由於是發起人經手負責的，故在登記後亦負連帶責任（公司法第一百五十五條第二項）。

⑧發起人募集股份時，因有虛偽、詐欺或其他足致他人誤信之行為，致該股份之善意取得人或出賣人因而受有損害者，應負賠償責任（證券交易法第二十條）。

⑨發起人依證券交易法規定募集股份時，應先向認股人或應募人交付公開說明書，如其未交付公開說明書，致善意相對人因而受損害時，應負賠償責任（證券交易法第三十一條）。並處新臺幣二十四萬元以上二百四十萬元以下罰鍰（證券交易法第一百七十八條第一項第二款）。

⑩交付於認股人之公開說明書，其應記載之主要內容，有虛偽或隱匿之情事者，發起人對於善意之相對人因而所受之損害，應與公司負連帶賠償責任（證券交易法第三十二條第一項）。

⑵公司不成立時之責任

①關於公司設立所生之債務及設立所需之費用，應負連帶賠償責任（公司法第一百五十條）。

②發起人關於公司設立的行為，及設立所需費用，均應負連帶責任。即便因冒濫而經創立會裁減，也不受影響。此項責任，於公司不能成立時，亦同（公司法第一百五十條）。

(二)章 程

股份有限公司之章程在設立時，應由全體發起人同意訂定，並簽名或蓋章。但發起人所定之版本，在公司設立前，尚非公司之章程，須等公司成立後，才是公司章程。

股份有限公司之章程內容，分為絕對必要事項與相對必要事項，所謂絕對必要事項，指章程中不記載此事項者，該章程無效（公司法第一百二十九條）；所謂相對必要事項，指章程中縱未記載，亦不影響章程之效力，

但公司不得於股東會變更章程，增訂該項條款前，即貿然行事，例如設置分公司（公司法第一百三十條）。除絕對必要事項、相對必要事項外，凡不違反公序良俗或強行法規之事項，亦得載明於章程，此稱為章程之任意事項，如股東會開會地點等。

　1. **絕對必要記載事項**

股份有限公司章程中的絕對必要記載事項有（公司法第一百二十九條）：

(1)公司名稱。

(2)所營事業。

(3)採行票面金額股者，股份總數及每股金額；採行無票面金額股者，股份總數。公司法民國一百零四年七月修法時，引進國外無票面金額股制度，允許閉鎖性股份有限公司得發行無票面金額股。更於民國一百零七年八月擴大適用範圍，讓所有股份有限公司均得發行無票面金額股。故修正後之公司法第一百二十九條第三款，將發行票面金額股或無票面金額股之公司作一區分，以利適用。

(4)本公司所在地。所在地只須確定且單一記明最小行政區域即可，不以記明街道名稱及門牌號碼為必要。但若為選擇的記載（如臺北市或高雄市）或重疊的記載（如臺北市及基隆市），則為法律所禁止。

(5)董事及監察人之人數及任期。

(6)訂立章程之日期。

　2. **相對必要記載事項**

股份有限公司章程中的相對必要記載事項有（公司法第一百三十條）：

(1)分公司之設立。

(2)解散事由。

(3)特別股之種類及權利義務。

(4)發起人所受之特別利益及受益者姓名。

(5)其他散見於公司法各規定之事項：如經理人之選任、種類及其職權；關於發行特別股之各種事項；無記名股票之發行等。

民國一百零七年修法前，若採分次發行股份之公司，須將公司設立時

之發行數額明定於章程中。惟此一規定並無實益，故於民國一百零七年修法時刪除。

㈢認足股份

民國九十四年六月公司法修正前規定：股份有限公司於設立時，必須認足股份總數或第一次應發行之股份（不得少於股份總數的四分之一）。惟為便利公司迅速成立、發行新股籌措資金、且為因應新金融商品之發行，避免計算股份總數四分之一之不便，故民國九十四年六月修法後，將「但第一次應發行之股份，不得少於股份總數四分之一」的規定刪除。

民國九十八年公司法修正前，立法機關認為股份有限公司是典型的資合公司，其資本必須與其所經營的事業相配合，若資本過少，將影響公司經營，且危及社會交易之安全。故公司法舊法第一百五十六條第三項規定：「股份有限公司之最低資本總額，由中央主管機關以命令定之。」

然而民國九十八年四月修正公司法時，立法機關認為資本僅為一計算上不變之數額，與公司之現實財產並無必然等同之關係；同時資本額為公示資訊，交易相對人可透過登記主管機關之資訊網站得知該項資訊，作為交易時之判斷；再者，公司申請設立登記時，其資本額仍應先經會計師查核簽證，並在申請設立登記時或設立登記後三十日內，檢送經會計師查核簽證的文件。因此，資本額如足敷公司設立時之開辦成本即准予設立，有助於公司迅速成立，亦無閒置資金之弊，該數額宜由個別公司因應其開辦成本而自行決定，而不宜由主管機關統一訂定最低資本額。

此外，依據世界銀行在西元二〇〇八年九月發布的「二〇〇九全球經商環境報告」中有關「最低資本額」的調查指出，我國「最低資本額」占國人平均所得百分之一百以上，於世界排名為第一五七名。為改善我國經商環境，促進企業開辦，公司資本額應以經會計師查核簽證認定資本額足敷設立成本即可，故刪除股份有限公司的最低資本總額限制規定。

【參考答案】

趙志宏等人，得在章程中加入使發起人享受特別利益的規定，公司成立後，

若其他股東認為發起人享有的特別利益過高，可以透過股東會決議，撤銷發起人的特別利益；在公司成立前，若是採募集設立的方式，則其他認股人可以在創立會集會時，裁減發起人的特別利益（詳見後述）。

二、股份有限公司的設立程序

　　由於股份有限公司之資本額動輒上千百萬，雖然公司法第一百五十六條第四項規定股份總數得分次發行，但如全部由發起人認足，恐非易事，故公司法特別允許股份有限公司在成立前，即可對外募股，以獎勵股份有限公司之設立，此種設立方式稱為「募集設立」。若單純由發起人自行認股而設立，稱為「發起設立」，其設立方式分別說明如下：

　(一)募集設立的程序

　　1.訂立章程

　　由全體發起人訂立章程（公司法第一百二十九、一百三十條）。

　　2.發起人自行認股

　　章程訂立後，發起人須先自行認股，每一位發起人至少應認一股以上，且全部的發起人所認股份加起來不得少於第一次發行股份四分之一（公司法第一百三十三條第二項）。此規定旨在使公司與發起人保持相當之利害關係，否則若發起人僅認少許股份，而大部分向公眾募集時，可能會導致發起人對公司之成立及經營漫不經心，甚至從中舞弊。

　　3.招募股份

　　(1)訂立招股章程：發起人公開招募股份，應先訂立招股章程，章程中應註明下列各款事項（公司法第一百三十七條）：

　　①公司法第一百二十九及一百三十條所列各款事項。

　　②各發起人所認股數。

　　③股票超過票面金額發行者，其金額。此所稱的股票應是指股票收據，因為此時公司尚未成立，還不能發行股票。須注意的是，民國一百零七年修法時，就票面金額股與無票面金額股之發行，分採不同規定。如採行票面金額股之公司，其股票不得以低於票面金額之價格發行，除非證券主管

機關，對公開發行股票的公司另行規定，使其得發行低於票面金額的股票。但若採行無票面金額股之公司，其股票之發行價格不受限制（公司法第一百四十條）。

④招募股份募足之期限，及逾期未募足時，得由認股人撤回所認股份之聲明。所謂「認股人」，是指發起人以外，投資公司的社會大眾。

⑤發行特別股者，其總額及第一百五十七條各款之規定。

⑥發行無記名股者，其總額。須注意者，民國一百零七年修法時，已廢除無記名股票制度。自修正條文施行日起，公司不得再發行無記名股票。

(2)申請證券管理機關審核：申請審核時，應具備下列事項（公司法第一百三十三條）：

①營業計畫書。

②發起人之姓名、經歷、認股數目及出資種類。

③招股章程。

④代收股款之銀行或郵局名稱及地址。股款應由銀行或郵局代收並代為保管，以免逕交發起人而被挪用。此時該銀行或郵局對代收之股款，有證明其已收金額之義務，其所證明之金額，即為已收股款金額（公司法第一百三十四條）。

⑤有承銷或代銷機關者，其名稱及約定事項。

⑥證券管理機關規定之其他事項。

依上述規定申請證券管理機關審核時，有下列情形之一者，證券管理機關得不予核准或撤銷核准（公司法第一百三十五條第一項）：

①申請事項，有違反法令或虛偽者。

②申請事項有變更，經限期補正而未補正者。

證券管理機關，撤銷核准時，若公司尚未開始招募，應停止招募；已招募者，認股人得依股份原發行金額加算法定利息，請求返還認股金額（公司法第一百三十六條）。

發起人於申請事項，有違反法令或虛偽情事時，虛偽部分依刑法或特別刑法偽造文書、詐欺或背信等有關規定處罰。於申請事項有變更，經證

券管理機關限期補正而未補正時，由證券管理機關各處新臺幣二萬元以上十萬元以下之罰鍰（公司法第一百三十五條第二項）。

發起人依證券交易法之規定，對公眾招募股份時，須先向證管會申請審核。申請時，除須具備上述公司法第一百三十三條第一項所列事項外，應另加具公開說明書（證券交易法第二十二、三十條）。

(3)公告招募：發起人應於證券管理機關通知到達之日起三十日內，加記核准文號及年、月、日，開始公告招募，但有承銷或代銷機構者，其約定事項，得免予公告（公司法第一百三十三條第三項）。

4. 認股人認股

發起人應備「認股書」，所謂認股書乃認股人表示認購股份的一種文件。認股書上須載明應由證券管理機關審核之事項，並加記證券管理機關核准文號及年、月、日，由認股人填寫所認股份數額、金額及其住所或居所，並簽名或蓋章（公司法第一百三十八條第一項）。若發起人以超過票面金額發行股票者，認股人應於認股書註明認繳之金額（公司法第一百三十八條第二項）。認股人填寫認股書後，有照所填認股書繳納股款之義務（公司法第一百三十九條）。發起人不備認股書時，由證券管理機關各處新臺幣一萬元以上五萬元以下罰鍰，其所備認股書有虛偽之記載時，依刑法或特別刑法偽造文書有關規定處罰（公司法第一百三十八條第三項）。

發起人應於招股章程內所載之募股期限內，募足應發行之股份數額，若逾期未募足時，認股人得撤回其所認之股份（公司法第一百三十七條第四款）。

5. 催繳股款

第一次發行股份總數募足時，發起人應即向各認股人催繳股款，以超過票面金額發行股票時，其溢額應與股款同時繳納（公司法第一百四十一條）。

認股人延欠應繳股款時，發起人應定一個月以上之期限，催告該認股人繳款，並聲明逾期不繳者，失其權利（公司法第一百四十二條第一項）。若發起人為催告後，認股人逾期不繳時，認股人就喪失其原有認購股份之權利，其所認股份，發起人得另外再招募，且若認股人逾期不繳股款致公司有損害時（如宣告失權程序之費用），得向認股人請求賠償（公司法第一

百四十二條第二、三項)。

若認股人延欠股款,但發起人不為催告,則認股人仍保有其認購股份之權利義務,同時發起人對於此已認而未繳股款之部分,應負連帶認繳責任(公司法第一百四十八條)。

6.召開創立會

⑴創立會的性質

認股人繳納股款完畢後,發起人應於二個月內召開創立會(公司法第一百四十三條)。所謂的創立會,是指由發起人召集各認股人,使認股人參與關於公司設立事務之會議。創立會的制度係在保護認股人的權益,讓認股人有機會聽取發起人報告公司設立的經過,並對其中可能危害公司利益、或認股人權益的事項,提出意見,甚至如果認股人認為公司不設立較妥當時,還可以作出公司不設立之決議(公司法第一百五十一條)。因此創立會之性質與公司成立後的股東會相似,為設立中公司之意思決定機關。

創立會之召集程序、決議方法及其內容,違反法令或章程時,均準用股東會之規定(公司法第一百四十四條,詳見本章第六節)。創立會應由發起人召集,解釋上須經過半數發起人之同意為之,且認股人無召集權。

⑵創立會的權限

創立會的權限有下列幾項:

①聽取有關設立事項之報告(公司法第一百四十五條):

發起人應就公司章程;股東名簿;已發行的股份總數;若有股東以現金以外的財產、技術抵繳股款時,該股東的姓名及抵繳的財產、技術之種類、數量、價格或估價的標準及公司所核給的股數;應歸於公司負擔的設立費用及發起人得受的報酬;若有發行特別股時,特別股的股份總數;董事、監察人名單,並註明住所或居所,國民身分證統一編號或其他政府核發的身分證明文件字號等事項,在創立會報告,使認股人瞭解公司設立的情形。發起人對報告有虛偽情事時,各科新臺幣六萬元以下罰金。

②選任董事及監察人:

創立會應自發起人或認股人中,選任董事及監察人(公司法第一百四

十六條第一項)。其選任方法，採累積投票制 (公司法第一百四十四條但書
準用第一百九十八條，關於累積投票制詳見本章第六節)。

③調查設立經過 (公司法第一百四十六條)：

選任出的董事及監察人，應立即就發起人所報告之事項，為切實的調
查，並向創立會報告。調查的目的，在於查明現物出資之估價有無假冒或
浮濫、公司所核給的股數是否相當、應歸公司負擔之設立費用及發起人所
得受之報酬，或特別利益之數額有無不實等。董事或監察人如係由發起人
當選，且與自身有利害關係，創立會得另選檢查人調查。發起人對於董事、
監察人或檢查人之調查不得加以妨礙，而董事、監察人或檢查人之調查報
告，亦應據實為之，如有妨礙調查之行為，或調查報告有虛偽者，均各科
新臺幣六萬元以下之罰金。調查報告因無法及時提出，而經董事、監察人
或檢查人請求延期提出時，創立會應準用公司法第一百八十二條之規定，
決議在五日內延期或續行集會，延期或續行舉行的會議，不需再踐行通知
的程序 (公司法第一百四十六條)。

④聽取報告後可採取下列措施：

A.發起人所得受之報酬或特別利益，及公司所負擔之設立費用有冒濫
者，創立會得裁減之 (公司法第一百四十七條前段)。

B.用以抵作股款之財產如估價過高者，創立會得減少其所給股數或責
令補足 (公司法第一百四十七條後段)。

C.未認足之第一次發行股份，及已認而未繳股款者，創立會得請求發
起人連帶認繳，其已認而經撤回者亦同 (公司法第一百四十八條)。

D.因有公司法第一百四十七及一百四十八條情形，公司受有損害時，
得向發起人請求損害賠償 (公司法第一百四十九條)。

⑤修改章程：

此所謂「章程」，是指原本由發起人所訂定之版本，該版本未必合於全
體認股人之意思，若創立會認為發起人所定版本有不妥當之處，可由代表
已發行股份總數三分之二以上的認股人出席，以出席認股人表決權過半數
的同意，修改發起人所訂定之版本 (公司法第一百五十一條第二項前段準

用第二百七十七條第二至四項）。

⑥為公司不設立的決議：

創立會的目的在設立公司，但如果因為經濟情況改變，或政府法令修改，甚至發起人與認股人意見不合等情事，難以順利營運，與其成立後面臨倒閉、解散之命運，不如乾脆不要成立，故公司法規定創立會得為公司不設立之決議。其表決方式與修改章程的出席股東及表決權總額相同（公司法第一百五十一條第二項後段準用第三百十六條）。

⑦申請設立登記：

代表公司之負責人就任後十五日內，應向主管機關申請設立登記，但經目的事業主管機關核准應於特定日期登記者，不在此限（公司登記辦法第二條第二款）。

㈡發起設立的程序

1.訂立章程

章程雖已訂立，但在為公司設立登記前，仍可經全體發起人之同意，予以變更。

2.認足股份

發起設立由發起人認足股份，每人所認股數不見得相同，但須認足全部股份或第一次發行之股份。發起人認股，宜以書面為之，使公司確實設立，並避免日後舉證困難。

3.繳足股款

發起人認足股份時，即應繳足股款，且須一次繳清，不得分期付款（公司法第一百三十一條第一項）。發起人除繳納現金外，亦得以公司營運所需的財產、技術抵繳，此稱為現物出資（公司法第一百三十一條第三項）。惟發起人以現物出資時，必須將財產之所有權移轉給公司，若僅供公司使用，將有背資本充實原則。若發起人為現物出資，於公司申請設立時，應將現物出資人之姓名、財產種類、數量、價格或估價之標準及公司核給的股數，報請主管機關派員檢查，以防虛假。出資財產價格之評定，依市價定之，如無市價，則估定其價格，如不易估定時，得洽詢公正之有關機關或專家

予以評定（經濟部五六、四、四商字〇八一八〇號函）。

4. 選任董事及監察人

發起人繳足股款後，應按章程所定董事及監察人之人數，選任董、監事（公司法第一百三十一條第一項）。其選任方法亦採累積投票制，除非章程另有規定（公司法第一百三十一條第二項、第一百九十八條）。

5. 設立登記

與募集設立程序之設立登記同。

第三節　股份有限公司的股份

〔案　例〕

趙志宏等人為吸引大眾參與認股，特別請王無忌素有企業鉅子之稱的伯父——王君寶出面參加認股，王君寶很乾脆的答應了，並且建議趙志宏等人，何不發行特別股以增加投資誘因。雖然王君寶只象徵性認了五萬股，但此消息一傳出，引起投資熱潮，欲認股之人多到趙志宏等人必須以抽籤決定。蔡不群見此情況，覺得可以趁機大撈一筆，遂慫恿其弟蔡培虔與其一起參加抽籤。抽籤結果公布後，蔡不群與其弟居然被抽中了，兩人便共同認了五萬股，並欲以每股二十元之價格轉手。韋雙雙見王君寶的魅力如此之大，便提醒大夥兒在公司設立之初，千萬不可讓王君寶將股份轉給他人，否則不明就裡的投資人見有風吹草動，萬一紛紛拋售股份，會對公司帶來不利影響。遂與王君寶約定：在三年內王君寶不得將股份轉讓給他人，如果有需要，則由公司自己出錢買回。

〔問　題〕

一、蔡不群與蔡培虔是否可以二人的名義共同認股？其權利與義務應如何行使？

二、蔡不群是否可把他與其弟抽中的股份轉賣給他人？

三、神鵰股份有限公司與王君寶間限制轉讓股份之約定是否有效？王君寶如有需要，可否請求神鵰股份有限公司出錢買回其所有的股份？

四、何謂特別股？神鵰股份有限公司可否募集特別股？

〔說　明〕

一、股份的意義

　　股份有限公司的「股份」在法律上的意義有二，一是指股份有限公司資本的最小構成單位（公司法第一百五十六條第一項規定，股份有限公司的資本，應分為股份。民國一百零七年修法前，規定每股金額一律。民國一百零四年修法後，引進國外無票面金額股制度，允許閉鎖型股份有限公司發行無票面金額股。民國一百零七年修法時，放寬允許所有股份有限公司選擇發行票面金額股或無票面金額股）；一是表示股份有限公司的股東權，股份有限公司的股東，因持有股份而取得其在股份有限公司的地位，得享受權利負擔義務。

二、股份的特性

　　股份具有以下的特性：平等性、不可分性、自由轉讓性、有限性及資本性。

㈠平等性

　　所謂的平等性，是指股份有限公司的股份每股金額相同，同時每一個股份代表一個股東地位，享有一個表決權，如果一個股東持有數股份時，則有數個股東地位。公司法採用股份平等原則之理由，主要在於便利股東權的計算、使股利分配手續簡易、便利市場買賣且便於公司帳簿登載。股份平等性主要表現在兩個方面：一是股份有限公司發行股份時，同次發行之股份，其發行條件相同者（例如無表決權的特別股），每股之價格應歸一律（公司法第一百五十六條第四項）；一是公司各股東，除無表決權或複數表決權之特別股或公司法另有規定（如公司法第一百七十九條第二項）外，原則上每股有一表決權。

㈡不可分性

　　股份之不可分性，指一股為公司資本最小的構成單位，不得再分為幾分之幾股（經濟部六六、二、一一商字○三九一○號函）。惟股份不可分性

並非表示股份不得共有，一股份仍得為數人所共有，此時其股東權利應由共有人推定一人行使（公司法第一百六十條第一項）。若股東死亡而繼承人有數人時，在分割遺產前，各繼承人得各推一人為管理人，以行使股份共有人權利（經濟部五七、六、二〇商二二〇五六號函）。

㈢自由轉讓性

由於股份有限公司性質上為資合公司，不強調股東個人資格，且股份自由轉讓可刺激社會大眾投資股份有限公司的意願，故公司法採股份自由轉讓原則，於公司法第一百六十三條第一項本文明定：「公司股份之轉讓，除本法另有規定外，不得以章程禁止或限制之。」

但為了保護投資人之利益，公司法對股份之轉讓亦設有若干限制：

1. 股份轉讓的時期

股份之轉讓須在公司設立登記以後始得為之（公司法第一百六十三條但書）。因公司尚未完成登記，其將來是否成立、成立後營運狀況如何皆未可知，為防止投機，並保障交易安全，以期公司能穩固設立，故公司法特別為此規定。違反此限制所為之股份買賣或債權讓與之行為，依民法第七十一條及第二百九十四條第一項第一款規定，自屬無效（最高法院四十七年臺上字第四六號判例）。

2. 發起人股份的轉讓

民國一百零七年修法前，為防止發起人虛設公司、詐取利益，並確保公司之健全與信譽，故發起人之股份非於公司設立登記一年後，不得轉讓（修法前公司法第一百六十三條第二項）。違反此規定之轉讓行為，亦屬無效。若發起人於公司設立登記後一年內死亡，其繼承人轉讓股份，仍應受限制，以確定公司之健全與信譽（前司法行政部六四、四、一二臺函參三二八〇號）。此所謂的「轉讓」，係指股東私人間之讓售行為，如股份有限公司設立登記未滿一年，而依法律規定辦理減資，致發起人因此而減少其持有之股份者，自與「轉讓」不同，應不受限制。且如股份有限公司設立登記未滿一年，因發行新股或增資而發行新股，發起人所增認之新股份，其轉讓應不致發生弊害，與公司法第一百六十三條之立法精神應無違，自

可轉讓（七二、五司法院司法業務研究會第三期）。

民國一百零七年修法時，刪除公司法第一百六十三條第二項對於發起人股份轉讓之限制。按股份有限公司之特色為股份自由轉讓，限制發起人股份之轉讓，似不合理；又此限制將降低發起人新創事業之意願；且本限制為外國立法例所無，爰刪除第二項，以貫徹股份自由轉讓原則。故現行條文下，發起人並無股份轉讓之限制。

此外，公司因合併或分割後，新設公司的發起人可將其股份轉讓。之所以有此項例外，是因為因合併或分割而新設的公司，與一般新成立的公司不同，故無對此種新設公司的發起人另設限制的必要。

3. 董事、監察人股份的轉讓

股份有限公司的董事與監察人處理公司事務，常能接觸許多機密消息，為避免董事及監察人趁機炒作公司股票，故公司法規定董事及監察人經選任後，應向主管機關申報其選任當時所持有之股份，公開發行股票的公司董事超過選任當時所持有之公司股份數額二分之一時，其董事身分不待股東會之決議或法院之裁判，當然喪失（公司法第一百九十七條第一項）。

公開發行股票之公司董事當選後，於就任前轉讓超過選任當時所持有之公司股份數額二分之一時，或於股東會召開前之停止股票過戶期間內，轉讓持股超過二分之一時，其當選失其效力（公司法第一百九十七條第三項）。

4. 員工認購新股的轉讓

公司發行新股時，除法律另有規定或經目的事業主管機關專案核定外，公司應保留發行新股的百分之十至十五的股份由員工認購（公司法第二百六十七條第一項）。公司負責人違反第一項規定者，各處新臺幣二萬元以上十萬元以下罰鍰（公司法第二百六十七條第十三項）。此種股份，公司得限制在一定期間內不得轉讓，但該期間最長不得超過二年（公司法第二百六十七條第六項）。其理由在於員工承購新股，屬於員工分紅的手段之一，其目的在於融合勞資為一體，增加員工向心力，有助於公司營運，如果員工承購後立即轉讓，則將影響經營權之安定，也使員工分紅入股、促進勞資

關係的美意落空，故有此限制。惟員工非行使新股承購權所取得之股份，公司不得限制其轉讓。

5. 公開發行公司的限制

就公開發行公司而言，其董事、監察人、經理人或持有公司百分之十以上股權之股東，其股票之轉讓，應依證券交易法第二十二條之二所列方式之一為之；上述持有股票之人，對公司上市股票，於取得後六個月內再行賣出，或於賣出後六個月內再行買進，因而獲得利益者，公司得請求將其利益歸於公司（證券交易法第一百五十七條）。其董事、監察人、經理人或持有公司股份超過百分之十之股東，或基於職業或控制關係獲悉消息之人，或從上列之人獲悉消息者，於獲悉公司有重大影響其股票價格之消息時，在該消息未公開前，不得對公司上市或上櫃之股票買入或賣出（證券交易法第一百五十七條之一）。

(四)有限性及資本性

股份的有限性，是指股東僅就其所認的股份對公司負責。資本性，是指將股份有限公司的股份總額乘以每股金額，即可算出股份有限公司的資本總額。

【參考答案】

雖然股份有不可分性，仍不妨礙股份之共有，蔡不群與蔡培虔可以用二人名義共同認股。同時依公司法第一百六十條之規定，蔡不群與蔡培虔應推定一人行使股東之權利，且蔡不群與蔡培虔對公司負連帶繳納股款的義務。

原則上，蔡不群與蔡培虔所購的股份，須在公司完成設立登記後，才能移轉。由於蔡不群為神鵰股份有限公司的發起人，其與蔡培虔所認之股票是否須等公司設立登記一年後才可轉讓？於民國一百零七年修法前答案是肯定的。雖然五萬股是蔡不群與蔡培虔參加抽籤後所認，非蔡不群以發起人身分所認之股份，但公司法第一百六十三條第二項的立法意旨，在防止發起人投機牟利，有害公司業務的正常進行及妨礙社會交易安全，為貫徹該條立法意旨，應該從嚴解釋，故發起人所持有的股份，不論以自身或中籤人的身分取得，均屬募集設

立階段的行為，應受公司法第一百六十三條第二項之限制。因此本題中，蔡不群與蔡培虔的股份，須待公司設立登記一年後，才能轉讓給他人。

民國一百零七年修法時，為避免降低發起人新創事業之意願，刪除公司法第一百六十三條第二項對於發起人股份轉讓之限制，以貫徹股份自由轉讓原則。因此於修正條文施行後，發起人蔡不群與其弟以中籤人身分取得之股份，在公司完成設立登記後即得為移轉。

依現行公司法第一百六十三條本文之規定：公司股份之轉讓，不得以章程限制或禁止之。從該條之立法意旨來看，應是指公司不得以「章程」限制或禁止股份之自由轉讓。若契約當事人基於雙方之真意而約定限制股份之自由轉讓，基於當事人契約自由之原則，該約定應屬有效。但如果王君實違反約定，將股份轉讓給第三人，該轉讓行為仍屬有效，因為契約僅拘束訂約之雙方當事人，並無拘束第三人之效力。

三、股份的收買、收回、銷除及設質

㈠原則禁止

股份的自由轉讓原則，可否適用於公司本身？也就是說，股份有限公司可否以公司自有資金收回、收買公司股份或銷除公司股份（指公司將股份直接消滅，例如 A 公司資本額為一萬股，為彌補虧損，直接捨棄部分股份，變更資本額為九千股），甚或將公司股份收為質物（即股東將股份出質予公司，公司成為質權人之情形。例如甲為 A 公司股東，將其所有之 A 公司股份，以背書方式交付給 A 公司，作為擔保，以便向 A 公司借款。關於股份設質的問題，可參閱民法物權編第二節權利質權中關於證券債權設立質權之規定，民法第九百零八、九百零九、九百十條）。

股份有限公司之財產，為公司全體投資人及債權人之保障，因此公司之財產應維持一定狀態，不應任意處分，以免影響公司投資人及債權人之權益，此亦為資本維持原則之精神。倘股份有限公司得任意銷除股份，則公司之資本總額將不固定，與資本確定原則相違；又若股份有限公司得任意以公司資金收回、收買公司股份、或將公司股份收回質物，無異變相將

公司股東之出資返還給股東，亦與資本維持原則相違。舉例來說，A 股份有限公司資本總額為一萬股，每股十元，如果全部發行完畢，A 公司應有十萬元的現金或相當於十萬元現金的財產。今 A 公司以公司自有資金收買一千股，則表面上公司有一萬股的資本，但實際財產僅九萬元，較應有的財產短少了一萬元，與章程所定之資本不符；且若允許公司任意收回、收買股份或將股份收為質物，則公司負責人可以趁機買賣公司股票，並操縱股價，不僅擾亂證券市場亦影響投資人之權益；甚至在公司蒙受虧損時，公司負責人可以公司資金先收買自己及其親友所持有的股份，造成股東間不平等待遇之問題；另一方面，如允許公司自行銷除股份，將使資本減少，影響公司債權人的權益，故公司法第一百六十七條明文規定，除法律特別允許之情況外，禁止公司將股份收回、收買或收為質物；第一百六十八條第一項並規定：公司非依減少資本之規定，不得銷除其股份。公司負責人如違反規定，將股份收回、收買或收為質物，或抬高價格抵償債務，或抑低價格出售時，應對公司負賠償責任（公司法第一百六十七條第五項）；公司負責人如擅自銷除股份時，各處新臺幣二萬元以上十萬元以下罰鍰（公司法第一百六十八條第四項）。惟若股東向公司為拋棄其所持有股份之意思表示時，該公司因而取得該股份所有權（司法行政部六四、六、一七臺函參字〇五一九六號），不在此限。

(二)例外允許

　　然而在某些情形下，公司確有必要將股份收買、收回、銷除或設為質物，茲將公司法之例外規定簡述如下：

1.特別股的收回（公司法第一百五十八條）

　　由於特別股係股東平等原則的例外，如果允許其長久存在，將影響普通股股東之權益，故公司法允許其在不損害特別股股東依照章程應有權利的前提下，可以收回。民國一百年修訂公司法前，原本規定公司只能以盈餘或發行新股所得的股款收回特別股。但此種限制，顯然有礙公司的財務運用。且公司以何種財源收回特別股，屬於公司內部自治事項，宜由公司自行決定。所以修法後，刪除公司以何種財源收回特別股之限制規定。但

特別股應收回的條件、期限與公司應給付對價的種類與數額等事項，仍應依公司法第一百五十七條第一項第八款之規定，於章程中明訂，並依章程之規定辦理。

2.清算或破產股東股份的收回（公司法第一百六十七條第一項但書）

股東清算或受破產宣告時，其所持有之股份依法律規定，通常係以拍賣的方式變現，以清償股東之債務，然若透過拍賣，股份可能以極低之價格拍定，此舉將導致公司整體股票行情下跌，使公司蒙受損失，故公司法特別允許股東清算或受破產之宣告時，為抵償其於清算或破產宣告前結欠公司之債務，公司得按市價收回該股東之股份，以抵償該股東在清算或破產前結欠公司的債務。

3.以未分配之累積盈餘收買一定比例之股份轉讓予員工（公司法第一百六十七條之一）

公司除法律另有規定者外，得經董事會以董事三分之二以上之出席及出席董事過半數同意之決議，於不超過該公司已發行股份總數百分之五之範圍內，收買其股份。但收買股份之總金額，不得逾保留盈餘加已實現之資本公積之金額。且收買之股份，應於三年內轉讓於員工，屆期未轉讓者，視為公司未發行股份，並為變更登記。公司依本條規定收買之股份，不得享有股東權利（公司法第一百六十七條之一第三項）。又民國一百零七年修法時，增加章程得訂明第二項轉讓之對象包括符合一定條件之控制或從屬公司員工之規定，讓大型集團企業在員工獎酬制度上更有彈性（公司法第一百六十七條之一第四項）。

公司依第一百六十七條之一或其他法律規定收買自己之股份轉讓於員工者，得限制員工在一定期間內不得轉讓。但其期間最長不得超過二年。

4.因少數股東的請求而收買（公司法第一百八十六、三百十七條）

公司通過特定重要決議，由於此種決議對公司營運有重大影響，可能會導致公司周轉不靈、業績不振等負面結果，對於已表明持反對意見之股東，如強求其為該決議之不良結果負責，無異侵害其權益，為保護少數股東之利益，故公司法規定持反對意見的股東得請求公司按當時公平價格收

買其持有之股份（詳見本章第五節）。

公司依法收回或收買之股份，應於六個月內，按市價將其出售，以維持公司資本，逾期未經出售者，視為公司未發行股份，並為變更登記（公司法第一百六十七條第二項）。

5.收買已發行股份分派員工酬勞

公司法第二百五十三條之一第一項規定，公司應於章程訂明以當年度獲利狀況之定額或比率，分派員工酬勞。但公司尚有累積虧損時，應予彌補。同條第三項規定，員工酬勞以股票或現金為之，應由董事會以董事三分之二以上之出席及出席董事過半數同意之決議行之，並報告股東會。第三項所稱之股票，包含新股與已發行股份。故民國一百零七年修法時，增訂第四項，明定公司收買自己已發行股份以支應員工酬勞之法律依據，並明定得於同一次董事會決議以股票之方式發給員工酬勞，同時決議以發行新股或收買自己之已發行股份以支應之，毋庸召開二次董事會。

【參考答案】

神鵬股份有限公司不得以公司的資金買回王君實所持有的股份，除非王君實受破產宣告，為抵償其於破產宣告前結欠公司的債務，公司才得按市價收回王君實之股份。

四、股份的種類

㈠股份的種類

除普通股與特別股之外，依照股份發行的時間還可分為舊股與新股。所謂的舊股，指公司成立時所發行的股份，而新股則是公司成立後所發行的股份。公司法對於新股的發行有特別規定（詳見本章第十節）。此外，依股票票面是否記明股份金額，還可分為票面金額股與無票面金額股，前者指股票票面表示有一定金額，後者則不記載金額，僅記載其股份比例，如五萬分之一股。依我國公司法規定，股份有限公司只能發行票面金額股。

㈡特別股的種類

所謂的特別股，是指持有該種類股份之股東，其權利較普通股股東更有利或不利。特別股依其內容可以分為優先股與後配股。後者所享有之待遇較普通股差，必須在普通股股東分派盈餘或公司賸餘財產後，才可接受分派，此種股份多由發起人自認，故又稱為發起人股；前者所享有之待遇較普通股佳，包括分派盈餘優先（公司法第一百五十七條第一項第一款）；賸餘財產分派之優先（同條第一項第二款）；表決權之優先或限制或無表決權（同條第一項第三款）。民國一百零七年修法時，增加非公開發行股票之股份有限公司，得發行之特別股種類，包括：複數表決權或對於特定事項之否決權(同條第一項第四款)；選任董監事之特別股(同條第一項第五款)；可轉換成複數普通股之特別股（同條第一項第六款）。此四種特別股，於公開發行股票之公司，不適用之（公司法第一百五十七條第三項）。理由在於，少數持有複數表決權或否決權之股東，可能凌駕或否決多數股東之意思，公開發行股票之公司股東眾多，一特別股轉換複數普通股，其效果形同複數表決權，有違股東平等原則，亦與資本充實原則有違。又選任董監事之特別股，基於監察人為監督機關，不允許章程保障特別股股東當選一定名額之監察人，僅允許章程保障特別股股東當選一定名額之董事。故為保障所有股東權益，並避免濫用特別股衍生萬年董事或監察人之情形，導致不良之公司治理及代理問題，僅限非公開發行股票之股份有限公司可以發行此四種特別股。

另外，本次修法亦於公司法增訂第三百九十三條第一項第八款、第九款，規定主管機關應公開公司有無複數表決權特別股、對於特定事項具否決權特別股、選任董監事特別股，以保障其他投資人或股東之權益。

茲將前述各種特別股分別說明如下：

1.分派盈餘的優先股

指當公司於年終有盈餘時，除彌補損失及提存公積外（關於公積之規定詳見本章第八節），按一定之比例優先分派股利，然後剩下部分再給普通股股東分派之特別股。分派盈餘的優先股還可分為：

(1)累積的優先與非累積的優先

所謂累積的優先，是指公司本年度的盈餘數額，不足分派約定之優先股利時，得由下年度盈餘補足；而非累積的優先則指股利的分派以當年度盈餘為準，即使不足分派，其不足的數額亦不必由下年度盈餘補足。我國公司所發行的特別股，多屬非累積的特別股。

(2)參加的優先與非參加的優先

所謂參加的優先，是指除優先分派一定比例之盈餘外，就剩下的盈餘仍可與普通股的股東一起參與分配；非參加的優先則只能分派所約定比例之盈餘，就剩下之部分不得再參與分派。

2.分派賸餘財產的優先股

指當公司解散清算時，如有賸餘財產，得優先分派。

3.表決權優先股

指該特別股股東行使表決權之順序可優先於普通股。

4.無表決權股

指不享有表決權之特別股。

5.複數表決權

指一股而享有數表決權。例如於章程中訂明：「本公司各特別股股東，每股有二表決權」。

6.對於特定事項有否決權之特別股

例如對於變更章程、減資、董事競業許可、公司合併等事項有否決權。

7.選任董監事之特別股

允許於章程中明訂，特別股股東可被選舉為董事、監察人或剝奪、限制被選為董事、監察人，或保障當選一定名額之董事。

8.可轉換成複數普通股之特別股

指一特別股可轉換成二股以上普通股。

(三)特別股的發行

特別股的發行詳述如下：

1.發行時期

特別股得於公司設立之初發行(公司法第一百五十六、一百五十七條)，亦得於設立後第二次以下發行新股或增資時發行(公司法第二百六十六條、第二百六十八條第一項第六款)。

2.發行程序

依公司法第一百五十七條第一項規定：「公司發行特別股時，應就下列各款於章程中訂定之：一、特別股分派股息及紅利之順序定額或定率。二、特別股分派公司賸餘財產之順序，定額或定率。三、特別股之股東行使表決權之順序、限制或無表決權。四、複數表決權特別股或對於特定事項具否決權特別股。五、特別股股東被選舉為董事、監察人之禁止或限制，或當選一定名額董事之權利。六、特別股轉換成普通股之轉換股數、方法或轉換公式。七、特別股轉讓之限制。八、特別股權利、義務之其他事項。」

如果公司是在設立後發行新股時，發行特別股者，應將其種類、股數、每股金額及上列除第四、五、七款外之各款事項，申請證券管理機關核准公開發行（公司法第二百六十八條）。

3.發行條件

如果公司發行的是優先股，為確保公司有足夠財力發行優先股，以保障優先股股東權益，公司法第二百六十九條規定：「公司有左列情形之一者，不得公開發行具有優先權利之特別股：一、最近三年或開業不及三年之開業年度課稅後之平均淨利，不足支付已發行及擬發行之特別股股息者。二、對於已發行之特別股約定股息，未能按期支付者。」

由於特別股之存在，對公司是一種負擔，不宜永久存在，故公司法規定股份有限公司得在招募特別股之初，於章程中加以訂明，自若干年後變為普通股，若未訂明，亦得於變更章程時，使之轉變為普通股。但此種變更，依公司法第一百五十九條之規定：「公司已發行特別股者，其章程變更如有損害特別股股東之權利時，除應有代表已發行股份總數三分之二以上股東出席之股東會，出席股東表決權過半數之決議為之外，並應經特別股東會之決議。公開發行股票之公司，出席股東之股份總數不足前項定額者，

得以代表已發行股份總數過半數股東之出席，出席股東表決權三分之二以上之同意行之，並應經特別股東會之決議。前述出席股東股份總數及表決權數，章程有較高之規定者，從其規定。特別股股東會準用關於股東會之規定。」以保障特別股股東之權益。同時依第一百五十八條規定：「公司發行之特別股，得以盈餘或發行新股所得之股款收回之；但不得損害特別股股東按照章程應有之權利。」

【參考答案】

原則上神鵰股份有限公司是可以募集特別股的，但因其募股章程中並未有募集特別股的相關事項，故在本題中，神鵰股份有限公司只能募集普通股。

第四節　股份有限公司的股東

〔案　例〕

蔡培虔自從成為神鵰股份有限公司的股東後，對神鵰股份有限公司的一舉一動皆倍感關心，可是又對公司的事插不上手，心中不禁嘀咕：股東只有股息紅利分派請求權，其他權利都沒有，而神鵰股份有限公司還沒開始營業，就有許多支出，萬一那天公司還不出錢來，搞不好會被公司的債權人討債。於是向其兄表示，股東名簿上可否不要登記自己的名字，只要公司內部知道他是股東就好了。

〔問　題〕

一、若神鵰股份有限公司無法清償其債務，該公司的股東是否要負清償責任？

二、股份有限公司的股東除了股息紅利分派請求權外，還有其他的權利嗎？

三、何謂股東名簿？其作用為何？

〔說　明〕

一、股份有限公司股東的義務

　　所謂股東係指股份之持有人，即股份有限公司的出資人。股份有限公司的股東，只有繳納股款的義務（公司法第一百三十九條）。如果股東已經繳清其所認股份之金額，則雖公司之資產不足清償其債務，原則上也不須對公司債權人負責（公司法第一百五十四條第一項）。但此一義務有其例外（詳見本章第一節）。

二、股份有限公司股東的權利

　　基於股東之地位所得享有之權利，依不同的分類標準可區分為四大類：

㈠依照權利行使之目的，可分為共益權與自益權

1. 共益權

　　共益權行使之目的，除了為股東自身之利益外，同時亦兼為公司的利益，例如：

　　⑴出席股東會之表決權（公司法第一百七十九條）。

　　⑵股東常會議案之提出，得以書面或電子方式（民國一百零七年修法新增）受理（公司法第一百七十二條之一）。

　　⑶請求召集股東會，或自行召集權（公司法第一百七十三條）。

　　⑷請求法院判決撤銷股東會決議之權（公司法第一百八十九條）。

　　⑸章程及帳簿查閱請求權（公司法第二百十條第二項、第二百二十九條）。

　　⑹對董事及監察人提起訴訟之權（公司法第二百十四、二百二十七條）。

　　⑺請求檢查公司業務及財產狀況之權（公司法第二百四十五條）。

　　⑻請求解任清算人之權（公司法第三百二十三條第二項）。

2. 自益權

　　自益權之行使目的，係專為股東自己之利益，如：

　　⑴發給股票之請求權（公司法第一百六十一條之一）。

　　⑵股票過戶之請求權（公司法第一百六十五條）。

　　⑶股息紅利分派請求權（公司法第二百三十二、二百三十五條）。

(4)建設股息請求權（公司法第二百三十四條）。

(5)新股認購權（公司法第二百六十七條）。

(6)賸餘財產分派請求權（公司法第三百三十條）。

㈡依照是否可以章程或股東會之決議予以剝奪或限制，可分成固有權與非固有權

前者為非經該股東之同意，不得以章程或股東會決議予以剝奪或限制，共益權多屬於此類；後者則得依公司章程或股東會決議，予以剝奪或限制之，自益權多屬於此類。

㈢以其行使須否達一定之股份數額為標準，可區分為單獨股東權與少數股東權

前者是股東可由一人單獨行使之權利，股份有限公司股東的權利多屬此類，如股票過戶之請求權。後者係指必須持有已發行股份總數達百分之幾以上之股東，才可以行使之權利。

1.少數股東的資格要件

少數股東權之設計旨在避免多數股東濫用權利，而侵害少數股東之權利，但為了避免少數股東濫用此種權利，妨礙公司或董事、監察人執行業務，故公司法對少數股東權通常設有兩種限制：

(1)對於持有股份之期間，課以最低期限之限制，如繼續一年以上或六個月以上持有。

(2)對於請求人持有股份之數額，課以最低數額之限制，如持有已發行股份總數百分之一、百分之三或百分之十以上。

2.少數股東的種類

少數股東可分成七類：

(1)持有已發行股份總數百分之一以上股份之股東，得以書面、電子方式向公司提出股東常會議案等（公司法第一百七十二條之一第一、二項）。

(2)持有已發行股份總數百分之一以上股份之股東，得以書面向公司提出董事及監察人候選人名單（公司法第一百九十二條之一第三項、第二百十六條之一）。

(3)持有已發行股份總數百分之三以上股份之股東，於董事或監察人因故不能召集股東會時，得報請地方主管機關，自行召集（公司法第一百七十三條第四項）。此外，亦得訴請法院解任董事（公司法第二百條）。

(4)繼續六個月以上持有已發行股份總數百分之一以上股份之股東，有對董事及監察人起訴之權（公司法第二百十四、二百二十七條）、得聲請法院選派檢查人（公司法第二百四十五條第一、二項）。

(5)繼續六個月以上持有已發行股份總數百分之三以上股份之股東，得聲請法院檢查公司的業務及財產（公司法第三百五十二條第一項）。

(6)繼續六個月以上持有已發行股份總數百分之十以上股份之股東，得聲請公司重整（公司法第二百八十二條第一項第一款）或裁定解散（公司法第十一條第二項）。

(7)繼續一年以上持有已發行股份總數百分之三以上股份之股東，得請求董事會召集股東臨時會或自行召集(公司法第一百七十三條第一、二項)、得請求法院解任清算人（公司法第三百二十三條第二項）。

另須注意，民國一百零七年修法時增訂：繼續三個月以上持有已發行股份總數過半數股份之股東，得自行召集股東臨時會（公司法第一百七十三條之一）。此等股東持有公司已發行股份總數過半數股份，對公司之經營及股東會已有關鍵性之影響，已非少數股東。但若其召集股東會仍須依第一百七十三條第一項規定向董事會請求，並經主管機關許可；或依第四項規定報經主管機關許可，並不合理，故增訂此一規定。

㈣依權利歸屬之主體可分為普通權和特別權

前者乃普通股股東所享有之權利；後者為特別股股東所得享有之權利。

股東行使權利時，如分派利益或行使表決權，應按其所持股份比例行使，此即為股東平等原則，除法律另有規定外，凡章程或股東會之決議違反此一原則時，均屬無效。

三、股東名簿

股東名簿，乃是記載股東及其股份等相關法定事項之公司簿冊，因其非記載公司營業及財產狀況，故非屬商業帳簿。股東名簿之設置目的，在

於便利公司考查股東並作為寄發通知之依據，且利於股東或公司債權人之查閱、抄錄或複製（公司法第二百十條）。

(一)股東名簿的記載

股東名簿依公司法第一百六十九條第一項規定，應編號記載下列事項：

1. 各股東之本名或名稱、住所或居所；

2. 各股東之股數；發行新股者，其股票號數；

3. 發給股票之年、月、日；

4. 發行特別股者，應註明特別種類字樣；

5. 如果是採用電腦作業或機器處理者，前項資料得以附表補充之（公司法第一百六十九條第二項）。

(二)股東名簿的作用

股東名簿的作用如下：

1. 股東名簿為股份有限公司申請設立時，不可或缺之文件，故公司應於申請設立登記前編置股東名簿。但公開發行股票的公司，免向主管機關送報股東名簿，應改送董事、監察人、經理人及持有股份總數百分之五以上的股東名冊。

2. 股份之轉讓，非將受讓人之本名或名稱及住所，記載於股東名簿，不得以其轉讓對抗公司（公司法第一百六十五條第一項）。

3. 公司對於股東之通知或催告，如已按股東名簿上所記載之住所發送者，但股東實際上未住於該地址，致股東未收到通告或催告時，由於公司已盡通知義務，故股東不可再為爭執。因此，假設當股東 A 與 B 二人協議買賣股票，但未向公司辦理登記，而公司依股東名簿上的記載，仍將股息、紅利分派給 A 時，B 即不可向公司主張分派錯誤。

4. 凡記載於股東名簿者，推定其為股東。

【參考答案】

神鵰股份有限公司的股東名簿應據實記載，換言之，蔡培虔的請求不應允許。

第五節　股份有限公司的股票

〔案　例〕

　　一陣忙碌後，神鵰股份有限公司終於完成設立登記，並取得主管機關所發給的執照。接下來應該發行股票。針對股票之發行，蔡不群主張：「公司股東不過三十人，且沒有股票照樣可以移轉股份，只要變更股東名簿上的資料就可以了，何必花這個錢！」王無忌主張：「應該還是要發行股票，否則誰也弄不清楚誰是股東，但何不全部發行無記名股票，這樣轉讓比較方便。」大夥兒商量過後，覺得仍應發行記名股票較妥。某一日，突然有一位陶六仙先生跑到公司大吵大鬧，說他是公司股東，為什麼沒有收到臨時股東會的開會通知。眾人好不容易弄清楚事情原委：公司的股東鄺冬舟先生將股票轉讓給陶六仙先生，卻未在股東名簿上辦理移轉登記。趙志宏為求謹慎，要求陶六仙出示股票，以證明其為公司股東，陶六仙發現自己的股票不見了。又過了幾天，有一位鄭儀琳小姐持股票來公司辦理登記，趙志宏赫然發現股票是陶六仙所遺失的，經一番調查後，原來陶六仙遺失的股票被楊冷禪撿到，楊冷禪偽刻陶六仙的印章將股票賣給不知情的鄭儀琳。

〔問　題〕

　　一、神鵰股份有限公司是否一定要發行股票，發行股票的程序如何？

　　二、神鵰股份有限公司可不可以發行無記名股票？

　　三、陶六仙未在股東名簿上辦理移轉登記，他是不是神鵰股份有限公司的股東？

　　四、陶六仙遺失股票應該如何處理？

　　五、鄭儀琳可不可以依民法有關善意取得之規定，主張自己取得該股票？

〔說　明〕

一、股票的發行

(一)股票的意義

投資人認購股份後，即取得股東的地位，享有一定的股東權。公司將如此的權利表彰在書面上，就是股票。應注意的是，股東權並非由股票而創設，而是持有股份就享有股東權，股票僅是表彰股東權利的證券，故屬於證權證券，非如票據屬於設權證券。又，民國一百零七年修法後，股份有限公司得自行決定採發行無票面金額股或票面金額股。採行票面金額股之公司，股票的發行價格，不得低於票面金額；採行無票面金額股之公司，其股票之發行價格不受限制。

(二)股票的發行

本來股份有限公司發行股票與否，屬於私法自治的範圍，各公司有權決定是否發行證券。但民國六十九年五月修正公司法時，強制規定股份有限公司應發行股票。其立法目的除保障股東權益外，並利用股票將股東權證券化，以提高股份的流通性，便利資金之融通，增進社會大眾持有股票之意願，使股份有限公司可以經由發行股票籌措資金，而減少對外借貸。但此項規定於民國九十年十一月修正公司法時又遭修正，只有公司資本額達中央主管機關所定一定數額以上（目前為實收資本額達五億元，經濟部九〇、一一、二三商字〇九〇〇二二五四五六〇號函），才有於設立登記後三個月內發行股票的義務。至於公司資本額未達中央主管機關所定一定數額的公司，除章程另有規定外，得不發行股票（公司法第一百六十一條之一）。

1.股票發行時期

公開發行股票之公司，應於設立登記或發行新股變更登記後，三個月內發行股票。公司負責人違反前項規定，不發行股票者，除由證券主管機關責令限期發行外，各處新臺幣一萬元以上五萬元以下罰鍰，期滿仍未發行者，得繼續責令限期發行，並按次連續各處新臺幣二十四萬元以上二百四十萬元以下罰鍰，至發行股票為止（公司法第一百六十一條之一）。

反之，公司非經設立登記或發行新股變更登記後，不得發行股票，公開發行股票的公司，因證券管理機關另外規定，則不在此限。違反此規定而發行股票者，其股票無效。其發行人並應對股票持有人負損害賠償責任（公司法第一百六十一條）。

　2.**股票發行的款式（公司法第一百六十二條）**

⑴發行股票之公司印製股票者，股票應編號。

⑵絕對必要記載事項：

①公司名稱；

②設立登記或發行新股變更登記之年、月、日；

③採行票面金額股者，股份總數及每股金額；採行無票面金額股者，股份總數；

④本次發行股數；

⑤股票發行之年、月、日。

⑶相對必要記載事項

①發起人股票應標明發起人股票之字樣；

②特別股應標明其特別種類之字樣。

⑷股票應用股東本名，其為同一人所有者，應記載同一本名；股票為政府或法人所有者，應記載政府或法人之名稱，不得另立戶名或僅記載代表人本名。

⑸股票應由代表公司之董事簽名或蓋章，並經依法得擔任股票發行簽證人之銀行簽證後發行之。

【參考答案】

神鵰股份有限公司應於設立登記後三個月內，依法定方式發行股票。

二、股票的分類

民國一百零七年修法前，我國公司法之股票可分為記名股票、無記名股票，所謂記名股票是指股票上有記載股東姓名者，反之，無股東姓名之

記載者，即為無記名股票。此二者區別的實益，在於其轉讓方式及股東會之召集程序有所不同（修正前公司法第一百六十五、一百七十二條）。然鑒於實務上，甚少公司發行無記名股票，且因欠缺透明度，易生弊端，又比較法上，無記名股票制度亦已逐漸遭到汰除，另為落實建構以風險為基礎之洗錢防制法令體系，並有助於我國接受亞太洗錢防制組織 (APG) 之第三輪相互評鑑，「防制洗錢金融行動工作組織」(FATF) 第二十四項建議中，要求將無記名股票納入管制或廢止，以減少無記名股票被作為洗錢工具之風險，故民國一百零七年修法時，廢除無記名股票制度，並自修正條文施行日起，公司不得再發行無記名股票（修正條文第四百四十七條之一）。

依每一張股票所表彰的股份數，還可分為單數股票與複數股票。前者指一張股票僅表彰一個股份；而後者則是每張股票表彰多數之股份，如一百股、一千股等。我國公司所發行的多為複數股票。此外，還可依照股票所表彰的股東權利內容，分為普通股票與特別股票。前者即是發給普通股股東之股票；後者乃發給特別股股東之股票（詳如前述）。

【參考答案】

於民國一百零七年修法後，廢除無記名股票制度，公司僅得發行記名股票，是故神鵰股份有限公司自修正條文施行日起，不得發行無記名股票。

三、股票的移轉

股票之轉讓方式，由股票持有人以背書轉讓之，並應將受讓人之姓名或名稱記載於股票。不再因股票是記名或無記名而有不同。依民國一百零七年修法前之規定，如為無記名股票，則適用一般無記名證券轉讓的規定：僅須交付股票，即生股票轉讓的效力。但若是記名股票，則應由股票持有人以背書轉讓（修正前公司法第一百六十四條）。至於背書的方法，公司法未作特別規定，解釋上則比照票據法的背書為之。除了背書以外，非將受讓人之本名或名稱及住所或居所，記載於公司股東名簿，不得以其轉讓對抗公司（公司法第一百六十五條第一項），即其轉讓必須經過俗稱的「過戶」

手續後，受讓人才能以之對抗公司。如果公司拒絕辦理股東名簿之變更登記時，受讓人應循法律途徑訴請裁判。

以往股票在轉讓時，都需經過交付手續。當透過集中市場買賣股票時，甚至需要在交易作成後二日內，將股票拿到交易所辦理俗稱的「交割」手續。如此的交易模式存有相當的風險，而且公司為了印製大量股票，也需負擔一定的經費。因此，為了發揮有價證券集中保管的功能，簡化現行股票發行成本及交付作業，民國九十年十一月新修正的公司法特別「無實體交易」制度明文化。容許公開發行股票的公司在發行新股時，得將該次發行的股份總數合併印製，並將此種股票置於證券集中保管事業機構保管。由於此種股票不同於傳統、一般的股票，因此無法將此種股票編號，也無法再以背書轉讓方式轉讓股份。股東雖然沒有實際領有股票，但可透過集中保管事業機關發給的有價證券存摺，清楚記錄自己所交易的股份（修正前公司法第一百六十二條之一）。惟民國一百零七年修法時已刪除本條規定，因單張大面額股票係為降低公開發行股票公司股票發行之成本，其股票須洽證券集中保管事業機構保管，為我國在上市（櫃）、興櫃公司有價證券全面無實體化前之過渡階段而設，配合有價證券集中保管實務，依此規定發行者均為上市（櫃）、興櫃公司。而現行上市（櫃）、興櫃公司股票業已全面無實體，證券集中保管事業機構就上市（櫃）、興櫃有價證券，將全面採無實體登錄方式保管，故本條爰予刪除。

需注意的是，發行股票之公司，其發行之股份得免印製股票。不論公開或非公開發行股票之公司，未印製股票者，「應」洽證券集中保管事業機構登錄。證券集中保管事業機構登錄之股份，其轉讓非經受讓人向公司辦理或以帳簿劃撥方式為之，不生轉讓之效力（公司法第一百六十一條之二）。

【參考答案】

本案中，酈冬舟把神鵰股份有限公司的股票背書轉讓給陶六仙，雖未辦理股東名簿變更登記，但酈冬舟與陶六仙之間的轉讓股票行為仍屬有效，即陶六仙因受讓股票而取得神鵰股份有限公司之股東地位。惟因其未辦理過戶手續，故不得以其轉讓行為對抗神鵰股份有限公司，換言之，陶六仙不得指責神鵰股份有限公司未對其為合法的股東會開會通知。

四、遺失股票的救濟

股票遺失時應如何救濟，我國公司法無明文規定。因股票為有價證券，故應比照票據遺失之救濟方式處理。其步驟如下：

㈠掛　失

股票遺失時，應先向公司辦理掛失，至於掛失補發之程序如何，屬於公司內部事務處理問題，原則上，由公司自行規定。

㈡公示催告

股票係得依背書轉讓之有價證券，自得依民事訴訟法第五百三十九條規定聲請公示催告。公示催告旨在促使相關之權利人申報權利，對於不申報權利之人，將生失權之效果。

㈢除權判決

如果在申報權利期間沒有權利人申報權利，則法院應以除權判決，宣告股票無效（民事訴訟法第五百六十四條第一項）。原股票所有人即得以自己之費用，請求公司補發股票（類推民法第七百二十四條第一項）。

值得注意的是，宣告股票無效的除權判決，經撤銷後，原股票回復其效力。但發行公司如已補發新股票，並經善意受讓人依法取得股東權利時，原股票之效力，即難回復。因上述各情形喪失權利而受損害者，得依法請求損害賠償或為不當得利之返還（大法官會議解釋第一八六號）。

【參考答案】

陶六仙得依神鵰股份有限公司之規定，向該公司申報遺失，請求補發。否則，依民事訴訟法的規定聲請公示催告程序，請求法院以除權判決宣告該股票無效。然後陶六仙持除權判決書，以自己的費用請求神鵰股份有限公司補發股票。

五、股票的善意取得

遺失股票有無善意取得制度之適用？就此問題，學者見解不一，採反對說的學者主要認為股票不是動產，且股票之移轉，須向公司申請辦理股東名簿之變更登記，所以沒有民法關於動產善意取得規定之適用。惟從公

司法第一百六十四條規定來看，股票得以背書轉讓，雖無辦理過戶手續，仍然是公司的股東，與民法之動產或票據法上之票據轉讓情形相同；且強制執行法亦規定，股票的強制執行，係依「動產執行程序」為之，顯然將股票視為動產；公司法雖無股票善意取得之規定，惟股票與票據同為有價證券，不妨準用票據法第十四條之規定。因此對遺失的股票，應可以主張善意取得。

【參考答案】

鄭儀琳應該可依民法有關善意取得的規定，主張自己取得該股票。此時，陶六仙只能依民法規定，向楊冷禪主張侵權行為的損害賠償，或主張不當得利之返還。但如果陶六仙就遺失的股票已取得法院的除權判決，則該股票已被法院宣告無效，此時股票鄭儀琳不得主張善意取得，只能向楊冷禪依民法買賣契約之規定，主張權利瑕疵擔保責任。

第六節　股份有限公司的機關

〔案　例〕

神鵰股份有限公司於創立會中，選出趙志宏、蔡不群、韋雙雙、胡小寶、姚無忌等五人為董事，並選任李庫歷及王語心為監察人。嗣後趙志宏等召開董事會，選出蔡不群為董事長。由於董事只有五人，故五人一致認為毋須再選常務董事。

蔡不群上任後的第一件事，就是發給每位董事每月三十萬的薪資，並以韋雙雙常跑外務為由，額外加發每個月車馬費五十萬元。第二件事就是利用自己是神鵰股份有限公司董事長，亦是自己所經營的華山紙業有限公司董事長之身分，讓神鵰股份有限公司與華山紙業有限公司簽約，約定凡是神鵰股份有限公司所需的紙類文具，均由華山紙業有限公司以市價打八折提供。第三件事是透過董事會決議將公司所持有的一筆土地，以略低於市價的價格，賣給蔡不群的

弟弟蔡培虔。由於怕趙志宏不同意該決議，所以該次董事會，蔡不群特別不發通知給趙志宏。而韋雙雙因故不能參加，所以委託辜大有出席，辜大有及胡小寶亦為蔡之好友，對該提議遂不表反對。當蔡不群著手進行土地移轉時，李庫歷以監察人的身分制止其行為。李庫歷並表示韋雙雙大量移轉其所持有之股份，已超過其當選董事時所持有股份的二分之一，其董事職位依法當然解任，公司應召開股東臨時會，補選一位董事。

　　由於韋雙雙與蔡不群是舊識，對於蔡不群的提議不是大力支持就是毫不過問，一下子要找這麼好的搭配人選不是易事，故蔡不群遲遲不肯召開股東臨時會。拗不過許多知情股東的一再請求，加上蔡不群說服好好先生辜大有出來競選，於是定在四月一日召開股東臨時會。蔡不群為使辜大有順利當選，首先在報上刊登收購委託書出席股東臨時會，同時為避免太多股東參加臨時會不好控制，便遲至三月二十五日發通知書給股東，通知書上並未載明要補選董事，蔡不群擬於臨時動議中再提出。另外，蔡不群與股東駱人傑私下約定，於股東臨時會上，只能把所有的票都投給辜大有。而趙志宏想趁機擴大公司的業務範圍，反正公司不能自己賣花與泡沫紅茶，不如與現在經營花店的語媽花藝有限公司及小寶泡沫紅茶有限公司，一起經營公司業務，遂在董事會中徵得蔡不群的同意，於股東臨時會的議程中加入此項議題，提交於股東臨時會表決。

　　股東臨時會的結果，辜大有順利補選為董事。針對趙志宏的提議，股東鄭儀琳認為神鵰股份有限公司與其他公司合作經營，反而會對公司營運帶來不良影響，於開會前便以書面表示反對意見，於會議中亦投反對票，然而此提案仍順利通過。

〔問　題〕

　　一、何謂股東臨時會？與一般的股東會有何區別？

　　二、如果蔡不群堅持不召開股東臨時會，其他股東有何救濟途徑？

　　三、蔡不群於開會前一週才發通知書給股東，這樣的程序合法嗎？補選董事可否在臨時動議中提出？會議的召集程序或表決程序不合法，會不會影響該次會議所作決議的效力？

四、蔡不群可否大量收購委託書？

五、股東會的表決方式是否會隨著議案的重要性而有不同？表決權應如何計算？其過程應否作成紀錄？

六、面對公司經營型態的重大變更，鄭儀琳反對後，有無救濟之道？

七、蔡不群與駱人傑就補選董事人選所作的約定是否有效？

八、股東會除了選舉董、監事之外，還有那些職權？

九、神鵰股份有限公司是否一定要再補選一位董事？董事的選任方式與一般議案的表決方式有無不同？

十、召集股東會或股東臨時會是董事長的職權嗎？董事的職權究為何指？

十一、蔡不群代理神鵰股份有限公司與自己的公司簽約，該契約是否有效？

十二、韋雙雙支領車馬費是否須經股東會之同意？對於蔡不群濫發車馬費給韋雙雙一事，神鵰股份有限公司及其股東應如何處理？

十三、韋雙雙轉讓股票超過其當選時所持有股份的二分之一，是否當然解任其董事職務？

十四、董事會可否自行決議出售公司土地而不經過股東會之同意？

十五、蔡不群不發開會通知給趙志宏，該次會議之決議是否有效？

十六、韋雙雙可否委託辜大有代理出席董事會？

十七、神鵰股份有限公司可否不設常務董事會？

十八、李庫歷是否有權制止蔡不群出售公司的土地？

〔說　明〕

由於股份有限公司通常規模較大，股東人數較多，必須採用分工合作的方式，有些人專門代表公司執行業務、有些人則負責監督業務的執行狀況等，在公司法上，這些人就稱為公司的機關。

公司法將股份有限公司必設的機關分為三種：公司最高意思機關之股東會、業務執行機關之董事會及監察機關之監察人。在特別的情形下，檢查人及重整人或重整監察人亦屬於公司的機關，但由於其非屬常設性質，在本節中不予討論。

一、股東會

(一)股東會的種類

股東會，是指由股份有限公司全體股東所組成，為決定公司意思的最高機關。

股東會依其召集時間的不同，可區分為「股東常會」與「股東臨時會」。股東常會每年至少召集一次，召集的次數及時間，得以章程訂定之。但除有正當理由經報請主管機關核准外，應於每會計年度終了後六個月內召開（公司法第一百七十條第一、二項）。股東臨時會於必要時召開。所謂必要時，包括因法律規定應強制召集者，如董事缺額達三分之一（公司法第二百零一條第一項）；及因董事會、監察人或少數股東認為必要時而召集者。為何要區別股東常會與股東臨時會呢？最主要的理由在於公司法對此二者之召集程序有不同的規定。

此外，還可依股東會構成員之不同，而區分為「普通股東會」和「特別股東會」。普通股東會是由全體股東所組成，而特別股東會僅由特別股股東所構成，通常是在股份有限公司變更章程而可能損及特別股股東權利時才召集（公司法第一百五十九條）。普通股東會則須依股東常會、股東臨時會的方式召集。

(二)股東會召集權人

股東會的召集必須由召集權人為之，無召集權人所召開的股東會所為之決議當然無效（最高法院七十年臺上字第二二三五號判決）。

所謂的有權召集人，依公司法規定，原則上為董事會。須注意的是，不可單獨以董事長或董事之名義召集，必須以董事會的名義。當董事會不能召集（如董事依法全部解任）或不為召集，基於公司利害關係，依客觀實際情況判斷，監察人認為有必要時，可召集股東會（公司法第二百二十條，最高法院七十年臺上字第五一〇號判決，經濟部六一、九、二一商字二六五四〇號函）。法院亦得命監察人召集（公司法第二百四十五條第二項）。

為了避免董事會與監察人相互串通，故意不召開股東會，影響股東之

權益，故公司法特別規定，可由有少數股東權之股東召集。公司法第一百七十三條第一、二項規定：「繼續一年以上，持有已發行股份總數百分之三以上股份之股東，得以書面記明提議事項及理由，請求董事會召集股東臨時會。前項請求提出後十五日內，董事會不為召集之通知時，股東得報經地方主管機關許可，自行召集。」同條第四項並規定：「董事或監察人因股份轉讓或其他理由，致董事會不為召集或不能召集股東會時，得由持有已發行股份總數百分之三以上股份之股東，報經地方主管機關許可，自行召集。」此外，民國一百零七年修法後，亦可依公司法第一百七十三條之一規定，由繼續三個月以上持有已發行股份總數過半數股份之股東，自行召集股東臨時會。

另外，在特別的情況下，重整人（公司法第三百十條）與清算人（公司法第三百二十四條）亦有權召開股東會。

【參考答案】

如果蔡不群堅持不召開股東臨時會，應先由有少數股東權的股東請求董事會召集。提出請求後十五日內，董事會仍不為召集通知時，該具有少數股東權的股東才得報請地方主管機關許可，自行召集。若無少數股東權股東為上述的請求，其他股東可以請求監察人李庫歷召集。倘董事或監察人皆不能依公司法規定召集股東臨時會時，少數股東權之股東，得直接報經地方主管機關許可，自行召集。另外，亦得由繼續三個月以上且持有已發行股份總數過半數股份之少數股東，自行召集股東臨時會，不須報經地方主管機關許可。

㈢股東會的召集程序

股東會的召集程序，因股東會的種類而有不同：

1. 股東常會

股東常會之召集，應於二十日前通知各股東（公司法第一百七十二條第一項）。但公開發行股票的公司召集股東常會，應於三十日前通知各股東（公司法第一百七十二條第三項）。

2.股東臨時會

股東臨時會之召集，應於十日前通知各股東（公司法第一百七十二條第二項）。

但公開發行股票的公司召集股東臨時會，應於十五日前通知各股東（公司法第一百七十二條第三項）。

上述兩種召集，其通知應載明召集事由，如經股東同意，可以用電子郵件通知，而不必以書面通知（公司法第一百七十二條第四項）。所謂載明並不是將其討論內容詳細列於通知或公告上，而是簡要說明該次股東會所欲討論之議題，如選舉董監事、修正章程等，使股東知道該次會議之內容與重要程度即可。召集事由中得列臨時動議，但關於選任或解任董事、監察人、變更章程、公司解散、合併、分割及重大營業變更、減資、申請停止公開發行、董事競業許可、盈餘轉增資、公積轉增資（後五項為民國一百零七年修法時新增）之事項，應在召集事由中列舉，不得以臨時動議提出，以資慎重（公司法第一百七十二條第五項）。代表公司之董事違反上述通知期限之規定時，處新臺幣一萬元以上五萬元以下罰鍰。但若為公開發行股票之公司，違反通知期限之代表公司董事，處新台幣二十四萬元以上二百四十萬以下罰鍰（公司法第一百七十二條第六項）。至於無表決權的股東，雖然無法以表決權影響選舉結果，但仍有出席表達意見的權利，故仍有受通知的權利。

關於股東會的公告，雖然經濟部曾以命令函釋認為，有召集權者為董事會，公司為上述公告時，應以董事會之名義刊登公告，而非以公司之名義刊登（經濟部六八、六、二一商字一八五四號函）。但司法實務上認為董事會是公司的業務執行機關，公司的行為往往是透過董事會為之，故若股東會的其他召集程序合法，雖以公司名義為公告亦無妨（最高法院七十二年臺上字第二二四七號判決）。

若股東會討論議題太多，無法在預定的期日內完成，可以續開或延期再開。如果是在五日內延期或續行會議時，與原開會期日接近，自無依前述召集程序為通知或公告之必要（公司法第一百八十二條）。但若超過五日，

則必須再踐行上述之召集程序。

　　至於股東會的召集處所，公司法並無特別規定，原則上依公司章程所規定之處所為之，若章程亦無規定時，解釋上應在本公司所在地為之。

【參考答案】

　　蔡不群在開會一週前才發通知書給股東，顯然違反公司法第一百七十二條第三項股東臨時會召集程序之規定，且補選董事必須明列於召集事由中，不得以臨時動議提出。本案中股東臨時會所作的決議，因召集程序違法而有瑕疵，神鵰股份有限公司的股東可自決議之日起三十日內，訴請法院撤銷該決議。代表公司的董事，因違反公司法有關臨時股東會通知期限的規定，處新臺幣二十四萬元以上二百四十萬元以下罰鍰。

㈣股東會的代理出席

　　股份有限公司的各股東均得出席股東會，但為避免無記名股票臨時集中於少數人手中，操縱董、監事選舉及股東會決議，故持有無記名股票之股東，須於股東會開會前五日，將其股票交存於公司，始得出席股東會（修正前公司法第一百七十六條）。須注意者，自民國一百零七年修法施行後，不得再發行無記名股票，本條規定亦一併刪除。

1.代理人與委託書

　　股東不以親自出席股東會為必要，得委託代理人，且其代理人不限於公司之股東。公司法第一百七十七條第一項規定：「股東得於每次股東會，出具委託書，載明授權範圍，委託代理人，出席股東會。但公開發行股票之公司，證券主管機關另有規定者，從其規定。」本項規定乃為便利股東委託他人出席而設，並非強制規定，公司雖未印發委託書，股東仍可自行書寫委託書，委託他人代理出席（最高法院六十五年臺上字第一四一○號判決）。委託書只在股東不能親自出席時，才有適用之必要，若股東親自出席股東會，領取選票後，委託他人代填被選人姓名並投入票櫃，則不需出具委託書（最高法院五十五年第二次民刑庭推事總會決議）。

　　於民國一百零七年修法前，公司法第一百七十七條第一項規定：「股東得於每次股東會，出具『公司印發』之委託書⋯⋯出席股東會。」依法院實務見解，向來肯認非公開發行股票公司之股東得自行書寫委託書，委託他人代理出席，爰修正第一項刪除「公司印發之」等字。按公開發行公司出席股東會使用委託書規則（以下稱委託書規則）第二條第二項規定：「公開發行公司出席股東會使用委託書之用紙，以公司印發者為限。」爰增訂但書明定公開發行股票之公司依證券主管機關之規定辦理。故依現行法之規定，非公開發行股票公司之股東得自行書寫委託書，不須出具公司印發之委託書。惟為避免大股東臨時收買委託書，以操縱會議，公司法規定除信託事業或經證券主管機關核准之股務代理機構外，一人同時受二人以上股東委託時，其代理之表決權不得超過已發行股份總數表決權之百分之三，超過時其超過之表決權，不予計算（公司法第一百七十七條第二項）。

　　又為使公司易於瞭解究竟誰是股東的代理人，且避免股東委託數代理人造成表決權行使及計算的困擾，故公司法第一百七十七條第三項規定：「一股東以出具一委託書，並以委託一人為限，應於股東開會五日前送達公司。委託書有重複時，以最先送達者為準，但聲明撤銷前委託者，不在此限。」委託書應於股東會開會五日前送達公司之規定，係為便利公司作業之規定，並非強制規定，更非股東合法委任代理人之要件，因此如果代理人受合法委任，並持有委託書，雖未在開會前五日送交公司，亦可出席股東會（最高法院七十一年臺上字第二四〇九號判決）。

　　惟因實務上，有股東已交付委託書委託代理人出席股東會，於股東會召開當日，受託人已報到並將出席證及選票取走後，股東才親自出席股東會，要求當場撤銷委託，造成股務作業之困擾與爭議，亦使得委託書徵求人徵得之股數不確定。為避免股務作業之不便與爭議，民國九十四年六月公司法新增訂第一百七十七條第四項並於民國一百年六月修正為：委託書送達公司後，股東欲親自出席股東會或欲以書面或電子方式行使表決權者，應於股東會開會二日前，以書面向公司為撤銷委託之通知；逾期撤銷者，以委託代理人出席行使之表決權為準。

2.公開發行公司的委託書

如果股份有限公司所發行之股份為公開上市者，依據證券交易法及公開發行公司出席股東會使用委託書規則（下稱委託書規則）之規定，收購委託書應注意下列事項：

(1)委託書之徵求人，除委託書規則第六條規定外，應具備該公司股東身分（委託書規則第五條）。

(2)徵求人應於股東常會開會三十八日前或股東臨時會開會二十三日前，檢附出席股東會委託書徵求資料表、持股證明文件、代為處理徵求事務者資格報經本會備查之文件、擬刊登之書面及廣告內容，定稿送達公司及副知財團法人中華民國證券暨期貨市場發展基金會（以下簡稱證基會）。公司應於股東常會開會三十日前或股東臨時會開會十五日前，製作徵求人徵求資料彙總表冊，以電子檔案傳送至證基會予以揭露或連續於日報公告二日（委託書規則第七條第一項）。公司於徵求人檢送徵求資料期間屆滿當日起至寄發股東會召集通知前，如有變更股東會議案情事，應即通知徵求人及副知證基會，並將徵求人依變更之議案所更正之徵求資料製作電子檔案傳送至證基會予以揭露（委託書規則第七條第二項）。

(3)徵求委託書之書面及廣告應載明（委託書規則第八條）：

①對於當次股東會各項議案，逐項為贊成與否之明確表示；與決議案有自身利害關係時並應加以說明。

②對於當次股東會各項議案持有相反意見時，應對該公司議事手冊或議案說明書記載內容，提出反對理由。

③對於當次股東會選任董事或監察人事項，應說明徵求委託書之目的，並註明徵得之委託書擬支持之候選人姓名、持有該公司股份之種類及數量、股東戶號、目前擔任職位、學歷、最近三年內之主要經歷、董事被選舉人經營理念、與公司之業務往來內容，如係法人，應比照填列負責人之資料及所擬指派代表人之簡歷。徵求人應列明與擬支持之被選舉人之間有無委託書規則施行細則第二條所定利用他人名義持有股票之情形。委託書規則第五條徵求人及第六條第一項之委任股東，其自有持股是否支持徵求委託

書書面及廣告內容記載之被選舉人。

④徵求人姓名、股東戶號、持有該公司股份之種類與數量、持有該公司股份之設質與以信用交易融資買進情形、徵求場所、電話及委託書交付方式。如為法人，應同時載明公司或商業統一編號及其負責人姓名、持有公司股份之種類與數量、持有公司股份之設質與以信用交易融資買進情形。

⑤徵求人所委託代為處理徵求事務者之名稱、地址、電話。

⑥徵求取得委託書後，應依股東委託出席股東會，如有違反致委託之股東受有損害者，依民法委任有關規定負損害賠償之責。

(4)徵求人自行寄送或刊登之書面及廣告，應與依第七條第一項及第二項送達公司之資料內容相同（委託書規則第九條）。

(5)徵求人對於上述事項，如果違反者，處新臺幣二十四萬元以上二百四十萬元以下罰鍰（證券交易法第一百七十八條）。

【參考答案】

雖然神鵰股份有限公司非公開上市發行股票之公司，但為保護未出席股東之權益，蔡不群應依前述收購委託書之注意事項辦理為妥。又蔡不群雖可收購委託書，但如其所代理之表決權超過已發行股份總數表決權之百分之三十，其超過之表決權依公司法規定不予計算。

(五)股東常會議案的提出

現行公司法將公司大部分之經營權及決策權均交給董事會，並由董事會排定股東會之議程。然而如果股東沒有「事前提案權」，僅有「被動的決議權」，股東會的功能將受到非常大的限制。例如，改選董監事與變更章程等事項，應在召集事由中列舉，不得以臨時動議提出，在股東沒有「事前提案權」的情況，股東只能被動地等待董事會將此等事項排入議程。為使股東能積極參與公司經營，加強股東會機能，防止公司經營階層的濫權，故公司法在民國九十四年六月修正時，增訂第一百七十二條之一，賦與股東於股東常會開會權，提出議案要求董事會將所提議案列入開會通知之權

利，該條並於民國一百零七年進行修正及增訂。說明如下：

持有已發行股份總數百分之一以上股份之股東，得以書面或電子受理向公司提出股東常會議案。但提案以一項為限，如超過一項者，超過的部分不列入議案。公司應於股東常會召開前之停止股票過戶日前，公告受理股東之提案、受理處所及受理期間；且該受理期間不得少於十日（第一、二項）。股東所提的議案，字數以三百字為限；提案股東應親自或委託他人出席股東常會，並參與議案討論（第三項）。

民國一百零七年修正前，第一百七十二條之一條文如下：「有下列情事之一，股東所提議案，董事會『得』不列為議案。」該條立法原意係認為若不存在該項各款所列事由時，董事會即「應」將股東提案列為議案，僅存在該項各款所列事由時，董事會始「得」將股東提案不列為議案，惟文字用語無法彰顯立法原意，故民國一百零七年將第四項規定修正如下：「除有下列情事之一者外，股東所提議案，董事會應列為議案：一、該議案非股東會所得決議者。二、提案股東於公司依第一百六十五條第二項或第三項停止股票過戶時，持股未達百分之一者。三、該議案於公告受理期間外提出者。四、該議案超過三百字或有第一項但書提案超過一項之情事。」公司應於股東會召集通知日前，將處理結果通知提案股東，並將符合公司法規定之議案列於開會通知。

若第一項股東提案係為敦促公司增進公共利益或善盡社會責任之建議，董事會仍得列入議案（第五項）。公司應於股東會召集通知日前，將處理結果通知提案股東，並將合於本條規定之議案列於開會通知。對於未列入議案之股東提案，董事會應於股東會說明未列入之理由（第六項）。公司負責人違反第二、四項或第六項規定者，各處新臺幣一萬元以上五萬元以下罰鍰。但公開發行股票之公司，由證券主管機關各處公司負責人新臺幣二十四萬元以上二百四十萬元以下罰鍰（第七項）。

㈥股東會的表決

1. 股東會決議的種類

為保護股東權益，依公司法規定對公司營運影響程度愈大之議案，需

要愈多數股東的同意，其決議方式可分為兩種：

(1)普通決議

股東會的決議，除公司法有特別規定外，均依此方式為決議。此決議應有代表已發行股份過半數股東之出席，以出席股東表決權過半數之同意行之（公司法第一百七十四條）。

但有時公司股東人數太多，出席股東可能無法達已發行股份過半數，為避免股東會一再無法達成決議影響公司營運，故公司法規定如果出席股東不足上述定額時，而有代表已發行股份總數三分之一以上股東出席時，得以出席股東表決權過半數之同意為「假決議」，並將假決議通知各股東，於一個月內再行召集股東會。再次召集的股東會對於假決議，如仍有已發行股份總數三分之一以上股東出席，並經出席股東表決權過半數之同意，視同股東會之正式決議（公司法第一百七十五條）。惟此種假決議僅適用於普通決議事項，如須經特別決議之事項，則不能用假決議之規定。

(2)特別決議

對於重大之事項，公司法將出席股東所代表之股份數提高，使此種決議更具代表性以保障股東權益。

特別決議原則上應經代表已發行股份總數三分之二以上股東之出席，以出席股東表決權過半數之同意為之。但在公開發行股票之公司，因股東人數眾多，經常無法達到前述出席額數，故公司法規定在公開發行股票之公司，得以代表已發行股份總數過半數股東之出席，出席股東表決權三分之二以上之同意行之。但不論是否為公開發行股票之公司，有關出席股東股份總數及表決權數，若章程有較高規定時，應依章程之規定。應經特別決議的事項有：

①重大營業政策之變更（公司法第一百八十五條）：包括締結、變更或終止關於出租全部營業，委託經營或與他人經常共同經營之契約；讓與全部或主要部分之營業或財產；受讓他人全部營業或財產，對公司營運有重大影響者。

②董事競業行為之許可（公司法第二百零九條）。

③以發行新股方式分派股息或紅利的決議（公司法第二百四十條第一項）。

④變更章程之決議（公司法第二百七十七條）。

⑤公司解散、合併或分割的決議（公司法第三百十六條）。

【參考答案】

趙志宏提議與其他公司共同經營業務，此一提議屬於公司法第一百八十五條第一項第一款締結與他人經常共同經營之契約，應經過股東會之特別決議通過才可實行。其會議過程亦應作成紀錄，以維股東權益，及查證會議決議合法與否。

2. 表決權的行使與計算

關於出席股東表決權之行使與計算，有下列應注意之事項：

⑴原則上出席之股東或其代理人均得行使表決權，但有下列例外：

①公司依法持有自己股份時，無表決權（公司法第一百七十九條第二項第一款）。

②被持有已發行有表決權之股份總數或資本總額超過半數之從屬公司，所持有控制公司之股份（公司法第一百七十九條第二項第二款）。

③控制公司及其從屬公司直接或間接持有他公司已發行有表決權之股份總數或資本總數超過半數之他公司，所持有控制公司及其從屬公司之股份（公司法第一百七十九條第二項第三款）。

②及③之限制，主要是因我國企業間交叉持股之情形十分嚴重，往往利用交叉持股的方式鞏固自己的經營權。公司法雖在民國八十六年六月增訂關係企業專章，但防止企業交叉持股的規定仍然不夠健全，而且從屬公司仍可購買控制公司的股票，使得大股東可以藉由「循環投票」來鞏固經營權，產生不合理現象。故公司法復於民國九十年十一月修正第一百六十七條第三項，禁止從屬公司收買控制公司之股份或將控制公司之股份收為質物，但是基於法律不溯及既往原則，修法前已存在的交叉持股情形，修法後仍繼續存在。因此民國九十四年六月明定從屬公司持有控制公司之股

票，無表決權；又為求周延，控制公司及其從屬公司轉投資其他公司時，該其他公司對於所持有控制公司及其從屬公司之股份亦不能行使表決權。

④股東對會議之事項，有自身利害關係致有害於公司利益之虞時，不得加入表決，亦不得代理他股東行使表決權（公司法第一百七十八條）。此時股東僅對該議案不得行使表決權，並非所有的議案均無表決權，此時股東會之召集權人仍須依法通知該股東參加股東會（最高法院七十年臺上字第三四一〇號判決），否則會造成決議的瑕疵。

(2)原則上每股有一表決權，但有下列例外：

一人同時受二人以上股東委託時，除代理信託事業或經證券主管機關核准之股務代理機構外，其代理之表決權超過已發行股份總數百分之三時，超過之表決權不予計算（公司法第一百七十七條第二項）。

(3)表決權的行使方式，原則上由股東自行為之，但有下列例外：

①股東持有數股，即有數表決權，除因董監事之選舉採累積投票制，得為不同之意見表示外，其他議案不得為不同之意見表示，即不得一部分投贊成票、一部分投反對票（經濟部六九、三、三一商字一〇一四九號函）。

②政府或法人為股東時，其表決權之行使，仍以其所持有之股份綜合計算，而有代表人二人以上時，其代表人行使表決權應共同為之（公司法第一百八十一條）。

(4)關於出席股東股份總數及表決權數之計算，須注意下列事項：

①無表決權股東之股份數，不算入已發行股份總數（公司法第一百八十條第一項）。例如 A 股份有限公司發行普通股一百萬股，無表決權之特別股十萬股，在計算出席股東股份總數是否達已發行股份總數之特定比例時，已發行股份總數為一百萬股而非一百一十萬股。

②對表決事項有自身利害關係而不得表決之股東，其所持有之股份數，不算入已出席股東之表決權數（公司法第一百八十條第二項）。例如 A 股份有限公司之股東會有代表已發行股份八十萬股之股東出席，但就某特定議案，股東甲因有自身利害關係無表決權，而甲持有一萬股，則此時出席股東之表決權數只有七十九萬股。

③出席股東之表決權數係以已出席股東之表決數為準，而非以實際在場之股東表決權數為準。舉例來說，設 A 股份有限公司之股東會有代表已發行股份八十萬股之股東出席，針對某特定議案進行普通決議，但部分股東先行離去，會場中只剩代表已發行股份五十萬股之股東，若欲通過此一議案，仍須有四十萬股之贊成票（最高法院七十一年臺上字第二七六三號判決）。

④為鼓勵股東參與股東會的議決，民國九十四年六月修正公司法時，特別規定公司召開股東會時，股東可以用書面或電子方式行使其表決權。而於民國一百零七年八月修正公司法時，針對公開發行公司之部分，要求符合證券主管機關所定條件者，「應」列書面或電子方式為表決權行使方式之一（公司法第一百七十七條之一第一項但書）。

以電子方式行使表決權的方法，應載明在股東會召集通知中。當股東以書面或電子方式行使表決權時，視為親自出席股東會。惟因該股東並非真正當場參與股東會，所以就該次股東會之臨時動議及原議案之修正，視為棄權（公司法第一百七十七條之一）。

⑤股東以書面或電子方式行使表決權者，其意思表示應於股東會開會二日前送達公司，意思表示有重複時，以最先送達者為準。但聲明撤銷前意思表示者，不在此限（公司法第一百七十七條之二第一項）。又，股東以書面或電子方式行使表決權後，欲親自出席股東會者，至遲應於股東會開會前二日，以與行使表決權相同之方式撤銷前項行使表決權之意思表示；逾期撤銷者，以該書面或電子方式行使之表決權為準（公司法第一百七十七條之二第二項）。

⑥股東以書面或電子方式行使表決權，又以委託書委託代理人出席股東會時，以委託代理人出席行使之表決權為準（公司法第一百七十七條之二第三項）。

3. 股東會議事手冊

為使公開發行股票公司之股東瞭解股東會議事程序與內容，公司法於民國九十四年六月增訂第一百七十七條之三，規定公開發行股票之公司召

開股東會，應編製股東會議事手冊，並應於股東會開會前，將議事手冊及其他會議相關資料公告。至於公告的時間、方式、議事手冊應記載之主要事項及其他應遵行事項之辦理，由證券管理機關另行規定。

4.股東會議事錄

為便利查證股東會之決議程序與內容是否符合法令與章程，以保護股東權益及避免公司捏造決議，公司應將股東會之決議事項，作成議事錄，由主席簽名或蓋章，並於會後二十日內，將議事錄分發各股東。議事錄之製作及分發，得以電子方式為之。公開發行股票之公司，得以公告方式代替議事錄的分發。議事錄應記載會議之年、月、日、場所、主席姓名及決議方法，並應記載議事經過之要領及其結果。在公司存續期間內，應永久保存議事錄。出席股東的簽名簿及代理出席的委託書，至少應保存一年。但若有股東認為股東會的召集程序或決議方法，違反法令或章程而依法提起訴訟時，前述的簿冊應保存至訴訟終結為止。代表公司之董事，違反前項規定，不保存議事錄、股東出席簽名簿及代表出席委託書者，處新臺幣一萬元以上五萬元以下罰鍰；公司負責人有虛偽記載時，並依刑法或特別刑法偽造文書等有關規定處罰（公司法第一百八十三條）。

㈦股東會決議的瑕疵

股東會的決議有拘束公司及公司內部機關的效力（公司法第一百九十三條），因此其決議必須合法且合於章程規定。如果決議不合法或不合章程之規定，則稱為瑕疵之決議。

1.股東會決議瑕疵的種類與民事訴訟

股東會決議有瑕疵應如何處理？公司法依其瑕疵的嚴重程度而有不同的規定：

⑴股東會決議之內容違反法令或章程者，例如決議剝奪部分普通股股東的紅利分派權，該決議無效（公司法第一百九十一條）。既屬無效，則公司及股東均不受該決議之拘束。但公司與股東對決議內容是否違法產生爭執時，應依民事訴訟法之規定提起確認之訴，以確定某特定決議事項之法律關係存在與否。

(2)股東會的召集程序違反法令或章程規定，如對一部分股東未發召集通知；或決議方法違反法令或章程，如非股東之第三人參與表決等，股東得自決議之日起三十日內，以公司為被告，訴請法院撤銷該決議（公司法第一百八十九條）。若決議事項已為登記者，經法院為撤銷決議之判決確定後，主管機關經法院之通知或利害關係人之聲請，應撤銷其登記（公司法第一百九十條）。且該判決之效力不獨及於公司，並及於與該決議有利害關係之第三人（最高法院三一、九、二二民刑庭會議決議）。

需注意的是，上述違法僅屬於形式違法，因此如果沒有股東提起撤銷之訴，或股東未於法定期間內提起訴訟者，其決議仍然有效。

2.民事訴訟原告的資格

值得討論的是提起撤銷決議者的資格問題：

(1)提起撤銷之訴的原告，必須為公司之股東（五十七年臺上字第三三八一號判例）。

(2)為避免股東濫行訴訟，影響公司營運，故提起撤銷之訴的股東，必須出席該次股東會議，並對股東會召集程序或決議方法當場表示異議（七十二年民庭會議決議，最高法院七十五年臺上字第五九四號判決）。但若公司未依法發股東會通知或公告，致股東不知參加股東會者，雖未符合上述要件，亦得提起撤銷股東會決議之訴。

(3)如果是在股東會決議後才取得股東資格的人，可否撤銷股東會決議？依最高法院於民國七十二年九月六日第九次民事庭會議決議，答案是肯定的。該決議認為雖然於股東會議時尚未具有股東資格，然若其前手（即出讓股份之股東），於股東會議時已依民法第五十六條規定取得撤銷訴權時（即出讓股份之股東有出席股東會，且對股東會召集程序或決議方法當場表示異議，或因公司未依法發通知、公告致未參加股東會），此一撤銷訴權將隨股份轉讓而移轉，即受讓股東亦得行使撤銷訴權。但若是決議後原始取得新股之股東（非從他人之處繼受取得），則不能提起撤銷之訴。

在此必須特別強調，無召集權人所召集的股東會，其所作出之決議並非屬召集程序違法，而是當然無效。

㈧反對意見股東的收買請求權

面對股東會所為可能影響公司營運之重大決議，如強求持反對意見之股東為該決議之不良結果負責，無異侵害其權利，為保護此等少數股東之利益，故公司法規定於股東會通過特定重要決議時，依法定程序表達反對意見之股東，得請求公司以公平價格收買其所持有之股份。茲將其要件說明如下：

1. 請求收買的原因

⑴股東於股東會於表決下列決議前，已以書面通知公司反對該項行為之意思表示，並於股東會已為反對者，得請求公司以當時公平價格收買其所有之股份：①締結、變更或終止關於出租全部營業、委託經營或與他人經常共同經營的契約。②讓與全部或主要部分的營業或財產。③受讓他人全部營業或財產，而對公司營運有重大影響（公司法第一百八十六條）。但如果股東會決議將公司全部或主要部分之營業或財產讓與給他人，且為解散之決議時，則股東不得請求。因公司決議解散時，應進入清算程序，此時若允許公司收買少數股東之股份，將使公司財產減少，有害公司債權人之權益，故公司法禁止之（公司法第一百八十六條）。

⑵股東會為與他公司合併或分割之決議時，股東在集會前以書面表示異議，或在集會中以口頭表示異議經紀錄者，得放棄表決權而請求公司按當時公平價格收買其持有之股份（公司法第三百十七條）。

2. 請求收買的期間

股東應於股東會決議起二十日內，以書面記載其所持有之股份種類及數額，向公司請求（公司法第一百八十七條、第三百十七條第三項準用前述規定）。

3. 收買價格的決定與支付價款的期間

收買價格原則上應經公司與股東協議為之，如果達成協議，則公司應自股東會決議日起九十日內支付價款。如自決議日起六十日內未達協議者，股東應於此期間經過後三十日內，聲請法院為價格之裁定，經法院裁定後，公司應自決議時算至九十日期間屆滿起，加給法定利息支付之。股份價款

之給付，應與股票之交付同時為之，其股份之移轉並於價款支付時生效（公司法第一百八十七條第三項、第三百十七條第三項準用前述規定）。

4. 請求收買行為的失效

股東之請求，於公司取消其上述收買原因行為時，例如公司取消分割計畫或股東未於法定期間請求，喪失其請求權（公司法第一百八十八條、第三百十七條第三項準用前述規定）。

【參考答案】

鄭儀琳對於神鵰股份有限公司與他公司共同經營一案，在股東臨時會前已以書面通知公司表示反對，並於股東會中投反對票，得依公司法第一百八十六、一百八十七條規定，自股東臨時會決議日起二十日內，以書面記載其所持有的股份種類及數額，向神鵰股份有限公司請求按當時公平價格收買其所持有之股份。

(九)股東間拘束表決權契約的效力

股東表決權之行使，應基於股東之自由意思為之。如果股東間訂立拘束表決權之契約，則易使少數大股東控制公司，使公司之各種會議及表決，失其公平性，形同虛設。且股份有限公司董、監事之選舉採累積投票制之理由，即在於避免多數暴力而犧牲股東權益，如果允許股東間訂立拘束表決權之契約，將使董、監事之選舉形同具文。故實務上認為應該依照民法第七十二條規定：「法律行為，有背於公共秩序或善良風俗者，無效。」將股東間拘束表決權行使之契約，解為無效（最高法院七十一年臺上字第四五〇號判決）。

然公共秩序與善良風俗是否能作如此擴張之解釋，本書認為甚有疑問。股東間私下約定投票給誰，不過是一種拉票行為，乃現今工商社會時有所聞之事，此種約定表決權行使之契約，不過是將拉票行為契約化而已，就某程度言，收購委託書亦是收購人與出賣人間，就議案之贊成與否或董、監事之人選所訂立之契約，而證券交易法及公開發行公司出席股東會委託

書管理規則並不禁止收購委託書之行為，故本書認為此種約定表決權行使之契約，應屬有效。故前述最高法院的意見能否繼續維持，仍值得觀察。

民國一百零七年修法時，增訂公司法第一百七十五條之一，允許非公開發行公司間得成立表決權拘束契約、表決權信託契約。其目的是讓非公開發行股票公司之股東，透過協議或信託方式，匯聚具有相同理念的少數股東，以共同行使表決權方式，達到所需要之表決權數，鞏固經營團隊在公司之主導權。

故依民國一百零七年新增第一百七十五條之一規定，若神鵰股份有限公司為非公開發行股票公司，蔡不群與駱人傑就補選董事人選所作之約定，應屬有效。

㈩股東會的職權

股東會之職權除了選舉董、監事之外，還包括：

1. **重要議案的決定**

公司法因採行企業所有與經營分離原則，股東會之職權受到縮減，其得決議的事項，以法律或章程有特別規定者為限（公司法第二百零二條）。其得決議的事項有董事競業行為之許可（公司法第二百零九條）、營業政策重大變更之決定（公司法第一百八十五條）、公司章程之變更（公司法第二百二十七條）、公司之解散、合併及分割（公司法第三百十六條第一項）等。

2. **處理人事事項**

公司之重要人事，如董事、監察人、清算人之選任、解任及其報酬的決定等，均由股東會決議之（公司法第一百九十二、一百九十六、一百九十九、二百十六、三百二十二、三百二十三條）。

3. **處理財務事項**

依據董事會所提出之「盈餘分派或虧損彌補之議案」決議分派盈餘及股息紅利（公司法第一百八十四條第一項），或以發行新股之方式分派股息及紅利之全部或一部（公司法第二百四十條第一項），或決議提列特別公積（公司法第二百三十七條第二項）等。

4.聽取董事、監察人、檢查人的報告

⑴董事應對股東會報告之事項有

①公司虧損資本達實收資本額二分之一之報告（公司法第二百十一條第一項）。

②募集公司債之原因及有關事項之報告 （公司法第二百四十六條）。

⑵監察人或檢查人應對股東會報告之事項有

①對於董事所造具表冊之意見報告(公司法第一百八十四、二百十九條)。

②關於清算完結，應行檢查事項之報告 （公司法第三百三十一條）。

5.查核與承認會計表冊

董事會有將其所造具之各項表冊，請求股東常會承認之義務（公司法第二百三十條），監察人對於此項表冊，則有核對簿據、調查實況、報告意見於股東會之義務（公司法第二百十九條）。股東會就上述之表冊及報告，有查核之職責（公司法第一百八十四條第一項）。

二、董　　事

㈠股份有限公司董事的選任

1.董事的人數

董事，為董事會之構成員，且為股份有限公司的負責人（公司法第八條）。依民國一百零七年修正後之公司法第一百九十二條規定，公開發行之股份有限公司至少應置董事五人（公司法第一百九十二條第一項、證券交易法第二十六條之三第一項）；非公開發行之股份有限公司得依章程規定不設置董事會，但應置董事一或二人（公司法第一百九十二條第二項）。究竟應置多少名董事，則視公司章程之規定。由於董事對外代表公司，執行公司業務，如果董事出現缺額，可能影響公司業務之執行，故公司法第二百零一條規定:「董事缺額達三分之一時,應於三十日內召集股東臨時會補選。但公開發行股票的公司，董事會應於六十日內召開股東臨時會補選。」

2.董事的資格

由於董事處理公司大小事務，關係公司營運成敗至深，因此董事須由有行為能力之人出任，至於民法第八十五條有關行為能力之補充規定（法

定代理人允許限制行為能力人獨立營業者，限制行為能力人，關於其營業，有行為能力)，對股份有限公司之董事不適用(公司法第一百九十二條第一、四項)，換言之，即使限制行為能力人得到法定代理人之允許，亦不得被選任為董事。民國九十年十一月修正前的公司法規定，董事需由具備股東資格者擔任，蓋因董事影響公司至巨，如果由公司股東出任，因其握有公司股份，自然對公司營運較為關心，故由股東擔任較妥。但公司的獲利率與由股東擔任董事並無直接關連，且企業所有與企業經營分離是世界的潮流，因此於此次修法刪除此項規定。

3. 董事的選任方式

董事為公司設立登記之必載事項，即設立公司非設置董事不可。公司於設立之初，如採發起設立，則由發起人互選(公司法第一百三十一條第一項)、如採募集設立，則由創立會選任(公司法第一百四十六條第一項)；至於公司成立後，則由股東會選任之(公司法第一百九十二條第一項)。

為健全公司經營體質，保障投資大眾權益，推動公司治理，公司法於民國九十四年六月修正時，增訂第一百九十二條之一，規定公開發行股票公司董事選舉，可以採行候選人提名制度，該條並於民國一百零七年修正，規定非公開發行公司亦得依章程規定採行董事候選人提名制度，而公開發行公司則由主管機關視其公司規模訂之。詳細說明如下：(1)公司董事選舉，如欲採行候選人提名制度，應於章程中載明，採行候選人提名制度後，股東應從董事候選人名單中選任董事。但證券主管機關應視公開發行股票公司之規模、股東人數與結構及其他必要情況，令其於章程載明採董事候選人提名制度。(2)公司應於股東會召開前之停止股票過戶日前，公告受理董事候選人提名之期間、董事應選名額、其受理處所及其他必要事項，且該受理期間不得少於十日。(3)持有已發行股份總數百分之一以上股份之股東，得以書面向公司提名董事候選人名單，提名人數不得超過董事應選名額；如由董事會提名董事候選人，其提名人數也不可以超過董事應選名額。(4)提名股東應敘明被提名人姓名、學歷、經歷。(5)董事會或其他召集權人召集股東會者，對董事被提名人應予審查，除有下列情事之一者外，應將被

提名人列入董事候選人名單：①提名股東於公告受理期間外提出；②提名股東於公司依公司法第一百六十五條第二項或第三項停止股票過戶時，持股未達百分之一者；③提名人數超過董事應選名額；④提名股東未敘明被提名人姓名、學歷及經歷。⑹公司應於股東常會開會二十五日前或股東臨時會開會十五日前，將董事候選人名單及其學歷、經歷公告。但公開發行股票之公司應於股東常會開會四十日前或股東臨時會開會二十五日前為之。⑺公司負責人或其他召集權人未遵守規定公告受理董事候選人提名、應列入董事候選人名單卻未列入或未於開會期限內將董事候選人名單及其學歷、經歷公告時，各處新臺幣一萬元以上五萬元以下罰鍰。但公開發行股票之公司，由證券主管機關各處公司負責人或其他召集權人新臺幣二十四萬元以上二百四十萬元以下罰鍰。

為避免持有股份總數較多的大股東，以少勝多，造成小股東無法出任董事，完全由多數股東把持選舉之弊端，故公司法就董事之選任，除章程另有規定外，採累積投票制（公司法第一百九十八條）。所謂的累積投票制，是指每一股份有與應選出董事人數相同之選舉權，股東得集中選舉一人，或分配於數人，並由所得選票代表選舉權較多者，當選為董事。舉例說明：A 股份有限公司董事之候選人有五位，則 A 股份有限公司的每一股份有五個選舉權，假設股東甲有一百股，則甲有五百個選舉權，甲可以把五百個選舉權都選給同一人，也可以分散給各個候選人，如分給第一候選人二百五十票、第二候選人一百五十票、第三候選人一百票。

若股東自己出來參加董事競選，雖然是與自身利害有關之事，但此時可以選舉自己為董事，也可以代理其他股東行使選舉權（公司法第一百九十八條第二項）。

4.董事長的選任

至於董事長之選舉，依公司法之規定，若董事會未設常務董事者，應由三分之二以上董事之出席，及出席董事過半數之同意，互選一人為董事長，並得依章程規定，以同一方式互選一人為副董事長；董事會設有常務董事者，則由常務董事依前項方式互選董事長與副董事長（公司法第二百零八條第一、二項）。

【參考答案】

由於神鵰股份有限公司只有董事三名，韋雙雙解任董事後，董事缺額即達三分之一，依公司法之規定應於三十日內召開股東臨時會補選董事。選舉的方式視公司章程有無特別規定，若無，則採累積投票制。

⒟董事的職權

董事長之職權依公司法第二百零八條第三項之規定：「董事長對內為股東會、董事會及常務董事會主席，對外代表公司。」而召集股東會或股東臨時會乃董事會之職權，非董事長之職權，董事長應依法召開董事會後，由董事會召開股東會或股東臨時會。如果董事長請假、或因故不能行使職權召開董事會時，由副董事長代理之；無副董事長或副董事長亦請假、或因故不能行使職權時，由董事長指定常務董事代理之，其未設常務董事者，指定董事一人代理之；董事未指定代理人者，由常務董事或董事互推一人代理之（公司法第二百零八條第三項）。

現行公司法將公司的執行機關定為董事會，舉凡公司業務之執行，交由董事會作成決議後，再由董事或董事長以董事會名義執行，董事對外以自己名義行使職務之機會極少，其職權如下：

1. 出席董事會參與表決

董事為董事會之構成員，董事會開會時，除章程明訂得由其他董事代理出席者外，董事應親自出席並參與表決（公司法第二百零五條第一項）。

2. 發起情形的調查報告

董事由創立會選任後，應即就關於設立之必要事項，為切實之調查，並向創立會報告（公司法第一百四十六條第一項）。

3. 簽章於股票與公司債

公司所發行之股票或公司債，應由代表公司之董事簽名或蓋章（公司法第一百六十二條第一項、第二百五十七條第一項）。

4.任免經理人

經理人之委任、解任、報酬，須有過半數董事之同意（公司法第二十九條第一項第三款）。

5.申請各種登記

股份有限公司設立、解散、增資、減資、發行新股、募集公司債及因合併而變更之登記，由公司的負責人（在股份有限公司即為董事）為之。

6.代表公司對監察人提起訴訟

股東會決議，對於監察人提起訴訟時，若未另行選任起訴之代表，則董事得代表公司自決議之日起一個月內提起之（公司法第二百二十五條）。

㈢董事的義務

1.應盡善良管理人的注意義務

依照公司法第一百九十二條第五項規定：「公司與董事間之關係，除本法另有規定外，依民法關於委任之規定。」董事既為公司之受任人，且受有報酬，依民法第五百三十五條之規定，對其職務應以善良管理人之注意為之，否則應負損害賠償責任。但若是不支領報酬之董事，依民法第五百三十五條之規定，只須盡與處理自己事務之同一注意義務。

2.報告損害的義務

董事發現公司受有重大損害之虞時，應立即向監察人報告（公司法第二百十八條之一），以便監察人及早調查。

3.不為競業行為的義務

由於董事常處理公司重大事務，對公司之業務機密頗為瞭解，為防止董事利用此一特點，另外發展與公司相同的業務，造成公司之損失，故原則上董事不得為自己或他人，為屬於公司營業範圍之行為。但如果公司股東對董事之人品有信心，自無強行禁止董事此類行為之必要，因此若董事對股東會說明其行為之重要內容，經股東會以特別決議方式為許可之決議，董事即可與公司經營同類之業務。董事未得股東會之許可，而為自己或他人屬於公司業務範圍之行為時，股東會得決議，將該行為之所得，視為公司之所得，但自所得產生後逾一年者，不在此限（公司法第二百零九條第五項）。

4.不得為雙方代理之義務

為避免董事代理他人與公司為交易，或董事本人與公司進行交易時，從中舞弊，例如甲為 A 建設公司之董事長，A 公司新建完成一棟摩天辦公大樓，欲出租他人，甲遂代表 A 公司與自己簽訂房屋租賃契約，趁機將租金價格壓得極低，再將該辦公大樓轉租他人從中賺取差價，此舉顯與公司法第二百二十三條規定：「董事為自己或他人與公司有交涉時，由監察人為公司之代表。」之明文有違，該租賃行為應不生效。

5.對自身利害關係的說明義務

為健全公司治理，促使董事之行為更透明化，以保護投資人權益，公司法在民國一百零一年一月修法時，特別新增規定，董事就董事會會議事項，如果有自身利害關係時，應在當次董事會說明自身利害關係的重要內容，不可以只是單純的不參與表決。使得董事忠實義務的內容更為明確，更進一步健全公司治理（公司法第二百零六條第二項）。該條並於民國一百零七年修法時，增訂董事之配偶、二親等內血親，或與董事具有控制從屬關係之公司，視為董事就該事項有自身利害關係（公司法第二百零六條第三項）。

董事違反前述說明義務時，董事會決議因程序瑕疵而當然無效。如果董事不僅違反說明義務，還違反規定參與表決時，依公司法第二百零六條第四項準用第一百七十八條規定，董事會決議因決議方法違法而無效。

【參考答案】

蔡不群雖為神鵰股份有限公司的董事長，對外代表神鵰股份有限公司，但其為自己公司的利益與神鵰股份有限公司為交易，依公司法規定應由監察人李庫歷為神鵰股份有限公司之代表。蔡不群此一代表神鵰股份有限公司之簽約行為，係逾越權限之代表行為，應類推民法關於無權代理之規定，決定其效力。換言之，非經公司之承認，對公司不生效力（民法第一百七十條第一項），在未經公司承認之前，屬於效力未定之行為。因此蔡不群得定相當期限催告神鵰股份有限公司確答是否承認，如果公司如期承認，則蔡不群之簽約行為對公司發

生效力；若公司拒絕承認，則確定對公司不生效力；若公司逾期未為確答者，視為拒絕承認（民法第一百七十條第二項）。且公司的承認與否，應由監察人為之，因公司法規定董事與公司間有交涉時，由監察人代表公司，故此時承認與否亦應由李庫歷為之（最高法院七十四年臺上字第二○一四號判例）。

㈣董事的報酬

依公司法第一百九十六條第一項之規定：「董事之報酬，未經章程訂明者，應由股東會議定，不得事後追認。」故蔡不群等三位董事之報酬應視神鵰股份有限公司之章程如何訂定，若章程未有明定，則必須於發薪之前召開股東會，由股東會決議。不可先發薪水再要求股東會事後追認。惟車馬費是否屬於董事之報酬，頗有疑問。所謂車馬費，是指董事前往公司，或與他人洽商業務所應支領之交通費用而言，此時應先視神鵰股份有限公司之章程對董事之車馬費為如何規定。倘公司章程未定，實務上認為車馬費非屬董事之報酬，不必經股東會議定，可由董事長代表公司直接決定並給付之（最高法院七十一年臺上字第四一五二號判決）。

但車馬費之多寡，必須依董事實際所為洽商業務行為之內容而定，不可浮濫給付。若董事長明知該董事並未為洽商行為，仍為車馬費之給付，則違背對公司應負之責任。

由於我國公司股權結構係屬於相對集中型，造成公司的董事、監察人大多由大股東兼任，因此多有公司監督制衡機制失靈之情形，公司董事與監察人勾結，自行恣意給與高額報酬，無法透過市場機制形成公正的金額，從而可能連帶造成公司營運不佳之虧損。因此，在公司參與政府專案核定之紓困方案時，其董事之報酬應由主管機關訂立法定上限之相關辦法，以免造成公司在有營運不佳情形，其董事仍得恣意索取高額報酬之不公。故民國九十八年一月修正公司法時，於第一百九十六條增訂第二項，準用第二十九條第二項經理人報酬限制之規定。

㈤董事的責任

1.對公司的責任

⑴董事應盡善良管理人之注意義務，其處理公司事務因故意、過失或逾越權限之行為而造成損害時，對公司應負損害賠償責任（民法第五百四十四條）。

⑵董事會執行業務，如違反法令、章程及股東會之決議，致公司受損害時，參與決議之董事，對公司應負損害賠償責任，但經表示異議之董事，有紀錄或書面聲明可證者，可免其責（公司法第一百九十三條）。

⑶為降低並分散董事因錯誤或疏失行為而造成公司及股東重大損害之風險，公司得於董事任期內就其執行業務範圍依法應負之賠償責任投保責任保險。且為公開透明公司內部資訊，為董事投保責任保險或續保後，應將其責任保險之投保金額、承保範圍及保險費率等重要內容，提最近一次董事會報告（公司法第一百九十三條之一）。

2.對股東的責任

股東依公司法第二百十四條之規定，為公司自行對董事提起訴訟，而所依據之事實，顯屬實在，經終局判決確定時，被訴之董事，對於起訴之股東，因此訴訟所受之損害，負賠償責任（公司法第二百十五條第一項）。

3.對第三人的責任

股份有限公司之董事為公司之負責人，故其對於公司業務之執行，如有違反法令致他人受有損害時，對他人應與公司負連帶賠償責任（公司法第二十三條）。

4.與監察人的連帶責任

監察人對於公司或第三人負損害賠償責任，而董事亦負其責任時，董事與監察人為連帶債務人（公司法第二百二十六條）。

倘董事違反其對公司應負之責任，致公司受有損害，應由誰對該董事提起訴訟？

⑴由公司對董事提起訴訟

經股東會決議對董事提起訴訟時，公司應自決議日起三十日內提起之

（公司法第二百十二條）。由於此時訴訟之被告是董事，再由董事代表公司顯屬不妥，故除法律另有規定外，應由監察人代表公司起訴，股東會亦得另選代表公司起訴之人（公司法第二百十三條）。

⑵由少數股東對董事提起訴訟

雖少數股東在累積投票制下亦可能出任董事，但當選董事者仍多為持有多數股份之大股東，欲使股東會決議對董事起訴，恐有困難，為保障少數股東之權利，公司法第二百十四條第一項及第二項前段規定：「繼續六個月以上，持有已發行股份總數百分之一以上之股東，得以書面請求監察人為公司對董事提起訴訟。監察人自股東為前項之請求日起，三十日內不提起訴訟時，前項之股東，得為公司提起訴訟。」且起訴股東所依據之事實，顯屬實在，經終局判決確定後，被訴之董事，對於起訴之股東因此所受之損害，負賠償責任（公司法第二百十五條第二項）。

但為預防少數股東濫行訴訟，影響公司營運，故公司法規定，起訴股東若敗訴，致公司受有損害時，對公司應負賠償責任（公司法第二百十四條第二項後段）。法院並得因被告（即被訴之董事）之聲請，命自行起訴之股東提供相當之擔保，以便將來提起訴訟之股東敗訴，致公司受有損害，應由起訴之股東賠償時，公司可由此擔保金求償（公司法第二百十四條第二項）。同時為保障董事之權益，倘起訴股東所依據之事實，顯屬虛構，經終局判決確定後，對被訴董事因此訴訟所受之損害，負賠償責任（公司法第二百十五條第一項）。

5.影子董事的責任

民國一百年一月修正公司法前，公司法就負責人認定是採形式主義，只要名義上不擔任公司董事或經理人，就算所有董事經理人皆須聽命行事而大權在握，也不會被認定為公司負責人，因此不須對其違法行為負責。

然而經營者對公司的控制，並不是依靠其在公司的職稱，而是經由控制董事會。因此，經營者即使不在董事會占有任何席位，仍可經由其他方式對公司進行控制。常見有董事人選係由經營者所控制之投資公司所指派，並得隨時撤換改派。而這些由母公司轉投資之空殼公司往往名不見經傳，

很難讓外界清楚地瞭解真正的經營者。

這種人頭文化不僅降低公司透明度，造成有權者無責；更使資本市場紀律廢弛，導致我國競爭力排名大幅下降。

因此民國一百年一月特別增訂公司法第八條第三項：「公開發行股票之公司之非董事，而實質上執行董事業務或實質控制公司之人事、財務或業務經營而實質指揮董事執行業務者，與本法董事同負民事、刑事及行政罰之責任。但政府為發展經濟、促進社會安定或其他增進公共利益等情形，對政府指派之董事所為之指揮，不適用之。」民國一百零七年修法時，為強化公司治理並保障股東權益，有關實質董事之規定，不再限於公開發行股票之公司才有適用，凡股份有限公司皆有適用。

【參考答案】

本題中，蔡不群給付韋雙雙的車馬費額顯屬浮濫，違背其對公司應盡之責任，神鵰股份有限公司得經股東會決議，由監察人李庫歷或其他經股東會選派之人代表公司對蔡不群提起訴訟，請求損害賠償；若股東會未為此決議時，繼續一年以上持有已發行股份總數百分之一以上之股東，得以書面請求李庫歷對蔡不群提起訴訟；若李庫歷自接獲請求之日起三十日內仍未起訴，該股東得自行以蔡不群為原告，向法院提起訴訟。

㈥董事的解任

1.董事自行辭職

董事得自行辭職，故其辭職亦為解任原因之一。

2.任期屆滿

董事之任期，應依公司章程所定，但不得逾三年。任期屆滿，董事當然解任，但如果來不及改選，得延長其執行職務至改選董事就任為止。為避免公司遲遲不改選，主管機關得依職權限期令公司改選，期滿仍不改選者，董事當然解任（公司法第一百九十五條）。

3.經股東會決議

董事得由股東會之決議，隨時解任，但定有任期者，如無正當理由而於任期屆滿前將其解任時，董事得向公司請求賠償其因此所受之損害（公司法第一百九十九條）。

4.股份的轉讓

為避免董事透過其職務上所知悉之公司機密，趁機炒作公司股票，故公司法規定，董事經選任後，應向主管機關申報其選任當時所持有之股份數額。公開發行股票的公司董事超過選任當時所持有之公司股份數額二分之一時，其董事身分不待股東會之決議或法院之裁判，當然喪失（公司法第一百九十七條第一項）。

公開發行股票之公司董事當選後，於就任前轉讓超過選任當時所持有之公司股份數額二分之一時，或於股東會召開前之停止股票過戶期間內，轉讓持股超過二分之一時，其當選失其效力。（公司法第一百九十七條第三項）。

5.經法院裁判

董事執行業務，有重大損害公司之行為或違反法令或章程之事項，而股東會未決議將其解任時，為保障公司及少數股東之權益，持有已發行股份總數百分之三股份之股東，於股東會後三十日內，得訴請法院裁判解任之（公司法第二百條）。

6.其他事由

董事與公司之關係既為委任，則民法關於委任關係終止事由之規定，對董事亦有適用。例如：公司之解散或董事死亡、公司或董事破產、董事喪失行為能力（公司法第一百九十二條，民法第五百五十條本文）等。

【參考答案】

神鵰股份有限公司於設立時，是採公開招募股份的方式進行，屬於公開發行公司。所以依公司法第一百九十七條的規定，當韋雙雙移轉其所持有之股份超過其當選董事時所申報股份的二分之一，依公司法第一百九十七條之規定，不待股東會之決議或法院之裁判，當然喪失其董事資格。

㈦董事會的職權與義務

　　董事會乃股份有限公司必設之業務執行機關，由公司三位以上董事所組成，關於公司業務之執行，應經過董事會討論決議後行之。另外，民國一百零七年修法，增訂非公開發行公司得依章程規定不設置董事會，可置董事一人或二人之規定。置董事一人者，以其為董事長，董事會之職權並由該董事行使，不適用本法有關董事會之規定；置董事二人者，準用本法有關董事會之規定（公司法第一百九十二條）。

　1. **董事會的職權**

　　董事會之職權包含甚廣，有：

　　⑴執行業務：董事會之主要權限為決定公司業務之執行，除公司或章程規定，應由股東會決議之事項外，均得由董事會決定之（公司法第二百零二條）。

　　⑵代表公司：董事會設有董事長，董事長對外代表公司。代表公司之董事，關於公司營業上一切事務，有辦理之權（公司法第二百零八條第五項、第五十七條）。而公司對董事長代表權所加之限制，不得對抗善意第三人。所謂不可對抗，是指當善意第三人不知董事的權限受到公司一定的限制，而已與董事成立某些行為時，公司仍須負責（公司法第二百零八條第五項、第五十八條）。

　　⑶召集股東會（公司法第一百七十一條）。

　　⑷任命公司經理人（公司法第二十九條第一項第三款）。

　　⑸提出重要議案（公司法第一百八十五條）：有關公司重大營業政策之變更議案，應由有三分之二以上董事出席之董事會，以出席董事過半數之決議提出。

　　⑹公司債募集之決議報告及申請（公司法第二百四十六、二百四十八條）。此項決議應由三分之二以上的董事出席董事會，以出席董事過半數之決議提出。

　　⑺決定發行新股（公司法第二百六十六條）。此項決議應由三分之二以上的董事出席董事會，以出席董事過半數之決議提出。

(8)申請公司重整（公司法第二百八十二條）。此項決議應由三分之二以上的董事出席董事會，以出席董事過半數之決議提出。

2. 董事會的義務

董事會之義務包括有：

(1)作成並保存議事錄（公司法第二百零七、一百八十三條）。

(2)備置章程、歷屆股東會議事錄、財務報表備置於本公司，並將股東名簿及公司債存根簿備置於本公司或股務代理機構（公司法第二百十條）。

(3)編造、分發並公告營業報告書、財務報表、盈餘分派或虧損撥補的議案。並將前述表冊提請股東會承認（公司法第二百二十八、二百三十條）。

(4)報告資本虧損：公司虧損達實收資本額二分之一時，董事會應於最近一次股東會報告（公司法第二百十一條第一項）。

(5)聲請宣告公司破產：公司資產顯有不足抵償其所負債務時，除得依重整規定辦理者外，董事會應即聲請宣告破產（公司法第二百十一條第二項）。

(6)通知、公告公司解散之義務（公司法第三百十六條第二項）。

【參考答案】

依公司法第一百八十五條第一項第二款之規定，公司讓與全部或主要部分的營業或財產，應經過股東會的特別決議。神鵰股份有限公司董事會是否得不經股東會同意而出售公司土地，需視該土地是否為神鵰股份有限公司的主要財產，即須視出售該財產是否會影響公司營運，致公司原訂經營的事業不能成就為準。如果出售公司土地將影響公司營運，則應經過股東會同意，倘由董事會自行決定出售，則該出售行為對公司不生效力。

若神鵰股份有限公司的股東認為蔡不群之行為有違董事之職責，不適於繼續擔任董事，亦得以股東會決議將蔡不群解任。

㈧董事會的召集

1. 董事會的召集權人

董事會是個合議的體制，董事會必需召開會議以行使其職權。董事會

必需由有召集權人召開，否則其所為之決議無效。至於董事會之召集權人依公司法第二百零三條、第二百零三條之一之規定為：

(1)董事會由董事長召集之（公司法第兩百零三條之一第一項）。

(2)每屆第一次董事會，由所得選票代表選舉權最多之董事於改選後十五日內召集之。但董事係於上屆董事任滿前改選，並決議自任期屆滿時解任者，應於上屆董事任滿後十五日內召開之(公司法第二百零三條第一項)。

(3)得選票代表選舉權最多之董事，得選票代表選舉權最多之董事，未於每屆董事會改選後十五日內召開董事會或未於十五日內繼續召開前次出席董事人數未達選舉常務董事或董事長之最低出席人數時，得由過半數當選之董事，自行召集之（公司法第二百零三條第四項）。

(4)過半數之董事得以書面記明提議事項及理由，請求董事長召集董事會。於請求提出後十五日內，董事長不為召開時，過半數之董事得自行召集（公司法第二百零三條之一第二項）。

2.董事會召集的程序與時間

(1)董事會之召集應載明事由，於三日前通知各董事及監察人，但有緊急情事時，得隨時召集之。此一召集通知，經相對人同意者，得以電子方式為之（公司法第二百零四條）。為什麼董事會之召集應通知監察人呢？主要是因為民國九十年修正公司法時，賦予監察人出席董事會表示意見之權利，故召集董事會時，當然亦應對監察人為通知。

(2)每屆第一次董事會應於改選後十五日內召集之。但董事係於上屆董事任滿前改選者，並決議自任期屆滿時解任，應於上屆董事任滿後十五日內召集之。第一次董事會之召集，出席之董事未達選舉常務董事或董事長之最低出席人數時，原召集人應於十五日內繼續召集（公司法第二百零三條第一至三項）。

3.董事會決議的瑕疵

董事會之召集，如果漏未通知部分董事參加，即構成董事會召集程序違法。至於違法之效果如何？公司法並無明文規定。雖然在股東會召集程序違法時，其所為之決議得撤銷，但董事會並無準用此規定之明文。董事

會之設置採會議體制，即由全體董事於會議時相互交換意見，詳加討論後，才決定公司業務執行之方針，從此一制度之設計意旨來看，應該認為如果董事長漏未通知部分董事參加，則該董事會決議無效（最高法院七十年臺上字第三四一〇號判決）。

若董事會決議為公司登記業務範圍以外之行為，或為其他違反法令或章程之行為時，監察人應即通知董事會停止該行為（公司法第二百十八條之二），且繼續一年以上持有股份之股東亦得請求董事會停止其行為（公司法第一百九十四條）。

【參考答案】

蔡不群未發董事會開會通知給趙志宏，即屬董事會召集程序違法。此次董事會所為的決議當然無效（經濟部八〇、六、一二(80)商二一四四九〇號函）。

(九)董事會的代理出席

依公司法第二百零五條之規定，董事應親自出席董事會，但公司章程訂定得由其他董事代理者，不在此限。董事委託其他董事代理出席董事會時，應於每次出具委託書，並列舉召集事由之授權範圍。為防止董事會為少數人所操縱，代理人以受一人之委託為限。如果董事常年居住國外，得以書面委託居住國內之其他股東，經常代理出席董事會，惟須向主管機關申請登記，其變更時亦同，否則不生授與代理權之效力（公司法第二百零五條第一、三至六項）。

最後，鑑於電傳科技的發達，人與人的溝通模式已不再侷限於同一地點的當面交談。現在以視訊畫面會議的方式進行會談，也可以達到相互討論的效果，與親自出席相同。因此，民國九十年十一月修正公司法時特別增訂，董事會開會時，若以視訊會議舉行，則以視訊會議參與會議的董事，視為親自出席（公司法第二百零五條第二項）。另外，於民國一百零七年增訂公司法第二百零五條第五、六項，規定非公開發行公司得以章程訂明經全體董事同意，可採行無實體會議方式。董事就當次董事會議案以書面方

式行使其表決權，而不實際集會（第五項）。前項情形，視為已召開董事會；以書面方式行使表決權之董事，視為親自出席董事會（第六項）。

㈩關於董事會決議的方式

董事會的決議亦可分為普通決議及特別決議，董事行使表決權時，應注意下列限制：

1.董事會決議的種類

普通決議：應有過半數董事之出席，出席董事過半數之同意行之（公司法第二百零六條第一項）。

特別決議：應由三分之二以上董事出席，以出席董事過半數之同意行之。需要特別決議之事項如董事長或常務董事之選任（公司法第二百零八條第一項）、公司債之募集（公司法第二百四十六條第二項）及新股之發行（公司法第二百六十六條第二項）等均屬之。

2.表決權的限制

董事對於會議之事項，有自身利害關係，致有害公司利益之虞時，不得加入表決，並不得代理其他董事行使其表決權（公司法第二百零六條第二、三項、第一百七十八條）。不得行使表決權之董事，亦不算入已出席之表決權數（公司法第二百零六條第二、三項、第一百八十條）。

董事會之議事，應作成議事錄，供公司各股東查閱，以保障公司股東之權益，董事會議事錄準用股東會議事錄相關之規定（公司法第二百零七、一百八十三條）。

【參考答案】

本題中由於辜大有非神鵰股份有限公司之董事，縱使神鵰股份有限公司之董事允許董事委託其他董事代理出席，辜雙雙之授權代理亦屬無效。此外，設蔡不群依法通知趙志宏而趙志宏未出席，則出席之董事未過半數，無法作成決議，蔡不群不能出售神鵰股份有限公司之土地；縱使趙志宏出席，使出席董事達法定人數，但因交易對象為蔡不群之弟，依公司法之規定蔡不群此時不得加入表決，只要趙志宏不答應，蔡不群仍不能出售神鵰股份有限公司之土地。

㈡常務董事會

有時股份有限公司之董事人數較多,集會不易,故公司法規定,公司得設常務董事會,於董事會休會期間,由董事長視業務需要,隨時召集以決定公司業務之執行。常務董事會的職權,僅限於公司日常事務的決議,凡涉及公司重大業務事項,仍應由董事會決議。常務董事會並無一定之召集程序,其決議以半數以上常務董事之出席,及出席過半數之決議行之(公司法第二百零八條第四項)。股份有限公司是否設置常務董事,依公司章程之規定為之。

常務董事會乃由常務董事所組成,常務董事之選任,應由三分之二以上董事之出席及出席董事過半數之同意,由董事互選之(公司法第二百零八條第二項)。由於公司經營之國際化、自由化,且電子通訊設備發達,董事之住所已無限制之必要,故民國九十年十一月修訂公司法時,取消關於常務董事住所之限制。

【參考答案】

本題中,神鵰股份有限公司是否可不設常務董事會,應視該公司之章程如何規定。

三、監察人

監察人為股份有限公司必設之監察機關,其作用在於監督公司業務之執行有無違法不當之處,以維股東之權益。

股份有限公司至少須置監察人一名,公開發行股票的公司,至少應選任二人以上的監察人,多則無限制,視公司之需要,以章程訂定之。公司監察人由股東會選任,且監察人中至少須有一人在國內有住所(公司法第二百十六條)。由於監察人旨在監督公司業務之執行,故監察人不得兼任公司董事、經理人或其他職員(公司法第二百二十二條),避免監守自盜。此外,當有公司法第三十條各項事由發生時,亦不得擔任監察人(公司法第二百十六條第四項準用第三十條)。

㈠監察人的選任

公開發行股票公司及非公開發行股票公司之監察人選舉，依章程規定採候選人提名制度者，其程序與董事候選人提名制度相同（公司法第二百一十六條之一準用第一百九十二條之一，詳見本章第六節之二）。除章程另有訂定外，監察人由股東會以累積投票制之方式選任（公司法第二百二十七條）。其任期不得逾三年，但得連選連任。任期屆滿不及改選時，延長其執行職務至改選監察人就任為止，但主管機關得依職權，限期令公司改選，期滿仍不改選者，自限期屆滿時，當然解任。關於監察人之解任，其原因與董事之解任同（公司法第二百二十七、一百九十七、一百九十九條）。

㈡監察人的職權

監察人之職權包括：

1. 查核發起人的報告

股份有限公司於募集設立時，監察人應依第一百四十六條就第一百四十五條各款事項調查後，報告於創立會。

2. 檢查業務

⑴監察人得隨時調查公司業務及財務狀況，查核、抄錄或複製簿冊文件，並得請求董事會或經理人提出報告（公司法第二百十八條第一項）。妨礙、拒絕或規避監察人的檢查行為者，處新臺幣二萬元以上十萬元以下罰鍰。但公開發行股票之公司，由證券主管機關處代表公司之董事新臺幣二十四萬元以上二百四十萬元以下罰鍰（公司法第二百十八條第三項）。

⑵董事發現公司有受重大損害之虞時，應立即向監察人報告（公司法第二百十八條之一）。

⑶監察人辦理業務檢查，得代表公司委託律師、會計師審核之（公司法第二百十八條第二項），而監察人委託律師、會計師以外人員充任時，公司得加以拒絕（經濟部六三、一〇、二二商字二七二五九號函）。其委託律師、會計師之酬金，僅得向公司請求（臺南地院五十五年第四次司法座談會）。

3. 查核表冊

監察人對於董事、清算人所編造，提出於股東會之各種表冊，應核對

簿據、調查實況、報告意見於股東會（公司法第二百十九、三百三十一條）。
為辦理此項事務，監察人得委託會計師審核之（公司法第二百十九條）。

4.董事會違法行為制止權

董事會執行業務違反法令、章程或股東會決議時，監察人應即通知董
事會停止其行為。

5.股東會召集權

監察人於董事會不能召開或不為召開股東會之情形下，認為必要時，得
召集股東會（公司法第二百二十條）。監察人召集股東會，不得委託他人代
為召集（經濟部六六、八、三商字二二四一四號函）。監察人依法召集股東
會時，可由監察人擔任主席（經濟部五九、一二、四商字五五八一六號函）。

6.公司代表權

⑴代表公司起訴

公司與董事間之訴訟，除法律另有規定，或股東會另選任代表人外，
由監察人代表公司（公司法第二百十三條）。

⑵代表公司與董事交涉

董事為自己或他人與公司有交涉時，由監察人為公司代表（公司法第
二百二十三條）。

㈢監察人的責任

1.對公司的責任

監察人得享有報酬，其報酬由股東會決定（公司法第二百二十七、一
百九十六條）。其與公司之關係乃屬有償委任（公司法第二百十六條第三
項），故於執行職務時，應盡善良管理人之注意。如其怠於職務，致公司受
有損害，應對公司負賠償責任（公司法第二百二十四條）。

2.對第三人的責任

監察人在執行職務之範圍內，亦為公司負責人，故如有違反法令致第
三人受有損害時，對他人應與公司負連帶賠償責任（公司法第二十三條）。

3.對股東的責任

若有少數股東對監察人提起訴訟，其所訴屬實，經終局判決確定時，

被訴之監察人對起訴之股東，因此訴訟所受之損害，應負損害賠償責任（公司法第二百二十七、二百十五條）。

4.與董事的連帶責任

監察人對公司或第三人負損害賠償責任，而董事亦負其責時，該監察人及董事為連帶債務人（公司法第二百二十六條）。

㈣監察人的報酬

監察人的報酬，未經章程訂明者，應由股東會議定，不得事後追認（公司法第二百二十七條準用第一百九十六條）。且當公司參與政府專案核定的紓困方案時，其監察人的報酬應由主管機關訂立法定上限的相關辦法，以免造成公司在有營運不佳情形，其監察人仍得恣意索取高額報酬的不公平現象（公司法第二百二十七、一百九十六、二十九條第二項）。

㈤對監察人的訴訟

若監察人違背其義務或與公司發生爭執，致有對監察人起訴之必要時，得由：

1.股東會起訴

經股東會決議對監察人起訴時，公司應自決議之日起三十日內提起之。因公司對監察人之訴訟，多係由於監察人未盡監察義務，故此項起訴之代表，股東會得於董事外，另行選任（公司法第二百二十五條）。

2.少數股東的起訴

繼續六個月以上持有已發行股份總數百分之一以上之股東，得以書面請求董事會為公司對監察人提起訴訟，董事會如於三十日內不提起時，該股東亦得為公司之利益，自行提起訴訟。股東提起此訴之損害賠償責任與提供擔保，均準用有關董事之規定。

【參考答案】

李庫歷以其監察人之身分，對蔡不群基於無效董事會決議，而為之出售土地行為，有權制止。

第七節　閉鎖性股份有限公司

〔案　例〕

蔡不群跟弟弟蔡有群共同成立俠侶閉鎖性股份有限公司,並在章程中訂定:「股東的持股轉讓,應經全體股東同意,始生效力。」蔡不群兄弟對公司的經營非常上心,公司也獲利良多,於是想要更多資金,故公司決定私募普通公司債。五年過去,蔡不群與妻子計畫移民,因此想將手中股票全部移轉給好友,蔡不群隨即依照章程規定,向其他股東徵求同意,但偏偏股東郝勝心不同意,因為他也想要蔡不群手中的股票,對此,蔡不群不理會郝勝心的反對,仍將持股全數移轉給好友。

〔問　題〕

一、當設立俠侶閉鎖性股份有限公司,該公司須採何種設立方式?有無人數的限制?

二、當閉鎖性股份有限公司欲私募「普通公司債」時,需透過哪些程序?若欲私募「轉換公司債」或「附認股權公司債」,程序有無不同?

三、蔡不群的股份轉讓是否有效?

〔說　明〕

一、增訂閉鎖性股份有限公司的理由

公司法關於閉鎖性股份有限公司一節,係於民國一百零四年七月增訂,目的是鼓勵新創及中小型企業之發展,營造更有利之商業環境,吸引更多國內外創業者在我國設立公司,並因應科技新創事業之需求,賦予企業有較大自治空間與多元化籌資工具,及更具彈性之股權安排,所以引進英、美等國之閉鎖性公司制度。

因此,閉鎖性股份有限公司應先適用本節規定;本節未規定者,適用公司法非閉鎖性之非公開發行股票之股份有限公司相關規定。

二、閉鎖性股份有限公司的意義

依公司法第三百五十六條之一規定，閉鎖性股份有限公司，指股東人數不超過五十人，並於章程中設有股份轉讓限制規定之非公開股票公司。進一步說明如下：

㈠閉鎖性股份有限公司的設立

1.設立方式限於「發起設立」

閉鎖性股份有限公司雖享有較大企業自治空間，惟亦受不得公開發行及募集之限制，且股東更替較為困難，是以，發起人選擇此種公司型態時，須經全體發起人同意。又基於閉鎖性之特質，不應涉及公開發行或募集，僅允許以發起設立之方式為之，不得以募集設立之方式成立，且發起人必須全數認足第一次應發行之股份，以充實公司資本（公司法第三百五十六條之三第一項）。

2.出資種類

參酌其他國家之作法及因應實務需要，公司法於第三百五十六條之三第二項明定發起人出資種類，包括現金、公司事業所需之財產、技術、勞務。但以勞務抵充之股數，不得超過公司發行股份總數之一定比例。另外，於民國一百零七年修正前規定，發起人非以現金出資者，其得抵充之金額及公司核給之股數等，應經全體股東同意。惟現金以外之出資均受規範時，範圍過廣，故民國民國一百零七年修正本條第四項，明定僅技術或勞務出資者，始應經全體股東同意，並於章程並應載明其種類、抵充之金額及公司核給之股數。

三、閉鎖性股份有限公司的特色

㈠股份轉讓受限制

閉鎖性股份有限公司的最大特點，就是股份轉讓受到限制，以維持其閉鎖特性。依公司法第三百五十六條之五第一項規定，公司有關股份轉讓限制之規定，應於章程中載明，並於股票或股份讓與時交付予受讓人之相關書面文件中載明其股份轉讓之限制。也就是說，閉鎖性股份有限公司必須於章程中設定股份轉讓之限制，不受公司法第一百六十三條股份轉讓自

由的拘束,至於股份轉讓的限制方式,由股東自行約定,例如股東轉讓股份時,應得其他股東事前之同意等。

(二)閉鎖性股份有限公司允許發行無票面金額股

依修正前公司法第三百五十六條之六:「公司發行股份,應擇一採行票面金額股或無票面金額股。」而此規定係為使閉鎖性公司之發起人及股東在股權規劃上更具有彈性,閉鎖性公司得自行審酌「擇一」採行票面金額股或無票面金額股。

然而,民國一百零七年修正時,依修正條文第一百二十九及一百五十六條規定,所有股份有限公司均得採行無票面金額股制度,故,閉鎖性股份有限公司直接以第一百二十九及一百五十六條為發行無票面金額股之依據,公司法第三百五十六條之六爰予刪除。

(三)閉鎖性股份有限公司之特別股

本於閉鎖性的特質,立法政策上宜允許閉鎖性股份有限公司有充足的企業自治空間,自行規劃股東的權利義務關係。此外,就科技新創事業而言,為了因應其高風險、高報酬、知識密集的特性,創業家與投資人間,或不同階段出資之認股人間,需要有更周密、更符合企業特質之權利義務安排,故特別股的發行及內容設計,經常成為閉鎖性股份有限公司(特別是科技新創事業)設立及運作過程中不可或缺的工具。

依民國一百零七年修正前公司法第一百五十七條規定,除發行固有特別股類型外,閉鎖性股份有限公司依公司法第三百五十六條之七,亦可發行下列類型特別股:1.複數表決權之特別股;2.對於特定事項有否決權之特別股;3.可轉換成複數普通股之特別股等;4.選任董監事之特別股;5.限制特別股轉讓之特別股。但前述五種特別股,如得隨意轉讓股份,對公司經營將造成重大影響,故公司須於章程中對於特別股轉讓作限制規定。

值得注意的是,於民國一百零七年修法後,非公開發行股票之股份有限公司,除發行原先特別股類型外,亦得發行複數表決權特別股、對於特定事項之否決權特別股、選任董監事之特別股、可轉換成複數普通股之特別股(公司法第一百五十七條第三項)。

(四)股東會

1.集會方式——得以視訊會議或書面表決為之

由於閉鎖性股份有限公司股東人數較少，股東間關係緊密，且通常股東實際參與公司運作，為放寬股東會得以較簡便方式行之，故公司章程得訂明股東會開會時，以視訊會議或其他經中央主管機關公告的方式為之(公司法第三百五十六條之八第一項)。此外，公司章程亦得訂明，若經全體股東同意，閉鎖性公司之股東得以書面方式行使股東會議案的表決權，而不需實際集會（同條第三項）。

2.表決權之行使——約定共同行使、表決權信託

為使閉鎖性股份有限公司的股東得以協議或信託之方式，匯聚具有相同理念之少數股東，以共同行使表決權方式，達到所需要之表決權數，鞏固經營團隊在公司之主導權，參照企業併購法第十條第一項及第二項規定，賦予閉鎖性股份有限公司股東訂立表決權拘束契約及表決權信託契約之權利。

依公司法第三百五十六條之九規定，閉鎖性股份有限公司之股東得以書面訂立表決權拘束契約，亦得成立股東表決權信託，由受託人依書面信託契約之約定行使其股東表決權。所謂表決權拘束契約是指股東與他股東約定，於一般或特定的場合，就自己持有股份之表決權，為一定方向之行使所締結之契約。此外，受託人之資格除章程另有規定，以股東為限。

值得注意的是，民國一百零七年修法時增訂公司法第一百七十五條之一，允許非公開發行股票之公司，亦得成立表決權拘束契約、表決權信託契約，藉由共同行使表決權的方式來鞏固經營團隊在公司的主導權。

(五)募集發行公司債與發行新股

1.募集發行公司債

依公司法第三百五十六條之十一規定，當閉鎖性股份有限公司私募普通公司債時，須經董事會特別決議。若閉鎖性股份有限公司私募「轉換公司債」或「附認股權公司債」，除了須經董事會特別決議外，尚須經股東會普通決議，但章程規定無須經股東會決議者，從其規定。因為公司債轉換

為股權或行使認購權後，涉及股東人數之增加，影響股東權益甚鉅。須注意者，當閉鎖性股份有限公司的公司債債權人行使公司債的轉換權或認購權後，仍應符合第三百五十六條之一關於股東人數及公司章程所定股份轉讓的限制規定。

2.**發行新股**

依公司法第三百五十六條之十二規定，閉鎖性股份有限公司欲發行新股時，除章程另有規定者外，須經董事會特別決議。新股認購人之出資方式，除以現金、公司所需之財產、技術、勞務出資外，尚得以對公司所有之貨幣債權抵充之。此外，閉鎖性股份有限公司發行新股時，無須保留員工承購及原股東優先認購權，即排除公司法第二百六十七條之適用。

值得注意的是，一般股份有限公司的股東，不得以勞務出資。且一般股份有限公司發行新股時，應依公司法第二百六十七條之規定，保留給員工或原股東承購。

㈥**公司組織變更**

1.**閉鎖性股份有限公司變更為非閉鎖性股份有限公司**

基於閉鎖性股份有限公司可能因企業規模、股東人數擴張，而有變更需求，應允許其變更為其他公司型態。依公司法第三百五十六條之十三第一項規定，閉鎖性股份有限公司得經股東會特別決議變更為非閉鎖性股份有限公司。基於尊重企業自治空間，同條第二項賦予公司章程得對變更之決議，訂定較高之標準。閉鎖性股份有限公司倘不符合閉鎖性要件時，應變更為非閉鎖性股份有限公司，並辦理變更登記。若未依規定辦理變更登記，主管機關得依第三百八十七條第五項規定責令限期改正，並按次處罰；其情節重大者，主管機關得依職權命令解散之。

2.**非公開發行股份有限公司及有限公司得經股東同意變更為閉鎖性公司**

依公司法第三百五十六條之十四規定，非公開發行之股份有限公司若取得全體股東同意變更為非閉鎖性股份有限公司，應即向各債權人分別通知及公告。此外，公司法第一百零六條第三項規定，有限公司得經股東表

決權過半數同意，變更其組織為股份有限公司，此時所訂之「股份有限公司」包括閉鎖性股份有限公司。

【參考答案】

閉鎖性股份有限公司的設立方式，僅限以「發起設立」為之，且依公司法第三百五十六條之一，人數不能超過五十人。因此，蔡不群跟蔡有群只能以發起設立的方式來成立俠侶閉鎖性股份有限公司。而公司欲私募普通公司債時，依公司法第三百五十六條之十一規定須經董事會特別決議；若公司私募「轉換公司債」或「附認股權公司債」，除了須經董事會特別決議外，尚須經股東會普通決議。另外依公司法第三百五十六條之五規定，閉鎖性股份有限公司得於章程中載明股份轉讓之限制，不受公司法第一百六十三條股份轉讓自由的拘束，故蔡不群不顧郝勝心的反對將全部持股轉讓給好友，該股份轉讓因違反章程，自屬無效，所以如果蔡不群好友很不開心沒拿到股份，也是他們兩人的私人恩怨，請自己私下解決吧！

第八節　股份有限公司的會計

〔案　例〕

憑著趙志宏等人過去在未濟有限公司所建立的基礎，神鵰股份有限公司第一年營業終了，即獲得八十萬元的盈餘。趙志宏主張：「將八十萬元悉數分派給所有股東，現在公司共發行八十萬股，則每股分派一元。」辜大有則主張：「應該分一部分給員工，而且最好是分派股份而非分派現金，讓員工成為公司的股東，可以增加員工對公司的向心力。」經過三人討論，決定提撥八萬元以分派股份的方式分給二十位員工，剩下七十二萬元則以現金分給股東，每股可分得零點九元。此時蔡不群說：「公司的會計報表那麼專業，沒幾個股東看得懂，召開股東常會時不如就用簡單的表格說明公司的收入、支出與結餘，以方便股東，有興趣翻閱專業報表的股東，則請他到公司來查閱好了。」對蔡不群的提議，大夥都點頭稱是。

〔問 題〕

一、蔡不群等人是否可以用簡單的計算表格，代替會計報表，提出於股東常會？

二、趙志宏等人可否將公司盈餘直接全部分派？

三、神鵰股份有限公司可否以分派股份之方式分紅給員工？股份有限公司是不是一定要有盈餘才可分派股息給股東？

四、如果股東對公司的財產狀況及業務帳目有所懷疑，應如何保障自己的權益？

〔說 明〕

一、會計表冊

由於股份有限公司採取企業所有與經營分離的原則，致公司業務多操諸於董事及經理人之手，股東平日並無機會參與，為防止此等執行業務之董事及經理人，侵害股東之權益，故公司法明定公司應造具的各項表冊，且股東可查閱這些會計表冊。經股東會承認這些會計表冊後，董事、經理人始可解除責任。另一方面，股份有限公司係資合公司，債權人僅能就公司財產受償，公司財產狀況，關係債權人權益至深，且股份有限公司的營運狀況事關社會經濟之興衰，為使公司資產雄厚，以免動輒倒閉，影響社會經濟，故公司法規定公司應將財務報表公示，以維公司債權人及社會大眾權益。

依公司法第二百二十八條第一項之規定，編造公司會計表冊之負責人為董事會，負責人應於每會計年度終了時編造，且應切實編造，否則應依刑法或特別刑法偽造文書等有關規定處罰。

(一)會計表冊的種類

董事會所應編造之會計表冊包括(公司法第二百二十八條第一項各款)：

1.營業報告書

為報告該營業年度公司營業概況之說明書。

2.財務報告書

內容包含資產負債表、綜合損益表、現金流量表、權益變動表（商業會計法第二十八條第一項）。

3.盈餘分派或虧損彌補的議案

董事會對公司盈餘之分派或虧損之彌補，應作成議案，請求股東常會之承認。

公司編造會計表冊，應該依照中央主管機關之規定（公司法第二百二十八條第二項），如商業會計法、證券發行人證券商及公司制證券交易所財務報告編制準則等。

(二)會計表冊的查核與承認

董事會依法編造上述表冊後，應於股東常會開會三十日前先交由監察人查核（公司法第二百二十八條第一項）。監察人於收到董事會所造具之各項表冊，應核對單據、調查實況、報告意見於股東會（公司法第二百十九條第一項）。監察人辦理上述事務時，得委託會計師審核之（公司法第二百十九條第二項）。董事會應將其所造具之各項表冊及監察人報告書，於股東常會開會十日前備置於本公司，股東得隨時查閱，股東於查閱時，得偕同其所委託之律師或會計師（公司法第二百二十九條）。

會計表冊於開會前雖得由股東隨時查閱，但於開會之日，董事會仍應將其所造具之各項表冊，提出於股東常會請求承認（公司法第二百三十條第一項前段），此項承認一定要由股東常會為之，不得由股東臨時會承認，因前者之召集程序較嚴格，對公司股東較有保障。各項表冊經股東會決議承認後，視為公司已解除董事責任，但董事及監察人有不法行為者，不在此限（公司法第二百三十一條）。

由於公司財務狀況對公司股東、公司債權人及社會投資大眾影響甚大，故公司法規定會計表冊經股東會承認後，董事會應將財務報表及盈餘分派或虧損撥補之決議，分發給各股東（公司法第二百三十條第一項後段）。公開發行股票的公司，得以公告方式替代前述財務報表及盈餘分派或虧損撥補決議的分發（公司法第二百三十條第二項）。代表公司之董事，違反規定

不為分發時，處新臺幣一萬元以上五萬元以下罰鍰（公司法第二百三十條第四項）。上述各種表冊及決議，公司債權人得要求給予抄錄或複製（公司法第二百三十條第三項）。

已依證券交易法發行有價證券之公司除情形特殊，經主管機關另予規定者外：1.應於每會計年度終了後三個月內公告並向主管機關申報前述已經會計師查核簽證，董事會通過及監察人承認的年度財務報告。 2.於每會計年度第一季、第二季及第三季終了後四十五日內，公告並申報經會計師核閱及提報董事會之財務報告。 3.於每月十日以前，公告並申報上月份營運情形（證券交易法第三十六條第一項）。並應編製年報，於股東常會分送股東（證券交易法第三十六條第四項前段）。

已依證券交易法發行有價證券之公司，如果發生下列情事：股東常會承認之年度財務報告，與公告並向證券主管機關申報之年度財務報告不一致、或發生對股東權益、或證券價格有重大影響之事項者，應於事實發生之日起二日內公告並向證券主管機關申報（證券交易法第三十六條第三項）。

【參考答案】

蔡不群等人雖可用簡單的計算表格向各股東報告，俾使股東易於瞭解，但仍應依公司法之規定，將正式之財務報表於股東常會三十日前，送交公司監察人李庫歷查核，並將該財務報表提出於股東常會請求承認，才能解除蔡不群及李庫歷等人之責任。

二、公　積

由於股份有限公司之股東僅就其出資負責，公司債權人之保障只有公司的財產，別無其他，故公司法設有公積制度，以充實股份有限公司之財產、保護債權人及社會投資大眾。所謂的公積，是指公司於資本額外保存於公司之金額。此項金額與資本之性質相同（學者稱為附加資本），雖在資產負債表上列入股東權益項下，並不分派給各股東，而是作為公司的財產。

㈠公積的種類

公積之提存，以其有無強制性為準，可分為法定公積與任意公積。法定公積者，乃股份有限公司依公司法規定應強制提存者，亦稱為強制公積，還可分為：

1.法定盈餘公積

依公司法第二百三十七條規定：「公司於完納一切稅捐後，分派盈餘時，應先提出百分之十為法定盈餘公積；但法定盈餘公積已達實收資本額時，不在此限。」公積之提出主要是作為公司財力之後盾，避免公司虧損時一下子就因財力不足而倒閉，而當公司的盈餘公積已達資本總額，表示該公司之財務狀況已相當良好，自無再強制命其提存公積之必要。公司負責人不依法提存公積時，各處新臺幣二萬元以上十萬元以下罰鍰（公司法第二百三十七條第三項），若其應提之公積已作為盈餘分派於股東時，公司債權人，得請求退還，並得請求賠償因此所受之損害（公司法第二百三十三條）。

2.資本公積

資本公積係由盈餘以外之財源中提出。其來源則依商業會計法及其他相關法令判斷。

任意公積（又稱特別公積或意定公積）係除法定公積以外，公司以章程訂定或股東會決議，而特別提存之公積（公司法第二百三十七條第二項）。其來源為營業上之盈餘。任意公積既係依章程或股東會決議而提存，自可以依變更公司章程或由股東會再為新決議之方法，變更其提存之目的及比例。

㈡公積的使用

公積並非積而不用，公司於必要時可使用公積，除意定公積依公司章程或股東會之決議外，法定公積必須依公司法之規定使用：

1.以填補虧損為原則（公司法第二百三十二、二百三十九條）

無論是盈餘公積或資本公積，原則上均須為填補公司虧損而使用。其填補順序應以盈餘公積為優先，必須在盈餘公積仍不足以填補時，始得使用資本公積（公司法第二百三十九條第二項）。但若有可資利用之意定公積時，則應先以意定公積彌補，其次才是盈餘公積，而資本公積擺在最後使用。

以公積填補虧損並非真正拿出現金，只是在帳面上作一處理，且公司有虧損時，並非強制以公積填補，公司可將虧損遞延至下期再彌補，縱公司以公積填補虧損，亦不必一次補足。

2. 以發給新股或現金為例外

公司無虧損時，可以依公司法第二百四十條規定之程序，將法定盈餘公積及特定資本公積（超過票面金額發行股票所得之溢額或領贈與之所得）之全部或一部，以股東會特別決議決定分派盈餘，按股東原有之股份比例發給新股或現金（公司法第二百四十一條第一項）。於民國一百零七年修正公司法第二百四十條第五項，公開發行股票公司得以章程授權董事會以特別決議決定分派盈餘，但僅得以現金股利方式為之，刪除以發行新股的方式為之。

但為避免公司無限制的發給新股或現金，使公司法關於法定盈餘公積之規定形同虛設，故公司以法定盈餘公積發給新股或現金時，必須公司之法定盈餘公積已達實收資本額百分之二十五，且以撥充超過的部分為限（公司法第二百四十一條第三項）。換句話說，公司應保留法定盈餘公積達實收資本額之百分之二十五。

【參考答案】

本題中，蔡不群等人就公司八十萬元之盈餘，須先扣除應繳納之稅捐額數，再提撥百分之十作為法定盈餘公積，然後才可分派股息和紅利。

三、股息、紅利與員工酬勞

股東投資公司之目的在於營利，故每年會計年度所獲之盈餘，自應在完納稅捐及提出法定公積後，分派給各股東（公司法第二百三十二條第一項）。倘公司無盈餘時，為保障公司債權人之權益，除公司法別有規定外，不得分派股息或紅利（公司法第二百三十二條第二項）。所謂紅利，是指在股息以外，額外分配給股東的數額，以及年終分發給員工的獎金。

㈠**股息、紅利與員工酬勞的分派比例**

公司於每會計年度終了，如有盈餘，則經扣除稅額、彌補虧損、提存公積後，得就其餘額，為股息紅利之分派。股息與紅利之分派，除本法另有規定外（如特別股之股息），以各股東持有股份之比例為準（公司法第二百三十五條）。

過往，有所謂員工分紅的制度。但商業會計法為了與國際會計制度接軌，保護公司投資人的權益，避免公司在計算應分配給股東盈餘時，未正確計算員工紅利，造成可分配給股東的盈餘減少，所以將員工分紅的性質，明訂為員工的酬勞，屬於公司的費用，在會計上稱為「員工分紅費用化」。

員工分配酬勞之定額或比率，應於章程中訂明（公司法第二百三十五條之一第一項）。公營事業除經該事業主管機關專案核定，並於章程中訂明員工分配酬勞之定額比率外，不適用前項之規定（公司法第二百三十五條之一第二項）。

如果員工酬勞是以股票或現金方式給付，應由董事會三分之二以上董事出席，以及出席董事過半數以上同意的方式，做成決議，並報告股東會（公司法第二百三十五條之一第三項）。於民國一百零七年修法時，規定員工酬勞的發放如果是以股票方式發給，得以發行新股或收買已發行股份的方式為之（公司法第二百三十五條之一第四項）。

值得一提的是，企業基於營業管理的需要，可能會設立研發、生產或行銷等各種功能的從屬公司。因此，公司得於章程中訂明員工分配酬勞的對象，包括符合一定條件的從屬公司員工。民國一百零七年修法時擴大該制度實施對象至控制公司員工，故公司章程得訂明員工分配酬勞的對象包括符合一定條件之控制或從屬公司員工（公司法第二百三十五條之一第五項）。

㈡**股息、紅利與員工酬勞的分派方法**

1.**現金分派**

股息紅利之分派，原則上應以現金為之。因以現金分派較能使股東現實地獲得利益。

2.股份分派

即以發行新股之方式為股息紅利之分派。其分派程序在一般公司須經股東會之特別決議（由有代表已發行股份總數三分之二以上股東出席之股東會，以出席股東表決權過半數之決議），將應分派股息及紅利之全部或一部，以發行新股之方式為之，其不滿一股之金額，以現金分派之（公司法第二百四十條第一項）。但公開發行股票之公司，出席股東之股份總數不足前項定額者，得以有代表已發行股份總數過半數股東之出席，出席股東表決權三分之二以上之同意行之（公司法第二百四十條第二項）。有關表決方式，如果章程有較高之規定時，從其規定（公司法第二百四十條第三項）。依此方法發行新股，於決議之股東會終結時，即生效力，董事會應即分別通知股東，或記載於股東名簿之質權人（公司法第二百四十條第四項）。在公開發行股票之公司，其股息紅利之分派，如於章程中訂明定額或比率，並授權董事會決議辦理者，得以董事會三分之二以上之出席，出席董事過半數之決議，將應分派之股息紅利之全部或一部，以發放現金之方式為之，並報告股東會（公司法第二百四十條第五項）。董事會之決議經證券主管機關核准後生效。

(三)股息、紅利分派的例外

公司無盈餘，或雖有盈餘但彌補損失及提存法定公積後，已無剩餘時，本不得分派股息或紅利，但公司法設有二例外規定：

1.公司法定盈餘公積已超過資本總額百分之二十五，或有法律規定種類的資本公積，公司為維持股票之價格，得以法定盈餘公積超過部分及特定種類之資本公積派充股息及紅利（公司法第二百四十一條第一項）。蓋公司股票之價格往往隨股息紅利之有無及多寡而漲落，如因不分派股息紅利致公司股票跌價，對公司前途亦有不良影響，故在公司財務健全、不甚影響公司債權人權益之狀況下，例外允許公司動用公積，以充派股息及紅利。

2.建設股息（又稱建業股息）之分派：某些股份有限公司有其特殊之營業性質，需要長時間準備，如礦業、水力或電氣事業等，為獎勵大眾投資此種事業，使公司能順利設立，故公司法第二百三十四條第一項特別規

定：「公司依其業務之性質，自設立登記後，如需二年以上之準備，始能營業者，經主管事業機關之許可，得以章程訂明於開始營業前分派股息於股東。」惟公司既無盈餘，此時之分派實際上是返還部分出資的一種，但公司在會計上作預付股息之處理，應將預付股息列入資產負債表之股東權益項下，於公司開始營業後，每屆分派股息及紅利超過實收資本額百分之六時，應以超過之金額扣抵沖銷之（公司法第二百三十四條第二項）。應注意的是，依公司法之規定，只能預付股息不得分派紅利。

若公司負責人違反公司法第二百三十二條第一或二項之規定，不填補虧損、不提法定盈餘公積或無盈餘而分派股息紅利，各處一年以下有期徒刑，拘役或科或併科新臺幣六萬元以下罰金（公司法第二百三十二條第三項）。同時公司債權人得請求退還，並得請求賠償因此所受之損害（公司法第二百三十三條）。

【參考答案】

神鵰股份有限公司倘以發行新股方式分派股息紅利，自得一併以分派新股方式讓員工入股，此時員工取得的股票，屬於員工的酬勞，在會計原則上屬於公司的費用。至於員工分紅的成數，應訂明於公司章程，以保障員工權益。原則上應有盈餘，才可分派股息、紅利及員工的酬勞，例外規定，見前述。

四、股東聲請檢查權

由於股份有限公司採企業所有與經營分離之原則，股東對公司之經營，除股東會外，並無機會參與。但股東對公司業務帳目及財產情形，在股東會集會外，亦有明瞭之必要，本應賦予股東查核之權利，但為防止股東濫用權利，公司法僅賦予股東聲請檢查權。

依公司法第二百四十五條第一項之規定：「繼續六個月以上持有已發行股份總數百分之一以上之股東，得檢附理由、事證及說明其必要性，聲請法院選派檢查人，於必要範圍內，檢查公司業務帳目、財產情形、特定事項、特定交易文件及紀錄。」依本條規定，股東不得親自檢查，僅能聲請

法院選派檢查人，於聲請時應檢附理由、事證及說明其必要性，至於檢查人資格如何，公司法無明文規定，由法院自行選派。檢查人檢查之結果，應以書面向法院報告（非訟事件法第一七三條），法院對於檢查人之報告認為有必要時，得命公司監察人召集股東會（公司法第二百四十五條第二項），以便股東會採取必要之措施。對於檢查人之檢查有妨礙、拒絕或規避行為者，或監察人不遵守法院之命令召集股東會者，各處新臺幣二萬元以上十萬元以下罰鍰。再次規避、妨礙、拒絕或不遵法院命令召集股東會者，並按次處罰（公司法第二百四十五條第三項）。

第九節　股份有限公司的公司債

〔案　例〕

經過二年的努力，神鵰股份有限公司之業務蒸蒸日上、財源廣進，趙志宏等人決定一口氣在全臺五大都市同時成立連鎖店，一炮打響神鵰股份有限公司的知名度。惟所需費用非公司目前可負擔，雖得向金融機構借款，但無法長期且大量的借貸；倘若發行新股，則每位股東所可分得之股息將大量減少。最後辜大有建議：「何不發行公司債，又可解決公司財務上的需要，又無前述借款方式之缺點。」這個提議獲得趙志宏、蔡不群之同意。神鵰股份有限公司決定發行五百萬的公司債。

〔問　題〕

一、神鵰股份有限公司如欲提高社會大眾對該公司所發行公司債之投資興趣，可發行何種公司債？公司債之債權人可否要求公司以股份代替現金清償公司債？

二、神鵰股份有限公司應如何發行公司債？

三、若神鵰股份有限公司臨時需要資金周轉，可否使用發行公司債所得之金錢？

四、公司債應如何轉讓？其轉讓是否必須向公司為登記才生效？又公司債

可否成為權利質權之標的？

　　五、公司法對於公司債債權人是否設有特別制度以保障其權益？

　　六、設有廖德諾欠神鵰股份有限公司十萬元，可否主張以其所持有該公司發行之公司債抵銷債務？又，神鵰股份有限公司可否以公司自有資金買回其所發行之公司債？

〔說　明〕

一、公司債的意義

　　公司籌措資金的方式，依公司法規定可分為三種：一是增加股份，一是一般借貸，另一則是發行公司債。發行新股雖然可以使公司資本增加，但有時公司只是短期（如一、二年）需要大筆現金，將來如果不再需要時，減資又需召開股東會變更章程等複雜程序，而向外舉債時，也不見得可覓得適合的金主，資金亦較難長期使用，可能無法因應公司的特殊需要；至於公司債，只要公司具備一定的財務基礎即可發行，且其流通甚為方便、迅速，不失為大眾投資的良好工具，故公司債制度之存在有其必要性。

　　公司債乃股份有限公司為募集資金，以發行債券之方法，與特定或不特定之人，大量的、集團的成立金錢借貸契約。此外，公司也可以不公開的方式，私募公司債，公司債與股份皆為股份有限公司所發行、可流通的有價證券，但二者有下列的不同：

　　㈠公司債券的持有人為公司的債權人，而股票的持有人為股東，只有股東才有股東權，公司債債權人不得享有。

　　㈡股東的股息分派與否及其多寡，受到公司盈虧的影響，但公司債債權人所領受的利息為固定金額，與公司盈虧無關。

　　㈢公司解散時，股東得分派剩餘財產，但公司債之債權僅得與一般債權人受清償。

　　㈣公司原則上不得退還股款，使股東權消滅；但公司依法須償還公司債之本息，使債權消滅。

二、公司債的種類

公司債可分為下列幾種：

㈠依債券上是否記載特定債權人姓名，可分為「記名公司債」和「無記名公司債」。其區別實益在於公司債的轉讓與設質方式不同，前者轉讓及設質之手續較繁複，後者只要以交付即生轉讓及設質之效力。

㈡依債券是否附有擔保，可分為「擔保公司債」和「無擔保公司債」。其區別實益在於公司債的發行條件寬嚴及效力不同。持有擔保公司債的債權人，於公司無法如期清償時，得請求法院拍賣抵押品、或請求保證人為清償，但無擔保公司債之債權人則無此權利。

㈢依債權人得否請求將債券轉換為公司股份，可分為「轉換公司債」和「非轉換公司債」。區別實益在於可否轉換外，證券管理機關審核的項目不同。持有轉換公司債之債權人，得依發行公司所定之轉換辦法，請求公司將公司債轉換為股份，但非轉換公司債之債權人則無此種選擇權。

須注意的是，以轉換公司債轉換為股份而增發新股時，不適用公司法第二百六十七條有關員工保留股份及股東新股認購權之規定（公司法第二百六十七條第八項）。

【參考答案】

神鵰股份有限公司如欲提高社會大眾的投資意願，應選擇發行無記名、附擔保、可轉換公司債。因無記名公司債的轉讓手續簡便、流通迅速；而附擔保公司債，對債權人的保障較周延，對投資大眾而言，較具「安全性」；又可轉換公司債，既得保持公司債的安全性，在公司股票漲價時，又可請求轉換為股份以作投資，頗具吸引力。至若公司債之債權人可否請求神鵰股份有限公司以股份代替現金清償，必須視其所持有的公司債究屬可轉換或不可轉換，僅在其持有可轉換公司債時，債權人才得為依公司所訂定辦法，為此種請求。

三、公司債的發行

為保障公司債債權人，避免公司濫發公司債，不能如期清償，致侵害

公司債債權人之權益，及嚴重危害社會經濟秩序，故公司法對股份有限公司發行公司債設有限制規定，民國一百零七年修法後，非公開發行股票之股份有限公司已不受本條限制（公司法第二百四十七條）：

㈠發行公司債的要件

1. 發行數額的限制

⑴公司債之發行總額，不得逾公司現有全部資產減去全部負債及無形財產（如商譽、商標專利權等）後之餘額。亦即，公司債發行總額＜現有資產－負債－無形財產。

⑵無擔保公司債之發行總額，不得逾前述餘額的二分之一，因其無擔保，對公司債權人保障較弱，故減少其發行總額。

2. 禁止發行公司債的情形

此外，公司如有下列情形，表示其財務狀況不佳，可能無法如期清償，故公司法特別禁止以公開募集的方式，發行公司債：

⑴公司有下列原因時，不得發行任何公司債（公司法第二百五十條）：

①對於已發行之公司債或其他債務，有違約或遲延支付本息之事實，且此一事實尚在繼續中者；

②最近三年或開業不及三年之開業年度課稅後之平均淨利，未達原定發行之公司債應負擔年息總額之百分之一百者。但經銀行保證發行之公司債不受限制。

⑵公司有下列情形之一時，不得發行無擔保公司債（公司法第二百四十九條）：

①對於已發行之公司債或其他債務，曾有違約或遲延支付本息之事實，自了結之日起三年內；

②最近三年或開業不及三年之開業年度課稅後之平均淨利，未達原定發行之公司債，應負擔年息總額之百分之一百五十者。

但若公司以私募方式向特定對象募集資金時，由於該特定對象通常具有一定專業知識或經濟能力者，具備判斷及保護自己的能力，所以民國一百零一、一百零七年修正公司法時，特別規定以普通公司債、轉換公司債

或附認股權公司債之私募方式發行公司債,不受前述規定的限制(公司法第二百四十八條第二項)。但公司依第二百四十八條第二項私募轉換公司債或附認股權公司債時,應經董事會特別決議及股東會決議。至於公開發行股票之公司,證券主管機關另有規定者,從其規定(公司法第二百四十八條之一)。

(二)發行公司債的程序

倘股份有限公司無上述不得發行公司債或無擔保公司債之情形,或雖不得發行無擔保公司債,但欲發行附擔保公司債時,應依下列程序發行之,惟需注意發行總額之限制:

(1)經董事會決議:股份有限公司只須經董事會三分之二以上董事之出席,及出席董事過半數之同意,即得募集公司債,毋須經股東會決議,以期簡化程序,但董事會應將募集公司債之原因及有關事項報告股東會(公司法第二百四十六條第一項)。

(2)與金融或信託業者成立利他性信託契約,由受託人代表債權人之利益,監督、查核公司履行公司債之事項;受託人之報酬,由發行公司負擔之(公司法第二百四十八條第六項)。

(3)經主管機關審核:公司募集公司債時,應將下列事項,申請證券主管機關審核(公司法第二百四十八條第一項),其絕對必要事項有:

①公司之名稱。

②公司債之總額及每張債券之金額:為方便債權人會議計算表決權,公司應將公司債化為金額相同的單位,作為每張債券之最低金額,但不妨一張債券包括數單位。

③公司債之利率:利率之多寡由董事會決議,但不得超過法定最高利率之限制(民法第二百零五條:約定利率超過年百分之二十者,債權人對於超過部分之利息,無請求權)。

④公司債償還之方法及期限。需注意的是,公司於發行公司債時,得約定其受償順序次於公司其他債權(公司法第二百四十六條之一)。

⑤償還公司債借款之籌集計畫及其保管方法。

⑥公司債募得價款之用途及運用計畫。

⑦公司債發行之價格或其最低價格：公司債之發行價格通常以債券票面金額為準，但不乏有溢價發行或折價發行之情況，後者將發生公司債權總額超過公司募集所實得之金額的情形，此時超過之差額，依商業會計法或一般公認會計原則規定，列入資產負債表之資產項下，於償還期限內之每一決算期，平均攤銷。

⑧公司股份總額及已發行股份總數及其金額。此項事實，應由會計師查核簽證（同條第五項）。

⑨公司現有全部資產，減去全部負債後之餘額。

⑩證券主管機關規定的財務報表亦應由會計師查核簽證。

⑪公開募集公司債時，公司債權人之受託人名稱及其約定事項，此項應由律師查核簽證。

⑫代收款項之銀行或郵局名稱及地址，此一事項亦由律師查核簽證。

⑬董事會之議事錄。

其相對必要事項有：

①前已募集公司債者，其未償還之數額，此一事項應由會計師查核簽證。

②有承銷或代銷機構者，其名稱及約定事項，此項應由律師查核簽證。

③有發行擔保者，其種類名稱及證明文件。此為有擔保之公司債，本項之擔保，指物保而言，此項並應由律師查核簽證。

④有發行保證人者，其名稱及證明文件。此亦為有擔保之公司債，但本項指人保而言，此項亦應由律師查核簽證。

⑤對於前已發行之公司債或其他債務，曾有違約或遲延支付本息之事實及現況，此應由會計師查核簽證。

⑥能轉換股份者，其轉換辦法。轉換股份額，如超過公司章程所定可轉換股份之數額時，應先完成變更章程，增加可轉換股份之數額後，始得為之，其處理準則，由證券主管機關以命令定之（同條第七項）。

⑦附認股權者，其認購辦法。

⑧公司債其他發行事項或證券主管機關規定之其他事項。

以上各款事項有變更時，應即向證券主管機關申請更正，公司負責人不為申請更正者，各處新臺幣一萬元以上五萬元以下罰鍰（公司法第二百四十八條第四項）。公司將上列各款事項申請證券主管機關核准募集公司債後，始得募集之。又，公司發行公司債經核准後，如發現其申請事項，有違反法令或虛偽情形，證券主管機關得撤銷核准。撤銷核准時，未發行者，停止召募；已發行者，應立即清償。若因此發生之損害，公司負責人對公司及應募人負連帶賠償責任，又公司負責人就申請事項有違反法令、虛偽或經命限期補正而未補正之情事時，各處新臺幣二萬元以上十萬元以下罰鍰（公司法第二百五十一條）。

(4)公告、召募與應募：公司發行公司債之申請經核准後，董事會應備就公司債應募書，附載上述申請主管機關核准事項，並於核准通知到達之日起，三十日內，加記核准之證券主管機關與年、月、日、文號後，公告之，並開始募集。超過前項期限未開始募集而仍須募集者，應重行申請。董事違反上述規定，不備應募書者，各處新臺幣一萬元以上五萬元以下罰鍰，其所備應募書有虛偽之記載時，依刑法或特別刑法偽造文書等有關規定處罰（公司法第二百五十二條）。

(三)公司債的募集

公司於備就公司債應募書及為上述之公告後，即可開始募集，但募集時應向應募人（即申請購買公司債的投資人）交付公開說明書（證券交易法第三十一、三十二條）。應募人於應募時，應在應募書上填寫所認金額及其住所或居所，並簽名或蓋章，惟應募人以現金當場購買無記名公司債者，免填應募書（公司法第二百五十三條）。需注意的是，應募人填寫應募書後，尚未取得公司債之債權，必須繳款取得債券後，始取得公司債之債權。

應募人於認購後，有照所填應募書負繳款之義務（公司法第二百五十三條第一項）。代收機構於收款後，則應向各該繳款人交付經公司簽章之繳納憑證，據以交換債券（證券交易法第三十三、三十四條）。除以現金當場購買無記名公司債券者外，董事會應向未繳款之各應募人請求繳足其所認金額（公司法第二百五十四條），但董事會為此請求之前，應將全體記名債

券應募人之姓名、住所或居所，暨其所認金額，及已發行之無記名債券張數、號碼暨金額，開列清冊，連同公司法第二百四十八條第一項各款所定之文件，送交公司債債權人之受託人（公司法第二百五十五條）。

（四）**債券之發行與公司債存根的備置**

公司債券應編號載明發行之年、月、日，及公司法第二百四十八條第一項第一至四款及第十八、十九款之事項，有擔保、轉換或可認購股份者，應載明擔保、轉換或可認購字樣，由代表公司之董事簽名或蓋章，並經依法得擔任債券發行簽證人之銀行簽證後發行之（公司法第二百五十七條）。此外，公司債券發行時，應備存根簿，將所有債券依次編號，並載明公司債債權人之姓名或名稱及住所或居所、公司法第二百四十八條第一項第二至四款之事項、第十二款受託人之名稱、第十五、十六款之發行擔保及保證、第十八款之轉換事項、第十九款之可認購事項、公司債發行之年、月、日、及各債券持有人取得債券之年、月、日，無記名債券應以載明無記名字樣，代替公司債債權人之記載（公司法第二百五十八條），公司負責人於公司債存根簿內為虛偽記載者，依刑法或特別刑法偽造文書等有關規定處罰。

四、公司債的使用

為預防公司負責人濫用職權，於不必要時擅自決議募集公司債，在募集後變更用途，故公司法第二百五十九條規定：「公司募集公司債款後，未經申請核准變更，而用於規定事項以外者，處公司負責人一年以下有期徒刑、拘役或科或併科新臺幣六萬元以下罰金，如公司因此受有損害時，對於公司並負賠償責任。」

【參考答案】

神鵰股份有限公司募集公司債之目的，既在開設連鎖店，則在其申請變更用途經核准前，不得將其所募集的公司債款用於他處，縱使公司有急需，亦不得挪用。

五、公司債的轉讓

公司債之轉讓方式依其是記名或無記名公司債，而有不同：

㈠一般轉讓

1.記名式公司債之轉讓，須由持有人以背書方式為轉讓（公司法第二百六十條）。至於背書方法如何？公司法未作規定，解釋上得類推適用票據法背書之規定。只要持有人背書並交付，即生轉讓之效力，但非將受讓人姓名或名稱及住所或居所記載於公司債存根簿，不得以其對抗公司（公司法第二百六十條但書）。

2.無記名公司債之轉讓方法，公司法未規定，只要交付即生轉讓效力。

㈡設質轉讓

公司債既為有價證券，自得為質權之標的，其設質之方式，依其是記名或無記名公司債而有不同：

1.以無記名式之債券設質者，因債券之交付而生質權設定之效力。

2.以記名式之債券設質者，除交付債券外，並應依背書方法為之（民法第九百零八條）。此外，解釋上應類推適用公司法第二百六十條但書之規定，非將設質情形登記於公司債存根簿，不得對抗公司。

公司債債券既屬有價證券，若有遺失，得依民事訴訟法有關公示催告之程序予以處理。

㈢公司債的無實體發行／交易

最後，公司債也是一種有價證券，為了發揮有價證券集中保管的功能，簡化現行公司發行、交付公司債的成本及作業，因此在民國九十年十一月修正公司法時，引進「無實體發行／交易」公司債的制度。使得公司可以將當次發行的公司債總額合併印製成單張公司債券（修正前公司法第二百五十七條之一），存放於集中保管事業機構，並透過集中保管事業機關發給應募人有價證券存摺的方式，進行交易，以解決傳統式所發行單張的公司債所帶來的流通風險及繁複手續。然而，單張大面額公司債與第一百六十二條之一之單張大面額股票制度均係為降低公司發行成本，係我國在上市（櫃）、興櫃公司有價證券全面無實體化前之過渡階段而設。因應目前我國

上市（櫃）、興櫃公司有價證券已全面無實體發行，本條將無適用之可能，故將此過渡條文予以刪除。

另外，公開發行公司債的公司，得免印製債券，並洽證券保管事業機構登錄及依該機構之規定辦理，經證券集中保管事業機構登錄之公司債，其轉讓及設質應向公司辦理或以帳簿劃撥方式為之，不適用公司法記名式公司債轉讓及民法關於債券債權質權設定之規定（公司法第二百五十七條之二）。

六、公司債債權人的受託人

向公眾募集的公司債能否如期償還對社會經濟秩序影響甚大，為保護公司債之債權人及社會公眾起見，自公司債發行起至償還止，公司法設有監督管理制度。說明如下：

㈠受託人的意義

受託人乃代表公司債債權人之利益，對公司債加以監督管理，其資格以金融或信託事業為限（公司法第二百四十八條第六項）。

但如果公司債並非向不特定的公眾募集，而是以私人洽購的方式，向法定特定對象募集時，因為該特定對象通常具有一定專業知識或經濟能力，能夠自行判斷發行公司債的公司是否足以信賴，進而決定是否應募，所以民國一百零一年修正公司法時，特別規定在私募公司債的情況，不須強制設立受託人，讓公司可以用較為簡便迅速的方式、較低的成本來獲取資金。

㈡受託人的產生

受託人雖名為債權人之受託人，但係受發行公司債公司之委託（公司法第二百四十八條第一項第十二款）。

㈢受託人的職權

1.查核及監督：董事會在實行認購金額請求權前，應將全體記名公司債券應募人之資料，連同公司法第二百四十八條第一項各款所定之文件，送交受託人。受託人依據前述資料，有查核及監督公司履行公司債發行事項之權（公司法第二百五十五條）。

2.擔保權之取得，實行及保管擔保物：公司為發行公司債所設定之抵

押物或質權，得由受託人為債權人取得，並得於公司債發行前先行設定。受託人對於此項抵押權或質權或其擔保物，應負責保管或實行之（公司法第二百五十六條）。

　　3.債權人會議之召集：公司債債權人之受託人，得為公司債債權人之共同利害關係事項，召集同次公司債債權人會議（公司法第二百六十三條第一項）。

　　4.債權人會議決議之決議事項，由受託人執行（公司法第二百六十四條後段）。

七、公司債債權人會議

㈠債權人會議的意義

　　由同次公司債債權人所組成之臨時會議機構。公司可能發行數次的公司債，每發行一次，即由該次的債權人組成一個債權人會議。

㈡債權人會議的召集

1. 召集權人

　　召集權人有三：發行公司債之公司、債權人之受託人、有同次公司債總數百分之五以上之公司債債權人（公司法第二百六十三條第一項）。

2. 召集時期及程序

　　此種會議乃臨時性的會議，並非定期召開之常會，故於有必要時方得為召集。召集之程序，公司法無特別規定，解釋上應類推適用股東臨時會之召集程序。

3. 債權人會議的決議

　　公司債債權人會議之決議，應有代表公司債債權總額四分之三以上之債權人出席，以出席債權人表決權三分之二以上之同意行之。每一公司債券最低票面金額有一表決權（公司法第二百六十三條第二項）。無記名公司債之債權人出席此項會議者，非於債權人會議開會前五日，將其公司債債券交存公司，不得出席（公司法第二百六十三條第三項）。

4. 決議之認可、效力及執行

　　公司債債權人會議之決議，應製成議事錄，由主席簽名，經申報公司

所在之法院認可並公告後，對全體同次公司債債權人發生效力，並由公司債債權人之受託人執行之，但債權人會議另有指定者，從其指定（公司法第二百六十四條）。

㈢債權人會議決議的認可

公司債債權人會議之決議，有下列情形時，法院得不予認可（公司法第二百六十五條）：

　1.召集公司債債權人會議之程序或其決議方法，違反法令或應募書之記載者；

　2.決議不依正當方法達成者；

　3.決議顯失公平者；

　4.決議違反債權人一般利益者。

八、公司債債務的消滅原因

㈠清　償

公司債之清償包括付息（對公司債利息之清償）及還本（對公司債債券上記載金額之清償）。一旦公司付清公司債之利息及原本後，公司對債權人所負之債務即因清償而消滅，債權人並應將債券交還公司。至於公司債之消滅時效，公司法無特別規定，應適用民法之規定，即公司債本金之債權時效期間為十五年（民法第一百二十五條），而利息債權為五年（民法第一百二十六條）。

㈡提　存

公司債屆清償期，債權人受領遲延者，公司得依法提存而免責（民法第三百二十六條）。

㈢抵　銷

公司債債權人對公司負有債務時，不論是債權人或公司都得主張以公司債抵銷。惟此種抵銷，不但公司之債權須屆清償期，公司債亦須屆清償期始可，因公司債為附利息之債權，解釋上債務人（公司）不得於期前清償，亦不得於期前抵銷。

㈣免　除

公司債債權人向公司表示免除之意思，並將債券交還時，則公司債消滅（民法第三百四十三條）。此時公司解釋上應作為資本公積處理。

㈤混　同

公司債屆期清償後，公司將債券收買時，則公司債因混同而消滅（民法第三百四十四條）。

㈥收買銷除

公司債未屆清償期，公司亦得將債券收買，但此種情形公司債卻不能因混同而消滅，因公司尚得將該債券再賣出，故與上述屆清償期後之收買不同。若收買後，公司將債券銷除時，則公司債消滅（此點與股份禁止自行收買不同）。

【參考答案】

廖德諾得以其持有之公司債，向神鵰股份有限公司主張抵銷其對該公司之債務。而神鵰股份有限公司，亦得以自有資金買回其所發行之公司債，特別是遇有公司債市價滑落時，利用此種方式消滅公司債，較屆期清償為有利。

第十節　股份有限公司的增減資、變更章程及發行新股

〔案　例〕

神鵰股份有限公司自成立五家連鎖店後，業務量呈等比級數激增，趙志宏等數位董事想打鐵趁熱，一鼓作氣成立全臺連鎖店。但公司發行的公司債已不敷使用，且發行公司債每年的利息亦相當可觀。乾脆發行新股，將公司尚未發行之一百二十萬股一次發行完畢。但如此所得之資金亦只有一千二百萬元，不如將每股金額改為二十元，一次發行二百萬股，就有四千萬元。

〔問　題〕

一、神鵰股份有限公司之章程規定公司股份總額為二百萬股,已發行八十萬股,神鵰股份有限公司可否超過章程所定總額,再次發行二百萬之新股(第一次發行八十萬股,再次發行二百萬股,合計二百八十萬股,已超過章程所定總額)?除了增加股份數額之外,可以增加股份金額嗎?每股增加到二十元,原來的股東是否一定要按其持有之股份比例繳納增加之股款?

二、神鵰股份有限公司如果日後發現不需要如此多的資金,可否減少公司資本額?應如何減少?

三、若神鵰股份有限公司有變更章程之需要,應如何為之?

四、神鵰股份有限公司應如何發行新股?對於公司所發行之新股,員工可不可以優先購買?

〔說　明〕

一、增　資

公司基於籌措資金、擴展業務、擴充生產設備等情事,往往有增加資本之必要,而公司法所稱之增資,係指增加章程中所定之資本總額而言。如果資本總額不變,僅將股份總額於有需要時分次發行,則因資本數額未逾公司章程所定之資本總額,非公司法所稱之增資。

㈠增加資本的方法

1. 增加股份金額

如公司章程原定資本總額為一百萬元,分為十萬股,每股十元,現將每股金額改為三十元,則資本總額增為三百萬元。

2. 增加股份總數

如上例中每股金額不動,股份總數改為二十萬股,則資本總額增為二百萬元。

3. 增加股份總數及金額

修正前公司法第二百七十八條第一項規定:「公司非將已規定之股份總

數，全數發行後，不得增加資本。」因原有股份總數倘若尚未全數發行完畢，自可就其餘數發行，無增資之必要。為貫徹授權資本制，民國九十四年六月公司法修正，明定「增加資本後之股份總數，得分次發行」，並刪除「第一次發行之股份，不得少於增加之股份總數四分之一」之規定（公司法第二百七十八條第二項）。

然本條規定已於民國一百零七年八月修法時刪除之，因在授權資本制之下，公司得於章程所定股份總數（即授權股份數）之範圍內，按照實際需要，經董事會決議，分次發行股份，無庸經變更章程之程序。俟章程所定授權股份數全數發行後，如欲增資發行新股，始須依變更章程之程序，增加授權股份數而增加資本。是以，公司只須履踐上開程序即可自行於適當時機增加資本，第一項規定限制股份總數應全數發行後，始得增加資本，並無必要，爰予刪除，以利企業運作。另外，增加資本後之股份總數，本得分次發行，不待規定，爰刪除第二項。

(二)股份有限公司增資的程序

1.由董事會提出增資方案，經股東會特別決議

董事會認為有必要時，應擬妥增資方案，召集股東會，請求股東會決議通過。同時，在股東會召集之通知與公告中，應載明以增資之變更章程為召集事由，不得以臨時動議提出（公司法第一百七十二條第五項）。增資應由股東會以特別決議同意。

2.由董事會發行新股或催繳所增加的股款

若採增加股份數額之方式，於股東會決議通過增資後，應由董事會發行新股（新股之詳述於後）。若採增加股份金額之方式，董事會應即向全體股東催繳所增加之股款，股東應於指定之繳納期日以現金繳交之。

3.申請變更登記

公司增資後，公司章程之內容已有變更，應為變更登記，否則不得對抗第三人（公司法第十二條）。

股份有限公司應於每次發行新股結束後十五日內，向主管機關申請登記。但經目的事業主管機關核准應於增資基準日核准變更登記者，不在此

限（公司登記辦法第四條第一項）。

　　4.如採增加股份金額方式增資，應換發新股票

【參考答案】

　　神鵰股份有限公司章程所定股份總額為二百萬股，現神鵰股份有限公司只發行八十萬股，倘依民國一百零七年修正前之規定，神鵰股份有限公司尚未將章程所定股份總數發行完畢，故不得為增資。僅能用發行新股之方式，將尚未發行的一百二十萬股一次發行完畢。於新股發行完後，再為增資。雖此一限制已於民國一百零七年刪除，神鵰股份有限公司得經董事會決議，將尚未發行之股份總數分次或一次發行完畢。但神鵰股份有限公司係發行票面金額股，依公司法第一百五十六條第二項，每股金額應歸一律，不得更改每股票面金額。

二、減　資

　　公司之資本為公司信用基礎與公司債權人之保障，依資本不變原則，本不得任意減少，但公司確有減資之必要時，公司法例外允許，但必須嚴格按法定程序為之，以保護公司債權人。

　　減少資本之原因，可分為實質減資與形式上減資。前者係公司縮小營業規模，將多餘之資本返還於股東，此種情形會造成公司財產減少，故稱實質上減資。而後者乃因公司有虧損，致股東無法獲得盈餘分派，乃減少資本，使公司的資本額與公司財產額一致，以彌補虧損。此種情形公司財產並未減少，故稱形式上減資，又稱名義上減資或計算上減資。

　㈠減少資本的方法

　　1.減少股份金額

　　減少之金額，公司可以發還給股東（此即實質上減資）；亦可將減少之金額割棄或註銷（此即形式上減資）。

　　2.減少股份數額

　　公司可採用銷除已發行股份之方式，使股份所表彰之股東權絕對消滅，並使股票失其效力；或將已發行股份合併，如三股併成二股，此種方法，

多用於形式上減資。

3.減少股份金額及數額

(二)減少資本的程序

公司如果日後不需要如此多的資金,可依下列減資程序減少公司資本額:

1.由董事會提出減資方案,經股東會特別決議

董事會認為公司有減資之必要時,應擬妥減資之原因及方法,召集股東會,請求股東會決議通過。若不因減資而須變更章程時,股東亦得於股東會議以臨時動議提出減資議案,而由股東會以普通決議行之(經濟部九八、四、二一經商字〇九八〇二〇四七三三〇號函)。

2.踐行保護公司債權人的程序

公司一旦減少資本,將導致公司債權人之保障減少,因此公司法特設保護公司債權人之規定,說明如下:

(1)公司決議減資時,應即編造資產負債表及財產目錄(公司法第二百八十一條、第七十三條第一項)。其目的在確定公司減資當時之財務狀況。

(2)公司為減資之決議後,應即向各債權人分別通知及公告,並指定三十日以上之期限,聲明債權人得於期限內提出異議。公司債權人若未於公司所指定之期限內聲明異議時,即可認為該債權人已承認公司之減資。公司債權人若於公司所指定之期限內提出異議時,公司應為清償或提供相當之擔保(公司法第二百八十一條、第七十三條第二項)。

(3)公司不為上述通知及公告,或對在指定期限內提出異議之債權人不為清償或不提供相當之擔保者,不得以其減資對抗債權人(公司法第二百八十一條、第七十四條)。

3.實行減資

(1)以減少股份金額、發還股東之方式減資時,公司應將此一決議通知各股東,其發行無記名股票者,並應為公告。且應對股東為現實之支付。須注意的是,公司減資股東依其持股比例核發所減少之金額,不得以股票或現金以外之財產形式退還股款(經濟部九〇、八、二〇商字〇九〇〇二

一七七二〇號函）。

(2)以減少股份金額而割棄之方式減資時，公司只須將此一決議通知各股東，其發行無記名股票者，並應為公告。

4.申請為減資登記，如章程有變動，應一併為變更登記

公司應於每次減少資本結束後十五日內，向主管機關申請登記（公司登記辦法第四條、公司法第十二條）。

5.換發新股票

因減少資本換發新股票時，公司應於減資登記後，定六個月以上之期限，通知各股東換取，並聲明逾期不換取者，喪失其股東之權利（公司法第二百七十九條第一項）。股東於前項期限內不換取者，即喪失其股東之權利，公司得將其股份拍賣，以賣得之金額，給付該股東（公司法第二百七十九條第二項）。公司負責人違反本條通知期限之規定時，各處新臺幣三千元以上一萬五千元以下罰鍰（公司法第二百七十九條第三項）。

因減少資本而合併股份時，其不適於合併之股份之處理，準用公司法第二百七十九條第二項之規定（公司法第二百八十條）。

公司若採股份銷除或股份合併之減資方法，原已發行股份總數即因此而減少。其所減少之股份是否得還原為未發行之股份數，重新發行？從公司採授權資本制之立法意旨來看，採授權資本制，可使股東得以預期如發行全部股份總數，自己對公司所得享之權利，如盈餘分配請求權、或剩餘財產分配請求權之比例將如何。從而，只要再發行之行為係合法且公正者，因減資而減少之股份數額，還原為未發行股份而再予發行，並不違背股東之預期，故解釋上應認為可再為發行。

三、變更章程

所謂的變更章程，是指公司對章程內容加以修改而言。變更章程之範圍，法律上未設有限制，不論是任意記載事項、相對必要記載事項或絕對必要記載事項，均得變更，但變更之內容不得違反強行法規及公序良俗。

變更公司章程之程序如下：

(一)經股東會特別決議

章程為公司之基本規範，其變更應特別慎重，故公司法第二百七十七條規定：「公司非經股東會決議，不得變更章程。前項股東會之決議，應有代表已發行股份總數三分之二以上股東出席，出席股東表決權過半數之同意行之。公開發行股票之公司，出席股東之股份總數不足前項定額者，得以有代表已發行股份總數過半數股東之出席，出席股東表決權三分之二以上之同意行之。前二項出席股東股份總數及表決權數，章程有較高規定者，從其規定。」然若因事實變更（如本公司所在地因行政區域劃分之改變，而致本公司所在地之住址變更），或公司重整時，經重整人聲請法院，對公司章程作適當處理（公司法第三百零九條第一款），此二者即毋須經股東會之決議。

(二)為變更登記

章程變更後，公司負責人應即申請為變更登記，否則不得以其變更對抗第三人（公司法第十二條）。公司為變更章程之登記不過是得以對抗要件，非生效要件，自股東會為變更章程之決議時起，即生變更章程之效力。

四、發行新股

在目前公司法採授權資本制之情形下，多數股份有限公司並非在成立時，便將公司之股份總額發行完畢，凡公司於成立後再度發行股份者（包括因增資而發行股份），皆稱為發行新股。

(一)發行新股的種類

發行新股之方式，有下列幾種：

1.依公司發行新股是否會增加公司章程所訂股份總數，可分為「增資的發行」和「非增資的發行」。前者係公司已將章程所規定之股份總數全部發行完畢，然後增加資本，發行新股；後者係指公司依公司法第一百五十六條第四項所稱分次發行新股，所為之發行。其區別實益在於發行新股之決定機關不同。

2.依公司發行新股之目的，是否在於籌措資金可分為「通常的發行」和「特殊的發行」。前者係公司以調度資金為目的所作之發行；後者則指公司為特別目的而發行，如公司法第一百五十六條之四（參與政府專案核定

之紓困方案而發行新股予政府）、第二百四十條（以股息及紅利發行新股）、第二百四十一條（公積轉資本之發行新股）、第二百六十二條（公司債轉換股份之發行新股）、第二百六十七條第八項（因合併他公司、公司分割或公司重整而增發新股）等，其區別實益在於適用法規之不同。通常之發行適用公司法第二百六十六條以下所訂發行新股之規定，而特殊的發行多不適用此規定（公司法第二百六十七條第八項）。

　　3.依公司是否向公眾募集，可分為「公開發行」和「不公開發行」。後者係由公司員工及股東將欲發行之股份全部認足或其餘額洽由特定人認購；前者乃除去員工承購、股東認購外，其餘額公開向公眾募集。其區別實益在於發行程序之不同，前者因涉及投資大眾利益及社會經濟秩序，必須經由董事會決議，並向證券主管機關申請辦理公開發行程序，非經證券主管機關核准，不得發行（公司法第二百六十八條第一項），且其發行公司設有限制。

㈡發行新股的決定機關

　　公司由誰決定是否發行新股？倘為不增資之發行，應由董事會以董事三分之二以上之出席，出席董事過半數之決議行之（公司法第二百六十六條第一項）。此項決議屬於董事會之權限，公司不得以章程規定改由股東會決定之，違反者，其條款應屬無效。董事會依此專屬權所得決議之事項包含：分次發行之新股種類、股數、發行價額、繳納股款日期等。不公開發行新股時，得以公司事業所需之財產出資，此亦由董事會決定（公司法第二百七十二條）。在增資發行時，因公司章程所定之股份總數有改變，須先變更章程，此時應由股東會以特別決議決定之（公司法第二百七十七條）。

㈢員工的新股優先承購權

　　公司法為達到勞資合作、平衡勞資關係，並使員工參與公司經營，以增加員工對公司之向心力，故公司法第二百六十七條第一、二項規定：「公司發行新股，除經目的事業中央主管機關專案核定者外，應保留原發行新股總額百分之十至十五之股份，由公司員工承購。公營事業經該公營事業之主管機關專案核定者，得保留發行新股由員工承購，其保留股份，不得

超過發行新股總額百分之十。」此種優先承購權，係基於員工身分而取得，故不得脫離員工身分而獨立轉讓（公司法第二百六十七條第四項），但公司得限制員工承購新股後，在一定期間內不得轉讓，惟最長不得超過二年（公司法第二百六十七條第六項）。公司負責人違反規定，未讓員工優先承購或承購比例不足規定者，各處新臺幣二萬元以上十萬元以下罰鍰（公司法第二百六十七條第十三項）。又此項員工優先承購權，於以公積抵充，核發新股予原有股東者，不適用之（公司法第二百六十七條第五項）。因為此種特殊的發行，係專為股東而發，員工當然不得取得。

民國一百年六月修訂公司法時，參酌國際趨勢，明定公開發行股票之公司發行限制員工權利新股者，應經股東會特別決議通過，又於民國一百零七年修訂公司法時，放寬非公開發行股票之股份有限公司亦得發行限制員工權利新股，同樣亦須經股東會特別決議通過。又鑒於公司所發行限制員工權利股票，係為激勵員工績效達成之特殊性，故明定排除公司法第二百六十七條第一至六項關於員工優先承購之各項限制規定（第二百六十七條第九項）。此外，考量公開發行股票之股份有限公司召開股東會時，股東出席率較難達到已發行股票總數三分之二，為避免因此無法作成決議，增訂第二百六十七條第十項，公開發行股票之股份有限公司得以有代表已發行股份總數過半數股東之出席，出席股東表決權三分之二以上之同意行之。此外，公司法第二百六十七條第十二項：「公開發行股票之公司依前三項規定發行新股者，其發行數量、發行價格、發行條件及其他應遵行事項，由證券主管機關定之。」

【參考答案】

神鵰股份有限公司所為屬於普通之發行，故應保留發行新股總額百分之十至十五之股份，由該公司員工優先承購。公司對於員工依法優先承購之股份，得限制在一定期間內不得轉讓，但該期間最長不得超過二年（公司法第二百六十七條第六項）。

員工優先承購後，其餘於向外公開或洽由特定人認購之十日前，應公告及

通知原有股東，按照原有股份比例儘先分認，並聲明逾期不認購者，喪失其權利；原有股東持有股份比例有不足分認一新股者，得合併共同認購或歸併一人認購（公司法第二百六十七條第三項）。此項優先承購權係基於股東資格而發生，其行使應依股東平等原則（按比例分認），且得獨立轉讓，惟必須於公司通知所定之期限內認購，否則即喪失其權利。但於以公積抵充，核發新股予原有股東者不適用（公司法第二百六十七條第五項）。因此為特殊的發行，股東當然取得其股份，無認購期限之問題，自亦無失權之問題。

惟上述員工優先承購與股東優先認購之規定，對於因合併他公司、公司分割、公司重整、員工酬勞之分派或以轉換公司債轉換為股份，而增發新股時不適用之（公司法第二百六十七條第八項）。

㈣**發行新股的限制**

為保護公司一般債權人，公司法對於新股之發行，設有嚴格之限制：

1.**公開發行新股的限制**

公司有下列情形之一者，不得公開發行新股（公司法第二百七十條）：

⑴連續兩年有虧損者，但依其事業性質，須有較長準備期間、或具有健全之營業計畫，確能改善營利能力者，不在此限。

⑵資產不足抵償債務者。

2.**公開發行優先權利特別股的禁止**

公司有下列情形之一者，不得公開發行具有優先權利之特別股（公司法第二百六十九條）：

⑴最近三年或開業不及三年之開業年度課稅後之平均淨利，不足支付已發行及擬發行之特別股股息者。

⑵對於已發行之特別股約定股息，未能按期支付者。

㈤**發行新股的程序**

股份有限公司應視其為不公開或公開發行，分別依下列程序發行新股：

1.**不公開發行新股的程序**

⑴董事會的決議

公司發行新股，應由董事三分之二以上之出席，及出席董事過半數同意之決議行之。

(2)由員工承購及股東認購或洽由特定人認購

若公司採不公開發行之方式，倘於員工承購及股東認購後仍有剩餘股份，則應洽特定人認購。特定人沒有資格或人數的限制，不論是自然人或法人皆可。

(3)備置認股書

不公開發行新股，雖毋須申請核准，但由原有股東認購或由特定人協議認購時，仍應依公司法第二百七十三條第一項之規定，備置認股書，有以財產出資者，並應於認股書中加載姓名或名稱及其財產的種類、數量、價格或估價的標準，及公司核給的股數（公司法第二百七十四條第一項）。

(4)繳納股款

新股認足後，公司應向各認股人催繳股款，以超過票面金額發行時，其溢價應與股款同時繳納（公司法第二百六十六條第三項）。股款原則上應為現金，但由原有股東認購或特定人協議認購者，得以公司事業所需之財產為出資（公司法第二百七十二條但書）。以財產為出資時，應於認股書中加載姓名或名稱及財產的種類、數量、價格或估價標準及公司核給的股數，並於實行後，由董事會送監察人查核加具意見，報請主管機關核定之（公司法第二百七十四條）。

(5)發行新股的登記

公司發行新股，於每次發行新股結束後十五日內，向主管機關申請登記。

2.公開發行新股的程序

(1)董事會之決議（與不公開發行同）

(2)申請證券管理機關核准

公司發行新股，除由原有股東及員工全部認足、或由特定人協議認購而不公開發行者外，應將下列事項申請證券主管機關核准，公開發行（公司法第二百六十八條）：

①公司名稱。

②原定股份總數，已發行數額及金額。本款應由會計師查核簽證。

③發行新股總額，每股金額及其他發行條件。本款應由會計師查核簽證。

④證券管理機關規定的財務報表。本款應由會計師查核簽證。

⑤資產計畫書。

⑥發行特別股者，其種類、股數、每股金額及第一百五十七條各款事項。本款應由會計師查核簽證。

⑦發行認股權憑證或附認股權特別股者，其可認購股份數量及其認股辦法。

⑧代收股款之銀行或郵局名稱及地址。本款應由律師簽證。

⑨有承銷或代銷機構者，其名稱及約定事項。本款應由律師簽證。

⑩發行新股決議之議事錄。

⑪證券主管機關規定之其他事項。

公司就上述事項有變更時，應即向證券主管機關申請更正，公司負責人不為申請更正者，由證券主管機關各處新臺幣一萬元以上五萬元以下罰鍰（公司法第二百六十八條第二項）。

(3)募　　股

公司發行新股時，其募股程序與募集設立之募股相似。

①備置認股書：董事會應備置認股書，載明下列事項，由認股人填寫所認股數、種類、金額及其住所或居所，簽名或蓋章（公司法第二百七十三條第一項），但認股人以現金當場購買無記名股票者，免填認股書（公司法第二百七十三條第四項）：

　A. 公司法第一百二十九條（章程之絕對必要記載事項）及第一百三十條第一項（章程之相對必要記載事項）之事項。

　B. 原定股份總數，或增加資本後股份總數中已發行之數額及其金額。

　C. 第二百六十八條第一項第三款至第十款之事項（公開發行新股申請核准事項）。

　D. 股款繳納日期。

②公告與發行：公司應將認股書中所載各事項，於證券主管機關核准

通知到達後三十日內，加記核准文號及年月日，公告並發行之。但營業報告、財產目錄、議事錄、承銷或代銷機構約定事項，得免予公告。三十日之期限，公司應予遵守，若超過此期限仍須公開發行時，應重行申請（公司法第二百七十三條第二、三項）。

(4)繳納股款（與不公開發行同）

(5)為發行新股之登記（與不公開發行同）

㈥參與政府專案核定的紓困方案而發行新股予政府

民國九十七年美國因經濟衰退，導致許多次級房貸之貸款人無力償還貸款，連帶使得美國第四大投資銀行「雷曼兄弟控股公司」(Lehman Brothers Holdings Inc.) 所發行的連動債券❶大幅貶值。由於美國政府拒絕援助「雷曼兄弟控股公司」，「雷曼兄弟控股公司」宣告破產，進而引爆全球金融風暴，連帶造成臺灣經濟大幅衰退。經濟部針對受國內外景氣波及之特定產業及中小企業提供紓困方案。而立法院亦於民國九十八年一月參考美國政府紓困方案之監管理念，讓公司參與政府專案核定之紓困方案時，允許政府得受讓參與紓困公司所發行之新股股權，以使全國納稅人在日後可分享企業紓困成功後之獲利。而公司發行新股原本歸屬於企業自治事項，惟當公司參與政府專案核定之紓困方案時，既已有公權力介入，此時對於企業自治行為應予適度緩和。故特別增訂第一百五十六條之四第一項：「公司設立後，為改善財務結構或回復正常營運，而參與政府專案核定之紓困方案時，得發行新股轉讓於政府，作為接受政府財務上協助之對價；其發行程序不受本法有關發行新股規定之限制，其相關辦法由中央主管機關定之。」及第二項：「前項紓困方案達新臺幣十億元以上者，應由專案核定之主管機關會同受紓困之公司，向立法院報告其自救計畫。」

㈦公開發行股票之停止

如果公司向證券主管機關申請公開發行後，因故想自行停止公開發行

---

❶ 連動債券是利用財務工程所衍生出的金融商品；所謂「連動」是指此債券連結到股價或者利率等等的表現，其基本架構為固定收益商品（例如零息債券）加上衍生性金融商品。

時，應有代表已發行股份總數三分之二以上股東出席之股東會，以出席股東表決權過半數之同意行之（公司法第一百五十六條之二第一項）。若出席股東之股份總數不足前述定額者，得以有代表已發行股份總數過半數股東之出席，出席股東表決權三分之二以上之同意行之（同條第二項）。若出席股東股份總數及表決權數，章程有較高之規定者，從其規定（同條第三項）。

又若公開發行股票之公司已解散、他遷不明或因不可歸責於公司之事由，致無法履行證券交易法規定有關公開發行股票公司之義務時，證券主管機關得停止其公開發行（同條第四項）。公營事業之申請辦理公開發行及停止公開發行，應先經該公營事業之主管機關專案核定（同條第五項）。

第十一節　股份有限公司的重整

〔案　例〕

由於神鵰股份有限公司擴張業務的速度過快，導致公司支出過度膨脹，公司入不敷出，資金周轉不靈，負債超過現有財產。蔡不群主張：「既然快經營不下去，不如結束營業宣告破產。」趙志宏認為公司：「只是一時周轉不靈，並非無法繼續經營，只要撐過一時，定能海闊天空創造一番新氣象，不應現在宣告破產。」李庫歷則建議：「或許可用重整的方式，與公司債權人及股東同舟共濟，度過公司現存難關。」

〔問　題〕

一、何謂公司重整，其與宣告破產有何不同？神鵰股份有限公司可以聲請重整嗎？

二、神鵰股份有限公司可否自己聲請公司重整？公司重整的聲請需要經過誰的同意？

三、公司債權人可以參與公司重整嗎？透過何種方式參與？

四、萬一神鵰股份有限公司重整不成功，會發生那些效果？

〔說　明〕

一、公司重整的意義

股份有限公司之規模大，股東、員工眾多，債權人亦不少，其經營的成敗，所牽涉的層面非常廣。若公司關門大吉，不光是股東出資付諸流水、債權人無法獲得清償、員工面臨失業，甚至會引發連鎖性倒閉，影響整個社會。故公司特別仿照外國的立法例，設置「公司重整」制度，以期挽救即將解體之公司，讓公司有調養生息之機會，以免對社會帶來負面影響。公司重整的直接目的，在於避免公司破產，使公司再生，其間接目的，在保護投資大眾及公司債權人之利益，以維護社會經濟秩序的安定。

基於上述的考量，公司法規定，僅公開發行股票或公司債之公司，得聲請重整（公司法第二百八十二條）。

公司重整乃積極謀取公司之振興，與和解、破產、強制執行等程序，消極解決公司債權債務關係不同。公司重整與破產有下列不同的地方：

(一)目的不同

公司重整在使公司有再生的機會；破產程序在清算公司，處分財產，使各債權人能平均受償。

(二)對象不同

公司重整以公開發行股票、或公司債之股份有限公司；破產則無限制，舉凡有破產原因者，皆可宣告。

(三)聲請程序不同

法院不得依職權宣告公司重整；但可依職權宣告破產。

(四)效力不同

公司重整經法院裁定核准後，公司之破產、和解、強制執行及因財產關係所生之訴訟程序，當然停止，即公司重整之效力優於破產之效力。

二、公司重整的原因

惟公司重整須具有法定之原因，不得任意聲請，其法定原因有（公司法第二百八十二條）：

㈠公司因財務困難而暫停營業。

㈡公司因財務困難有停止營業之虞。

【參考答案】

神鵰股份有限公司為公開發行公司債之股份有限公司，現因資金周轉不靈，有停止營業之虞，依公司法之規定是可以聲請公司重整的。

三、重整的開始

㈠公司重整的聲請權人

公司重整須聲請法院裁定許可，依公司法第二百八十二條規定，有聲請權之人如下：

1.公司本身，由公司聲請時，應以董事三分之二以上之出席，出席董事過半數同意之決議行之。董事會不得以自己名義向法院聲請，因為董事會只是公司內部的機關，沒有獨立的法律上人格。

2.繼續六個月以上持有已發行股份總數百分之十以上之股東。

3.相當於公司已發行股份總數金額百分之十以上之公司債權人。

4.工會。所謂工會是指企業工會、會員受僱於公司人數，逾其所僱用勞工人數二分之一之產業工會或會員受僱於公司之人數，逾其所僱用具同類職業技能勞工人數二分之一之職業工會。

5.公司三分之二以上之受僱員工。而該受僱員工以聲請時公司勞工保險投保名冊人數為準。

㈡公司重整的聲請

公司重整之聲請，應由聲請人以書狀連同副本五份向法院為之。書狀應載明下列事項：

1.聲請人之姓名、住所或居所及聲請資格。聲請人為法人、其他團體或機關者，其名稱及公務所、事務所或營業所。

2.有法定代理人、代理人者，其姓名、住所或居所，及法定代理人與聲請人之關係。

3.公司名稱、所在地、事務所或營業所及代表公司之負責人姓名、住所或居所。

4.聲請之原因及事實。

5.公司所營事業及業務狀況。但若聲請人是股東、債權人、工會或受僱員工，可不記載。

6.公司之資產負債、損益及其他財務狀況。但若聲請人是股東、債權人、工會或受僱員工，可不記載。

7.對於公司重整之具體意見。

㈢法院為公司重整裁定前的措施

公司重整事件由本公司所在地法院管轄（公司法第三百十四條準用民事訴訟法第二條第二項）。由於公司重整關係投資大眾及公司債權人之權益，更涉及社會整體經濟秩序，故公司法認為應由法院介入公司重整，透過法院之指揮監督，以保障公司債權人及投資大眾之權益。管轄法院對於公司重整之聲請，於裁定前所採取之措施如下：

1.徵詢主管機關的意見

2.通知被聲請的公司

聲請人為股東或債權人時，法院應檢同聲請書狀副本，通知該公司（公司法第二百八十四條第四項）。

3.選任檢查人調查

⑴檢查人之調查事項

法院除應向主管機關徵詢意見之外，並得就對股份有限公司之業務，具有專門學識、經營經驗而非利害關係人者（例如會計師、律師等），選任一人或數人為檢查人，就下列事項，於選任後三十日內調查完畢後，報告法院（公司法第二百八十五條第一項）：

①公司業務、財務狀況與資產估價。

②公司業務、財務、資產及生產設備之分析，是否尚有重建更生的可能。

③公司以往業務經營的得失情形，及公司負責人對於執行業務，有無怠忽或不當及應負之責任。

④聲請事項有無虛偽不實之情形。

⑤聲請人為公司時，其所提重整方案的可行性。

⑥其他有關重整的方案。

檢查人就職後，對於公司財務或業務有關之一切簿冊、文件及財產，得加以檢查。而公司之董事、監察人、經理人或其他職員，對於檢查人關於公司業務、財務之詢問，有答覆之義務。倘拒絕檢查，或對於詢問，無正當理由不為答覆或為虛偽之陳述者，各處新臺幣二萬元以上十萬元以下罰鍰（公司法第二百八十五條第二至四項）。

(2)檢查人之義務與責任

檢查人於執行職務時，應盡善良管理人之注意義務，其報酬由法院依其職務繁簡定之(公司法第三百十三條第一項)。檢查人執行職務違反法令，致公司受有損害時，對公司應負賠償責任（公司法第三百十三條第二項）。對於職務上之行為有虛偽之陳述時，各處一年以下有期徒刑、拘役或科或併科新臺幣六萬元以下罰金（公司法第三百十三條第三項），對於職務上之文書，為虛偽之記載者，依刑法或特別刑法偽造文書等有關規定處罰。

4.命令公司編造名冊

法院得命公司負責人於七日內，就公司債權人及股東，依其權利之性質，分別造報名冊，並註明住所或居所及債權或股份總金額（公司法第二百八十六條）。

5.因利害關係人的聲請或依職權，為各種處分（公司法第二百八十七條第一項）

(1)公司財產之保全處分：為防止公司隱匿或處分其財產，法院得於裁定前為保全處分。如限制公司移轉所有權、限制公司設定擔保物權等。

(2)公司業務之限制：聲請重整前，公司尚未停業者，法院得限制其業務之範圍，避免公司財務狀況更加惡化。

(3)公司履行債務及對於公司行使債權之限制。

(4)公司破產、和解或強制執行等程序之中止：此等程序於法院為重整之裁定後，當然停止，但在重整裁定前，法院若認為有必要，得裁定命其中止。

(5)公司記名式股票轉讓之禁止：以便公司保持現狀，有利重整之調查。

(6)公司負責人對於公司損害賠償責任之查定及財產之保全處分：依公司法第二百八十五條第一項第三款規定，檢查人調查公司負責人時，如認其執行職務有怠忽或不當及其他應負之責任，於檢查人報告法院後，法院得查定公司負責人對於公司之損害賠償責任，並對公司負責人之財產為必要的保全處分，以利將來執行。

上述各種處分，除法院准予重整外，其期間不得超過九十日，必要時法院得因利害關係人之聲請、或依職權以裁定延長之，其延長期間每次不得超過九十日（公司法第二百八十七條第二項）。

㈣公司重整的裁定

法院為上述種種措施後，依檢查人之報告，並參考目的事業中央主管機關、證券管理機關、中央金融主管機關及其他有關機關、團體之意見，應於收受重整聲請後一百二十日內，為准許或駁回重整之裁定，並通知各有關機關（公司法第二百八十五條之一第一項）。若未能於聲請後一百二十日內為決定，法院得裁定延長期間，每次延長不得超過三十日。但以二次為限（公司法第二百八十五條之一第二項）。倘無駁回之原因時，法院應為重整之裁定，重整之裁定意即准許該公司開始重整。如果有下列情形時，法院應駁回重整之聲請（公司法第二百八十五條之一第三項）：

1.聲請書狀所記載事項有虛偽不實者。

2.依公司業務及財務狀況無重建更生之可能者。

法院駁回公司重整聲請時，若認為公司符合破產之規定，得依職權宣告破產（公司法第二百八十五條之一第四項）。重整聲請被駁回時，聲請人如有不服，得準用民事訴訟法之規定提起抗告（公司法第三百十四條）。

㈤法院為公司重整裁定後的措施

法院於重整裁定後，依公司法之規定應採取下列措施：

1.重整監督人的選任

法院為重整裁定時，應就對股份有限公司業務具有專門學識及經營經驗者或金融機構，選任為重整監督人，並決定下列事項（公司法第二百八

十九條第一項）：

（1）債權及股東權之申報期間及場所，其期間應在裁定之日起十日以上、三十日以下。

（2）所申報之債權及股東權之審查期日及場所，其期日應在上述申報期間屆滿後，十日以內。

（3）第一次關係人會議期日及場所，其期日應在前述申報期間屆滿後，十五日內。

重整監督人應受法院之監督，並得由法院隨時改選（公司法第二百八十九條第二項）。重整監督人執行職務時，應盡善良管理人之注意義務，其報酬由法院依其職務之繁簡決定（公司法第三百十三條第一項）。重整監督人有數人時，關於重整事務之監督執行，以其過半數之同意行之（公司法第二百八十九條第三項）。重整監督人對於職務上之行為有虛偽之陳述時，各處一年以下有期徒刑、拘役或科或併科新臺幣六萬元以下罰金（公司法第三百十三條第三項），對於職務上之文書為虛偽之記載者，依刑法或特別刑法偽造文書等有關規定處罰。

2.重整人的選派、資格與職務執行

公司法第二百九十條第一項規定:「公司重整人由法院就債權人、股東、董事、目的事業中央主管機關或證券管理機關推薦之專家中選派之。」為維持重整人超然客觀的立場，若重整人為董事或股東，難免於執行業務時，偏頗股東的利益。故法院將立於公平的立場，仔細評選對公司經營具有專門知識及經驗者充任重整人。又關係人會議亦得提出重整候選人名單，聲請法院選派之（公司法第二百九十條第三項，詳述於後）。

由於重整人涉及股東、債權人、公司原本經營者三方面之利益，也攸關日後重整之成敗，因此民國九十五年二月公司法修正時，特別規定曾犯特定之罪並經判決確定或受破產宣告或使用票據經拒絕往來，於一定期間內不得擔任重整人（公司法第二百九十條第二項準用公司法第三十條），以確保重整人的操守。

重整人執行職務時，應盡善良管理人之注意義務。其報酬由法院依其

職務之繁簡定之。重整人執行職務，違反法令，致公司受有損害時，對公司應負損害賠償責任；對於職務上之行為有虛偽之陳述時，各處一年以下有期徒刑、拘役或科或併科新臺幣六萬元以下罰金（公司法第三百十三條第二、三項），對於職務上之文書為虛偽記載者，依刑法或特別刑法偽造文書等有關規定處罰。

3.重整裁定的公告及送達

法院為重整裁定後，應即公告下列事項：

(1)重整裁定之主文及裁定的年、月、日。

(2)重整監督人、重整人之姓名或名稱、住址或處所。

(3)第二百八十九條所定之期間、期日與場所。

(4)公司債權人怠於行使權利時，其法律效果。

法院應將上述裁定及前述事項，以書面送達重整監督人、重整人、公司、已知之公司債權人及股東。法院於上述裁定送達公司時，應派書記官於公司帳簿記明截止使用之意旨，簽名或蓋章，並作成節略，載明帳簿狀況（公司法第二百九十一條）。法院（及其他主管機關）依法應送達於公司之公文書，得以電子方式為之，其電子方式送達之實施辦法，由中央主管機關定之。若有任何原因致無從送達時，改向代表公司之負責人送達；仍無從送達時，得公告之（公司法第二十八條之一）。

4.重整開始的登記

法院為重整裁定後，應檢同裁定書，通知主管機關，為重整開始之登記。並由公司將裁定書影本黏貼於該公司所在地公告處（公司法第二百九十二條）。

㈥公司重整裁定的效果

法院為重整裁定後，會發生下列之效果：

1.公司業務經營權及財產管理處分權的移轉(公司法第二百九十三條)

重整裁定送達公司後，公司業務之經營及財產管理處分權應移轉給重整人，由重整監督人監督交接，並聲報法院。公司股東會、董事及監察人之職務應予停止。為前述交接時，公司董事及經理人，應將有關公司業務

及財務狀況之一切帳冊、文件與公司之一切財產，移交重整人。公司之董事、監察人、經理人或其他職員，對於重整監督人或重整人所為關於業務或財務之詢問，有答覆之義務。公司之董事、監察人、經理人或其他職員，有下列行為之一者，各處一年以下有期徒刑、拘役或科或併科新臺幣六萬元以下罰金：

(1)拒絕移交。

(2)隱匿或毀損有關公司業務或財務狀況之帳冊文件。

(3)隱匿或毀棄公司財產或為其他不利於債權人之處分。

(4)無正當理由對重整人或重整監督人之詢問拒絕答覆。

(5)捏造債務或承認不真實之債務。

2.公司債權人應為申報，其債權行使亦受限制

債權人對公司之債權，若是在重整裁定前成立者，為「重整債權」，該債權人即為股份有限公司之重整債權人。只有重整債權人才得依重整程序，行使權利，請求清償債務。

(1)重整債權的種類

重整債權人依其權利內容之不同，又分為不同的重整債權：其依法享有優先受償權者（如公司在重整前欠繳土地增值稅，此時稅捐機關有優先受償權），屬於「優先重整債權」；其有抵押權、質權或留置權之債權人，屬於「有擔保重整債權」；無此項擔保者，屬於「無擔保重整債權」。各該債權，非依重整程序，不得行使。又，破產法對破產債權之規定，於前述債權準用之，但其中有關別除權（即有擔保債權）及優先權之規定，不在準用之列，換言之，有別除權及優先權之債權人，仍須依重整程序行使其權利。債權人若有取回權、解除權或抵銷權者，應向重整人為之（公司法第二百九十六條）。

至於在公司重整裁定後才成立之債權，若是為進行重整程序所不可缺（如檢查人之報酬）或為維持公司繼續營業所必需者，為使重整順利進行，公司法第三百十二條規定：「左列各款，為公司之重整債務，優先於重整債權而為清償：一、維持公司業務繼續營運所發生之債務（第一項）。二、進

行重整程序所生之費用。前項優先受償債權之效力，不因裁定終止重整而受影響（第二項）。」

(2)重整債權的申報

重整債權人，應於法院所定期限內（公司法第二百八十九條第一項第一款），提出足資證明其權利存在之文件，向重整監督人申報，經申報者，其消滅時效中斷；未經申報者，不得依重整程序，行使權利（公司法第二百九十七條第一項）。應為申報之人，因不可歸責於自己之事由（如天災、重病等），致未依期限申報者，得於事由終止後十五日內補報之；但重整計畫已經關係人會議之可決時，不得補報（公司法第二百九十七條第二項）。

(3)重整債權的審查

重整監督人，於權利申報期間屆滿後，應依初步審查結果，分別製作優先重整債權人、有擔保重整債權人、無擔保重整債權人之清冊，載明權利之性質、金額及表決權數額，於申報債權審查期日三日前，聲報法院及備置於適當場所，並公告其開始備置日期及場所，以供重整債權人及其他利害關係人查閱（公司法第二百九十八條）。

法院審查重整債權之期日，重整監督人、重整人及公司負責人，應到場備詢，重整債權人及其他利害關係人得到場陳述意見。有異議之債權或股東權，由法院裁定之。就有無債權而起實體上爭執者，應由有爭執之利害關係人，於前述法定之裁定送達後二十日內，提起確認之訴，並應向法院為起訴之證明，經起訴後在判決確定前，仍依前項裁定之內容及數額行使權利。但在依重整計畫受清償時，應予提存。重整債權人在法院宣告審查終結前，未經異議者，視為確定，對公司及債權人有確定判決同一之效力（公司法第二百九十九條）。

3.公司股東應為申報，才得依重整程序行使其權利

公司重整裁定後，股東之權利，依股東名簿之記載，未經申報者，不得依重整程序行使其權利。但應為申報之人，因不可歸責於自己之事由，致未依限申報者，得於事由終止後十五日內補報之，但重整計畫已經關係人會議可決時，不得補報（公司法第二百九十七條）。重整監督人於申報期

間屆滿後，應製作股東清冊，依公司法第二百九十八條規定，聲報法院，並公告之。法院審查股東權之程序，與重整債權之審查程序相同。

4.公司其他程序的中止

裁定重整後，公司之破產、和解、強制執行及因財產關係所生之訴訟等程序，當然停止（公司法第二百九十四條）。

四、重整關係人會議

為使公司債權人與股東共同合作，共謀公司之再生，間接維護各自之權益，公司法特別設置關係人會議，由重整債權人及股東組成，作為公司重整之決議機關。

㈠重整關係人會議的任務

關係人會議之任務有下列數款（公司法第三百零一條）：

1.聽取關於公司業務與財務狀況之報告，及對於公司重整之意見。

2.審議及表決重整計畫。

3.決議其他有關重整事項。

4.依公司法第三百零二條分組行使表決權之結果，有二組以上主張另行選定重整人時，得提出候選人名單，聲請法院選派之（公司法第二百九十條第三項）。

㈡重整關係人會議的召集

第一次關係人會議之召集，應由法院於裁定重整時，決定其期日及場所（公司法第二百八十九條第一項第三款）。第二次以後之關係人會議，則由重整監督人於必要時召集（公司法第三百條第二項）。重整監督人召集關係人開會時，應於五日前訂明會議事由，公司通知債權人及股東，並刊登廣告。若一次集會未能結束，經重整監督人當場宣告連續或展期舉行者，得免為通知及公告。關係人會議開會時，不論是第一次或他次會議，均由重整監督人為主席（公司法第三百條第二、三項）。

重整債權人及股東，為公司重整關係人。有出席關係人會議的權利，因故不能出席時，得委託他人代理出席（公司法第三百條第一項）。關係人會議召開時，重整人及公司負責人應列席備詢；公司負責人無正當理由，

對前詢問不為答覆、或為虛偽之答覆者,各處一年以下有期徒刑、拘役或科或併科新臺幣六萬元以下罰金(公司法第三百條第四、五項)。

㈢重整關係人會議的表決

關係人會議之表決係採分組表決,關係人應分別按公司法第二百九十八條第一項規定之權利,分組行使表決權(公司法第三百零二條第一項)。即債權人應分為優先債權組、有擔保債權組、無擔保債權組;股東應分為普通股股東組、特別股股東組。重整債權人之表決權,以其債權之金額比例定之;股東之表決權,依公司章程之規定(公司法第二百九十八條第二項),但公司無資本淨值時,股東組不得行使表決權(公司法第三百零二條第二項)。關係人會議之表決,以經各組表決權總額二分之一以上之同意行之(公司法第三百零二條第一項)。

五、重整計畫

公司之重整,茲事體大,須有一定之計畫,才能順利進行。因而重整人應擬訂重整計畫,連同公司業務及財務報表,提請第一次關係人會議審查;若重整人係依第二百九十條之規定另選者,重整計畫,應由新任重整人於一個月內提出(公司法第三百零三條)。

㈠重整計畫的內容及執行期限

重整計畫之內容,原則上由重整人自由擬定,但如有下列事項,應訂明於公司重整計畫中(公司法第三百零四條):

1.全部或一部重整債權人或股東權益之變更:為求公司重整能實現,重整債權人與股東應就其權利,各自作些許讓步,如對公司免除一部分之債權、或拋棄擔保等,而此種權益之變更,影響當事人權益,應詳細訂明於重整計畫中,以保障當事人之權益,並杜絕可能發生之紛爭。

2.全部或一部營業之變更。

3.財產之處分。

4.債務清償方法及其資金來源。

5.公司資產之估價標準及方法。

6.章程之變更。

7.員工之調整或裁減。

8.新股或公司債之發行。

9.其他必要事項。

重整計畫的執行，除債務清償期限外，自法院裁定認可確定之日起算，不得超過一年。若有正當理由，無法於一年內完成時，得經重整監督人的許可，向法院聲請裁定延展。若延展後仍無法按時完成，法院得依職權或關係人的聲請裁定終止重整。

㈡重整計畫的決議及認可

關係人會議審查後，應以決議同意（公司法第三百零五條第一項前段、第三百零二條第一項）。重整計畫未得關係人會議決議通過時，重整監督人應即報告法院，法院得秉持公正合理之原則，指示重整人關於重整計畫之變更方針，命關係人會議在一個月內再予審查（公司法第三百零六條第一項）。法院為此項處理時，應徵詢中央主管機關、目的事業中央主管機關及證券管理機關之意見（公司法第三百零七條第一項）。

重整計畫應經過法院之認可。其認可有下列幾種情形：

1.重整計畫經關係人會議可決者，重整人應聲請法院裁定認可後執行之，並報請主管機關備查（公司法第三百零五條第一項）。法院為認可前，應徵詢主管機關、目的事業中央主管機關及證券管理機關之意見（公司法第三百零七條第一項）。經法院認可之重整計畫，對公司及關係人均有拘束力，其所載之給付義務，適於為強制執行之標的者，並得逕予強制執行（公司法第三百零五條第二項）。

2.重整計畫經法院依公司法第三百零六條第一項之規定，命關係人會議「再行」審查時，若關係人會議為可決，自應依上述之程序處理。但若該重整計畫，經法院指示變更、關係人會議審查後，仍未得到可決時，法院應裁定終止重整，但倘該公司確有重整價值者，法院於徵詢主管機關、目的事業中央主管機關及證券管理機關之意見後（公司法第三百零七條第一項），得就不同意之組，以下列方法之一，修正重整計畫，直接裁定認可（公司法第三百零六條第二項）：

⑴公司提供給有擔保重整債權人的擔保財產，在重整完成後，連同債權移轉給重整後的公司，使重整債權人的權益不因重整而受影響。

⑵有擔保重整債權人，對於擔保之財產；無擔保重整債權人，對於可充清償其債權之財產；股東對於可充分派之賸餘財產，均得分別依公正交易價格，各按應得之分，對處分清償或分派承受或提存之。

⑶其他有利於公司業務維持、及債權人權利保障之公正合理方法。

3. 上述兩種計畫，因情事變遷或有正當理由，致不能執行或無須執行時，法院得因重整監督人、重整人或關係人之聲請，以裁定命關係人會議「重行」審查（公司法第三百零六條第三項）。重行審查之重整計畫，經關係人會議可決後，仍應聲請法院裁定認可（公司法第三百零六條第四項）。法院為此項處理時，亦應徵詢主管機關、目的事業中央主管機關及證券管理機關之意見（公司法第三百零七條第一項）。

㈢重整計畫的執行

重整計畫由重整人執行之。其執行之方法如下：

1. 意思的決定

重整人有數人時，關於重整事務之執行，以其過半數之同意行之（公司法第二百九十條第四項）。

2. 受重整監督人的監督

重整人有違法或不當之情事者，重整監督人得聲請法院解除其職務，另行選派之（公司法第二百九十條第五項）。重整人為下列行為時，應得重整監督人之事前許可（公司法第二百九十條第六項）：

⑴營業行為以外，非必要之公司財產處分。

⑵公司業務或經營方法之變更。

⑶借款。

⑷重要或長期性契約之訂立或解除，其範圍由重整監督人定之。

⑸訴訟或仲裁之進行。

⑹公司權利之拋棄或讓與。

⑺他人行使取回權、解除權或抵銷權之處理。

(8)公司重要人事之任免。

(9)其他經法院限制之行為。

3.法律規定的變通

為使重整計畫能迅速發揮功效，對於可能會造成重整計畫無法實行之規定，公司法特別於第三百零九條作變通之規定：公司重整中，公司法下列各條之規定，如與事實確有扞格時，經重整人聲請法院，得裁定另作適當之處理：

(1)第二百七十七條變更章程之規定。

(2)第二百七十九、二百八十一條減資之通知、公告期間及限制之規定。

(3)第二百六十八至二百七十、二百七十六條發行新股之規定。

(4)第二百四十八至二百五十條發行公司債之規定。

(5)第一百二十八、一百三十三、一百四十八至一百五十條及第一百五十五條設立公司之規定。

(6)第二百七十二條出資種類之規定。

六、重整終了

公司重整的終了，有兩種情形，一種是重整的完成，一種是重整的終止。所謂重整的完成，指公司重整人於重整計畫所定期限內，完成重整工作，並召集重整後之股東會。重整後之公司董事、監察人於就任後，應即向主管機關申請登記或變更登記，並會同重整人報請法院為重整完成之裁定（公司法第三百十條）。

㈠公司重整完成

公司重整完成後，有下列之效力（公司法第三百十一條）：

1.已申報之債權未受清償之部分，除依重整計畫移轉重整後之公司承受者外，其請求權消滅，未申報之債權亦同。

2.股東股權經重整而變更或減除之部分，其權利消滅。

3.重整裁定前，公司之破產、和解、強制執行及因財產關係所生之訴訟等程序，即行失其效力。

4.公司債權人對公司債務之保證人、及其他共同債務人之權利，不因

公司重整而受影響。

　　5.重整監督人及重整人當然解職。

㈡公司重整終止

1.公司重整終止的原因

　　重整計畫之終止（即重整計畫不成功），有下列幾種情形：

　　⑴重整計畫之未獲認可：重整計畫聲請法院裁定認可時，但遭法院不予認可，此時重整工作無法進行，重整程序歸於終止。

　　⑵重整計畫未獲可決時，法院得裁定終止：重整計畫經法院指示變更，提交關係人會議再予審查，仍未獲關係人會議可決時，若公司並非確有重整之價值者，法院應依公司法第三百零七條之規定，徵詢有關機關意見後，裁定終止重整（公司法第三百零六條第二項）。

　　⑶重整計畫不能執行或無須執行時，法院得裁定終止：重整計畫因情事變遷、或有正當理由，致不能或無須執行時，除法院得命關係人會議重行審查外，其顯無重整之可能或必要者，法院於依公司法第三百零七條之規定徵詢主管機關之意見後，得裁定重整終止（公司法第三百零六條第三項）。

　　⑷重整計畫未於一定期間內獲得可決時，法院得裁定終止：關係人會議，未能於重整裁定送達公司後一年內可決重整計畫者；或原重整計畫因情事變遷或有正當理由致不能或無須執行，而法院裁定命關係人會議重行審查，但關係人會議未能於裁定送達後一年內可決重整計畫者，法院得依聲請或依職權裁定終止重整（公司法第三百零六條第五項）。

2.終止重整裁定的效力

　　法院為終止重整之裁決時，應檢同裁定書，通知主管機關，為終止重整之登記，其合於破產之規定者，法院得依職權宣告破產（公司法第三百零七條第二項）。法院裁定重整終止後，除依職權宣告公司破產者，有下列效力：

　　⑴依第二百八十七、二百九十四、二百九十五或二百九十六條所為之處分或所生之效力，均失效。即法院所為之處分（如公司財產之保全處分）均失其效力；而各種程序（如破產、和解程序）之停止，其停止之原因，亦當然消滅；至於非依重整程序，不得行使之權利，亦當然解除其限制。

⑵因怠於申報權利，而不能行使權利者，恢復其權利。

⑶因裁定重整而停止之股東會董事及監察人之職權，應即恢復。在重整期間，重整人對外所為之法律行為仍為有效，而重整債務優先受償權之效力(即為進行重整程序所不可缺、或為維持公司繼續營業所必須之費用)，亦不因裁定終止而受影響（公司法第三百十二條第二項）。

第十二節　股份有限公司的合併、分割、解散與清算

〔案　例〕

神鵰股份有限公司於重整完畢後，業務逐漸步上軌道，為求迅速致富，董事會決議將公司部分資金投資衍生性金融商品，並交由董事長蔡不群負責。由於董事長蔡不群對美元利率走勢判斷錯誤，導致公司虧損連連，再度入不敷出，周轉失靈。眾股東紛紛對董事會表達強烈不滿之意，並揚言有這種公司負責人，公司倒閉乃屬當然，不如趁早結束，或許付出的股款還可收回一些。此時另一家射鵰股份有限公司表示願與神鵰股份有限公司合併，由射鵰股份有限公司接手神鵰股份有限公司之業務，並清償神鵰股份有限公司之債務。

〔問　題〕

一、倘若趙志宏等董事，希望與射鵰股份有限公司合併，應如何為之？

二、神鵰股份有限公司的股東可否決議解散該公司？

三、若神鵰股份有限公司依法解散，應如何處理公司債權、債務關係及分派賸餘財產？

四、若神鵰股份有限公司之債權人於公司解散後，發現蔡不群有虛報負債之情事，應如何保障其權利？

〔說　明〕

一、合併、分割

關於公司合併的概念與一般規定，已於本書第二篇第一章第九節中介紹過，以下就股份有限公司之特別合併程序說明。而公司的分割，是指公司為了調整企業經營與組織規模，而對公司進行解構。也就是說，公司將其經濟上成為一整體營業部門的財產（含資產與負債），以對「既存公司」（在法律上稱為「吸收分割」）或「新設公司」（在法律上稱為「新設分割」），為現物出資的方式，而由公司或公司的股東取得公司新設發行或發行新股的股票，並由他公司概括承受分割營業部門的資產與負債。公司分割得適度縮小公司規模，並利用特定部門的分離獨立，達成公司企業經營的專業化與效率化。公司分割、合併之程序，說明如下：

㈠訂定合併契約、分割計畫

股份有限公司與他股份有限公司合併或將公司之規模分割時，董事會應就合併有關事項作成合併契約及分割計畫，提出於股東會，由股東會為決議（公司法第三百十七條第一項前段）。上述合併及分割契約應以書面為之，且應於寄發承認合併決議股東會之召集通知時，一併發送於股東。

合併契約書應記載下列事項（公司法第三百十七條之一）：

1.合併之公司名稱、合併後存續公司之名稱或新設公司名稱。

2.存續公司或新設公司，因合併發行股份之總數、種類及數量。

3.存續公司或新設公司，因合併對於消滅公司股東配發新股之總數、種類及數量、與配發之方法、及其他有關事項。

4.對於合併後消滅公司，其股東配發之股份不滿一股應支付現金者，其有關規定。

5.存續公司之章程需變更者、或新設公司依第一百二十九條應訂立之章程。

分割計畫應記載下列事項（公司法第三百十七條之二）：

1.承受營業之既存公司章程需變更事項或新設公司章程。

2.被分割公司讓與既存公司或新設公司之營業價值、資產、負債、換股比例及計算依據。

3.承受營業之既存公司發行新股或新設公司發行股份之總數、種類及數量。

4.被分割公司或其股東所取得股份之總數、種類及數量。

5.對被分割公司或其股東配發之股份不滿一股應支付現金者，其有關規定。

6.既存公司或新設公司承受被分割公司權利義務及其相關事項。

7.被分割公司之資本減少時，其資本減少有關事項。

8.被分割公司之股份銷除所需辦理事項。

9.與他公司共同為公司分割者，分割決議應記載其共同為公司分割有關事項。

(二)股東會決議

公司合併及分割之契約及計畫，應經過股東會特別決議之同意。股東在集會前或集會中，以書面表示異議或以口頭表示異議經紀錄者，得放棄表決權，而請求公司按當時公平價格收買其持有之股份（公司法第三百十七條第一項後段）。此權利之行使程序、限制等準用公司法第一百八十七、一百八十八條之規定（公司法第三百十七條第二項），詳細說明請參閱第二篇第二章第六節。

(三)編造表冊

公司決議合併及分割時，應即編造資產負債表及財產目錄。

(四)通告債權人

公司為合併及分割決議後，應即向各債權人分別通知及公告，並指定三十日以上之期限，聲明債權人得於期限內提出異議。公司不為上述通告，或對於在指定期限內提出異議之債權人不為清償、或不提供相當之擔保者，不得以其合併對抗債權人（公司法第三百十九條準用第七十四條）。

(五)合併後應進行的程序

公司合併後，存續公司之董事會，或新設公司之發起人，於完成催告

債權人程序後，其因合併而有股份合併者，應於股份合併生效後，其不適於合併者，應於股份為處分後，分別依下列程序行之（公司法第三百十八條第一項）：

　　1.存續公司，應即召集合併後之股東會，為合併事項之報告，其有變更章程必要者，應舉行變更章程的決議。

　　2.新設公司，應即召集創立會，訂立章程。

　　以上兩種變更章程，均不得違反合併契約之規定（公司法第三百十八條第二項），以維公司合併之初衷。

㈥股份有限公司合併及分割的效果

　　股份有限公司合併的效果如下：

　　1.公司之解散：無論採行何種合併方式，至少會發生一個公司解散之效果，應為解散登記。

　　2.公司之變更或設立：在吸收合併時，有一公司存續，存續之公司因他公司之併入而規模擴大，故應變更章程，並為變更登記；在創設合併，有一新公司成立，應為設立登記。

　　3.因合併而解散之公司，其權利義務由合併後存續或新設立之公司承受（公司法第三百十九條準用第七十五條）。

　　股份有限公司分割的效果如下：

　　1.承受營業之既存公司章程需變更事項或新設公司章程。

　　2.分割而消滅之公司，其權利義務由承受營業之既存公司或新設公司概括承受（公司法第三百十九條準用第七十五條）。

　　3.分割後受讓營業之既存公司或新設公司，應就分割前公司所負債務於其受讓營業之出資範圍負連帶清償責任。但債權人之連帶清償責任請求權，自分割基準日起二年內不行使而消滅。（公司法第三百十九條之一）本條旨在明定分割後受讓營業之既存公司或新設公司，就該存續公司而言，於其「受讓營業之出資範圍內」負連帶清償責任。另外，為免請求權長期不行使，造成公司經營不安定，故明定債權人之連帶清償責任請求權，自分割基準日起二年內，因不行使而消滅。

二、解　散

㈠解散的原因

依公司法第三百十五條規定，有下列情事之一者，應予解散：

1.章程所定解散事由發生，但得經股東會變更章程後，繼續經營。

2.公司所營事業已成就或不能成就。

3.股東會為解散之決議。股東會得以特別決議之方式，決議解散公司。

4.有記名股票之股東不滿二人。但有政府或法人股東一人，不在此限。惟有記名股票之股東不滿二人時，得增加有記名股東繼續經營。

5.與他公司合併。

6.分割。

7.破產。

8.主管機關命令解散或法院裁定解散。

【參考答案】

神鵰股份有限公司之股東，似可依公司法第三百十五條第三項決議解散該公司，惟依公司法第一百七十二條第四項規定，關於公司解散之決議，應在股東會召集事由中列舉並說明主要內容，不得以臨時動議之方式為之，若神鵰股份有限公司之董事會未將此決議排入正式議案，且無公司法第一百七十二條之一少數股東股東常會議案之提出，或第一百七十三條少數股東自行召集股東會之情形時，神鵰股份有限公司之股東欲為解散之決議有其困難。

㈡解散的效果

公司解散後之效果：

1.解散的通告

公司解散時，除破產外，董事會應即將解散之要旨，通知各股東（公司法第三百十六條第四項）。

2.清算的開始

公司解散時，除因合併、破產而解散者外，應行清算（公司法第二十

四條)。

3.解散的登記

公司解散時，應向主管機關辦理解散登記。辦理解散登記時，若公司是基於股東會決議而解散時，應附送決議解散的股東會議事錄；若是因合併而解散，應附送公司債權人的通知及公告，以及公司已對合法異議的債權人提出清償或擔保的證明文件。

三、普通清算

公司法將清算區分為「普通清算」和「特別清算」。前者係指股份有限公司依公司法之規定，由公司自行清算；後者則指股份有限公司於普通清算時，發生法定原因，由法院命令為特別清算。股份有限公司解散後，應先行普通清算，若發生法定事由時，再由法院命令為特別清算。無論是普通清算或特別清算，為保障公司債權人及股東權益，避免公司董事從中舞弊，均須受法院之監督，只不過在特別清算中，法院之監督較為嚴格。

㈠清算人的產生

清算應由清算人為之，清算期間董事會之職權，由清算人取代，但股東會與監察人之職權，仍得於清算之範圍內行使其職權。

清算人之產生，依公司法第三百二十二條規定，有以下幾種方式：

1.法定清算人

公司之清算人，原則上以董事為清算人。

2.章程規定之清算人

股份有限公司之章程中，得另定清算人。章程有規定時，從其規定。

3.選任清算人

股東會得選清算人。

4.選派清算人

董事因故不能擔任清算人，而章程亦未規定清算人，股東會又未選任清算人時，法院得因利害關係人（如公司債權人）之聲請，選派清算人。其聲請程序，依非訟事件法之規定為之。清算完結後，如發現可以分派之財產，亦得因利害關係人之聲請，選派清算人重行分派。

　　清算人之人數，公司法未規定，在以董事為清算人時，原則上應由全體董事擔任，其他情形，應依章程或股東會或法院之決定。除法院所選派之清算人外，得由股東會決議將清算人解任。法院因監察人或繼續一年以上持有已發行股份總數百分之三以上股東之聲請，得將清算人解任（公司法第三百二十三條）。清算人之報酬，除法院選派者，由法院決定外，其餘由股東會議定。清算人之報酬，由公司現存財產中儘先給付（公司法第三百二十五條），故有優先受償權。清算人就任後之聲報，在第一章第九節中已有說明，不再贅述（公司法第三百三十四條準用第八十三條）。

　㈡**清算人的職務**

　　清算人於執行清算事務之範圍內，除公司法另有規定外，其權利義務與董事同（公司法第三百二十四條）。因此，清算人與公司之關係亦為有償委任，故清算人執行職務，應盡善良管理人之注意。清算人之職務，即為公司之清算事務，有下列數項：

　1.**檢查公司財產，編報表冊**

　　清算人就任後，應即檢查公司財產情形，造具財務報表及財產目錄，送經監察人審查，提請股東會請求承認，並即報送法院。上述表冊送監察人審查，應於股東會集會十日前為之。妨礙清算之檢查行為者，各處新臺幣二萬元以上十萬元以下罰鍰（公司法第三百二十六條），清算人造具表冊有虛偽之記載者，依刑法或特別刑法偽造文書等有關規定處罰。

　2.**了結現務**

　　公司解散時，若還有未結束的事務，由清算人了結。

　3.**收取債權、清償債務**

　　清算人就任後，應即以三次以上之公告，催告債權人於三個月內申報其債權，並應聲明逾期不申報者，不列入清算之內，但債權為清算人所明知者，不在此限。其債權人為清算人所明知者，並應分別通知（公司法第三百二十七條）。

　　清算人就公司現存的財產中，儘先給付清算期間發生的清算費用，對於經申報的一般債權，清算人亦應清償，但須於申報期間經過後始可為之，

亦即清算人不得於上述之申報期限內,對債權人為清償,但經法院許可者,不在此限。公司對於上述未為清償之債權,仍應負遲延給付之損害賠償責任。惟公司之財產顯足抵償其負債者,對於足致上述損害賠償責任之債權,得經法院許可後,先行清償(公司法第三百二十八條),避免公司遭受不利。

未經申報、未列入清算內之債權,公司法第三百二十九條規定:「不列入清算內之債權人,就公司未分派之賸餘財產,有清償請求權,但賸餘財產已依第三百三十條分派,且其中全部或一部已領取者,不在此限。」公司債權人遇有該條但書所述的情況時,即喪失其求償權。因清算後公司已消滅,而股東對公司債務,不負清償責任,此時公司債權人並沒有可行使求償權之對象。

4.分派賸餘財產

清算人清償公司債務後,如有賸餘財產,應按股東所持股份之比例分派,但公司發行特別股,而章程中另有訂定者,從其訂定(公司法第三百三十條)。若清算人尚未清償債務即分派財產時,各處一年以下有期徒刑、拘役或科或併科新臺幣六萬元以下罰金(公司法第三百三十四條準用第九十條)。

5.聲請宣告破產

清算人於清算期間,發現公司財產不足清償其債務時,清算人應即聲請宣告破產,否則各處新臺幣二萬元以上十萬元以下罰鍰(公司法第三百三十四條準用第八十九條)。

清算人執行上述職務時,有代表公司為訴訟上或訴訟外一切行為之權,但將公司營業包括資產負債轉讓於他人時,應得股東會之同意(公司法第三百三十四條準用第八十四條第二項)。若清算人有數人時,得推定一人或數人代表公司,如未推定,各有對外代表公司之權。關於清算事務之執行,應以清算人過半數之同意為之。

(三)普通清算終了

清算因下列情事之發生而終了:

1.清算完結

依公司法第三百三十四條準用第八十七條第三、四項之規定,清算人

應於六個月內完結清算，不能完結者，得申敘理由，聲請法院展期。清算人不於前項期限內清算完結者，各處新臺幣一萬元以上五萬元以下罰鍰。

清算人應於清算完結十五日內，造具清算期內收支表、損益表連同各項簿冊送監察人審查，並提請股東會承認。此時股東會得另選檢查人，檢查上述簿冊是否確當。簿冊經股東會承認後，視為公司已解除清算人之責任，但清算人有不法行為者，不在此限。上述清算期內之收支表及損益表，應於股東會承認後向法院聲報。清算人違反聲報期限之規定時，各處新臺幣一萬元以上五萬元以下罰鍰；清算人妨礙監察人（或檢查人）的檢查行為時，各處新臺幣二萬元以上十萬元以下罰鍰（公司法第三百三十一條）。公司應自清算完結後聲報法院之日起，將各項簿冊及文件，保存十年，以便將來有需要時，可為調查。其保存人，由清算人及其利害關係人聲請法院指定之（公司法第三百三十二條）。

清算完結後，如有可分派之財產，法院因利害關係人之聲請，得選派清算人重行分派（公司法第三百三十三條）。所謂可以分派之財產者，有：

⑴公司財產經認定已毀損滅失，但清算後發現尚有賸餘財產。

⑵清算人疏漏財產，嗣後查出。

⑶清算人有侵占情事，經查明後追回。

⑷應收帳款已作呆帳處理，以後又收回。

⑸法院判決公司債務人償還債款，但無法執行，至清算完結又可執行。

2.宣告破產

經清算人之聲請，法院宣告公司破產後，清算程序因而中止，清算人應將其職務移交破產管理人。

【參考答案】

神鵰股份有限公司解散後，除因合併、破產而解散外（合併時，公司權益由存續或新成立之公司承受；破產時，須依破產法所定程序處理），依公司法之規定，應進行清算程序，以解決公司之財務關係，並將賸餘財產分派給股東。

四、特別清算

股份有限公司於實行普通清算中，發生實行上顯著障礙，或其負債超過資產有不實之嫌疑時，依公司法第三百三十五條之規定，法院得依債權人或清算人或股東之聲請，或依職權命公司開始特別清算。公司負債超過資產有不實之嫌疑時，其聲請以債權人為限。

㈠法院的特別監督

1.公司財產的保全處分

為保障公司債權人之權益及公司股東之利益，法院得依聲請權人之聲請或依職權，於命令開始特別清算前，提前為公司法第三百三十九條所定之各種處分，包括：

⑴公司財產之保全處分。

⑵記名式股份轉讓之禁止。

⑶清算中若發現發起人、董事、監察人、經理人或清算人應負損害賠償責任時，得對此等人之財產為保全處分。

2.公司財產業務的檢查

⑴法院命令檢查

依公司財產狀況，有必要時，法院得據清算人、或監理人、或繼續六個月以上持有已發行股份總數百分之三以上之股東、或曾為特別清算聲請之債權人、或占有公司明知之債權總額百分之十以上債權人之聲請，或依職權命令檢查公司之業務及財產（公司法第三百五十二條第一項）。

⑵檢查人的報告

關於檢查人之選任，及檢查事項，均準用第二百八十五條公司重整檢查人之規定。檢查人檢查後，應將下列檢查結果報告法院（公司法第三百五十三條）：

①發起人、董事、監察人、經理人或清算人依第三十四、一百四十八、一百五十五、一百九十三及二百二十四條應負責任與否之事實。

②有無為公司財產保全處分之必要。

③為行使公司之損害賠償請求權，對於發起人、董事、監察人、經理

人或清算人之財產，有無為保全處分之必要。

(3)法院的處分

法院據上述報告後，認為必要時，得為下列處分（公司法第三百五十四條）：

①公司財產之保全處分。

②記名式股份轉讓之禁止。

③發起人、董事、監察人、經理人或清算人責任解除之禁止。

④發起人、董事、監察人、經理人或清算人責任解除之撤銷。但於特別清算開始起一年前已為解除，而非出於不法目的者，不在此限。

⑤基於發起人、董事、監察人、經理人或清算人責任所生之損害賠償請求權之查定。

⑥因上述之損害賠償請求權，對於發起人、董事、監察人、經理人或清算人之財產為保全處分。

(二)**特別清算的機關**

特別清算之機關有五：清算人、債權人會議、監理人、法院及檢查人。特別清算之清算人，原則上由普通清算之清算人繼續為之，但有特別事由時（如清算人有貪黷情事），法院亦得解任清算人。又清算人有缺額或有增加人數之必要時，由法院選派之（公司法第三百三十七條）；而債權人會議，係由全體普通債權人（非優先權或別除權之債權人）所組成之會議機關，參與特別清算，以保障其權益；監理人乃由債權人會議所選任，為債權人之利益，對清算人加以監督及輔助之機關。

1. **債權人會議**

(1)債權人會議的職權

債權人會議之職權如下：

①查閱清算人造具之書表，並聽取清算人對於清算方針及預定事項之意見（公司法第三百四十四條）。

②監理人之選任、解任（公司法第三百四十五條）。

③清算人所為特定行為之決議（公司法第三百四十六條）。

④協定之可決（公司法第三百五十條）。

⑤協定條件之變更（公司法第三百五十一條）。

⑥聽取有優先權、別除權之債權人之意見。

(2)債權人會議的召集權人

債權人會議之召集程序，應準用臨時股東會之召集程序。其召集權人有二：

①清算人之召集：清算人於清算中，認為有必要時，得召集債權人會議（公司法第三百四十一條第一項）。

②債權人之召集：占有公司明知之債權總額（不含優先受償權或別除權之債權，公司法第三百四十一條第四項）百分之十以上之債權人，得以書面載明事由，請求清算人召集債權人會議（公司法第三百四十一條第二項）。前述請求提出後十五日內，清算人不為召集之通知時，債權人得報經法院許可，自行召集（公司法第三百四十一條第三項準用第一百七十三條第二項）。

(3)債權人會議的出席表決權

除有優先權或別除權之債權人外，其餘債權人均得出席。債權人會議之召集人，對於有優先權或別除權之債權人，得通知其列席債權人會議，徵詢意見，但不得享有表決權（公司法第三百四十二條）。

債權人會議之表決權，以各債權人之債權金額比例定之（公司法第三百四十三條準用第二百九十八條第二項）。一般表決應有出席債權人過半數，其所代表之債權額超過總債權額之半數之同意（公司法第三百四十三條準用破產法第一百二十三條）。但協定之可決，應有得行使表決權之債權人過半數之出席，及得行使表決權之債權總額四分之三以上之同意（公司法第三百五十條）。

(4)債權人會議的議事錄

債權人會議之議決事項，應作成議事錄，由主席簽名或蓋章，並於會後十日內，將議事錄分發給各債權人。議事錄應記載會議之時、日及場所、主席之姓名及決議方法，並應記載議事經過之要領及其結果。議事錄應與出席債權人之簽名簿及代理出席之委託書一併保存。且當公司負責人有虛

偽記載時，應依刑法或特別刑法偽造文書等有關規定處罰。

　　(5)債權人會議的召集權人義務違反之效果

　　召集權人違反股東會召集之程序（公司法第三百四十三條準用第一百七十二條第二項），或違反議事錄之作成、分發與保存（公司法第三百四十三條準用第一百八十三條第一、四、五項），各處新臺幣一萬元以上五萬元以下罰鍰。

　2. **監理人**

　　依公司法第三百四十五條規定：「債權人會議，得經決議選任監理人，並得隨時解任之。前項決議應得法院之許可。」可見監理人是否選任，其資格、人數、報酬等，均由債權人會議決定，惟須經法院許可。監理人之職務有：

　　(1)清算人特定行為之同意（公司法第三百四十六條）。

　　(2)清算人所為協定建議及協定變更建議之參加意見（公司法第三百四十七、三百五十一條）。

　　(3)公司財產狀況檢查之聲請（公司法第三百五十二條）。

　3. **清算人**

　　特別清算程序受法院及債權人會議之嚴格監督，故清算人對下列情事應特別注意：

　　(1)清算事務及財產狀況的報告

　　特別清算人，須將清算事務及財產狀況等，分別為下列之報告：

　　①向法院報告：依公司法第三百三十八條之規定：「法院得隨時命令清算人為清算事務及財產狀況之報告，並得為其他清算監督上必要之調查。」調查之結果，法院認為對清算監督有必要時，得為公司法第三百五十四條第一項第一、二及六款之處分（公司法第三百三十九條）。

　　②向債權人會議報告：清算人於清算中，認為有必要時，得召集債權人會議。召集時，清算人應造具公司業務、財務狀況之調查書、資產負債表及財產目錄，提交債權人會議，並就清算實行之方針及預定事項，陳述其意見（公司法第三百四十四條）。

⑵債務的比例清償

特別清算中，亦須為債務之清償，但公司法第三百四十條規定：「公司對其債務之清償，應依其債權之比例為之，但依法得行使優先受償權或別除權之債權，不在此限。」

⑶特定行為須經同意

清算人為下列行為之一者，應得監理人同意，監理人不為同意時，應召集債權人會議決議，但其標的在資產總值千分之一以下者，不在此限（公司法第三百四十六條第一項）：

①公司財產之處分。

②借款。

③提起訴訟。

④成立和解或仲裁契約。

⑤權利之拋棄。

以上應由債權人會議決議之事項，如迫不及待時，清算人經法院許可，得為前述所列之行為（公司法第三百四十六條第二項）。若未經監理人之同意，亦未經債權人會議之決議，又未經法院之許可，而清算人自為之者，則清算人應與公司對於善意第三人連帶負其責任（公司法第三百四十六條第三項）。

㈢協　定

協定，是指公司與債權人團體間所成立之一種和解契約，以使清算圓滿解決。股份有限公司會進入特別清算程序，往往是公司財產狀況不良，債權人無法獲得充分之清償，為避免公司進入複雜的破產程序，公司法特別設置協定制度，期待債權人與公司股東各自讓步，使清算程序順利完成。若公司財產足以清償債務，自無成立協定之必要。

協定之成立，應依下列程序為之：

1.協定的建議

清算人得徵詢監理人之意見，對於債權人會議提出協定之建議（公司法第三百四十七條）。協定之內容如何，應由清算人自行擬定，但不得違反債權人平等原則，不得使部分債權人之債權獲較有利之清償，但依法得行

使優先受償權或別除權之債權，不在此限（公司法第三百四十八條）。

2.協定的可決

協定一事，關係債權人之權益甚鉅，故其可決，應有得行使表決權之債權人過半數之出席，及得行使表決權之債權總額四分之三以上之同意（公司法第三百五十條第一項）。

3.協定的效力

協定經法院認可後，對於組成債權人會議之全體債權人，均有效力（公司法第三百五十條準用破產法第一百三十六條）。

4.協定的變更

協定在實行上遇有必要時，得變更其條件，其變更準用上述成立之程序，即仍須經建議、可決、許可等程序。

㈣特別清算的終了

特別清算因下列情事之發生而終了：

1.特別清算順利完結

此時公司之法人資格，即歸於消滅。

2.特別清算的中止

特別程序進行中，如發現無特別清算必要時，應中止之。

3.轉為破產程序

特別清算開始後，不能達成協定或協定不可能實現者，法院應依職權為破產之宣告，特別清算程序即因轉為破產程序而終了。

【參考答案】

神鵰股份有限公司之債權人，發現蔡不群有虛報負債之情事，即得依公司法第三百三十五條規定，聲請法院命神鵰股份有限公司為特別清算，透過法院與債權人會議之嚴格監督，保障債權人之權益。惟特別清算之聲請，須在普通清算開始後，若普通清算尚未開始，遽為特別清算，應為法所不許。又依公司法第三百三十五條第二項準用第二百九十四條之規定，法院命公司開始特別清算後，公司之破產、和解、強制執行及因財產關係所生之訴訟等程序，當然停止。

第三章　無限公司

第一節　無限公司的概念、設立與內部關係

〔案　例〕

　　多多龍股份有限公司解散後，曾英顯、甄彌虎及俞點曉三人決定再度合作設立一家製作琉璃器皿的無限公司。甄彌虎出資現金兩千萬元新臺幣，俞點曉提供他在三芝鄉一塊三公頃的土地，曾英顯則以其關於琉璃製作之技術為出資，並以其曾在玻璃廠任職之經歷要求單獨管理公司業務，不准其他二人插手。甄、俞二人雖極為不願，但因無此類經驗及專長，只好答應。

　　在眾人期待下，新公司順利成立並經營了一年，但在此期間內，由於曾英顯凡事都覺得自己有經驗而表現高傲，甄彌虎認為無法再與曾英顯共事而要求退股，而欲將股份轉讓給他堂弟甄華基。

〔問　題〕

　　一、曾英顯等人應如何設立公司？

　　二、曾英顯是否可以技術作為出資？

　　三、曾英顯是否可以要求單獨管理公司業務？其執行業務之方法及其權利、義務為何？

　　四、甄彌虎是否可將股份直接轉讓給甄華基？

〔說　明〕

一、無限公司的設立

　　無限公司是由二人以上股東所組成，且半數股東在國內需有住所。

　　無限公司設立之程序大體與第一章第三節「一、公司之設立」所述相同，以下說明者為公司法中關於無限公司之特別規定：

㈠章程的訂立

　　無限公司之章程應以全體的同意訂定，並簽名或蓋章，置於本公司，每人並各置一份。

　　章程之記載事項如下（公司法第四十一條第一項）：

　1. **絕對必要記載事項**

　　欠缺時，其章程無效。

　⑴公司名稱：名稱應標明無限公司。

　⑵所營事業。

　⑶股東姓名、住所或居所。

　⑷資本總額及各股東出資額。

　⑸盈餘及虧損分派比例或標準。

　⑹本公司所在地。

　⑺訂立章程之年、月、日。

　2. **相對必要記載事項**

　　縱未記載亦不影響章程效力。

　⑴各股東有以現金以外財產為出資者，其種類、數量、價格或估價之標準。

　⑵定有代表公司之股東者，其姓名。

　⑶定有執行業務之股東者，其姓名。

　⑷定有解散事由者，其事由。

　⑸設有分公司者，其所在地。

　3. **任意記載事項**

　　凡不違反法律強制禁止規定或不違背公序良俗之事項，經全體股東同意，均可記載於章程，一經記載即生效力。

㈡股東出資

　　無限公司於設立登記前，各股東應按章程所定比例繳納股款。關於股東出資之方式與態樣，詳見本章第一節「二」之說明。

(三)設立登記

關於公司設立登記之一般規定已在第一章第三節有所敘述，此處僅就無限公司設立登記之規定簡述之：

1.無限公司應於章程訂立後十五日內，向主管機關申請為設立之登記（公司登記辦法第二條第一款）。

2.無限公司因設立申請登記者，應加具公司章程。

二、股東出資

由於無限公司帶有濃厚的人合色彩，故無限責任股東不同於有限責任股東，可以現金以外的財產出資。民國一百零七年修法前，公司法第四十三條規定，無限責任股東得以財產、勞務及信用出資。然而，基於信用界定不易，且現行勞務或其他權利出資，已足供股東使用，且迄今為止，所有登記之無限公司並無以信用出資者，故刪除無限公司信用出資之規定。故自修正法條施行之日起，無限公司股東僅得以財產或勞務出資，不得以信用出資，說明如下：

(一)財產出資

1.以現金及其他財產出資。

2.股東以現金以外之財產為出資，為避免不實誇大公司資本，影響交易第三人及公司債權人之權益，故股東出資之種類、數量、價格或估價之標準，必須記載於章程中，使第三人有評估公司資本之依據（公司法第四十一條第一項第五款）。

3.若股東以其所有之債權作為出資，而其債權到期未受清償時，應由該股東補繳；如公司因此受有損害，並應負賠償責任，以免少數股東以假債權濫竽充數（公司法第四十四條）。

(二)勞務出資

由於無限公司講究股東個人的能力，故公司法允許股東以勞務出資，所謂勞務出資，是指股東以工作（包含耗腦力及體力的工作）作為出資。

1.無限公司股東以勞務出資，應在章程上載明估定之價格及勞務之標準（公司法第四十三條）。

2.以勞務充作資本時,其計算方法於法律或契約定有標準者從其規定,其未定有標準者自應予以估定(司法院院解字第三五四七號)。

三、業務執行

無限公司的股東,均有執行業務之權利並因此負有義務,故原則上全體股東均得為公司執行業務之機關。法律為尊重企業自治之原則,若章程中規定由股東一人或數人執行業務,則從其約定;但執行業務之股東須半數以上在國內有住所。

㈠業務執行的方法

股東執行業務,應遵守法令規定、公司章程及股東的決定(公司法第五十二條)。並應注意下列規定:

1.若章程中對業務之執行方式有特別規定,應以章程所定為準(公司法第四十二條)。

2.若章程無指定單一執行業務股東而由股東數人、或全體股東執行業務時,公司業務之執行取決於過半數之同意(公司法第四十六條第一項)。

3.對於通常事務,各執行業務股東均可單獨執行;但若其他執行業務股東有一人提出異議時,則應立即停止執行(公司法第四十六條第二項)。本條之規定旨在避免少數執行業務股東一意孤行,影響公司權益。

㈡業務執行股東的權利

公司法賦予執行業務股東下列權利,以保障其個人利益:

1.報酬請求權

執行業務股東,非有特約,不得向公司請求報酬。即原則上執行業務股東與公司間為無償委任契約關係;訂有特約時得請求報酬而為有償委任(公司法第四十九條)。在無償委任時,因其未享有報酬,故公司法降低其責任程度,股東只需負起與處理自己事務,為同一注意義務即為已足,因此除違反法令、章程及股東決議造成公司損害,須對公司所受損失賠償外,僅就重大過失負責(公司法第五十二條,民法第五百四十四條)。但若支有報酬時,則應盡善良管理人的注意義務(民法第五百三十五條)。

2.墊款償還請求權

股東因執行業務所代墊的款項，得向公司請求償還，公司並應支付墊款之利息（公司法第五十條第一項）。

3.債務擔保請求權

股東因執行業務而負擔債務時，若債務尚未到期者，得向公司請求提供相當之擔保，以免替公司還錢之後，得不到清償（公司法第五十條第一項）。

4.損害賠償請求權

股東因執行業務而受損害，且該損害非因股東自己之過失所造成，得向公司請求損害賠償（公司法第五十條第二項）。

(三)執行業務股東的義務

公司法對於執行業務股東之義務有如下規定：

1.遵守法令規章的義務

股東執行業務應依照法律、章程及股東之決議，若違背此項義務致公司受損害時，則須負損害賠償責任（公司法第五十二條）。

2.交還代收款項及不得挪用公款的義務

股東代收公司款項，而不於相當期間照繳，甚而挪用公司款項時，應加算利息，一併償還；如公司受有損害，並應賠償（公司法第五十三條）。

3.向不執行業務股東報告業務及答覆質詢的義務（公司法第四十八條）

4.不得隨意辭職的義務

公司章程訂明專由股東中一人或數人執行業務時，該股東不得無故辭職，他股東亦不得無故使其退職（公司法第五十一條）。本條旨在避免執行業務股東中途開溜，留下一堆爛攤子給公司。同時也避免其他股東以免職為手段要脅執行業務股東，影響執行業務股東及公司權益。

5.競業禁止的義務

執行業務股東不得為自己或他人為與公司同類營業之行為。且非經其他股東全體同意，不得為他公司之無限責任股東，或合夥事業之合夥人，禁止之理由在於無限責任股東與合夥人均負連帶責任，若不禁止其為之，

則公司可能會受拖累。若執行業務股東違反此項義務，則其他股東得以過半數之決議，將其為自己或他人所為行為之所得作為公司之所得（即公司行使歸入權）；但自所得產生逾一年者，不在此限（公司法第五十四條）。

由於無限公司強調股東個人的資格、能力、信用，第三人願與公司為交易，往往係因其特別信任該位股東，故公司法規定股東不得任意退股或將自己出資全部或一部轉讓他人，以免影響營運，但若得到全體股東之同意則不在此限（公司法第五十五條）。

【參考答案】

曾英顯原不得排除他人參與執行業務，但其餘二人因自身考量而勉強答應並載入章程，故曾英顯單獨執行業務係依該公司章程所規定，並無不妥。甄、俞二人可以在章程中規定決定執行業務之方法或以公司法第四十八條所規定之監督權加以制衡。

此外，除非甄彌虎得到曾英顯與俞點曉之同意，否則不得將出資轉讓給甄華基。

第二節　無限公司的外部關係

〔案　例〕

在多次協商後，曾英顯、甄彌虎及俞點曉三人均同意：1.甄彌虎先將部分出資轉讓給甄華基，再由公司分派盈餘給三人；2.四人均得代表公司。然而，原本預定在七月分配盈餘，豈料在五月期間，由於原料價格上漲及訂單短缺的影響，致使公司虧損，公司之債權人因而要求清償債務；俞點曉為幫助公司度過難關，於是向公司的一名債務人宋青蔬以個人名義借用十萬元，再將十萬元無息借給公司應急。宋雖一口答應，但要求必須以此十萬元抵銷其債務為條件。

〔問　題〕

一、曾英顯等人決定四名股東均得代表公司是否有理？

二、無限公司股東所負之責任為何？若公司資產不足清償債務，股東應負何種責任？

三、宋青蔬可否為債務相互抵銷之請求？

四、在公司虧損時，可否分派曾英顯等三名股東盈餘？

〔說　明〕

無限公司的外部關係，是指股東與公司外部第三人之間，因公司而發生的權利義務關係，包括公司的代表、股東的責任、債務抵銷的限制等等。無限公司的內部關係，可由股東在章程中自行約定，但外部關係涉及第三人的權利，故不得任由股東單方決定，而由公司法統一規定。公司法關於此部分的規定多為強行規定，以保障交易安全。

一、股東代表公司的權限

(一)代表權的範圍

公司法第五十七條規定：「代表公司之股東，關於公司營業上一切事務，有辦理之權利。」只要是公司登記範圍內的一切事務，代表公司之股東對於營業上的一切事務，無論是法律行為或事實行為，在訴訟上或訴訟外均有辦理之權。但是，如果代表公司之股東有數人，其代表公司的方式為何，是共同代表或單獨代表？此時應先判斷：章程上有規定，應該遵守其規定；若章程上沒有規定，則依照公司法第五十六條第一項後段規定辦理，即未特定代表公司之股東時，所有股東均可代表公司。

(二)代表權的限制

1.雖然代表公司之股東，對公司營業上一切事務，有辦理之權（公司法第五十七條），但無限公司得對股東代表權加以限制，其限制之方式以章程規定或以股東全體同意為之，均無不可。不過，此種限制不得對抗善意第三人，俾以保護善意第三人（公司法第五十八條）。

2.若代表公司之股東所為者並非公司營業上的事務，則因其所為原本就不在代表權範圍內，故該無權限之行為，非經公司之承認，對公司不發生效力（二十一年上字第一四八六號判例）。

3.代表公司之股東，若為自己或他人與公司為買賣、借貸或其他法律行為時，構成法律上「雙方代表」的情形。「雙方代表」原則上受到禁止，以防範代表公司的股東為自己或他人利益而損及公司的利益。但向公司清償債務時，則不在此限（公司法第五十九條）。

【參考答案】

曾英顯等人對於四人均得代表公司之決定，只要全體同意並在章程上載明即生效力。

二、股東責任

㈠一般責任

1.無限公司股東的一般責任，係指股東在公司存續期間且無特殊事由存在時，對公司債務所負之責任。

2.無限公司之資產不足清償債務時，由股東負連帶清償責任（公司法第六十條）。本條規定之立法意旨，乃因無限公司實質上有很濃厚的個人或合夥企業之性質，為使其對外關係單純化而由法律賦予人格，但又不能因此損害到與公司交易之第三人的利益，所以要求在無限公司之資產不足清償債務時，由股東對公司債務負連帶清償責任，使公司債權人得直接向股東請求清償。

3.⑴公司債權人須先依強制執行或破產程序，但不能全部受清償時，才可以向股東請求清償。

⑵公司對債權人所得為之抗辯，股東均得主張之。

4.股東在清償公司全部債務後，對其他股東有求償權，此時應適用民法第二百八十一及二百八十二條關於連帶債務人間求償之規定。

㈡特殊責任

1.特殊責任係股東因特殊之事由所應負的責任。

2.特殊責任之情形如下：

⑴新加入股東之責任：對加入後公司所負之債務固須負責，對於未加

人前公司已發生之債務，亦須負責（公司法第六十一條）。本條如此規定之目的，在於增強公司之信用；因新加入股東所負之債務係公司之債務，而非舊股東個人之債務；故使新加入股東與原股東享共同權利、負同等義務。

(2)類似股東責任：非股東之人但做出使人誤信其為股東之行為時，對於善意第三人應負與股東同一之責任（公司法第六十二條），才足以保護善意第三人，並維護交易之安全。

(3)退股或轉讓全部出資股東之責任：為保護公司債權人之權益，對於退股或轉讓出資登記前之公司債務，於登記退股或轉讓出資後二年內，仍須負連帶無限責任（公司法第七十條）。若股東退股或轉讓出資就可免除無限責任，將造成公司一有虧損，股東就紛紛退股或轉讓出資，以規避責任。如此將嚴重影響公司債權人的權益，並且與無限公司的本旨不合，公司法因此設有責任延長的規定。

(4)解散後股東之責任：股東之連帶責任，自解散登記後，滿五年而消滅（公司法第九十六條）。此五年期間為除斥期間，在期間屆滿後，縱有債務未清償，債權人亦不得再對股東有所請求。

(5)變更組織後股東之責任：公司經全體股東之同意，得將一部分股東改為有限責任而變其組織為兩合公司。變為有限責任之股東，對於公司變更組織前之債務，在公司變更登記後二年內，仍負連帶無限責任（公司法第七十八條）。

無限公司股東之責任原則上與合夥人相同，但類似股東責任，解散後股東責任，及變更組織後股東之責任為無限公司之股東所獨有之責任型態，合夥人無類似之責任。

【參考答案】

如果發生公司資產不足清償公司債務之情形時，則曾英顯、甄彌虎及俞點曉三人對於公司因虧損所生之債務須負連帶無限清償責任；至於甄華基雖然最後加入公司，為鞏固公司之信用及與其他股東享同等權利、盡相同義務，甄華基仍應就其加入前之公司債務負責。

三、債務抵銷

公司法第六十四條規定：公司之債務人，不得以其債務與其對股東之債權抵銷。此規定之立法目的在於無限公司係具有獨立人格之法人，其財產、債權均為公司所有，非股東所有；而股東之債權亦非公司之債權，因而公司之債務人即使對股東享有債權，也不可以此債權與其對公司之債務相抵銷。但是，公司債權人在公司受破產宣告或就公司財產強制執行無效果，而直接向股東請求清償時，股東得以其對該債權人之債權與公司對該債權人之債務相抵銷。

【參考答案】

宋青蔬請求債務相互抵銷是違反法律的行為，不能成立。

四、分派盈餘

公司法第六十三條第一項規定：公司非彌補虧損後，不得分派盈餘。本條規定係在保護公司之債權人，因為㈠公司債權人欲請求股東對公司債務負責時，必須舉證證明公司資產不足以清償公司債務，而此種舉證非常困難；㈡股東之財產係公司債權人債權之總擔保，公司之債權人與股東之債權人應在同等地位受清償，受同等之保護。因此，公司法第六十三條第二項規定：公司負責人違反此一規定時，各處一年以下有期徒刑、拘役或科或併科新臺幣六萬元以下罰金。違反此一規定而分派盈餘應屬無效。

【參考答案】

曾英顯等三名股東若在公司彌補虧損前即分派盈餘，則該分派行為將因違反法律規定而無效。

第三節　無限公司的入股與退股

〔案　例〕

在曾英顯、甄彌虎、俞點曉及甄華基的經營下，該琉璃製造無限公司平穩維持了數年。民國九十七年初，曾英顯決定移民紐西蘭，在辦妥移民手續後，於民國九十七年二月一日以書面通知公司，將在民國九十七年六月三十一日會計年度終了時退股，到紐西蘭開始另一段新生活。此時，甄彌虎等其餘三名股東發現曾英顯欲退股之真正原因是：曾英顯在民國九十七年十二月十二日已與他人合組另一家琉璃工廠，並且將技術洩露出去，為免東窗事發以移民為由掩人耳目先行退股。甄彌虎等人氣急敗壞，因而召開股東會議作成以下決議：除將曾英顯除名外，並要求賠償公司所受損失。又俞點曉之好友錢四通有意入股，於是在民國九十七年七月一日簽約入股成為公司股東。

〔問　題〕

一、曾英顯退股之書面通知是否生效？甄彌虎等三人是否可以將曾英顯除名？

二、錢四通入股之程序及效果為何？

〔說　明〕

一、無限公司股東退股的原因及效果

㈠無限公司股東退股的原因

1.聲明退股（公司法第六十五條）

⑴意義：退股，是指公司股東於公司存續期間，因股東自己的意願，或法律規定的事由，或其他股東的決議，而收回全部出資與公司脫離關係並喪失股東資格。

⑵聲明退股的兩種態樣：

①年終退股：章程未定公司存續期限者，除關於退股另有訂定外，股東得於每會計年度終了退股（依商業會計法第六條規定：商業以每年一月

一日起至十二月三十一日止，為會計年度）；但應於六個月前，以書面向公司聲明（公司法第六十五條第一項）。

②隨時退股：股東有非可歸責於自己之重大事由時，不問公司有存續期限與否，均得隨時退股（公司法第六十五條第二項）。

公司法之規定，是因為無限公司為人合公司，其信用基礎在於股東，若任由股東恣意退股，必將影響公司信用；但無限公司股東對公司債務，負擔無限清償責任之風險，若不允許其自願聲明撤股，又非公允。故公司法允許無限公司股東聲明退股，但須於一定期間內對公司債務負擔連帶清償責任，既保護無限公司股東，使其有機會退出，又兼顧了公司債權人之利益。

2.法定退股（公司法第六十六條）

⑴意義：發生公司法規定情形之一者，不問股東意思如何，均構成退股之原因。

⑵法定退股事由如下：

①章程所定退股事由（公司法第六十六條第一項第一款）。

②死亡：股東死亡後，其權利義務本應由繼承人繼承，但無限公司為典型之人合公司，重視股東之信用，該繼承人未必為其他股東所信任，故股東死亡為退股之原因（公司法第六十六條第一項第二款）。

③破產：股東宣告破產，其信用已喪失，不宜令其繼續留任股東而影響公司之信用（公司法第六十六條第一項第三款）。

④受監護宣告或輔助宣告：股東因精神障礙，或其他心智缺陷而受監護宣告或輔助宣告，成為無行為能力人或限制行為能力人時，由於無限公司股東所負責任重大，且其他股東未必信任其法定代理人，故不宜再讓受監護宣告或輔助宣告之股東繼續留任股東（公司法第六十六條第一項第四款）。

⑤除名：無限公司股東，若不履行對公司之義務或對公司不忠實，則其他股東得以全體之同意予以除名（公司法第六十六條第一項第五款）。關於除名之條件有以下四項（公司法第六十七條）：

A.應出資本不能照繳或履催不繳者。

B.違反第五十四條第一項「競業禁止」之義務者。

C.有不正當行為妨害公司之利益者。

D.對於公司不盡重要之義務者。

經其他股東全體同意作成除名決議後，即生退股之效力，但非經通知不得對抗該股東。

⑥股東之出資，經法院強制執行（公司法第六十六條第一項第五款）。執行法院應於二個月前通知公司及其他股東（公司法第六十六條第二項）。

㈡無限公司股東退股之效果

1.姓名使用的停止

公司名稱中列有股東之姓或姓名者；該股東退股時，得請求停止使用（公司法第六十八條）。

2.退股的結算

⑴退股之股東與公司間之結算，應以退股時公司財產之狀況為準（公司法第六十九條第一項）。

⑵退股股東之出資，不問其當初出資的種類為何，均得以現金抵還（公司法第六十九條第二項）。

⑶股東退股時，公司事務有未了結者，於了結後計算其損益，分派其盈虧（公司法第六十九條第三項）。

⑷退股股東，應向主管機關辦理登記，對於退股登記前公司的債務，於登記後二年內，仍應負無限連帶責任（公司法第七十條）。

【參考答案】

曾英顯在民國九十七年二月一日所為之書面通知，距其欲退股之六月三十日僅有四個月，與公司法規定須在退股六個月前通知之規定不符，故其所為之通知無效。又曾英顯之所作所為已符合公司法第六十七條第二、三款得以除名之情形，故甄彌虎等其餘三名股東得以全體之同意將曾英顯議決除名，並可依公司法第五十四條第三項之規定，由其他股東以過半數之決議對曾英顯因違反競業禁止之所得行使歸入權，即將之收歸為公司所得。

二、入股的程序及效果

㈠入股的意義

公司成立後，出資加入公司而取得股東之地位。

㈡入股的程序

欲加入無限公司，須遵循入股之程序辦理，程序如下：

1. 訂立入股契約

由新股東與公司訂立入股契約。

2. 變更章程

因股東之姓名、住所及出資額為章程之必要記載事項，故有新人入股時，必定要變更公司章程。無限公司變更章程時，需得全體股東同意。

3. 變更章程的登記

公司設立後，登記之事項有變更，應辦理變更登記，否則不得以其事項對抗第三人（公司法第十二條）。

㈢入股的效果

1. 取得股東資格及股東權。

2. 不僅對入股後公司所負之債務必須負責，對入股前公司所負之債務亦應負責（公司法第六十一條）。

【參考答案】

由於無限公司帶有強烈人合色彩，故依公司法第五十五條規定，股東非經其他股東全體之同意，不得以自己出資之全部或一部，轉讓於他人。因此若錢四通欲入股於琉璃製造無限公司，除訂立入股契約外，須經全體股東同意後並變更公司章程，始得成為該公司之股東，且對入股前後之公司債務均負無限責任。

第四節 無限公司的合併、解散及清算

〔案 例〕

在曾英顯遭除名及原料價格持續高漲的雙重影響下,琉璃製造公司逐漸面臨倒閉的困境。為避免公司負債繼續擴大而倒閉,幾經協商後,俞點曉、甄彌虎、甄華基、錢四通等人同意解散琉璃製造公司,原琉璃製造公司之事務則由俞點曉等人共同決議由甄華基擔任清算人加以處理。

〔問 題〕

一、無限公司解散之原因為何?

二、如何選任及解任清算人?清算人之職務為何?甄華基應如何執行其清算人之職務?

〔說 明〕

一、無限公司解散的原因

無限公司解散之原因,公司法第七十一條有明文規定,發生以下七款情形之一者,公司即應解散:

㈠章程所定解散事由發生（公司法第七十一條第一項第一款）

本款情形發生時,若有全體或一部分股東同意繼續經營,不同意之股東則視為退股（公司法第七十一條第二項）,並且應變更章程（公司法第七十一條第四項）。

㈡公司所營事業已成就或不能成就（公司法第七十一條第一項第二款）

公司事業的成就或不成就,例如狗嘴公司以進口象牙為公司的業務,但公司成立後,立法院通過不得買賣象牙的法令,因此狗嘴公司的所營事業確定不能成就。本款情形發生時,若有全體或一部分股東同意繼續經營,不同意之股東則視為退股（公司法第七十一條第二項）,並且應變更章程（公司法第七十一條第四項）。

㈢股東全體三分之二以上同意（公司法第七十一條第一項第三款）

　　無限公司因全體股東之同意而成立，因全體股東三分之二以上之同意而解散。

㈣股東經變動而不足本法所定之最低人數（公司法第七十一條第一項第四款）

　　公司法第二條規定無限公司最低之股東人數為二人，此為無限公司之成立及存續要件，股東少於二人時，公司當然解散，但可以加入新股東繼續經營（公司法第七十一條第三項）。

㈤與他公司合併（公司法第七十一條第一項第五款）

　　公司合併後，被合併公司之權利義務由存續公司概括承受，公司當然解散。

㈥破產（公司法第七十一條第一項第六款）

㈦解散的命令或裁定（公司法第七十一條第一項第七款）

　　解散之命令係指公司法第九條及第十條所規定由中央主管機關撤銷公司登記或命令解散之情形；解散之裁定則為依公司法第十一條之規定由法院裁定解散之情形。

【參考答案】

　　該琉璃製造無限公司符合公司法第七十一條第一項第三款規定經全體股東三分之二以上同意，自得解散無疑。

二、清　算

　　無限公司的清算，應由清算人執行，說明如下：

㈠清算人的選任及解任

　1.清算人的選任

　　因清算人種類之不同而有差異。清算人之種類如下：

　⑴法定清算人：原則上，無限公司之清算，以全體股東為清算人，稱為「當然清算人」（公司法第七十九條）；但由股東全體清算時，股東中有

死亡者，清算事務由其繼承人執行；繼承人有數人時，應由繼承人互推一人執行（公司法第八十條）。

⑵選任清算人：公司法或章程另有規定或得由股東決議，另選清算人（公司法第七十九條但書）。以此方式選出之清算人，資格並無限制，由股東擔任自無疑義，股東以外之第三人如律師、會計師任之亦無不可。至於股東決議之比例，解釋上以股東過半數之同意即可選任。

⑶選派清算人：不能依第七十九條規定決定清算人時，法院可以依照利害關係人之聲請，選派清算人（公司法第八十一條）。該法院是指公司所在地之法院（非訟事件法第一百七十一條）。另外，根據非訟事件法第一百七十六條之規定，有以下情形之一者，不得選任為清算人：①未成年人；②受監護宣告或輔助宣告人；③褫奪公權尚未復權者；④受破產宣告尚未復權者；⑤曾任清算人而被法院解任者。

以上三種清算人，應於就任後十五日內，向法院申報姓名、住所或居所、就任日期，違反期限不為申報時，各處新臺幣三千元以上一萬五千元以下罰鍰（公司法第八十三條）。清算人由法院選派時，應對外公告。

2.清算人的解任

⑴法院的解任：不論是何種清算人，法院因利害關係人之聲請，認為必要時，得將清算人解任（公司法第八十二條）。

⑵股東的解任：除由法院解任清算人外，股東選任之清算人，亦得由股東過半數之同意，將其解任（公司法第八十二條但書）。

⑶委任終止事由的發生：由於清算人與公司之關係是依照民法委任契約之規定來規範（公司法第九十七條）。所以委任關係終止之法定事由發生時，如清算人死亡、破產或喪失行為能力時，委任關係消滅（民法第五百五十條）。又清算人得隨時向公司辭職，以終止委任契約（民法第五百四十九條第一項）。

清算人解任時，股東應於十五日內向法院聲報，未於聲報期限內聲報時，處新臺幣三千元以上一萬五千元以下罰鍰。清算人由法院解任時，應對外公告。

【參考答案】

俞點曉、甄彌虎、甄華基、錢四通四人原則上均當然為公司之清算人，而今以全體之共同決議選出甄華基為清算人，與公司法第七十九條但書規定並無牴觸，故甄華基理所當然地成為公司之清算人。

⊆清算人的職務（公司法第八十四條）

1. 了結現務（公司法第八十四條第一項第一款）

即了結公司解散時業已開始而尚未結束之業務。

2. 收取債權，清償債務（公司法第八十四條第一項第二款）

收取已屆清償期之公司債權。至於未屆清償期之公司債權，須迨清償期屆至才可收取。尚未屆清償期之債務得拋棄其期限利益，以利清算之完結。

3. 分派盈餘或虧損（公司法第八十四條第一項第三款）

收取債權、清償債務後，若有盈餘應分派給股東；若有虧損則應由股東負擔。

4. 分派賸餘財產（公司法第八十四條第一項第四款）

清算人在清償債務後，若有賸餘，應將賸餘財產分派給各股東。若清算人在清償債務前便分派公司財產，則各處一年以下有期徒刑、拘役或科或併科新臺幣六萬元以下罰金（公司法第九十條）。至於賸餘財產之分派，除章程另有訂定外，依各股東分派盈餘或虧損後淨餘出資之比例定之（公司法第九十一條）。

⊆清算人應依下列程序執行職務

1. 應即檢查公司財產情形，造具資產負債表及財產目錄，送交各股東查閱（公司法第八十七條第一項）。對清算人所為檢查有妨礙、拒絕或規避行為者，各處新臺幣二萬元以上十萬元以下罰鍰（公司法第八十七條第二項）；對於資產負債表或財產目錄為虛偽記載者，依刑法或特別刑法偽造文書等有關規定處罰。

2.若遇有股東詢問時，應將清算情形隨時答覆（公司法第八十七條第五項）。清算人違反此一義務時，將被處以新臺幣一萬元以上五萬元以下罰鍰。

3.應以公告方法催告公司債權人報明債權，對於明知之債權人，並應分別通知（公司法第八十八條）。

4.應於六個月內完結清算；不能於六個月內完結清算時，清算人得申敘理由，聲請法院展期（公司法第八十七條第三項）。清算人不於前項規定期限內完成清結者，各處新臺幣一萬元以上五萬元以下罰鍰（公司法第八十七條第四項）。

5.公司財產不足清償其債務時，清算人應即聲請宣告破產。清算人移交其事務於破產管理人時，職務即為終了。清算人違反第一項規定，不即聲請宣告破產者，各處新臺幣二萬元以上十萬元以下罰鍰（公司法第八十九條）。

6.應於清算完結後十五日內，造具結算表冊，送交各股東，請求其承認，如股東不於一個月內提出異議，即視為承認；但清算人有不法行為時，不在此限（公司法第九十二條）。

7.公司的帳簿表冊及關於營業與清算事務的文件，應自清算完結向法院聲報之日起保存十年，並經股東過半數同意決定保存人（公司法第九十四條）。

第四章　有限公司

第一節　有限公司的設立

〔案　例〕

　　紀梧詩、祖聰知、趙嵩、方政、楊廉廷及于英傑六人欲成立一家「寒月」骨董有限公司，並約定以十萬元為一股，而一股有一個表決權。紀梧詩、趙嵩、方政及楊廉廷四人各出資六百萬元，祖聰知以一幢價值一千二百萬元的別墅為出資，只有于英傑一人主張以其曾經從事骨董買賣所建立之信用作為出資。

〔問　題〕

　　一、紀梧詩等人如何設立「寒月」骨董有限公司？

　　二、于英傑是否得以其曾經從事骨董買賣所建立之信用作為出資？

〔說　明〕

一、有限公司的特性

　　有限公司有非公開性、手續簡便、資本確定三項特性，說明如下：

㈠非公開性

　　有限公司由一人以上的股東所組成，與股份有限公司不同的是，有限公司不可發行股票，股東於轉讓出資時有若干限制，因此股份有限公司中的公開募股、發行公司債、公司重整等規定，均無法適用於有限公司。但也因為有限公司不具公開性，所以也沒有公開公司財務的必要。

㈡手續簡便

　　有限公司只有發起設立，沒有募股設立，程序簡便且關係較為單純。

㈢資本確定

　　有限公司的資本總額與各股東的出資額，均必須記載於公司章程中，

且股東必須於發起時繳納全部的出資額，不可分期繳納（公司法第一百條），與股份有限公司得發行部分股份不同。民國九十八年四月修正前，公司法對於有限公司設有最低資本總額之限制，然基於前述理由（詳見第二章第一節），此項規定已刪除。

二、有限公司的設立

設立有限公司，須依以下程序進行：

㈠訂立章程

1.依照公司法第九十八條第三項之規定，股東應先訂立公司章程，須經由全體之同意及簽名或蓋章，再將章程置於本公司，並由每人各執一份。

2.有限公司之章程，依公司法第一百零一條第一項之規定應載明下列事項：

(1)公司名稱。

(2)所營事業。

(3)股東姓名或名稱。

(4)資本總額及各股東出資額。

(5)盈餘及虧損分派比例或標準。

(6)本公司所在地。

(7)董事人數。

(8)定有解散事由者，其事由。

(9)訂立章程之年、月、日。

公司負責人不備置前項章程於本公司者，處新臺幣一萬元以上五萬元以下罰鍰。再次拒不備置者，並按次處新臺幣二萬元以上十萬元以下罰鍰（公司法第一百零一條第二項）；公司負責人所備章程有虛偽記載時，依刑法或特別刑法偽造文書等有關規定處罰。

㈡繳納股款

1.公司資本總額，應由各股東全部繳足，不得分期繳款或向外招募（公司法第一百條）。

2.有限責任股東雖得以現金以外之財產抵繳股款，但不得以勞務為出

資（公司法第一百十七條）。

(三)辦理設立登記

有限公司應在章程訂立後十五日內,向主管機關申請為設立之登記(公司登記辦法第二條第一款)。

【參考答案】

依公司法第一百十七條之規定,有限責任股東雖得以現金以外之財產抵繳股款,但不得以信用或勞務為出資。本案中,于英傑主張以其曾經從事骨董買賣所建立之信用作為出資,與公司法之規定明顯牴觸,其出資之行為無效,故于英傑應即以現金或其他財產作為出資,否則即應退出。

三、有限公司股東的表決權

有限公司的架構中,並沒有股東大會的設置,而是由全體股東共同決定公司的意思。有限公司每一股東,不問其出資多寡,均享有一表決權,但可於章程中訂定,按出資多寡分配表決權(公司法第一百零二條)。

第二節　有限公司的內部關係與外部關係

〔案　例〕

由於公司法對於有限責任股東以信用或勞務為出資之禁止,于英傑乃改以現金五百萬元出資,然因擔心沒有憑證會令自己權益受損,所以要求公司必須發給證明文件,證明其已繳納五百萬元作為股款並取得五十個表決權。另外,又要求可以隨時抽出所繳股款的十分之一,並且事先表明不同意公司所提的增資案。

在「寒月」骨董有限公司成立後,為使公司業務順利推展,紀梧詩等人決定:1.推舉祖聰知為公司董事並為公司董事長,執行公司業務;2.其餘二名董事則由其餘五人相互選舉,以得票最高之二人任之。

〔問　題〕

一、于英傑要求以單據證明其出資之要求是否合理？公司法上有無相關規定？

二、于英傑可否要求隨時抽出所繳股款，並且事先表明不同意公司所提的增資案？

三、祖聰知擔任董事長及其他擔任董事之人所應具備之條件及其權利義務，公司法有無相關規定？

〔說　明〕

一、減資、增資及股單

由於有限公司屬於資合公司，以股東出資形成之公司資本，對公司所負之債務負責，如果允許公司股東隨時撤回其出資，勢必影響公司償還債務之能力，而嚴重損害公司債權人之利益。

不過，如此堅持「資本不變」原則，對於公司為了因應經濟狀況而調整公司規模，造成相當不便。且公司債權人也可透過徵信的方式，瞭解公司財務結構。過度保護公司債權人而壓縮公司的自治空間並非公司法的設計目的，故於民國九十年十一月修法時，將原先禁止公司減資的規定刪除。

另外，於一百零七年公司法第一百零四條修正前，股東得要求公司發給憑證，此憑證即為「股單」，以證明其已出資，惟股單並非有價證券，僅為證明出資之文件，「股單之轉讓」亦不等同於「股東出資之轉讓」，本條規定未具實益，爰予刪除。因此於此次修法後，有限公司並無發給股單之義務。

㈠增　資

關於有限公司之增資有以下規定與限制：

1.有限公司如須增資，須經由股東表決權過半數之同意（公司法第一百零六條第一項前段）。

2.股東雖然同意增資，但無按原出資數額比例出資之義務（公司法第

一百零六條第一項但書)。股東決議增資時,可以經由股東表決權過半數之同意,讓新股東加入(公司法第一百零六條第二項)。例如「寒月」骨董有限公司現在須增資,祖聰知、趙嵩、方政及楊廉廷四人同意增資,但此四人無按原出資比例即 2：1：1：1 之比例再為出資之義務。若有前面的情形發生,因無法募得公司所需之款項,可由股東表決權過半數同意,招募新股東加入公司,以達到增資之目的。

　　3.不同意增資之股東,對章程因增資修正部分,視為同意(公司法第一百零六條第四項)。此規定係因公司增資後必須變更章程,而公司法第一百十三條規定:公司變更章程須經股東表決權三分之二以上之同意。為免因不同意增資之股東橫加阻擾,致公司增資後無法修正章程,故公司法特別為如此的規定。

　　值得注意的是,公司法第一百零六條於民國一百零七年進行修正,增訂不同意讓新股東加入、減資或變更組織之股東,對章程修正部分,亦視為同意。這是因為有限公司加入新股東、減資或變更組織的程序規定,均已降低門檻至股東表決權過半數同意即可。為避免不同意前述三種行為之股東,以反對修改章程作為手段,阻止前述三種行為之進行,故仿照不同意增資股東,對章程因增資而修正部分,視為同意之規定,增訂反對新股東加入、減資或變更組織之股東,對章程修正部分,視為同意。

　　因此,自修正條文施行之日起,不同意增資、新股東加入、減資或變更組織之股東,對章程修正部分,均視為同意。

㈡股東名簿

　　公司應備置股東名簿並記載下列事項:

　　1.公司應在本公司備置股東名簿,記載下列事項(公司法第一百零三條第一項):

　　⑴各股東出資額。

　　⑵各股東姓名或名稱、住所或居所。

　　⑶繳納股款之年、月、日。

　　2.代表公司之董事,不備置前項股東名簿於本公司者,處新臺幣一萬

元以上五萬元以下之罰鍰。再次拒不備置者，並按次處新臺幣二萬元以上十萬元以下之罰鍰（公司法第一百零三條第二項）；公司負責人所備股東名簿有虛偽記載時，依刑法或特別刑法偽造文書等有關規定處罰。

【參考答案】

于英傑要求「寒月」骨董有限公司發給單據，以證明其出資的要求是合理的，但須於公司辦理設立登記之後為之。然而其要求隨時抽出所繳股款，並事先表明不同意公司所提的增資案之要求卻不合法。有限公司於設立登記之後，可依公司營運的需要辦理減資，股東也可依法要求退股，但隨時任由股東抽回所繳股款卻非合法。于英傑於「寒月」骨董有限公司其他股東同意辦理增資時，雖無義務依照出資比例再為出資，但公司法已經強制規定，不同意增資的股東，視為同意變更章程，因此「寒月」骨董有限公司的其他股東無須理會于英傑的反對意見。

二、董　事

有限公司應至少置董事一人執行業務並代表公司，最多置董事三人，應經股東表決權三分之二以上之同意，就有行為能力之股東中選任之。董事有數人時，得以章程置董事長一人，對外代表公司；董事長應經董事過半數之同意互選之（公司法第一百零八條第一項）。

有限公司董事的權利與義務，與無限公司執行業務股東所享的權利與負擔的義務非常相同（詳見第三章第一節的說明），例如董事競業禁止的義務，及違反此義務時，公司可行使的「歸入權」（公司法第五十四條）；董事不可「雙方代表」的義務（公司法第五十九條）；董事因處理事務收受款項應交還公司的義務（公司法第五十三條）；董事執行業務應遵守法定、章程等義務（公司法第五十二條）；公司對董事的限制不可對抗善意第三人（公司法第五十八條）。此外，有限公司的董事於公司虧損達實收資本額二分之一時，董事會應於最近一次股東會報告。公司資產顯不足抵償時，除可辦理重整外，應即聲請破產，違反此一義務的董事，將被處以新臺幣二萬元

以上十萬元以下罰鍰（公司法第一百零八條第五項準用第二百十一條）。

不執行業務之股東，為保障其權益，均得行使監察權（公司法第一百零九條第一項）。並得隨時向執行業務之股東質詢公司營業情形，查閱財產文件、帳簿、表冊（公司法第一百零九條第一項、第四十八條）。不執行業務之股東辦理前項事務，得代表公司委託律師、會計師審核之（公司法第一百零九條第二項）。

三、轉讓出資

有限公司沒有退股制度，股東在公司存續中，想要收回其投資時，只有將出資移轉給他人一途，但須得到其他股東表決權過半數的同意（公司法第一百十一條）。但若無法得到其他股東表決權過半數的同意，將導致該股東沒有其他方法可以收回出資，故公司法又設計出「優先受讓權」的制度。

(一)轉讓出資的要件

股東非得其他股東全體的同意，不可將其出資的全部或一部轉讓給他人，不同意其轉讓的股東，有優先受讓權，但若不行使優先受讓權而承受該股東的出資，則視為同意轉讓，並同意修改章程有關股東及股東出資額的事項。但董事欲轉讓出資時，若有股東表示不同意，則因公司法對董事的出資沒有優先受讓權的規定，故此時董事即無法轉讓出資。

(二)法院強制執行轉讓出資

為保障有限公司股東（包含董事）債權人的權益，股東的債權人可對股東的出資聲請強制執行，但為顧及有限公司的非公開性，故使公司及其他股東有優先指定受讓人行使優先受讓權的權利。法院依強制執行程序，將股東出資轉讓他人時，應通知公司及其他股東，使其於二十日內指定受讓人，逾期未指定或指定的受讓人不願意受讓時，視為同意轉讓，並同意修改章程。

第三節　有限公司的會計

〔案　例〕

「寒月」骨董有限公司成立時恰逢復古風潮大流行，加上紀梧詩等六人同心協力開拓市場，在公司第一年會計年度終了時，總盈餘高達八百萬元，扣除一切稅捐、雜支後，淨餘五百萬元。趙嵩提議：「須將公司一年來的財務收支列表供各股東參考，若認為收支表有問題再提出由大家商議。」而于英傑則提出應將五百萬元盡數分給全體股東之議案。此二提議均獲得其他人之贊同。

〔問　題〕

一、趙嵩所提之財務收支表包括那些項目？公司法上有無相關規定？若有股東認為公司帳目有問題，應該怎麼辦？

二、于英傑所提將盈餘全部分派之提議，是否符合法律規定？

〔說　明〕

一、會計表冊

有限公司應編具之會計表冊與股份有限公司相同（參見第二篇第二章第八節）。

二、公　積

在分派盈餘前，公司應先提出部分比例作為法定盈餘公積。提出公積之目的在於彌補公司虧損，使公司不至於在發生虧損時無錢彌補而必須宣告破產或倒閉。其作用在健全公司財務，並能使公司於危急時得以存續，是未雨綢繆的作法。

公司法所規定有限公司之公積有以下二種：

㈠法定盈餘公積

1.有限公司應於彌補虧損完納一切稅捐後，分派盈餘時，先提出百分之十作為法定盈餘公積。但法定盈餘公積已達實收資本額時，不在此限（公

司法第一百十二條第一項)。

　2.公司負責人若違反第一項規定，不提出法定盈餘公積時，各處新臺幣二萬元以上十萬元以下罰鍰 (公司法第一百十二條第四項)。

　㈡特別盈餘公積

　除法定盈餘公積外，有限公司亦得以章程訂定或經股東表決權三分之二以上之同意，再加提特別盈餘公積 (公司法第一百十二條第二項)。

三、盈餘分派

　除章程另有規定外，以各股東的出資額比例為分派標準 (公司法第一百十條準用第二百三十二條)。

【參考答案】

　于英傑之提議縱為其他股東所認同，但並不符合公司法之規定，應先依法完納稅捐、提存公積後，才得分派盈餘。在本案中，「寒月」骨董有限公司應提出之法定盈餘公積為稅後盈餘的百分之十，即五十萬元。若「寒月」骨董有限公司所提之法定盈餘公積已達到其資本總額四千一百萬元時，因其清償債務之能力已達相當程度，故公司法不再硬性要求其必須提出若干額度之公積以增強其彌補虧損之能力，因此「寒月」骨董有限公司可繼續提出公積，或將盈餘全數分配亦無不可。

第四節　有限公司的合併、解散、清算及變更組織

〔案　例〕

　「寒月」骨董有限公司在紀梧詩等人經營下，公司業務量不斷增加，因而引起方政之友林福琛及楊廉廷之友童博雄的興趣，並進而要求加入公司。祖聰知鑑於公司資產已大幅增加乃建議將公司改組為股份有限公司，擴大公司之規模。

〔問　題〕

「寒月」骨董有限公司變更為股份有限公司之條件及程序如何？又變更後之效果為何？

〔說　明〕

一、公司變更的要件

當有限公司有增資的需要時，而股東不願意依原出資比例再為出資，可以經過股東表決權過半數的同意，加入新股東，增資或減資變更組織為股份有限公司（公司法第一百零六條）。

有限公司決議變更組織後，應立刻通知及公告債權人。有限公司變更組織為股份有限公司時，其法人人格繼續存在，不受影響，並由變更組織後的公司，承擔變更組織前公司的權利義務。另外，有限公司決議減少資本時應編造資產負債表及財產目錄，並通知及公告公司債權人，並限期債權人得於三十日內提出異議；若公司不為通知及公告，或對於在指定期限內提出異議之債權人不為清償，或不提供相當擔保者，不得以其減資對抗債權人（公司法第一百零七條）。

二、公司變更的程序

以下僅概述公司變更組織之法定程序，詳請見本篇第一章第九節。

㈠須經股東表決權過半數同意。

㈡變更公司章程。

㈢為公司變更登記。

三、變更的效果

變更組織後之公司，應承擔變更組織前公司之債務（公司法第一百零七條第二項）。

【參考答案】

「寒月」骨董有限公司欲變更為股份有限公司須先經股東表決權過半數同意，再經股東表決權三分之二以上之同意變更章程，而前述不同意變更組織之股東，對章程修正部分，視為同意（公司法第一百零六條第四項、第一百十三條第一項）。經前揭程序後即可將「寒月」骨董有限公司變更為「寒月」骨董股份有限公司，並向經濟部為公司變更登記。

變更組織後之公司，應立刻通知及公告債權人。而「寒月」骨董有限公司變更組織為股份有限公司時，其法人人格繼續存在，不受影響，並由變更組織後的公司，即「寒月」骨董股份有限公司承擔變更組織前公司的權利義務。

第五章 兩合公司

第一節 兩合公司的設立及內、外部關係

〔案 例〕

杜康、董公及伍良三人決定共組「不倒翁」兩合公司，專門經營酒品進口代理，其中杜康及董公二人為無限責任股東，伍良為有限責任股東，杜康出資現金二千萬元，董公以位於忠孝東路之一百坪店面為出資，伍良則堅持以其價值八百萬元之公司債券作為出資，並要求擔任公司之執行業務股東。

〔問 題〕

一、杜康等三人如何設立兩合公司？
二、伍良所提出之兩項要求是否合理？

〔說 明〕

兩合公司性質上是人合公司與資合公司的結合，具有中間公司的特質。雖然兩合公司在性質上及經濟上，與無限公司不完全相同，但由於兩合公司的法律結構，除有限責任股東的部分外，與無限公司多屬相同，因此公司法僅就兩合公司的特殊點加以規範，其他事項則準用無限公司的規定。

一、設立兩合公司的程序

兩合公司之設立，原則上與無限公司之設立條件及程序相同（請參閱第三章第一節關於無限公司設立之說明），以下各項規定為設立兩合公司之特別規定：

㈠依公司法第二條之規定，兩合公司之成立最少需要無限及有限責任股東各一人。

㈡無限責任股東僅限自然人；而有限責任股東則無限制。

㈢公司之章程除記載本法第四十一條所列各款事項外，並應記明各股東之責任為有限或無限（公司法第一百十六條）。

㈣有限責任股東不得以勞務為出資（公司法第一百十七條）。

二、兩合公司的內、外部關係

㈠內部關係

1. 出資義務

⑴無限責任股東得以勞務或其他權利為出資，但須在章程中記明其種類、數量、價格或估價之標準（公司法第一百十五、四十三條、第四十一條第一項第五款）。

⑵有限責任股東，不得以勞務為出資（公司法第一百十七條）。

2. 業務執行

無限責任股東是兩合公司中的執行業務股東，除章程另有訂定外，所有的無限責任股東均可執行業務（執行方法請參照第三章第一節）。有限責任股東則不得執行業務或對外代表公司（公司法第一百二十二條）。

3. 業務監察

⑴不執行業務之無限責任股東，得隨時向執行業務之股東質詢公司營業情形，查閱財產文件、帳簿、表冊（公司法第一百十五、四十八條）。

⑵有限責任股東，得於每年會計年度終了時，查閱公司帳目、業務及財產情形（公司法第一百十八條第一項）；必要時，法院得因有限責任股東之聲請，許其隨時檢查公司帳目、業務及財產之情形（公司法第一百十八條第一項後段）。對於前項之檢查，有妨礙、拒絕或規避行為者，各處新臺幣二萬元以上十萬元以下罰鍰。連續妨礙、拒絕或規避，並得按次連續各處新臺幣四萬元以上二十萬元以下罰鍰（公司法第一百十八條第二項）。

從以上之規定可知，兩合公司不執行業務之無限責任股東得隨時檢查公司營業狀況，而有限責任股東雖亦得查閱公司帳目、業務及財產情形，但有檢查時間之限制：必須經由法院許可方能隨時檢查。自無限責任股東及有限責任股東所負義務觀之，此項差異倒也符合權利義務相應之原則。

4.章程變更

兩合公司章程之變更，準用無限公司之規定，即應得全體股東之同意（公司法第四十七條），並且在變更後，依法申請變更登記（公司登記辦法第四條）。

5.出資轉讓

(1)無限責任股東：非經其他股東全體之同意，不得以自己出資之全部或一部，轉讓於他人（公司法第一百十五、五十五條）。

(2)有限責任股東：非得無限責任股東過半數之同意，不得以其出資之全部或一部，轉讓於他人（公司法第一百十九條第一項）。同時，不同意之無限責任股東有優先受讓權；若不承受，則視為同意轉讓，並同意修改章程有關股東及其出資額事項（公司法第一百十九條第二項、第一百十一條第三項）。

6.競業禁止

(1)無限責任股東：準用本法第一百十五條關於無限公司股東競業禁止之規定（請詳閱第一章第六節及第三章第一節）。

(2)有限責任股東：有限責任股東既不執行公司業務又不對外代表公司，故無此項義務。因此，有限責任股東得為自己或他人，為公司同類營業之行為；亦得為他公司之無限責任股東，或合夥事業之合夥人（公司法第一百二十條）。

(二)外部關係

1.代表公司

兩合公司對外的代表權，專屬於無限責任股東。無限責任股東除以章程特定外，各股東均得代表公司（公司法第一百十五、五十六條）。有限責任股東不得對外代表公司（公司法第一百二十二條）。

2.股東的責任

(1)無限責任股東：公司資產不足清償債務時，由股東負連帶無限清償責任（公司法第一百十五、六十條、第一百十四條第二項前段）。

(2)有限責任股東：以出資額為限，對公司負其責任（公司法第一百十

四條第二項後段）。但若有可以令人信其為無限責任股東之行為者，對於善意第三人，須負無限責任股東之責任（公司法第一百二十一條）。

【參考答案】

伍良所提出之以其信用為出資及擔任執行業務股東此二項要求，均與公司法之規定不符，故其要求為無效。

第二節　兩合公司的入股、退股及除名

〔案　例〕

「不倒翁」兩合公司在杜康、董公及伍良三人合力經營下，業務突飛猛進，因而引起伍良之好友邵興的興趣，而欲加入「不倒翁」兩合公司擔任有限責任股東。在邵興進入公司半年後，杜康注意到公司營運狀況轉壞，且邵之行為有異，便暗中觀察，終於在某日晚上發現邵興用手機拍攝公司機密文件，當即出面攔阻並嚴厲查問，邵興見事跡敗露又無從抵賴，於是坦承其係另一家酒品代理商派來查探「不倒翁」兩合公司經營策略的人。隔日，杜康、董公及伍良三人隨即決議將邵興除名使其退股。

〔問　題〕

一、兩合公司股東入股、退股之條件為何？在本案，邵興必須完成訂立入股契約，變更章程及變更章程登記，才能取得股東資格。

二、杜康、董公及伍良三人將邵興除名是否合法？

〔說　明〕

一、兩合公司股東入股、退股的條件

㈠入　股

準用無限公司之規定（請參閱第三章第三節之敘述）。

㈡退　股

1.無限責任股東

準用無限公司之規定（公司法第六十五、六十六條）（請參閱第三章第三節之敘述）。

2.有限責任股東

⑴自願退股：遇有非可歸責於自己之重大事由時，得經無限責任股東過半數之同意退股，或聲請法院准其退股（公司法第一百二十四條）。有限責任股東受監護宣告或輔助宣告或死亡時，不因此而生退股的效果，其死亡時，其出資額由繼承人繼承（公司法第一百二十三條）。

⑵法定退股：參照公司法第六十六條之規定：

①章程所定退股事由。

②破產。

③除名。

二、股東的除名

兩合公司有限責任股東除名之規定如下：

㈠有限責任股東有下列各款情事之一者，得經全體無限責任股東之同意，將其除名：

1.不履行出資義務者（公司法第一百二十五條第一項第一款）。

2.有不正當行為，妨害公司利益者（公司法第一百二十五條第一項第二款）。

除名之決議，非通知該股東後，不得對抗之（公司法第一百二十五條第二項）。

㈡無限責任股東的除名

無限責任股東發生下列情形時，可經其他股東全體同意除名，但須通知該股東後，才生可對抗的效力：

1.不能繳納出資或屢催不繳。

2.違反競業禁止的義務。

3.有不正當行為妨害公司利益。

4.對於公司不盡重要義務。

【參考答案】

　　杜康、董公及伍良三人將邵興除名係因其洩漏公司機密資料，妨害公司之利益，甚至造成公司損害，邵興之行為已符合兩合公司將有限責任股東除名之第二種行為態樣，因此經由杜康及董公二名無限責任股東之同意即可將邵興除名，又為使此除名決議之效力更完整，並應將此除名決議通知邵興，方能對抗之。

第三節　兩合公司的變更組織、解散、合併及清算

〔案　例〕

　　在邵興被除名後，伍良以推薦不實為理由向公司請求退股以示負責，雖經杜康及董公極力勸阻，但伍良之辭意仍非常堅定，杜、董二人即便無奈也只好同意。伍良退出後，董公向杜康建議：將公司變更為無限公司以繼續經營。然杜康卻因此打擊而心灰意冷，無意再繼續經營公司。於是，與董公達成解散公司之協議，並著手進行公司之清算事宜。

〔問　題〕

一、董公對杜康所作之建議是否有法律上之依據？

二、「不倒翁」兩合公司解散後如何進行清算？

〔說　明〕

一、公司的變更

　　依民國一百零七年修正後之規定，兩合公司可以變更為無限公司、有限公司或股份有限公司，其說明如下：

　　㈠有限責任股東全體退股時，無限責任股東在二人以上者，得以一致

之同意變更其組織為無限公司（公司法第一百二十六條第二項）。

㈡無限責任股東與有限責任股東，以全體之同意，變更其組織為無限公司（公司法第一百二十六條第三項）。

㈢公司得經股東三分之二以上之同意變更章程，將其組織變更為有限公司或股份有限公司（公司法第一百二十六條第四項）。

另外，兩合公司股東如不同意變更組織為有限公司或股份有限公司者，得以書面向公司聲明退股（公司法第一百二十六條第五項）。

【參考答案】

董公對杜康之建議所根據的是公司法第一百二十六條第二項的規定，因此，只要杜、董二人一致同意並變更其公司之章程，「不倒翁」兩合公司即可變更為「不倒翁」無限公司。

二、公司的合併與解散

㈠合併、解散的原因

1.一般原因

準用無限公司之規定（公司法第七十一條）（請詳閱第三章第四節之敘述）。

2.公司解散的特殊原因（公司法第一百二十六條第一項前段）

⑴無限責任股東全體退股。

⑵有限責任股東全體退股。

㈡繼續經營的情形

1.雖有無限責任股東或有限責任股東一方全體退股，但其餘股東得以一致之同意，加入無限責任股東或有限責任股東，繼續經營（公司法第一百二十六條第一項後段）。

2.有限責任股東全體退股時，無限責任股東在二人以上者，得以一致之同意變更其組織為無限公司（公司法第一百二十六條第二項）。

【參考答案】

「不倒翁」兩合公司解散之原因主要是由於杜康及董公二人之同意，至於有限責任股東全體退股只是促成杜、董二人同意解散公司之因素，而非公司解散之原因。

三、兩合公司的清算

㈠關於清算人之選任，公司法第一百二十七條規定：原則上由全體無限責任股東擔任清算人；但也可由無限責任股東以過半數之同意另行選任清算人，解任時亦同。

㈡至於其他如清算人之職務、清算之程序等事項，均準用無限公司關於清算之規定。

【參考答案】

在本案即由杜康及董公擔任清算人，進行「不倒翁」兩合公司之清算工作。

第六章　關係企業

〔案　例〕

射鵰股份有限公司之創辦人為哈雷特，是一名礦工的兒子，因從小目睹礦場老闆殘酷剝削礦工之事跡，內心深感痛恨，於是創辦射鵰股份有限公司，專門併購為富不仁之大型公司，藉收購股票取得大型公司經營權後，再嗣機整垮該公司。賴金權本為礦場老闆，晚年成立一家利益輸送建設股份有限公司，已發行資本額為一千萬股，因賴金權與政界關係良好，擅長透過人際關係變更地目，開發山坡地以興建大型別墅區，賺得不少暴利。

哈雷特為完成從小的復仇心願，先成立一家槍手建設有限公司，資本額三千萬元，由射鵰股份有限公司出資二千五百萬元，哈雷特另找五位好友分別出資一百萬元。再透過槍手建設有限公司大量購買利益輸送建設股份有限公司的股票，共購得二百五十萬股，配合射鵰股份有限公司所持有的三百萬股，於該年利益輸送建設股份有限公司之董、監事選舉中，哈派人馬贏得九席，占董事總人數三分之二。

哈派人馬取得利益輸送建設股份有限公司之經營權後，射鵰股份有限公司要求利益輸送建設股份有限公司於所持有位於信義區之土地上，興建一座四十層樓之鋼骨辦公大樓，再以低於成本之價格，售予射鵰股份有限公司作為辦公大樓。

〔問　題〕

一、射鵰股份有限公司、槍手建設有限公司與利益輸送建設股份有限公司的關係為何？

二、針對利益輸送建設股份有限公司以低於成本的價格，出售辦公大樓予射鵰股份有限公司一事，利益輸送建設股份有限公司之債權人，可否向射鵰股份有限公司請求損害賠償？

〔說　明〕

一、立法背景

公司為求取生存、賺取更多利益，無不盡可能地掌握原料來源、產品市場、提高公司資金運用之靈活度，以保持公司之競爭力。而掌握原料來源、拓展市場及靈活運用資金之最佳方式，莫過於自己再籌組一家公司，例如製糖公司為掌握原料而成立甘蔗農產運銷公司；石油煉油公司為充分利用製造過程之副產品，另成立保麗龍製造公司等。

籌組新公司的方式有二種：自己再開一家公司，或是收購他人現成已成立的公司。於前者情形，由於數家公司都是自己人，可能相互以壓低成本之方式，將利益全部歸由一家公司享受，虧損由其他公司承擔，此時將損及其他公司股東及債權人的權益；於後者情形，財力龐大的公司可能不斷併購其他公司，導致市場被少數公司壟斷，影響消費者的權益以及整體經濟秩序。為防止這些弊端，立法院於民國八十六年五月增訂公司法關係企業章，以規範關係企業。

二、關係企業的定義

所謂關係企業，係指數個各自有法人資格，而相互間具有下列關係之公司（公司法第三百六十九條之一）：

1. 控制與從屬關係的公司

所謂控制與從屬關係，可分為三種：

⑴形式的控制與從屬關係

公司所持有他公司有表決權之股份或出資額，超過他公司已發行有表決權之股份總數或資本總額半數者為控制公司，該他公司為從屬公司（公司法第三百六十九條之二第一項）。例如槍手建設有限公司之資本總額為三千萬元，其中射鵰股份有限公司出資二千五百萬元，超過槍手建設有限公司之資本總額的半數，故射鵰股份有限公司是槍手建設有限公司之控制公司，而槍手建設有限公司是射鵰股份有限公司之從屬公司。於判斷時，僅限於有表決權之股份方列入計算，因控制關係通常係藉由表決權之行使而

達成，故公司法僅將有表決權之股份列入計算。

　　為防止公司以迂迴方式持有股份（例如利用人頭持股），故於計算時持有他公司之股份或出資額時公司法設有特別規定（公司法第三百六十九條之十一），以防公司利用分散持股或出資額之方式，規避關係企業章之適用：

　　①公司的從屬公司所持有他公司的股份或出資額

　　例如槍手建設有限公司持有利益輸送建設股份有限公司二百五十萬股，射鵰股份有限公司持有利益輸送建設股份有限公司三百萬股，射鵰股份有限公司持有多少利益輸送建設股份有限公司股份？答案是：三百萬股＋二百五十萬股＝五百五十萬股。

　　射鵰股份有限公司持有之利益輸送建設股份有限公司股份，已經超過有表決權股份總數之半數，故射鵰股份有限公司為利益輸送建設股份有限公司的控制公司。

　　②第三人為該公司而持有的股份或出資額

　　例如盧部宏為哈雷特的好友，為協助哈雷特復仇，替射鵰股份有限公司蒐購利益輸送建設股份有限公司之股票五十萬股，則計算射鵰股份有限公司所持有之利益輸送建設股份有限公司股份總數時，應將盧部宏所持有之股份總數一併計算。

　　③第三人為該公司的從屬公司而持有的股份或出資額

　　又如槍手建設有限公司之股東翁沙士，受哈雷特之委託，為槍手建設有限公司持有二十萬股之利益輸送建設股份有限公司之股票，因槍手建設有限公司為射鵰股份有限公司之從屬公司，故計算射鵰股份有限公司所持有之利益輸送建設股份有限公司之股份總額時，應連同翁沙士所持有之股份總數一併計算。

　　⑵實質的控制與從屬關係

　　公司直接或間接控制他公司之人事、財務或業務經營者，亦為控制公司，該他公司為從屬公司（公司法第三百六十九條之二第二項）。例如哈雷特為掌握房地產資訊，命其妻成立一家史派不動產開發有限公司，惟該公司之所有人事均由射鵰股份有限公司之董事會決定，於此種情形下，史派

不動產開發有限公司為射鵰股份有限公司之從屬公司，射鵰股份有限公司為史派不動產開發有限公司之控制公司。

(3)擬制的控制與從屬關係

於下列二種情形，公司法推定二家公司間具有控制與從屬關係，惟當事人可舉反證推翻公司法之推定（公司法第三百六十九條之三）：

①公司與他公司之執行業務股東或董事有半數以上相同者。

②公司與他公司已發行有表決權之股份總數或資本總額有半數以上為相同之股東持有或出資者。

2.相互投資公司

此是指公司與他公司相互投資各達對方有表決權之股份總數或資本總額三分之一以上（公司法第三百六十九條之九第一項）。例如射鵰股份有限公司已發行股份總數為三千萬股，倘槍手建設有限公司亦於股市購買射鵰股份有限公司之股票，其所持有之射鵰股份有限公司之股票總數超過一千萬股時，射鵰股份有限公司與槍手建設有限公司為相互投資公司。

相互投資公司各持有對方已發行有表決權之股份總數或資本總額超過半數者，或互相可直接或間接控制對方之人事、財務或業務經營者，互為控制公司與從屬公司（公司法第三百六十九條之九第二項）。承前例，倘槍手建設有限公司所持有之射鵰股份有限公司有表決權股份超過一千五百萬股時，則槍手建設有限公司與射鵰股份有限公司互為控制與從屬公司。

與相互投資公司不同，因此有必要於具有相互投資關係的公司中，再進一步區分具有控制從屬關係的公司。

三、關係企業的規範

控制公司與從屬公司雖為相互獨立之公司，但具備控制與從屬關係，因此常可見控制公司要求從屬公司與控制公司或其他公司進行不合一般商業常理之交易，甚或進行不利於從屬公司利益之交易。此種行為將導致從屬公司營業利潤降低甚或虧損，損及從屬公司少數股東及債權人之權益，亦導致市場競爭之不公平或壟斷的情形。公司法為避免此等情事之發生，增設如下規定：

㈠控制公司的義務

1.通知義務

公司持有他公司有表決權之股份或出資額,超過該他公司已發行有表決權之股份總數或資本總額三分之一者,應於事實發生之日起一個月內以書面通知該他公司,以便使該他公司知悉其已成為控制公司之從屬公司。控制公司為前述通知後,若持有之股份或出資額發生下列變動時,應於事實發生之日起五日內以書面再為通知:

⑴有表決權之股份或出資額低於他公司已發行有表決權之股份總數或資本總額三分之一時。

⑵有表決權之股份或出資額超過他公司已發行有表決權之股份總數或資本總額二分之一時。

⑶前述之有表決權之股份或出資額再低於他公司已發行有表決權之股份總數或資本總額二分之一時。

公司負責人違反前述通知規定者,各處新臺幣六千元以上三萬元以下罰鍰。主管機關並應責令期限辦理;期滿仍未辦理者,得責令限期辦理,並按次連續各處新臺幣九千元以上六萬元以下罰鍰至辦理為止(公司法第三百六十九條之八)。

2.賠償責任

控制公司直接或間接使從屬公司為不合營業常規或其他不利益之經營,而未於會計年度終了時為適當補償,致從屬公司受有損害時,應負賠償責任(公司法第三百六十九條之四第一項)。所謂不合營業常規或其他不利益之經營,例如要求從屬公司賠本出售控制公司所需之貨品,或訂定契約要求從屬公司之節稅所得應交由控制公司享受,例如射鵰股份有限公司要求利益輸送建設股份有限公司以低於成本之價格出售辦公大樓予射鵰股份有限公司。控制公司要求從屬公司為不合營業常規或其他不利益之經營時,應於會計年度終了補償從屬公司因該不利益經營所受之損失,倘控制公司未補償或未充分補償,致從屬公司受有損害時,控制公司應負賠償責任。

控制公司直接或間接使從屬公司為不合營業常規或其他不利益之經營行為時，控制公司對從屬公司有債權，在控制公司對從屬公司應負擔之損害賠償限度內，不得主張抵銷（公司法第三百六十九條之七第一項）。例如射鵰股份有限公司使利益輸送建設股份有限公司為不合利益之營業，應於會計年度終了補償利益輸送建設股份有限公司因該不利益經營所受之損失，假設應負之損害賠償額為二億元，而利益輸送建設股份有限公司積欠射鵰股份有限公司二億元，射鵰股份有限公司不得主張兩相抵銷，仍須實質賠償利益輸送建設股份有限公司所受之損失。

又，控制公司對從屬公司之債權，不論有無別除權或優先權，於從屬公司依破產法之規定為破產或和解，或依公司法規定為重整或特別清算時，應次於從屬公司之其他債權受清償（公司法第三百六十九條之七第二項），以避免控制公司以製造債權方式，規避其應盡之賠償責任。假設利益輸送建設股份有限公司積欠射鵰股份有限公司二億元，於是將其位於南投縣之土地一筆，設定抵押權予射鵰股份有限公司，嗣後利益輸送建設股份有限公司因經營不善，經股東大會特別決議決定解散，並進行特別清算程序，但依照民法規定，射鵰股份有限公司就該利益輸送建設股份有限公司位於南投縣之土地享有抵押權，故拍賣南投縣土地之所得，應優先清償利益輸送建設股份有限公司積欠射鵰股份有限公司之債務，惟依照公司法之規定，射鵰股份有限公司必須等利益輸送建設股份有限公司之其他債權人都獲得清償後，才能獲得清償。

3. 編製關係企業會計表冊的義務

控制公司為公開發行股票之公司，應於每會計年度終了，編製關係企業合併營業報告書及合併財務報表（公司法第三百六十九條之十二）。

㈡從屬公司的權利與義務

1. 賠償請求權

為加強保護從屬公司少數股東與債權人之權益，控制公司未於會計年度終了補償從屬公司之損失時，從屬公司得請求控制公司負損害賠償責任。

⑴賠償義務人

除控制公司應負賠償責任外，倘係控制公司的負責人要求從屬公司為不合營業常規或其他不利益之經營時，從屬公司亦得要求控制公司的負責人與控制公司負連帶賠償責任（公司法第三百六十九條之四第二項）。若控制公司使從屬公司為不合營業常規或其他不利益之經營，致另從屬公司受有利益時，從屬公司亦得要求受有利益之該他從屬公司於其所受之利益限度內，與控制公司負連帶賠償責任（公司法第三百六十九條之五）。例如射鵰股份有限公司要求利益輸送建設股份有限公司以低於市價之方式，出售一筆土地予槍手建設有限公司，倘射鵰股份有限公司未於會計年度終了時適當補償利益輸送建設股份有限公司之損失，則槍手建設有限公司須於其所受利益範圍內，與射鵰股份有限公司負連帶賠償責任。

(2)消滅時效

從屬公司之損害賠償請求權，自請求權人知控制公司有賠償責任及知有賠償義務人時起，二年間不行使而消滅。自控制公司賠償責任發生時起，逾五年者亦同（公司法第三百六十九條之六）。

2.公告義務

從屬公司自接獲控制公司關於其所持有之有表決權股份數額或出資額通知後，應於收到通知後五日內公告之，公告中應載明通知公司名稱及其持有股份或出資額之額度。公司負責人違反前述通知或公告規定者，各處新臺幣六千元以上三萬元以下罰鍰。主管機關並應責令期限辦理；期滿仍未辦理者，得再限期辦理，並按次連續各處新臺幣九千元以上六萬元以下罰鍰至辦理為止（公司法第三百六十九條之八）。

3.製作關係報告書的義務

從屬公司為公開發行股票之公司，應於每會計年度終了，造具其與控制公司間之關係報告書，載明相互間之法律行為、資金往來及損益情形（公司法第三百六十九條之十二）。

(三)相互投資公司行使表決權的限制

相互投資公司亦須按公司法第三百六十九條之八規定，於投資達對方有表決權之股份總數或資本總額三分之一，或被投資達公司有表決權之股

份總數或資本總額三分之一時，通知對方公司（公司法第三百六十九條之十）。

相互投資公司知有相互投資之事實時，其所得行使之表決權，不得超過被投資公司已發行有表決權股份總數或資本總額之三分之一。例如射鵰股份有限公司已發行有表決權股之股份總數為三千萬股，大漠股份有限公司於股市購買射鵰股份有限公司一千二百萬股之有表決權股份，而大漠股份有限公司之已發行有表決權股為一千萬股，射鵰股份有限公司亦購買大漠股份有限公司四百萬之股票，此時大漠股份有限公司自知悉二家公司相互投資之事實起，其所得行使射鵰股份有限公司之表決權，不得超過一千萬股。但以盈餘或公積增資配股所得之股份，仍得行使表決權。承前例，射鵰股份有限公司以配股方式分配公司盈餘，而大漠股份有限公司配得一百二十萬股，則大漠股份有限公司就該一百二十萬股仍得行使表決權。

惟公司依第三百六十九條之八規定通知他公司後，於未獲他公司相同之通知，亦未知有相互投資之事實者，其股權之行使不受前項限制。假設大漠股份有限公司通知射鵰股份有限公司後，未獲射鵰股份有限公司相同之通知時，大漠股份有限公司所得行使之表決權，不受公司法第三百六十九條之十之限制。

㈣從屬公司少數股東與債權人的請求權

除控制公司之賠償責任、控制公司負責人與受利益之他從屬公司連帶賠償責任外，公司法並積極賦與公司債權人及少數股東求償權，以落實賠償責任之規定。依公司法第三百六十九條之四規定，控制公司未盡賠償責任時，從屬公司之債權人或繼續一年以上持有從屬公司已發行有表決權股份總數或資本總額百分之一以上之股東，得以自己名義行使從屬公司之損害賠償請求權，請求控制公司對從屬公司為給付（公司法第三百六十九條之四第三項）。縱使從屬公司拋棄賠償請求權或就賠償請求權與控制公司達成和解，從屬公司之少數股東與債權人仍得行使此項權利（公司法第三百六十九條之四第四項）。

此種權利，自請求權人知控制公司有賠償責任及知有賠償義務人時起，

二年間不行使而消滅。自控制公司賠償責任發生時起，逾五年者亦同（公司法第三百六十九條之六）。

㈤關係企業之合併

控制公司持有從屬公司百分之九十以上已發行股份者，得經控制公司及從屬公司之董事會以董事三分之二以上出席，及出席董事過半數之決議，與其從屬公司合併。其合併之決議，不適用第三百十六條第一項至第三項有關股東會決議之規定（第三百十六條之二第一項）。從屬公司董事會為前項決議後，應即通知其股東，並指定三十日以上期限，聲明其股東得於期限內提出書面異議，請求從屬公司按當時公平價格，收買其持有之股份（第三百十六條之二第二項）。從屬公司股東與從屬公司間依前項規定協議決定股份價格者，公司應自董事會決議日起九十日內支付價款；其自董事會決議日起六十日內未達協議者，股東應於此期間經過後三十日內，聲請法院為價格之裁定（第三百十六條之二第三項）。前述從屬公司股東收買股份之請求，於公司取銷合併之決議時，失其效力。股東於前述期間內不為請求或聲請時，亦同（第三百十六條之二第四項）。第三百十七條有關收買異議股東所持股份之規定，於控制公司不適用之（第三百十六條之二第五項）。控制公司因合併而修正其公司章程者，仍應依第二百七十七條規定辦理（第三百十六條之二第六項）。

【參考答案】

射鵰股份有限公司要求利益輸送建設股份有限公司以低於成本的價格出售辦公大樓予射鵰股份有限公司，無異係直接使利益輸送建設股份有限公司為不合營業常規且不利益之經營，因此射鵰股份有限公司應於會計年度終了時，對利益輸送建設股份有限公司為適當補償，若不為適當補償，致利益輸送建設股份有限公司受有損害，應負賠償責任。利益輸送建設股份有限公司的債權人並得以自己名義請求射鵰股份有限公司負賠償責任，維護利益輸送建設股份有限公司的資產，間接確保債權人自身之權益。

第七章 外國公司

〔案 例〕

張廣志旅居日本多年，在居住地開設電腦公司，因感年齡漸長乃欲回國定居，並決定以「日商廣志電腦公司」為名向有關機關申請認許，迨通過認許並領得公司執照後，在臺北設立分公司，而日本的公司則由其子負責經營。

一年後，臺北分公司業務蒸蒸日上，但日本的公司卻因其子不願繼續經營而解散。

〔問 題〕

一、「日商廣志電腦公司」於臺灣辦理分公司登記後，其權利義務為何？

三、「日商廣志電腦公司」在日本解散後，臺北分公司是否能繼續存在？

〔說 明〕

一、申請辦理分公司登記的條件

本法所稱外國公司，謂以營利為目的，依照外國法律組織登記之公司。外國公司，於法令限制內，與中華民國公司有同一之權利能力（公司法第四條）。

(一)積極條件

外國公司非經辦理分公司登記，不得以外國公司名義在中華民國境內經營業務（公司法第三百七十一條）。

(二)消極要件

外國公司有下列情事之一者，不予分公司登記：

1.其目的或業務，違反中華民國法律、公共秩序或善良風俗者（公司法第三百七十三條第一項第一款）。

2.公司申請登記事項或文件中有虛偽情事者（公司法第三百七十三條

第一項第二款）。

外國公司在中華民國境內設立分公司者，其名稱，應譯成中文，並標明其種類及國籍（公司法第三百七十條）。以供與公司交易的對象與社會大眾辨識。經辦理分公司登記後的外國公司，可以使用外語譯音。

二、該公司經登記後，其權利義務

原則上，外國公司經登記後，其法律上權利義務及主管機關之管轄，於法令限制內與中華民國公司同（公司法第四條第二項）。其應盡的特別義務為：

㈠外國公司在中華民國境內設立分公司者，應專撥其營業所用之資金，並指定代表為在中華民國境內之公司負責人（公司法第三百七十二條第一項）。

㈡外國公司在中華民國境內設立分公司者，應將章程備置於其分公司，如有無限責任股東者，並備置其名冊（公司法第三百七十四條第一項）。公司負責人若違反前項規定，不備置章程或無限責任股東名冊者，各處新臺幣一萬元以上五萬元以下罰鍰；連續拒不備置時，並按次連續各處新臺幣二萬元以上十萬元以下罰鍰（公司法第三百七十四條第二項）。其所備章程或無限責任股東名冊有虛偽記載時，依刑法或特別刑法偽造文書等有關規定處罰。

所謂外國公司負責人，指外國公司在中華民國境內指定代表之負責人（公司法第三百七十二條第一項）。此外，外國公司在中華民國境內設置分公司時，分公司的經理人在執行職務的範圍內，也是外國公司在中華民國境內的負責人（公司法第八條第二項）。

㈢外國公司經登記後，主管機關於必要時，得查閱其有關營業之簿冊文件（公司法第三百七十七條第一項準用第二十條）。

三、登記之廢止

外國公司登記經廢止的規定如下：

㈠主動廢止登記

外國公司在中華民國境內設立分公司後，無意在中華民國境內繼續營

業時，應向主管機關申請廢止分公司登記，但廢止登記以前所負之責任或債務，並未免除（公司法第三百七十八條）。

㈡被動廢止登記

外國公司有下列情事之一者，主管機關得依職權或利害關係人之申請，廢止外國公司在中華民國境內之分公司登記：

1.外國公司已解散者（公司法第三百七十九條第一項第一款）。

2.外國公司已受破產之宣告者（公司法第三百七十九條第一項第二款）。

3.外國公司在中華民國境內之分公司，有第十條各款情事之一（公司法第三百七十九條第一項第三款）。

㈢廢止登記的效果

公司之廢止登記，不得影響債權人之權利及公司之義務（公司法第三百七十九條第二項）。

至於外國公司之登記經廢止後，應即就其在中華民國境內營業，或分公司所生之債權債務進行清算了結（公司法第三百八十條第一項），而除外國公司另有指定清算人者外，由其在中華民國境內之負責人或分公司經理人為清算人（公司法第三百八十條第二項）。

外國公司進行清算時，應注意下列事項：

1.經廢止登記的外國公司，在清算的範圍內，視為尚未廢止登記（公司法第三百七十七條準用第二十五條）。

2.外國公司在中華民國境內的財產，在清算時期中，不可移出中華民國境內；且除了清算人執行清算外，不可處分（公司法第三百八十一條），以保障公司債權人的利益。

3.經廢止登記的外國公司，所有清算未了結的債務，仍應由該外國公司清償（公司法第三百八十條第一項）。

4.外國公司的負責人違反前述義務時，對於外國公司在中華民國境內營業、或分公司所生的債務，均與該外國公司負連帶責任（公司法第三百八十二條）。

【參考答案】

　　「日商廣志電腦公司」辦理分公司登記後，依公司法第四條，其法律上權利義務於法令限制內與中華民國公司相同。該公司須專撥其營業所用之資金，並指定代表為中華民國境內之公司負責人。

　　「日商廣志電腦公司」在日本解散，其在外國所設的分公司自無單獨存在的道理。此時，本應由「日商廣志電腦公司」自行向主管機關申請廢止分公司登記，若其不主動向主管機關申請廢止登記，則主管機關應依職權或利害關係人申請，廢止其分公司登記，以維護交易安全。因此，「日商廣志電腦公司」在臺北所設立的分公司亦消滅。

第三篇　商業登記

一、商業登記的意義

公司法中有相當多強制公司辦理登記的規定，藉由將相關資訊向主管機關登記後公開，使得公司債權人、股東或其他投資大眾都可知悉公司的所營事業、公司結構及財務狀況。此外，主管機關也可憑藉著這些資訊來輔導、管理、及監督公司的經營，由此可知登記的重要性。

不過，公司法中關於登記的相關規定只能適用於具有法人資格的公司。其他不具權利能力的商業組織，固然也有揭露相關資訊的必要，可是卻不受公司法的規範。因此有必要另設法令，此即商業登記法的由來。

商業，依據商業登記法第三條規定，是指以營利為目的，以獨資或合夥方式經營的事業。

商業登記則是指依商業登記法的規定，將商業上應行登記事項，向商業所所在地主管機關所為的登記。

商業登記法於民國二十六年制訂以來，曾於民國五十六年、七十八年、八十八年、八十九年、九十一年二月及十二月、九十七年、九十八年一月及三月及一百零五年五月修訂，共計十次。其中修正幅度較大者，為民國八十八年、九十七年及一百零五年的修訂。民國八十八年修訂前，商業登記法中有許多刑罰規定，藉以威嚇不依商業登記法辦理登記的人。但對於非重大違反行政法令的行為，其實不需要施以刑罰。因此於民國八十八年刪除商業登記法中刑罰規定（在法律上稱為「除罪化」），但相對的，也配合社會經濟環境的變遷，調整罰鍰的額度。

民國九十七年的修正重點則包括：㈠因發展觀光條例第二條第九款所規定的民宿，係指以家庭副業方式經營，屬於小規模營業範疇，為配合該條例，在第五條增訂民宿經營者得免辦商業登記的規定。㈡新增第七條，商業的經營違反目的事業主管機關的法律或法規命令時，由各該目的事業主管

機關為勒令歇業處分，並於勒令歇業處分確定後，通知主管機關廢止其商業登記或部分登記事項。㈢因商業的負責人或合夥人已就商業負無限責任，且商業營業規模較小，資本額較公司組織者為低，為減少商業經營成本，以利商業發展，故刪除原條文第八條第四項有關其資本額須經會計師查核簽證的規定。㈣鑑於印鑑非屬商業應登記的事項，故刪除原條文第二十七條有關申請印鑑證明書的規定。㈤為便利商業彈性靈活經營業務，以適應快速變遷的經濟環境，參考公司法立法體例，除許可業務外，凡非法規禁止或限制的業務，商業均得經營，故刪除原條文第八條第三項商業不得經營其登記範圍以外業務的規定。㈥依使用者付費原則，於第三十五條增訂商業名稱及所營業務預查應收取審查費，其費額應由中央主管機關規定。

民國一百零五年的修正重點包括：

1. 增訂第五條第二項，針對免申請登記之小規模商業，明訂「家庭農、林、漁、牧業者與家庭手工業者，以自任操作或雖僱用員工而仍以自己操作為主者為限」；

2. 修正第九條第一項第六、七款規定，原條文關於出資之登記，除須登記其數額外，尚須登記其種類，惟商業出資之種類多元，登記重點應在於其數額，出資種類並無登記之必要，故將第一項第六及七款規定之「出資種類及數額」修正為「出資額」；

3. 修正第十九條規定，為保障交易安全，商業負責人及合夥人之出資額亦有公示之必要，故於第一項第六及七款將「出資額」增列為商業登記事項，並刪除第二十一條有關商業之登記如依其他法律之規定，須辦理他種登記者，應實施統一發證之規定；

4. 商業名稱經法院判決確定不得再使用者，實務上，部分商業並未依判決主動辦理名稱之變更，故參照公司法第十條之立法體例，增訂第一項第五款，以判決確定後六個月為期限，如逾期仍未辦理名稱變更登記，並經商業所在地主管機關令其限期辦理仍未辦妥者，該機關得依職權、檢察機關通知或利害關係人申請，廢止其商業登記；

5. 修正第二十八條規定，將原先已合法登記的店家，因行政區域調整

而導致與其他店家同名的情況，基於信賴保護原則，認定這類商家可併存，以保護其既有的權利。

二、有關主管機關

(一)主管機關

商業登記法第二條第一項規定：「本法所稱主管機關：在中央為經濟部；在直轄市為直轄市政府；在縣（市）為縣（市）政府。」第二項：「直轄市政府、縣（市）政府，必要時得報經經濟部核定，將本法部分業務委任區（鄉、鎮、市）公所或委託直轄市、縣（市）之商業會辦理。」至於商業登記的申請，應由商業負責人向「營業所所在地」的直轄市建設局或縣（市）政府辦理。商業登記由代理人申請時，並應加具本人之委託書（商業登記法第八條）。

(二)審　理

主管機關在審理商業登記案件時，可以採行的處理方式包括：

1.核准登記、發證明書及公告

商業所在地主管機關辦理商業登記案件的期間，從收件當天起算至核准登記日止，不可以超過七天。但依規定通知補正的期間，不計算在內（商業登記法第二十三條）。

商業負責人得申請商業所在地主管機關就已登記事項發給證明書。於民國一百零五年修法時，考量登記事項證明書之核給應由「商業自身」申請為限，爰刪除「或利害關係人」，又商業之利害關係人欲知悉或取得商業登記資訊，應依修正條文第十九條第一項規定，於所在地主管機關之資訊網站查閱，或依修正條文第二十六條第一項規定，敘明理由，向商業所在地主管機關申請查閱、抄錄或複製登記文件，併為敘明（商業登記法第二十五條、第二十六條第一項）。商業登記法中所稱的利害關係人，除合夥人外，是指對商業或合夥人有債權、債務或其他法律關係的人（商業登記法第二十六條第二項）。

下列登記事項，其所在地主管機關應公告於資訊網站，以供查閱：(1)名稱。(2)組織。(3)所營業務。(4)資本額。(5)所在地。(6)負責人之姓名及出資額。(7)合夥組織者，其合夥人之姓名及出資額。(8)分支機構之名稱、所在地及經理人之姓名（商業登記法第十九條第一項）。

2.通知補正

對於商業登記的申請,主管機關認為有違反法令或不合法定程式時,應於收文後五日內通知補正,而補正通知內必須將申請人應行補正的事項一次全部告知(商業登記法第二十二條)。

3.撤銷或廢止登記

當登記事項涉及偽造、變造文書,經法院有罪判決確定;或登記後滿六個月尚未營業,或開始營業後自行停止營業達六個月以上;或遷離原址超過六個月未申請變更登記,經主管機關通知仍不辦理;或登記後經有關機關實地調查,發現無營業跡象,並經房屋所有權人證明無租借房屋情事;或商業名稱經法院判決確定不得使用,商業於判決確定後六個月內尚未辦妥商業名稱變更登記,並經商業所在地主管機關令其限期辦理仍未辦妥等五款情形時,主管機關得依職權、檢察機關通知或利害關係人申請撤銷或廢止其登記或部分登記事項(商業登記法第二十九條)。

(三)登記例外及其他事業主管機關的許可

1.得免登記的小規模商業

除法律另有規定外,商業組織未向主管機關辦理登記,不得成立(商業登記法第四條)。但並非所有符合商業登記法第三條定義的商業組織都需要辦理登記,下列商業組織即為例外:

(1)攤販。

(2)家庭、農、林、漁、牧業。但限於以自任操作,或雖僱用員工而仍以自己操作為主者。

(3)家庭手工業者。

(4)民宿經營者。

(5)每月銷售額未達營業稅起徵點者。營業稅起徵點,因行業別而有不同。買賣業、製造業、手工業、新聞業、出版業、農林業、畜牧業、水產業、礦冶業、包作業、印刷業、公用事業、娛樂業、運輸業、照相業及一般飲食業等業別的起徵點為每月銷售額新臺幣八萬元。裝潢業、廣告業、修理業、加工業、旅宿業、理髮業、沐浴業、勞務承攬業、倉庫業、租賃

業、代辦業、行紀業、技術及設計業及公證業等業別的起徵點為每月銷售額新臺幣四萬元（財政部九十五年十二月二十二日臺財稅字第○九五○四五五三八六○號）。

2.須先經其他事業主管機關許可的業務

商業所營的業務，依法律或基於法律授權所定的命令，須經各該事業主管機關許可時，需先領取許可證件後，才可以申請商業登記（商業登記法第六條第一項）。反過來說，當此項業務許可，經目的事業主管機關撤銷或廢止後，該目的事業主管機關亦將通知商業登記主管機關，將登記的全部或一部撤銷或廢止（商業登記法第六條第二項）。例如阿良獨資開了一家水電行，而關於自來水管承裝的業務，必須先向直轄市或縣（市）政府申請許可，並加入相關水管工程工業同業公會（自來水法第九十三條），才可申請商業登記。

三、商業登記的種類

關於商業登記的種類，主要規定於商業登記法第九條至第十八條，茲分述如後：

㈠商業設立登記

1.商業設立登記

商業登記法第九條第一項規定，商業開業前，應由商業負責人將下列各款事項，向登記主管機關申請登記：

⑴名稱：商業名稱，可以採用負責人姓名或其他名稱，但有下列限制：①不得使用易於使人誤認為與政府機關或公益團體有關的名稱。②合夥組織以合夥人的姓或姓名為商業名稱時，若該合夥人退夥，而欲繼續使用其姓或姓名為商業名稱時，須得該合夥人的同意（商業登記法第二十七條）。③商業在同一直轄市或縣（市），不可以使用與已登記商業相同的名稱。但原已合法登記之商業，因行政區域調整，致與其他商業之名稱相同；或增設分支機構於他直轄市或縣（市），附記足以表示其為分支機構的明確字樣者，不在此限（商業登記法第二十八條第一項）。④商業名稱不可以使用公司字樣（商業登記法第二十八條第二項）。⑤商業名稱及所營業務，在申請

設立登記前，應先申請核准，並在一定期間內保留商業名稱，不讓其他商業使用；其申請程序、商業名稱與所營業務的記載方式、保留期間及其他應遵行事項的準則，由中央主管機關規定。而經濟部已於民國九十八年發布「商業名稱及所營業務預查審核準則」。

(2)組織：需指出獨資抑或合夥方式組織的型態。

(3)所營業務：除應事先取得許可的業務外，凡非法規禁止或限制的業務，商業均得經營。

(4)資本額：應標明其數額。

(5)所在地：即該商業的營業所所在地。

(6)負責人姓名、住所或居所、身分證明文件字號、出資額：所謂商業負責人，在獨資組織中，是指出資人或其法定代理人；在合夥組織中，是指執行業務的合夥人。經理人在執行職務範圍內，也是商業負責人（商業登記法第十條）。

(7)合夥組織者，合夥人姓名、住所或居所、身分證明文件字號、出資額及合夥契約副本。

(8)其他經中央主管機關規定的事項。

2. 商業分支機構的登記

依同法第十四條規定，商業分支機構，若屬於獨立設置帳簿者，應自設立之日起十五日內，將下列各款事項，向分支機構所在地的主管機關申請登記下列事項：

(1)分支機構名稱。

(2)分支機構所在地。

(3)分支機構經理人姓名、住所或居所、身分證明文件字號。

(4)其他經中央主管機關規定的事項。

3.「業必歸會」

須特別注意者，依商業登記法取得登記證照的商業，必須於開業後一個月內，加入該地區商業同業公會為會員；其兼營兩業以上商業者，除其他法律另有規定外，應至少選擇一業加入該業商業同業公會為會員（商業

團體法第十二條第一項)。但若因廢業,或遷出公會組織區域,或受永久停業處分者,應予退會(商業團體法第十四條)。

(二)商業變更、遷移、停業及歇業登記

1. 商業變更登記

商業登記法第十五條第一項規定:「登記事項有變更時,除因繼承所致之變更登記應自繼承開始後六個月內為之外,應自事實發生之日起十五日內,申請為變更登記。」由此可知,變更登記事由有二:一是商業繼承,一是其他事項的變更。民國一百零五年修法前,依商業登記法第八條第二項規定:「商業繼承之登記,應由合法繼承人全體聯名申請,繼承人中有未成年者,由其法定代理人代為申請;繼承開始時,繼承人之有無不明者,由遺產管理人代為申請。」原條文所謂商業繼承之登記,指商業負責人或合夥人死亡,而出資額由繼承人繼承時,所需辦理之負責人變更登記或合夥人變更登記。因此,繼承僅為原條文第十五條第一項登記事項變更之原因,非另一種變更登記之類型,並無另行規定之必要,爰將第八條第二項予以刪除。須注意者,經理人的任免或調動,也必須自事實發生之日起十五日內申請登記(商業登記法第十三條)。

2. 商業遷移登記

商業遷移於原登記機關之管轄區域以外時,依該法第十六條,應向遷入區域的主管機關申請辦理遷入登記。

3. 停業登記

停業登記乃指商業暫停營業一個月以上者,依商業登記法第十七條第一項規定,應於停業前申請辦理停業登記,並於恢復營業前辦理復業登記。但若已依加值型及非加值型營業稅法規定申報核備者,不在此限。須注意者,停業期間,除有正當理由,經商業所在地主管機關核准者,最長不得超過一年(商業登記法第十七條第二項)。

4. 歇業登記

歇業登記係指商業終止營業時應辦理的登記,此種登記應於終止營業事實發生之日起十五日內申請(商業登記法第十八條)。

㈢其他事項——人事之登記

1.限制行為能力人的商業登記

民法第八十五條第一項規定:「法定代理人允許限制行為能力人獨立營業者,限制行為能力人,關於其營業,有行為能力。」而商業登記法第十一條第一項也有類似規定:限制行為能力人,經法定代理人允許,獨立營業或擔任合夥事業的合夥人,在申請登記時,應附送法定代理人的同意書。若法定代理人發現限制行為人有不勝任情形時,民法第八十五條第二項規定法定代理人得將其允許撤銷或限制之,而商業登記法第十一條第二項則規定,法定代理人應將其允許撤銷或限制的事由申請主管機關登記。

2.由法定代理人經營的登記

商業登記法第十二條規定:「法定代理人為無行為能力人或限制行為能力人經營已登記之商業者,則法定代理人為商業負責人,應於十五日內申請登記,登記時應加具代理人證明文件。」

商業的各類登記事項,其申請程序、應檢附的文件、資料及其他應遵行事項的辦法,依商業登記法第十五條第二項,由中央主管機關規定。而經濟部已於民國九十八年發布「商業登記申請辦法」。

四、效　力

㈠一般效力——登記對抗主義

商業登記法第十九條:「商業之下列登記事項,其所在地主管機關應公告於資訊網站,以供查閱:一、名稱。二、組織。三、所營業務。四、資本額。五、所在地。六、負責人之姓名及出資額。七、合夥組織者,其合夥人之姓名及出資額。八、分支機構之名稱、所在地及經理人之姓名。公告與登記不符者,以登記為準。」第二十條並規定:「商業設立登記後,有應登記事項而不登記,或已登記事項有變更而未為變更之登記者,不得以其事項對抗善意第三人。於分支機構所在地有應登記事項而未登記,或已登記事項有變更而未為變更之登記者,前項規定僅就該分支機構適用之。」

下引判例補充說明本法第二十條之要件及效力:

1.退夥未經登記不生對抗效力

四十九年臺上字第一七一二號判例指出，「已登記之商號，其廢止、變更或轉讓，非經登記不得對抗善意第三人，則上訴人縱有退夥之聲明，但未經登記，不得對抗善意之被上訴人」。

2.約定出資未登記的效力

四十九年臺上字第二四四七號判決指出，「商業登記法（舊）第九條第二項所定合夥已依前項規定為登記，其約定出資而未登記為該合夥人者，視為隱名合夥，適用民法關於隱名合夥之規定云云，在登記時已約定出資而未為登記者，固有此規定之適用，若原為獨資後經改組為合夥者，則商業主體已經變更，依同法第十條乃應為變更之登記，與第九條第二項視為隱名合夥之情形不同，如不為登記應受同法第十三條不得以變更之事由對抗善意第三人之限制，要不得以未經登記為否認變更之藉口，債權人對於登記後有所變更之合夥，固可以其未為登記而否認變更之效力，亦非不可就已變更之事實主張其權利」。

3.商號的設立採登記對抗主義

商業設立登記後，有應登記事項而未登記，或已登記事項有變更而未為變更登記者，不得以其事項對抗善意第三人（商業登記法第二十條第一項）。

㈡特殊效力──排他性

商號經登記後，商號專用權（簡稱商號權）因而產生。該商號權就如同個人之姓名權一般，同樣具有人格權之性質，應予以保障，因此於該法第二十八條第一項規定，「商業在同一縣（市），不得使用相同或類似他人已登記之商號名稱，經營同類業務。但原已合法登記之商業，因行政區域調整，致與其他商業之名稱相同；或增設分支機構於他縣（市），附記足以表示其為分支機構之明確字樣者，不在此限。」此項但書係於民國一百零五年修法時增訂，為因應我國行政區域之調整，原在同一直轄市或縣（市）內無使用相同名稱而已登記之商業，如因行政區域之調整，致與調整後同一直轄市或縣（市）內其他已登記之商業名稱相同者，因該名稱相同之商業均於行政區域調整前經合法登記，本於信賴保護原則，其商業名稱之使

用權均應予以保障，爰以訂之。至於判斷兩商號是否類似，應以交易上有無使人混同誤認之處為標準。

㈢罰　則

未經設立登記而以商業名義經營業務或為其他法律行為者，商業所在地主管機關應命行為人限期辦妥登記；屆期未辦妥者，處新臺幣一萬元以上五萬元以下罰鍰，並得按次處罰（商業登記法第三十一條）。

商業有應登記事項而不登記者，其商業負責人處新臺幣二千元以上一萬元以下罰鍰（商業登記法第三十二條）。

超過商業登記法關於商業分支機構登記、變更登記、法定代理人經營等相關規定的申請期限時，其商業負責人處新臺幣一千元以上五千元以下罰鍰（商業登記法第三十三條）。

商業的設立登記與其他依法應登記事項，主管機關可隨時派員抽查。商業負責人及其從業人員，不得妨礙、拒絕或規避（商業登記法第九條第二項），違反時，商業負責人將處以新臺幣六千元以上三萬元以下罰鍰（商業登記法第三十四條）。

五、其　他

1. 查閱、抄錄

商業登記的目的之一，是便利政府管理以獨資或合夥方式經營的事業。所以，商業登記法第二十五條規定，商業負責人得申請商業所在地主管機關就已登記事項發給證明書。然而，證明書的申請多為單次需求性的申請，或有缺漏。因此，依商業登記法第二十六條第一項商業負責人、合夥人或利害關係人，得敘明理由，向商業所在地主管機關申請查閱、抄錄或複製登記文件。

由商業登記法第二十六條可得知，查閱、抄錄的申請人有三，即商業負責人、合夥人或利害關係人。之所以將申請人限於商業負責人、合夥人與利害關係人，乃是為保護商業的營業秘密及保護交易秩序二者。

2. 規　費

依商業登記法第三十五條第一項規定，商業所在地主管機關依本法受

理商業名稱及所營業務預查、登記、查閱、抄錄、複製及各種證明書等之各項申請，應收取費用，其費用之種類及費額之準則，由中央主管機關定之。同條第二項規定，停業登記、復業登記、歇業登記則免繳登記費。

　其各種規費的數額由中央主管機關規定。經濟部已於民國九十八年發布「商業登記規費收費準則」。

附　錄

無限公司登記應附送書表一覽表

單位：份

登記事項＼附送書表	申請書	其他機關核准函影本（無則免送）	公司章程影本	股東同意書影本（註7）	股東身分證明文件影本（註3）	合併後改推新代表公司之股東，其身分證明文件影本	經理人身分證明文件影本	辭（解）（死亡者免附）任證明文件影本	合併契約影本	股東退股證明書影本	法院裁定文件影本	建築所有權人同意書影本及所有權證明文件影本（註5）	會計師資本額查核報告書（註6）	設立（變更）登記表（註8）
1.公司設立	1	1	1	1	1							1	1	2
2.公司名稱變更	1	1	1	1										2
3.修正章程	1	1	1	1										2
4.公司所營事業變更	1	1	1	1										2
5.股東出資轉讓	1	1	1	1	1（新增者）									2
6.股東姓名、地址變更	1		1	1										2
7.公司所在地變更　同一縣市	1	1		1								1		2
7.公司所在地變更　不同縣市	1	1	1	1								1		2
8.變更組織	1	1	1	1	1（新增者）									2
9.經理人委任	1	1		1			1							2
10.經理人解任	1	1		1				1（辭職者檢附）						2
11.經理人、分公司經理人姓名、地址變更	1						1							2
12.分公司設立	1	1	1	1			1							2
13.分公司經理人變更	1	1					1							2
14.分公司名稱變更	1	1		1（如因總公司更名者免附）										2
15.分公司所在地變更	1	1		1								1		2
16.分公司廢止	1	1		1										
17.停業	1													
18.復業	1													
19.延展開業	1													
20.增資	1	1		1	1（新增者）								1	2
21.減資	1	1		1						1			1	2
22.合併新設	1	1	1	1（含新設及各消滅公司）		1			1			1	1	2
23.合併存續	1	1	1	1（含存續及各消滅公司）		1			1				1	2
24.合併解散	1	1							1					
25.解散	1			1										2
26.裁定解散	1										1			2

備註：1.委託會計師或律師代理者，應另檢附委託書一份。

2.申請變更之經理人，曾檢送身分證明文件且身分資料無變更者，得免檢附身分證明文件。

3.股東為本國公司或經登記之外國公司者免附。

4.公司申請設立、合併新設、名稱及所營事業變更者，應於申請書件上載明「公司名稱及所營事業登記預查申請表」核准文號。

5.公司登記所在地之建物所有權人出具之同意書，應載明同意提供使用之公司名稱；建物為公司所自有者或檢附租賃契約影本，免附同意書。

6.公司法第七條第一項規定：「公司申請設立登記之資本額，應經會計師查核簽證；公司應於申請設立登記時或設立登記後三十日內，檢送經會計師查核簽證之文件。」於申請設立登記案件，會計師資本額查核報告書得於設立登記後三十日內補送。

7.如股東係無行為能力人時，須由法定代理人代為出具同意書；如股東係限制行為能力人時，出具同意書須經法定代理人允許。

8.設立（變更）登記表應使用主管機關所定之格式辦理。

兩合公司登記應附送書表一覽表

單位：份

登記事項	申請書	其他機關核准函影本（無則免送）	公司章程影本	股東同意書影本（註7）	股東身分證明文件影本（註3）	股東退股、除名證明書影本	合併後改推新代表公司之股東，其身分證明文件影本	經理人身分證明文件影本	辭（解）任證明文件影本（死亡者免附）	合併契約影本	法院裁定文件影本	建物所有權人同意書影本及所有權證明文件影本（註5）	會計師資本額查核報告書（註6）	設立（變更）登記表（註8）
1.公司設立	1	1	1	1	1							1	1	2
2.公司名稱變更	1	1	1	1										2
3.修正章程	1	1	1	1										2
4.公司所營事業變更	1	1	1	1										2
5.股東出資轉讓	1	1	1	1	1（新增者）									2
6.股東姓名、地址變更	1	1			1									2
7.公司所在地變更　同一縣市	1	1		1								1		
7.公司所在地變更　不同縣市	1	1		1								1		2
8.變更組織	1	1		1	1（新增者）									2
9.經理人委任	1	1		1				1						2
10.經理人解任	1	1		1					1（辭職者檢附）					2
11.經理人、分公司經理人姓名、地址變更	1							1						2
12.分公司設立	1	1		1				1						2
13.分公司經理人變更	1	1						1						2
14.分公司名稱變更	1	1		1（如因總公司更名者免附）										2
15.分公司所在地變更	1	1		1								1		2
16.分公司廢止	1	1		1										
17.停業	1													
18.復業	1													
19.延展開業	1													
20.增資	1	1	1	1	1（新增者）								1	2
21.減資	1	1	1			1							1	2
22.合併新設	1	1	1	1（含新設及各消滅公司）	1					1		1	1	2
23.合併存續	1	1	1	1（含存續及各消滅公司）			1			1		1	1	2
24.合併解散	1	1								1				
25.解散	1	1		1										2
26.裁定解散	1										1			2

備註：1.委託會計師或律師代理者，應另檢附委託書一份。

2.申請變更之經理人，曾檢送身分證明文件且身分資料無變更者，得免檢附身分證明文件。

3.股東為本國公司或經登記之外國公司者免附。

4.公司申請設立、合併新設、名稱及所營事業變更者，應於申請書件上載明「公司名稱及所營事業登記預查申請表」核准文號。

5.公司登記所在地之建物所有權人出具之同意書，應載明同意提供使用之公司名稱；建物為公司所自有者或檢附租賃契約影本，免附同意書。

6.公司法第七條第一項規定：「公司申請設立登記之資本額，應經會計師查核簽證；公司應於申請設立登記時或設立登記後三十日內，檢送經會計師查核簽證之文件。」於申請設立登記案件，會計師資本額查核報告書得於設立登記後三十日內補送。

7.如股東係無行為能力人時，須由法定代理人代為出具同意書；如股東係限制行為能力人時，出具同意書須經法定代理人允許。

8.設立（變更）登記表應使用主管機關所定之格式辦理。

有限公司登記應附送書表一覽表

單位：份

登記事項 ＼ 附送書表	申請書	其他機關核准函影本(無則免送)	公司章程影本	董事同意書影本	股東同意書影本(註9)	董事願任同意書影本(註3)	股東身分證明文件影本(註4)	董事或其他負責人身分證明文件影本	經理人身分證明文件影本	辭(解)任證明文件影本(死亡者免附)	股東會議事錄影本(註7)	董事會議事錄影本	合併契約影本	新任董監事身分證明文件影本	董監事願任同意書(囑託登記)文件影本	法院裁定(囑託登記)文件影本	建物所有權人同意書及所有權證明文件影本(註6)	會計師資本額查核報告書(註8)	設立(變更)登記表(註10)
1. 公司設立	1	1	1	1(無董事長者免附)	1	1	1										1	1	2
2. 公司名稱變更	1	1	1		1														2
3. 修正章程	1	1	1		1														2
4. 公司所營事業變更	1	1	1		1														2
5. 股東出資轉讓	1	1	1		1		1(新增者)												2
6. 股東姓名、地址變更	1	1					1												2
7. 改推董事	1	1						1(原為股東者免附)											2
8. 改推董事長	1	1	1(不涉及修章者免附)	1	1(不涉及修章者免附)			1(原為股東者免附)											2
9. 董事解任	1	1									1								2
10. 董事長解任	1	1									1								2
11. 董事、臨時管理人地址變更	1							1											2
12. 公司所在地變更　同一縣市	1	1		1(已附股東同意書者免附)	1(已附董事同意書者免附)												1		2
12. 公司所在地變更　不同縣市	1	1	1		1												1		2
13. 變更組織	1	1	1		1						1	1		1	1				2
14. 經理人委任	1	1			1				1										2
15. 經理人解任	1				1(辭職者免附)					1(辭職者檢附)									2
16. 經理人、分公司經理人姓名、地址變更	1								1										2
17. 分公司設立	1	1			1				1								1		2
18. 分公司經理人變更	1	1							1										2
19. 分公司名稱變更	1				1(如因總公司更名者免附)														2
20. 分公司所在地變更	1	1															1		2
21. 分公司廢止	1	1			1														2
22. 停業	1																		
23. 復業	1																		
24. 延展開業	1																		
25. 增資	1	1	1				1(新增者)											1	2
26. 減資	1	1	1															1	2
27. 合併新設	1	1	1		1(含新設及各消滅公司)	1	1	1					1				1	1	2
28. 合併存續	1	1	1		1(含存續及各消滅公司)								1					1	2
29. 合併解散	1	1											1						2
30. 解散	1	1			1														2
31. 裁定解散	1	1														1			2

備註：
1. 委託會計師或律師代理者，應另檢附委託書一份。
2. 申請變更之董事、監察人及經理人，曾檢送身分證明文件且身分資料無變更者，得免檢附身分證明文件。
3. 如擔任董事者已於股東同意書同意時，免附。
4. 股東為本國公司或經登記之外國公司者免附。
5. 公司申請設立、合併新設、名稱及所營事業變更者，應於申請書件上載明「公司名稱及所營事業登記預查申請表」核准文號。
6. 公司登記所在地之建物所有權人出具之同意書，應載明同意提供使用之公司名稱；建物為公司所自有者或檢附租賃契約影本，免附同意書。
7. 股東會議事錄文件格式為A4。
8. 公司法第七條第一項規定：「公司申請設立登記之資本額，應經會計師查核簽證；公司應於申請設立登記時或設立登記後三十日內，檢送經會計師查核簽證之文件。」於申請設立登記案件，會計師資本額查核報告書得於設立登記後三十日內補送。
9. 如股東係無行為能力人時，須由法定代理人代為出具同意書；如股東係限制行為能力人時，出具同意書須經法定代理人允許。
10. 設立（變更）登記表應使用主管機關所定之格式辦理。
11. 政府股東指派之董事、監察人免附願任同意書。

股份有限公司登記應附送書表一覽表

單位：份

登記事項	申請書	其他機關核准函影本（無則免送）	公司章程影本	發起人報告書影本	發起人會議事錄影本	創立會議事錄影本	股東會議事錄影本（註6）	董事監察人或檢查人調查報告書影本	董事會議事錄（或董事同意書）	收購契約影本或決議影本或營業或財產讓與（或合併契約影本、股份轉換契約、分割計畫書影本、股份交換契約影本）	文件影本（註3）發起人名冊影本及發起人身分證明	董監事或其他負責人身分證明文件影本	董監事願任同意書影本（註10）	辭（解）任證明文件影本（死亡者免附）	經理人身分證明文件影本	法院裁定（囑託登記）文件影本	證明文件影本（註5）建物所有權人同意書影本及所有權	會計師資本額查核報告書（註8）	設立（變更）登記表（註9）
1.發起設立	1	1	1		1				1		1	1	1				1	1	2
2.募集設立	1	1	1	1	1	1		1	1		1	1	1				1	1	2
3.公司名稱變更	1	1	1				1												2
4.修正章程	1	1	1				1												2
5.公司所營事業變更	1	1	1				1												2
6.改選董監事	1	1					1		1			1（原任者免附身分證明文件）	1						2
7.改選董事長、副董事長、常務董事	1	1					1（如原已擔任董事者免附）		1			1（如原已擔任董事者免附）	1（如原已擔任董事者免附，惟董事長須加附董事長願任同意書）						2
8.補選董監事	1	1					1					1	1						2
9.董監事解任	1	1					1（經股東會解任者檢附）							1					2
10.法人股東改派代表人為董監事	1	1										1	1						2
11.重整人、重整監督人登記	1												1（解任者免附）			1			2
12.董監事、臨時管理人、重整人、重整監督人姓名、地址變更	1												1						2
13.公司所在地變更（同一縣市）	1	1							1								1		2
13.公司所在地變更（不同縣市）	1	1	1				1（股東會已決議新地址者免附）										1		2
14.經理人委任	1	1													1				2
15.經理人解任	1	1							1（經董事會解任者檢附）					1（辭職者檢附）					2
16.經理人、分公司經理人姓名、地址變更	1														1				2
17.分公司設立	1	1							1						1		1		2

項目															
18.分公司經理人變更	1	1					1(經理人調動者免附)						1		2
19.分公司名稱變更	1	1					1(如因總公司更名者免附)								2
20.分公司所在地變更	1	1					1							1	2
21.分公司廢止	1	1					1								
22.停業	1						1								
23.復業	1						1								
24.延展開業	1														
25.增資、發行新股	1	1	1(不涉及修章者免附)			1(依公司法第266規定以現金發行新股者免附)	1							1	2
26.可轉換公司債換發新股	1		1(不涉及修章者免附)			1(不涉及修章者免附)	1							1	2
27.減資	1	1	1(不涉及修章者免附)		1		1(股東會已決議減資基準日者免附)							1	2
28.分割新設	1	1	1		1	1(檢附各被分割公司)	1(含新設及各被分割公司)	1	1（免附發起人身分證明文件）	1	1		1	1	2
29.吸收分割發行新股	1	1	1(不涉及修章者免附)			1(含既存及各被分割公司)	1(含既存及各被分割公司)	1						1	2
30.分割減資	1	1	1(不涉及修章者免附)			1(含既存【或新股】及各被分割公司)	1(含既存【或新股】及各被分割公司)	1						1	2
31.分割消滅	1	1				1	1	1							
32.合併新設	1	1	1		1	1(檢附各消滅公司)	1(含新設及各消滅公司)	1	1（免附發起人身分證明文件）	1	1		1	1	2
33.合併存續	1	1	1(不涉及修章者免附)			1(含存續及各消滅公司)	1(含存續及各消滅公司)	1						1	2
34.合併解散	1	1			1		1(股東會已決議合併基準日者免附)	1							
35.解散	1	1				1									2
36.裁定解散	1												1		2
37.股份交換發行新股	1						1							1	2
38.股份轉換發行新股	1	1	1(不涉及修章者免附)			1(含各公司)	1(含各公司)	1						1	2
39.收購發行新股	1	1	1(不涉及修章者免附)			1(含各公司)	1							1	2
40.股份轉換新設	1	1	1		1	1(含各公司)	1(含各公司)	1	1（免附發起人身分證明文件）	1	1		1	1	2

41.法人股東名稱、地址變更	1													2
42.庫藏股減資	1	1				1							1	2
43.變更為非閉鎖性	1	1	1			1								2
44.票面金額股轉換為無票面金額股	1	1	1			1								2

備註：　1. 委託會計師或律師代理者，應另檢附委託書一份。

2. 申請變更之董事、監察人及經理人，曾檢送身分證明文件且身分資料無變更者，得免檢附身分證明文件。

3. 發起人、法人股東為本國公司或經登記之外國公司者免附。

4. 公司申請設立、合併新設、分割新設、名稱及所營事業變更者，應於申請書件上載明「公司名稱及所營事業登記預查申請表」核准文號。

5. 公司登記所在地之建物所有權人出具之同意書，應載明同意提供使用之公司名稱；建物為公司所自有者或檢附租賃契約影本，免附同意書。

6. 股東會議事錄文件格式為 A4。

7. 依證券交易法第二十八條之二規定辦理庫藏股減資者，免經會計師查核簽證。

8. 公司法第七條第一項規定：「公司申請設立登記之資本額，應經會計師查核簽證；公司應於申請設立登記時或設立登記後三十日內，檢送經會計師查核簽證之文件。」於申請設立登記案件，會計師資本額查核報告書得於設立登記後三十日內補送。

9. 設立（變更）登記表應使用主管機關所定之格式辦理。

10. 政府股東指派之董事、監察人免附願任同意書。

外國公司申請分公司登記應附送書表一覽表

單位：份

附送書表 ＼ 登記事項	申請書	其他機關核准函影本（無則免送）	法人資格證明文件影本	合併之證明文件影本（公、認）證（須經驗）（註4）	在中華民國境內營運資金之匯入匯款通知書影本、買匯水單影本（盈餘轉增資時免附）	（改派）在中華民國境內指定之負責人授權書（註10）	（改派）分公司經理人授權書	在中華民國境內指定之負責人身分證明文件影本（註2）	分公司經理人身分證明文件影本（註3）	建物所有權人同意書影本及所有權證明文件影本（註7）	會計師資本額查核報告書（註9）	外國公司（變更）登記表（註8）	外國公司分公司設立（變更）登記表（註8）
1.首次設立在臺分公司	1	1	1			1	1	1	1	1	1	2	2
2.改派在中華民國境內負責人	1	1				1		1				2	
3.在中華民國境內之負責人姓名、地址變更	1							1				2	
4.增加在中華民國境內營業所用資金	1	1			1						1	2	
5.減少在中華民國境內營業所用資金	1	1									1	2	
6.在中華民國境內所營事業變更	1	1										2	
7.本公司所在地變更	1											2	
8.本公司董事名單變更	1											2	
9.本公司名稱（中、英文）	1	1	1（英文名稱變更時）									2	2
10.因境外合併公司外文名稱變更	1	1	1	1								2	2
11.增設在臺分公司	1	1					1		1	1		2	
12.分公司經理人變更	1	1					1		1				2
13.分公司經理人姓名、地址變更	1								1				2
14.分公司名稱變更	1												2
15.分公司所在地變更	1	1								1		2	2
16.分公司廢止（繼續營業）	1	1										2	
17.停業	1												
18.復業	1												
19.延展開業	1												
20.分公司廢止（無意繼續營業）	1	1											

備註： 1.委託會計師或律師代理者，應另檢附委託書一份。
2.在中華民國境內指定之負責人為中華民國國籍者應檢附國民身分證影本；若係外國人應檢附居留證影本或護照影本加載地址並簽名或蓋章。
3.分公司經理人為中華民國國籍者應檢附國民身分證影本；若係外國人應檢附居留證影本或護照影本加載地址並簽名或蓋章。
4.合併之證明文件如為本公司所在地之政府機關出具之文件，得免經驗（公、認）證。
5.驗（公、認）證有效期限為自驗（公、認）證日起算計一年。
6.公司申請首次設立在臺分公司登記、名稱及所營事業變更者，應於申請書件上載明「公司名稱及所營事業登記預查申請表」核准文號。
7.公司登記所在地之建物所有權人出具之同意書，應載明同意提供使用之公司名稱；建物為公司所自有者或檢附租賃契約影本，免附同意書；外國公司申請新設分公司或辦事處登記者，建物所有權人同意書影本及所有權證明文件影本，得於核准登記日次日起三十日內補送。
8.外國公司（變更）登記表、分公司設立（變更）登記表應使用主管機關所定之格式辦理。
9.公司法第三百七十七條第一項準用第七條第一項規定：「公司申請設立登記之資本額，應經會計師查核簽證；公司擬於申請設立登記時或設立登記後三十日內，檢送經會計師查核簽證之文件。」，於申請首次設立在臺分公司登記案件，會計師資本額查核報告書得於首次設立在臺分公司登記後三十日內補送。
10.（改派）在中華民國境內指定之負責人授權書，必要時主管機關得要求須經驗（公、認）證。

（公司印章）	（代表公司負責人印章）

股份有限公司設立登記表

公司預查編號

※公司統一編號

公司聯絡電話 （　　　　）

僑外投資事業 □是 □否　公開發行 □是 □否

陸　　　資 □是 □否

閉鎖性股份有限公司股東人數 ＿＿＿＿ 人

複數表決權特別股　□有□無

對於特定事項具否決權特別股　□有□無

特別股股東被選為董事、監察人之禁止或限制　□有□無
或當選一定名額之權利

印章請用油性印泥蓋章，並勿超出框格。

一、公司名稱	中文	股份有限公司
	（章程所訂）外文	

二、(郵遞區號)公司所在地 (含鄉鎮市區村里)	（　　　　）

三、代表公司負責人		四、每股金額 (阿拉伯數字)	元

五、資本總額 (阿拉伯數字)　　　　　　　　　　元

六、實收資本總額 (阿拉伯數字)　　　　　　　元

七、股份總數	股	八、已發行股份總數	1.普通股	股
			2.特別股	股

九、董事人數任期	人（含獨立董事　人）	自　年　月　日　至　年　月　日

十、□監察人人數任期 或 □審計委員會	人 自　年　月　日　至　年　月　日
	本公司設置審計委員會由全體獨立董事組成替代監察人

十一、公司章程訂定日期　　　年　　月　　日

※核准登記日期文號　　　　　　　　　　　※檔號

公務記載蓋章欄

㈠申請表一式二份，於核辦後一份存核辦單位，一份送還申請公司收執。
㈡為配合電腦作業，請打字或電腦以黑色列印填寫清楚，數字部份請採用阿拉伯數字，並請勿折疊、挖補、浮貼或塗改。
㈢※各欄如公司統一編號、核准登記日期文號、檔號等，申請人請勿填寫。
㈣違反公司法代作資金導致公司資本不實，公司負責人最高可處五年以下有期徒刑。
㈤為配合郵政作業，請於所在地加填鄉遞區號。
㈥第十欄位請依公司章程內容，於「監察人人數任期」前註記■，並填寫人數任期；或於「審計委員會」前註記■，監察人之人數任期免填。
㈦閉鎖性股份有限公司應填列股東人數，以技術或勞務出資者應填列章程載明之核給股數與抵充金額（勞務出資適用閉鎖性股份有限公司）。

股份有限公司設立登記表

註：欄位不足請自行複製，未使用之欄位可自行刪除，若本頁不足使用，請複製全頁後自行增減欄位。

十二、股本明細 (股本若為4、5、6之併購者，請加填第十三欄)	資產增加	1.現金	股、	元
		2.財產	股、	元
		3.技術	股、	元
	併購	4.合併新設	股、	元
		5.分割新設	股、	元
		6.股份轉換	股、	元
	其他	7.勞務	股、	元
				元
				元

十三、被併購公司資料明細

併購種類	併購基準日	被併購公司	
		統一編號	公司名稱
	年　　月　　日		
	年　　月　　日		

所 營 事 業

編號	代　碼	營 業 項 目 說 明

公務記載蓋章欄

股份有限公司設立登記表

註：欄位不足請自行複製，未使用之欄位可自行刪除，若本頁不足使用，請複製全頁後自行增減欄位。

董事、監察人名單				
編號	職稱	姓名（或法人名稱）	身分證號（或法人統一編號）	持有股份（股）
	（郵遞區號）　住　所　或　居　所　（　或　法　人　所　在　地　）			
	（　）			

經理人名單			
編號	姓名	身分證號	到職日期（年月日）
	（郵遞區號）　住　所　或　居　所		
	（　）		
	（　）		

股份有限公司設立登記表

註：欄位不足請自行複製，未使用之欄位可自行刪除，若本頁不足使用，請複製全頁後自行增減欄位。

所代表法人			
編號	董監事編號	所代表法人名稱	法人統一編號
	（郵遞區號）　法　人　所　在　地		
	～		
	（　）		
	～		
	（　）		
	～		
	（　）		

公務記載蓋章欄

| (公司印章) | (代表公司負責人印章) | 股份有限公司變更登記表 |

| 變更時請打∨ | | 變更時請打∨ | |

股份有限公司變更登記表

變更預查編號	
公司統一編號	
公司聯絡電話	(　　　　)

| 僑外投資事業 | □是 □否 | 公開發行 □是 □否 |
| 陸資 | □是 □否 | |

閉鎖性股份有限公司股東人數 _____ 人
複數表決權特別股　□有□無
對於特定事項具否決權特別股　□有□無
特別股股東被選為董事、監察人之禁止或限制　□有□無
或當選一定名額之權利
原名稱 _____ 股份有限公司

印章請用油性印泥蓋章，並勿超出框格。

一、公司名稱（變更後）	中文	股份有限公司
	(章程所訂)外文	
二、(郵遞區號)公司所在地(含鄉鎮市區村里)	( )	
三、代表公司負責人		四、每股金額(阿拉伯數字)	元
五、資本總額(阿拉伯數字)		元
六、實收資本總額(阿拉伯數字)		元
七、股份總數	股	八、已發行股份總數	1.普通股 股
			2.特別股 股
九、董事人數任期	人 (含獨立董事 人)	自 年 月 日 至 年 月 日
十、□監察人人數任期 或　□審計委員會	人 自 年 月 日 至 年 月 日 本公司設置審計委員會由全體獨立董事組成替代監察人
十一、公司章程修正（訂定）日期	年 月 日

| ※變更登記日期文號 | | ※檔號 | |

| 公務記載蓋章欄 |
| |

㈠申請表一式二份，於核辦後一份存核辦單位，一份送還申請公司收執。
㈡為配合電腦作業，請打字或電腦以黑色列印填寫清楚，數字部份請採用阿拉伯數字，並請勿折疊、挖補、浮貼或塗改。
㈢各欄如變更登記日期文號、檔號等，申請人請勿填寫。
㈣違反公司法代作資金專款公司資本不實，公司負責人最高可處五年以下有期徒刑。
㈤為配合鄉政作業，請於所在地址加填郵遞區號。
㈥第十欄位請依公司章程內容，於「監察人人數任期」前註記■，並填寫人數任期；或於「審計委員會」前註記■，監察人之人數任期免填。
㈦閉鎖性股份有限公司應填列股東人數、以技術或勞務出資者應填列章程載明之核給股數與抵充金額（勞務出資僅適用閉鎖性股份有限公司）。

股份有限公司變更登記表

註：欄位不足請自行複製，未使用之欄位可自行刪除，若本頁不足使用，請複製全頁後自行增減欄位。

變更時請打✓	十二、本次股本增加明細 (股本若為 9、10、11、12 之併購者，請加填第十四欄)	資產增加	1.現金	股、	元
			2.財產	股、	元
			3.技術	股、	元
			4.股份交換	股、	元
			5.認股權憑證轉換股份	股、	元
		權益科目調整	6.資本公積	股、	元
			7.法定盈餘公積	股、	元
			8.股息及紅利	股、	元
		併購	9.合併	股、	元
			10.分割受讓	股、	元
			11.股份轉換	股、	元
			12.收購	股、	元
		其他	13.債權抵繳股款	股、	元
			14.公司債轉換股份	股、	元
			15.勞務	股、	元
				股、	元
				股、	元

十三、本次股本減少明細	1.彌補虧損	股、	元	2.退還股款	股、	元
	3.註銷庫藏股	股、	元	4.合併銷除股份	股、	元
	5.分割減資	股、	元	6.收回特別股	股、	元
		股、	元		股、	元

十四、被併購公司資料明細

併購種類	併購基準日	被併購公司	
		統一編號	公司名稱
	年　月　日		
	年　月　日		

公務記載蓋章欄

股份有限公司變更登記表

註：欄位不足請自行複製，未使用之欄位可自行刪除，若本頁不足使用，請複製全頁後自行增減欄位。

變更時請打✓	所　營　事　業		
	編號	代　碼	營 業 項 目 說 明

變更時請打✓	董事、監察人或其他負責人名單			
	編號	職稱	姓名（或法人名稱）	身分證號（或法人統一編號）	持有股份（股）
		(郵遞區號) 住 所 或 居 所 （ 或 法 人 所 在 地 ）			
		（　　）			

股份有限公司變更登記表

註：欄位不足請自行複製，未使用之欄位可自行刪除，若本頁不足使用，請複製全頁後自行增減欄位。

變更時請打✓	經理人名單		
	編號	姓名	身分證號	到職日期（年月日）
		(郵遞區號) 住 所 或 居 所		
		（　　　）		

變更時請打✓	所代表法人		
	編號	董監事編號	所代表法人名稱	法人統一編號
		(郵遞區號) 法 人 所 在 地		
		～		
		（　　）		
		～		
		（　　）		

公務記載蓋章欄

股份有限公司分公司 設立 / 變更 登記表

本公司統一編號	
※分公司統一編號	
分公司聯絡電話	（　　　）

預定開業日期
_____

分公司名稱
（變更時請填原名稱）　_____

變更時請打 ✓

分公司名稱（變更後）		
(郵遞區號) 分公司所在地 (含鄉鎮市區村里)	（　　　）	
分 公 司 經 理	姓　名	
	到職日期	年　　　　月　　　　日
	身分證統一編號	
	(郵遞區號) 住所或居所	（　　　）
※公務記載蓋章欄		

※登　記
日期文號　_____　　※檔
號　_____

(一)申請表一式二份，於核辦後一份存核辦單位，一份送還申請公司收執。
(二)為配合電腦作業，請一律打字或電腦列印填寫清楚，數字請採用阿拉伯數字並請勿折疊、挖補、浮貼或塗改。
(三)本公司統一編號應填載總公司之統一編號。
(四)※各欄如分公司統一編號、檔號、登記日期文號等，申請人請勿填寫；但變更登記時分公司統一編號仍須填寫。
(五)變更登記時，預定開業日期勿填寫。

第四篇 票據法

第一章 總　論

第一節　票據法概說

一、票據法的意義

票據法 (Negotiable Instrument Law) 是專以票據關係為規範對象之商事法，分狹義票據法：即以票據關係為規範對象之法規；及廣義票據法：即除狹義者外，凡兼有關票據之規定，均不失為票據法。

狹義票據法，又分形式意義票據法，即專指票據法；實質意義票據法，除票據法外，尚包括其他票據法規，如支票存款戶處理辦法，中央銀行管理票據交換業務辦法，票據掛失止付處理準則等法規。

二、票據法的法理──「助長流通」法則與衡平法則

票據法之最高指導原則是「助長流通」，票據法之一切制度，均以此原則為出發點。「助長流通」之方法是設法使人人樂於接受票據，因之特別保護票據受讓人（執票人），使其取得權利「迅速」及「確實」。

　㈠為「迅速」所採取的辦法

　　1.票據為要式證券（票據法第十一、十二、二十四、一百二十、一百二十五條）（詳如本章第二節）：易於辨認，節省授受時間。

　　2.依交付或背書而轉讓票據權利（票據法第三十條），較民法一般債權之讓與（民法第二百九十四～二百九十九條）手續簡便。

　㈡為「確實」所採取的辦法

　　1.使票據為文義證券（票據法第五、二十九、三十九、一百二十六條）（詳如本章第二節）：權利內容依票上文義定之。

2.使票據為不要因（無因）證券（詳如本章第二節），縱票據原因關係無效或不存在，對票據權利不生影響。

3.採票據行為獨立原則（票據法第八、十五條、第六十一條第二項）。

4.採善意受讓制度（票據法第十四條）。

5.限制人的抗辯（票據法第十三條）。

6.適用公示催告及除權判決程序（票據法第十九條），故持有票據較貨幣安全。

7.設有參加承兌及參加付款制度（票據法第五十三～五十七條、第七十七～八十四條），盡量使票據兌現，不致權利落空。

8.設有追索權制度（票據法第八十五～一百零五條），使執票人權利有最後保障。

9.設有利益償還請求制度（票據法第二十二條第四項），使執票人有最後之補救機會。

10.設有本票裁定強制執行制度（票據法第一百二十三條）。

㈢其他配合措施

1.票據訴訟簡化程序

⑴由付款地之法院管轄（民事訴訟法第十三條）。

⑵適用簡易訴訟程序（民事訴訟法第四百二十七條第二項第六款）二審終結。

⑶法院依職權宣告假執行（民事訴訟法第三百八十九條第一項第三款）。

2.在銀行金融方面，有票據貼現（銀行辦理票據承兌保證及貼現業務辦法）及客票融資，使執票人得以利用票據信用，取得現金周轉。

按民法一般規定，採保護債務人制度（民法第五條、第二百零三～二百零八條），對票據債務人之利益，不能不予兼顧，故有「衡平法則」之適用。所採辦法有：

1.保護善意付款人（票據法第七十一條第二項）。

2.短期消滅時效制度（票據法第二十二條第一～三項）。

　　3.許票據債務人為惡意抗辯（票據法第十三條但書）。

　　4.發票人、背書人得為禁止轉讓之記載（票據法第三十條第二、三項）。

三、票據法的特性

　　票據法是一種強行性、技術性很強的法規，其內容並非僅憑一般常識或倫理觀念所能瞭解，不像民法倫理性強，而技術性、強行性低。且票據是一種流通證券，尤其是今日萬國通商國際貿易，幾乎都使用匯票作為清算工具，票據流通於國際間，乃屬常事。所以票據法亦具國際性，惟因各國票據法規定之不同，為解決票據之國際紛爭，乃有票據法之統一運動。

　　簡言之，票據法具有下列特性：

　　㈠票據法為國內法，但含有國際性。

　　㈡票據法為私法，但具有公法之色彩。

　　㈢票據法為民法之特別法。

　　㈣票據法為強行法。

　　㈤票據法為技術性法，非倫理法。

第二節　票據的概念

一、票據的意義

　　什麼是票據？就我國而言，沒有法律的定義，惟從票據法第一至四條之規定而論，票據法分別就匯票（票據法第二條），本票（票據法第三條），支票（票據法第四條）所下之法律定義，綜合而論，即為票據之定義。概括的說：票據是發票人無條件自己約定為一定金額之支付（如本票）或委託付款人為一定金額之支付（如匯票，金融業為擔當付款人之本票、支票），而依票據法規定所發行之有價證券。

　　有價證券是具有財產價值的證券，分「完全的有價證券」與「不完全的有價證券」。「完全的有價證券」指其權利的發生，須作成證券，其權利的移轉，須交付證券，其權利的行使，須提示證券，三者缺一不可，如票據。其發生，移轉或行使只有一部分與證券結合者，為「不完全有價證券」，如表彰股東權之股票。

二、票據的種類

㈠法律上分類

票據法第一條規定：本法所稱票據為匯票、本票、及支票。從此可知，我國票據法上之票據，可分為三種，其定義如下：

1. 匯 票

謂發票人簽發一定之金額，委託付款人於指定之到期日，無條件支付與受款人或執票人之票據（票據法第二條）。

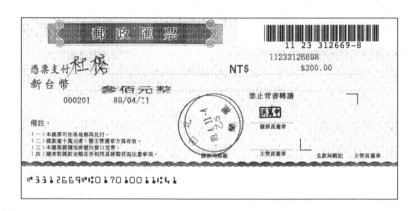

附註：

1. 本件匯票之發票人以自己為付款人，是「對己匯票」。

2. 本件匯票未記載到期日，是「見票即付」之匯票。

3. 平行線之規定不適用於匯票，本件匯票左上角記載平行線，不生票據上效力。

4. 本件匯票上「戶號」亦為票據法所不規定之事項者，不生票據上之效力。

2. 本 票

謂發票人簽發一定之金額，於指定之到期日，由自己無條件支付與受款人或執票人之票據（票據法第三條）。

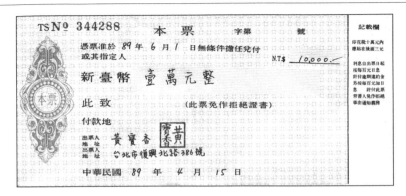

附註：

1. 本件本票之格式，在一般文具店均可買到，商場上有稱之為「玩具本票」者，只要俱備票據法上之要件，絕對「有效」，絕對不是「玩具」。

2. 發票日期是中華民國某年某月某日，其到期日應記載同為中華民國之日期，若記載西元日期，雖這張本票仍然有效，但這張本票之到期日將在一千九百年後，真的變成「玩具本票」了。

3. 禁止背書轉讓是加蓋上去的，發票人簽章在禁止背書轉讓之框內為目前流行之作法。

4. 右邊逾期違約金為票據法所不規定之事項，若記載時不生票據上之效力。

3. 支　票

謂發票人簽發一定之金額，委託金融業者，於見票時，無條件支付與受款人或執票人之票據（票據法第四條）。

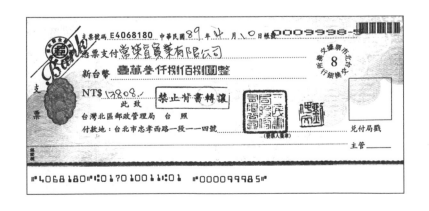

附註：

1. 支票格式通常是金融業者發給與其有支票存款往來約定之客戶之支票本，每本張數有高至一百張者。

2. 本件為一般平行線支票，平行線之規定，僅適用於支票。

3. 本支票發票日欄已記載「中華民國」字樣，故應填寫以中華民國為紀元之日期，如 84 年某月某日，不應記載以西元為紀元之日期，如 1995 年某月某日。

又我國銀行法第十五條上，另有「商業票據」(Commercial Papers) 乙詞，依該條規定：本法稱商業票據，謂依國內外商品交易或勞務提供而產生之匯票或本票。前項匯票以出售商品或提供勞務之相對人為付款人而經其承兌者，謂商業承兌匯票 (Commercial Acceptance)。前項相對人委託銀行為付款人而經其承兌者，謂銀行承兌匯票 (Bank Acceptance)。出售商品或提供勞務之人，依交易憑證於交易價款內簽發匯票，委託銀行為付款人而經其承兌者，亦同。

從上引條文可知，商業票據不包括「支票」。

⸨二⸩學理上分類

票據除法律上分類外，在學理上尚可分類如下：

1. **依票據的經濟效用，可分**

⑴信用證券：指人的信用證券化，如匯票與本票，因有發票日與到期日之別而將發票人之信用證券化。

⑵支付證券：指票據為金錢債務之支付工具，如支票，因僅有發票日而無到期日（惟遠期支票合法化後，兼具信用證券性質，票據法第一百二十八條第二項）。

2. **依票據得否轉讓的流通方式，可分**

⑴流通證券：指票據上之權利，得依「交付」（無記名票據）或「背書」（無記名及記名票據）而轉讓者。票據本為流通證券，惟因發票人發行記名票據時，得為「禁止轉讓」之記載，使其喪失流通性。票據以流通證券為原則，例外為不流通證券。

⑵不流通證券：指發票人發行記名票據時，為禁止轉讓之記載者（票

據法第三十條第二項），此為例外情形。

三、票據的性質

票據為「完全的有價證券」，與民法債編第二十節之「指示證券」及第二十一節之「無記名證券」不同，其性質如下：

㈠設權證券

票據權利，因票據之作成（發票）而發生，非證明已經存在之權利，乃創設權利者。

㈡要式證券

票據行為，須依法定方式為之，均具法定方式與效力，不容行為人任意選擇變更。

㈢文義證券

票據上之權利義務，悉依票據上所載文義為準，不得就票據文義外的事項，作為票據上權利或義務之根據。如在票據上簽名者，依票上所載文義負責（票據法第五條）。又發票人（票據法第二十九條），背書人（票據法第三十九條），承兌人（票據法第五十二條），保證人（票據法第六十一條），亦依其簽名當時票據文義負擔票據責任。

㈣金錢證券

票據以一定金額為給付之標的（票據法第二～四條），故為金錢證券。

㈤無因證券

執有票據者，即為票據權利人，得對票據債務人行使票據上權利，至於其取得票據之原因關係如何，原則上不負另為證明之責任（票據關係直接前後手間之原因關係為有因，見票據法第十三條前段）。

㈥流通證券

票據以流通為原則，禁止流通為例外（票據法第三十條第一、二項）。

㈦提示證券

票據為「完全的有價證券」，向票據債務人行使票據權利，必須提示票據。

㈧繳回證券

票據權利人因占有而得行使票據權利，於受領票載金額之給付後，自

應將票據繳交為給付之人，使票據關係消滅，或向前手行使追索權。

四、票據的效用

㈠支付款項的效用（支付工具）

以票據代替現金，作為支付工具，對使用人言，可減少通貨計算時間與錯誤，若喪失票據，並有掛失止付公示催告制度（票據法第十八、十九條）可資利用，既簡便又安全；對國家而言，可減少通貨發行量。

㈡信用的效用（信用工具）

票據使用人利用發票人、保證人、背書人或承兌人之信用發行遠期票據以尚未到期之資金，作現在之資金使用，如票券市場之商業票據（銀行法第十五條），票據貼現或票貼（以遠期支票折貼現金）等是。

㈢隔地匯兌的效用

隔地買賣或勞務提供，債權人可簽發以債務人為付款人之匯票，債務人亦可簽發金融業者為擔當付款人之本票或支票，以清償貨款或債務，即各自利用其往來銀行，以票據代替現金輸送，簡便安全。

第三節　票據的法律關係

一、票據的法律關係

包括票據本身所生之法律關係（稱票據關係）及與票據有關之法律關係（稱非票據關係）。

二、票據關係

基於票據行為而發生之權利義務關係。

㈠主要的有

1. 付款請求權（票據法第五十二、一百二十一、一百三十八條）。
2. 追索權（票據法第八十五、九十六、九十八條）。
3. 票據權利人對於保證人之權利（票據法第六十一、六十三條）。
4. 保證人對被保證人及其前手之追索權（票據法第六十四條）。

㈡三種票據的票據關係圖示如下

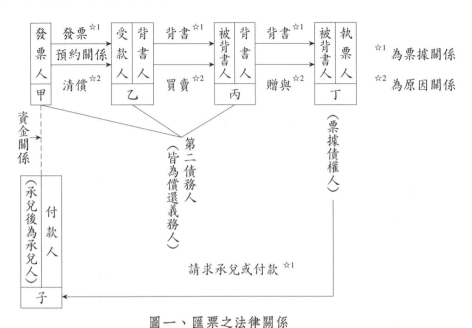

圖一、匯票之法律關係

圖二、本票之法律關係

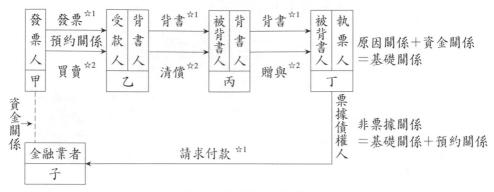

圖三、支票的法律關係

三、非票據關係

非由於票據本身所生，但與票據有密切之法律關係。非票據關係有㈠基於票據法之規定而生者，亦有㈡基於一般法之規定而生者。

㈠基於票據法規定所生的非票據關係，如

1.正當權利人對於因惡意或重大過失而取得票據者之返還請求權（票據法第十四條）。

2.利益償還請求權（票據法第二十二條第四項）。

3.發行複本請求權（票據法第一百十四條）。

4.交還複本請求權（票據法第一百十七條）。

5.交還謄本請求權（票據法第一百十九條第二項）。

6.付款人交出票據請求權（票據法第七十四、一百二十四、一百四十四條）。

㈡基於一般法所生的非票據關係

基於一般法所生，為票據之基礎關係或稱為票據之實質關係。有：1.票據預約，2.票據原因，3.票據資金三種。

1.票據預約（預約關係，關係者指權利義務而言，下同）

⑴意義：當事人間授受票據為標的之契約，如發票人與受款人間，背書人與被背書人間。

票據原因→票據預約→票據行為

（票據原因為票據行為之基礎，票據預約係當事人為將來有為票據行為義務之約定，票據行為為票據預約之實踐）。

(2)效力：

①原則上預約關係與票據行為分離：預約關係所生之權利義務依民法，票據行為所生之權利義務，依票據法定之。

②例外預約關係與票據行為牽連：當事人間抗辯（票據法第十三條）。

2.票據原因（原因關係）

(1)意義：當事人間所以為票據行為之緣由。此緣由千變萬化，此原因之法律關係稱為原因關係。票據法內稱「對價關係」。

(2)效力：

①原則上原因關係與票據行為分離：票據上之權利義務不受原因關係之影響（票據法第十三條）為無因證券。理由：保護善意第三人，助長票據之流通。

②例外原因關係與票據行為牽連：當事人間仍得基於原因關係抗辯（票據法第十四條），為清償既存債務而交付票據，原則上票據債務若未履行，既存債務不消滅（民法第三百二十條），但當事人另有意思表示，可因交付票據使既存債務消滅（民法第三百十九條）。

3.票據資金（資金關係）

(1)意義：匯、支票之付款人之所以願為付款，必因其與發票人或其他資金義務人間有約定之關係，此關係為資金關係（匯、支票）本票有擔當付款人者稱準資金關係（票據法第一百二十四條準用第二十六條第一項）。

(2)效力：

①原則上資金關係與票據行為分離：資金關係有效無效或存否不影響票據行為（為助長票據流通目的）。

②例外資金關係與票據行為牽連：（票據法第二十二條第四項、第一百四十三條）。

四、票據原因與票據資金兩者，合稱為票據之基礎關係

第四節 票據行為

一、票據行為的意義

票據行為有狹義、廣義之分：

㈠狹　義

以成立票據關係為目的所為之要式行為，包括：

1.基本行為

發票（匯票、本票、支票均有）（詳第四篇第二章第二節發票）。

2.附屬行為

⑴背書（匯票，本票，支票均有），⑵承兌（僅匯票有之），⑶參加承兌（僅匯票有之）及⑷保證（匯票，本票有之，支票無保證之適用）。

㈡廣　義

指票據關係之發生、變更或消滅，所必要之法律行為或準法律行為。故除上述狹義之票據行為外，尚包括付款，參加付款，見票（僅本票有之）及保付（僅支票有之）等行為。

通常所稱票據行為，指狹義之票據行為。

二、票據行為的性質

票據行為為法律行為之一種，法律行為有單獨行為與雙方行為之分，票據行為僅由票據債務人依法定方式在票據上作成，票據權利人無須在票據上為任何行為，故票據行為為法律行為內之單獨行為。

單獨行為說內又有㈠創造說與㈡發行說之分，兩說之分主要在票據行為之完成後，是否要將票據「交付」票據權利人，創造說採「不須交付」，而發行說則採「交付」，多數學者採發行說。

三、票據行為的特性

票據行為為法律行為之一種，但相對於一般法律行為而言，具下列特性：

㈠要式性

一般法律行為採方式自由原則，但票據行為均具法定之形式與效力，

不容行為人任意選擇變更，故又稱「定型性」，包括：

1.書　面

均需於票據上，其黏單或謄本上為票據行為。

2.款　式

票據行為皆具法定款式（故票據為要式證券，所以如此，乃使票據款式明確，易資辨認，便於授受，助長流通）。

3.簽　名

行為人均需於票據上（正、背面）或其黏單或謄本上簽名（得以蓋章代替簽名）。

效果：(1)欠缺要式時，除別有規定外，應為無效（票據法第十一條）。(2)票據上記載本法所不規定之事項者，不生票據上效力（票據法第十二條），惟當事人間仍有民法上之效力。

(二)文義性

票據行為之內容，以票上所記載之文義為準，縱該記載與實質關係不符，亦不許當事人以票據外之證明方法，加以變更補充（票據法第五條）。（惟直接前後手間得以實質關係抗辯，故票據為文義證券，所以如此，在使票據受讓人取得權利確實，而加強票據流通）。其效果如下：

1.不得以票據上未記載之事項主張或對抗（與民法第九十八條規定，解釋意思表示，應探求當事人真意，迥不相同）。

2.票據行為解釋三原則：

(1)客觀原則：票據行為應依票據上所載文義，客觀判斷，不得依其他事實或證據，探求當事人真意。

(2)外觀原則：票據行為如具法律所定之形式要件，縱與事實不符，亦不影響其效力。例如發票日，縱票上所載發票日與實際日期不符（例如發票人在實際發票日尚生存，而在票載發票日則已死亡），發票行為仍屬有效。

(3)有效原則：票據行為應盡量解釋為有效，以免影響票據之流通與交易安全。

(三)獨立性

同一票據上有多數票據行為存在時，此等票據行為各依票據上所載文義分別獨立，一行為之無效，不影響他行為之效力（此與民法第一百十一條不同），此稱票據行為獨立原則。其效果如下：

1. 票據上雖有無行為能力人或限制行為能力人之簽名，不影響其他簽名之效力（票據法第八條）。

2. 無代理權而以代理人名義簽名於票據者，應自負票據上之責任，代理人逾越權限時，就其權限外之部分，亦應自負票據上之責任（票據法第十條）。

3. 票據之偽造或票上簽名之偽造，不影響於真正簽名之效力（票據法第十五條）。

4. 被保證人之債務縱為無效，保證人仍負擔其義務，但被保證人之債務，因方式之欠缺而為無效者，不在此限（票據法第六十一條第二項）。

5. 就複本之一付款時，其他複本失其效力，但承兌人對於經其承兌而未取回之複本，應負其責。背書人將複本分別轉讓於二人以上時，對於經其背書而未收回之複本，應負其責，將複本各份背書轉讓與同一人者，該背書人為償還時，得請求執票人交出複本之各份。但執票人已立保證或提供擔保者，不在此限（票據法第一百十六條）。

(四)無因性

票據行為成立後，其原因關係縱有瑕疵或無效，不影響票據行為之效力（發票人與受款人間之票據債權與原因債權，分屬不同一人之時，始得成立，例如票據仍由受款人所執，無票據無因性存在）。

效果：票據債務人不得以自己與發票人或執票人之前手間所存抗辯之事由，對抗執票人（票據法第十三條前段）。

四、票據行為的要件

票據行為為要式的法律行為，依民法第七十三條：「法律行為，不依法定方式者，無效。但法律另有規定者，不在此限。」之規定，票據行為除須具備一般法律行為之要件（即實質要件）外，尚須具備票據法所規定之

形式要件，要言之：

㈠票據行為的實質要件

　1.行為人須有票據行為能力

依民法規定，決定行為人是否有票據行為能力。決定是否有票據行為能力之時期，以實際作成書面並交付票據時為準，與票上記載時期無關。

　2.行為人之意思表示無瑕疵

民法上行為人之意思與表示不一致時，依民法第八十六至九十二條，以表示主義為原則，例外採意思主義。票據為保護第三人，民法上表示主義原則全盤適用於票據行為，而對意思主義則採修正原則。例如民法第八十八條第一項有關「錯誤」之規定，於票據行為不適用之。

㈡票據行為的形式要件

行為人須將其意思表示，依法定方式記載於票據上，由行為人簽名，並將票據交付，例如發票、承兌、參加承兌、背書、保證均有一定之應記載事項或方式，如有欠缺，除票據法另有規定外，該票據行為無效。

五、票據行為的方式

票據行為具備下列四要件，其行為始完成：

㈠書　面

票據行為均需作成書面。

㈡記載法定事項

　1.應記載事項：分(1)絕對必要事項（票據法第十一條第一項），(2)相對必要事項（票據法第十一條第一項但書），(3)空白授權票據（票據法第十一條）。

　2.得記載事項：法條中有「得記載」字樣者屬之。

　3.不得記載事項：分二種，一為此記載不生票據上效力事項（票據法第十二條）或該「記載無效」事項（例如票據法第二十九、三十六條二法條中有「其記載無效」或「視為無記載」字樣）；另一則為記載將使「票據無效」事項，例如附條件之委託付款人付款。

　4.金額之記載（票據法第二十四條第一項、第一百二十條第一項、第

一百二十五條第一項第二款）。

　　5.記載之變更（票據法第十一條第三項）。

　㈢簽　名

　　1.各種票據行為，皆須由行為人簽名。 2.票據上之簽名，得以蓋章代之（票據法第六條）。 3.凡在票據上簽名者，依票據文義負責（票據法第五條第一項）。 4.二人以上共同簽名，應連帶負責（票據法第五條第二項）。

　㈣交　付

　　票據行為，須將票據交付，始為完成（採票據行為發行說之故），惟票據非因票據行為人之意思交付（如被盜、遺失）而流通時，對善意執票人仍應負責。

六、票據行為的代理

　㈠意　義

　　票據行為之代理云者，係代理人基於本人（被代理人）之授權，載明為本人代理之旨，而簽名於票據上之情形而言，故票據行為之代理，須具備三要件： 1.須在授權範圍內（代理權）（實質要件）。 2.須表明本人之名義。 3.代理人之簽名（ 2.、 3.合為形式要件）。依民國七十年七月七日最高法院民事庭決議，「授權」是指由代理人決定其代理行為之「效果意思」，亦即應如何為票據「代理」行為，代理人有完全的決定權限。若果應如何為「代理」行為，係全部由本人（被代理人）決定，則所謂之「代理人」不過是「本人」以該「代理人」為其填寫票據應記載事項之機關（或「工具」,「使者」）。

　　票據行為為法律行為之一，民法上有關代理之規定除票據法另有規定外，亦適用之。因票據重在流通，為保護交易安全，另就代理之方式，與無權代理之責任，設有特別規定。其未規定之事項，仍適用民法之規定。

　㈡代理的方式

　　須「載明為本人代理之旨」。所謂「載明為本人代理之旨」，應如何記載，票據法並未設有特定方式，依正常方式，應載明「某某之代理人某某」，惟實例上，則從寬解釋，故代理人於其代理權限內，以本人名義蓋本人名

章，並自行簽名於票據者，縱未載明有「代理」字樣，而由票據全體記載之趣旨觀之，如依社會觀念足認有為本人的代理關係存在者，即視為已有為本人代理之旨的載明。且依商場一般習慣，除蓋用公司行號章外，其代理人或經理人通常只蓋私人名章，如於緊接公司行號章之下蓋有私人名章，自可謂依社會觀念，已足認其係以代理人或代表人之身分蓋章（最高法院四十一年臺上字第七六四號及五十三年臺上字第二七一六號判例參照）。

㈢代理方式欠缺的效果

代理人未載明為本人代理之旨，而簽名於票據者，應自負票據上之責任（票據法第九條）。

㈣簽名的代理

代理人直接簽本人姓名而為票據行為（代理人之姓名並未顯示於票據上），此種代為簽名，在實例上就代為蓋章之行為，則依代理之法則，承認其為「有效」，最高法院五十三年臺上字第二七一六號判例載：

代理人為本人發行票據，未載明為本人代理之旨而簽名於票據者，應自負票據上之責任，固為舊票據法第六條所明定，惟代理人亦有不表明自己之名，僅表明本人之名而為行為，即代理人任意記名本人之姓名蓋其印章，而成為本人名義之票據行為者，所在多有。此種行為，只須有代理權，即不能不認為代理之有效形式。

㈤無權代理與越權代理，與變例

1.無權代理

無權代理者，行為人沒有代理權，而以代理人名義簽名於票據之謂也。即指形式上已具備上述代理之要件，惟欠缺代理權授與之實質要件者而言。

無代理權人所為之票據行為，對本人不生效力，本人且得以無權代理之事由，對抗一切執票人。無權代理人之責任，本法第十條第一項特別規定：「無代理權而以代理人名義簽名於票據者，應自負票據上之責任。」若僅蓋本人名義之印章，代理人根本未露姓名於票據，則與無權代理有別，則為「票據之偽造（指發票行為）或票上簽名之偽造（指附屬之票據行為）」問題。除依本法第十五條辦理外，被偽造人不負任何票據責任，而偽造人

則負民事上之侵權行為責任與刑事上之偽造有價證券（發票行為）或偽造文書責任。

2.越權代理

越權代理者，指代理人逾越代理權限所為之票據行為，即指形式上已具備上述代理之要件，惟其所為之代理行為，超越本人所授與之代理權限。

越權代理，在授權範圍內之部分，由本人負責，其逾越權限外之部分，由代理人負責（票據法第十條第二項）。

3.變　例

(1)越權代理仍由本人負全部責任：民法第一百零七條規定，本人對代理權之限制，不得以之對抗善意第三人，此規定常與票據法第十條第二項越權代理之規定衝突。關於這點，最高法院五十二年臺上字第三五二九號判例可供參考，例載：

上訴人等既將已蓋妥印章之空白本票交與某甲，授權其代填金額以辦理借款手續，則縱使曾限制其填寫金額一萬元，但此項代理權之限制，上訴人未據舉證證明，為被上訴人所明知或因過失而不知其事實，依民法第一百零七條之規定，自無從對抗善意之被上訴人，從而某甲逾越權限，多填票面金額為六萬八千元，雖經刑事法院判處罪刑在案，亦屬對上訴人應否負侵權行為損害賠償責任之別一法律問題，上訴人自不得執是而免除其發票人應付票款之責任。

(2)表見代理：票據法就此未設特別規定，實例上認票據行為表見代理成立時，本人須負票據上的責任。在實務上有無表見代理的存在，須經當事人主張始有其適用。如法院調查結果，認係無權代理而具表見代理情形，倘原告（執票人）不主張表見代理時，法院應認為無權代理，不得逕以表見代理而為處理。最高法院四十四年臺上字第一四二八號判例認為本人如將印章與支票簿常交與某人保管，且曾命其代寫支票，則某人私自蓋用本人印章發行支票，即有表見代理情形，應負授權人責任。

按表見代理，係為保護善意第三人（執票人）而非保護無權代理人。故在無權代理，復具表見代理要件時，則本人責任與無權代理人責任，為

競合存在，執票人得任意擇一行使，無權代理人不得主張已成立表見代理為由，主張免責，而本人依民法第一百六十九條，亦應負授權人責任。

七、空白授權票據

㈠空白授權票據的意義

空白授權票據係指票據行為人預行簽名於票據而將票據上其他應行記載之全部或一部，授權他人補充完成之票據。因其附有空白補充權，得依補充權之行使而成為完全票據，故屬未完成票據，而與已完成但因欠缺應載事項致歸無效之不完全票據，異其概念。

㈡空白授權票據的爭議

票據法第十一條第二項之規定是否為我國票據法承認空白授權票據，極具爭議，茲舉最高法院下列判例與決議供參考：

1.六十七年臺上字第三八九六號判例

授權執票人填載票據上應記載之事項，並不限於絕對應記載事項，即相對的應記載事項，亦可授權為之（下略）。

2.七十年七月七日第十八次民事庭會議決議㈠

甲簽發未記載發票日之支票若干張交付丙，既已決定以嗣後每月之十五日為發票日，囑丙逐月照填一張，以完成發票行為，則甲不過以丙為其填寫發票日之機關，並非授權丙，使其自行決定效果意思，代為票據行為而直接對甲發生效力，自與所謂「空白授權票據」之授權為票據行為不同。嗣丙將上開未填發票日之支票一張交付乙，轉囑乙照填發票日，乙依囑照填，完成發票行為，乙亦不過依照甲原先決定之意思，輾轉充作填寫發票日之機關，與甲自行填寫發票日完成簽發支票之行為無異。乙執此支票請求甲依票上所載文義負責，甲不得以支票初未記載發票日而主張無效。此種情形與票據法第十一條第二項規定，尚無關涉。

3.八十二年三月三十日第一次民事庭會議決議

院長提議：

甲所有之車輛靠行於乙之車行，為擔保靠行期間一切應付款項（包括因甲車侵權行為應對第三人所為之賠償）之支付，乃由甲簽發空白本票一

紙（除發票人甲之簽名及發票日期外，餘均未記載），連同授權書（上載明乙得按實際債權額代甲填寫票面金額）一紙交付於乙。嗣乙持填寫金額後之上開本票，向甲請求給付票款，試問該本票是否為有效之票據？有甲、乙二說：

甲說（肯定說）：

自票據法第十一條第二項之規定觀之，我國票據法顯係承認空白授權票據，是票據自得為空白之發行。本題甲將空白本票交付於乙，並授權乙按實際債權額代填票面金額，乙本諸甲之授權所填寫之前開本票，自屬有效。

乙說（否定說）：

1.票據法第十一條第二項僅係關於善意執票人得為權利之行使，及債務人抗辯權之限制之規定，尚難據之而謂我國票據法承認空白票據之發行。

2.觀諸本院七十年七月七日民事庭會議決議意旨，亦僅承認由發票人自行決定效果意思後，再由他人為發票人之填寫機關，並不承認由發票人授權他人自行決定效果意思之所謂「授權行為」。本題中乙並非單純為甲之填寫機關，其有自行決定效果意思之權利甚明，故於該記載完成之本票尚未為善意第三人取得之前，甲自得以該本票本係無效票據對抗乙。

3.本院八十年度臺上字第三五五號判決謂：「按發票人就票據上應記載之事項，固非不得授權執票人自行填寫，然票據法第十一條第三項規定：『票據上之記載，除金額外，得由原記載人於交付前改寫之，但應於改寫處簽名』，本此發票人於票據交付前尚不得自行改寫金額之立法本旨以觀，若發票人以空白票據交付，授權執票人於交付後自行填寫金額，自非法之所許。除不得對抗善意第三人外，執票人不得主張其自行填載之票據為有效，對於發票人行使票據上之權利。……」此一判決所承認空白授權票據有效之範圍較前開決議為廣，然亦不承認票據金額得為授權。本題中甲授權乙代填票面金額，揆諸上開判決意旨，乙仍不得主張其自行填載之本票為有效。

以上二說，以何說為當？

提請公決。

決議：於本院六十七年臺上字第三八九六號判例，及七十年七月七日七十年度第十八次民事庭會議決議㈠之見解未變更前，仍照上開判例及決議之意旨辦理。

從上述最高法院之見解觀之，實務上是承認空白授權票據。惟我國民事訴訟採當事人進行主義，主張空白授權票據之一造，要引經據典作為其主張之依據，否則法院不會主動適用空白授權票據之規定作成對該造有利之判決。

第五節　票據的偽造、變造與塗銷

一、票據偽造

㈠票據偽造的意義

票據之偽造，係指以行使之目的，假冒他人名義而為票據行為，依票據法第十五條分為「票據之偽造」與「票據上簽名之偽造」兩種。前者指假冒他人名義而為發票行為；後者指假冒他人名義而為發票行為以外之附屬票據行為（如背書、保證、承兌、參加承兌）。

票據之偽造或票據上簽名之偽造，常與上述票據之代理或代行，易生混淆。票據行為中簽名之代理或蓋章之代行，如代理或代行者有代理權或代行權限，則為合法之有權代理或代行。若為無權限，究為無權代理抑或構成票據之偽造，應視實際情況定之。

㈡票據偽造的效果

1.對被偽造人的效力

被偽造人因未親自簽名或蓋章於票據上，故不負任何票據責任，此為絕對的抗辯事由，得對抗一切執票人。惟有時須對善意第三人負授權人責任，如上述表見代理情形。

2.對偽造人的效力

偽造人姓名因未在票據上顯現，故亦不負票據上責任，惟應負刑事上偽造有價證券罪或偽造文書罪，民事上負侵權行為損害賠償責任（民法第

一百八十四條)。

3.對真正簽名人的效力

票據之偽造或票據上簽名之偽造,不影響真正簽名之效力(票據法第十五條),因票據行為獨立性之故,一票據上有多數票據行為存在時,某一票據行為不因他票據行為之無效而受影響。

4.對執票人的效力

執票人如係自真正簽名者之手取得票據,得對真正簽名之人及其後手行使票據上之追索權,亦得對偽造人請求侵權行為損害賠償,但對被偽造人則不能取得票據上權利或為其他任何請求或主張。

5.對付款人的效力

付款人對偽造之票據付款,應依其與委託付款人間之債的關係,認定其是否有過失而定其責任。

二、票據的變造

㈠票據變造的意義

票據變造之意義,指無變更票據上記載權限之人,以行使為目的,擅自變更票據上記載之事項而言。票據之變造限於簽名以外的票據上記載事項。若為簽名的變更,則為票據偽造之範圍,不得謂之「變造」。票據變造,通常加重票據債務人責任,例如變造票據金額從壹萬元變為壹拾萬元,變造到期日,使債務人喪失期限利益提前清償或使本得不負票據責任之背書人喪失免於被追索之權利。

㈡票據變造的效果

票據經變造者,票據仍屬有效,凡:

1.簽名在變造前者,依其簽名時原有票據文義負責。

2.簽名在變造後者,依變造文義負責。

3.不能辨別前後時,推定簽名在變造前(所以推定簽名在變造前,係因變造通常加重票據債務人之票據責任之故,為保護票據債務人乃推定簽名在變造前)。

4.對票據的變造,其參與或同意變造者,不論簽名在變造前後,均依

變造文義負責（票據法第十六條）。

5.付款人對票據變造仍予付款之責任：應依付款人是否已盡善良管理人之注意義務為斷。

6.變造人如已在票據上簽名時，依變造文義負責，如未在票據上簽名時，則不負票據上責任，但應依變造有價證券罪責，及侵權行為損害賠償責任。

三、票據的塗銷

㈠票據塗銷的意義

票據塗銷，指票據上的簽名或其他記載事項被塗銷而言，不論其係以化學方法，如以立可白或筆墨塗抹，或以物理方法如黏貼均係「塗銷」，若塗銷程度過重，致在外觀上，難認其為票據者，則為票據之喪失。

㈡塗銷的效力

依票據法第十七條，非由「票據權利人」「故意」為之者，不影響於票據上之效力。反面解釋，若係由「票據權利人」「故意」為之時，則生「塗銷」之效力。塗銷之效力，係指票據權利人拋棄其塗銷部分之權利之意思表示，即就塗銷部分，票據權利人之權利歸於消滅，1.例如塗銷利息之記載，則票據權利人不得請求利息。2.故意塗銷背書人之簽名，則被塗銷之背書人，及其被塗銷背書人名次之後，而於未塗銷以前為背書者，均免除負擔背書人責任（票據法第三十八條）。3.若塗銷發票人之簽名，則除已經付款人承兌而得對承兌人請求付款外，其他一切票據債務人均免除票據上責任。

第六節 票據權利

一、票據權利的意義

㈠形式意義

即票據所表彰之金錢債權，如票據法上稱為「票據上之權利」（票據法第十四條），「票據上之債權」（票據法第二十二條第四項）或「匯票上一切權利」（票據法第四十條第二項）屬之。

㈡實質意義

實質意義之票據權利，即為直接達到票據之目的所賦予執票人之權利，如付款請求權（票據法第五十二條第一項、第一百二十一條、第一百三十八條第一項），對於前手的追索權（票據法第九十六、一百二十四、一百四十四條）等是。

二、票據權利的內容

㈠付款請求權

執票人對於票據主債務人之權利，稱為付款請求權，此乃票據之第一次的權利。其行使之主體及對象如下：

1.行使的主體

執票人，此執票人可能為受款人，也可能為最後之被背書人，在匯票、本票亦可能為參加付款人。

2.行使的對象

依票據種類之不同而不同。

⑴匯票：付款人（承兌後稱為承兌人），擔當付款人（票據法第六十九條第二項），票據交換所（票據法第六十九條第三項），參加承兌人或預備付款人（票據法第七十九條第一項），承兌人及參加承兌人之保證人（票據法第六十一條）。

⑵本票：發票人及其保證人（票據法第一百二十四條準用第六十一條），擔當付款人或票據交換所（票據法第一百二十四條準用第六十九條第二、三項）。

⑶支票：付款人、票據交換所（票據法第一百四十四條準用第六十九條第三項、第一百三十一條第三項）。

從上述可知付款請求權行使之對象，原則上固為票據主債務人，但不以此為限。

㈡追索權

追索權亦稱償還請求權，乃票據的第二次權利，原則上須行使付款請求權被拒絕後始得行使。期前追索（票據法第八十五條第二項）及因不可

抗力不能行使付款請求權時之追索（票據法第一百零五條第四項）則屬例外。其行使之主體及對象，如下列：

1.行使的主體

原則上為執票人。背書人被追索時（在被訴場合），因尚未清償，未收回票據，亦得向其前手追索（票據法第二十二條第三項）乃屬例外。

2.行使的對象

發票人、承兌人、背書人及此等人之保證人（票據法第九十六條將承兌人列為被追索人，學者通說皆認不妥）。

(三)結　語

1.票據上之權利與一般債權不同，一般債權只有一次請求權，而票據則有兩次請求權，同時第二次請求權（追索權）可能有多數債務人存在。此辦法不外為增加信用，特別保護票據權利人，加強票據流通。

2.票據債務人依票據債務成立之時序，決定其得否向其他票據債務人追索，及為主張消滅時效之抗辯時，其抗辯之效力是否及於其他票據債務人？票據債務之最終票據債務人為發票人（匯票經承兌時為承兌人），最終票據債務人對票據清償後，票據關係消滅，不得向其他票據債務人行使追索權；先位票據債務人主張消滅時效時，此消滅時效之抗辯，其效力及於後位票據債務人，例如甲為第一次背書人，乙為第二次背書人，若甲對執票人丙主張消滅時效，乙雖未為消滅時效之抗辯，甲之抗辯效力及於乙。惟於乙為消滅時效之抗辯而甲未為主張時，乙抗辯之效力不及於甲。

三、票據權利的取得

(一)原始取得

票據權利之原始取得有分發票及善意取得兩種。

1.發　票

票據權利因發票人簽發票據的行為而發生，受執人或執票人因發票人之發票行為而取得之權利為原始取得。

2.善意取得

其要件為：

⑴自無權利人取得票據——若自權利人取得票據為繼受取得，自可享有票據權利，無適用善意取得之必要。

⑵取得票據時，無惡意或重大過失。所謂「惡意或重大過失」指明知或可得而知轉讓票據之人，就該票據無處分權而仍予取得者而言。

⑶需依票據法上規定之轉讓方法取得即背書及交付。

按票據之善意取得，係從票據法第十四條之反面解釋而來，依最高法院五十一年臺上字第二五八七號判例：票據法第十四條所謂以惡意或重大過失取得票據者，不得享有票據上之權利，係指從無處分權人之手，原始取得票據所有權之情形而言。原審既經認定系爭支票係由被上訴人簽發與某甲，而由某甲轉讓與上訴人者，其與上述原始取得之情形顯然有間，從而上訴人取得系爭票據縱使具有惡意，而依同法第十三條之規定，亦僅被上訴人得以其與某甲間所存抗辯事由，對抗上訴人而已，顯不生上訴人不得享有票據上權利之問題。這則判例明示：

⑴執票人若無惡意或重大過失自無處分權人取得票據，為原始取得，得享有票據權利；

⑵執票人若係自有處分權人處取得票據，縱使具有惡意或重大過失，為繼受取得，僅生票據法第十三條但書惡意抗辯問題；

⑶特別要提醒注意的是，第十四條第一項不能以說文解字方式去瞭解。誤認為凡是「以惡意或有重大過失取得票據者，不得享有票據上之權利。」正確解釋本條項應為：「以惡意或重大過失自無處分權人原始取得票據者，不得享有票據上之權利。」

(二)繼受取得

係指自票據權利人依轉讓或法定原因取得票據權利。

1. **轉　讓**

以背書或交付方式為之，票據權利的取得以這種方式取得者最多。

2. **法定原因**

以法定原因而取得票據權利者，首推繼承，其他如公司合併，轉付命令，及票據法上票據債務人因清償或付款而取得票據，亦為取得票據權利

（票據法第六十四、九十六條）之法定原因。

(三)已列原始取得與繼受取得的實益

繼受取得票據，如前手之權利有瑕疵，則取得人應繼承其瑕疵，而原始取得者，則不繼受前手之權利瑕疵；故票據上縱有負擔（如設定質權）概歸消滅。

四、票據權利的行使與保全

(一)意　義

票據權利之行使，指票據權利人請求票據債務人履行票據債務，例如行使付款請求權以請求付款，或行使追索權以請求清償票據債務。至是票據權利之保全，乃指權利人防止票據權利喪失之行為，如請求票據債務人履行票據債務，具「中斷時效」效力，以保全付款請求權或追索權，按期提示及作成拒絕證書以防止喪失追索權。

(二)方　法

行使票據權利之方法為「提示」，即現實的出示票據於票據債務人，請求其履行票據債務；保全票據權利之方法為「按期提示」與「作成拒絕證書」。

(三)處所與時間

規定於票據法第二十、二十一條。

1. 處　所

為行使或保全票據上權利，對於票據關係人應為之行為，應在票據上指定之處所為之；無指定之處所者，在其營業所為之；無營業所者，在其住所或居所為之。票據關係人之營業所，住所或居所不明時，因作成拒絕證書，得請求法院公證處，商會或其他公共會所調查其人之所在，若所在不明時，得在該法院公證處、商會，或其他公共會所作成之（票據法第二十條）。

2. 時　間

對於票據關係人應為之行為，應於其營業日之營業時間內為之。如無特定營業日或未訂有營業時間者，應於通常營業日之營業時間內為之（票

據法第二十一條）。

五、票據權利的保護

票據法為保護票據權利人之權利，所採之制度有二：一為票據抗辯之限制，另一為票據喪失時之補救方法。

㈠票據抗辯

1.意　義

票據抗辯，乃票據債務人提出合法事由（抗辯事由），以對抗票據權利人之請求而拒絕履行票據債務之謂。票據抗辯是票據債務人根本否定票據權利人之請求權存在。這種抗辯權，稱為票據抗辯權，票據法對於這種抗辯權加以限制，其反面作用即在保護票據權利人。

2.票據抗辯的種類

絕對的（物的）抗辯與相對的（人的）抗辯。

⑴絕對的抗辯：即票據債務人得對抗一切執票人，不因執票人之變更而受影響之抗辯，係基於票據關係本身所產生，如票據行為不適法或票據權利不存在。例如：票據欠缺形式要件（票據法第十一條），票據偽造（票據法第十五條）或變造（票據法第十六條），罹於消滅時效（票據法第二十二條），未到期（票據法第七十二、一百二十八條），票據債務已經清償（票據法第七十四條），票據行為人無票據行為能力（票據法第八條）等是。

⑵相對的抗辯：乃票據債務人僅得對特定執票人所為之抗辯，係基於票據關係以外之原因關係，資金關係及票據權利人個人實質關係而產生之抗辯權。例如票據債務人對票據權利人以原因關係之無效，對權利人有債權而主張抵銷，權利人受破產宣告而欠缺受領能力等是。

3.票據抗辯的限制（人的抗辯限制）

依民法，一般債權的讓與，債務人所得對抗讓與人（原債權人）之事由，均得以之對抗受讓人（民法第二百九十九條），惟為助長票據流通，票據權利之讓與，則異其效果。依票據法第十三條規定，票據抗辯之限制解析如下：

票據債務人，不得以自己與發票人或執票人之前手間所存抗辯事由，

對抗執票人，但執票人取得票據出於惡意者，不在此限。

例如：

甲（發票人）──→乙（第一背書人）──→丙（第二背書人）──→丁（執票人）

⑴票據債務人甲與乙（甲、乙間），乙與丙（乙、丙間）為直接上下手關係，丙對乙，或乙對甲請求履行票據債務時，得以直接上下手間之原因關係為抗辯事由，對抗票據關係。

⑵此例中第十三條之正確解釋為：乙不得以其與甲間（甲、乙間）或其與丙間（乙、丙間）之原因關係對抗執票人丁，但執票人丁取得票據係出於惡意時（知情──即明知甲、乙或乙、丙間之抗辯事由存在），乙得以對甲或丙之抗辯事由對抗丁（最高法院六十七年臺上字第一八六二號判例參照），此稱為「惡意抗辯」，由票據債務人負「惡意」之舉證責任。

4.票據抗辯限制的例外

惡意抗辯與對價抗辯。

⑴惡意抗辯：規定於票據法第十三條但書，詳如上段解釋。

⑵對價抗辯：規定於票據法第十四條第一項與第二項，解析如下：

第十四條：以惡意或有重大過失取得票據者，不得享有票據上之權利。無對價或以不相當之對價取得票據者，不得享有優於其前手之權利。

①第一項之反面解釋為票據權利人善意取得制度，即執票人若無惡意或重大過失而自無處分權人取得票據時，為善意取得（為原始取得之一種，見三㈠，原始取得）得享有票據權利；惟執票人係自有處分權人處取得票據，縱其取得票據係有惡意（知情），應依票據法第十三條但書規定處理。非謂執票人不得享有票據上之權利，僅係執票人要繼受其前手（即票據讓與人）之權利上瑕疵而已。

②所謂不得享有優於其前手之權利，係指前手之權利如有瑕疵（附有人的抗辯），則取得人即應繼受其瑕疵，人的抗辯並不中斷，如前手無權利時，則取得人並不能取得權利而言（最高法院六十八年臺上字第三四二七號判例參照）。

㈡票據喪失的補救

1. 意　義

票據喪失指票據被盜、遺失或滅失而失去票據之占有情形。如上述票據為「完全的有價證券」，其權利之發生、行使與移轉與票據本身密不可分，缺一不可。票據權利人之權利，雖不因票據之喪失占有而歸於消滅，但權利人非提示票據不能行使票據權利，非繳回票據，不能受領票款。法律為救濟票據權利人喪失票據，兼顧交易安全與保護善意第三人，設有止付通知與公示催告及除權判決制度。

2. 止付通知

(1)除所喪失之票據為保付支票，及業經付款之票據外，票據權利人得將票據喪失之情形通知付款人，使停止付款（票據法第十八條、第一百三十八條第四項，票據法施行細則第六條）以防止他人冒領，若不為止付通知，其因此所受損失，由其自己負擔。

(2)止付程序（票據法施行細則第五條）：

①應填具掛失止付通知書，載明下列事項，通知付款人：A.票據喪失經過。B.喪失票據之類別，帳號，號碼，金額及其他有關記載。C.通知止付人姓名、年齡、住所，其為機關、團體者，應於通知書上加蓋正式印信。其為公司行號者，應加蓋正式印章，並由負責人簽名。個人應記明國民身分證字號。票據權利人為發票人時，並應使用原留印鑑。

②補交已為公示催告之證明：止付通知人應於掛失止付後五日內，向付款人提出已為公示催告之證明，否則止付通知失其效力（票據法第十八條）。所謂已為公示催告之證明，指向管轄地方法院提出之公示催告聲請狀及收狀條。

3. 公示催告及除權判決

依民事訴訟法第八編規定辦理，公示催告聲請經法院裁定准許後，應刊登報紙，通常有六個月之申報權利期限。若於申報權利期間，無人申報權利，則應於申報權利期間屆滿後三個月內申請除權判決，對除權判決不得上訴，僅得向原法院提起撤銷除權判決之訴。若有人於申報權利期間申

報權利,則法院裁定停止公示催告程序,俟公示催告聲請人或申報權利人以他方為被告提起確認之訴之判決確定後,若確定公示催告聲請人勝訴,再向原法院聲請除權判決。

4.公示催告後的救濟方法

票據法第十九條第二項規定:公示催告程序開始後,其經到期之票據,聲請人得提供擔保,請求票據金額之支付;不能提供擔保時,得請求將票據金額依法提存。其尚未到期之票據,聲請人得提供擔保,請求給與新票據。

按請求給與之新票據,目的在恢復票據流通,惟新票據種類不必與原票據相同。原票據上之票據債務人如背書人、保證人、承兌人並不當然為背書、保證或承兌。故新票據之信用較差。

六、票據權利的消滅

㈠意　義

票據權利的消滅,指票據權利人之付款請求權或追索權,由於一定的原因,而客觀的失其存在。

㈡票據權利消滅的共通原因

1.付　款

票據的終極目的為票載金額之支付,即票據法第六十九條之付款。付款人或其擔當付款人向執票人付款時,該票據所表彰之票據債權全部或一部當然歸於消滅。

全部付款時,則票據上權利全部消滅,一部付款時,則票據上權利一部歸於消滅。一部付款,執票人不得拒絕,如予拒絕,則該被拒絕部分喪失追索權(票據法第七十三條,及參照第七十八條第二項)。

2.消滅時效

票據所表彰之權利為一定金額之支付,即一定金額之請求權,自有消滅時效之適用,為迅速解決票據關係及保護票據債務人,票據法特別規定短期時效。

⑴時效期間:

①執票人對承兌人或發票人的權利：

票據上之權利，對匯票承兌人及本票發票人，自到期日起算；見票即付之本票，自發票日起算三年間不行使，因時效而消滅；對支票發票人，自發票日起算，一年間不行使，因時效而消滅（票據法第二十二條第一項）。

於此應注意者，若匯票未經付款人承兌，其時效期間為一年（應適用票據法第二十二條第二項）。

②執票人對前手的追索權：

匯票、本票之執票人對前手之追索權（前手不包括第一項之債務人）自作成拒絕證書日起算一年間不行使，因時效而消滅。支票之執票人對前手之追索權，四個月間不行使，因時效而消滅。其免除作成拒絕證書者，匯票、本票自到期日起算，支票自提示日起算（票據法第二十二條第二項）。此稱為追索權之消滅時效期間。

③背書人對前手的追索權：

匯票、本票之背書人，對於前手之追索權，自為清償之日或被訴之日起算（以兩者之先者為準），六個月間不行使因時效而消滅。支票之背書人，對前手之追索權，二個月間不行使，因時效而消滅（票據法第二十二條第三項）。此稱為再追索權之消滅時效期間。

(2)始　點：

票據法對於計算期間之方法沒有特別規定，應適用民法第一百十九條及第一百二十條第二項不算入始日之規定。

(3)適用民法其他有關時效之規定：

票據法僅就時效期間設有規定，關於時效中斷、時效不完成、時效利益不得預先拋棄等項，仍適用民法之規定。惟時效因請求而中斷時，依民法第一百三十條，若於六個月內不起訴，視為不中斷。而票據法之短期時效有少至二個月或四個月者，則上述因請求而中斷時效之六個月期間，應縮短為二個月或四個月。

3. 追索權的喪失

追索權之喪失除上述追索、再追索權因消滅時效完成而消滅者外，尚

有：⑴票據權利人對票據債務人拋棄權利（票據權利人故意塗銷票據上之簽名）（票據法第十七條），⑵執票人拒絕或違反參加付款之規定（票據法第七十八條第二項、第八十條第二項），⑶執票人違反參加付款之規定（票據法第七十九條第一、二項）及⑷因保全手續欠缺而喪失分：

①絕對喪失：執票人不於法定期間內為行使或保全票據上權利之行為者，對於前手喪失追索權（票據法第一百零四條）。所謂法定期間，見票據法第四十五條第一項、四十八、六十六、六十九、七十條、第八十七條第一、二項、第八十七條但書、一百二十二、一百三十、一百三十二條。

②相對喪失：執票人不於約定期限內為行使或保全票據上權利之行為者，對於該約定之前手喪失追索權（票據法第一百零四條第二項）。所謂約定期間，見票據法第四十四條、第四十五條第二項、第一百二十四、一百二十二條。

4.消滅時效與追索權喪失的不同

追索權是一種請求權，自有消滅時效之適用。喪失追索權是喪失請求權，為法院應依職權主動行使者；而追索權罹於時效，只發生債務人取得抗辯權，若債務人不主張消滅時效，法院不能主動行使，此為應特別注意者。

第七節　利益償還請求權

一、意　義

利益償還請求權係指票據上之權利，因時效或手續之欠缺，而歸於消滅時，執票人對於發票人或承兌人，於其實質上所得利益之限度，仍得請求返還其利益之權利（票據法第二十二條第四項）。

利益償還請求權雖規定於票據法，是票據法上一種特別請求權，但非票據上的權利，為票據法上的非票據關係。此項利益，指票據債務人於原因關係（指發票人）或資金關係（指承兌人）上所受之利益，此利益並不以執票人所提供之對價為限，從而利益償還請求權於無直接當事人關係之發票人與執票人間，亦得發生。

二、利益償還請求權的當事人

㈠權利人

票據權利消滅時之執票人，票據債務人因受追索權行使已履行票據義務而取得票據者，亦為票據的執票人。

㈡義務人

以發票人或承兌人為限。

三、成立要件

㈠票據上的權利，限於因罹於時效或手續之欠缺而消滅。

㈡發票人或承兌人必須因此受有利益。

第二章　匯　票

第一節　匯票的概念

一、匯票的意義

匯票 (draft, bill of exchange) 是發票人簽發一定之金額，委託付款人於指定之到期日，無條件支付與受款人或執票人之票據（票據法第二條）。故：

(一)匯票是一種票據

(二)匯票是委託他人付款之票據，是委託證券

(三)匯票是於指定之到期日付款，原則上是將來付款，是信用證券

二、匯票關係人

(一)發票人 (drawer)

非主債務人，於付款人拒絕付款時，始負給付之責，應屬擔保給付。

(二)受款人 (payee, remittee)

(三)付款人、承兌人 (drawee, payer)

非絕對義務人，於未承兌前，尚無任何責任可言，一經承兌，則稱承兌人 (acceptor)，應負付款之責。

三、匯票的種類

(一)依付款期限可分

1. **即期匯票** (sight draft, demand draft (D/D))

——見票即付之匯票（票據法第六十五條第一項第三款）。

2. **遠期匯票** (time draft, usance draft)

——定期匯票（一定日付款）（票據法第六十五條第一項第一款）。

——計期匯票（發票日後定期付款）（票據法第六十五條第一項第二款）。

——註期匯票（見票後定期付款，其到期日自提示承兌之日起算）（票據法第六十五條第一項第四款、第四十五、四十六條）。

——分期付款匯票（票據法第六十五條第二項，票據法施行細則第十

條）（銀行公會指示國內各金融機構暫不受理此項票據）。

(二)依票據關係人可分

1.一般匯票

指發票人／付款人／受款人各異。

2.變式匯票

發票人／付款人／受款人三者中有一人兼任數票據當事人身分（票據法第二十五條）。

(1)指己匯票：發票人以自己為受款人之匯票，例如售貨人發行記載自己為受款人，而以購貨人為付款人，並由其承兌→商業承兌匯票。

(2)付受匯票：以付款人為受款人之匯票。用途：便利付款人內部之結算，同時對外亦可背書轉讓使之流通，如總公司為付款人而以分公司為受款人，藉以結清債務。

(3)對己匯票：發票人以自己為付款人之匯票（與本票無異）。

①如郵局匯票：依郵政國內匯票法，無背書轉讓及承兌制度。

②票據法第二十四條第三項未載付款人者，以發票人為付款人。

(4)己受己付：發票人以自己為受款人兼付款人。例如同一銀行之各分行間所簽發之匯票。

(三)依記載方式可分

1.記名匯票

即發票人在票上載明受款人的姓名或商號的匯票。

2.指示式匯票

記載受款人並附加「或其指定人（指被背書人）」字樣者。

3.無記名匯票

即在匯票上不記載受款人姓名或商號的匯票。

(四)商場上

1.光票 (clean bill of exchange)

金融機構用語，一般對不附提單、倉單，及保險單等附屬文件之匯票稱之。於無交易行為時，亦可簽發。

2. **跟單匯票** (document of bill of exchange)

將所有之貨運單據均作為匯票之附件。

⑴付 款 交 單 匯 票 (Documentary Bill Against Payment (D/P), Documentary Payment Bill of Exchange)

——匯票金額付清始將貨運單據隨匯票交與付款人（購貨人）。

⑵承 兌 交 單 匯 票 (Documentary Bill Against Acceptance (D/A), Documentary Acceptance Bill of Exchange)

——承兌後交付貨運單據、匯票則由售貨人所指定之受款人保管，俟到期日始向付款人（承兌人）請求付款。

⑶信用狀押匯匯票

——出口商依信用狀，備妥一切單據並簽發以押匯銀行為受款人，開狀銀行為付款人之匯票，附隨信用狀以之向押匯銀行押匯取款之匯票。

3. **承兌匯票**

⑴商業承兌匯票 (commercial acceptance, trade acceptance)（銀行法第十五條第二項）。

⑵銀行承兌匯票 (bank acceptance)（銀行法第十五條第三項）：

銀行法第十五條。

①本法稱商業票據，謂依國內外商品交易或勞務提供，而產生之匯票或本票。

②前項匯票以出售商品或提供勞務之相對人為付款人而經其承兌者，謂商業承兌匯票。

③前項相對人委託銀行為付款人而經其承兌者，謂銀行承兌匯票。出售商品或提供勞務之人，依交易憑證於交易價款內簽發匯票，委託銀行為付款人而經其承兌者亦同。

第二節　發票及款式

一、發票的意義

發票者，乃發票人作成票據，並以之發行之基本的票據行為。發票包

括「簽」（填寫）及「發」（交付）二者缺一不可。

二、發票的款式

㈠絕對必要記載事項（票據法第二十四條第一項）

1.表明為匯票之文字（票據法第二十四條第一項第一款）

2.一定的金額

金額必須確定，且不得改寫（票據法第十一條第三項），匯票上的金額以號碼代替文字記載，經使用機械辦法防止塗銷者，視同文字記載（票據法施行細則第三條）。

3.無條件支付的委託

4.發票年月日

5.發票人簽名

絕對必要記載事項如有欠缺，其發票行為無效（票據法第十一條第一項），且在該票上所為之附屬票據行為，如背書、承兌、參加承兌及保證，亦為無效。惟請注意同條第二項有關「空白授權票據」（票據法第十一條第二項）問題。

㈡相對必要記載事項

1.付款人的姓名或商號

但未載付款人者，以發票人為付款人（票據法第二十四條第三項）。

2.受款人的姓名或商號

但未載受款人者，以執票人為受款人（票據法第二十四條第四項）。

3.發票地

但未載發票地者，以發票人之營業所、住所或居所地為發票地（票據法第二十四條第五項）。

4.付款地

但未載付款地者，以付款人之營業所、住所或居所地為付款地（票據法第二十四條第六項）。須特別注意者，付款地必須單一。複數付款地使票據關係複雜化，該票據無效。

5. 到期日

但未載到期日者，視為見票即付（票據法第二十四條第二項）。

相對必要記載事項未記載時，因法律另有補充規定，其發票行為並不因之無效。

㈢任意記載事項

1. 擔當付款人

擔當付款人為代付款人，實際付款之人。發票人得於付款人外記載一人為擔當付款人（票據法第二十六條第一項）。發票人已指定擔當付款人者，付款人於承兌時得塗銷或變更之（票據法第四十九條第二項），票上載有擔當付款人者，其付款之提示，應向擔當付款人為之（票據法第六十九條第二項）。

2. 預備付款人

預備付款人者，指發票人或背書人，於付款人外，記載付款地的一人，於付款人拒絕承兌或付款時，由其參加承兌或參加付款之人（票據法第二十六條第二項、第三十五條），匯票上載有預備付款人者，在付款人拒絕承兌時，得請求其為參加承兌（票據法第五十三條第一項），在付款人拒絕付款而又無參加承兌人時，應向其為付款之提示（票據法第七十九條第一項）。

3. 付款處所

發票人得記載在付款地之付款處所（票據法第二十七條）有此記載，則行使或保全票據上權利的行為，應於付款處所為之。

4. 利息與利率

發票人得記載對於票據金額支付利息及其利率，其利率未經載明時，定為年利六釐（百分之六），利息自發票日起算，但有特約者，不在此限（票據法第二十八條）。

5. 免除擔保承兌

發票人得依特約免除擔保承兌之責（票據法第二十九條第一項但書）。

6. 禁止轉讓

發票人得在記名匯票上為禁止轉讓之記載（票據法第三十條第二項），有此記載，此票據失去流通性。若在無記名匯票上為禁止轉讓之記載，此

記載無效，票據仍得以背書或交付方式轉讓之。

7.指定承兌之期限或禁止請求承兌之期限（票據法第四十四條第一、二項）

8.承兌或付款提示期限的縮短或延長（票據法第四十五、七十條）

9.免除作成拒絕證書（票據法第九十四條第一項）及免除拒絕承兌或拒絕付款之通知（票據法第九十條）

10.指定應為給付之貨幣種類（票據法第七十五條第一項）

11.不得發行回頭匯票之記載（票據法第一百零二條第一項但書）

任意記載事項，其記載與否，聽任發票人之意思，若未記載，與發票之效力無關，但一經記載，發生票據上之效力。

㈣記載本法所不規定的事項者

票據上記載本法所不規定之事項者，不生票據上之效力（票據法第十二條），例如限額保證支票上記載「本支票伍仟元限額內保證付款，逾額退票」之記載，因支票不適用「保證」之規定，此記載不生票據上之效力，惟仍生民法「保證」之效力是。

於此特別提醒注意對票據法第十二條之規定舉其大要如下：

1.承兌、參加承兌為匯票所特有之規定，本票、支票無適用之餘地。

2.保證為匯票、本票所共有之規定，支票沒有準用「保證」之規定。故在支票背面記載保證人某某某，並簽名時，不適用「保證」之規定，而適用背書之規定。

3.平行線及保付規定於支票，為支票特有之制度，故本票上劃平行線，此平行線之記載不發生「付款人僅得對金融業者支付票據金額」之效力。

三、發票的效力

1.對發票人的效力

⑴擔保承兌：可以特約免除，以免期前追索（票據法第二十九條第一項但書）。

⑵擔保付款：有免除擔保付款之記載者，其記載無效（票據法第二十九條第三項）。

2.**對受款人或執票人的效力**

取得票據權利。

3.**對付款人的效力**

在付款人未承兌前，無付款義務。經承兌後，負絕對付款義務（票據法第五十二條第一項）。

第三節　背　書

一、背書的意義

票據權利人（執票人）以移轉票據權利（轉讓背書）或其他（委任取款及設質背書）為目的所為之附屬票據行為。

二、背書的效力

通說有三種：

㈠票據權利移轉（轉讓背書）或取得行使票據權利之權限（委任取款背書）之效力。

㈡權利（轉讓背書）或權限（委任取款背書）證明之效力。

㈢擔保承兌及付款之效力——（除到期日後背書、委任取款背書外）背書人應照票據文義擔保承兌（匯）及付款（三者），故多人背書可增加票據信用。

三、從條文看背書的種類

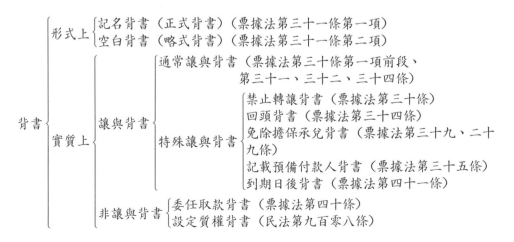

四、禁止背書轉讓（票據法第三十條第二、三項）

㈠理　由

1. 票據債務人可藉以保留對於受款人直接後手之抗辯權。

2. 票據債務人可藉以防止票據追索時，追索金額之擴大。

3. 票據債務人可藉以免去與受款人或直接後手以外之他人發生票據關係。

㈡效　果

1. 發票人有禁止背書轉讓記載之票據，雖不得依背書而轉讓，但仍不妨依一般債權讓與之方法為之——債權讓與意思表示之證明（票據法第三十條第二項）。

2. 背書人於票上記載禁止轉讓者，仍得依背書而轉讓之，但禁止轉讓者，對於禁止後，再由背書取得匯票之人，不負責任（票據法第三十條第三項），亦即此背書人僅對其被背書人負背書人責任。

3. 委任取款背書仍得為之——無切斷抗辯權之問題。

4. 禁止背書之票據仍為票據之一種，除票據法中以背書為前提之部分外，其餘之規定仍然適用。實務上，禁止背書應為記名票據（發票人禁止背書時）或記名背書（背書人禁止背書時），否則此禁止背書之記載無實益。

㈢記載位置

1. 發票人禁止轉讓時

⑴在票據正面記載，若緊接發票人簽名處為之，依社會觀念，足認係由發票人於發票時為之者，發生禁止轉讓之效力，否則應另行簽名。

⑵在票據背面記載時，應由發票人另行簽名，否則不發生禁止背書之效力，蓋易與背書人之禁止背書轉讓混淆之故。

2. 背書人禁止轉讓時

應在票據背面為之，若緊接背書人簽名處為之，依社會通念，足認係由背書人於背書時為之者，發生禁止轉讓之效力，否則應另行簽名。

五、記名背書與空白背書

㈠記名背書

由背書人在匯票的背面或其黏單上，記載被背書人，並由背書人簽名

的背書為記名背書（票據法第三十一條第二項）。記名背書再為轉讓時，必須由被背書人再為背書，否則背書不連續。

（二）空白背書

由背書人不記載被背書人，僅簽名於匯票者，為空白背書（票據法第三十一條第三項）。空白背書之票據，得依票據之交付轉讓之。亦得以空白背書或記名背書轉讓之（票據法第三十二條）。匯票之最後背書為空白背書者，執票人得於該空白內記載自己或他人為被背書人，變更為記名背書，再為轉讓（票據法第三十三條），惟於該空白內記載他人為被背書人變更為記名背書後，由該執票人再以背書方式轉讓時，易滋背書不連續之困擾。

六、回頭背書 (Re-indorsement)

（一）意　義

回頭背書係以票據債務人為被背書人之背書。付款人未承兌前不是票據債務人，若以之為被背書人，學者以「準回頭背書」稱之。

（二）效　果

1. 到期日前得再為轉讓

票據債務人依回頭背書受讓票據時，依民法「混同」原則，因債權與債務同歸一人而消滅（民法第二百四十四條），但票據法為助長票據之流通，排除混同原則之適用，允許受讓人於票據到期日前再以背書轉讓票據權利（票據法第三十四條第二項）。

2. 追索權行使的限制

(1)執票人為發票人時，對其前手無追索權（票據法第九十九條第一項）。

(2)執票人為背書人時，對其原來背書之後手無追索權（票據法第九十九條第二項），其對發票人、承兌人，及該背書人前手之權利，不受影響。

3. 回頭背書的被背書人，再為背書轉讓，即執票人並非票據債務人自己時

(1)再背書人為發票人時：發票人將票據背書轉讓給第三人（現執票人）時，該第三人之追索權不受任何限制，可向任何前手追索。但如向其直接前手（發票人）追索，該前手（發票人）清償後，即不得復向其前手追索。

(2)再背書人為承兌人時：承兌人將票據背書轉讓給第三人時，該第三人仍得向任何前手追索。惟如逕向承兌人追索，經其清償，則為償還之承兌人不得向任何人追索。

(3)再背書人為前背書人時：前背書人以背書轉讓第三人，該第三人之追索權不受任何限制，得向任何前手追索，惟如向該再背書人（前背書人）追索，經該再背書人清償後，即不得向其原有之後手再追索。（最高法院十八年上字第二八七號判例係票據法第九十九條修正前作成，依最高法院六十九年臺上字第一六九八號及七十一年臺上字第三六三號判決，認該判例無再適用餘地。上述說明係依七十一年十月八日第七期金融法務研討會討論決議作成，彼認依票據法第九十九條第一項反面解釋，亦認回頭背書之執票人得對所有前手均得行使追索權。）

七、期後背書（票據法第四十一條）

(一)意 義

到期日後所為之背書，為期後背書。票據法第四十一條主要規範期後背書之背書人與被背書人間法律關係，此背書人與其所有前手間之法律關係，仍適用票據法之一般規定。支票僅有發票日而無到期日，在支票情形，期後背書何所指？依民國七十三年四月十日最高法院民事庭決議，支票在提示付款後或提示付款期限經過後所為之背書（票據法第一百三十條參考）為期後背書。

(二)效 果

1.期後背書僅有通常債權轉讓之效力（票據法第四十一條第一項）云者，係就轉讓之效力而言，非謂票據上之權利變為通常債權而移轉，受讓人不得享有票據上之權利。故期後背書之背書人對被背書人不負擔保承兌與付款之責任，即僅發生票據權利移轉之效力。

2.期後背書之被背書人仍得享有票據上權利，僅因被背書人係繼受背書人之地位，票據債務人得以對抗背書人之事由，轉而對抗被背書人而已。

八、背書不得記載事項

不得記載之事項，如記載之，或致背書無效，或視為無記載，其事項

票據法有明文規定如下：

㈠一部背書

背書具不可分性，不得就票據金額之一部為之；亦不得將票據金額分別轉讓給數人（票據法第三十六條前段），違反此規定，則此背書不生效力，但得將票據金額轉讓給數人共有。

㈡附條件背書

背書不可附記條件（停止條件與解除條件），若附記條件，其條件視為無記載（票據法第三十六條後段）。

九、背書的連續

㈠意　義

係指在票據上所為之背書，自最初受款人至最後之執票人間，須形式上前後連續不間斷，亦即票據上有受款人之記載時，第一次背書之背書人必須為受款人，第二次以下之背書應為各該前一背書之被背書人，例如：

受款人　背書人　被背書人／背書人　　　　　　　　　執票人
林一　　林一　→　　　梁二→張三→李四→王五→趙六→錢七

1.背書人雖與前背書之被背書人，在實質上為同一人，但在形式上竟表示為不同之名時，影響背書之連續。

2.背書簽名縱屬偽造，實質上該背書應歸無效，但因形式上無欠缺，不影響背書之連續。

3.執票人能證明其取得票據權利係由繼承（一般繼承，公司合併時，存續或新設者之繼承）不影響背書之連續——繼承事實應表示於票據上，被背書人 A 或背書人 A 之繼承人 B。

例：最後被背書人為甲，若以乙名義取款時，應拒絕付款，否則付款人仍不能免責。

若乙冒簽甲名，付款人付款時不負責任（票據法第七十一條第二項）。

㈡效　果

對執票人有權利證明效力，對付款人尚有免責效力（此免責以付款人

善意，無重大過失為要件——付款人不負舉證責任）。

㈢背書不連續時

1.執票人能證明其取得票據係由繼承者(概括繼承)，仍可行使票據權利。

2.背書不連續之票據，並非絕對禁止付款，只是付款後，倘執票人非真正權利人時，付款人縱屬善意並無重大過失，亦不能免責，應向真正權利人再次付款。

㈣背書連續與委任背書

1.委任背書之被背書人得再為委任背書，不得為轉讓背書，如為轉讓背書時，須由原背書人（委任人）親自背書（縱未記明委任取款之旨，不能認為移轉背書，當然認為委任背書）。

2.審查背書連續時，如委任背書夾於轉讓背書間，委任背書可不予計算在內。

3.委任背書之被背書人，為轉讓背書時，依越權代理，由該背書之人自負其責（票據法第十條第二項），並構成背書不連續。

㈤背書連續的認定

1.皆為記名背書時

自第一背書至執票人止，後背書之背書人為前背書的被背書人，例如：

第一次背書 被背書人／背書人 乙 ／ 甲	第二次背書 被背書人／背書人 丙 ／ 乙	第三次背書 被背書人／背書人 丁 ／ 丙	執票人 丁

2.背書中有空白背書時

背書中有空白背書時，形式上背書不連續，惟法律特別規定於此情形，其次之背書人，視為前空白背書之被背書人（票據法第三十七條第一項但書），如上例中，第一次背書中未記載被背書人乙，則視乙為甲的被背書人。

3.背書有塗銷時

背書之塗銷，須執票人故意為之（票據法第三十八條前段），非故意塗銷時，不影響於票據上之效力（票據法第十七條）。

(1)背書塗銷之效果：被塗銷的背書人，免除責任，在被塗銷背書人名次之後而於未塗銷以前為背書者，均免其責任(票據法第三十八條)，例如：

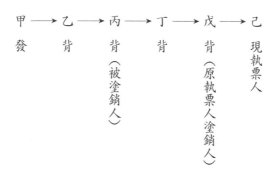

丙為被塗銷人，免責。丁在被塗銷背書人名次之後而於未塗銷前為背書，亦免責。甲、乙名次在被塗銷之前，戊簽名在塗銷之後，均應負責。

(2)塗銷對背書連續性之影響：塗銷之背書不影響背書之連續者，對於背書之連續，視為無記載。塗銷之背書，影響背書之連續者，對於背書之連續，視為未塗銷(票據法第三十七條第二、三項)。此稱為擬制連續，被塗銷之背書人，依票據法第三十八條，免責。

十、委任取款背書

㈠意　義

執票人以委任取款為目的所為之背書，亦即背書人委任被背書人以行使票據上一切權利為目的的背書。即以委任取款 (for collection) 為目的，應於匯票上載明委任取款之意旨（票據法第四十條第一項）。

㈡效　果

1.被背書人依委任取款意旨，取得代理人地位，得以行使匯票上一切權利（票據法第四十條第二項）。

2.被背書人不得為轉讓背書，但得以委任取款目的，更為背書（票據法第四十條第二項，與民法複代理同），此再為背書之被背書人所得行使之權利，與第一被背書人相同（票據法第四十條第三項）。

3.被背書人即係以背書人之代理人行使票據上權利，故票據債務人得

以對抗背書人（委任人）之抗辯事由對抗被背書人（受任人）（票據法第四十條第四項）。

十一、設質背書

㈠意 義

以設定權利質權為目的所為之背書，票據法就此未設規定，依民法第九百零二、九百零八至九百十條證券質權之規定辦理。

㈡設質方法

1.若為無記名票據或空白背書的票據，執票人得僅以交付票據於質權人，而生設定質權之效力（民法第九百零八條前段），不須為設質背書。

2.若為記名票據或記名背書之票據，須以背書方法為之，載明設定質權之意旨。如：因擔保 (value in security)、因質入 (value in pledge)，由出質人簽名，並將票據交付於質權人（民法第九百零八條後段）、發票人有禁止轉讓之票據，得否設質，有爭議，有認為不得為設質背書者，理由——發票人為禁止背書轉讓，受款人即不得再為背書以設定質權（票據法第三十條第二項）。惟有主張設質背書，本法既未規定（票據法第十二條），嚴格言之，自不發生票據上效力而僅有民法上之效力，但此種背書在商業習慣上，為數不少，既承認設質背書之存在，毋須否定發票人禁止背書之票據得為設質背書，僅其權利行使應受限制即可。

㈢權利質消滅問題

1.質權人塗銷設質背書後返還出質人即可，出質人（執票人）即得再背書轉讓。

2.須以背書方式（使質權消滅），返還出質人，出質人即得再背書轉讓。

3.無記名票據或空白背書的票據，質權人只要將票據返還出質人即可。

第四節 承 兌

一、意 義

承兌 (acceptance) 者，匯票之付款人在票據上承擔付款之委託所為之附屬的票據行為。承兌以自由承兌為原則。（承兌自由原則）（票據法第四

十二條——執票人於匯票到期日前，「得」向付款人為承兌之提示），除發
票人或背書人在票上記載應為承兌（票據法第四十四條第一項），或見票後
定期付款之匯票，因未承兌則無法確定付款日，而應為承兌（票據法第四
十五條第一項）外，是否承兌係執票人自由。

二、承兌的種類

㈠以承兌方式為準

1.正式承兌

即在匯票正面記載「承兌」或「照兌」字樣，並由付款人簽名的承兌
（票據法第四十三條第一項）。

2.略式承兌

付款人僅在匯票的正面簽名而不記載任何文字的承兌（票據法第四十
三條第二項）。

㈡視承兌有無限制而分

1.單純承兌

即完全依照票載文義而為之承兌，上述正式承兌或略式承兌，為單純
承兌。

2.不單純承兌

即就票載文義加以變更或限制而為之承兌。又分

(1)一部承兌：即付款人僅就匯票金額之一部為承兌。一部承兌須經執
票人同意始得為之。一部承兌時，執票人應將其事由通知其前手（票據法
第四十七條第一項），俾前手採取適當手段，保障其權益。對未獲承兌部分，
並應請求作成拒絕證書（票據法第八十六條第一項）。

(2)附條件承兌：即付款人對票據金額承兌附有停止條件或解除條件之
承兌。承兌附條件者，視為承兌之拒絕，但承兌人仍依所附條件，負其責
任（票據法第四十七條第二項）（付款人為承兌後，票據法上用語即改為「承
兌人」而不稱付款人）。

三、承兌之程序與提示期間的限制

㈠程　序

1.提示匯票

執票人現實的向付款人出示匯票，請其承兌。

2.付款人承兌

由付款人在匯票上為承兌之記載並簽名。惟付款人雖在匯票上簽名承兌，未將匯票交還執票人之前，仍得撤銷其承兌，但已向執票人或匯票簽名人以書面通知承兌者，不在此限（票據法第五十一條）。

3.交付匯票

承兌人將匯票交還執票人。

㈡提示期間的限制

1.積極限制

⑴內容：除見票即付之匯票外，發票人或背書人得在匯票上為應請求承兌之記載，並得指定其期限。惟背書人所定應請求承兌之期限不得在發票人所定禁止期限之內（票據法第四十四條第一、三項）。

⑵效力：發票人所為應請求承兌之記載，其效力及於全體背書人，而背書人所為應請求承兌之記載，其效力僅及於該被背書人。違反積極限制，不於指定期限內為承兌者，對於發票人或背書人喪失追索權（票據法第一百零四條第二項）（按發票人在票上所為之記載有拘束其他全體票據債務人與執票人之效力，而背書人所為之記載僅有拘束其被背書人之效力，此為票據法上之通則）。

2.消極限制

⑴內容：匯票原則上雖得於到期日前隨時為承兌之提示（票據法第四十二條），但發票人得為在一定日期前為禁止請求承兌的記載（票據法第四十四條第二項）。

⑵效力：

①背書人所定應請求承兌之期限，不得在發票人所定禁止期限之內（票據法第四十四條第三項）。

②執票人不得在禁止承兌期限內請求承兌，否則如經拒絕亦不得作成拒絕證書行使追索權。

四、承兌的效力

付款人於承兌後，應負付款之責（票據法第五十二條第一項），而成為匯票之第一債務人（即付款請求權之債務人），除有票據法第二十二條第一項票據罹於消滅時效外，負絕對付款責任。承兌人到期不付款，執票人雖係原發票人，亦得就第九十七及九十八條所定之金額，直接請求支付（票據法第五十二條第二項）。惟承兌人得以其與發票人間之資金關係為抗辯或抵銷。

第五節 參加承兌

一、參加承兌的意義

參加承兌 (acceptance for hornor, accommodation acceptance) 指預備付款人或票據債務人以外之第三人，因匯票不獲承兌（指票據法第八十五條第二項所列情形），於到期日前，防止執票人行使追索權所設之一種附屬票據行為。

二、參加承兌的程序

㈠參加承兌的時期

參加承兌人須於執票人得於到期日前行使追索權時為之，亦即有 1.匯票不獲承兌。2.付款人或承兌人死亡，逃避或其他原因（如喪失行為能力），無從為承兌或付款提示。 3.付款人或承兌人受破產宣告等三種情形之一時（票據法第八十五條第二項），參加承兌即應於此時期為之。

㈡參加承兌人的資格

1.預備付款人

匯票上有指定預備付款人者，應（條文上用「得」字）請其參加承兌（票據法第五十三條第一項），預備付款人自動參加承兌時，執票人不得拒絕，故學者稱之為「當然參加人」。

2.票據債務人以外的第三人

除預備付款人與票據債務人外，不問何人，經執票人同意，得以票據

債務人中之一人為被參加人參加承兌（票據法第五十三條第二項），學者稱之為「任意參加」，其所以需經執票人同意，係避免無資力人為參加人以阻止執票人期前行使追索權，致執票人因之受損。參加人非受被參加人之委託而為參加者，應於參加後四日內，將參加事由，通知被參加人。參加人怠於為前項通知，因而發生損害時，應負賠償之責（票據法第五十五條）。

三、參加承兌的方式與應記載事項

參加承兌應由參加承兌人在匯票正面為之，並由參加承兌人簽名，此與承兌同，並應記載下列事項：

㈠參加承兌的意旨

記載表明參加承兌之文義，如參加承兌或其同義文字如「到期由本人照兌」或「願代承兌」。

㈡被參加人姓名

參加承兌係為特定債務人之利益，故應記載被參加人之姓名，以確定係為何人利益參加，俾將來作為行使償還請求權之依據，惟此非絕對必要記載事項，若未記載時，視為為發票人參加，若係預備付款人參加承兌時，以指定預備付款人之人為被參加人（票據法第五十四條），惟曾在票上載明「免除擔保承兌」之責（票據法第二十九條第一項但書、第三十九條）者，若由於拒絕承兌而期前行使追索權時，解釋上不得以其為被參加人，因參加承兌係為阻止到期前日追索權之行使，僅有不能承兌，對於有特約免除擔保承兌之人，自不得行使追索權之故。

四、參加承兌的效力

㈠阻止期前追索權的行使

執票人允許參加承兌後，不得於到期日前行使追索權（票據法第五十六條第一項），所謂不得於到期日前行使追索權，係指對於票據債務人全體不得行使追索權，非謂僅對被參加人及其後手之票據債務人不得行使追索權。又預備付款人參加承兌本不須執票人之同意，解釋上，預備付款人參加承兌後，亦應不得對全體票據債務人行使追索權。

㈡期前清償

參加承兌僅阻止期前追索權之行使，若匯票到期，付款人或擔當付款人仍拒不付款而由參加承兌人付款時，被參加人及其前手對參加承兌人仍有償還之義務且增加追索費用及利息之負擔及拖延時日，故票據法第五十六條第二項規定，被參加人及其前手仍得於參加承兌後，向執票人支付第九十六條所定金額，請其交出匯票及拒絕證書，以早日了結票據關係。

㈢參加承兌人負付款的義務

參加承兌之所以能阻止期前追索，即在參加人於到期日願負付款之義務。但參加承兌人究非票載付款人，執票人於到期日，仍須先向付款人或擔當付款人請求付款，必其不於到期日或其後二日內為付款，或經執票人同意延緩之三日期限內為付款，參加承兌人始應支付匯票金額及利息與必要費用（票據法第五十七條）。

第六節　保　證

一、票據保證的意義

保證係票據債務人以外之第三人，為保證特定票據債務人票據債務之履行，所為要式，單獨而具獨立性之附屬票據行為。保證之規定適用於匯票與本票，而不及於支票。

二、票據保證的種類

㈠全部保證與一部保證

全部保證指匯票金額之全部所為之保證，一部保證者，就匯票金額之一部為之。票據法第六十三條規定：「保證得就匯票金額之一部分為之。」無異定明一部保證亦有效力。以其所擔保之金額為限負擔保責任。

㈡單獨保證與共同保證

單獨保證指保證人一人所為之保證；共同保證指二人以上所為保證。票據法第六十二條定明：「二人以上為保證時，均應連帶負責。」與民法第七百四十八條得約定不負連帶責任有異。

按「保證」有暴露票據債務人信用欠佳之風險，亦涉及「面子」問題，

乃有不於票據上記明保證字樣，而以共同發票、背書、承兌或參加承兌等方式以達保證目的者，此稱為「隱存保證」。

三、票據保證的程序

㈠得為保證的時期

票據法對此未設規定，解釋上，不獨於到期日前得隨時為之，即於到期日後，或拒絕證書作成後，或消滅時效完成後，亦得為之，惟既為票據保證，必被保證人所負之債務為票據債務始可。若被保證人所負之票據債務，已非票據債務，例如到期日後背書之背書人所負之債務，已非票據債務，對之為保證，則此非票據保證。

㈡保證人的資格

保證人，除票據債務人外，不問何人均得為之（票據法第五十八條第二項），蓋票據債務人對執票人均負連帶責任（票據法第九十六條第一項），以之為保證人，不能增加票據信用，沒有實益，故明文限制之，此僅具宣示作用。法人或自然人均得作保，惟法人為保證，須受公司法第十六條之限制（公司法第十六條，大法官會議釋字第五九號解釋）。

㈢被保證人

當然限制於已成為票據債務人之法人或自然人。

㈣保證的記載

保證為附屬的票據行為，須符合法定款式與法定處所記載始生效力。

四、保證的款式

㈠記載的事項

1.保證的意旨

即表明保證之意思，通常記明「保證人」字樣即可。所以必須記載者，便與其他票據行為區別。

2.被保證人姓名

被保證人為主債務人，自應載明，若未記載，依本法第六十條：「保證未載明被保證人者，視為為承兌人保證，其未經承兌者，視為為發票人保證。但得推知其為何人保證者，不在此限。」故首應審查是否可以推知其

為何人保證，例如簽名在發票人姓名之旁，自得推知為發票人保證。必無法推知時，始得適用法律之補充規定。

3. 年月日

未記載時，以發票年月日為年月日（票據法第五十九條第二項），但此之以發票年月日為年月日，不影響保證之效力。例如實際為保證時，已成年，但以發票年月日為年月日時，為未成年人時，保證人不得主張其為限制行為能力人，所為之保證無效。

4. 保證人的簽名

得以蓋章代簽名，但必須出於保證人之意思為之，他人盜蓋印章，難謂以蓋章代替簽名。

㈡記載的處所

保證應在匯票上或其謄本上記載（票據法第五十九條第一項），亦得在黏單上為之（票據法第二十三條第一項）。

五、保證的效力

㈠保證人的責任

1. 通常的責任

保證人與被保證人負同一責任（票據法第六十一條第一項）。即以被保證人之票據責任為保證人之責任。

2. 加重的責任

被保證人之債務，縱為無效，保證人仍負擔其義務，但被保證人之債務因方式之欠缺而為無效者不在此限（票據法第六十一條第二項前段），此「無效」指欠缺實質要件致歸無效情形而言。若該被保證人之票據行為欠缺法定要式而無效時，則保證人之保證行為亦歸無效。本條前段之規定為「票據保證人責任獨立性」之宣示。

㈡保證人的權利

票據法第六十四條規定:「保證人清償債務後，得行使執票人對承兌人、被保證人及其前手之追索權。」依此，保證人所得行使之追索權，僅為對承兌人、被保證人及其前手，此為基於法律之規定而移轉，為法定移轉。

又依票據特質，被保證人或其前手，不得以對抗原執票人之事由對抗保證人。

六、法律問題二則

民國七十二年五月舉行之司法院司法業務研究會第三期，曾以「公司為下列之行為，其效力若何」為研討之問題，頗具參考價值，特引載如下供參考：

㈠因票據法第五十八條第二項之規定，公司於匯票或本票上為保證人。

㈡公司於支票背面載明「連帶保證人」，由公司負責人蓋用公司及負責人印章。

其研討之結論為：

㈠公司法第十六條除外之規定，係以依其他法律或公司章程規定以保證為業務者為要件。公司如無依其他法律或公司章程規定以保證為業務之情形，自無因票據法第五十八條第二項，有不問何人均得為保證之規定，而排斥公司法第十六條適用之餘地（參照四十三年臺上字第八三號判例）。

㈡票據之背書，為票據行為，支票之背書人應照支票文義負票據法規定之責任，與民法所指保證契約之保證人，於主債務人不履行債務時，由其代負履行責任之情形不同，且票據法第一百四十四條關於保證之規定，不準用於支票，故在支票背書，不涉及保證問題，以公司名義在支票背書自屬合法，再參照五十二年臺上字第二二八六號、五十三年臺上字第一九三〇號判例，票據上記載票據法所不規定之事項，不生票據上之效力，為票據法第十二條所明定，而支票既無保證之規定，則於支票上加寫「連帶保證人」之背書，僅生背書之效力，但在理論上有反對說。

第七節 到期日、付款、參加付款及追索權、複本、謄本

一、到期日

㈠到期日的意義

到期日乃匯票上記載應為付款之時期。未記載到期日者，法律上視為見票即付（票據法第二十四條第二項）。

㈡到期日的種類

1. 定日付款

即記載確定日期為到期日者是也，例如「×年×月×日」是。

2. 發票日後定期付款

即自發票日後經過一定之期間而為付款，例如「祈於發票日後一個月付」是。

3. 見票即付

即於執票人提示時，付款人應即付款，即俗稱之即期匯票，通常記載「見票即付」字樣，若未為此記載（即到期日處空白未填載時）視為見票即付。

4. 見票後定期付款

即自見票日後經過一定之期日為付款。例如「憑票祈於見票後三個月付」或「憑票祈於承兌後××天付款」等為其適例，此「見票」為承兌時之見票（見票指真實的出具票據，請票據關係人為行為之意）。

㈢到期日的計算

上述 2.至 4.所定到期日分別規定於票據法第六十六至六十八條，請查閱有關法條。

二、付 款

㈠付款的意義

付款者，指付款人或擔當付款人支付票據金額，以消滅全部或一部票據關係之行為（再言之，票據關係指票據上之權利義務）。

㈡付款的種類

1.全部付款與一部付款

以是否支付票據金額之全部或一部為標準，可分全部付款與一部付款（票據法第六十三條），全部付款時，全部票據關係消滅，一部付款時，一部分票據關係消滅，若執票人拒絕部分付款時，對此部分喪失追索權。

2.到期付款與期外付款

到期付款指於到期日或其後二日內或經執票人同意延期之期限內所為之付款（票據法第六十九條第一項、第七十條）。於此期日外之付款為期外付款，分到期日前付款之「期前付款」（票據法第七十二條第一項）或「到期付款」日後之「期後付款」。

㈢付款的程序

1.提示票據

提示之當事人為⑴提示人——執票人或其代理人，⑵受提示人為付款人或承兌人、擔當付款人、票據交換所、參加承兌人或預備付款人，視各情況而定。

2.付款人的審查與付款

付款人為付款前，應就票據予以審查：⑴票據絕對必要記載事項是否欠缺（票據法第十一條第一項）。⑵背書是否連續（票據法第七十一條第一項）。因欠缺本法所規定應記載事項之一者，其票據無效（票據法第十一條前段），執票人應以背書之連續，證明其權利（票據法第三十七條前段），付款人對於背書不連續之匯票而付款者，應自負其責（票據法第七十一條第一項前段），故付款人應審究該票據是否是有效票據，其背書是否連續。惟所謂背書是否連續，乃形式上連續為已足，故本法第七十一條第二項規定：「付款人對背書簽名之真偽，及執票人是否本人不負認定之責。」惟此乃原則，本條但書「但有惡意或重大過失時，不在此限」乃例外。所以如此規定，乃為助長票據之流通而採之務實方法。付款時若票上所載貨幣，非付款地之通用貨幣，得依付款日行市，以付款地通用之貨幣支付之，但有特約者，不在此限（票據法第七十五條第一項）。

3.付款人收回票據

付款人付款時，得要求執票人記載收訖字樣簽名為證，並交出票據（票據法第七十四條）。但部分付款時，付款人僅得要求執票人在票上記載所收金額，並另給收據（票據法第七十四條第二項），所以如此規定，因執票人尚須就未獲付款部分行使追索權，匯票不能交還，自當以收據代之。另本法第八十六條第一項規定「匯票一部不獲付款時，執票人應請求作成拒絕證書證明之」，此項拒絕證書，若不準時作成，亦喪失追索權。

㈣付款的效力

1.到期日付款

匯票經付款後，票據權利消滅，全部付款則全部消滅，一部付款則一部消滅。

2.到期日外付款

⑴付款人於到期日前付款者，應自負其責（票據法第七十二條第二項），即付款人自己應負擔其危險，蓋到期日付款，只要背書形式上連續，雖執票人非真正權利人，而付款亦無惡意或重大過失，付款人即不負任何責任（票據法第七十一條）。到期前付款，縱付款人無任何過失，倘有真正權利人出面請求付款時，付款人不得以「已付款」為由對抗真正權利人。惟被追索而期前付款時，則為法之所許（票據法第九十七條第二項參照）。

⑵承兌人之期後付款與到期付款發生同一效力。因承兌人之付款義務，除因消滅時效完成外（票據法第二十二條第一項）應絕對負擔，不因付款期間經過而免責，此可從本法第七十六條第一項，執票人在第六十九條所定期限內，不為付款之提示時，票據債務人得將匯票金額依法提存，其提存費用，由執票人負擔之（為票據債務人之提存權）。若付款人不為提存，自應付款。

三、參加付款

㈠參加付款的意義

參加付款是為防止追索權之行使，由付款人或擔當付款人以外之第三人，為特定票據債務人利益，所為之付款行為。

㈡參加付款的程序

1. 參加付款的時期

參加付款應於執票人得行使追索權時為之，但至遲不得逾拒絕證書作成期限之末日（票據法第七十七條），即應於拒絕付款日或其後五日內參加，如執票人允許延期付款時，應於延期之末日或其後五日內為之（票據法第八十七條第二項）。

2. 參加付款的當事人

(1)參加付款人：

①任意參加（一般參加）：參加付款，不問何人均得為之，執票人拒絕參加付款者，對被參加人及其後手喪失追索權（票據法第七十八條），因參加付款是現實的支付票據金額，執票人拒絕參加付款是損人不利己之行為，故予以喪失追索權限制執票人之拒絕參加付款。

②當然參加：參加承兌人及預備付款人為當然參加人，故付款人或擔當付款人不於票據法第六十九及七十條所定期限內付款時，有參加承兌人時，執票人應向參加承兌人為付款之提示，無參加承兌人而有預備付款人時，應向預備付款人為付款之提示（票據法第七十九條第一項）。參加承兌人或預備付款人，不於付款提示時為清償者，執票人應請作成拒絕證書之機關，於拒絕證書上載明之（票據法第七十九條第二項），執票人違反前二項規定時，對於被參加人與指定預備付款人之人及其後手，喪失追索權（票據法第七十九條第三項）。

③優先參加：參加人有多數時，究以何人為參加付款人？以能免除最多數的債務人者，有優先參加權（票據法第八十條第一項），學者稱之為競合的參加。若故意違反此項規定為參加付款時，對於因之未能免除債務之人，喪失追索權（票據法第八十條第二項），又在能免除最多數之債務者，有數人時，應由受被參加人之委託者，或預備付款人參加之（票據法第八十條第三項）。

(2)被參加人：

即參加付款中之特定票據債務人。

(三)**參加付款的金額**

參加付款應就被參加人應支付金額之全部金額為之（票據法第八十一條），故一部參加不得為之。

(四)**參加付款的款式**

參加付款應於拒絕付款證書內記載之（票據法第八十一條第一項），參加付款應如何記載，參照票據法第五十四條第一項規定，解釋上，應記載下列事項：

1. **參加付款的意旨**

2. **被參加人姓名**

未記載者，如由參加承兌人付款，則以被參加承兌人為被參加付款人；如由預備付款人付款，以指定預備付款人之人為被參加付款人。無參加承兌人或預備付款人，而匯票上未記載被參加付款人時，以發票人為被參加付款人。

3. **參加付款年月日**

4. **參加付款人的簽名**

(五)**參加付款的效力**

1. **對執票人的效力**

(1)執票人不得拒絕參加付款，否則對被參加人及其後手喪失追索權（票據法第七十八條第二項）。

(2)參加付款後，執票人應將匯票及收款清單交付參加付款人，有拒絕證書者，應一併交付之（票據法第八十三條第一項），違反此規定者，對於參加付款人應負損害賠償之責（票據法第八十三條第二項）。

2. **對參加付款人的效力**

參加付款人取得執票人權利，對承兌人、被參加人及其前手，得行使付款請求權及追索權，但不得以背書更為轉讓（票據法第八十四條第一項）。

3. **對被參加人後手的效力**

被參加付款人之後手，因參加付款而免除債務（票據法第八十四條第二項）。

四、追索權

㈠追索權的意義

追索者，窮追遍索也。追索權者，乃票據不獲付款，不獲承兌或有其他之法定原因，執票人得對其前手，窮追遍索，請求其償還票據金額、利息及費用之一種票據上之權利。執票人以依「付款」使其債權獲得滿足為常，惟若無法滿足時，執票人在不得已之情形下，得行使法律所創設之救濟權。

㈡追索權的種類

1.到期追索與期前追索

以其行使之時期為標準所作之區分。前者指於票據不獲付款時所得行使之追索權（票據法第八十五條第一項），後者乃於票據：⑴不獲承兌，⑵付款人或承兌人死亡、逃避或其他之原因，無從為承兌或付款提示時，⑶付款人或承兌人受破產宣告時所得行使之追索權（票據法第八十五條第二項）。

此區別之實益，即到期追索權僅因參加付款而阻止其行使，而期前追索權，可因參加承兌或參加付款而阻止其行使，而兩者所得追索之金額亦不相同（票據法第九十七條第二項）。

2.最初追索權與再追索權

以其行使之主體為標準，可分最初追索權與再追索權。前者指執票人所行使之追索權；後者指已為清償之票據債務人，向其前手再追索之追索權。

此區別之實益在於：⑴追索金額（票據法第九十七條為最初追索，票據法第九十八條為再追索）之不同，及⑵消滅時效上亦不同（票據法第二十二條第二項為最初追索權，票據法第二十二條第三項為再追索權之消滅時效期間）。

㈢行使追索權的主體（權利人與義務人）與客體

1.權利人

⑴執票人：執票人為最初追索權人，得不依負擔債務之先後，對發票人、承兌人、背書人及其他票據債務人中之一人或數人或全體行使追索權（票據法第九十六條第二項，稱飛越或選擇追索），執票人對於債務人之一

人或數人已為追索者，對其他票據債務人仍得行使追索權（票據法第九十六條第三項，稱變更或轉向追索），惟應注意票據法第九十九條，「執票人為發票人時，對其前手無追索權，執票人為背書人時，對該背書之後手無追索權」之規定。之所以如此規定，係避免循環求償，徒增勞力費用而無實益。

(2)因清償而取得票據之人：被追索者已為清償時，與執票人有同一權利（票據法第九十六條第三項——再追索權）。即因清償而取得票據之人，可以再向其前手追索，是為再追索。再追索權人包括：

①背書人：對其前手有再追索權，前段有關執票人之說明，亦適用於背書人。

②保證人：對被保證人及其前手有再追索權（票據法第六十四條）。

③參加付款人：對被參加人及其前手有再追索權（票據法第八十四條）。

2. 義務人

(1)背書人：背書人有免除擔保承兌之記載時（票據法第三十九條準用第二十九條），執票人不得於到期日前對之行使追索權。

(2)發票人：發票人有免除擔保承兌之記載時（票據法第二十九條第一項但書），執票人不得於到期日前對之行使追索權。

(3)其他票據債務人：如保證人（票據法第六十一條）、參加承兌人（票據法第五十七條）及承兌人（票據法第九十六條第一項）。

3. 追索權之客體

(1)最初追索：依票據法第九十七條規定得請求票據金額，利息及追索之必要費用。

(2)再追索：依票據法第九十八條規定得請求最初追索金額加再追索必要費用。

㈣追索權行使的程序與保全

1. 票據的提示

執票人須於法定或約定期限內為承兌之提示（票據法第四十四、四十五條）或付款之提示為原則（票據法第六十六、六十九、七十、七十九條），

票據上雖有免除作成拒絕證書之記載，但執票人仍應於所定期限內為提示。僅主張執票人未遵期提示之一方，負舉證責任（票據法第九十五條但書）。但票據法第八十八及八十五條例外規定情形，則不必提示。執票人未於法定或約定期限內提示時，對前手或約定之前手喪失追索權（票據法第一百零四條）。

2. 拒絕證書已作成

行使追索權以作成拒絕證書為原則，以不作成為例外（票據法第八十六、八十八條），票上雖有免除作成拒絕證書之記載，執票人仍得請求作成之，僅應自行負擔其作成費用而已（票據法第九十四條第一、二項）。

3. 拒絕事由的通知

執票人應於拒絕證書作成後四日內（有免除作成拒絕證書之記載者，以拒絕承兌或付款日後四日內），將拒絕事由通知背書人、發票人及其他票據債務人（票據法第八十九條），怠於通知時，不影響執票人追索權之行使，但因其怠於通知發生損害時，應負票據金額範圍內之損害賠償責任（票據法第九十三條）。

4. 追索權的效力

主要規定於票據法第九十六條，其他散見於票據法第一百至一百零三條，因適用之機會甚少，不在此詳述。

㈤追索權的喪失與消滅時效

追索權為請求權之一種，適用民法上有關消滅時效之規定，若權利人在法律所規定之期間內，怠於行使其權利（即在權利上睡覺）時，會受到罹於消滅時效（即消滅時效完成）之不利益消滅時效完成，不是說權利人之請求權消滅，只是使債務人取得一種抗辯權，若債務人為此抗辯，則權利人之請求權不受法律保護，所以在訴訟上，必須債務人為此抗辯，法院始能以消滅時效完成為理由，駁回權利人之請求，若債務人之陳述是否為「消滅時效完成」之主張不明確時，法院應行使「闡明權」（民事訴訟法第一百九十九條），否則其判決違背法令，惟闡明權之行使受到一定程度之限制。例如在訴訟程序中，債務人陳述「債權人那麼久才來請求給付票款」，

這種陳述是否行使抗辯權不明確，法院只能問：「那你是不是要還錢？」若債務人回答「當然不還」，則法院得認為債務人行使抗辯權，反之若債務人回答：「現在沒有錢，現在不還。」則法院不得認為債務人在行使抗辯權。法院絕對不能問：「那你是不是主張消滅時效完成？」如果這樣問，就超過行使闡明權範圍。追索權之罹於消滅時效，規定於票據法第二十二條。

追索權除罹於消滅時效外，票據法另有喪失追索權之制度，喪失追索權時，權利人之請求權是絕對地喪失，在訴訟上不待債務人主張，法院即有適用之義務，票據法上有關喪失追索權之規定，臚列如下，請讀者特別留意：

1.有關匯票本票方面

⑴執票人拒絕參加付款時（票據法第七十八條第二項）。

⑵執票人違反票據法第七十九條第一、二項的規定時（票據法第七十九條第三項）。

⑶參加付款人故意違反票據法第八十條第一項為參加付款時（票據法第八十條第二項）。

⑷執票人不遵守法定或約定期限時

①法定期限：如承兌提示期限（票據法第四十五條第一項、第四十八條）、付款提示期限（票據法第六十六、六十九、七十條）、拒絕證書作成期限（票據法第八十七條、第一百二十二條第五項、第一百三十一條），若執票人不於該期限為行使或保全票據上權利之行為時，對前手喪失追索權（票據法第一百零四條第一項）。

②約定期限：如發票人或背書人指定之期限（票據法第四十四條），發票人以特約縮短或延長的承兌提示期限（票據法第四十五條第二項、第一百二十四條）或付款提示期限（票據法第六十六條第二項、第一百二十四條）。

2.關於支票的特別規定

執票人不於第一百三十條所定期限內為付款之提示，或不於拒絕付款日或其後五日內請求作成拒絕證書者，對於發票人以外之前手（指背書人）

喪失追索權，第一百三十條規定之提示付款期間為(1)發票地與付款地在同一省（市）區內者，發票日後七日內，(2)發票地與付款地不在同一省（市）區內者，發票日後十五日內，(3)發票地在國外，付款地在國內者，發票日後二個月內。所謂同一省市指行政區劃分而言，目前在臺灣為一省二市（臺灣省、臺北市與高雄市）。又依票據法第一百三十一條第二項規定，退票理由單加蓋退票銀行印章可代替拒絕證書（五十二年臺上字第一一九五號判例）。票據法第一百三十二條為日常生活最常見之案例，請特別注意之。

五、複　本

㈠複本的意義與作用

複本，指表彰同一匯票法律關係所發行之數份票據，其上標明「複本」字樣者，與謄本不同，其間無正副主從之關係。複本為匯票特有之制度，匯票付款人距執票人住所較遠時，為提示承兌而須送出匯票時，因往返費時足以妨礙匯票之流通，此時，執票人若有數份複本在手，自可送出一份複本承兌（票據法第一百十七條）（為承兌所送出者稱為「送付複本」），以他份為背書而轉讓（為背書流通利用者稱為「流通複本」）。複本雖有數份，但都是同一內容且只有一個法律關係。

㈡複本的發行程序（票據法第一百十四條）

1.當事人

複本之發行人，以發票人為限，其發行請求人為執票人，包括受款人及受款人以外之執票人。

2.發行手續

請求人為受款人時，可逕向發票人請求發行，若請求人為受款人以外之執票人時，須依次經由其前手請求之，且由其前手在各複本上為同樣之背書。

3.發行的費用

由請求人負擔。

4.複本的份數

以三份為限。

㈢複本的效力

1.關於承兌的效力

付款人在一份複本上所為之承兌，其效力及於他份，若在各份均為承兌，亦僅付單一付款義務。

2.關於付款的效力

就複本之一付款，其他複本失其效力，但承兌人對經其承兌而未收回之複本，仍應負責（票據法第一百十六條第一項）。

3.關於背書轉讓的效力

複本有數份，僅須在一份上背書，即生轉讓之效力，若背書人將複本分別轉讓二人以上時，對於經其背書而未收回之複本，應負其責（票據法第一百十六條第二項）。

4.關於追索的效力

⑴將複本各份背書轉讓與同一人者，該背書人為償還時，得請求執票人交出複本之各份，但執票人已立保證或提供擔保者，不在此限（票據法第一百十六條第三項）。

⑵為提示承兌送出複本之一者，應於其他各份上載明接收人之姓名或商號及其住址，匯票上有此記載者，執票人得請求接收人交還其所接收之複本，接收人拒絕交還時，執票人非以拒絕證書證明下列各款事項，不得行使追索權：

①曾向接收人請求交還此項複本而未經其交還。

②以他複本為承兌或付款之提示而不獲承兌或付款。

六、謄　本

㈠謄本的意義與作用

謄本係指執票人自行就票據原本所為之謄寫本。謄本非發票人所製作，故其效力不能與複本相比，謄本自身並無票據之效力，僅票據之補充，不能以之為承兌或付款之提示，必與原本相結合，始有票據上之權利。謄本為票據複製之一，與複本同。唯謄本於匯票及本票均有之，而複本僅匯票有之，法律認許謄本制度之理由，與複本略同，即在執票人為承兌而送出

匯票於付款人時，為避免作成複本之煩雜，以為背書轉讓及保證行為，故其主要效用，為在謄本上背書及保證，藉以助長票據流通，不能以之為承兌或付款之提示。

㈡謄本的作成（票據法第一百十八條）

1. 作成人

執票人有作成匯票謄本之權利。

2. 謄本的款式

應標明「謄本」字樣，謄寫原本上之一切事項，並註明迄於何處為謄寫部分，又執票人作成謄本時，應將已作成謄本之旨記載於匯票原本，俾資結合。

3. 謄本的份數

法律並無限制。

㈢謄本的效力（票據法第一百十八條第三項、第一百十九條）

1. 關於背書及保證的效力

在謄本上所為之背書及保證，與原本上所為之背書及保證有同一效力。

2. 關於追索的效力

為提示承兌送出原本者，應於謄本載明原本接收人之姓名或商號及其地址，俾執票人得據以請求交還原本。接收人拒絕交還時，執票人非將曾向接收人請求交還原本而未經其交還之事由，以拒絕證書證明，不得行使追索權。

第三章　本　票

第一節　本票概說

一、本票的意義

㈠本票者，謂發票人簽發一定之金額，於指定之到期日，由自己無條件支付與受款人或執票人之票據（票據法第三條）。

㈡依上述票據法規定，本票應以發票人自己擔任付款人，始符票據法規定。然而在交易上，只能由發票人自己支付票款，非常不便利，故票據法第一百二十四條規定第二十六條第一項「發票人得於付款人外，記載一人為擔當付款人」。另依中華民國銀行商業同業公會全國聯合會發布之「支票存款戶處理規範」第六條，銀行核准開戶之支票存款戶，均得委託該銀行為其所發本票之擔當付款人，就其支票存款戶內逕行代為付款。此等「委託金融業者為擔當付款人之本票」，一般俗稱為「甲存本票」。

㈢委託金融業者為擔當付款人之本票與一般本票之異同如下：

1. 相同點

均為票據法上之票據，適用票據法之有關規定。

2. 不同點

委託金融業者為擔當付款人之本票，與一般本票有下列不同：

⑴前者均由金融業者辦理付款工作，後者由發票人自己付款。

⑵前者均得經由票據交換所提示票款（俗稱託收），後者不得。

⑶前者於存款不足支付票款時，均作存款不足退票記錄，其退票記錄與支票合併計算，一年內未經註銷退票記錄達三張者，發票人將受拒絕往來處分，後者不構成退票記錄。

㈣又「委託金融業者為擔當付款人之本票」與「支票」，易生混淆，謹將兩者之異同臚列如下，供參考：

1.相同點

(1)均為票據法上票據。

(2)均由付款銀行辦理付款。

(3)均得經由票據交換所提示票款。

(4)存款不足退票,而未註銷退票記錄時,構成退票記錄,一年內合併三張,構成拒絕往來戶。

2.不同點

	本票	支票
(1)有無到期日	有	無
(2)有無保證制度	有	無(限額保證支票之保證,為民法上之保證)
(3)有無平行線制度	無	有
(4)有無保付制度	無	有
(5)得否向銀行辦理貼現	可	否(用支票向銀行辦理客票融資與貼現不同,因「銀行辦理票據承兌保證及貼現業務辦法」所稱之票據僅指匯票與本票(第二條)而不及於支票。)
(6)向發票人行使追索權時,可否聲請法院裁定後強制執行	可	否

從上述說明,可知在現今情況下,委託金融業者為擔當付款人之本票,較之一般本票或支票好用,兼具一般本票與支票之優點。

二、本票的種類

㈠記名、無記名及指示式本票。

㈡即期、定期、計期、註期、分期付款本票(本票無承兌制度,但有見票制度,代營承兌制度之功能——票據法第一百二十二條)。

㈢金融業為擔當付款人之本票。

㈣見票即付並不記載受款人之本票——其金額須在新臺幣五百元 (NT$500) 以上(票據法第一百二十條第六項)。

第二節 發票、見票及準用

一、本票發票的記載事項，得分

㈠絕對必要記載事項（票據法第一百二十條）

　　1. 發票人簽名。

　　2. 表明為本票之文字。

　　3. 一定之金額。

　　4. 無條件擔任支付：由自己支付或委託第三人為擔當付款人支付。

　　5. 發票年月日。

㈡相對必要記載事項（票據法第一百二十條第二～五項）

　　1. **受款人的姓名或商號**

　　未記載時，以執票人為受款人。

　　2. **發票地**

　　未記載時，以發票人之營業所、住居所為發票地。

　　3. **付款地**

　　未記載時，以發票地為付款地。

　　4. **到期日**

　　未記載時，視為見票即付。

㈢**任意記載事項**

　　1. 擔當付款人（票據法第一百二十四條準用第二十六條第一項），如委託銀行為擔當付款人之本票。

　　2. 利息與利率。

　　3. 禁止背書之記載。

　　4. 見票或付款提示期限之縮短或延長之特約。

　　5. 免除作成拒絕證書，拒絕事實通知之記載。

　　6. 禁發回頭匯票之特約（票據法第一百二十四條準用第一百零二條第一項但書）。

㈣不得記載事項

1.記載本法所不規定之事項如本票上劃平行線，即不生票據上效力。

2.若記載與本票性質相牴觸之事項（有害事項）如付款附記條件，因與無條件擔任支付之規定牴觸，此本票無效。

二、發票的效力

㈠對發票人之效力

本票發票人所負責任，與匯票承兌人同（票據法第一百二十一條），即應負付款之責（票據法第五十二條第一項）。

㈡對受款人或執票人之效力

取得票據上權利。

三、本票的見票

㈠立法理由

為確定見票後定期付款之本票之到期日，自何日起算，票據法特設見票制度。蓋執票人若不為見票之提示，其到期日將無從確定。

㈡見票的提示期限

1.見票後定期付款之本票，應自發票日起六個月內為之，並得以特約縮短或延長之，但延長之期限不得逾六個月（即最長一年＝六個月＋六個月）（票據法第一百二十二條第一項）。

2.發票人發票時，未載見票日期者，應以所定提示見票期限之末日為見票日（票據法第一百二十二條第二項）。

㈢見票的效力

1.發票人於提示見票時，拒絕簽名者，執票人應於提示見票期限內，請求作成拒絕證書（票據法第一百二十二條第三項），執票人依此規定作成拒絕證書後，無須再為付款之提示，亦無須請求作成付款拒絕證書。

2.執票人就見票後定期付款之本票，未於第四十五條所定之期限內為見票之提示或作成拒絕證書者，對於發票人以外之前手喪失追索權（票據法第一百二十二條第五項）（請注意，票據法第一百二十二條之規定僅適用於見票後定期付款之本票）。

四、本票準用匯票的規定（票據法第一百二十四條）

匯票關於1.發票之規定、2.背書之規定、3.保證之規定、4.到期日之規定、5.付款及參加付款之規定、6.追索權之規定、7.拒絕證書之規定、8.謄本之規定，有全部或部分準用於本票者，詳如票據法第一百二十四條所列。

第三節　強制執行

一、立法理由

民國四十九年修正票據法時，鑑於當時空頭支票氾濫有不可遏止之勢，成為嚴重的社會問題。而支票成為空頭，多因遠期支票之簽發，到期資金調度不及，致存款不足而遭退票所致。為減少遠期支票之發行，乃簡化本票之索償，期以本票代替遠期支票，特增列第一百二十三條，使執票人對本票發票人行使追索權時，得聲請法院裁定後為強制執行，亦即不必經過一般民事訴訟程序，得以簡便之程序，取得執行名義，聲請強制執行。

二、本票強制執行的性質

本票之聲請許可強制執行，係非訟事件，適用非訟事件法有關程序規定，非確定私權程序。為裁定之法院，只能就本票作形式上審查，如絕對必要事項之記載有無欠缺，如其形式要件已具備並得行使追索權時，法院應即為許可強制執行的裁定。至於其實體上對物對人之抗辯，如本票有無偽造（如發票人簽章之真偽）變造，本票債務是否因清償而消滅，是否有妨礙債權人行使票據權利之原因等，則非該裁定程序所得審究（因裁定通常不經言詞辯論為之）。此項裁定縱經確定，就實體上權利有爭執之人，仍得另行起訴確定實體上的權利，不受非訟事件裁定之拘束。

三、本票聲請強制執行的管轄法院

依非訟事件法第一百九十四條規定，就本票聲請法院裁定強制執行事件，由票據付款地之法院管轄，如票據上無付款地之記載，則以發票地為付款地，如發票地亦無記載，則以發票人之營業所、住居所地為付款地（票據法第一百二十條第四、五項），發票人如有數人而其營業所、住居所不同

同一法院管轄區域內者，有主張各該住居所、營業所所在地之法院均有管轄權，反之則有主張因反推之結果有數個付款地，而本票之付款地以單一為限，複數付款地之本票，該本票為無效，應為駁回其聲請之裁定。若法院未駁回其聲請，則應提起確認本票債權不存在之訴。

本票許可強制執行之裁定，依條文，僅能對發票人為之，對發票人之保證人，繼承人或其他票據債務人則不得為之。其許可執行之範圍，應以票據法許可得在票據上記載之事項為限，如利息之記載，得併許可強制執行，而違約金之約定，為本法所不規定之事項，不生票據上之效力（票據法第十二條），則不得許可強制執行。

四、本條立法的弊端

以本票聲請裁定，許可強制執行，其程序簡便，時程縮短費用便宜（由法院非訟事件處理中心受理），設有欺詐之徒，欲利用此一程序取得不法利益，可偽造一高額本票，聲請裁定強制執行，並即時查封拍賣他人（發票人）財產或就其銀行存款執行，縱令發票人否認其簽章，為裁定之法院亦無從審究，待受害人以繁複訴訟程序取得勝訴判決確定後，可能早經執行終結，加害人已將其執行所得之不法利益隱匿他處而無從回復其損害，此際法院即成為他人犯罪之幫兇，危險殊甚。反之，若債務人為減少真正債權人強制執行所受衝擊，任意的簽發許多高額本票給其親朋好友，以法院許可強制執行之裁定為執行名義，就債權人之強制執行案件，參與分配，致真正債權人所受分配減少，而本票假債權分配所得遽增，亦侵害真正債權人之債權，此為本條立法之弊端。

五、本票強制執行中對發票人的救濟方法

㈠發票人如主張本票係偽造、變造者，應於接到法院准許為強制執行之裁定後二十日之不變期間，對執票人向為裁定法院提起確認之訴（非訟事件法第一百九十五條第一項），發票人如證明已依前項規定提起訴訟時，執行法院應停止強制執行，但得依執票人聲請，許其提供相當擔保，繼續強制執行，亦得依發票人聲請，許其提供相當擔保，停止強制執行（非訟事件法第一百九十五條第二項）以兼顧雙方利益。蓋依強制執行法第十八

條第一項規定，強制執行程序開始後，除法律另有規定外，不停止執行，有回復原狀之聲請，或提起再審或異議之訴，或對於和解為繼續審判之請求，或提起宣告調解無效之訴，撤銷調解之訴，或對於第四條第一項第五款之裁定提起抗告時，法院因必要情形或依聲請定相當並確實之擔保，得為停止強制執行之裁定。因停止強制執行有相當嚴格之限制，此非訟事件法第一百九十五條之所由設，值得一提者，逾非訟事件法第一百九十五條第一項所定之二十日之期間而未起訴者，僅無同條第二項規定之適用，亦即仍得依同條第三項提起確認之訴。若本票發票人依非訟事件法第一百九十五條第三項起訴而獲勝訟判決確定，則本票債權不存在確定，則前准許強制執行之裁定其執行力即因之消滅。

　　㈡又若於本票強制執行裁定成立後，如本票發票人有消滅或妨礙債權人請求之事由發生，債務人亦得於強制執行程序終結前，提起債務人異議之訴（強制執行法第十四條第一項），並進而依上引同法第十八條第一項規定請求停止強制執行。

第四章 支　票

第一節　支票的概念

　　稱支票者，係發票人簽發一定之金額，委託金融業者，於見票時，無條件支付與受款人或執票人之票據（票據法第四條第一項），此所謂金融業者，係指經財政部核准辦理支票存款業務之銀行、信用合作社、農會及漁會（票據法第四條第二項）。

　　支票亦是委託第三人支付，但付款人僅限於金融業者，有其資格之限制，與匯票係任何第三人均得為付款人，及本票得委託第三人為擔當付款人均有不同。所以限於金融業者，係特別注重付款人隨時為現實支付之能力，而金融業者，係以謀求金融流通為目的並辦理存放款業務，以之為付款人，除因發票人本身之資金不足關係外，無因付款人資力不能兌現之虞。

　　支票發票人與付款之金融業者間訂有支票存款往來約定書，委託其付款，或係有存款或信用透支契約 (overdraft)，然後代為付款，然發票人與付款人間之契約關係，非發行支票之有效要件，縱令兩者間無契約關係，付款人非發票人委託之付款人，支票終因之不能付款，但執票人仍得依票據關係，向票據債務人（包括發票人）行使追索權。

第二節　支票發票的款式

一、支票發票的記載事項，得分為

(一)絕對必要記載事項

　1.發票人簽名

通常簽寫或蓋用與存放於付款人處印鑑相同之簽名或印章。

　2.表明為支票的文字

通常使用付款人印製給發票人之定型化支票。

3.一定之金額

4.付款人的商號

實務上承認中央信託局、郵政儲金匯業局、合作金庫等經依法令規定向主管機關辦理銀行業設立登記並經許可擔任付款人之機構。其他,例如公庫支票,係以公庫為付款人,法律上屬指示證券。

5.無條件支付的委託

6.發票年月日

以票載發票日為發票日,實際發票日可以不問。

7.付款地

(二)相對必要記載事項

1.受款人之姓名或商號

未記載時,以執票人為受款人,發票人亦得以自己或付款人為受款人(票據法第一百二十五條第二、四項)。

2.發票地

未記載時,以發票人之營業所、住居所為發票地(票據法第一百二十五條第三項)。

(三)任意記載事項

1.平行線之記載(票據法第一百三十九條)

2.禁止背書轉讓(票據法第一百四十四條準用第三十條第二項)

3.應給付金額之貨幣之特約(票據法第一百四十四條準用第七十五條)

4.免除拒絕事由通知或作成拒絕證書(票據法第一百四十四條準用第九十、九十四條)

5.禁發回頭匯票(票據法第一百四十四條準用第一百零二條第一項)

二、發票的效果

(一)對發票人的效力

發票人應照支票文義擔保支票之支付(票據法第一百二十六條)。

(二)對受款人或執票人的效力

取得票據上權利。

第三節　付款的提示

一、提示期限

支票為支付工具，限於見票即付，其付款之提示，依其性質，不能完全準用匯票之規定，票據法上關於提示付款，應於下列期限內，為付款之提示（票據法第一百三十條）：

㈠發票地與付款地在同一省（市）區者，發票日後七日內。

㈡發票地與付款地不在同一省（市）區者，發票日後十五日內。

㈢發票地在國外，付款地在國內者，發票日後二個月內。

應請特別注意下列幾點：

1. 發票日後幾天係以票載發票日之次日起算，期限之末日為假日者，以次日代之。

2. 其計算期間，係以向「付款人」提示時為準，故委託金融業者代收（俗稱託收）時，應加計票據交換所之交換時間。

3. 上述期限之計算，係以發票地與付款地為準，與執票人之營業所、住居所地無關。

4. 因使用制式支票之關係，通常發票人之發票地未記載於支票上，為安全計，以發票日後七日為提示付款期間最為安全。

二、付款提示被拒絕時的證明

執票人於法定提示期限內為付款之提示而被拒絕時，應於拒絕付款日或其後五日內，請求作成拒絕證書（票據法第一百三十一條第一項），惟付款人於支票或黏單上記載拒絕文義及其年月日，並簽名者，與作成拒絕證書有同一效力（票據法第一百三十一條第二項）。依五十二年臺上字第一一九五號判例，認在支票上，經付款人於正反面分別加蓋拒絕往來戶戳記並另行製作退票理由單，記明其事由及其年月日並加蓋印章。顯足以證明執票人已行使或保全其票據上之權利，而毋須另行舉證，亦足以杜防票據債務人遭受詐害，為保護債權人之權利計，自應視為與作成拒絕證書有同一效力。故實務上在付款提示被拒絕付款時，執票人只要持有退票理由單而

在理由單或支票上蓋有付款人印章及其年月日，均認為與作成拒絕證書有同一效力。

三、未合法提示或未作成拒絕證書的效果

執票人不於法定提示付款期限內為付款之提示，或不於拒絕付款日或其後五日內，請求作成拒絕證書時，對於發票人以外之前手（即背書人）喪失追索權（票據法第一百三十二條），對發票人之追索權，不因逾期提示付款或未作成拒絕證書而受影響，但因怠於提示，致使發票人受有損失時，執票人對發票人應負賠償責任，其賠償金額，不得超過票面金額（票據法第一百三十四條）。

第四節　支票的付款

付款人於發票人之存款或信用契約所約定之數足敷支付支票金額時，應負支付之責，但收到發票人受破產宣告之通知者，不在此限（票據法第一百四十三條）。支票之付款，依其性質準用匯票之規定（票據法第一百四十四條），但因支票本身之特質，票據法另設特別規定如下：

一、提示期限經過後的付款

發票人應照支票文義擔保支票之支付（票據法第一百二十六條），而發票人雖於提示期限經過後，對執票人仍負責任（票據法第一百三十四條前段），而付款人係發票人委託付款之人，其間有契約關係存在，為免除發票人責任，於提示期限經過後，付款人仍得付款，但有下列情形則不得再行付款（票據法第一百三十六條）：

㈠發票人撤銷付款之委託時──發票人在法定提示付款期限，不得撤銷付款之委託（票據法第一百三十五條），但在提示期限經過後，則得撤銷付款之委託，此處所謂撤銷付款委託，係指對特定之支票而言，若發票人與付款人全面終止委託付款關係，則非此處所稱之撤銷付款委託。

㈡發行滿一年時──此一年期間之計算，不自發票日起算，係依民法一般規定以發票日之次日起算，例如發票日為民國八十三年二月一日者，至民國八十四年二月一日為一年仍得付款，於民國八十四年二月二日，始

不得付款。所以規定滿一年後不得付款，係因執票人之支票上權利對支票之發票人一年間不行使，因時效而消滅（票據法第二十二條第一項）。在支票滿一年時，其時效可能完成，付款人自不得再行付款。

又，若發票人死亡時，發票人與付款人間之委託關係於發票人死亡時消滅，付款人依法不得付款，故付款人應於接獲存戶（即發票人）死亡之通知時起，即刻停止付款。

二、支票的一部付款

付款人於發票人之存款或信用契約所約定之數不敷支付支票金額時，得就一部分支付之（票據法第一百三十七條第一項）。付款人為一部分付款時，毋須得到執票人之同意，執票人亦不得拒絕（票據法第一百四十四條準用第七十三條），為一部分付款時，執票人應於支票上記明實收之數目（票據法第一百三十七條第二項）。惟民國四十二年四月十七日銀行公會決議稱：免處理上困擾，各行庫一律不辦理一部分付款。

三、支票的轉帳或抵銷

支票為支付工具，原應現實支付，惟若轉帳或抵銷時，其效果與現實支付無異，故視為支票之支付（票據法第一百二十九條）。

第五節　支票的種類

一、即期支票與遠期支票的意義

㈠即期支票指實際發票日與票載發票日一致，受款人或執票人於取得支票後即得向付款人提示付款者。支票本為支付工具，故票據法第一百二十八條第一項規定：支票限於見票即付，有相反之記載者，其記載無效，此為即期支票之法律定義。

㈡遠期支票指發票人於簽發支票時，將票載發票日記載在實際發票日之後數日或數月的日期，而以之為見票付款之日期，習慣上稱為「遠期支票」或「預開支票」。

民國六十二年修正票據法前，我國不承認遠期支票之存在，執票人於票載發票日前為付款之提示時，付款人應即付款，並以執票人之實際提示

付款日，視為發票日（修法前票據法第一百二十八條第二項、第一百二十五條第五項）。惟於民國六十二年修法時，認為遠期支票所載發票日期，實係發票人與受款人或執票人於授受票據時所約定的付款日期，悉賴發票人在票載發票日前籌款補足。許可執票人提前提示付款，無異鼓勵執票人違背誠信，行使債權，且因此使債務人猝不及防，增加票據不能兌現之機會，為特在票載發票日前，限制執票人提示付款，將票據法第一百二十八條第二項修正為：支票在票載發票日前執票人不得為付款之提示。至此，遠期支票之存在合法化，且由支付工具變為兼具信用工具。

二、特殊種類的支票

依票據法及市場上流通之支票，特殊種類之支票有：

㈠平行線支票

1.平行線支票的意義

平行線支票，通常稱為「劃線支票」(crossed check)，即在支票正面劃平行線二道，習慣上在支票正面左上角劃之。平行線支票之付款人僅得對金融業者支付票據金額（票據法第一百三十九條第一項），非金融業者之一般執票人僅得委託金融業者代收（俗稱託收）（票據法第一百三十九條第三項）。使用平行線支票，易由代收票據金額之金融業者處，查明受取票款之人，對於防止民事糾紛或預防犯罪有助益。

2.平行線支票的種類

視平行線內是否註記特定金融業者而分

(1)普通平行線支票——即在平行線內未註記特定金融業者之平行線支票（票據法第一百三十九條第一項），劃平行線支票之執票人，如非金融業者，應將該項支票存入其在金融業者之帳戶，委託其代為取款（票據法第一百三十九條第三項）（平行線內註明 "BANK" 者，為普通平行線支票）。

(2)特別平行線支票——支票上平行線內記載特定金融業者，為特別平行線支票，付款人僅得對特定金融業者支付票據金額，但該特定金融業者為執票人時，得以其他金融業者為被背書人，背書後委託其取款（票據法第一百三十九條第二項），支票上平行線內，記載特定金融業者，應存入其

在該特定金融業者之帳戶，委託其代為取款（票據法第一百三十九條第四項）。

3. 平行線的記載與撤銷

⑴平行線之記載權人——發票人、背書人或執票人均得在其為票據權利人時，為平行線之記載。

⑵平行線之撤銷——劃平行線之支票，得由發票人於平行線內記載照付現款或同義字樣，由發票人簽名或蓋章於其旁，支票上有此記載，視為平行線之撤銷（用「改寫」字樣較妥當），但支票經背書轉讓者，不在此限（票據法第一百三十九條第五項），依此規定，只有發票人有改寫權，縱此平行線係由執票人為此記載，但支票經背書轉讓者，發票人無權改寫，若改寫則為票據變造問題。

4. 付款人的責任

平行線支票之付款人，僅得對金融業者支付票據金額，故付款人受此平行線之拘束。其作用在保護發票人、背書人與執票人。付款人違反平行線規定而付款，應負賠償損害之責任，但賠償金額不得超過支票金額（票據法第一百四十條）。

㈡保付支票 (certified or accepted Check)

1. 保付支票的意義

支票經付款人於支票上記載照付或保付或其他同義字樣並簽名者，為保付支票。

2. 保付對付款人的效力

付款人原係受發票人之委託付款，並非票據債務人，在支票不獲付款時，付款人原無任何責任可言，惟付款人已就支票為「保付」行為，其付款責任，則與匯票之承兌人同（票據法第一百三十八條第一項），且成為支票上唯一的、絕對的票據債務人，因支票之發票人與背書人均因保付而免除其責任（票據法第一百三十八條第二項），此保付支票發行雖滿一年，付款人仍應負付款之責，致關於法定提示期限（票據法第一百三十條）之規定於此已無作用，止付之規定在保付支票亦排斥其適用（票據法第一百三

十八條第四項），惟並未排斥適用票據法第十九條公示催告之規定，故保付支票倘確已滅失，得依公示催告程序，為除權判決。

3.對發票人與背書人的效力

發票人與背書人因保付而免除責任（票據法第一百三十八條第二項）。

(三)限額與限額保證支票

1.限額支票

明訂存戶簽發每張以新臺幣若干元為最高限額之支票（目前（民國八十四年六月）以新臺幣壹萬元為最高限額），此限額支票均於票據正面註明「本支票之金額不得超過新臺幣××元」。

2.限額保證支票

核准開立「限額支票存款戶」經往來之金融業核發該存戶簽發以新臺幣××元為最高限額，由金融業保證付款之支票。

限額與限額保證支票，因係票據法所不規定之事項，不生票據上之效力（票據法第十二條），但發生民法上效力。

(四)旅行支票 (Traveller's Check)

旅客因旅行上之需要，支付現金給金融業者，請其為發票人，簽發支票，由旅客在該支票之受款人欄簽名後，交付給旅客，當旅客使用此支票時必須在該支票背書之支票（旅客為背書時，必須出示護照或身分證，由受讓人或付款人當場驗證）。目前新臺幣旅行支票僅有臺灣銀行發行。

(五)金融業者為發票人的支票 (Cashier's Check)

由金融業者為發票人之一般支票，正確名稱應為「銀行支票」（俗稱銀行本票係錯誤的），因金融業為發票人，信用可靠，幾等於現金。這種支票通常是即期支票。

第六節　支票準用匯票規定

支票依其性質，關於匯票之承兌、參加承兌、保證、參加付款、複本及謄本的規定均不得準用外，關於背書、付款、追索權、拒絕證書各規定，大體上均可準用（票據法第一百四十四條）。

第七節　支票刑罰的廢止

票據法第一百四十一及一百四十二條有關刑罰之規定，於民國七十五年六月修正票據法時，規定此兩條文之施行期限至民國七十五年十二月三十一日止，並於民國七十六年六月二十九日修正公布票據法時廢止此兩條文。

惟支票之發票人簽發支票時，若有以支票為犯罪之工具，如詐欺，仍適用刑法有關刑罰之規定，論罪科刑，不可不慎，切勿以支票刑罰已廢除而亂開空頭支票。

107 年司法官、律師考試第一試試題

1. 甲簽發本票一紙與乙，其上記載到期日為民國 102 年 2 月 30 日，乙隨即背書轉讓丙，丙於同年 3 月 2 日提示未獲付款，丙乃訴請甲、乙連帶給付票款，下列敘述何者正確？

   (A)本票到期日為曆法上不存在之日期，應將到期日解為發票日，丙之提示合法

   (B)本票到期日為曆法上不存在之日期，應解為該月末日為到期日，丙之提示合法

   (C)因到期日必為可能之日期，曆法上不存在者，乃不可能提示與付款，該本票欠缺應記載事項應屬無效

   (D)曆法上所無之到期日，應解為該月末日為到期日，丙之提示逾期對乙喪失追索權

2. 甲簽發未載發票日之支票數張交予乙，並已決定以嗣後每月之 15 日為發票日，囑託乙逐月照填一張，以完成發票行為。依實務見解，此類票據之效力如何？

   (A)我國法並不承認空白票據，故縱乙完成填載發票日，亦應屬無效

   (B)發票日為票據之絕對必要記載事項，故縱乙完成填載發票日，亦應屬無效

   (C)此類票據為有效，若乙於填載發票日前遺失票據，並得為公示催告

   (D)乙為甲之使者或機關，於乙填載發票日完成後，票據應屬有效

3. 甲簽發本票以清償向乙借款新臺幣 1 萬元整，雙方有借貸契約為憑。但簽發本票時不慎將金額誤寫為新臺幣 2 萬元整。若乙將該本票轉讓予善意之丙，且丙有給付乙新臺幣 1 萬 9 千 5 百元作為取得該本票之對價。丙於本票到期時可向甲請求多少金額？

   (A)新臺幣 1 萬元，因為甲、乙間之借貸契約已明定

   (B)新臺幣 2 萬元，因為以票據文義為準

   (C)新臺幣 1 萬 9 千 5 百元，因為丙僅支付乙新臺幣 1 萬 9 千 5 百元

   (D)新臺幣 0 元，因為該本票有瑕疵而無效

4. 若匯票上記載付款人為甲，票載金額為新臺幣 10 萬元整、到期日為民國 105 年 3 月 1 日。甲知執票人為乙，乃提前於民國 105 年 2 月 28 日對乙付款，但僅願支付新臺幣 5 萬元整，下列敘述何者正確？

   (A)甲雖為一部付款，但執票人乙不得拒絕

   (B)因甲為一部付款，故執票人乙得拒絕

   (C)因甲為提前付款，故執票人乙得拒絕

   (D)因甲為期後付款，故執票人乙不得拒絕

5. 甲簽發面額 10 萬元之匯票一張交付受款人乙，到期日為民國 98 年 7 月 1 日，A 為付款人，乙背書交付丙，乙並指定在付款地之 B 為預備付款人，丙空白背書交付丁，丁交付戊，戊於 98 年 7 月 3 日向 A 請求付款被拒，於作成拒絕證書後對丙追索，丙對戊有無抗辯事由？

(A)丙對戊無抗辯事由，因戊已遵期提示請求付款

(B)丙對戊有抗辯事由，因戊違反應向預備付款人為參加付款提示之規定

(C)丙對戊有抗辯事由，因背書不連續

(D)丙對戊有抗辯事由，因戊未遵期提示請求付款

6. 甲簽發一紙發票日為民國 105 年 1 月 1 日、到期日為民國 105 年 3 月 1 日之記名本票給乙，乙立即將之背書轉讓給丙，丙於民國 105 年 3 月 10 日向甲提示付款被拒後，下列敘述何者正確？

(A)執票人丙尚未逾越付款之提示期間，故丙對甲、乙均得主張追索權

(B)執票人丙逾越付款之提示期間，故喪失對前手之追索權，故丙對甲、乙不得行使追索權

(C)執票人丙逾越付款之提示期間，喪失對前手之追索權，但因發票人甲負絕對付款責任，故丙對甲仍得主張票據權利，但對乙喪失追索權

(D)執票人丙逾越付款之提示期間，但執票人丙對發票人甲之追索權時效期間為 3 年，對背書人之追索權時效為 1 年，故丙對甲、乙均得行使追索權

7. 甲簽發本票一張，簽名並記載金額後交付給乙，乙未察知未記載發票日，背書轉讓給丙，下列敘述何者正確？

(A)此本票為空白授權票據，因為甲、乙均在本票上有簽名，故均要依票據文義對丙負責

(B)票據行為具有無因性，因甲、乙均在本票上簽名，故應依票據文義對丙負責

(C)此本票欠缺應記載事項，所以發票人甲及背書人乙均得以此做為物之抗辯，對丙主張本票無效

(D)此本票欠缺應記載事項，所以發票人甲得對丙主張發票行為無效，但背書人乙之背書仍有效，因為票據行為具有獨立性

8. 甲於 99 年 3 月 20 日簽發一紙發票日為 99 年 5 月 20 日之支票給乙，乙將該票背書轉讓給丙，丙再背書轉讓給丁，而丁見該票有好友乙之背書，其遂將乙之背書塗銷掉。其後丁又再將支票記名背書轉讓給戊，且其背書時於票上記載禁止轉讓，最後

戊又於 99 年 4 月 30 日將該票背書轉讓給庚，惟此支票於 99 年 5 月 24 日被拒絕付款，並附有退票理由單。何人對庚負有票據責任？

(A)甲、戊 　　　　　　　　　　(B)甲、丙、戊

(C)甲、丙、丁、戊 　　　　　(D)甲、乙、丙、丁、戊

9.甲簽發支票一紙予乙，發票地在苗栗縣，付款地在新竹縣，發票日為 105 年 3 月 10 日，乙至遲應於何日以前提示付款？

(A)同年 3 月 16 日 　　　　　(B)同年 3 月 17 日

(C)同年 3 月 24 日 　　　　　(D)同年 3 月 25 日

10.甲簽發發票日為 102 年 6 月 1 日、面額 10 萬元之支票一紙交付受款人乙，乙背書交付丙，丙背書交付丁，若 A 銀行為付款人，並於支票上載明照付並簽名。下列敘述何者正確？

(A)甲與乙均應負票據責任 　　(B)支票遺失時丁得為止付

(C)丁應遵守付款提示期間 　　(D) A 銀行之付款責任與匯票承兌人同

解答：

1.(B)　　2.(D)　　3.(B)　　4.(C)　　5.(B)　　6.(C)　　7.(C)　　8.(A)　　9.(B)　　10.(D)

■106 年司法官、律師考試第一試試題

1. 甲簽發受款人為乙之支票，其後乙背書轉讓支票予丙，丙取得支票後先將乙之背書塗銷後再交付予丁，經丁提示，不獲付款時。下列敘述，何者正確？

　(A)丁不可向乙追索，因丁非乙之直接後手

　(B)丁不可向乙追索，因丙已塗銷乙之背書

　(C)丁可向乙追索，因丁為善意執票人

　(D)丁可向乙追索，因丙非有權塗銷背書之人

2. 甲盜刻乙之印章並以乙之名義簽發票面金額新臺幣（下同）10 萬元之本票予丙。丙收受本票後將票面金額變更為 20 萬元，再背書轉讓給丁。其後丁再背書轉讓給戊。票據到期，戊提示未獲付款。依票據法規定，下列敘述，何者正確？

　(A)甲負擔 10 萬元之票據責任　　　　(B)乙負擔 10 萬元之票據責任

　(C)丙、丁需負擔 10 萬元之票據責任　(D)丙、丁需負擔 20 萬元之票據責任

3. 甲在 A 銀行開設支票存款帳戶，欲簽發支票一紙交付予乙作為貨款，乙因甲曾遭退票信用不佳，乃要求甲洽請丙為共同發票人後，始同意接受該支票，詎料乙屆期提示遭到 A 銀行退票。請問：乙訴請丙給付票款有無理由？

　(A)無理由。因丙雖在支票上簽名，但並未在 A 銀行開支票存款帳戶，與 A 銀行並無委任付款之法律關係，自不負票據責任

　(B)無理由。因丙在 A 銀行並非支票存款戶之發票人，其雖在發票人處簽名，但其真意係作為支票發票人之保證人，而支票並無保證之規定，自不負票據責任，僅負民法保證之責任

　(C)有理由。因丙雖在 A 銀行並未開立支票存款帳戶，但其在支票上發票人處簽名，仍應依其簽名負發票人之票據責任

　(D)有理由。因丙係為支票發票人甲之保證人，雖在 A 銀行並未開立支票存款帳戶，但發票人之保證人，自應與甲發票人負相同之票據責任

4. 16 歲之甲為購買機車，未徵得其法定代理人同意即簽發本票予機車行老闆乙作為價金之給付。乙再將該本票背書轉讓予丙，但丙不慎遺失該本票為丁拾得。丁再偽造丙之簽名背書轉讓予善意之戊。戊依法能向何人主張追索權？

　(A)甲　　　　　　(B)乙　　　　　　(C)丙　　　　　　(D)丁

5. 甲簽發有效匯票一張交付予乙，指定丙為付款人及丁為預備付款人。丙於該匯票到期日之前未為承兌即死亡。下列敘述，何者錯誤？

(A)付款人丙於到期日前未承兌即死亡，乙得依票據法第 85 條第 2 項之規定行使期前追索權

(B)若付款人丙於承兌後死亡，則乙仍得依票據法第 85 條第 2 項之規定行使期前追索權

(C)付款人丙於到期日前死亡，乙得自行決定是否請求預備付款人參加承兌，若丁參加承兌者，則乙即不得行使期前追索權

(D)即使付款人丙於到期日前死亡，因該匯票有預備付款人之記載，故乙必須先向丁請求參加承兌，否則不得行使票據權利

6. 甲簽發有效匯票一張交付予乙，指定丙為付款人及丁為預備付款人，甲請求戊於該匯票上為保證，戊乃於該匯票上簽名保證。下列敘述，何者正確？

(A)戊不得選擇為何人保證，一概視為為發票人保證

(B)若戊未載明被保證人者，則視為為承兌人保證，僅於未經承兌時，始視為為發票人保證

(C)保證人戊之責任與被保證人之票據責任並非連帶責任

(D)若戊簽名保證時同時記載僅就其中半數金額為保證者，則該保證為違反票據法禁止之事項，故保證無效

7. 甲簽發受款人為乙之本票一張，乙未背書即交付予丙，丙受讓後填寫自己為被背書人後，再背書轉讓給丁，丁再背書轉讓給戊。則該本票之背書有無連續？理由為何？

(A)不連續，因乙無背書

(B)連續，因形式上背書連續無中斷

(C)不連續，因背書人丙不得填自己為被背書人

(D)連續，因執票人戊收受本票時並未爭執背書不連續

8. 甲簽發一紙發票日為民國（下同）105 年 6 月 1 日，到期日為 105 年 9 月 1 日，以乙為受款人，並記載禁止背書轉讓之本票交給乙，乙將該本票交由其秘書丙保管，不料丙趁機將受款人乙之記載塗銷，並偽造乙之背書後，交付給其善意債權人丁，丁屆期向甲提示付款時，下列敘述，何者正確？

(A)受款人之記載被塗銷，因非發票人所為，故不生效力，惟甲仍得以該本票有禁止背書轉讓之記載為由對抗丁

(B)丙塗銷之行為屬於變造，故甲不負任何票據責任，乙是被偽造背書，乙亦不負票據責任

(C)雖丁是善意,但乙之背書是被偽造,故甲、乙均不負票據責任

(D)受款人之記載被塗銷,雖非發票人所為,仍生效力,但丁是善意執票人,故甲仍應依票據文義對丁負責,乙是被偽造背書,乙不負票據責任

9. 甲簽發一紙記載乙為受款人之本票給乙,以清償其債務。乙將該本票空白背書給丁前,丁要求乙洽請丙在該本票背面上記載「為乙保證」字樣,並簽名後,交付給丁。下列敘述,何者正確?

(A)因乙是空白背書,故視丙為被背書人,而丙未在本票上背書,所以背書不連續,故丁無法行使票據權利

(B)因乙是空白背書,故丙之保證係以甲為被保證人,該本票無背書不連續之情形,丁得依法行使票據權利

(C)丙所為之保證形式上符合背書之形式,該本票無背書不連續之情形,丁得依法行使票據權利

(D)因乙是空白背書,故視丁為被背書人,丙之保證係以乙為被保證人,該本票無背書不連續之情形,丁得依法行使票據權利

10. 甲簽發面額新臺幣(下同)50 萬元之支票一張予乙,乙於提示付款時,甲之支票存款帳戶內僅有 30 萬元。下列敘述,何者正確?

(A)付款人不得就其存款之數額而為一部分之支付

(B)付款人須經受款人之同意,始得為一部分之支付

(C)付款人無須經受款人之同意,即得為一部分之支付

(D)受款人請求付款時,付款人應為一部分之支付

解答:

1.(B)　2.(D)　3.(C)　4.(B)　5.(D)　6.(B)　7.(A)　8.(A)　9.(D)　10.(C)

第五篇　保險法

第一章　總　論

第一節　保險的概念

一、保險的概念

㈠保險的意義

以說文解字方式，從字面上去推求「保險」之意義，是說不通，也是很危險的事。蓋「保險」，若解釋為「保你發生危險」成了有保必險，那誰還敢買「保險」？同時也沒人敢開「保險公司」，因為註定賠錢；若解釋為「保你不發生危險」，誰敢說此大話？「保險」是「不怕一萬，只怕萬一」，亦即保險之對象為「危險」，若「危險」不存在，即無從談「保險」，故「無危險即無保險」，所以談「保險」之意義，宜從社會面與法律面來講。

1.社會面的解釋

保險 (insurance) 為「分散危險，消化損失」之制度，即將不幸而集中於一人之意外危險及由是而發生之意外損失，透過保險而分散於社會大眾（危險分擔），使之消化於無形。「危險」(risk) 有兩種形態：(1)為有形的危險（即危險之實害）：指實際之損失。(2)為無形的危險（即危險之憂慮）：指損失之恐懼。保險即是將這二種危險作為交易的對象，使有「危險之慮」者（要保人）付出少許之代價（即保險費）向保險業者買「保險」，以「免除恐懼」，及萬一保險事故發生，得以「彌補損失」而買到一個安全。就保險業者而言，是為收受一筆金錢而承擔一個危險，保險之危險須為確實存在而不一定發生。無「無代價」之交易，亦無「無代價」（如贈與）之保險。

2.法律面的解釋

法律上保險之意義：

指保險的法律關係，保險法第一條第一項稱：「本法所稱保險，謂當事人約定，一方交付保險費於他方，他方對於因不可預料或不可抗力之事故所致之損害，負擔賠償財物之行為。」此為法律定義。

㈡道德危險

保險法上通稱為危險，實可劃分為二，而效果相反： 1.保險所欲消除之危險，稱保險危險 (risk)，為法律所予保障者。 2.因保險所引起之危險，稱道德危險 (moral hazard)，為法律絕對不予容忍者。

道德危險未見諸法律明文，其義指因保險而引起幸災樂禍之心理，即受有保險契約上利益者或被保險人在其內心，潛藏希望危險發生或擴大之心願。此種心願，往往發生作用，故道德危險雖名為道德，實為不道德。此項危險所以名為道德危險，蓋欲使之與法律上危險有所區別之故。

簡言之，道德危險實為製造危險之危險。保險法所以重視(1)善意。(2)保險利益。(3)特約（擔保）條款，皆旨在防止製造危險之危險。

㈢保險制度的功能

保險是一種法律關係，也是一種經濟制度，因在經濟上具有作用，法律才加以規範。保險之經濟作用，要言之有：

1.對個人經濟而言，是未雨綢繆，有備無患

要保人僅支付小額保險費，雖月入微薄，也不難做到。一旦保險事故發生，便有鉅額保險金可以領取，足以填補損害，回復原狀，而保險金之給付非特定保險事故發生不可，要保人不能任意挪用，縱個人債臺高築，亦不能以之還債，而其債權人亦不能對之強制執行（指人身保險），較之儲蓄因不能長期持續及被挪用等缺點，保險之功用大矣哉！

2.對社會經濟而言，是分散危險，集體安全

保險在本質上是由多數人各挪出少許資金，加以儲蓄，當其中某個人遭受一定的危險時，由所儲存之資金中，抽出一部分，給與該個人，以填補其損害，使不釀成後患。在原理上和募捐是相通的，但募捐是叫人發慈

悲心，不易收效，而保險是打動人之利己心，達到共濟的目的，極易奏效。所以是「分散危險，消化損失」之最好制度。又保險業是金融事業之一種，為社會長期資金的主要來源之一，且為國際性事業，透過再保險，或在他國設立分支機構，能向國外吸收很多保戶，為國家賺取很多外匯及增加就業人口，也是值得注意的。

第二節　保險法的概念

一、保險法的意義

　　保險法是以規範保險關係、保險契約及保險企業組織為對象之商事法。應特別說明者，現行保險法將保險業法納入，而保險業法為關於保險業組織之法律，為私法，但其中關於保險事業監督之法規則為公法，且保險法第一百七十四條規定：「社會保險另以法律定之。」故可知現行保險法雖概括地以保險法為名，惟其中所規定者，僅為商業保險，應以強制保險之社會保險則不與焉，目前社會保險則以單行法為之，例如公務人員保險法、勞工保險條例、農民健康保險條例、全民健康保險法等是。

二、保險法的特性

　　像其他商事法一樣，保險法亦有其特性如下列：

(一)社會性

　　保險被社會大眾廣泛地利用，尤其是人壽保險與火災保險。相較於保險業者，是以對保險知識「外行」。且處於弱勢之大眾為對象的保險，且保險契約為定型化的附合契約，所以保險法對保險業的經營者，加以監督，且保險法設有多數的強行規定藉以保護被保險人，以保護社會大眾，故保險法乃具有社會性。

(二)強行性

　　保險因具社會性，所以保險法設有多數強行規定，此強行規定有：1. 單面性的強行規定：即為了被保險人之不利益者，即不得變更，若為被保險人之利益，即得變更之規定，例如保險法第五十四條第一項：「本法之強制規定，不得以契約變更之；但有利於被保險人者，不在此限。」同條第

二項：「保險契約之解釋，應探求契約當事人之真意，不得拘泥於所使用之文字，如有疑義，以作有利於被保險人之解釋為原則。」即屬之。 2.雙面性的強行規定：即縱為了被保險人利益，亦不得變更，例如出於要保人或被保險人之故意所致之損害，保險人不負責任（保險法第二十九條第二項但書），被保險人故意自殺者，保險人不負給付保險金額之責任，保險契約載有被保險人故意自殺，保險人仍應給付保險金額之條款者，其條款於訂約二年後始生效力（保險法第一百零九條第一、二項前段）。

㈢自由性

商事法本具二元性，包括自由主義與嚴格主義。保險法為商事法之一種，自有契約自由（私法自治）原則之適用，不能因具強行性而否定其自由性，惟契約自由原則，不得違反保險法之強行規定。

㈣倫理性

保險契約具射倖契約性質，所以必須以特別的善意為之，如第六十四條據實說明義務，第九十八條第一項要保人或被保險人未盡約定保護義務所致之損害，保險人不負賠償責任之規定，都是有關最大善意，即倫理性之規定。

㈤技術性

保險業之經營，以數理計算為基礎，如保險費之計算以人口死亡率、事故發生之或然率等經精算後定出百分比，並非僅憑一般常識所能瞭解。

第三節　保險契約的主體及關係人

保險是一種法律關係，必有主體來享受權利和負擔義務，保險契約之主體是指保險契約之當事人，此外，尚有與保險契約發生間接關係之保險關係人，及保險輔助人共三種。

一、保險契約當事人

保險契約當事人，指對保險契約有直接關係之人，一為保險人，另一為要保人。

㈠保險人

保險法第二條：「本法所謂保險人，指經營保險事業之各種組織，在保險契約成立時，有保險費之請求權，在承保危險事故發生時，依其承保之責任，負擔賠償之義務。」保險法第一百三十六條第一項同時規定：「保險業之組織，以股份有限公司或合作社為限。但經主管機關核准設立者，不在此限。」股份有限公司與合作社依公司法與合作社法均為法人，因之，在保險法上之保險人都是法人組織，且非保險業之法人，不得兼營保險業務（保險法第一百三十六條第二項）。

㈡要保人

亦稱投保人，依保險法第三條：「本法所稱要保人，指對保險標的具有保險利益，向保險人申請訂立保險契約，並負有交付保險費義務之人。」本條僅列要保人之義務，而未將保險金額的支付，列為要保人之權利，這是因為要保人訂立保險契約，有的是為自己的利益，也有的是為他人的利益。為自己的利益保險，要保人當然有保險金額的請求權；而為他人的利益保險時，要保人就沒有保險金請求權，但仍有請求保險人向該他人給付保險金的權利（民法第二百六十九條第一項），所謂該他人，指「被保險人」或「受益人」而言。

二、保險的關係人

保險除保險契約當事人外，與保險契約有間接關係之人，在要保人方面，有被保險人和受益人。

㈠被保險人

保險法第四條：「本法所稱被保險人，指於保險事故發生時，遭受損害，享有賠償請求權之人，要保人亦得為被保險人。」在財產保險，被保險人為被保財產之所有人，通常為要保人本人，而在人身保險之被保險人，則純為被保險人，可能是要保人，也可能是要保人以外的第三人。

㈡受益人

保險法第五條：「本法所稱受益人，指被保險人或要保人約定享有賠償請求權之人。要保人或被保險人均得為受益人。」依此，受益人就是有保

險金受領權之人。

三、保險的輔助人

保險是一種商業，又涉及專門知識或技術，故除當事人外，乃有輔助人之問題，這方面有：

㈠保險代理人 (insurance agent)

保險法第八條規定：「本法所稱保險代理人，指根據代理契約 (agency agreement) 或授權書 (power of attorney) 向保險人收取費用，並代理經營業務之人。」保險代理人因代營保險業務，故屬保險人之輔助人，所稱「代理經營業務」主要指對外招攬業務而代訂保險契約而言，此處特稱之為「保險代理人」，係為與民法上之「代理人」有所區別，因其與保險人之內部關係，有民法上「代辦商」性質。

㈡保險業務員

指為保險業、保險經紀人公司、保險代理人公司從事保險招攬之人（保險法第八條之一）。

㈢保險經紀人 (insurance broker)

保險法第九條規定：「本法所稱保險經紀人，指基於被保險人之利益，洽訂保險契約或提供相關服務，而收取佣金或報酬之人。」經紀人之主要任務，係代要保人向保險人洽訂保險契約，並不代訂保險契約，仍由要保人自行訂約，並係為被保險人之利益洽訂，似屬被保險人之輔助人。惟其又向承保之保險業者收取佣金，又好像是保險人之輔助人。其實保險經紀人並不是屬於某一方的輔助人，而係處於「居間」的地位，適用民法債篇各論中的相關「居間」規定，但僅向保險人一方收取佣金，與民法的「居間」稍有不同。又，現行實務上，保險經紀人，除仲介保險契約的簽訂外，亦參與保險相關的諮詢、風險評估等後續服務工作。若保險契約未能成立，經紀人雖無法獲得「佣金」收入，亦應使經紀人就其所提供的專業服務享有酬勞。故為符合保險實務並擴大保險經紀人業務範圍，民國九十六年修訂保險法時，特別將提供相關服務列入保險經紀人之業務範圍，並明定其有收取報酬之權利。

㈣保險公證人 (adjustor, appraiser)

　　保險法第十條規定：「本法所稱公證人，指向保險人或被保險人收取費用，為其辦理保險標的之查勘、鑑定及估價與賠款之理算、洽商，而予證明之人。」從此得知，公證人係辦理關於保險標的及理賠工作之人，並就其承辦之工作出具證明而向保險人或被保險人收取費用，所以是保險契約雙方當事人之輔助人。

第四節　保險的客體（保險標的）

一、保險標的的意義與種類

　　保險的客體，就是保險的對象（即保險標的），就是作為保險事故發生所在的本體。此本體若為「物」則稱「保險標的物」，若為「人」則指「被保險人」。

　　保險標的，依保險種類為財產保險或人身保險而分：

1.財產保險的保險標的

　　指具經濟價值之有體物（如動產、不動產）或其他無形的利益如債權、責任等。保險法上特稱之為「保險標的物」。

2.人身保險的保險標的

　　人身保險以「人」為保險對象，故無所謂「標的物」。所以在人身保險，其保險標的與被保險人為一體兩面，此與財產保險除被保險人外，另有「保險標的」大不相同。

二、保險標的的移轉

　　保險標的的移轉，僅財產保險有之。即當保險標的物之權利人變易時，發生對原已存在之保險關係是否影響問題。依保險法第十八條規定：「被保險人死亡或保險標的物所有權移轉時，保險契約除另有訂定外，仍為繼承人或受讓人之利益而存在。」之規定，可見原則上保險關係仍繼續存在。但保險契約另有訂定者，則屬例外。

三、保險標的的消滅

　　在財產保險，若保險標的因保險契約所載之保險事故之發生而消滅時，

保險人應為保險金之給付（保險法第七十、八十三、八十五條），若非保險契約所載之保險事故之發生而完全消滅，保險契約即為終止（保險法第八十一條）。

在人身保險方面，被保險人死亡，為保險標的之消滅。人壽保險之被保險人在契約規定年限內死亡，保險人依照契約負給付保險金額之責。

「保險事故」云者，指保險契約所承保之危險而言，亦即保險人依契約應負擔給付保險金之事由。例如火災保險之「火災」（保險法第七十條第一項），傷害保險之「傷害」（保險法第一百三十一條），人壽保險之「死亡」或「生存」（保險法第一百零一條）。

第五節　保險利益

一、保險利益的意義

保險利益 (insurable interest) 係指要保人或被保險人對保險標的所具有之利害關係。即因保險事故不發生，致保險標的之存在而得享受其利益，或因保險事故之發生致保險標的不存在而受損害。這種損益的利害關係，即是「保險利益」。因保險利益是保險契約的效力要件，要保人對保險標的無保險利益者，該保險契約無效。訂約後喪失保險利益者，契約失其效力，如：要保人或被保險人對於保險標的物無保險利益者，保險契約失其效力（保險法第十七條）。

二、保險利益的存在

保險利益既是保險契約之效力要件，惟究應何時存在？存在於何人？有加以說明之必要。

(一)存在時間

保險利益存在時期的規定，既無專條而散見於各條，且彼此不一致。依學者之解釋，其存在時期在財產保險與人身保險兩不相同。在財產保險，保險利益不必於訂約時存在，但在保險事故發生時，必須存在，因財產保險旨在填補損失，若無利益，何來損失？故縱訂約之際存在，而於事故發生時不存在者，即無損失可言。反之，在訂約時不存在，但在事故發生時

存在，其喪失時即為實際受有損害。

　　惟人身保險利益，必於訂約之際存在，但不必於事故發生之際亦存在。若自始無此利益，即自始無效。但若原先存在而後已消滅時，苟無惡意，仍不失效。

　　㈡存在於何人

　　依本法第十七條，不但要保人對於保險標的須具有保險利益，而被保險人亦須具有保險利益。

三、財產保險與人身保險的保險利益

　　㈠財產保險的保險利益

　　財產保險之保險利益以經濟利益為限，且以其實際價值定其利益之上限，無此利益或超過此利益之超額部分，不為法之所許或承認。本法規定如下：

　　1.要保人對於財產上之現有利益，或因財產上之現有利益而生之期待利益，有保險利益（保險法第十四條）。「現有利益」指要保人對於某財產上現實享有之利益，例如所有權人之使用、收益與處分其所有物之利益，承租人對承租物之使用收益之利益，抵押權人對抵押物之「擔保利益」都是「現有利益」。所謂「期待利益」指將來有利益的一種期望。例如商人對其買入貨物再出售之獲利的期待，企業家對其生產之貨物出售後獲利的期待，都是「期待利益」。

　　2.運送人（陸、海、空運）或保管人（如民法上之受寄人、倉庫營業人）對於所運送或保管之貨物，以其所負之責任為限，有保險利益（保險法第十五條）。此種利益，為財產上的責任利益。

　　3.基於有效契約而生之利益，亦得為保險利益（保險法第二十條）。此為有效契約之保險利益。

　　㈡人身保險的保險利益

　　人身保險之保險利益，不以經濟利益為限。對人身保險，只要在法律上有保險利益存在，且保險金額，法律上亦不加限制。本法第十六條規定如下：

要保人對於下列各人之生命或身體，有保險利益：

1. 本人或其家屬

所謂「家屬」，依民法第一千一百二十三條指同家之人，除家長外均為家屬，雖非親屬而以永久共同生活為目的同居一家者，視為家屬。

2. 生活費或教育費所仰給之人

指實際供給生活費或教育費之人而言。例如甲為供給乙生活費或教育費之人，則乙對甲之生命或身體有保險利益。反之，甲對乙，不合本款規定，無保險利益。

3. 債務人

債權人對於債務人有經濟上之利害關係，其債權能否獲得滿足，惟債務人是賴。例如僱用人對受僱人，保證人對於主債務人，合夥人相互間均是。

4. 為本人管理財產或利益之人

例如為商人經營商號之經理人，為管理信託財產之受託人，遺產之遺產管理人，其既為本人管理財產或利益，自與本人有經濟上的利害關係。

此外，因保險之態樣繁多，保險利益之事例，不限於以上所述各點，凡基於有效契約而生之利益，亦得為保險利益（保險法第二十條），以資概括。

四、保險利益的功能

(一)避免賭博行為

若保險契約不以保險利益為前提，就和賭博無異。蓋就漠不相關之他人之財產投保火險，或就他人之生命投保壽險，憑偶發事件來決定輸贏，與公序良俗有悖，為法所不許。

(二)防止道德危險

指要保人、被保險人或受益人為圖領保險金而故意的作為或不作為所造成或擴大的危險，這種危險如要保人或被保險人對保險標的不具有保險利益時，尤其容易發生。

(三)限制賠償額度

指要保人或被保險人所得主張之賠償，不得超過其保險利益之金額或價值，這是保險利益之一種積極作用（惟在人身保險因生命無價，有主張

不受此限制者)。

五、保險利益的移轉和消滅

如上述，保險標的有移轉和消滅之情形，保險標的變化，保險利益隨之變化如下：

㈠保險利益的移轉

1. 繼　承

「被保險人死亡時……保險契約除另有規定外，仍為繼承人之利益而存在（保險法第十八條）。」此規定在財產保險是正確的，但在人身保險之人壽保險，則為保險事故之發生，為保險人給付保險金（保險法第一百零一條、第一百零九條第二項）或返還保單價值準備金（保險法第一百零九條第一項）之問題。若為傷害保險，即為保險標的之消滅，或發生保險金給付（保險法第一百三十一條）或僅為保險契約終止（保險法第一百三十三條）問題。

若不兼被保險人之要保人死亡時，在財產保險，其保險利益由其繼承人繼承。但在人身保險，除要保人對於被保險人之保險利益為專屬，在性質上不能移轉外，其保險利益當由其繼承人繼承。

2. 讓　與

「財產保險之保險標的物所有權移轉時，保險契約除另有訂定外，仍為……受讓人之利益而存在（保險法第十八條）。」即保險標的物移轉，同時構成保險利益的移轉。又「合夥人或共有人聯合為被保險人時，其中一人或數人讓與保險利益於他人者，保險契約不因之失效（保險法第十九條）。」即合夥股份或共有人應有部分之轉讓，其保險利益隨同移轉，保險契約仍不失其效力。

在人身保險，則無保險利益因保險標的之轉讓而移轉之問題。

3. 破　產

要保人破產時，保險契約仍為破產債權人之利益而存在（保險法第二十八條）。此因要保人雖告破產，但對保險標的之保險利益不因之喪失，故保險契約仍然有效。但因已破產，對其財產喪失處分權，故其保險契約只

能為破產債權人之利益而存在。

㈡保險利益的消滅

財產保險之保險標的物滅失，保險利益即歸消滅。人身保險方面，如要保人對被保險人喪失保險法第十六條所定之關係時，除能移轉其關係於他人者外，其保險利益亦歸消滅。保險利益消滅時，保險契約亦歸消滅。

第六節　保險費

一、保險費的意義

保險費 (premium) 是要保人交付於保險人作為其負擔危險責任之對價，保險契約若無保險費之約定者無效。保險法第二十一條規定：「……保險費應於契約生效前交付之，但保險契約簽訂時，保險費未能確定者，不在此限。」依此規定，保險契約於保險費交付時發生效力，故有學者主張保險費之「交付」為保險契約之生效要件。惟實務上，無論財產保險或人身保險並不嚴格遵守本條規定，故有學者主張保險費之「約定」為保險契約之生效要件。

二、交付義務人

㈠保險費應由要保人依契約規定交付　（保險法第二十二條第一項前段），不論其係為自己或他人的利益而訂立保險契約，均應由其負擔交付的義務，此為原則。

㈡信託業依信託契約有交付保險費義務者，保險費應由信託業代為交付（保險法第二十二條第一項後段）。信託業者依信託指示購買保險並支付保險費，視為要保人行使交付保險費之義務，且將保險給付放入信託帳戶，依信託契約給付予信託受益人。故信託業者依信託契約指示購買之保險、依保險契約內容給付之保險金皆屬於信託財產。

㈢人壽保險及健康保險，利害關係人亦得代要保人交付保險費（保險法第一百十五、一百三十條）。

㈣實務上，保險費亦得由無利害關係的第三人代付，惟此代付保險費之第三人不得對保險契約主張任何權利。

三、保險費的交付方法

依保險法第二十一條前段：保險費分一次交付及分期交付兩種。

㈠一次交付

一次付清全部保費，在財產保險通常多採用此法。

㈡分期交付

就是將保險期間，分成幾個保險期間，而按期交付一定金額。例如按月、按季、按半年、按年等方式，人身保險多採取此方法。

四、保險費的交付地點

本法無規定，習慣上由保險公司派人收取。惟人壽保險於經催告後，應於保險人營業所交付之（保險法第一百十六條第二項後段）。

五、保險費的交付時期

保險法第二十一條規定:「保險契約規定一次交付或分期交付之第一期保險費，應於契約生效前交付之,但保險契約簽訂時,保險費未能確定者,不在此限。」則保險契約規定保險費一次交付或分期交付之第一期保險費，應先交付而後保險契約生效。但保險費未能確定者，無論一次交付或分期交付，契約可先生效，俟保險費確定時，再行交付（保險法第二十一條）。

六、保險費的增減

㈠危險增減時

危險減少時，被保險人得請求保險人重新核定保費（保險法第五十九條第四項）。危險增加時保險人亦得提議另定保費，要保人對於保險人重新核定之保費不同意時，保險契約即為終止（保險法第六十條第一項）。又保險費係依保險契約所載增加危險之特別情形計算者，其情形在契約存續期內消滅時，要保人得按訂約時保險費率，自其情形消滅時起算，請求比例減少保險費。保險人對於前項減少保險費不同意時，要保人得終止契約，其終止後之保險費已交付者，應返還之（保險法第二十六條）。

㈡保險標的價值減少時

保險金額超過保險標的價值之契約，若無詐欺情事，除定值保險外，其契約僅於保險標的價值之限度內為有效（保險法第七十六條第一項）。在

此情形,經當事人一方將超過價值之事實通知他方後,保險金額及保險費,均應按照保險標的之價值比例減少(保險法第七十六條第二項)。

七、保險費的返還

保險費一經交付,就屬保險人所有,但有時可能發生返還保險費的問題,其情形如下:

㈠複保險時的返還

以同一保險利益,同一保險事故,善意訂立數個保險契約,其保險金額之總額超過保險標的之價值者,在危險發生前,要保人得依超過部分,要求比例返還保險費(保險法第二十三條第一項)。

㈡契約無效時的返還

保險契約訂立時,僅保險人知道危險已消滅,要保人不受拘束時,保險人不得請求保險費及償還費用。其已收受者,應返還要保人(保險法第二十四條第二項、第五十一條第三項)。

㈢契約解除時的返還

保險契約解除時,保險人自應返還保險費(民法第二百五十九條第一款),但因要保人不據實說明而保險人據以解除契約時,依保險法第二十五條:「保險契約因第六十四條第二項之情事而解除時,保險人無須返還其已收受之保險費。」之規定,無須返還保險費。

㈣契約終止時的返還

保險契約終止,則終止後的保險費如已收受時,自應返還之。保險法明文規定者,計有:

1.第二十四條第三項:「保險契約因第六十條或第八十一條之情事而終止或部分終止時,除保險費非以時間為計算基礎者外,終止後之保險費已交付者,應返還之。」第六十條之情事指因危險增加或減少而終止契約之情形,第八十一條之情事指保險標的物非因保險契約所載之保險事故而完全滅失時,保險契約終止之情形;惟保險費非以時間為計算基礎,例如海上運送保險係以航程為計算基礎者,則不必返還。

2.第二十六條第二項:「保險人對於前項減少保險費不同意時,要保人

得終止契約。其終止後之保險費，已交付者應返還之。」此即要保人依第七十六條第一項規定請求比例減少保險費，而保險人不同意，致要保人終止契約時，則終止後之保險費已交付者，即應返還之。

3.第二十七條規定：「保險人破產時，保險契約於破產宣告之日終止，其終止後之保險費已交付者，保險人應返還之。」此保險費返還請求權為破產債權，只得依破產程序行使。

4.第二十八條規定：「要保人破產時，保險契約仍為破產債權人之利益而存在，但破產管理人或保險人得於破產宣告三個月內終止契約。其終止後之保險費已交付者，應返還之。」此應返還之保險費，屬於破產財團，要保人本人不得行使。

上述保險費返還請求權，依本法第六十五條前段，其消滅時效期間為二年，自得請求之日起算。

第七節　保險人的責任

保險契約有效成立後，「保險人對於不可預料或不可抗力之事故所致之損害，負賠償責任，但保險契約內有明文限制者，不在此限（保險法第二十九條第一項）。」基此賠償責任，保險人始有給付保險金之義務，故保險人責任內容與限制，首應依保險契約條款求之。

一、保險人的契約上責任

保險人之責任，因契約而發生，故關於其責任內容與限制，應依保單之規定為準。惟於契約未訂定或其訂定之條款違法時，始依保險法定之。

二、保險人的法律上責任

㈠保險人對於由不可預料或不可抗力之事故所致之損害，負賠償責任。但保險契約內有明文限制者，不在此限（保險法第二十九條第一項）。

㈡保險人對於由要保人或被保險人之過失所致之損害負賠償責任，但出於要保人或被保險人之故意者，不在此限（保險法第二十九條第二項）。依本條款規定，保險人得免責者，僅限於要保人或被保險人之故意行為，過失行為不與焉。重大過失之行為雖近乎故意，但與故意仍屬有別，自無

再類推適用海商法第一百三十一條規定之餘地。因而保險人之負責範圍，較海上保險為廣。

㈢保險人對於因履行道德上義務所致之損害，應負賠償責任（保險法第三十條）。例如為拯救他人溺水而自己溺斃，為撲滅火災而用盡自己之滅火器，此等行為雖屬故意，因係履行道德義務，並出於法律所許，保險人自應賠償。

㈣保險人對於要保人、或被保險人之受僱人，或其所有之物或動物所致之損害，應負賠償責任（保險法第三十一條）。

㈤保險人對於因戰爭所致之損害，除契約有相反之訂定外，應負賠償責任（保險法第三十二條）。

㈥保險人對於要保人或被保險人，為避免或減輕損害之必要行為所生之費用，負償還之責。其償還數額與賠償金額，合計雖超過保險金額，仍應償還（保險法第三十三條第一項）。保險人對於前項費用之償還，以保險金額對於保險標的之價值比例定之（保險法第三十三條第二項）。

三、保險金的給付

應付之賠償金額確定後，保險人應於約定期限內給付之。無約定者，應於接到通知後十五日內給付之（保險法第三十四條第一項）。保險人應於要保人或被保險人交齊證明文件後，於約定期限內給付賠償金額。無約定期限者，應於接到通知後十五日內給付之。保險人因可歸責於自己之事由致未在前項規定期限內為給付者，應給付遲延利息年利一分（保險法第三十四條第二項）。

第八節　複保險

一、複保險的意義

複保險 (double insurance) 者，謂要保人對於同一保險利益，同一保險事故，與數保險人分別訂立數個保險契約之行為（保險法第三十五條）。按複保險須數個保險契約同時存在始可，若非同時存在，而異其期間時，不是複保險。所以複保險契約必須在同一期間，此點雖法無明文，然為解釋

上當然之事。複保險就是重複保險契約，其重複者，就是數個保險契約因保險利益之同一而重複，因保險事故之同一而重複，因保險期間之同一而重複。我國以往的司法實務見解認為保險法既將複保險列入總則，又無人身保險應予除外的規定，則各種保險均可以適用。惟司法院大法官會議釋字第五百七十六號解釋認為，人身保險契約，並非為填補被保險人之財產上損害，亦不生類如財產保險之保險金額是否超過保險標的價值之問題，自不受保險法關於複保險相關規定之限制。所以基於契約自由原則，要保人自然可以向多家保險公司投保，也不必主動告知有複保險情事，保險公司自不得以未通知為由拒絕理賠。

二、複保險契約的效力

複保險契約之效力，因數保險金額之總和是否超過保險標的之價值而有不同。

㈠未超過保險標的的價值者

例如房屋一幢，價值一千萬元，分別向甲保險公司投保三百萬（保險金額）元之火險，向乙保險公司投保三百萬元之火險及丙保險公司三百萬元之火險，三者合計並未超過一千萬元，此種情形為數個一部保險之併存，在效力上並無任何特點。

㈡超過保險標的的價值者

上例若分別向甲、乙、丙三家保險公司各投保四百萬元之火險，則為真正之複保險，其契約效力問題解析說明如下：

1. 效力有無

須視要保人之善意或惡意而定。如屬善意，其契約有效，不過數保險人之賠償總額不得超過保險標的之價值。在危險發生前，要保人得依超過部分，要求比例返還保險費（保險法第二十三條第一項）；如屬惡意，依本法第三十七條：「意圖不當得利而為複保險者，其契約無效。」同時保險人在不知情之時期，仍可取得保險費。

2. 要保人的分別通知義務

複保險，除另有約定外，要保人應將他保險人之名稱及保險金額，通

知各保險人（保險法第三十六條）。要保人應通知而不通知時，依保險法第三十七條規定：「要保人故意不為前條之通知者，其契約無效。」惟此無效，指後成立之保險契約而言。最高法院七十六年臺上字第一一六六號判決要旨稱：「複保險之成立，應以要保人與數保險人分別訂立數保險契約同時並存為必要。若要保人先後與二以上之保險人訂立保險契約，先行訂立之保險契約，即非複保險，因其保險契約成立時，尚未呈複保險之狀態。要保人嗣與他保險人訂立之保險契約，故意不將先行所訂保險契約之事實通知後一保險契約之保險人，依保險法第三十七條規定，後一保險契約應屬無效，非謂成立在先之保險契約亦屬無效。」可供參考。

3. 比例賠償

善意之複保險，其保險金額之總額超過保險標的之價值者，除另有約定外，各保險人對於保險標的之全部價值，僅就其所保金額負比例分擔之責，但賠償總額，不得超過保險標的之價值（保險法第三十八條），亦即善意之複保險各保險人之賠償，應比例分擔。

第九節　再保險

一、再保險的意義

再保險（re-insurance）者謂保險人以其所承保之危險轉向他保險人為保險之契約行為（保險法第三十九條）。由此可知，再保險是一種保險契約，其要保人為原保險契約之保險人（原保險人），以其所承保之危險，轉向他保險人（再保險人）投保。再保險之性質，通說認為是一種「責任保險」。再保險的保險人（再保險人），於原保險人對原保險之要保人，依法應負賠償責任而受賠償請求時，負賠償之責（保險法第九十條）。

二、再保險的保險利益

再保險之保險利益是基於有效契約而生之利益（保險法第二十條），與原保險之保險利益無關。既是基於有效之原保險契約而生，再保險之保險期間與保險金額不得超過原保險契約。

三、再保險與原保險的關係

再保險是以原保險契約存在為前提，所以兩者是互相依存但又分別獨立之保險契約，就此保險法規定有：

㈠原保險契約之被保險人，對於再保險人無賠償請求權（保險法第四十條本文）。惟考量現行國際再保險實務上的再保險契約，經常約定當原保險契約的保險人有破產、清算或其他原因不能履行保險契約責任時，得由原保險契約被保險人逕向再保險契約的再保險人請求賠付的「直接給付條款」(cut–through clause)，基於契約自由原則，民國九十六年修訂保險法時增列但書規定：「但原保險契約及再保險契約另有約定者，不在此限。」

㈡再保險人不得向原保險契約之要保人請求交付保險費（保險法第四十一條）。

㈢原保險人不得以再保險人不履行再保險金額給付之義務為理由，拒絕或延遲履行其對於被保險人之義務（保險法第四十二條）。

第二章　保險契約

第一節　保險契約概說

一、保險契約的意義

保險契約是當事人約定，一方交付保險費於他方，他方對於因不可預料或不可抗力之事故所致之損害，負擔賠償財物之契約（保險法第一條）。

二、保險契約的法律性質

㈠有名契約

為保險法所明定之契約。

㈡雙務契約

要保人有交付保險費給保險人之義務，而保險人於保險事故發生時，有賠償財物給要保人或被保險人之義務，雙方互負對價關係，為雙務契約。

㈢有償契約

要保人所為保險費之給付，與保險人所為保險金額之給付是互為對價關係，所以是有償契約，不交付保險費之無償的保險契約是無效的。

㈣要式契約

保險契約應以保險單 (policy) 或暫保單 (binder) 為之（保險法第四十三條），且應記載法定事項（保險法第五十五條），由保險人於同意要保人聲請後簽訂（保險法第四十四條第一項），故為要式契約，但今多數學者認保險契約乃諾成契約。

㈤附合契約

保險契約因技術化、定型化與團體化之關係，其內容由保險人單方所決定，要保人只有同意訂約與否之自由，而無討價還價之餘地，為附合契約。

㈥射倖契約 (aleatory contract)

要保人在簽訂保險契約時，固確定的支付保險費，於保險事故發生後，

即可獲得多於所付保險費很多倍之保險金。若保險事故終不發生，則喪失所付保險費，此與賭博無異，繫於偶然事故之是否發生，因之學者乃稱保險契約為一種射倖契約。

㈦最大誠意契約

誠實信用原則為契約帝王條款，一般契約均須依誠信原則為之，惟保險契約具有射倖性質，所以對於誠信原則特別強調，學者因此稱之為最大誠意契約 (Contract of ultmost good faith)。

要保人對於訂約之重要事項，如有隱匿或遺漏不為說明，或為不實說明，無論出於故意或過失均可影響契約之效力（保險法第六十四條），特約事項，更須以誠信履行（保險法第六十六條）。

㈧繼續性契約

保險契約通常須存續一段期間（保險期間），在契約存續期間，危險減少或增加，影響保險費之減增，有情事變更原則之適用（保險法第五十九條第四項）。

三、保險契約的種類

㈠定值保險契約與不定值保險契約

保險法第五十條第一項規定：保險契約分定值保險及不定值保險契約。

1.定值保險契約

為保險契約上載明保險標的一定價值之保險契約（保險法第五十條第三項）。

2.不定值保險契約

為保險契約上載明保險標的之價值須至危險發生後估計，而訂之保險契約（保險法第五十條第二項）。

兩者區別之實益，於保險金給付時見之。定值保險發生全部損失或部分損失時，均按約定價值為標準計算賠償（保險法第七十三條第二項），而不定值保險因保險標的未載明價值，所以發生損失時，須按保險事故發生時實際價值為標準計算賠償，不過其賠償金額不得超過保險金額（保險法第七十三條第三項）。定值與不定值保險，惟於財產保險有之。凡屬人壽保

險皆為定值保險。

　　按財產保險以填補損失為原則，法律許可定值保險非默認超額保險為合法。若保險金額超出其標的之價值者，其超額部分無效（保險法第一百六十九條），若超額保險係由於要保人不實說明、遺漏、隱匿或出於惡意等原因者，保險人得解除契約（保險法第六十四條第二項），如保險人明知違法超額取得（保險法第七十二條後段），除依保險法第一百四十九條可能受主管機關處分外，處新臺幣四十五萬元以上四百五十萬元以下罰鍰（保險法第一百六十九條）。

　㈡單保險與複保險

　　1. **單保險契約** (simple insurance)

　　要保人對於同一保險利益，同一保險事故與同一保險人訂立一個保險契約。一般保險契約屬之。

　　2. **複保險契約** (double insurance)

　　要保人對於同一保險利益，同一保險事故與數保險人分別訂立數個保險契約（保險法第三十五條）。

　㈢原保險與再保險契約

　　1. **原保險契約** (original insurance)

　　係相對於再保險而言。

　　2. **再保險契約** (re-insurance)

　　保險人以其所承保之危險轉向他保險人為保險之契約行為（保險法第三十九條）。再保險有：⑴全部再保險與一部再保險：前者以原保險危險之全部，向他保險人再保險，而後者則以其一部再投保險，及⑵比例再保險與超過再保險之分：前者以原保險之保險金額之一定比率，投諸再保險；後者原保險人先確定自己之保險額，就超過自保部分向他保險人再保險。

　㈣個別保險與集合保險契約

　　以保險標的是否單一，可分為個別保險契約與集合保險契約。

　　1. **個別保險契約** (individual insurance)

　　以一人或一物為標的之保險契約屬之，亦稱單獨保險契約，一般保險

契約屬之。

2.集合保險契約

以多數人或多數物為標的之保險契約，在以多數人為標的者，謂之團體保險 (group insurance)。在以多數物為標的者，謂之集團保險 (collective insurance)。

以上兩者區別之實益，在保險契約之訂立、保險費之交付及賠償享受上見之，例如，就集合之物而總括為保險者，被保險人家屬、受僱人或同居人之物，亦得為保險標的，載明於保險契約，在危險發生時，就其損失享受賠償（保險法第七十一條第一項）。

㈤為自己利益與為他人利益的保險契約

以要保人是否享受賠償請求權為標準，可分為為自己利益的保險契約與為他人利益的保險契約。

1.為自己利益的保險契約

要保人自己享有賠償請求權的，叫做為自己利益的保險契約。例如：⑴要保人自己為被保險人而未另行指定受益人；⑵要保人以他人為被保險人而指定自己為受益人者屬之。

2.為他人利益的保險契約

要保人不自行享有賠償請求權的，稱之為為他人利益的保險契約。例如：⑴要保人自為被保險人而指定他人為受益人。⑵要保人以他人為被保險人而未另行指定受益人。⑶要保人以他人為被保險人而又另行指定受益人。為他人利益的保險契約，其受益人雖經指定，除要保人對其保險利益聲明放棄處分權者外，仍得以契約或遺囑處分之（保險法第一百十一條第一項）。

為自己利益與為他人利益的保險契約，其區別實益於訂立程序和效力上見之，例如：

⑴要保人得不經委任，為他人之利益訂立保險契約，受益人有疑義時，推定要保人為自己之利益而訂立（保險法第四十五條）。

⑵保險契約由合夥人或共有人中之一人或數人訂立，而其利益及於全

體合夥人或共有人者，應載明為全體合夥人或共有人訂立之意旨（保險法第四十七條）。

⑶要保人為他人利益訂立之保險契約，保險人對於要保人所得為之抗辯，亦得以之對抗受益人（保險法第二十二條第三項）。

⑷保險契約除人身保險外，得為指示式或無記名式（保險法第四十九條第一項），得以背書或交付而轉讓。若此，保險契約上之利益應歸屬於保險事故發生時，依法應享有權利之人。惟無論利益屬誰，保險人對於要保人所得為之抗辯，亦得以之對抗保險契約之受讓人（保險法第四十九條第二項）。

㈥財產保險與人身保險

保險法第十三條以保險標的之種類為財產或人之生命與身體而分，有財產保險與人身保險。

1.財產保險

亦稱「產物保險」。依保險法第十三條第二項之規定，財產保險有六種：⑴火災保險（保險法第七十條）。⑵海上保險（保險法第八十三條）。⑶陸空保險（保險法第八十五條）。⑷責任保險（保險法第九十條）。⑸保證保險（保險法第九十五條之一）及⑹其他財產保險（保險法第九十六條）。

2.人身保險

依保險法第十三條第三項之規定，人身保險包括人壽保險（保險法第一百零一條）、健康保險（保險法第一百二十五條）、傷害保險（保險法第一百三十一條）及年金保險（保險法第一百三十五條之一）。

第二節　保險契約的成立

一、保險契約訂立的程序

民法第一百五十三條第一項規定：「當事人互相表示意思一致者，無論其為明示或默示，契約即為成立。」此為一般契約的成立，惟保險契約，則須具備此實質要件外，尚須依下列程序為之：

㈠要保人之聲請與保險人的同意

保險法第四十四條第一項規定:「保險契約,由保險人於同意要保人聲請後簽訂。」這個「聲請」(即要保聲請書)就是「要約」,聲請出於要保人自動,或由於保險人或其輔助人之勸誘,在所不問,而「同意」即是「承諾」。要約即經承諾,依民法本應成立契約,但保險契約尚須簽訂書面始可。

㈡書面契約的簽訂

保險法第四十三條規定:「保險契約,應以保險單或暫保單為之。」可見保險契約是一種要式契約,保險契約,除本法另有規定外,並應記載第五十五條所列各款(保險契約基本條款)。要保人所為投保之要約,保險人所為承保之承諾,縱令口頭上已臻合致,在雙方當事人尚未訂立保險單或暫保單之書面契約前,尚難謂保險契約業已合法成立(最高法院六十九年臺上字第二四六號判決)。

惟民國七十二年五月司法院司法業務研討會第三期提出法律問題一則:

保險契約當事人尚未訂立保險單或暫保單之書面契約前,保險契約是否已成立?

研究意見:保險契約係契約之一種,於雙方當事人意思表示一致時,契約即告成立,並非要式行為。至於保險單或暫保單之出給作成或交付,係契約成立後保險人應履行之義務,其作用雖可作為保險契約之證明,但非謂保險契約之成立,以保險單之作成及交付為要件,本題研討結論多數採甲說,並無不合。

甲說:保險契約為諾成契約,當事人就保險條件(標的、費率、危險)互相意思表示一致,契約即成立。保險單之作成與交付,僅為完成保險契約之最後手續,亦即證明保險契約是否成立之方法,保險契約在法律上之效力,並非自始繫於保險單。

保險契約究為要式契約抑諾成契約,為一頗具重要性之爭議問題。

保險契約成立後,不僅關係要保人與保險人之權利義務,且對第三人亦不免發生利害關係,故保險法第四十四條第二項規定:「利害關係人均得

向保險人請求保險契約之謄本。」所謂利害關係人有被保險人（保險法第
四條）、受益人（保險法第五條）、運送人、保管人（保險法第十五條）等。

二、保險單與暫保單

㈠保險單

保險單是正式的保險契約，其發給，為完成保險契約之最後程序，一
經發出，先前議定條件及暫保之約定均歸併在保險單內，一切條件均以保
險單所載者為準。

㈡暫保單

暫保單是非正式、過渡性之保險契約，在保險單作成交付前，與保險
單有同一的效力，至正式保險單發出，暫保單之條件即歸併入於保險單而
失其效力。

三、要保人據實說明的義務

保險法第六十四條第一項規定：「訂立契約時，要保人對於保險人之書
面詢問，應據實說明。」詳言之：

㈠說明義務的主體

為要保人。被保險人或受益人無此義務，惟七十二年五月司法院司法
業務研討會第三期討論結果，認人壽保險契約之被保險人亦負告知義務，
保險法雖未明文規定，應為當然之解釋，因被保險人對自己之生命健康，
知之最稔，如不使負告知義務，有礙保險人對危險之估計。

㈡義務內容

因保險種類及保險人詢問之內容不同而不同，惟無論何種詢問，必須
以書面為之始可，口頭詢問則不在此限。

㈢履行此義務的時期

在訂立契約時。是要保人的一種特有義務，與保險契約成立後，所負
之通知義務（保險法第五十八、五十九條）不同。

㈣違反義務時的效果

保險法第六十四條第二項規定：「要保人有為隱匿或遺漏不為說明，或
為不實之說明，足以變更或減少保險人對於危險之估計者，保險人得解除

契約。其危險發生後亦同。但要保人證明危險之發生未基於說明或未說明之事實時不在此限。」從此規定可知，此義務之違反，足以構成保險人解除契約之理由。保險人解除契約，於危險發生前固得為之，於危險發生後亦得為之。於危險發生後解除，不但不須支付保險金，同時亦無須返還其已收之保險費（保險法第二十五條）。惟保險法第六十四條第三項規定：「前項解除契約權，自保險人知有解除之原因後，經過一個月不行使而消滅；或契約訂立後經過二年，即有可以解除之原因，亦不得解除契約。」此「一個月」或「二年」為除斥期間，沒有「時效中斷」等可言。

第三節　基本條款與特約條款

一、保險契約的基本條款

保險契約，除保險法另有規定外，應記載下列各款事項（保險法第五十五條）：

㈠當事人的姓名及住所

當事人指要保人與保險人而言，為保險契約主體，其所以應當記載，係因契約成立後，為雙方行使權利或履行義務之依據。惟財產保險之無記名式保險，因無記名式，即不記載要保人之姓名，要保人得依交付而轉讓其保險單於第三人之保險，故無庸記載要保人姓名、住所，例如以貨物投保火險，可將保險單隨同貨物交付而轉讓他人是。

㈡保險的標的物

就財產保險而言，指可能發生保險事故之特定財產；就人身保險而言，指被保險人之生命或身體。

㈢保險事故的種類

指保險人依保險契約應承擔之危險，例如火災保險之火災、死亡保險之死亡，主要是確定保險人之責任範圍及保險金額。

㈣保險責任開始的日時及保險期間

保險責任開始之日時就是保險人由何時起始負保險責任，通常保險契約成立之同時，保險責任即行開始。但當事人亦得約定 1.於保險契約成立

之前，或 2.於保險契約成立之後若干日，保險人之責任始開始。

(五)保險金額

即契約當事人約定在保險事故發生時，保險人所應賠償之金額。在人身保險，保險金額就是保險事故發生時，保險人實際支付之金額，但在財產保險多為表示保險人賠償責任之最高限額，至其實際賠償額，須視實際之損害情形而定。又在財產保險，應受保險標的物之價值之限制，如保險金額超過保險標的物之價值，則為超額保險，其契約之效力，保險法第七十六條設有規定。

(六)保險費

指要保人交付保險人負擔保險責任之對價。

(七)無效及失權的原因

指當事人約定保險契約無效或要保人、被保險人及受益人喪失契約權利之事由，保險法對此多設有強制規定，如當事人為變更此規定之約定時，不得有不利於被保險人之情形（保險法第五十四條）。

(八)訂約年月日

訂約年月日指保險契約成立之時期，與保險責任開始之日時，非必相同。且保險契約訂立時，保險標的之危險已發生或已消滅者，此契約無效。但為當事人雙方所不知者，不在此限，若為一方所知，則他方不受此契約之拘束（保險法第五十一條）。

以上八款係一般保險契約所應記載之事項，保險法第一百零八、一百二十九、一百三十二條及一百三十五條之二為「本法另有規定」，除應記載上述八款外，尚應分別記載此四條所規定者。

二、保險契約的特約條款

(一)特約條款的意義

特約條款為保險契約當事人於保險契約基本條款外，承認履行特種義務之條款（保險法第六十六條）。

(二)特約條款的內容

保險法第六十七條規定：「與保險契約有關之一切事項，不問過去、現在或將來，均得以特約條款定之。」例如過去未曾去過某些傳染病疫區，

未曾做過某種不當行為（例如 AIDS 潛伏期）。現在身體狀況如何，及將來不從事某種行業等是，惟特別條款之約定，除有利於被保險人者外，不得違反保險法之強制規定（保險法第五十四條第一項）。

㈢特約條款的效力

特約條款屬於任意記載事項，一經記載，當事人即不得違背，保險法第六十八條第一項規定：「保險契約當事人之一方違背特約條款時，他方得解除契約。其危險發生後亦同。」惟此解除權之行使，受有除斥期間之限制，即解除權人知有解除之原因後，經過一個月不行使而消滅；或契約訂立後，經過二年，即有可以解除之原因，亦不得解除契約（保險法第六十八條第二項準用第六十四條第三項）（此稱積極效力）。惟對於將來事項之特約條款，保險法第六十九條規定：「關於未來事項之特約條款，於未屆履行期前危險已發生，或其履行不可能，或在訂約地為不合法而未履行者，保險契約不因之而失效。」（此稱消極效力）

三、保險契約的共保條款

保險人得約定保險標的物之一部分，應由要保人自行負擔由危險而生之損失 （保險法第四十八條第一項）， 是為共同保險條款 (co-insurance clause)，有此約定時，要保人不得將未經保險之部分，另向他保險人訂立保險契約（保險法第四十八條第二項）。此約款與一部保險不同，後者要保人仍得將未保險部分另向他人投保而為複保險。

第四節　當事人的通知義務

一、危險發生的通知義務

要保人、被保險人或受益人遇有保險人應負保險責任之事故發生，除保險法另有規定，或契約另有訂定外，應於知悉後五日內通知保險人（保險法第五十八條），若怠於通知，對於保險人因此所受之損失，應負賠償責任（保險法第六十三條）。

二、危險增加的通知義務

㈠要保人對於保險契約內所載增加危險之情形應通知之者，應於知悉

後通知保險人（保險法第五十九條第一項）。

㈡危險增加由於要保人或被保險人之行為所致，其危險達於應增加保險費或終止契約之程度者，要保人或被保險人應先通知保險人（保險法第五十九條第二項）。

㈢危險增加不由於要保人或被保險人之行為所致者，要保人或被保險人應於知悉後十日內通知保險人（保險法第五十九條第三項）。若怠於通知，對於保險人因此所受之損失，應負賠償責任（保險法第六十三條）。

危險增加之通知義務，係因保險法第六十條第一項規定：「保險遇有前條情形，得終止契約或提議另定保險費，要保人對於另定保險費不同意者，其契約即為終止，但因前條第二項情形終止契約時，保險人如有損失，並得請求賠償。」

此逕行終止契約或另定保險費之權利，依保險法第六十條第二項規定：「保險人知危險增加後，仍繼續收受保險費，或於危險發生後給付保險金額或其他維持契約之表示者，喪失前項之權利。」

三、通知義務的免除

㈠危險增加通知義務的免除

按危險增加之通知，係原則性規定，依保險法第六十一條，亦有例外免除通知義務：

    1.損害之發生不影響保險人之負擔者。

    2.為防護保險人之利益者。

    3.為履行道德上之義務者。

㈡通知義務的全部免除

保險法第六十二條規定：「當事人之一方，對於左列各款，不負通知之義務。一、為他方所知者。二、依通常注意為他方所應知，或無法諉為不知者。三、一方對於他方經聲明不必通知者。」

四、違反通知義務的效果

除上述不負通知義務，自無須通知外，其應通知而不通知，為義務之違反，此義務之違反結果：

㈠當事人之一方，對於他方應通知之事項，而怠於通知者，除不可抗力之事故外，不問是否故意，他方得據為解除契約之原因（保險法第五十七條）。

㈡要保人或被保險人不於第五十八條、第五十九條第三項所規定之期限內為通知者，對於保險人因此所受之損失，應負賠償責任（保險法第六十三條）。

第五節　保險契約的效力

一、要保人的義務

要保人之義務，有㈠保險費之交付與㈡危險通知之義務。有關保險費之交付，已於第一章第六節——保險費乙節有詳細之說明；而危險通知義務，於第二章第四節——當事人之通知義務乙節亦有詳細之說明，請分別參看，不擬重複說明，之所以加列保險契約之效力乙節，係為將前面已作之陳述，總括地作成結論，而期有全盤之瞭解。

二、保險人的義務

保險人之義務有二，一為賠償責任之負擔，另一為保險金額之給付。關於這二點，本書於第一章第七節保險人之責任乙節已有詳盡之說明，請參看這一節之說明，不擬再畫蛇添足地於此重複一次。

三、保險人的代位權

保險法第五十三條第一項規定:「被保險人因保險人應負保險責任之損失發生，而對於第三人有損失賠償請求權者，保險人得於給付賠償金額後，代位行使被保險人對於第三人之請求權，但其所請求之數額，以不逾賠償金額為限。」此為保險人之當然代位權 (right of subrogation)，係本於法律之規定而成立，故不必被保險人為移轉之行為，即可行使，惟其行使有二條件（保險法第五十三條第一項）:

㈠非至保險人已對被保險人履行全部賠償義務後，保險人不得行使代位權。

㈡代位行使之權利，不得超過所賠償之金額。

惟應予注意者：

1.保險人對第三人雖有代位權，但如該第三人為被保險人之家屬或受僱人時，保險人無代位請求權，但損失係由其故意所致者，不在此限（保險法第五十三條第二項）。

2.保險人之代位權，僅限於財產保險有之，若為人壽保險、傷害保險或年金保險，則無此代位權（保險法第一百零三、一百三十、一百三十五條）。

第六節　保險契約的時效

由保險契約所生之權利，自得為請求之日起，經過二年不行使而消滅。有下列各款情形之一者，其期限之起算，依各款之規定（保險法第六十五條）：

一、要保人或被保險人對於危險之說明，有隱匿遺漏或不實者，自保險人知情之日起算。

二、危險發生後，利害關係人能證明其非因疏忽而不知情者，自其知情之日起算。

三、要保人或被保險人對於保險人之請求，係由於第三人之請求而生者，自要保人或被保險人受請求之日起算。

第七節　保險契約的無效、解除與終止

一、保險契約的無效

㈠保險契約無效的意義

保險契約之無效，指保險契約雖已簽訂，因有違反法定或約定事項，自始確定的不生效力或失其效力之謂。保險契約無效之原因，除適用民法上無效之規定外，保險法另有明文規定無效之原因，如下列。

㈡保險契約無效的原因

1.違反法定事項

⑴危險不存在：保險契約訂立時，保險標的之危險已發生或已消滅者，其契約無效，但為當事人雙方所不知者，不在此限（保險法第五十一條第

一項）（即其契約仍為有效之意）。訂約時，僅要保人知危險已發生者，保險人不受契約之拘束（保險法第五十一條第二項）。反之，訂約時，僅保險人知危險已消滅者，要保人不受契約之拘束（保險法第五十一條第三項）。

(2)複保險未通知：複保險，除另有約定外，要保人應將他保險人之名稱及保險金額通知各保險人，要保人故意不為此項通知，或意圖不當得利而為複保險者，其契約無效（保險法第三十六、三十七條）。

(3)超額保險之一部無效：保險金額超過保險標的價值之契約，若非由當事人一方之詐欺而訂立，除定值保險外，其契約僅於保險標的價值之限度內為有效，其超過部分則為無效（保險法第七十六條第一項）。

(4)死亡保險未經被保險人書面承認：由第三人訂立之死亡保險，未經被保險人書面承認，並約定保險金額，其契約無效（保險法第一百零五條）。

(5)被保險人年齡超過保險年齡：被保險人年齡不實，而其真實年齡已超過保險人所定保險年齡限度者，其契約無效（保險法第一百二十二條第一項前段）。

(6)保險契約約定違反被保險人之合理期待：有下列情事依訂約時情形顯失公平，該部分約定無效：①免除或減輕保險人依本法應負之義務者。②使要保人、受益人或被保險人拋棄或限制其依本法所享之權利者。③加重要保人或被保險人之義務者。④其他於要保人、受益人或被保險人有重大不利益者（保險法第五十四條之一）。

2.違反約定事項

若保險契約應記載事項內有約定契約「無效」之原因（保險法第五十五條第七款）者，違反此項約定，其契約即為無效。

3.失　效

要保人或被保險人對於保險標的物無保險利益者，保險契約失其效力（保險法第十七條）。

二、保險契約的解除

保險契約之解除者，指當事人之一方，基於契約成立後所發生之事由，依法律或契約所賦予之解除權，以其單獨行為使契約的效力自始消滅。契

約解除後，除保險法另有規定外（保險法第二十五條），雙方當事人應負回復原狀之義務。除保險契約中約定於某種事由發生時，一方或雙方當事人有解除權者外，保險法設有下列規定：

㈠違反通知義務

當事人之一方對於他方應通知之事項而怠於通知者，除不可抗力之事故外，不問是否故意，他方得據為解除保險契約之原因（保險法第五十七條）。

㈡違反據實告知義務

要保人隱匿，或遺漏或為不實之說明時，足以變更或減少保險人對於危險之估計者，保險人得解除契約，其危險發生後亦同（保險法第六十四條第二項前段）。

㈢違反特約條款

保險契約當事人之一方違背特約條款時，他方得解除契約，其危險發生後亦同（保險法第六十八條第一項）。

㈣詐欺訂立超額保險契約

財產保險契約，如保險金額超過保險標的之價值，係由當事人一方之詐欺而訂立者，他方得解除契約（保險法第七十六條第一項前段）。

三、保險契約的終止

保險契約之終止，指在契約關係存續中，由於一定事由之發生，基於法律之規定當然終止，或由於當事人一方之意思表示而終止。

㈠基於法律規定當然終止

1.保險人破產時，保險契約於破產宣告之日當然終止（保險法第二十七條）。

2.保險契約存續期間若危險增加，或減少，得行使終止權之一方不行使終止權而要求另定保險費，他方不同意另定保險費時，契約當然終止（保險法第六十條）。

3.保險標的物非因保險契約所載之保險事故而完全滅失時，保險契約即為終止（保險法第八十一條）。

㈡因終止權的行使而終止

　　1.保險費依保險契約所載增加危險之特別情形計算者，其情形在契約存續期內消滅時，要保人得請求比例減少保險費，若保險人對於請求減少保險費不同意時，要保人得終止契約（保險法第二十六條）。

　　2.要保人破產時，破產管理人或保險人得於破產宣告三個月內終止契約（保險法第二十八條）。

　　3.保險契約存續期間，如危險增加，保險人得終止契約（保險法第六十條第一項前段）。

　　4.保險人發現保險標的物全部或一部分處於不正常狀態，經建議要保人或被保險人修復後再使用，如要保人或被保險人不接受建議時，保險人得以書面通知終止保險契約或其有關部分（保險法第九十七條）。

　　5.人壽保險之保險費到期未交付者，除契約另有訂定外，經催告到達後屆三十日仍不交付時，保險人在三十日之期限屆滿後，得終止契約（保險法第一百十六條第一、六項）。

第三章　財產保險

保險法上保險之分類，依保險法第十三條，保險分為財產保險與人身保險（保險法第十三條第一項）。財產保險包括：一、火災保險，二、海上保險，三、陸空保險，四、責任保險，五、保證保險，及六、經主管機關核准之其他保險六種（保險法第十三條第二項）。茲依序分別說明如下。

第一節　火災保險

一、火災保險的概念

火災保險 (fire insurance) 簡稱「火險」，保險法第七十條第一項規定：「火災保險人，對於由火災所致保險標的物之毀損或滅失，除契約另有訂定外，負賠償之責。」保險法上之火，指其火足以致災害者，火無論大小，凡足以致成災害者，為火災；反之，不足以成災害者，非為火災。保險法學者，對於火，分為「友善之火」(friendly fire) 與「不友善之火」(hostile fire)。前者為無害之火，指因利用之目的而生之火，使之在特定之地點或應燃燒之地點燃燒，即在人力控制之下燃燒者而言；後者指不在人力控制之下燃燒之火，並足釀成災害者而言。燃燒之紙菸，夾在手指間或放置於菸灰缸時，為「友善之火」，若不慎延燒至他物則為「不友善之火」。因「不友善之火」所致之損害，即火與災害間有因果關係時，皆為火災保險範圍內之火。因雷電、爆炸、地震、保險標的物自然發熱等原因所引起之火災，是否保險法上所稱之火，法無明文，惟一般火災保險，除特約外，均載明為不保之列。

如上述火與災害間，有因果關係，保險人始負賠償責任，但此項因果關係，不以直接關係為限，如火與災害有密切關係，除有特約外，亦應包括在內，保險法第七十條第二項規定：「因救護保險標的物，致保險標的物發生損失者，視同所保危險所生之損失。」例如隔鄰失火，即將波及已保險之房屋，將連接隔鄰之房屋拆除一部，為隔火巷，為因救護保險標的物

致保險標的物發生之損失，視同所保危險所生之損失，保險人應負賠償之責。

二、火險中的集合保險

就集合之物而總括為保險者，為集合保險，動產之火險恆屬之。保險法規定：就集合之物而總括為保險者，被保險人家屬、受僱人或同居人之物，亦得為保險標的，載明於保險契約，在危險發生時，就其損失享受賠償。此項保險契約，視同並為第三人利益而訂立（保險法第七十一條）。此集合保險同時具有「為自己利益保險」與「為他人利益保險」之雙重性質。

三、超額保險與一部保險

火災保險應按保險標的物之價值為十足之保險，勿超出亦勿不足。故保險法規定：保險金額為保險人在保險期內所負責任之最高額度，保險人應於承保前，查明保險標的物之市價，不得超額承保（保險法第七十二條）。這是超額保險對保險人所加之限制。保險業者，違反第七十二條規定超額承保時，除違反部分無效外，處新臺幣四十五萬元以上四百五十萬元以下罰鍰，或勒令撤換其負責人，其情節重大者，並得撤銷其營業執照（保險法第一百六十九條）。

㈠超額保險

超額保險之保險契約訂立，其效果如何？保險金額超過保險標的價值之契約，係由當事人一方之詐欺而訂立者，他方得解除契約，如有損失，並得請求賠償。無詐欺情事者，除定值保險外，其契約僅於保險標的價值之限度內為有效（保險法第七十六條第一項）。超過此項保險標的價值部分為無效（保險法第一百六十九條），即一部有效，一部無效。此一部有效之保險契約，經當事人一方將超過價值之事實通知他方後，保險金額及保險費均應按照保險標的之價值比例減少（保險法第七十六條）。

㈡一部保險

一部保險係相對於全部保險而言。全部保險指保險金額與保險標的物價值相等，保險事故發生全部受損時，則全部賠償，一部受損則按價值比例賠償。而保險金額不及保險標的物之價值者，為一部保險，除契約另有

訂定外,保險人之負擔以保險金額對保險標的物之價值比例定之(保險法第七十七條)。

一部保險有於訂立契約時,即僅以保險標的之價值一部投保者,有於訂立保險契約後,因保險標的之價值上揚,例如房屋保險因房價上揚,而成為一部保險者。

四、定值保險與不定值保險

保險契約有定值保險與不定值保險之別(保險法第五十條)。其意義已於本篇第二章第一節「三、保險契約之種類」㈠內有所說明,按火險依一般保險業之國際慣例,均係按實際損失之數額賠償(不定值),惟實務上保險業者為增加營業收入(因保險金額之高低與保險費多寡成正比),雖有超額保險亦不拒絕,而一般要保人亦常誤解,以為保險金額即為保險事故發生時之賠償金額,致在保險事故發生時產生糾紛。所以保險法除在第七十二條對於超額保險設有限制並另訂有罰則(保險法第一百四十九條及第一百六十九條)外,採用定值保險與不定值保險之平行規定,以保障要保人。依保險法第七十三條之規定:

㈠保險標的,得由要保人依主管機關核定之費率及條款,作定值或不定值約定之要保(保險法第七十三條第一項),而不由保險人決定,以保障要保人利益。

㈡保險標的以約定價值為保險金額者,發生全部或部分損失時,均按約定價值為標準計算賠償(保險法第七十三條第二項),而對其實際價值若干,在保險事故發生時,可以不問,此為定值保險。

㈢保險標的未經約定價值者,發生損失時,按保險事故發生時,實際價值為標準計算賠償,其賠償金額不得超過保險金額(保險法第七十三條第三項),此為不定值保險。

上述全部損失之意義,保險法作法律上定義,指保險標的全部滅失或毀損,達於不能修復或其修復之費用,超過保險標的恢復原狀所需者(保險法第七十四條)。

又保險標的物,有不能以市價估計者(例如古董、字畫等藝術品,及

珠寶玉石等），得由當事人約定其價值，賠償時從其約定（保險法第七十五條）而為定值保險。

五、損失的估計

關於損失之估計，保險法設有下列規定：

㈠損失估定前現狀變更的禁止

損失未估定前，要保人或被保險人除為公共利益或避免擴大損失外，非經保險人同意，對於保險標的物不得加以變更（保險法第八十條）。這是法律對要保人或被保險人所課之不作為義務。

㈡損失估計遲延的效果

損失之估計因可歸責於保險人之事由而遲延者，應自被保險人交出損失清單一個月後加給利息。損失清單交出二個月後損失尚未完全估定者，被保險人得請求先行交付其所應得之最低賠償金額（保險法第七十八條）。蓋依保險法第三十四條，應付之賠償金額確定後，保險人應於約定期限內給付之，無約定期限者，應於接到通知後十五日內給付之。保險人遲延不估計損失，將影響要保人或被保險人權益。

㈢估計費用的負擔

保險人或被保險人為證明及估計損失所支出之必要費用，除契約另有訂定外，由保險人負擔之（保險法第七十九條第一項）。此為保險法之特別規定，與民法上一般損害賠償不同，後者係由被害人負擔。

若為一部保險，此估計費用之負擔，除另有約定外，保險人之負擔，以保險金額對於保險標的物之價值比例定之（保險法第七十九條第二項）。

六、保險標的物全部滅失與部分受損的效果

保險標的物因保險契約所載之保險事故而完全滅失時，保險人即應負給付保險金額之義務（保險法第七十條第一項）。若保險標的物非因保險標的所載之保險事故而完全滅失時，保險契約即為終止（保險法第八十一條）。

保險標的物因保險事故受部分之損失者，保險人與要保人均有終止契約之權。終止後已交付未損失部分之保險費應返還之（保險法第八十二條第一項）。因保險標的物未全部滅失，保險契約就未受損部分，仍有存在價

值，故無使其當然終止之必要，故保險法規定，要保人或保險人有終止權。此項終止契約權，於賠償金額給付後，經過一個月不行使而消滅（保險法第八十二條第二項）。保險人終止契約時，應於十五日前通知要保人（保險法第八十二條第三項），俾要保人另作安排，惟要保人終止契約時，則無應於十五日前通知保險人之限制。若要保人與保險人均不終止契約時，除契約另有訂定外，保險人對於以後保險事故所致之損失，其責任以賠償保險金額之餘額為限（保險法第八十二條第四項）。

第二節　海上保險

海上保險 (marine insurance) 也叫水上保險，簡稱「水險」，是海上保險人對於船舶在航行中，可能發生危險且得以貨幣估價者之財產權益，因海上一切事變或災害所生之毀損、滅失及費用，負賠償責任之一種保險（保險法第八十三條，海商法第一百二十七、一百二十九條）。

依歷史傳統及各國法律，海上保險均規定於海商法而不規定於保險法。我國依多數立法例，規定於海商法，除於保險法第八十三條規定：「海上保險人對於保險標的物，除契約另有規定外，因海上一切事實及災害所生之毀損、滅失及費用，負賠償之責。」以揭明海上保險人之責任外（保險法第八十三條），並於第八十四條規定：「關於海上保險，適用海商法海上保險章之規定。」以期與海商法第一百二十六條：「關於海上保險，本章無規定者，適用保險法之規定。」相呼應。單就保險而言，保險法為母法即普通法，而海商法海上保險章為特別法，所以海上保險應優先適用海上保險章之規定，無規定時始得適用保險法（海商法第一百二十六條）。

第三節　陸空保險

一、陸空保險的概念

陸空保險之意義，法無直接明文之規定，參照保險法第八十五條以下之規定。陸空保險泛指陸上、內河及空中之財產保險，保險人對於保險標的物，除契約另有訂定外，因陸上、內河及航空一切事變及災害所致之毀

損、滅失及費用，負賠償責任的一種財產保險，是一種綜合性的保險，與火災保險之保險事故限於單一之火災者不同。

二、陸空保險的種類

陸空保險依其適用之領域，可分為：

㈠陸上運送保險

指陸地上運送之保險，如對火車、汽車所運送之貨物付諸保險即其適例。其要保人或被保險人通常為託運人或貨物所有人，不包括運送人以其運送貨物之責任所為之保險，因其為一種責任保險。

㈡內河運送保險

指航行內河之船舶、運費及裝載貨物之保險。因限於水上，大體上與海上保險無多大差異，故保險法第八十九條規定：「航行內河船舶、運費及裝載貨物之保險，除本節另有規定外，準用海上保險有關條文之規定。」

㈢航空運送保險

指航空機運送之保險，其領域並不限於空中，即航空機起落時之危險也包括在內。

三、陸空保險的保險標的

陸空保險之保險標的物之範圍，保險法本身無直接規定。陸空保險既為一種運送保險，就其標的物言之，本有廣狹二義。廣義的運送保險，其標的物不但運送的貨物，即運送工具（如車、船、航空器），運費，及出售貨物應有之利得都包括在內。海商法上之海上保險即採廣義。狹義的運送保險，則不包括運送工具。保險法上之陸空保險究採廣義抑採狹義？條文中無直接規定，惟從第八十九條規定，內河運送之保險標的包括船舶、運費及裝載之貨物三者，而第八十六條專就貨物保險設一特別規定之架構來看，我保險法上之陸空保險似採廣義，不過一般情形，以貨物保險居多。

四、陸空保險的保險期間

陸空保險之保險期間，其長短及起訖如何，自應由當事人約定，但保險法就貨物保險之保險期間設有原則性規定。保險法第八十六條規定：「關於貨物之保險，除契約另有訂定外，自交運之時以迄於其目的地收貨之時

為其期間。」即託運人將貨物交付給運送人之時起算，至貨物到達目的地，由運送人交與受貨人之時止，在此期間如發生保險事故，保險人即應負責。

五、陸空保險契約應記載的事項

陸空保險之保險契約，除應記載第五十五條規定事項外，並應載明下列事項（保險法第八十七條）：

　　㈠運送路線及方法。

　　㈡運送人姓名及商號名稱。

　　㈢交運及取貨地點。

　　㈣運送有期限者，其期限。

六、運送的暫停或變更路線或方法

陸空保險常有暫時停止或變更運送路線或方法之情形發生，因運送上之必要，除契約另有訂定外，仍繼續有效（保險法第八十八條），之所以如此規定，係排除適用保險法第六十條因危險增加得終止契約之規定。

第四節　責任保險

一、責任保險的概念

責任保險 (liability insurance) 者，指責任保險人於被保險人對於第三人，依法應負賠償責任而受賠償之請求時，由其負賠償責任（保險法第九十條）。從此規定，可知責任保險之目的，係在補償被保險人之法定責任發生時，所受財產上損失，由保險人負賠償責任，故為一種財產保險。

二、責任保險的種類

責任保險依不同之標準區分，可分類如下：

　㈠個人責任保險與事業責任保險

　此係以保險標的之性質而分。

　　1.個人責任保險

個人責任保險係以被保險人個人行為所發生之賠償責任為保險標的之保險，例如醫生、汽機車駕駛人之責任保險。

2.事業責任保險

事業責任保險係以被保險人事業上所發生之賠償責任為保險標的的保險，例如運送人或倉庫營業人對於運送物或寄託物所負責任之保險，僱主及旅店主人對受僱人或旅客所負責任之保險。

以上兩者區別之實益，在於後者，因事關公益，法律往往規定「強制保險」。又保險法第九十二條亦僅限於事業責任保險，個人責任保險則不適用。

㈡為自己利益、為他人利益、為自己利益兼為他人利益的責任保險

此係以保險利益之歸屬而分。

1.為自己利益的責任保險

指要保人為自己利益所訂立之責任保險契約。此保險契約之要保人與被保險人為同一人，賠償金由其自己受領。

2.為他人利益的責任保險

指要保人為他人利益所訂立之責任保險契約。要保人與被保險人不是同一人，保險事故發生時，賠償金由被保險人受領，要保人不能享受其利益。

3.為自己利益兼為他人利益的責任保險

指同一責任保險契約，要保人為自己亦兼為他人利益而訂立。這種保險契約，除當事人約定外，保險法第九十二條亦設有擬制之規定如下：「保險契約係為被保險人所營事業之損失賠償責任而訂立者，被保險人之代理人、管理人或監督人所負之損失賠償責任，亦享受保險之利益，其契約視同並為第三人之利益而訂立。」例如公司為被保險人而訂立此契約，若其經理人因執行業務而加損害於他人，若該他人（即被害人）向公司請求損害賠償，公司得向保險公司請求給付保險金額。惟該他人若向經理人請求賠償時，經理人亦得向保險公司請求給付保險金額，亦即該經理人亦享受該保險契約之利益。法律上「視同」並為第三人之利益而訂立保險契約，其意義即在此。

三、保險人的參與權

按責任保險之標的是被保險人對第三人依法應負之賠償責任，是否依法應負賠償責任，通常應經訴訟程序認定。為防免被保險人因其賠償責任已轉嫁給保險人，任意地對被害人為訴訟上或訴訟外之和解，或承諾而即為賠償，致損害保險人利益，故保險法第九十三條規定：「保險人得約定被保險人對於第三人就其責任所為之承認、和解或賠償，未經其參與者，不受拘束。」即保險人不負擔給付保險金額之責任，此為保險人之參與權，以保險契約內有此參與權之約定為要件。惟為避免保險人拒絕參與，損及被保險人之權益，於第九十三條明訂：「但經要保人或被保險人通知保險人參與而無正當理由拒絕或藉故遲延者，不在此限。」

四、保險人負擔費用的義務

被保險人因受第三人之請求而為抗辯，所支出之訴訟上或訴訟外之必要費用，除契約另有訂定外，由保險人負擔之，被保險人並得請求保險人墊給此項費用（保險法第九十一條）。

五、保險金額的給付

保險人於第三人由被保險人應負責任事故所致之損失，未受賠償以前，不得以賠償金額之全部或一部給付被保險人（保險法第九十四條），以免被保險人受有不當利益。該受損害之第三人有無向保險人請求給付保險金額之權利？

早期民國七十二年五月司法院司法業務研究會第三期研討結論為：第三人沒有向保險人直接給付保險金額之請求權。但今，被保險人對第三人應負損失賠償責任確定時，第三人得在保險金額範圍內，依其應得之比例，直接向保險人請求給付賠償金額（保險法第九十四條第二項）。

第五節　保證保險

一、保證保險的概念

稱保證保險者，謂保證保險人於被保險人因其受僱人之不誠實行為或其債務人之不履行債務所致損失，負賠償責任（保險法第九十五條之一）。

保證保險在國外風行已久，我國於民國八十一年二月修正保險法時始予增列，為保險法第三章第四節之一，增訂三條為第九十五條之一、第九十五條之二及第九十五條之三。其修正理由稱：

㈠歐美先進國家採行保證保險制度已久，為重要保險之一，且保證保險與財產保險不盡相同，有於本法專節規定之必要。

㈡近年來政府積極推動工程保證制度，加強營繕管理，且工商業投保誠實信用保證保險者逐年增加，爰將保證保險於本法中明訂，以資適用。

二、受僱人誠實保證保險契約應記載事項

保證保險契約，除依保險法第五十五條記載基本條款外，以受僱人之不誠實行為為保險事故之保證保險契約，應載明下列事項（保險法第九十五條之二）：

㈠被保險人之姓名及住所。

㈡受僱人之姓名、職稱或其他得以認定為受僱人之方式。

記載受僱人之姓名、職稱，係指受僱人已特定之場合，若受僱人係流動性不特定，則記載得以認定為受僱人之方式。

三、債務履行保證保險契約應記載事項

以債務人不履行債務為保險事故之保證保險契約，除應依保險法第五十五條規定，記載基本條款外，尚應載明下列事項（保險法第九十五條之二）：

㈠被保險人之姓名及住所。

㈡債務人之姓名或其他得以認定為債務人之方式。

就特定之債權契約為保證保險，因債務人特定，固得記載債務人之姓名，惟有經營性之營業，其債務人無法特定，若俟債務人特定後逐次為保證保險，除增加雙方勞費外，往往失其時效性。此際要保人與保險人得以預為約定認定債務人之方式，例如以債權契約為準之例，訂定保證保險。

第六節　其他財產保險

一、其他財產保險的概念

「財產保險」包羅甚廣，除前述之火災保險、海上保險、陸空保險、責任保險與保證保險五種外，尚有其他財產保險，故保險法第九十六條就其他財產保險設一概括之規定：「其他財產保險為不屬於火災保險、海上保險、陸空保險、責任保險及保證保險之範圍，而以財物或無形利益為保險標的之各種保險。」（保險法第九十六條）

按財產保險為一種損失保險之性質，而保險法性質上為「保險契約法」，契約條款往往優先於法律之規定而適用。故凡適用於上述五種有名之財產保險之法律與慣例，於其他財產保險皆可變通適用之，反之保險法特為「其他財產保險」而設之規定（保險法第九十七～九十九條），亦得移用於上述五種有名之財產保險。

二、標的物查勘權與契約終止權

保險人有隨時查勘保險標的物之權，如發現全部或一部分處於不正常狀態，經建議要保人或被保險人修復後，再行使用。如要保人或被保險人不接受建議時，得以書面通知終止保險契約或其有關部分（保險法第九十七條）。之所以規定「建議修復後再行使用」，係因保險標的物處於不正常之狀態，顯有危險增加情形，為減少保險事故發生之機率，修復後再行使用，於社會經濟利益及保險當事人與保險關係人間均屬有利。

三、要保人或被保險人應盡保護保險標的物的責任

要保人或被保險人往往因保險契約之訂立，而疏於對保險標的物之保護，使保險事故發生之機率增加，故保險法規定：要保人或被保險人對於保險標的物未盡約定保護責任所致之損失，保險人不負賠償責任（保險法第九十八條第一項）。條文用「約定」字樣，故應於保險契約明文規定始可。

危險事故發生後，經鑑定係因要保人或被保險人未盡合理方法保護標的物，因而增加之損失，保險人不負賠償之責（保險法第九十八條第二項）。關於未盡合理方法保護標的物，不以契約有「約定」者為限。所謂「鑑定」，

應由就該標的物及對危險事故具有專門知識者為之。

四、保險標的物部分損失的效果

　　保險標的物受部分之損失，經賠償或回復原狀後，保險契約繼續有效，但與保險情況有異時，得增減其保險費（保險法第九十九條）。若當事人一造對於增減保險費不同意時，其契約即為終止（保險法第六十條第一項）。

五、火災保險及人壽保險條文的準用

　　其他財產保險，除適用本法有關保險之通則外，依保險法第八十二條之一第一項規定：「第七十三條至八十一條之規定，於海上保險、陸空保險、責任保險、保證保險及其他財產保險準用之。」查第七十三至八十一條乃火災保險中有關保險價額、超過保險、一部保險及損失估計等規定。又，第一百二十三條人壽保險有關保險人要保人破產之規定，第一百二十四條人壽保險有關就保單價值準備金優先受償之規定，於超過一年之其他財產保險均準用之（保險法第八十二條之一第二項）。

第四章　人身保險

保險法第十三條第三項稱：「人身保險包括人壽保險、健康保險、傷害保險及年金保險。」四種，依同法第一百零一、一百二十五、一百三十一條及第一百三十五條之一，可知人身保險係當事人約定一方支付保險費於他方，他方對於其人或第三人之生命、身體，或健康，於保險事故發生時或為維持生存於一定期間，負給付一定保險金責任之契約。

第一節　人壽保險

一、人壽保險的概念

人壽保險，簡稱壽險 (life insurance)，就是以被保險人之生命為保險標的，並以死亡或生存為保險事故，保險人於事故發生時，依契約給付一定之保險金額之一種人身保險。故保險法上之法律定義為：人壽保險人於被保險人在契約規定年限內死亡，或屆契約規定年限而仍生存時，依照契約負給付保險金額之責（保險法第一百零一條）。

二、人壽保險契約的種類

人壽保險可分成三大類如下述：

(一)死亡保險 (life insurance)

依契約之所定，於一定期間或不定期間，被保險人死亡時，保險人應依照契約給付保險金額之保險。即以被保險人死亡為條件，其約定以一定期間為保險期間者，為定期死亡保險，其不定期間而以被保險人之終身為保險期間者為終身保險。終身保險係以繼續繳付保險費直至被保險人死亡時止，或在一定期間內支付保險費，期滿不再支付；或一次付足全部保費，需視契約規定而定。

(二)生存保險 (endowment insurance)

依契約之所定，於一定期間，或達一定年齡，被保險人生存時，保險人給付保險金額者，為生存保險。生存保險之保費，有一次交足，亦有分

期交付；其保險金額亦分一次給付或分期給付兩種。

　　生存保險係以被保險人生存為條件，與死亡保險之以被保險人死亡為條件，兩者固同須有保險利益存在，然輕重有別，尤於以第三人為被保險人之死亡保險，若對之無保險利益，則該第三人之生命堪虞。故於解釋契約條款須從嚴，然以第三人為被保險人之生存保險，縱對之無保險利益，於其人之生命無害，故於解釋時毋妨從寬。

(三)生死混合保險

　　即被保險人在保險期間死亡，或期滿仍生存時，均須給付保險金額之保險。生死混合保險具有儲蓄之性質，因為生存保險，若在一定期間或一定年齡前死亡，則前所交付之保費等於白交，為彌補這種缺點而有生死混合險。是附有以被保險人生存條件之死亡保險，即達一定期間或一定年齡被保險人死亡時，保險人應給付保險金額，若達一定時期或一定年齡而仍生存時，保險人亦負給付保險金額之義務。

三、由第三人訂立的人壽保險契約

　　人壽保險契約，得由本人或第三人訂立之（保險法第一百零四條）。由第三人訂立之契約，應有保險法第十六條規定之保險利益始可。在死亡保險，如由第三人訂立，未經被保險人書面承認，並約定保險金額者，其契約無效（保險法第一百零五條），由第三人訂立人壽保險契約，其權利之移轉或出質，非經被保險人以書面承認者，不生效力（保險法第一百零六條）。此所謂「不生效力」，係指其權利移轉或出質不生移轉或出質之效力而言，非謂保險契約無效。所以須經被保險人書面承認等，係因第三人以他人之死亡為保險事故，若與被保險人無深切關係，第三人難免為貪圖保險金而謀加害被保險人之虞，即有不道德危險。

　　民國九十九年二月修法前保險法規定，以未滿十四歲之未成年人為被保險人，訂定人壽保險契約時，被保險人身故時僅能給付喪葬費用保險金，且以二百萬元為限。此一規定於民國九十八年曾引起社會各界討論，認為有危及兒童生命安全之虞。國外亦有基於道德危險防阻考量，於法令上限制未成年人投保者。

所以民國九十九年二月及一百零七年修正保險法第一百零七條規定如下：「以未滿十五歲之未成年人為被保險人訂立之人壽保險契約，其死亡給付於被保險人滿十五歲之日起發生效力；被保險人滿十五歲前死亡者，保險人得加計利息退還所繳保險費，或返還投資型保險專設帳簿之帳戶價值（第一項）。前項利息之計算，由主管機關另定之（第二項）。前二項規定於其他法律另有規定者，從其規定（第三項）。」

民國一百零七年六月將原第一百零七條第三及四項刪除，移列為新增條文第一百零七條之一，並將原缺乏認定標準之規定，修正為受監護宣告尚未撤銷者，以符合身心障礙者權利公約第二十五條健康權之保障。新增條文規定如下：「訂立人壽保險契約時，以受監護宣告尚未撤銷者為被保險人，除喪葬費用之給付外，其餘死亡給付部分無效（第一項）。前項喪葬費用之保險金額，不得超過遺產及贈與稅法第十七條有關遺產稅喪葬費扣除額之一半（第二項）。前二項規定於其他法律另有規定者，從其規定（第三項）。」

四、被保險人年齡錯誤的效果

被保險人年齡不實，而其真實年齡已超過保險人所定保險年齡限度者，其契約無效，保險人應退還所繳保險費。因被保險人年齡不實，致所付之保險費少於應付數額者，要保人得補繳短繳之保險費，或按照所付之保險費與被保險人之真實年齡比例減少保險金額。但保險事故發生後，且年齡不實之錯誤不可歸責於保險人者，要保人不得要求補繳短繳之保險費。因被保險人年齡不實，致所付之保險費多於應付數額者，保險人應退還溢繳之保險費（保險法第一百二十二條）。

按人壽保險係以被保險人之生存或死亡為保險事故，而人之年齡涉及其生存或死亡之機率，並影響保險費之計算（保險費係以一國人民之死亡率為計算標準，並另有平均餘命表為計算某一年齡人群之死亡率），所以年齡之對人壽保險，非常重要，是以保險契約所載之年齡必須真實，要保人或被保險人有據實告知之義務，若契約所載被保險人之年齡錯誤，即發生保險法第一百二十二條所規定之效果。

五、人壽保險的受益人

受益人為被保險人或要保人約定享有賠償請求權之人（保險法第五條）。人壽保險契約之受益人，除要保人或被保險人外，得以第三人為受益人，尤其是死亡保險，其受益人往往是第三人。其產生之方法有㈠約定，㈡指定與㈢法定三種。

㈠約　定

於保險契約成立時，由要保人約定，並為保險契約應記載事項之一（保險法第一百零八條第二款）。其約定以要保人為受益人時，為「為自己利益之人壽保險契約」，以要保人以外之人為受益人，則為「為他人利益之人壽保險契約」。要保人約定受益人，得就保險金額之全部或一部，給付其所約定之受益人一人或數人。保險金額約定於被保險人死亡時給付於其指定之受益人者，其金額不得作為被保險人之遺產（保險法第一百十二條），故不得作為課徵遺產稅之標的。

㈡指　定

要保人於保險契約未約定受益人時，得通知保險人，以保險金額之全部或一部，給付其所指定之受益人一人或數人。此指定之受益人，以通知保險人並於請求保險金額時生存者為限（保險法第一百十條）。受益人經指定後，要保人對其保險利益，除聲明放棄處分權者外，仍得以契約或遺囑處分之。惟要保人行使此項處分權，非經通知，不得對抗保險人（保險法第一百十一條）。指定受益人受領之保險金額，不得作為被保險人之遺產而課徵遺產稅。

㈢法　定

死亡保險契約未約定亦未指定受益人者，其保險金額作為被保險人遺產（保險法第一百十三條）。而被保險人之法定繼承人即為受益人並併入被保險人之其他遺產，課徵遺產稅。而受益人有疑義時，推定要保人為自己之利益而訂立保險契約（保險法第四十五條後段）。

六、受益人的權利

㈠保險金額約定或指定於被保險人死亡時，給付約定或指定之受益人

者，其保險金額不作為被保險人遺產（保險法第一百十二條）。

㈡受益人所受領之保險金，不在被保險人之債權人之債權執行對象。

㈢受益人經要保人之同意或保險契約載明允許轉讓者，得將其利益轉讓他人（保險法第一百十四條）。

㈣受益人對於保險人為被保險人所提存之保單價值準備金，有優先受償之權（保險法第一百二十四條）。

七、受益人權利的喪失與撤銷

受益人故意致被保險人於死亡或雖未死亡者，喪失其受益權（保險法第一百二十一條第一項）。

八、要保人破產對於受益人的影響

要保人破產時，保險契約約定有受益人時，仍為受益人之利益而存在（保險法第一百二十三條後段）。而受益人得代要保人交付保險費（保險法第一百十五條）。

第二節　人壽保險契約

一、人壽保險契約應記載事項

人壽保險契約，除應記載保險法第五十五條規定之基本條款外，並應記載下列事項（保險法第一百零八條）：

㈠被保險人之姓名、性別、年齡及住所。

㈡受益人之姓名及與被保險人之關係或確定受益人之方法。

㈢請求保險金額之保險事故及時期。

㈣依第一百十八條之規定，有減少保險金額之條件者，其條件。

二、人壽保險契約的訂立

通常保險契約之訂立，先由要保人填具要保書，經保險人指派之醫師對被保險人為身體檢查合格後（簡易人壽保險不作體檢），經保險人同意承保，簽訂保險單而成立保險契約。

㈠契約當事人

為要保人與保險人，要保人須具保險法第十六條所定之保險利益始可。

㈡契約關係人

1.被保險人

須為自然人，保險法並設有消極資格之限制（保險法第一百零七條）。

2.受益人

保險法對受益人之資格沒有限制，自然人、法人都可以，且人數不限於一人，胎兒以將來非死產者為限，亦得為受益人。

三、人壽保險契約的效力

㈠對保險人的效力

1.保險金額的給付

保險人於被保險人在契約規定年限內死亡，或屆契約規定年限而仍生存時，依照契約負給付保險金額之責任（保險法第一百零一條）。關於保險金之給付方式，國外實務運作除一次現金給付外，尚有儲存生息、定期給付及定額給付等方式，為賦予保險金給付選擇權，民國九十六年修訂保險法時，參考外國實務，新增第一百三十八條之二規定。民國一百零七年六月復將此條「殘廢」修正為「失能」，以符合身心障礙者權利公約第三及五條「不歧視」原則。並將第二項「心神喪失或精神耗弱之人」，比照新增條文第一百零七條之一，修正為「受監護宣告尚未撤銷者」，以符合民法相關用語及身心障礙者權利公約第二十五條健康權之保障。

現行條文如下：「保險業經營人身保險業務，保險契約得約定保險金一次或分期給付（第一項）。人身保險契約中屬死亡或失能之保險金部分，要保人於保險事故發生前得預先洽訂信託契約，由保險業擔任該保險信託之受託人，其中要保人與被保險人應為同一人，該信託契約之受益人並應為保險契約之受益人，且以被保險人、未成年人、受監護宣告尚未撤銷者為限（第二項）。前項信託給付屬本金部分，視為保險給付（第三項）。保險業辦理保險金信託業務應設置信託專戶，並以信託財產名義表彰（第四項）。前項信託財產為應登記之財產者，應依有關規定為信託登記（第五項）。第四項信託財產為有價證券者，保險業設置信託專戶，並以信託財產名義表彰；其以信託財產為交易行為時，得對抗第三人，不適用信託法第四條第

二項規定（第六項）。保險業辦理保險金信託之資金運用範圍以下列為限：一、現金或銀行存款。二、公債或金融債券。三、短期票券。四、其他經主管機關核准之資金運用方式（第七項）。」

2.代位請求的禁止

保險人不得代位行使要保人或受益人因保險事故所生對於第三人之請求權（保險法第一百零三條）。

3.保險人免責事由

依保險法第一百零九及一百二十一條列舉如下：

⑴被保險人故意自殺者，保險人不負給付保險金額之責任。但應將保險之保單價值準備金返還於應得之人（保險法第一百零九條第一項）。

⑵保險契約載有被保險人故意自殺，保險人仍應給付保險金額之條款者，其條款於訂約二年後始生效力。恢復停止效力之保險契約，其二年期限應自恢復停止效力之日起算（保險法第一百零九條第二項）。

⑶被保險人因犯罪處死或拒捕或越獄致死者，保險人不負給付保險金額之責任，但保險費已付足二年以上者，保險人應將其保單價值準備金返還於應得之人（保險法第一百零九條第三項）。

⑷受益人故意致被保險人於死者，喪失其受益權（保險法第一百二十一條第一項）。

⑸要保人故意致被保險人於死者，保險人不負給付保險金額之責，但保險費已付足二年以上者，保險人應將其保單價值準備金返還於應得之人（保險法第一百二十一條第三項）。

4.保險費的受領權

保險人對於要保人交付或利害關係人代要保人交付之保險費，有受領權，但保險人對於保險費，不得以訴訟請求交付（保險法第一百十七條第一項）。

5.責任準備金返還的義務

⑴責任準備金之意義：保險給付之來源出自保險費，故任何保險無不以支付保險費為要件。人壽保險寓有儲蓄性質，保險人為準備將來債務之

履行並鞏固其信用，必就其所收之保險費，扣除營業開支，並支付當年之保險金額後，將剩餘之款充作準備金。準備金為全體被保險人存款之累積，尚非保險人所有之財產。依保險法第十一條規定，保險法所稱各種責任準備金，包括責任準備金、未滿期保費準備金、特別準備金及賠款準備金（保險法第十一條）。保險業於營業年度屆滿時，應分別保險種類，計算其應提存之各種責任準備金，記載於特設之帳簿，此項所稱各種準備比率，由主管機關（註：行政院金融監督管理委員會）定之（保險法第一百四十五條）。

　　⑵返還之原因：保單價值準備金應返還之原因，有被保險人故意自殺（保險法第一百零九條第一項）。被保險人因犯罪處死，或拒捕或逃獄致死（保險法第一百零九條第三項），要保人故意致被保險人於死者（保險法第一百二十一條第三項）及保險契約終止（保險法第一百十六條第七項）。除被保險人故意之情形外，其餘均以保險費已付足二年以上為條件，保險人始負返還之義務。

　　6.解約金的償付

　　要保人得隨時以一方之意思表示終止保險契約。保險法第一百十九條規定：「要保人終止保險契約，而保險費已付足一年以上者，保險人應於接到通知後一個月內償付解約金；其金額不得少於要保人應得保單價值準備金之四分之三，償付解約金之條件應載明於保險契約。」

　　㈡對要保人的效力

　　1.保險費交付的義務

　　⑴要保人有依約交付保險費的義務（保險法第三條後段、第二十二條第一項），但此義務之履行，沒有專屬性。利害關係人均得代要保人交付保險費（保險法第一百十五條）。所謂「利害關係人」如受益人、被保險人固是利害關係人，即此外之第三人如確有利害關係，如依法受扶養權利之人，保險人亦不得拒絕。

　　⑵要保人雖有交付保險費之義務，但不能強制履行。保險法第一百十七條第一項規定：「保險人對於保險費，不得以訴訟請求交付。」因為人壽保險本兼有儲蓄性質，法律上不能強人為之，僅得以催告程序使生一定效

果（保險法第一百十六條）。

(3)保險費未付之效果：

①保險人之催告及三十天寬限期間：保險費到期未交付者，除契約另有訂定外，經催告到達後屆三十日仍不交付時，保險契約之效力停止，此三十日稱為寬限期間（保險法第一百十六條第一項）。此催告應送達於要保人，或負有交付保險費義務之人之最後住所或居所。保險費經催告後，應於保險人營業所交付之（保險法第一百十六條第二項）。前述停止效力之保險契約，於停止效力之日起六個月內清償保險費、保險契約約定之利息及其他費用後，翌日上午零時起，開始恢復其效力（保險法第一百十六條第三項）。為避免保險道德危險之產生，賦予保險人於要保人申請保險契約效力恢復時，有危險篩選權，民國九十六年修訂保險法時，參酌保險學理及國外作法於第一百十六條第三項增訂：「要保人於停止效力之日起六個月後申請恢復效力者，保險人得於要保人申請恢復效力之日起五日內要求要保人提供被保險人之可保證明，除被保險人之危險程度有重大變更已達拒絕承保外，保險人不得拒絕其恢復效力。」並增訂第四項，以明確保險人不要求可保證明之效力：「保險人未於前項規定期限內要求要保人提供可保證明或於收到前項可保證明後十五日內不為拒絕者，視為同意恢復效力。」復參酌現行保險法施行細則第十二條規定增訂第五項：「保險契約所定申請恢復效力之期限，自停止效力之日起不得低於二年，並不得遲於保險期間之屆滿日。」應予注意者，在上述三十日寬限期間內若發生保險事故，保險人仍應負保險責任，但得自給付金額扣除欠繳之保險費。

②終止契約：保險人得以保險費未交付，在三十天寬限期間及申請恢復效力期間屆滿後，終止契約（保險法第一百十六條第六項）。

③保險金額或年金之減少：以被保險人終身為期，不附生存條件之死亡保險契約，或契約訂定於若干年後給付保險金額或年金者，如保險費已付足二年以上而不交付時，於保險法第一百十六條所定之恢復效力期間屆滿後，保險人僅得減少保險金額或年金（保險法第一百十七條第二項），而不得終止契約。保險人減少保險金額或年金之條件及可減少之數額，應載

明於保險契約（保險法第一百十八條第一項），保險法為保護要保人，特明文規定：「減少保險金或年金，應以訂原約時之條件，訂立同類保險契約為計算標準。其減少後之金額，不得少於原契約終止時已有之保單價值準備金，減去營業費用，而以之作為保險費一次交付所能得金額，營業費用以原保險金額百分之一為限。保險金額之一部，係因其保險費全數一次交付而訂定者，不因其他部分之分期交付保險費之不交付而受影響（保險法第一百十八條第二、四項）。」，以限制經濟上為強者之保險業者。

④約定由保險人墊繳保險費：保險契約如果約定由保險人以保單價值準備金墊繳保險費者，當墊繳之本息超過保單價值準備金時，其停止效力及恢復效力之申請準用保險法第一百十六條第一至六項之規定。

2. 保險契約質借的權利

保險費付足一年以上者，要保人得以保險契約為質，向保險人借款。保險人於接到要保人借款通知後，得於一個月以內之期間，貸給可得質借之金額。以保險契約為質之借款，保險人應於借款本息超過保單價值準備金之日之三十日前，以書面通知要保人返還借款本息，要保人未於該超過之日前返還者，保險契約之效力自借款本息超過保單價值準備金之日停止。保險人未依前述規定為通知時，於保險人以書面通知要保人返還借款本息之日起三十日內要保人未返還者，保險契約之效力自該三十日之次日起停止。前述停止效力之保險契約，其恢復效力之申請準用第一百十六條第三至六項規定（保險法第一百二十條）。

四、人壽保險契約的變動

人壽保險契約成立後，此契約之內容及效力得因當事人意思或法律規定而變動。茲概略說明如下：

㈠內容變更

1. 受益人的變更

受益人經指定後，要保人原則上仍得再為指定。

2. 保險金額的減少

⑴因遲交保險費或因要保人之請求而減少：保險費未能依約交付時，

得因要保人請求，減少保險金額或年金（保險法第一百十八條第一項），以被保險人終身為期，不附生存條件之死亡保險契約，或契約訂定於若干年後給付保險金額或年金者，如保險費已付足二年以上而有不交付時，於保險法第一百十六條所定之恢復效力期限屆滿後，保險人僅得減少保險金額或年金。

(2)因年齡不實而減少：因被保險人年齡不實，致所付之保險費少於應付數額者，保險金額應按照所付之保險費與被保險人之真實年齡比例減少之。

㈡效力停止與恢復

保險費到期未交付，經催告到達後逾三十日仍未交付，保險契約之效力停止。停止效力之保險契約，於停止效力之日起六個月內清償保險費、保險契約約定之利息及其他費用後，翌日上午零時，開始恢復其效力（保險法第一百十六條第一、三項）。其他關於恢復效力之規定，詳如前述。

㈢無效與終止

1.無　效

被保險人年齡不實，而其真實年齡已超過保險人所定保險年齡限度者，其契約無效，保險人應退還所繳保險費（保險法第一百二十二條第一項）。

2.終　止

保險人得因保險費遲交，經催告後逾三十天之寬限期間而仍未交付，於恢復效力期間屆滿後，終止契約（保險法第一百十六條第六項），要保人之任意終止（保險法第一百十九條第一項），亦得因保險人破產而終止（保險法第二十七條），及要保人破產而保險契約未約定受益人時，要保人之破產管理人自得於破產宣告三個月內終止契約（保險法第二十八條），並請求解約金之償付（保險法第一百十九條）。

第三節　健康保險

一、健康保險的意義

健康保險 (health insurance) 指保險人於被保險人疾病、分娩及其所致

失能或死亡時，負給付保險金額責任之一種人身保險（保險法第一百二十五條）。

二、健康保險的種類

㈠疾病保險 (sickness insurance)

指以被保險人之生病，及因生病所致之殘廢死亡為保險事故之人身保險，通常包括醫藥費、住院費、手術費，及因疾病致不能工作所致之工資損失，或不能從事營業所致之業務損失。雖臺灣自民國八十四年三月實施社會福利之全民健保，但因其保險事故限於疾病、傷害及生育，並以醫療費用為限，且有自行負擔部分醫療費用等問題，仍不能全部替代商業性質之健康保險。

㈡生育保險 (maternity insurance)

指以婦女之分娩為保險事故之健康保險。分娩採廣義解釋，不問活產或死產、妊娠期間之長短都包括在內，但不包括墮胎，及其所致疾病、殘廢或死亡。

三、健康檢查

保險人於訂立保險契約前，對於被保險人得施以健康檢查，檢查費用由保險人負擔（保險法第一百二十六條）。

四、健康保險契約的應記載事項

被保險人不與要保人為同一人時，保險契約除記載保險法第五十五條之基本條款外，並應載明下列事項（保險法第一百二十九條）：

㈠被保險人之姓名、年齡及住所。

㈡被保險人與要保人之關係。

五、健康保險契約的訂立

健康保險契約之當事人為保險人與要保人。此外亦有被保險人與受益人之契約關係人。要保人與被保險人通常為同一人，但不同一人時亦無不可，故健康保險亦得由第三人訂立（保險法第一百三十條準用第一百零四條）。

六、健康保險契約的效力

(一)對保險人的效力

1. 保險金額的給付

保險人於被保險人疾病、分娩及其所致殘廢或死亡時，負給付保險金額之責（保險法第一百二十五條）。

2. 代位請求的禁止

保險人不得代位行使要保人或受益人因保險事故所生對於第三人之請求權（保險法第一百三十條準用第一百零三條）。

3. 法定免責事由

(1)保險契約訂立時，被保險人已在疾病或妊娠情況中者，保險人對於是項疾病或分娩，不負給付保險金額之責任（保險法第一百二十七條）（社會保險中之健康保險，保險人仍應負給付保險金額之責任）。

(2)被保險人故意自殺或墮胎所致疾病、失能、流產或死亡，保險人不負給付保險金額之責（保險法第一百二十八條）。

4. 保險費的受領權與請求權

保險人對於要保人或利害關係人交付之保險費有受領權。於未依約交付保險費時，保險人對要保人有交付保險費之請求權，並得以訴訟請求交付。

(二)對要保人的效力

1. 保險費的代付

要保人的主要義務，為保險費的交付，但此非專屬義務，因而利害關係人均得代要保人交付之（保險法第一百三十條準用第一百十五條）。

2. 契約效力的停止

要保人不交付保險費者，亦生契約效力停止之效果（保險法第一百三十條準用第一百十六條）。

3. 當事人破產的效果

保險人破產時，保險契約效力終止，受益人對於保險人得請求給付保險金，以保單價值準備金按訂約時之保險費率比例計算。要保人破產時，保險契約效力並不終止，仍為受益人之利益而存在（保險法第一百三十條

準用第一百二十三條)。

4.保單價值準備金的優先受償權

　　健康保險之要保人、被保險人、受益人，對於保險人為被保險人所提存之保單價值準備金，有優先受償之權（保險法第一百三十條準用第一百二十四條)。

第四節　傷害保險

一、傷害保險的意義

　　傷害保險 (accident insurance) 指被保險人遭受非由疾病引起之外來突發事故所致之傷害及其所致殘廢或死亡時，由保險人負給付保險金額責任之一種人身保險（保險法第一百三十一條)，簡稱「意外險」。

　　傷害保險與人壽保險，俱以人身為保險客體，二者內容頗多雷同，故保險法第一百三十五條規定：「第一百零二條至第一百零五條、第一百零七條、第一百零七條之一、第一百十條至第一百十六條、第一百二十三條、第一百二十四條及第一百二十五條第二項，於傷害保險準用之。」申言之：

　　㈠傷害保險為定值保險，其金額依契約所定（保險法第一百零二條)。

　　㈡傷害保險不適用代位權之規定（保險法第一百零三條)。

　　㈢傷害保險得由本人或第三人訂立（保險法第一百零四條)。

　　㈣訂立傷害保險契約時，以受監護宣告尚未撤銷者為被保險人，除喪葬費用之給付外，其餘死亡給付部分無效（保險法第一百零七條之一第一項)。

　　㈤傷害保險得指定受益人，指定時並應通知保險人、受益人，以請求時生存者為限（保險法第一百十條)。

　　㈥受益人指定後，要保人對其保險利益，除聲明放棄處分權者外，仍得以契約或遺囑處分之，但非經通知，不得對抗保險人（保險法第一百十一條)。

　　㈦傷害保險之死亡給付，有受益人時，由受益人領受，且此一給付不得作為被保險人之遺產。無受益人，作為被保險人之遺產（保險法第一百

十二、一百十三條）。

⑻受益人非經要保人之同意或契約載明允許轉讓者，不得將其利益轉讓他人（保險法第一百十四條）。

⑼保險費到期未交付者，除契約另有訂定外，經催告到達後逾三十日仍不交付，保險契約之效力停止。自停止效力之日起六個月內，得繳清保險費、保險契約約定之利息及其他費用，於翌日上午零時起恢復契約效力（保險法第一百十六條）。

我國保險法於傷害保險之類別及內容，規定欠詳，不屬社會保險之傷害保險，皆得由當事人任意以契約訂定。

二、傷害保險的種類

㈠個人傷害保險與團體傷害保險

以被保險人人數之多寡區分，有個人傷害保險與團體傷害保險。

㈡一般傷害保險與特種危險之傷害保險

以發生傷害之事故為標準，得分為一般傷害保險與特種危險之傷害保險，如搭乘公共交通工具傷害保險、特種職業之傷害保險。

三、傷害保險契約應記載的事項

傷害保險契約，除記載保險法第五十五條規定之基本條款外，並應載明下列事項（保險法第一百三十二條）：

㈠被保險人之姓名、年齡、住所及與要保人之關係。

㈡受益人之姓名及與被保險人之關係或確定受益人之方法。

㈢請求保險金額之事故及時期。

四、傷害保險契約的訂立

傷害保險契約之當事人為要保人與保險人。此外亦有被保險人與受益人之契約關係人，傷害保險得由第三人為被保險人訂立。

五、傷害保險契約的效力

㈠對保險人的效力

1.保險金額的給付

保險人於被保險人遭受意外傷害及其所致失能或死亡時，負給付保險

金額之責（保險法第一百三十一條第一項）。

2.法定免責事由

⑴被保險人故意自殺，或因犯罪行為所致傷害、失能或死亡，保險人不負給付保險金額之責任（保險法第一百三十三條）。

⑵受益人故意傷害被保險人者，無請求保險金額之權（保險法第一百三十四條第一項）。受益人故意傷害被保險人未遂時，被保險人得撤銷其受益權利（保險法第一百三十四條第二項）。

3.代位的禁止

保險人不得代位行使要保人或受益人因保險事故所生對於第三人之請求權（保險法第一百三十五條準用第一百零三條）。

4.保險費的受領權與請求權

保險人對保險費有受領權，要保人不依約交付保險費時，得以訴訟請求交付。

㈡對要保人的效力

要保人的主要義務，為保險費的交付。但此非專屬義務，因而利害關係人均得代要保人交付之（保險法第一百三十五條準用第一百十五條）。

若到期未交付保險費者，除契約另有訂定外，經催告到達後逾三十日仍不交付時，保險契約之效力停止。該項催告應送達於要保人或負有交付保險費義務之人之最後住所或居所。保險費經催告後，應於保險人營業所交付之。前述停止效力之保險契約，於停止效力之日起六個月內清償保險費、保險契約約定之利息及其他費用後，翌日上午零時起，開始恢復其效力。要保人於停止效力之日起六個月後申請恢復效力者，保險人得於要保人申請恢復效力之日起五日內要求要保人提供被保險人之可保證明，除被保險人之危險程度有重大變更已達拒絕承保外，保險人不得拒絕其恢復效力。保險人未於前述規定期限內要求要保人提供可保證明或於收到前述可保證明後十五日內不為拒絕者，視為同意恢復效力。保險契約所定申請恢復效力之期限，自停止效力之日起不得低於二年，並不得遲於保險期間之屆滿日。保險人於前述規定之恢復效力期限屆滿後，有終止契約之權（保

險法第一百三十五條準用第一百十六條）。

　　其次在人壽保險有保險費不得以訴訟請求交付之規定（保險法第一百十七條第一項），在傷害保險是否亦係如此，法無明文（修法前保險法第九十五條排斥其適用），解釋上不適用斯種規定，即傷害保險的保險費得以訴訟請求交付。

　　又保險契約之當事人破產時，依保險法第一百三十五條規定，亦得準用第一百二十三條，即保險人破產，契約效力因而終止，被保險人得請求保險金額；要保人破產者，契約仍為受益人之利益存在。

　　關於傷害保險人為被保險人所提存之保單價值準備金，要保人、被保險人、受益人有優先受償之權利（保險法第一百三十五條準用第一百二十四條）。

第五節　年金保險

一、年金保險的意義

　　年金保險 (annuity insurance) 指保險人於被保險人生存期間或特定期間內，依照契約負一次或分期給付一定金額之責任之保險（保險法第一百三十五條之一）。

　　臺灣地區因經濟發達，衛生環境之改善，老年人口增加，個人為安排子女教育，養老；或企業機構配合員工退休，撫卹員工家屬等，維持其生活穩定之需要，為配合此需要，以健全發展年金給付制度，政府爰於民國八十一年二月修正保險法時增訂專節，增訂四條條文。

二、年金保險契約應記載的事項

　　年金保險契約，除記載保險法第五十五條規定之基本條款外，並應記載下列事項（保險法第一百三十五條之二）：

　　㈠被保險人之姓名、性別、年齡及住所。

　　㈡年金金額或確定年金金額之方法。

　　此表示年金金額在契約上確定，亦得不予確定，僅約定確定年金金額之方法。

　　㈢受益人之姓名、及與被保險人之關係。

按年金保險在保障被保險人生存期間之生活，故受益人於被保險人生存期間為被保險人本人，保險契約載有被保險人死亡後給付年金者，其受益人準用人壽保險關於受益人之指定、變更、權利與法定受益人之規定。受益人為被保險人以外之第三人時，應載明其與被保險人之關係。

　㈣請求年金之期間、日期及給付方法。

　㈤依第一百十八條之規定，有減少年金之條件者，其條件。

三、年金保險契約的訂立

年金保險契約之當事人為要保人與保險人，亦有被保險人與受益人之契約關係人。

四、人壽保險規定的準用

依保險法第一百三十五條之四規定，人壽保險內關於保險人代位之禁止（保險法第一百零三條）、契約之代訂（保險法第一百零四條）、受益權轉讓出質之限制（保險法第一百零六、一百十四條）、保費之代付（保險法第一百十五條）、保險費未付之效果（保險法第一百十六、一百十七條）、減少保險金額或年金之辦法（保險法第一百十八條）、解約金之償付（保險法第一百十九條）、保險額之質借（保險法第一百二十條）、保險人免責事由與受益權之撤銷（保險法第一百二十一條）、被保險人年齡不實之效果（保險法第一百二十二條）、當事人破產（保險法第一百二十三條）及保單價值準備金之優先受償權之規定，均準用於年金保險。但於年金給付期間，要保人不得終止契約或以保險契約為質，向保險人借款。

第五章　保險業

　　保險業關係國民經濟發展至鉅，為金融業，各國對其設立與經營，均加以嚴格之限制與管理監督。

第一節　通　則

一、保險業的組織

　　保險業者，指依保險法組織登記，以經營保險為業之機構（保險法第六條第一項）。保險業之組織，除由政府經營者外，不外下列幾種：

㈠股份有限公司

　　股份有限公司為依公司法規定所設立之公司，為標準之資合公司。其組織規模較大、資本較多，且得以發行股票方式向社會大眾募集所需之資金，企業所有與企業之經營管理分離為原則，最適於保險業之經營，故保險業之組織，在公司形態方面以股份有限公司為限（保險法第一百三十六條第一項本文）。又，為促進保險業財務透明化，以健全財務暨透明化監督管理，民國九十六年七月修訂保險法時，特別於保險法第一百三十六條增訂第五項：「保險業之組織為股份有限公司者，除其他法律另有規定或經主管機關許可外，其股票應辦理公開發行。」

㈡保險合作社

　　為依合作社法之規定，成立之合作社（保險法第一百三十六條第一項本文）。

㈢依其他法律規定或經主管機關核准設立的保險業

　　1.依民國八十一年二月修正保險法第一百三十六條之修正理由第一項：為便利將來國人亦能比照外國保險業在我國設立相互保險公司，增列「或經主管機關核准」文字，立法機關授權主管機關核准設立「相互保險公司」，而不以股份有限公司及合作社為限。

　　2.保險業為金融事業，若在政策上認為其他金融事業經營為適當時，

亦得依法律之規定設立之，如中央信託局人壽保險處之經營保險業即係依中央信託局條例經營保險業。

二、保險業營業的限制

㈠非保險業經營保險業務的禁止

非保險業不得兼營保險業務(保險法第一百三十六條第二項)，違反者，受刑事制裁，處三年以上十年以下有期徒刑，得併科新臺幣一千萬元以上二億元以下之罰金。其因犯罪獲取之財物或財產上利益達新臺幣一億元以上者，處七年以上有期徒刑，得併科新臺幣二千五百萬元以上五億元以下罰金（保險法第一百六十七條第一項）。若為法人時，其代表人、代理人、受僱人或其他從業人員，因執行業務犯前項之罪者，除處罰其行為人外，對該法人亦科該項之罰金（保險法第一百六十七條第二項）。其負責人對有關債務，應負連帶清償責任（保險法第一百三十六條第三項）。

非保險業經營保險業務之取締，由主管機關或目的事業主管機關會同司法警察機關進行。執行取締任務時，得依法搜索扣押被取締者之會計帳簿及文件，並得撤除其標誌等設施或為其他必要之處置（保險法第一百三十六條第三、四項）。

㈡保險業開始營業的限制

保險業非申請主管機關核准，並依法為營業登記，繳存保證金，領得營業執照，不得開始營。保險業申請設立許可應具備之條件、程序、應檢附之文件、發起人、董事、監察人與經理人應具備之資格條件、廢止許可、分支機構之設立、保險契約轉讓、解散及其他應遵行事項之辦法，由主管機關定之（保險法第一百三十七條第一、二項）。

外國保險業非經主管機關許可，並依法為設立登記，繳存保證金，領得營業執照後，不得開始營業。外國保險業，除保險法另有規定外，準用保險法有關保險業之規定。外國保險業申請設立許可應具備之條件、程序、應檢附之文件、廢止許可、營業執照核發、增設分公司之條件、營業項目變更、撤換負責人之情事、資金運用及其他應遵行事項之辦法，由主管機關定之（保險法第一百三十七條第三～五項）。

依其他法律設立之保險業，除各該法律另有規定外，準用本法有關保險業之規定（保險法第一百三十七條第六項）。

㈢保險業營業範圍的限制

1.財產保險業經營財產保險，人身保險業經營人身保險，同一保險業不得兼營財產保險及人身保險業務。但財產保險業經主管機關核准經營傷害保險及健康保險者，不在此限。財產保險業依前項但書規定經營傷害保險及健康保險業務應具備之條件、業務範圍、申請核准應檢附之文件及其他應遵行事項之辦法，由主管機關定之（保險法第一百三十八條第一、二項）。

2.保險業不得兼營保險法規定以外之業務。但經主管機關核准辦理其他與保險有關業務者，不在此限。保險業辦理前項與保險有關業務，涉及外匯業務之經營者，須經中央銀行之許可（保險法第一百三十八條第三、四項）。

3.保險合作社不得經營非社員之業務 （保險法第一百三十八條第五項）。

4.財產保險業應承保住宅地震危險，以主管機關建立之危險分散機制為之。前項危險分散機制，應成立財團法人住宅地震保險基金負責管理，就超過財產保險業共保承擔限額部分，由該基金承擔、向國內、外為再保險、以主管機關指定之方式為之或由政府承受。前二項有關危險分散機制之承擔限額、保險金額、保險費率、各種準備金之提存及其他應遵行事項之辦法，由主管機關定之。財團法人住宅地震保險基金之捐助章程、業務範圍、資金運用及其他管理事項之辦法，由主管機關定之。因發生重大震災，致住宅地震保險基金累積之金額不足支付應攤付之賠款，為保障被保險人之權益，必要時，該基金得請求主管機關會同財政部報請行政院核定後，由國庫提供擔保，以取得必要之資金來源（保險法第一百三十八條之一）。

5.保險業經營保險金信託業務，應經主管機關許可，其營業及會計必須獨立。保險業為擔保其因違反受託人義務而對委託人或受益人所負之損

害賠償、利益返還或其他責任，應提存賠償準備。保險業申請許可經營保險金信託業務應具備之條件、應檢附之文件、廢止許可、應提存賠償準備額度、提存方式及其他應遵行事項之辦法，由主管機關定之（保險法第一百三十八條之三）。

㈣保險業負責人的資格限制

為健全保險事業之發展，確保保險事業之良好經營，保險法第一百三十七條之一規定：「保險業負責人應具備之資格，由主管機關定之。」行政院金融監督管理局於民國九十八年三月修正發布之「保險業負責人應具備資格條件準則」，就保險業負責人、保險業總經理、保險業副總經理、協理及經理、保險業董事及監察人之資格，訂有詳細規定。

三、保險業的資金

㈠資金的概念

資金包括資本與基金。資本指公司之實收之資本或合作社之股金，為公司或合作社所有，無須發還。基金為合作社在設立時所須籌足之基金，為合作社之債務，非俟公積金積至與基金總額相等時，不得發還（保險法第一百五十七條第二項）。此資金之範圍與下述資金運用限制中所稱之「資金」不一。

㈡資金的最低限額

各種保險業資本或基金之最低額，由主管機關審酌各地經濟實況，及各種保險業之需要，分別呈請行政院核定之（保險法第一百三十九條）。須注意者，保險業自有資本與風險資本之比率，不得低於百分之二百；必要時，主管機關得參照國際標準調整比率。資本適足率不足、顯著不足或嚴重不足者，不得以股票股利或以移充社員增認股金以外之其他方式分配盈餘、買回其股份退還股金（保險法第一百四十三條之五第一項），也不得對負責人發放報酬以外之給付（保險法第一百四十三條之五第二項）。主管機關並得對資本不足、顯著不足或嚴重不足之保險業，採取令其或其負責人限期提出增資、其他財務或業務改善計畫、令其停售保險商品或限制保險商品之開辦、限制其對負責人有酬勞、紅利之給付、解除其負責人職務、

令處分特定資產等措施（保險法第一百四十三條之六）。

前述所定自有資本與風險資本之範圍、計算方法、管理、必要處置或限制之方式及其他應遵行事項之辦法，由主管機關定之（保險法第一百四十三條之四）。

(三)保險業資金來源的限制（股東持股的限制）

為掌握保險公司重要股東持股情形並確保保險公司穩健經營、與國際接軌，民國九十九年十二月修訂保險法時，參照國際保險監理官協會 (IAIS) 所訂定保險核心原則及方法之規定，以及證券交易法第四十三條之一第一項、銀行法第二十五條、金融控股公司法第十六條規定，增訂保險法第一百三十九條之一規定，明定股東持股超過一定比例，應向主管機關申報或取得核准。說明如下：

同一人或同一關係人單獨、共同或合計持有同一保險公司已發行有表決權股份總數超過百分之五者，自持有之日起十日內，應向主管機關申報；持股超過百分之五後累積增減逾一個百分點者，亦同（保險法第一百三十九條之一第一項）。同一人或同一關係人擬單獨、共同或合計持有同一保險公司已發行有表決權股份總數超過百分之十、百分之二十五或百分之五十者，均應分別事先向主管機關申請核准（保險法第一百三十九條之一第二項）。第三人為同一人或同一關係人以信託、委任或其他契約、協議、授權等方法持有股份者，應併計入同一關係人範圍（保險法第一百三十九條之一第三項）。

所謂同一人，指的是同一自然人或法人（保險法第一百三十九條之二第一項）。所謂同一關係人，若係自然人，係指：1.同一自然人與其配偶及二親等以內血親。2.前述之人持有已發行有表決權股份或資本額合計超過三分之一之企業。3.第1.點所稱之人擔任董事長、總經理或過半數董事之企業或財團法人（保險法第一百三十九條之二第二項第一款）。若為法人，係指：1.同一法人與其董事長、總經理，及該董事長、總經理之配偶與二親等以內血親。2.同一法人及前目之自然人持有已發行有表決權股份或資本額合計超過三分之一之企業，或擔任董事長、總經理或過半數董事之企

業或財團法人。3.同一法人之關係企業。關係企業適用公司法第三百六十九條之一至第三百六十九條之三、第三百六十九條之九及第三百六十九條之十一規定（保險法第一百三十九條之二第二項第二款）。

　　但計算一人或同一關係人持有同一保險公司之股份，不包括下列情形所持有之股份：1.證券商於承銷有價證券期間所取得，且於主管機關規定期間內處分之股份。2.金融機構因承受擔保品所取得，且自取得日起未滿四年之股份。3.因繼承或遺贈所取得，且自繼承或受贈日起未滿二年之股份（保險法第一百三十九條之二第三項）。

　　至於民國九十九年十一月十二日修正之條文施行前，同一人或同一關係人單獨、共同或合計持有同一保險公司已發行有表決權股份總數超過百分之五者，應自施行之日起六個月內向主管機關申報。於申報後第一次擬增減持股比率而增減後持股比率超過百分之十者，應事先向主管機關申請核准；第二次以後之增減持股比率，依前述規定辦理（保險法第一百三十九條之一第四項）。

　　未依前述規定向主管機關申報或經核准而持有保險公司已發行有表決權之股份者，其超過部分無表決權，並由主管機關命其於限期內處分（保險法第一百三十九條之一第六項）。至於同一人或本人與配偶、未成年子女合計持有同一保險公司已發行有表決權股份總數百分之一以上者，應由本人通知保險公司（保險法第一百三十九條之一第七項）。

㈣資金運用的限制（保險法第一百四十六條）

　　保險業資金之運用，除存款（須符合保險法第一百四十六條第三項不得超過該保險業資金百分之十之規定）或法律另有規定外，以下列各款為限：

1.購買有價證券

　　保險業資金得購買下列有價證券：⑴公債、國庫券。⑵金融債券、可轉讓定期存單、銀行承兌匯票、金融機構保證商業本票；其總額不得超過該保險業資金百分之三十五。⑶經依法核准公開發行之公司股票；其購買每一公司之股票總額，加計其他經主管機關核准購買之具有股權性質之有價證券總額，不得超過該保險業資金百分之五及該發行股票之公司實收資

本額百分之十。(4)經依法核准公開發行之有擔保公司債,或經評等機構評定為相當等級以上之公司所發行之公司債;其購買每一公司之公司債總額,不得超過該保險業資金百分之五及該發行公司債之公司實收資本額百分之十。(5)經依法核准公開發行之證券投資信託基金及共同信託基金受益憑證;其投資總額不得超過該保險業資金百分之十及每一基金已發行之受益憑證總額百分之十。(6)證券化商品及其他經主管機關核准保險業購買之有價證券;其總額不得超過該保險業資金百分之十。前項第三款及第四款之投資總額,合計不得超過該保險業資金百分之三十五(保險法第一百四十六條之一第一至二項)。保險業購買前述第三至第六種公開發行之未上市、未上櫃有價證券、私募之有價證券時,其應具備之條件、投資範圍、內容、投資規範及其他應遵行事項之辦法,由主管機關定之(保險法第一百四十六條之一第五項)。

且須注意,保險業依第一項第三款投資,不得有下列情事之一:(1)以保險業或其代表人擔任被投資公司董事、監察人。(2)行使對被投資公司董事、監察人選舉之表決權。(3)指派人員獲聘為被投資公司經理人。(4)擔任被投資證券化商品信託監察人。(5)與第三人以信託、委任或其他契約約定或以協議、授權或其他方法參與對被投資公司之經營、被投資不動產投資信託基金之經營、管理。但不包括該基金之清算。若保險業有前述情形之一,其或代表人擔任董事、監察人、行使表決權、指派人員獲聘為經理人、與第三人之約定、協議或授權,無效(保險法第一百四十六條之一第三、四項)。

另需注意,保險業業主權益,超過第一百三十九條規定最低資本或基金最低額者,得經主管機關核准,投資保險相關事業所發行之股票,不受第一百四十六條之一第一項第三款及第三項規定之限制;其投資總額,最高不得超過該保險業業主權益。保險業依前項規定投資而與被投資公司具有控制與從屬關係者,其投資總額,最高不得超過該保險業業主權益百分之四十。保險業依第一項規定投資保險相關事業,其控制與從屬關係之範圍、投資申報方式及其他應遵行事項之辦法,由主管機關定之(保險法第

一百四十六條之六）。

2.購買不動產

保險業對不動產之投資，以所投資不動產即時利用並有收益者為限；其投資總額，除自用不動產外，不得超過其資金百分之三十。但購買自用不動產總額不得超過其業主權益之總額。保險業不動產之取得及處分，應經合法之不動產鑑價機構評價。但保險業依住宅法興辦社會住宅且僅供租賃者，得不受第一項即時利用並有收益者之限制（保險法第一百四十六條之二）。

3.放　款

保險業辦理放款，以下列各款為限：⑴銀行或主管機關認可之信用保證機構提供保證之放款。⑵以動產或不動產為擔保之放款。⑶以合於第一百四十六條之一之有價證券為質之放款。⑷人壽保險業以各該保險業所簽發之人壽保險單為質之放款。前項第一款至第三款放款，每一單位放款金額不得超過該保險業資金百分之五；其放款總額，不得超過該保險業資金百分之三十五。保險業依第一項第一款、第二款及第三款對其負責人、職員或主要股東，或對與其負責人或辦理授信之職員有利害關係者，所為之擔保放款，應有十足擔保，其條件不得優於其他同類放款對象，如放款達主管機關規定金額以上者，並應經三分之二以上董事之出席及出席董事四分之三以上同意；其利害關係人之範圍、限額、放款總餘額及其他應遵行事項之辦法，由主管機關定之。保險業依第一百四十六條之一第一項第三款及第四款對每一公司股票及公司債之投資與依第一項第三款以該公司發行之股票及公司債為質之放款，合併計算不得超過其資金百分之十與該發行股票及公司債之公司實收資本額百分之十　（保險法第一百四十六條之三）。

前述列舉之放款對象，利用他人名義向保險業申請辦理之放款，亦適用第一百四十六條之三第三項規定。向保險業申請辦理之放款，其款項為利用他人名義之人所使用，或其款項移轉為利用他人名義之人所有時，推定為前項所稱利用他人名義之人向保險業申請辦理之放款（保險法第一百

四十六條之八）。

主管機關對於保險業就同一人、同一關係人或同一關係企業之放款或其他交易得予限制；其限額、其他交易之範圍及其他應遵行事項之辦法，由主管機關定之。前項所稱同一人，指同一自然人或同一法人；同一關係人之範圍，包含本人、配偶、二親等以內之血親及以本人或配偶為負責人之事業；同一關係企業之範圍，適用公司法第三百六十九條之一至第三百六十九條之三、第三百六十九條之九及第三百六十九條之十一規定。主管機關對於保險業與其利害關係人從事放款以外之其他交易得予限制；其利害關係人及交易之範圍、決議程序、限額及其他應遵行事項之辦法，由主管機關定之（保險法第一百四十六條之七）。

4.辦理經主管機關核准的專案運用及公共投資

保險業資金辦理專案運用、公共及社會福利事業投資應申請主管機關核准；其申請核准應具備之文件、程序、運用或投資之範圍、限額及其他應遵行事項之辦法，由主管機關定之。前述資金運用方式為投資公司股票時，準用第一百四十六條之一第三及四項規定；其投資之條件及比率，不受第一百四十六條之一第一項第三款規定之限制（保險法第一百四十六條之五）。又為引導保險業資金投入社會福利事業，並考量社會福利事業多非屬公司組織，保險業應有一定之監督管理能力，以利其落實資金運用相關風險管理機制，故於民國一百零七年六月修正第一百四十六條之五第四項如下：「保險業資金辦理公共及社會福利事業投資，符合下列規定者，不受前項規定之限制：一、保險業或其代表人擔任被投資事業董事、監察人者，其派任之董事、監察人席次不得超過被投資事業全體董事、監察人席次之三分之一。二、不得指派人員獲聘為被投資事業經理人。」

5.國外投資

保險業資金辦理國外投資，以下列各款為限：(1)外匯存款。(2)國外有價證券。(3)設立或投資國外保險公司、保險代理人公司、保險經紀人公司或其他經主管機關核准之保險相關事業。(4)其他經主管機關核准之國外投資（保險法第一百四十六條之四第一項）。保險業資金依前項規定辦理國外

投資總額，由主管機關視各保險業之經營情況核定之，最高不得超過各該保險業資金百分之四十五，但下列金額不計入國外投資限額：⑴保險業經主管機關核准銷售以外幣收付之非投資型人身保險商品，並經核准不計入國外投資之金額。⑵保險業依本法規定投資於國內證券市場上市或上櫃買賣之外幣計價股權或債券憑證之投資金額。⑶保險業經主管機關核准設立或投資國外保險相關事業，並經核准不計入國外投資之金額。⑷其他經主管機關核准之投資項目及金額。保險業資金辦理國外投資之投資規範、投資額度、審核及其他應遵行事項之辦法，由主管機關定之（保險法第一百四十六條之四第二至三項）。基於推動金融進口替代政策，以及國內資本市場等考量，自民國一百零三年鬆綁國內保險業投資國際債券免計入國外投資額度之措施後，保險業投資國際板比重持續升高，主管機關應同等重視保險業投資國際板債券之風險管控能力，參酌電子支付機構管理條例第七條規定，為即時因應未來社會經濟情況變遷及業務實際需要調整之可能，授權主管機關得視保險業之財務狀況、風險管理及法令遵循之情形就前項第二款之投資金額予以限制（保險法第一百四十六條之四第四項）。

6. 投資保險相關事業

所謂保險相關事業，指保險、金融控股、銀行、票券、信託、信用卡、融資性租賃、證券、期貨、證券投資信託、證券投資顧問事業及其他經主管機關認定之保險相關事業（保險法第一百四十六條第四項）。

為配合保險業經營勞工退休金條例之年金保險業務之業務需求，並專設帳簿記載其投資資產，以達風險隔離之效果，民國九十六年修訂保險法時，將第一百四十六條第五至七項修正為：「保險業經營投資型保險業務、勞工退休金年金保險業務應專設帳簿，記載其投資資產之價值。投資型保險業務專設帳簿之管理、保存、投資資產之運用及其他應遵行事項之辦法，由主管機關定之，不受第一項、第三項、第一百四十六條之一、第一百四十六條之二、第一百四十六條之四、第一百四十六條之五及第一百四十六條之七規定之限制。依第五項規定應專設帳簿之資產，如要保人以保險契約委任保險業全權決定運用標的，且將該資產運用於證券交易法第六條規

定之有價證券者，應依證券投資信託及顧問法申請兼營全權委託投資業務。」

7.從事衍生性商品交易

鑑於保險業對於避險目的之衍生性商品操作已有相當之熟稔度，且隨著近年保險業資金大幅成長，相對應之資產部位亦日益增加，為使保險業資金運用有適度避險管道、提升避險效率、降低避險成本並減少個案審核之行政流程，以增加時效與保險業之避險彈性，採以通案方式替代個案核准，民國九十六年修訂保險法時，增訂第一百四十六條第八項，將衍生性商品交易之條件、交易範圍、交易限額、內部處理程序及其他應遵行事項之辦法，授權由主管機關定之。

8.其他經主管機關核准的資金運用

上述所稱資金，包括業主權益及各種責任準備金（保險法第一百四十六條第二項）。

須注意者，保險業辦理保險金信託，其資金運用範圍以下列為限：(1)現金或銀行存款。(2)公債或金融債券。(3)短期票券。(4)其他經主管機關核准之資金運用方式（保險法第一百三十八條之二第七項）。

且由於保險業資金多數係由保戶所繳交之保費產生，具有一定之公眾性質，故民國九十六年修訂保險法時，新增第一百四十六條之九第一、二項，規定保險業因持有有價證券行使股東權利時，不得有股權交換或利益輸送之情事，並不得損及要保人、被保險人或受益人之利益。保險業於出席被投資公司股東會前，應將行使表決權之評估分析作業作成說明，並應於各該次股東會後，將行使表決權之書面紀錄，提報董事會。又，基於保險業資金具有一定之公眾性質，不宜介入公司之經營，特別於第一百四十六條之九第三項規定，保險業及其從屬公司，不得擔任被投資公司之委託書徵求人或委託他人擔任委託書徵求人。

四、保險業的保證金

保險業之資金為支付保險金額之擔保，為確保要保人、被保險人或受益人之利益，保險法規定應繳存一定數額之保證金於國庫。

㈠繳存的時期與數額

依保險法第一百三十七條第一項，保險業須繳存保證金及領得營業執照後始得開始營業，故須在設立時為之。但俟後仍應隨保險業者實收資本及基金之變動而增繳保證金，其數額，依保險法規定應按資本或基金實收總額百分之十五，繳存保證金於國庫（保險法第一百四十一條）。

㈡保證金的內容與發還

保證金之繳存，應以現金為之，但經主管機關之核准，得以公債或庫券代繳之。此項繳存之保證金，除保險業有下列情事之一者外，不予發還：1.經法院宣告破產。 2.經主管機關依本法規定為接管、勒令停業清理、清算之處分，並經接管人、清理人或清算人報經主管機關核准。 3.經宣告停業依法完成清算。若接管人依前項第二款規定報請主管機關核准發還保證金者，以於接管期間讓與受接管保險業全部營業者為限。此外，以有價證券抵繳保證金者，其息票部分，在宣告停業依法清算時，得准移充清算費用（保險法第一百四十二條）。

五、保險業的安定基金

為保障被保險人之權益，並維護金融之安定，財產保險業及人身保險業應分別提撥資金，設置財團法人安定基金。財團法人安定基金之組織及管理等事項之辦法，由主管機關定之。安定基金由各保險業者提撥；其提撥比率，由主管機關審酌經濟、金融發展情形及保險業承擔能力定之，並不得低於各保險業者總保險費收入之千分之一。安定基金累積之金額不足保障被保險人權益，且有嚴重危及金融安定之虞時，得報經主管機關同意，向金融機構借款（保險法第一百四十三條之一）。安定基金辦理之事項如下（保險法第一百四十三條之三）：

㈠對經營困難保險業之貸款。

㈡保險業因與經營不善同業進行合併或承受其契約，致遭受損失時，安定基金得予以低利貸款或墊支，並就其墊支金額取得對經營不善保險業之求償權。

㈢保險業依第一百四十九條第三項規定被接管、勒令停業清理或命令

解散，或經接管人依第一百四十九條之二第二項第四款規定向法院聲請重整時，安定基金於必要時應代該保險業墊付要保人、被保險人及受益人依有效契約所得為之請求，並就其墊付金額取得並行使該要保人、被保險人及受益人對該保險業之請求權。

㈣保險業依本法規定進行重整時，為保障被保險人權益，協助重整程序之迅速進行，要保人、被保險人及受益人除提出書面反對意見者外，視為同意安定基金代理其出席關係人會議及行使重整相關權利。安定基金執行代理行為之程序及其他應遵行事項，由安定基金訂定，報請主管機關備查。

㈤受主管機關委託擔任接管人、清理人或清算人職務。

㈥經主管機關核可承接不具清償能力保險公司之保險契約。

㈦財產保險業及人身保險業安定基金提撥之相關事宜。

㈧受主管機關指定處理保險業依本法規定彙報之財務、業務及經營風險相關資訊。但不得逾越主管機關指定之範圍。

㈨其他為安定保險市場或保障被保險人之權益，經主管機關核定之事項。

安定基金辦理前述第一至三款、第九款事項，其資金動用時點、範圍及限額，由安定基金擬訂，報請主管機關核定。保險業與經營不善同業進行合併或承受其契約致遭受損失，依第一項第二款規定申請安定基金墊支之金額，由安定基金報請主管機關核准。主管機關於安定基金辦理第一項第七及八款事項時，得視其需要，提供必要之保險業經營資訊。保險業於安定基金辦理第一項第七及八款事項時，於安定基金報經主管機關核可後，應依安定基金規定之檔案格式及內容，建置必要之各項準備金等電子資料檔案，並提供安定基金認為必要之電子資料檔案。

此外，安定基金得對保險業辦理下列事項進行查核：

㈠提撥比率正確性及前項所定電子資料檔案內容。㈡自有資本與風險資本比率為符合第一百四十三條之四規定保險業資產、負債及營業相關事項。

監管人、接管人、清理人及清算人之負責人及職員，依本法執行監管、

接管、清理、清算業務或安定基金之負責人及職員，依本法辦理墊支或墊付事項時，因故意或過失不法侵害他人權利者，監管人、接管人、清理人、清算人或安定基金應負損害賠償責任。若負責人及職員有故意或重大過失時，監管人、接管人、清理人、清算人或安定基金對其有求償權。

六、保險業的準備金

　　為保障保險契約關係人權益，確保保險人能依保險契約或保險法之規定履行義務，保險法對要保人交付於保險人之保費，要求保險人提存各種責任準備金，此各種責任準備金包括責任準備金、未滿期保費準備、特別準備金、賠款準備金及其他經主管機關規定之準備金（保險法第十一條）。保險業者，於營業年度屆滿時，應分別保險種類，計算其應提存之各種責任準備金，記載於特設之帳簿，各種準備金之提存比率、計算方式及其他應遵行事項之辦法，由主管機關定之（保險法第一百四十五條）。其責任準備金之運用，同受保險法第一百四十六條第一項之限制（保險法第一百四十六條第二項）。

七、保險業法定盈餘公積的提撥

　　基於保險業為特許行業，其財務之穩健性，對社會經濟之安定性頗有影響。且近年經濟景氣的變化，更突顯出保險業財務結構之穩健性對保險業永續發展之重要。為使保險業發揮保障保戶權益及維護社會安定之功能，強化其財務結構，另配合保險法第十一條修正後，將檢討現行部分準備金項目之存廢，為使其變動或調整之同時亦能確保清償能力，經參酌公司法與金融證券相關法令，以及審酌其對保險業發展之可能影響情形，民國九十六年七月新增保險法第一百四十五條之一：「保險業於完納一切稅捐後，分派盈餘時，應先提百分之二十為法定盈餘公積。但法定盈餘公積，已達其資本總額或基金總額時，不在此限。保險業得以章程規定或經股東會或社員大會決議，另提特別盈餘公積。主管機關於必要時，亦得命其提列。第一項規定，自本法中華民國九十六年六月十四日修正之條文生效之次一會計年度施行。」

八、保險業對外借款及以財產為債務擔保的限制

　　保險業不得向外借款、為保證人或以其財產提供為他人債務之擔保。但保險業有下列情形之一，報經主管機關核准向外借款者，不在此限：㈠為給付鉅額保險金、大量解約或大量保單貸款之周轉需要。㈡因合併或承受經營不善同業之有效契約。㈢為強化財務結構，發行具有資本性質之債券（第一百四十三條）。

九、紅利分配保險契約的簽訂

　　保險合作社之要保人或被保險人，原得以社員身分，就保險業經營之盈餘取得紅利，故保險合作社簽訂之保險契約，以參加保單紅利為限（保險法第一百四十條第二項）。股份有限公司組織之保險業，其要保人或被保險人非必為公司股東，原無分配紅利之權，保險法特規定保險公司得簽訂參加保單紅利之保險契約（保險法第一百四十條第一項）。不論為公司或合作社，保單紅利之計算基礎及方法，均應於保險契約中明定之（保險法第一百四十條第三項）。

十、保險費之核定與保險金額的限制

　　保險業之各種保險單條款、保險費及其他相關資料，由主管機關視各種保險之發展狀況，分別規定銷售前應採行之程序、審核及內容有錯誤、不實或違反規定之處置等事項之準則。為健全保險業務之經營，保險業應聘用精算人員並指派其中一人為簽證精算人員，負責保險費率之釐訂、各種準備金之核算簽證及辦理其他經主管機關指定之事項；其資格條件、簽證內容、教育訓練及其他應遵行事項之辦法，由主管機關定之。保險業應聘請外部複核精算人員，負責辦理經主管機關指定之精算簽證報告複核項目；其資格條件、複核頻率、複核報告內容及其他應遵行事項之辦法，由主管機關定之。簽證精算人員之指派應經董（理）事會同意，並報主管機關備查。簽證精算人員應本公正及公平原則向其所屬保險業之董（理）事會及主管機關提供各項簽證報告；外部複核精算人員應本公正及公平原則向主管機關提供複核報告。簽證報告及複核報告內容不得有虛偽、隱匿、遺漏或錯誤等情事，（保險法第一百四十四條）。簽證精算人員或外部複核

精算人員提供之報告如有虛偽、隱匿、遺漏或錯誤等情事，主管機關得視其情節輕重為警告、停止於三年以內期間簽證或複核，並得令保險業予以撤換（保險法第一百七十一條第二項）。

十一、保險業的共保方式

有下列情形之一者，保險業得以共保方式承保（保險法第一百四十四條之一）：

㈠有關巨災損失之保險者。

㈡配合政府政策需要者。

㈢基於公共利益之考量者。

㈣能有效提升對投保大眾之服務者。

㈤其他經主管機關核准者。

十二、保險業編製財務報表的義務

保險業每屆營業年度終了，應將其營業狀況連同資金運用情形，作成報告書，併同資產負債表、損益表、股東權益變動表、現金流量表及盈餘分配或虧損撥補之議案及其他經主管機關指定之項目，先經會計師查核簽證，並提經股東會或社員代表大會承認後，十五日內報請主管機關備查。保險業除依前項規定提報財務業務報告外，主管機關並得視需要，令保險業於規定期限內，依規定之格式及內容，將業務及財務狀況彙報主管機關或其指定之機構，或提出帳簿、表冊、傳票或其他有關財務業務文件。前二項財務報告之編製準則，由主管機關定之（保險法第一百四十八條之一）。

十三、保險業揭露資訊的義務

保險業應依規定據實編製記載有財務及業務事項之說明文件提供公開查閱。保險業於有攸關消費大眾權益之重大訊息發生時，應於二日內以書面向主管機關報告，並主動公開說明。前述說明文件及重大訊息之內容、公開時期及方式，由主管機關定之（保險法第一百四十八條之二）。

十四、保險業內部控制及稽核制度的建立

為健全保險業務經營及安全其財務，民國九十六年修訂保險法時，增訂第一百四十八條之三，規定保險業應建立內部控制及稽核制度；其辦法，

由主管機關定之。並規定保險業對資產品質之評估、各種準備金之提存、逾期放款、催收款之清理、呆帳之轉銷及保單之招攬核保理賠，應建立內部處理制度及程序；其辦法，亦由主管機關定之。

十五、對保險業的監督管理

保險業由行政院金融監督管理委員會直接管理監督，並頒布保險法施行細則，及保險業管理辦法，呈請行政院核定公布施行（保險法第一百七十五條）。保險業之管理監督，可分成三大類，即關於保險業之組織；關於保險業者之營業；及關於保險業者之財務。因事涉繁雜，不擬細列。

須注意者，保險業違反法令、章程或有礙健全經營之虞時，主管機關除得予以糾正或命其限期改善外，並得視情況為下列處分：㈠限制其營業或資金運用範圍。㈡命其停售保險商品或限制其保險商品之開辦。㈢命其增資。㈣命其解除經理人或職員之職務。㈤撤銷法定會議之決議。㈥解除董（理）事、監察人（監事）職務或停止其於一定期間內執行職務。於解除職務之情況，由主管機關通知公司（合作社）登記之主管機關廢止其董（理）事、監察人（監事）登記。㈦其他必要之處置（保險法第一百四十九條第一、二項）。

保險業財務或業務狀況不良時，主管機關應依下列規定，對保險業為監管、接管、勒令停業清理或命令解散：㈠資本適足率等級為嚴重不足，且其或其負責人未依主管機關規定期限完成增資、財務或業務改善計畫或合併者，應自期限屆滿之次日起九十日內，為接管、勒令停業清理或命令解散之處分。㈡前述情形以外之財務或因業務狀況顯著惡化，不能支付其債務，或無法履行契約責任或有損及被保險人權益之虞時，主管機關應先令該保險業提出財務或業務改善計畫，並經主管機關核定。若該保險業損益、淨值呈現加速惡化或經輔導仍未改善，致仍有前述情事之虞者，主管機關得依情節之輕重，為監管、接管、勒令停業清理或命令解散之處分。若保險業是因國內外重大事件顯著影響金融市場之系統因素，致其或其負責人未於主管機關規定期限內完成增資、財務或業務改善或合併計畫時，主管機關得令該保險業另定完成期限或重新提具增資、財務或業務改善或

合併計畫。依前述規定監管、接管、停業清理或解散者，主管機關得委託其他保險業、保險相關機構或具有專業經驗人員擔任監管人、接管人、清理人或清算人；其有涉及安定基金補償事項時，並應通知安定基金配合辦理（保險法第一百四十九條第三～五項）。

保險業經主管機關為監管處分時，非經監管人同意，保險業不得為下列行為：㈠支付款項或處分財產，超過主管機關規定之限額。㈡締結契約或重大義務之承諾。㈢其他重大影響財務之事項。監管人執行監管職務時，準用第一百四十八條有關檢查之規定。保險業監管或接管之程序、監管人與接管人之職權、費用負擔及其他應遵行事項之辦法，由主管機關定之（保險法第一百四十九條第九～十一項）。

保險業經主管機關依第一百四十九條第三項規定為監管、接管、勒令停業清理或命令解散之處分時，主管機關對該保險業及其負責人或有違法嫌疑之職員，得通知有關機關或機構禁止其財產為移轉、交付或設定他項權利，並得函請入出境許可之機關限制其出境（保險法第一百四十九條之六）。

保險業於主管機關監管、接管或勒令停業清理時，其董（理）事、監察人（監事）、經理人或其他職員有下列情形之一者，處一年以上七年以下有期徒刑，得併科新臺幣二千萬元以下罰金：㈠拒絕將保險業業務財務有關之帳冊、文件、印章及財產等列表移交予監管人、接管人或清理人或不為全部移交。㈡隱匿或毀損與業務有關之帳冊、隱匿或毀棄該保險業之財產，或為其他不利於債權人之處分。㈢捏造債務，或承認不真實之債務。㈣無故拒絕監管人、接管人或清理人之詢問，或對其詢問為虛偽之答復，致影響被保險人或受益人之權益者（保險法第一百七十二條之一）。

其他有關受接管期間業務之限制與接管人之職權、監管期限與監管之終止、解散後之清算程序、監管人（接管人、清理人或清算人）之報酬、受讓受接管保險業讓與之營業、資產或負債時之相關規定、保險業清理人之職權、債權申報及清理計劃之公告等事項，詳見第一百四十九條之一至第一百四十九條之五、第一百四十九條之七至第一百四十九條之十一之規定。

第二節　保險公司

保險公司限於股份有限公司，除保險法另有規定外，適用公司法關於股份有限公司之規定(保險法第一百五十一條)。保險法所設之特別規定有：

一、股東不得為無記名式（保險法第一百五十二條）。

二、保險公司違反保險法令經營業務，致資產不足清償債務時，其董事長、董事、監察人、總經理及負責決定該項業務之經理，對公司之債權人應負連帶無限清償責任。主管機關對前項應負連帶無限清償責任之負責人，得通知有關機關或機構禁止其財產為移轉、交付或設定他項權利，並得函請入出境許可之機關限制其出境。第一項責任，於各該負責人卸職登記之日起滿三年解除（保險法第一百五十三條）。

第三節　保險合作社

保險合作社除保險法另有特別規定外，應當然適用合作社法及其有關法令規定（保險法第一百五十六條）。保險法就保險合作社所設之特別規定有：

一、保險合作社除依合作社法籌集股金外，並依保險法籌足基金，此基金非俟公積金積至與基金總額相等時，不得發還（保險法第一百五十七條）。

二、保險合作社於社員出社時，其現存財產不足抵償債務，其出社之社員，仍負擔出社前應負之責任（保險法第一百五十八條）。

三、保險合作社之理事，不得兼任其他合作社之理事、監事或無限責任社員（保險法第一百五十九條）。

四、保險合作社之社員，對於保險合作社應付之股金及基金，不得以其對保險合作社之債權互相抵銷（保險法第一百六十一條）。

五、財產保險合作社之預定社員人數不得少於三百人，人身保險合作社之預定社員人數不得少於五百人（保險法第一百六十二條）。

第四節　保險業代理人、經紀人、公證人

　　保險業之代理人、經紀人、公證人及保險業務員之定義，已於總則部分有所說明。

　　保險代理人、經紀人、公證人之資格取得、申請許可應具備之條件、程序、應檢附之文件、廢止許可、教育訓練、及其他應遵行事項由主管機關訂定管理規則監督管理（保險法第一百六十三條第四項），非向主管機關登記，繳存保證金或投保責任保險，領有執業證書，不得執行業務（保險法第一百六十三條第一項）。其應繳存之保證金、投保相關保險之最低金額及實施方式，由主管機關訂立（保險法第一百六十三條第三項），並應有固定業務處所，及專設帳簿記載業務收入（保險法第一百六十五條）。

　　保險業務員之資格取得、申請許可、廢止許可、教育訓練、及其他應遵行事項亦由主管機關訂定管理規則監督管理（保險法第一百七十七條）。

第五節　同業公會

　　有鑑於自律團體之角色功能日趨重要，為提昇保險同業公會之功能，確保其運作之效率，民國九十六年修訂保險法時，參照證券交易法第八十九條、期貨交易法第八十九條第一項及票券金融管理法第五十四條、證券投資信託及顧問法第八十四條等規定，增訂同業公會一節，其規定如下：

　　保險業、保險代理人公司、保險經紀人公司、保險公證人公司非加入同業公會，不得營業；同業公會非有正當理由，不得拒絕其加入，或就其加入附加不當之條件（保險法第一百六十五條之一）。同業公會為會員之健全經營及維護同業之聲譽，應辦理下列事項：一、訂定共同性業務規章、自律規範及各項實務作業規定，並報請主管機關備查後供會員遵循。二、就會員所經營業務，為必要指導或協調其間之糾紛。三、主管機關規定或委託辦理之事項。四、其他為達成保險業務發展及公會任務之必要業務。同業公會為辦理前項事項，得要求會員提供有關資料或提出說明（保險法第一百六十五條之二）。同業公會之業務、財務規範與監督、章程應記載事

項、負責人與業務人員之資格條件及其他應遵行事項之規則,由主管機關定之(保險法第一百六十五條之三)。

同業公會之理事、監事有違反法令、怠於遵守該會章程、規章、濫用職權或違背誠實信用原則之行為者,主管機關得予以糾正或命令同業公會予以解任(保險法第一百六十五條之四)。主管機關為健全保險市場或保護被保險人之權益,必要時,得命令同業公會變更其章程、規章、規範或決議,或提供參考、報告之資料,或為其他一定之行為(保險法第一百六十五條之五)。

同業公會得依章程之規定,對會員或其會員代表違反章程、規章、自律規範、會員大會或理事會決議等事項時,為必要之處置(保險法第一百六十五條之六)。同業公會章程之變更及理事會、監事會會議紀錄,應報請主管機關備查(保險法第一百六十五條之七)。

第六節　罰　則

保險法之罰則,或為行政罰之罰鍰,或為刑法罰之刑罰。前者由主管機關以行政處分之方式為之,對此行政處分不服,得依訴願法之規定為訴願及行政訴訟法之規定為行政訴訟;後者,依刑事訴訟法之規定追訴處罰,民國八十一年、八十六、九十、九十四、九十五、九十六及一百年修正保險法時,此罰則頗多增訂、修改或刪除,不擬一一詳為陳述。

第七節　保險業之資料收集

為因應個人資料保護法之相關規定,保險法於民國一百零五年二月四日修訂時,特別新增第一百七十七條之一。明定符合下列各款規定之一者,於經本人書面同意,得蒐集、處理或利用病歷、醫療、健康檢查之個人資料:一、依本法經營或執行業務之保險業、保險代理人、經紀人、公證人。二、協助保險契約義務之確定或履行而受保險業委託之法人。三、辦理爭議處理、車禍受害人補償業務而經主管機關許可設立之保險事務財團法人。前項書面同意方式、第一款業務範圍及其他應遵行事項,由主管機關訂定

辦法管理之。保險業為執行核保或理賠作業需要，處理、利用依法所蒐集保險契約受益人之姓名、出生年月日、國民身分證統一編號及聯絡方式，得免為個人資料保護法第九條第一項之告知。民國一百年六月十四日修正之本條文施行前，第一項各款之人已依法蒐集之病歷、醫療、健康檢查之個人資料，於修正施行後，得繼續處理及為符合蒐集之特定目的必要範圍內利用。但本條尚未生效，施行日期由行政院定之。

第六篇　海商法

第一章　通　則

第一節　海商法的意義

海商法，乃係規定船舶在海上或與海相通之水面或水中航行所生之私法上權利義務關係為主的法律❶。

一、海商法為民事特別法

我國為民商合一的國家，並無獨立的商法典，但有單行之商事法，故現行海商法係民商合一制度下之單行商事法，亦為商法之一部分。

按民國十八年十二月公布之海商法規定：「海商法，本法無規定者，適用民法之規定。」民國五十一年七月公布之海商法第五條規定：「海商事件本法無規定者，適用民法及其他有關法律之規定。」以及民國八十八年七月修正公布之海商法第五條規定：「海商事件，依本法之規定，本法無規定者，適用其他法律之規定。」因之，綜上述及舊法與現行法之規定可知，海商法為民法之特別法固屬無疑。

二、海商法所規範者以私法上的權利義務關係為主

海商法是以船舶營運為業務的商業組織者及其活動為規範對象的法律，是屬於商法，然其內容不限於商業行為，例如本法第四章所規範之「船舶碰撞」，即非商業行為。

三、海商法為船舶航行海上及在與海相通的水面或水中的特別法

海商法適用之地域不限於海洋，凡是河流或湖泊的水面與海相通者均可有海商法的適用。反之，像日月潭之渡輪承載貨物所生的法律關係，即

❶　參施智謀著，《海商法》，頁 2，75 年 7 月再版，三民書局經銷。

無海商法規定之適用，蓋日月潭並未與海相通之故。

第二節　海商法的特色

海商法之主要特色計有下列五者：一、航海之危險性。二、船舶之孤立性。三、危險發生之全損性。四、航海利益之團體思想。五、海商法具有國際性。分述如下：

一、航海的危險性

船舶裝載人貨，乘風破浪，賴以終航的，惟有風平浪靜。然大海汪洋無際、波濤洶湧再加以天候變幻莫測，使海上航行危險重重，是人力所難抗拒的。再加以可能之人為過失或第三人行為所造成的船舶碰撞，更突顯航海的危險性。

二、船舶的孤立性

船舶裝載人貨，通常孤舟航行於汪洋大海之中，等於與外界隔絕，一旦遭遇危險，海上的救援往往緩不濟急，致使船貨盡失，業者損失慘重。因為船舶的孤立性，是肯定船長在船舶上統御領導的權限，使船長具有所謂的司法警察權。

三、危險發生的全損性

船舶既裝載人貨航行於大海，由於船舶的孤立性，救助困難，常致使船貨盡損，無一倖免。是在海商法上，產生了船舶所有人責任限制制度的思想。

四、航海利益的團體思想

由於航海之危險性、船舶之孤立性，再加以危險發生的全損性，導致所謂的「航海利益團體」思想的建立，使從事航海冒險之人組織一利益與損失的共同體。此團體思想表現於海商法的共同海損制度及船舶共有制度上。

五、海商法具有國際性

海洋乃人類共同的自由通路，船舶自由航行貿易其間，裝載人貨往來溝通世界各港口。既貿易擴大、海運大通，若各國海商法不能統一，各行

其事，將致船舶業者及從事海上貿易人員疲於奔命，無所適從，成為貿易的障礙，故自本世紀始，乃有國際統一化之運動，或有協議或有條約，海商法遂成為一世界法。

第三節　海商法的內容

我國海商法於民國十八年十二月公布，民國二十年一月施行，經歷民國五十一年七月、八十八年七月、八十九年一月、九十八年七月，共四次修訂增刪。茲基於國際海運之興革及海洋法律之變遷，原條文已不足因應實際需要，為因應時代之變遷與海運經營型態之更迭，並配合社會環境整體之需要，遂對海商法為全面性的修正。依於民國八十八年七月修正公布之海商法，共分八章，凡一百五十三條，依其規定，可分為四大類：一、海上企業組織。二、海上企業活動。三、海上事故。四、海上企業金融。分述如下：

一、海上企業組織

又可分為㈠物的組織及㈡人的組織。關於物的組織，乃是以船舶為中心（海商法第一～三十七條）。關於人的組織，則以船長、海員為中心。惟新修正公布之海商法將「船長」、「海員」兩章刪除，有關規定移至「船員法」中加以規範。

二、海上企業活動

共分為㈠貨物運送（海商法第三十八～七十八條）。㈡旅客運送（海商法第七十九～九十一條）。㈢船舶拖帶（海商法第九十二～九十三條），均係以運送契約為中心。

三、海上事故

亦分為㈠船舶碰撞（海商法第九十四～一百零一條），乃民法侵權行為之特別規定。㈡海難救助（海商法第一百零二～一百零九條），再分為 1.對人之救助撈救及 2.對物之救助撈救。㈢共同海損（海商法第一百十～一百二十五條），乃指船長在海難中為避免船舶及貨載之共同危險所為之處分，而直接發生之損害與費用。

四、海上企業金融

乃以海上保險為中心（海商法第一百二十六～一百五十二條），包括㈠船舶。㈡貨載。㈢運費。㈣應有利得之保險。

第四節　海商法的船舶

第一項　船舶的意義

所謂船舶，根據施智謀教授之見解❷，係指「具有相當體積，並能在水面或水中航行及載運貨物或人員之一種浮動之中空凹體」，再依船舶法第一條第一項：「船舶者謂在水面或水中供航行之船舶。」依此概念，所謂船舶尚須具備下列條件：

一、主觀要件

即施教授所稱之「意」的要件。乃指船舶之建造的目的在供自由航行於水面或水中之謂，簡言之，該船舶之建造目的須是供航行之用。但船舶之航行不以具有經常性為必要，如僅一時停航，暫移為他用，例如作為水上旅館、水上碼頭之用，而非永久地變更其目的者，仍不失為一船舶。然究竟船舶之移用，其性質是屬暫時性或永久性發生疑義時，首先應探求當事人表現出來的真意，若無從探知時，則應視為僅是為暫時性的移用，仍承認其船舶性。若船舶因受損而暫時被解體，而有修復之意圖者，亦不失為一船舶。

二、客觀要件

即施教授所稱之「能」的要件。乃指該所稱之船舶在外觀上須有船舶的形態，若僅是能在水中浮動承載輕量人貨之物體，例如竹筏、橡皮艇、舢舨等之類船艇者，則非此處所稱之「船舶」。又一船舶在效用上須具備航行之功能者，始能稱為真正的船舶。蓋一船體雖具有船舶之形態，然並非供作航行之用或不具備航行之功能者，例如僅作為船塢、浮橋、水上倉庫等用時，則非屬為船舶。而待解體之舊船，若尚具備船舶之形式，是否仍

❷　參本章❶，頁 12。

為船舶？學說與實務之見解則有不同。根據楊仁壽教授❸及張東亮教授❹
之見解認為該舊船已不具船舶之性質，應認為非船舶；而實務上則以為該
舊船在「最後航次中」仍屬船舶，即待解之舊船在航向解體的港口途中，
於失去船舶之形式與功能之前，仍是為船舶（經濟部國貿局六四、七、七
正發字一三六〇號函）。

第二項　海商法的船舶

　　凡「在海上航行，或在與海相通之水面或水中航行之船舶」（海商法第
一條），即為海商法所稱之船舶。其要件如下：

一、須為船舶

　　一船舶除具備前述之要件外，尚須具備：

　　㈠在設計的考慮上具有浮動性、機動性，且有在水面上裝載人或貨物
從事運送的能力。

　　㈡該結構體會暴露在一般海面上的風險中，例如觸礁，且能朝一定方
向為運動，而非隨波逐流、漫無目標。

二、就航行目的而言

　　係指商船，而非軍艦或公務船，此可由海商法第三條第二款及第三款
得知海商法上之船舶不包括軍艦及公務船。

三、就航行地域而言

　　須為海船、非河船，依海商法第一條規定，航行地域限於「在海上航
行或在與海相通水面或水中航行之船舶」。且所謂「海上航行」，是採「實
際海上航行主義」，非如其他國家採「登記主義」作為是否為海商法上船舶
之判斷標準。而所謂「與海相通之水面或水中」，根據實務（二十一年院字
第八〇號解釋）認為不但須與海相通，且須為船舶所能直接到達者，若其
中有淺灘阻塞或有其他隔阻，即非海商法之水面，是為狹義說。另有學者，
採廣義說，以為只要其水域直接或間接與海相通，不論有否阻塞，即為海

---

❸　參楊仁壽，《海商法論》，頁4，79年9月出版，三民書局經銷。

❹　參張東亮，《海商法新論》，頁48，78年1月修訂初版，五南圖書公司。

商法上之水面❺。

四、就噸位而言

是乃大船而非小船。依海商法第三條第一款規定，船舶法所稱之小船，除因碰撞外，不適用本法之規定。如此之修正，使規定更具彈性，並與船舶法內容一致。而船舶法所謂之小船，依該法第一條第三款規定乃指「總噸位未滿五十噸之非動力船舶，或總噸位未滿二十噸之動力船舶」。採「雙軌制」。其區別目的乃在鼓勵一般人建造動力船舶而淘汰非動力船舶以及有意排除遊樂性之私人非動力船舶，故對非動力船舶之噸位要求較嚴格。

上述要件均具備者，始能稱為海商法之船舶。否則若只是總噸位符合第三條第一款之限制，而僅能航行內河之船舶，亦不能適用海商法（二十一年院字第八〇七號）。 又雖是航行於海上或與海相通之水面或水中的漁船，其總噸數未能符合本法所定之限制者，則依法即不得認為係海商法之船舶而應視之為民法上所稱動產之一 （五十一年臺上字第二二四二號）。

上述之所以對是否為海商法上之船舶加以嚴格區分之實益，通說以為主要是在判斷該船舶在海上航行中所生私法上之法律關係是否可以適用海商法之規定，諸如第二十一、二十四條之船舶所有人責任限制制度、船舶優先權制度可否適用；第四條船舶強制執行之適用程序（依司法院院解字第一八五六號意旨，若為海商法上之船舶，其強制執行適用不動產規定之程序）（強制執行法第一一四條），反之，若非為海商法上之船舶，則其強制執行適用動產之執行程序；以及第一百十條以下之共同海損規定；和船舶之讓與及抵押程序。

然則在外國（尤其英美），船舶之定義主要目的有三：

㈠決定是否適用海上船舶碰撞之規定。

㈡決定是否適用海上優先權之規定。

㈢決定是否適用責任限制之規定。

此與國內通說以之作為是否廣泛適用海商法規定之依據容有不同❻。

---

❺　參本章❸，頁 6。

❻　參 Thomas J. *Schoenbaum Admiralty and Maritime Law* Ch. 3 (1987)。

第三項　海商法上船舶的特性

依一般通說，認為海商法上之船舶乃具有不動產性與人格性，分述於下：

一、船舶的不動產性

依民法第六十六條規定「稱不動產者，謂土地及其定著物」，第六十七條規定「稱動產者，為前條所稱不動產以外之物」。蓋船舶並非土地及其定著物，原為動產，海商法亦承認其為動產（海商法第六條）。然船舶之價值與體積不菲，遠非一般動產所能比擬，故在法律上常以不動產看待之，可由下列情形看出：

(一)登　記

船舶雖是動產，但關於所有權、抵押權、租賃權之設定、移轉、變更、限制或消滅，非經登記，不得對抗第三人，是採「登記對抗主義」；與民法規定不動產物權，依法律行為而取得、設定、喪失及變更者，非經登記不生效力略有差異，蓋一般不動產係採登記生效要件。

(二)抵　押

船舶得為抵押之標的，且得就建造中之船舶設定之（海商法第三十四條）。是項設定行為，依海商法第三十三條之規定「應以書面為之」，並經登記始得對抗第三人。蓋以動產為債權擔保者，除動產擔保交易法有動產抵押之名稱外，在民法是稱為質權，而質權之設定，並無登記制度。

(三)租　賃

關於租賃權利之登記，只限於不動產，惟我船舶法及船舶登記法均規定應行登記，且登記後，對於此後取得船舶，亦生效力。

(四)強制執行

船舶之強制執行，依強制執行法第一百十四條，準用不動產的執行程序。

二、船舶的人格性

船舶為「物」，乃所有權之標的，但其在法律上之地位，常類似於自然人或法人，學者稱此為船舶之「人格性」，謹分述如下：

(一)船　名

依船舶登記法第十二條第一款規定，船名乃船舶應行登記之事項。其船名與自然人之姓名及法人名稱相類似，所謂船舶個別化是也。

(二)國　籍

依船舶法第二條，船舶應具國籍且採「船舶所有人國籍歸屬主義」。蓋本國船舶與外國船舶在法律上權利義務不同（船舶法第三條、第五條），是究為何一國家之船舶，乃依該船舶之國籍確定之，就好像自然人之有國籍來定其權利義務般。

(三)船籍港

船舶之船籍港，類似自然人及法人之住所，由船舶所有人自行認定，且為應登記事項之一（船舶登記法第十二條第二款）。

第五節　船舶的強制執行

船舶為動產，具有財產上之價值，雖有其人格性，但實際上並無法人人格，非為權利義務主體，而只是一種所有權之標的。是船舶所有人之債權人，於其債權到期未受清償時，得在依法定程序取得執行名義後，對債務人所有之船舶聲請強制執行，而此債權是否與船舶有關，則在所不問，惟其發生與船舶無關之一般債權，則不得就船舶因此賣得之價金優先受償，此係受海商法（關於船舶優先權）規定限制所致之故。

關於船舶之強制執行乃是由船舶所在地所屬之法院所管轄（強制執行法第七條第一項）。而執行之方法，非海商法上之船舶，係依一般動產之執行方法為之，而海商法上之船舶及建造中之船舶則依強制執行法第一百十四條第一項規定：「其強制執行，除另有規定外，準用關於不動產執行之規定。」即查封、拍賣、強制管理。

修正前海商法第四條規定：「船舶之扣押、假扣押，自運送人……。」故可知船舶強制執行的原因包括：

一、扣　押

究竟本條所稱之「扣押」意義為何？學者與實務之見解互有爭議：有

採終局執行之「查封」說者，認為修正前海商法第四條將「扣押」與「假扣押」併列，假扣押既指保全程序之查封，則「扣押」應指終局執行之查封，以相對應，否則「假扣押」將無意義。亦有採查封說者，認為扣押即強制執行法之「查封」，此乃基於民法第二百九十四條第一項第三款規定債權禁止假扣押，第六百零一條之一規定第三人就寄託物為扣押之「扣押」；且扣押應即日本法之「差押」，意指法制執行下之查封；另德國舊法第四百八十二條亦認為係指查封，是學者多採此說❼。但在實務上，前司法行政部六十三年三月二十三日臺函民字〇二五八二號函則採前說，認扣押係終局執行之「查封」。

二、假扣押

係指保全程序中之假扣押。通說以為另一保全程序──假處分亦可類推適用本條之「假扣押」，因假處分亦係保全程序之一種，其執行將可使船舶之航運受影響，為貫徹海商法第四條保護社會公益之立法精神，其行使應受海商法第四條之限制，又強制執行法第一百十四條第三項規定船舶之保全程序之執行，依其修正理由認為所謂「保全程序」包括假扣押、假處分之程序。

民國八十八年七月修正公布之海商法第四條第一項規定:「船舶保全程序之強制執行，於船舶發航準備完成時起，以迄航行至次一停泊港時止，不得為之。但為使航行可能所生之債務，或因船舶碰撞所生之損害，不在此限。」如此之修正，目的乃為保護航海事業之發展，同時亦予銀行授信資金融通安全保障。並且使得海商法與強制執行法關於船舶之強制執行規定相互契合，將假處分之執行亦納入規範並刪除「扣押」二字以息紛擾。

因船舶與一般動產、不動產性質有異，故針對船舶之扣押或假扣押，海商法設有下列之限制:

㈠扣押或假扣押時期的限制

關於船舶之扣押、假扣押，修正前海商法第四條規定:「自運送人或船長發航準備完成時起，以迄於航行完成時止，不得為之。」所謂「發航準

---

❼ 學者楊仁壽、張東亮教授均採此說，參本章❸，頁 10；本章❹，頁 90。

備完成時」，有學者採實質主義認以「發航準備實際完成之際」為決定標準，而不以形式上是否領得發行許可證為唯一條件，然拙見以為如此將造成「是否發航準備完成」的認定困難。是本文以為應依「辦理強執事件應行注意事項」第六十一條第三項規定：「所謂發航準備完成者，指法律上及事實上得開航之狀態而言，如船長已取得當地航政主管機關核准發航及海關准許結關放行之情形而言。」以形式上領得發行許可證為「發航準備完成時」之時點，故認採形式主義說為妥。又所謂「航行完成時」，係指船舶於該次航行已到達預定停泊港，是採航段主義。而實務上，依「辦理強執事件應行注意事項」第六十一條第三項規定：「所謂航行完成，指船舶到達下次預定停泊港而言。」亦係採「航段主義」。而「為使航行可能所生之債務」，則通說認為應限於「本次航行」所發生者，此係為避免債權人怠於行使權利，且基於修正前海商法第四條第一項但書屬例外規定，故須從嚴解釋，使其限於本次航行。現行之海商法第四條第一項規定：「……以迄航行之至次一停泊港時止……。」即採同一見解。

　㈡假扣押方法的限制

　　船舶之強制執行，準用不動產之執行程序，已見前述。一般不動產之假扣押，除亦得為揭示外，並應交由一定之人保管，是否得為管理使用，執行法院有裁量之權。在船舶之假扣押，海商法第四條第二項規定國境內航行船舶之假扣押，得以揭示方法為之。似乎得僅以揭示方法為之，使之得發揮經濟價值。

第二章　船　舶

第一節　船舶所有權

第一項　船舶的性質

船舶雖然具有不動產之特性，但其本質上仍為動產，故除海商法或其他法律（如強制執行法第一百十四條）有特別規定外，適用民法動產之規定（海商法第六條）。

第二項　船舶所有權的範圍

本法排除民法第六十八條主物、從物觀念之適用，而採客觀條件，依海商法第七條規定「除給養品外，凡於航行上或營業上必需之一切設備及屬具，皆視為船舶之一部」。就此意旨，船舶所有權之範圍，可如下列：

一、船　體

乃船舶之主要成分，如龍骨、甲板。

二、航行上、營業上所必需的設備、屬具

不問何人所有，皆視為船舶之一部分（海商法第七條）。故於船舶保險或委付時，其效力及於該設備及屬具。

三、非航行上、營業上必需的設備及屬具

若同屬於船舶所有人，屬船舶之從物；若非屬於船舶所有人，則為獨立之物，不在船舶所有權範圍之內（海商法第七條反面解釋）。

四、給養品

若同屬於船舶所有人，是為船舶之從物；若非屬於船舶所有人，則為獨立之物，不屬船舶所有權涵蓋範圍之內。

第三項　船舶所有權的取得

船舶所有權之取得，按通說之見解，概分為兩大類：一是按取得權源的不同，可分為「原始取得」與「繼受取得」；二是按權利取得所依據的法令，區分為「公法上之取得」及「私法上之取得」。

所謂「原始取得」，係指非本於他人之權利而取得所有權之謂，例如因製造、先占、取得時效、沒收與捕獲等。所謂「繼受取得」，係指本於他人之權利而取得所有權之謂，例如因繼承、買賣、贈與、承攬及財產或營業之概括承受或合併。而所謂「公法上之取得」意指權利乃因公法上之規定而取得，最常見於戰爭及動員時期，主要情形有捕獲、沒收與徵購。而船舶所有權依「私法上之取得」而取得則較依公法規定而取得之情形常見，例如船舶買賣、新船建造等。茲將上述二大分類整理如下，析明其二者間的關係：

一、公法上的取得

主要情形有捕獲、沒收、徵收，均屬原始取得。

二、私法上的取得

可分㈠原始取得──例如船舶建造、時效取得。㈡繼受取得──例如船舶買賣、繼承。

第四項　船舶所有權的喪失

關於船舶所有權之喪失，其原因亦有多種，按通說見解，有區分為「絕對的喪失原因」與「相對的喪失原因」及區分為「公法上之原因」、「私法上之原因」與「事實上之原因」三者。整理說明如下：

一、絕對喪失原因

船舶之滅失、拆除，大多基於事實上之原因。

二、相對喪失原因

㈠基於公法上之原因──例如：捕獲、沒收。㈡基於私法上之原因──讓與、委付。

第五項　船舶所有權的讓與

依海商法第八、九條規定，可知係採「要式的意思主義」，僅須當事人間對船舶所有權之移轉成立合意，並履踐第八條所規定之方式（書面及聲請蓋印證明），即生移轉之效力，無須移轉占有，但非經登記不得對抗第三人。亦即，船舶所有權之讓與須備下列要件：

一、生效要件

㈠作成書面。㈡申請官署蓋印證明：在中華民國應向讓與地或船舶所在地航政主管機關申請；在外國，則應向中華民國使領館、代表處或其他外交部授權機構申請（海商法第八條）。

二、對抗要件

須經登記後方能對抗第三人，包括善意及惡意第三人，此與動產擔保交易法第五條之非經登記，不得對抗「善意」第三人不同（海商法第九條）。

海商法第八、九條乃民法之特別規定，排除民法物權篇之規定。是海商法上船舶所有權之讓與不須再履踐民法動產之交付條件。

第六項　建造中的船舶

所謂建造中之船舶，係指自安放龍骨或相當於安放龍骨之時起，至其成為海商法所定之船舶時為止之船舶而言（辦理強制執行事件應行注意事項第六十一條第一款）。

而建造中船舶，其所有權的歸屬，我國海商法並無規定，學者意見歧異不一；有認為除另有約定者外，依民法第八百十四條規定，若加工後加工價值不逾材料價值，而材料是由定作人所供給者，該船舶歸定作人所有，反之，若由廠方供給，則歸廠方所有；若加工價值逾材料價值，則該建造中船舶屬於廠方所有❶。亦有以為除當事人另有約定外，應屬造船廠所有，故應俟建造完成後，再將所有權移轉與定作人❷。另有學者認為應以材料

---

❶　參梁宇賢，《海商法論》，頁178，73年11月初版，三民書局。

❷　參本篇第一章❶，頁57。

係由何人供給，來決定該船舶所有權之歸屬❸：一、船舶所有人以自己材料，於自己之造船廠建造：由船舶所有人原始取得。二、定作人提供材料，由造船廠建造：係單純之承攬契約，依五十四年臺上字第三二一號判例，認定作人原始取得該建造船舶之所有權。三、定作人提供大部分材料，由造船廠建造，造船廠負擔小部分材料：其仍為承攬契約，依民法第八百十二條第二項附合規定，定作人仍原始取得所有權。四、造船廠以自己之材料或大部分之材料，為定作人建造船舶：其係「工作物供給契約」，屬承攬與買賣之混合契約，亦即：關於船舶之建造完成，適用承攬之規定；關於船舶所有權之移轉，適用買賣之規定。故建造中之船舶所有權，由造船廠原始取得，定作人須依海商法第八條受讓，始能取得所有權。

上述見解各有見地，惟為求合理解決各種建造中船舶所有權糾紛，似以最後一說以何人供給材料來決定船舶所有權之歸屬為宜。

依海商法第十條規定，船舶建造中，承攬人破產，而破產管理人不為完成建造者，船舶定作人有二種權利：一、得將船舶及業經交付或預定之材料，照估價扣除已給付定金給償收取之。二、船舶所有人得自行出資，在原處完成建造；但使用船廠，應給與報酬。

至於抵押權之設定，依海商法第三十四條規定，建造中之船舶得設定抵押權。

第二節　船舶共有權

第一項　船舶共有權的意義

船舶為物，當然得為二人以上所共有。是船舶共有乃謂二人以上互相約定以其分別共有之船舶，共同經營航海業務之契約❹，其係物權法上分別共有與債法上合夥關係之結合而成之一種海上企業之特殊經營方式。

---

❸　參本篇第一章❸，頁 49–50。

❹　參本篇第一章❶，頁 91。

第二項　要　件

船舶共有之要件有下：

一、須有多數的共有人

二、單一船舶

即船舶共有關係，僅存在於個別單一之船舶上。

三、須有分別共有關係存在

若係合夥或公同共有關係，則無船舶共有規定之適用。

四、須共同為航海業務的經營

指一切「藉航海而獲利」為目的之任何行為，包括船舶下水試航，因為其為航海業務之必要行為。

第三項　內部關係

一、共有船舶的處分

依海商法第十一條規定：「共有船舶之處分及其他與共有人共同利益有關之事項，應以共有人過半數並其應有部分之價值合計過半數之同意為之。」可知船舶共有人關於共有船舶之處分及其他與共有人共同利益有關之事項（如航海、出租），應以共有人過半數並其應有部分之價值合計過半數之同意為之。是對共有船舶之處分採雙重多數決。

二、船舶應有部分的出賣

依海商法第十二條規定：「船舶共有人有出賣其應有部分時，其他共有人，得以同一價格儘先承買。因船舶共有權一部分之出賣，致該船舶喪失中華民國國籍時，應得共有人全體之同意。」可知船舶共有人有出賣其應有部分者時，其他共有人得以同一價格優先承買。因船舶共有權一部分之出賣，致該船舶喪失中華民國國籍時，應得共有人全體之同意。其目的在防止船舶共有關係流於複雜並且維護本國船舶噸位。

三、船舶應有部分的抵押

依海商法第十三條規定：「船舶共有人，以其應有部分供抵押時，應得

其他共有人過半數之同意。」可知船舶共有人以其應有部分供抵押時，應得其他共有人過半數之同意。該抵押並非以「物」（船舶）為標的，而係以共有人在船舶共有關係中一定分量之「共有權」為抵押。且於設定抵押時，除須依本條應得其他共有人過半數之同意外，仍須履踐第三十三條及第三十六條之書面及登記二種法定程序。

四、共有關係的退出

船舶共有關係之退出原因有三：㈠是船舶應有部分之讓與。㈡是依海商法第十五條規定：「船舶共有人為船長而被辭退或解任時，得退出共有關係，並請求返還其應有部分之資金。」以及㈢依海商法第十四條第二項規定：「共有人對於發生債務之管理行為，曾經拒絕同意者，關於此項債務，得委棄其應有部分於他共有人而免其責任。」

五、共有關係的繼續性

依海商法第十六條規定：「共有關係，不因共有人中一人死亡、破產或受監護宣告而終止。」足以表徵船舶共有關係之繼續性。

第四項　外部關係

一、共有船舶債務的清償

依海商法第十四條第一項規定：「船舶共有人，對於利用船舶所生之債務，就其應有部分，負比例分擔之責。」是採分割責任制。

二、委棄應有部分而免責

依海商法第十四條之規定，其要件如下：

㈠須係管理船舶之行為所生之債務。

㈡曾經拒絕同意之共有人。

若構成之，則在效力上，委棄之共有人免其責任。此時他共有人之應有部分擴張，無須再履踐海商法第八條規定之要件——書面及聲請有權機關蓋印證明。

第五項　共有船舶經理人

依海商法第十七條規定：「船舶共有人應選任共有船舶經理人，經營其業務，共有船舶經理人之選任，應以共有人過半數，並其應有部分之價值合計過半數之同意為之。」可知共有船舶經理人之選任，以船舶共有人過半數並其應有部分之價值合計過半數之同意為之。

至共有船舶經理人之權限，依海商法第十八條規定，關於船舶之營運，在訴訟上或訴訟外代表共有人。而其權限乃受以下之限制：

一、法定限制

依海商法第十九條第一項規定：「共有船舶經理人，非經共有人依第十一條規定之書面委任，不得出賣或抵押其船舶。」可知，共有船舶經理人在出賣船舶或設定抵押時，須經半數以上之共有人其應有部分價值合計過半數之同意委任，始得為之。

二、共有人的約定限制

關於共有人與共有經理人間的約定限制，就其內部關係而言為「有效」，當共有經理人逾越權限時，共有人得依約定請求賠償。但就對外關係而言，則不得對抗善意第三人（海商法第十九條第二項）。

共有船舶經理人除享有權利之外，並得負擔義務，依海商法第二十條：「共有船舶經理人，於每次航行完成後，應將其經過情形，報告於共有人，共有人亦得隨時檢查其營業情形，並查閱帳簿。」

第六項　共有關係的終止

船舶共有關係之終止，我國海商法並無明文規定，但依法理，計有下列幾種情形：

一、船舶滅失。

二、應有部分全歸一人所有。

三、船舶喪失航海能力。

四、共有船舶破產。

五、船舶出賣為一人所有。

第三節　海事優先權

第一項　海事優先權的概念

債務人之財產，為各債權人之總擔保，在一般債權，除有擔保物權外，原應平等受償，但海運事業有其特殊性，基於共益的調和、便利航海準備以及維護船舶價值之理由，使債權人對於船舶所有人基於特定債權，就特定標的物享有優先受償之權利，以免因船舶所有人責任限制之結果，而無從受償。

第二項　海事優先權的項目

參據一九六七年統一海事優先權及抵押權國際公約之規定，民國八十八年七月修正之海商法將海事優先權擔保之債權，其種類及排序予以修正。修正重點如下：

一、原條文第一項第二款改為第一項第一款，並酌作修正。

二、原條文第一項第四款修訂為第二款及第四款：依船舶操作直接所致之傷害、毀損，其對象為「人」或「物」予以區分不同優先位次。第三款因船舶操作所致人身傷亡，包括在陸上及水上在內，因生命無價，其海事優先權位次自應先於財物毀損滅失；以「侵權行為」代替原條文第一項第四款「過失所致」之損害賠償較為明確，同時參採一九六七年統一海事優先權及抵押權國際公約而修訂之。

三、原條文第一項第三款修訂為第三款：鑑於我國高雄及基隆兩港水域，常有沈船阻撓海道航行之通暢，拖延不清除之事例，有礙安全，故亦參據上述之國際公約增訂清除沈船費用為海事優先權擔保之債權。

四、原條文第一項第一款修正為第五款。原第五、六款則刪除之。

又依海商法第二十四條第一項規定，下列各款為海事優先權擔保之債權，有優先受償之權：

一、船長、海員及其他在船上服務之人員，本於僱傭契約所生之債權。

㈠本款不但為其優先權之債權，且船舶所有人不得主張責任限制。

㈡「本於僱傭契約所生之債權」是否包括伙食費？六十年臺上字第二〇五六號判決認為應包括之。又修正前海商法第二十四條第二項謂「……本於僱傭契約所生之債權，其期間未滿一年者」究所指為何？學說、實務爭議頗大。少數學者認為應指未滿一年之薪資總額而言❺。但部分實務則以為應指僱傭契約其期間未滿一年者（實務五十八年臺上字第四〇〇二號判決，臺灣高院四十三年三月二十日第五五〇四號函採之），另通說則認應指債權發生之日起，其期間未滿一年之薪資債權，即最近未滿一年之債權（五十五年臺上字第一六四八號判例、五十九年臺上字第一〇六號判例、六十九年臺上字第五七四號判例及司法院司法業務研究會第三期採之）❻。本文亦採通說見解。惟新修正之海商法第二十四條第一款將此「……其期間未滿一年者」之限制刪除。

二、因船舶操作直接所致人身傷亡，對船舶所有人之賠償請求。

三、救助之報酬、清除沈船費用及船舶共同海損分擔額之賠償請求。本款旨在獎勵救助事業。

四、因船舶操作直接所致陸上或水上財物毀損滅失，對船舶所有人基於侵權行為之賠償請求。

五、港埠費、運河費、其他水道費及引水費。包括：㈠公法上規費即船鈔（指用以維持港灣、航道之輔助航行設備之費用）及港埠建設費。㈡共益費用即引水費、拖船費、看守費、檢查費。

修正前第二十四條第五款規定船長在船籍港外，依其職權為保存船舶或繼續航行之實在需要所為之行為或契約所生之債權。此乃緩和修正前第二十一條第九款之規定，但不問是否因發航準備不足、船具缺陋、設備疏忽所生，均有優先權。船長所行使者，須係修正前第五十一條之法定代理權，而所謂「實在需要」係採主觀說，以船長認定為準。惟修正後本款內

---

❺　學者有施智謀、張東亮教授採此見解，參本篇第一章❶，頁336；❹，頁534。

❻　楊仁壽、梁宇賢教授採此說。參本篇第一章❸，頁77；本章❶，頁239。

容已為刪除。

修正前第二十四條第六款規定對於託運人所負之損害賠償。本款之損害賠償所發生之債權與同條第四款「貨載之毀損滅失」所生之債權間之關係如何,學者間有不同之見解❼:採區別船舶所有人與運送人是否同屬一人者,認為若同屬一人,則對於託運人所負之損害賠償係因貨載之毀損滅失所生者,適用第四款。若係因貨載之毀損滅失以外之其他損害賠償,適用第六款規定;若非屬同一人,因運送人之過失所致者,適用第六款;若因船舶所有人或船長、海員之過失所致貨載毀損、滅失者,適用第四款;若致貨載之毀損、滅失以外之損害者,則適用第六款❽。另有學者則認為第二十四條第一項第四款規定乃適用於因侵權行為所致之貨載毀損滅失;而同條第六款則係本於運送契約所生之損害賠償責任,包括貨載之毀損滅失、遲到、載貨證券之記載不實。故第四款限於貨載之毀損、滅失;而第六款損害範圍較廣,不以貨載之毀損、滅失為限❾。現行之海商法已將本款刪除。

第三項 海事優先權的標的

依海商法第二十七條規定,得優先受償之標的如下:

一、船舶、船舶設備及屬具或其殘餘物

「船舶」係指優先權所由發生之船舶,且須符合海商法第一條之船舶,若係因碰撞而生之債權,則包括本法第三條之船舶。「船舶設備及屬具」,即第七條規定之範圍。「殘餘物」,指船舶、船舶設備及屬具因「海難」受損所殘餘之物。

二、在發生優先債權之航行期內的運費

通說認為此處之運費為毛運費(即總運費),因為法條未明文規定必需

---

❼ 除下述見解外,其餘尚有認為第六款係指貨載之毀損滅失以外的原因,對託運人所負之損害賠償者,例如運送遲延。

❽ 施智謀教授採之。

❾ 楊仁壽教授採之,參本篇第一章❸,頁78。

為淨運費。海商法第二十四條第一款之債權，依第二十八條得就「同一僱傭契約期內所得之全部運費優先受償」，不受本款之限制。

三、船舶所有人因本次航行中船舶所受損害　，　或運費損失應得的賠償

本款具有民法第八百八十一條「物上代位」之性質，但不包括國家之津貼及補助在內，因為其為國家獎助航運之政策。然而本款是否包括「保險金」在內？通說採否定說者，認為保險金不適用於本款，因海商法第二十七條第三款之賠償，係指因「侵權行為」依法應得之「賠償」，而保險金係保險人基於保險契約，對被保險人所為之「給付」，其本質上是依契約而為之履行行為。且船舶所有人係為自己的計算而訂立保險契約，若保險金為優先權之標的，則船舶所有人將受雙重損失。又一九二六年「優先權及抵押權統一公約」第四條第三項明文不包括保險金。我國實務五十九年臺上字第三二一九號判決亦認「保險金不包括在內」❿。然亦有採肯定說者，認為可對保險金主張優先權，因保險金本質上為船舶之代位物。且海商法第二十七條第三款無如第二十一條第三項「保險金不包括在內」之除外規定，故第二十七條第三款之賠償應包括保險金在內⓫。各有見地，惟宜採否定說較能符合保險之基本精神。

四、船舶所有人因共同海損應得的賠償

亦即船舶所有人得請求之分擔額，在其未收取以前，亦為海產之一部分，得為優先權之標的。

五、船舶所有人在航行完成前，為施行救助所應得的報酬

第四項　海事優先權的位次

依海商法之規定，海事優先權之位次乃謂二以上優先權同時存在時，其優先受償之順序也。茲述如下：

---

❿　參本篇第一章❸，頁 82。

⓫　參本篇第一章❹，頁 538–539。

一、海事優先權和一般債權競合

海事優先權優先一般債權受償。

二、海事優先權間的競合

若該些海事優先權屬於同次航行，依海商法第二十九條之規定，原則上依第二十四條各款順序受償（海商法第二十九條第一項）。若發生數債權屬於同一款情形者，不分先後，比例受償（海商法第二十九條第二項）。若有數債權同屬於第二十四條第三款之情形，則其發生在後者優先受償（海商法第二十九條第三項）。救助報酬之發生應以施救行為完成時為準。共同海損之分擔，應以共同海損行為發生之時為準。若因同一事變所生第二十四條第一項各款之債權，視為同時發生之債權（海商法第二十九條第五項）。若屬不同航次，依海商法第三十條之規定，後次航行之海事優先權優先前次航行之海事優先權，此乃因前者債權係因後者債權得以保全之故。

三、海事優先權與抵押權間的競合

依新修正海商法第二十四條第二項可知同條第一項各款之優先權均優先於抵押權受償。

四、海事優先權與留置權間的競合

依新修正之海商法第二十五條規定：「建造或修繕船舶所生債權，其債權人留置船舶之留置權位次，在海事優先權之後，船舶抵押權之前。」

第五項　海事優先權的追及性

依海商法第三十一條規定：「海事優先權不因船舶所有權之移轉而受影響。」然若船舶經海關依海關緝私條例第二十七條第二項予以沒入，優先受償之債權人可否主張依海商法第三十一條，其優先權仍存在於該船舶？肯定說見解認為優先權仍存在於該船舶❶❷。否定說見解則認為債權人不可主張優先權仍存在於該船舶，因為海商法第三十一條之「移轉」係指依法

---

❶❷　採肯定說者，其理由有：(1)沒入雖為原始取得，但如解為沒入後一切負擔均消滅，對不知情之第三人不合理。(2)依釋字第三七號解釋，沒收仍應保護善意第三人，而沒入為行政處分之一種，性質上比沒收之可罰性輕，故應保護之。

律行為取得船舶所有權者而言，不包括本於國家公權作用而取得者，故一經沒入處分確定，該船舶即歸國家原始取得，債權人之優先權應歸於消滅。而司法院第一廳研究意見即採否定說，認為船舶經沒入係原始取得，其財產上之負擔即歸消滅。而釋字第三七號解釋與三十年院字第二二〇七號及三十五年院解字第三二一三號均應相同，其係明示執行沒收之機關，對於受刑人所免債務無清償之責。且船舶經沒入後，債權人仍可本其債權，對船舶所有人之其他財產求償，其債權無落空之虞。本文亦同之。

第六項　海事優先權的消滅

　　海商法設有海事優先權之消滅之特別規定，以免使之因存續過久，影響其他債權人之利益。惟所消滅者，僅為優先之權利，該債權本身並不因此消滅。依新修正之海商法第三十二條規定：「第二十四條第一項海事優先權自其債權發生之日起，經一年而消滅。但第二十四條第一項第一款之賠償，自離職之日起算。」統一第二十四條第一項各款債權之請求權消滅時效，以資合理。

第四節　船舶抵押權

第一項　船舶抵押權的概念

　　船舶為動產，原僅得為質權之標的，但質權須將其標的物移轉占有與債權人，對於船舶利用，影響頗大，故法律賦與其不動產性，認為得為抵押之標的。有關抵押權之事項，若海商法未規定，適用民法之規定。又外國船舶經中華民國法院拍賣者，關於船舶抵押權，依船籍國法（強制執行法第一百十四條之三）。

第二項　種　類

一、一般船舶設定抵押（建造完成之船舶）。

二、建造中之船舶設定抵押（海商法第三十四條），其立法理由乃在為

便利造船資金融通，獎勵造船事業，發展航運。其效力並非「靜止的」僅止於抵押設定時船舶建造之狀態，而係「動態的」及於各階段船舶建造現況。若供船舶建造之材料已為造船廠訂購，且為造船廠所有者，亦為抵押效力所及。

三、共有船舶之抵押（海商法第十一條），須共有人半數以上且應有部分二分之一以上之同意。

四、應有部分之抵押（海商法第十三條），須得其他共有人過半數之同意，且該應有部分設定之抵押權，不因船舶之分割或出賣而受影響（海商法第三十七條）。

第三項　抵押權的設定人

依海商法第三十五條規定，下列之人得為船舶抵押權設定人：

一、船舶所有人

得本於單獨所有權或符合海商法第十一與十三條之規定之共有權為抵押權之設定。

二、特別委任之人

須經書面特別授權。

三、法律特別規定者

有㈠船舶經理人：經共有人依第十一條規定之書面委任者。㈡法定代理人：所有人為無行為能力人或限制行為能力人。

第四項　設定方式

船舶具不動產性，視為不動產，故於設定抵押時，自應作成書面，以昭鄭重，海商法並設明文規定。是船舶抵押之設定是為要式行為，又因並不移轉占有，故船舶抵押權之設定，應以登記為其公示方法。但此登記之效力，與民法上的抵押權所採之登記生效要件不同（民法第七百五十八條）。船舶抵押權未經登記者，依第三十六條規定，僅屬不得對抗第三人，在當事人間仍發生抵押權之效力。而此所謂「第三人」，條文並未標明其為善意

或惡意，解釋上應屬絕對不得對抗。是採取登記對抗主義。

第五項　效　力

一、海商法未規定者，適用民法有關抵押權的規定

依海商法第七條規定，抵押標的物範圍包括船舶本體、設備及屬具。而所擔保債權的範圍，則依民法第八百六十一條規定包括原債權、利息、遲延利息及實行抵押權之費用。且依海商法第三十七條規定：「船舶共有人中一人或數人，就其應有部分所設定之抵押權，不因分割或出賣而受影響。」可知其抵押權具有追及性。

二、適用順序

當船舶抵押權與其他擔保物權競合時，抵押權之適用順序如何，分述如下：

㈠抵押權間競合

若數抵押權均有登記，則依登記先後順序主張，而非依書面完成先後定之。若有登記及未登記者，則已登記者優先受償。若均未登記，依第三十六條規定彼此間均不能對抗，故不可依設立先後受償，應依比例受償。

㈡抵押權與海事優先權間競合

依新修正之海商法第二十四條第二項規定：「前項海事優先權之位次，在船舶抵押權之前。」

㈢抵押權與留置權間競合

其順序位次應為如何？在海商法修正之前頗有爭議❸：通說以為若抵押權已登記，則以「登記之日」與留置權「占有船舶之日」先後決定之。若抵押權未登記，依海商法第三十六條既不可對抗第三人，則留置權優先於抵押權❹。新修正海商法第二十五條則規定：「建造或修繕船舶所生債權，其債權人留置船舶之留置權位次，在海事優先權之後，船舶抵押權之前。」

---

❸　另有一說則認為應援用動產擔保交易法第二十五條法理，認抵押權人不可對抗依法留置標的物之善意第三人，故留置權優先於抵押權。

❹　參本篇第一章❸，頁 117–118。

㈣抵押權與質權

抵押權已登記者，以登記之日與質權人「占有船舶之時」之先後決定。若抵押權未登記，則依海商法第三十六條不可對抗占有之善意第三人之規定，故質權優先於抵押權受償。

㈤抵押權與租賃權

由於二者均採「登記對抗主義」，故以「登記之時」的先後為準；若未登記，則視設定先後決定。故若船舶租賃權登記在先，其可主張民法第四百二十六條，抵押權不可妨礙租賃權之存在。若船舶抵押權登記在先，依民法第八百六十六條規定可知抵押權不因船舶租賃而受影響，故船舶拍定後，船舶之買受人可請求除去租賃權。

第五節 船舶所有人責任的限制

第一項 船舶所有人

在物權法上，「所有人」係指對物享有所有權之人，屬「靜」的歸屬關係。然在海商法上，因海商法所規範者乃航海業務活動所生私法上權利義務關係，故「所有人」應以是否對船舶加以實際利用之人為判斷標準，即以「動的利用」作為判定之標準。是「船舶所有人」除指船舶所有人自為航海業務之經營者外，亦包括利用他人之船舶，以自己名義為航海業務之經營者——即航海所有人或準船舶所有人。是依學理，欲為一船舶所有人，必須符合以下要件：一、利用他船或自船為之。二、為航海業務之經營。三、以自己名義為主。四、須具有船舶指揮權。因此，狹義的傭船運送仍以船舶所有人為海商法上之船舶所有人，傭船人非此之「船舶所有人」。依新修正之海商法第二十一條增訂之第二項規定：「前項所稱船舶所有人，包括船舶所有權人、船舶承租人、經理人及營運人。」由其修正說明可知係參酌一九七六年公約第一條內容對享有責任限制權之船舶所有人之含括範圍。其中「船舶所有權人」係指航行船舶依船舶登記法所登記之船舶所有權人；「船舶承租人」係指就航行船舶與船舶所有權人訂有光船租賃契約之

備船人;「經理人」係指就航行船舶受委任經營其航運業務之人;「營運人」係指航行船舶之船舶所有權人、船舶承租人、經理人以外有權為船舶營運之人。

第二項 船舶所有人責任限制制度

以船舶經營海運,係屬冒險性之事業,因海上企業活動的危險性大,易生災害,是因海難而受海損在所難免,為了鼓勵航海、獎勵投資並扶植造船工業,是各國立法例莫不均以法律減輕船舶所有人之責任,稱為船舶所有人責任限制。蓋因船長及其他高級船員乃經嚴格國家考試始能取得其資格,並非船舶所有人得任意選任;又在航行中之行為,並非船舶所有人所能直接指揮監督,而均由船長負責,船長的法定權限又極為廣泛,船舶所有人無從予以限制之,故有減輕或限制其責任之必要。然限制之程度如何,各國立法例則有不同規定,歸納分析如下:

一、人的有限責任

㈠船價主義(美國主義)

認為船舶所有人僅就本次航行之「船舶價值」及「運費收益」範圍內,就其財產,負人的有限責任,但船舶所有人亦得不提出船舶之價值,而委棄其船舶於債權人。

㈡金額主義(英國主義)

認為依船舶登記之淨噸數為比例,定船舶所有人之責任。例如法律規定每噸就物的損害,付八英鎊,對人的損害,付十五英鎊,今甲船舶登記一百噸,則船舶所有人的有限責任為 $8 \times 100 + 15 \times 100 = 2,300$ 英鎊。其缺點在於數次航行發生之事故,均按其噸位計算其責任,與無限制責任無異,對船舶所有權人不利。且若船舶噸數不同,其賠償數額亦不同,似有不公平。

二、物的有限責任

㈠委付主義(法國主義)

認為原則上船舶所有人應以其全部財產,負「人的無限責任」;但所有

人若有委棄之意思表示，則以海產為限，負物的有限責任。其缺點在於委棄須意思表示，易生爭執，且以船舶價值決定責任大小，似不公平。若船舶沈沒，則等於變相不必負責。

㈡執行主義（德國主義）

認為船舶所有人僅就本次海產為限，負物的有限責任，若執行結果，仍不足清償債務時，即可免責。缺點在於其範圍雖然明確，但所有人往往怠於修繕，致使債權人無謂的損失，並且較不易執行。

三、併用主義

為一九二四年船舶所有人責任限制統一公約所採。認為以船價主義為原則，併用金額主義；亦即以海產之價格為限，負人的有限責任（每噸 8 英鎊）。

四、選擇主義

認為船舶所有人可就委付主義、船價主義及金額主義選擇其一，以定其責任。

以上各項主義，各有利弊。就我國海商法而言，究係採何種主義，學說見解略有不同：有認為採船價主義，因：依民國五十一年海商法第二十一條文義，是指「船舶價值」，再依其修正草案說明書，可知係援用美國「船價主義」，而實務上二十四年院字第一二九六號解釋亦採船價主義。另有認為我國係採船價主義兼委付主義，因海商法第二十一條第一項後段規定：「得委棄其船舶」。惟新條文已將此文句刪除。修正前原條文第一項對於船舶所有人所得主張責任限制事項計有九款，除第五款對於港埠設備之損害修理義務亦得限制外，其他八款與一九二四年海船所有人責任限制公約規定相仿。惟查一九二四年及一九五七年海船所有人責任限制公約目前已發展為一九七六年海事求償責任限制國際公約（於西元一九八六年十二月一日起生效）。修正條文第一項乃參照一九七六年海事求償責任限制國際公約精神，為刺激及鼓勵船舶所有人淘汰質劣之老舊船舶，以積極建造性能優良之新船，特將現行之「船價制與委付制」修正為兼採「船價制與金額制」。

再依據四十四年臺上字第五一五號判例意旨：在海上航行之船舶所有

人，對於船長、船員因執行業務所加損害於第三人之賠償，其所負責任，以本次航海之船舶價值、運費及其他附屬費為限，海商法第二十一條第一項定有明文、尋繹此項條款規定之本旨，為限制在海上航行之船舶所有人，對於船長、船員因執行業務所加損害於第三人之賠償責任而設，實為民法第一百八十八條之特別規定而適用之。可知船舶所有人限制責任為民法第一百八十八條之特別法，應優先適用。

第三項　要　件

一、得主張限制責任的人

即廣義的船舶所有人，除船舶所有權人外，尚包括船舶承租人，因其係利用他人船舶從事航海業務活動之人且船舶受其指揮營運。但不包括對於船舶無指揮營運之權的傭船人。海商法第二十一條第二項增訂：「前項所稱船舶所有人，包括船舶所有權人、船舶承租人、經理人及營運人。」

二、得主張限制責任的事項

新修正之海商法第二十一條第一項就船舶所有人得主張限制責任項目各款之規定，係參酌一九五七年海船所有人責任限制國際公約第一條第一項與一九七六年海事求償責任限制國際公約第二條第一項規定及我國國情及政策而為修正。依海商法第二十一條第一項規定，仍係列舉規定：

㈠在船上、操作船舶或救助工作直接所致人身傷亡或財物毀損滅失之損害賠償。

㈡船舶操作或救助工作所致權益侵害之損害賠償。但不包括因契約關係所生之損害賠償。

㈢沈船或落海之打撈移除所生之債務。但不包括依契約之報酬或給付。

㈣為避免或減輕前二款責任所負之債務。

三、得主張限制責任的範圍（標的）

依海商法第二十一條規定，原則上，船舶所有人是對本次航行之船舶價值、運費及其他附屬費，負人的有限責任。修正前例外得不提供船舶價值而委棄船舶，負物的有限責任之規定已為刪除❶。分述如下：

㈠本次航行的船舶價值

依海商法第二十三條第一項規定，應由船舶所有人負證明責任，然船舶價值之估計，以何時為標準，有三種主義：1.事故主義：以每一事故發生後作為估計之時間。 2.航段主義：以船舶事故發生後，到達第一港時作為估計標準。 3.航程主義：以船舶到達目的港時為估計標準。我國學者有採航程主義者，認為該主義符合船舶所有人責任限制之立法理由，對船舶所有人較有利，且由第二十一條第一項文義可知，係指「本次航行」而非「本段航行」。然亦有採航段主義者，因為若以一次之證明，將其船舶價值分配予多數債權人，似乎不公平，且若為定期郵輪並無目的港，則無估價之標準時點。又一九二四年責任限制國際公約，雖有爭執究應採事故或航段主義，但無主張應採航程主義者。新修正之海商法第二十一條第三項明訂：「第一項所稱本次航行，指船舶自一港至次一港之航程……。」顯係採航段說見解。

再依海商法第二十三條第二項規定，船舶價值之估計，以下列時期之船舶狀態為準：

1. 海上事故

因碰撞或其他事變所生共同海損之債權，及事變後以迄於第一到達港時所生之一切債權，其估價應依船舶於到達第一港時之狀態決之❶❻。而所謂「事變後以迄於到達第一港時所生之一切債權」是指船舶所有人於「兩個港口間」、「同一航段上」因碰撞或共同海損以外之其他事故，所應負擔之債務。例如 A 船在甲地發生事故後，於到達第一港乙港前，又發生第二次事故。其雖與第一次事故無因果關係，但船舶所有人僅須提出一次船舶

---

❶❺　修正前之海商法第二十一條乃參考一九二四年海船所有人責任限制國際公約之規定所制定，而今已再有一九五七年的公約，以及一九七六年的海事求償責任限制國際公約（已於一九八六年十二月一日起生效），是以我國海商法修正之條文已參考該公約將原條文「船舶所有人不提供船舶價值而委棄其船舶者」部分刪除，此外，在得限制責任之事項上新法亦有許多改變。

❶❻　海商法第二十條第二項第一款；另請參閱楊仁壽，本篇第一章❸，頁 137 及桂裕著，《海商法新論》，頁 146（六十八年臺六版）。

之價值即可，且其估價以「第二次事故」發生後，到達最近港口時之價值為準。故船舶若因第二次事故而沈沒，則船舶所有人即可免去其所有之責任。

2. 船舶在港內發生事變狀況

關於船舶在停泊港內發生事變所生之債權，其估計依船舶在停泊港內事變發生後之狀態。當船舶進入港後，連結數個事故為一體之「同一航段」的關係即為終結，港內所發生之損害賠償請求權為另一個債權團體，但以進港前之海上事故與港內事變並無因果關係為限。此時前者之船舶以停泊時第二事故發生前之狀態為準，後者則以第二事故發生後船舶之狀態為準。若二者間有因果關係，則二者視為一個債權團體，以利船舶所有人，此時應以第二次事故發生後船舶之價值為準。

3. 運送契約所生的債務

關於貨載之債權或本於載貨證券而生之債權除前述之情形外，其估價依船舶於到達貨物之目的港時或航行中斷地之狀態，如貨載應送達於數個不同之港埠，而損害係因同一原因而生者，其估價依船舶於貨物到達該數港中之第一港時之狀態。亦即若有海上事故或事變狀況發生，則不問其係運送契約上或侵權行為上之債權，均依海商法第二十三條第二項第一款及第二款之規定決定船舶價值。若無海上事故或事變狀況時，原則上，以船舶到達目的港或航行中斷地之狀態為準。若貨載須送達數個不同目的港，而損害係基於「同一原因」者，以船舶到達該數港中第一港之狀態；若損害基於「個別不同原因」，則依船舶到達各個目的港或航行中斷地之狀態為準❼。

4. 其他債權

關於海商法第二十一條所規定之其他債權，其估價依船舶航行完成時之狀態。

---

❼　現行新修正之海商法第二十三條第二項第三款已將「目的港」修改為「貨物之目的港」以臻明確。

㈡運　費

所謂運費是指毛運費，未扣除營運成本者。而下列三者與運費同視：旅客運送之票價；貨載裝卸遲延所生之補償（海商法第五十二條）；傭船契約全部或一部解除時，船舶所有人所得請求之運費（海商法第四十三、四十四條）。且依海商法第二十一條第二項規定，運費必須船舶所有人實際上可能收到者為限，對於依約不能收取之運費及票價，則不包括在內。新修正之海商法第二十一條增訂第三項之規定謂：「……所稱運費，不包括依法或依約不能收取之運費及票價……。」又因我國採船價主義，故此處之運費僅為計算船舶所有人責任之範圍，其非強制執行之標的。但是否包括救助、撈救或船舶拖帶所得之報酬？應認為若以此為業者，即視為運費之一種；若非以此為業者，則純為偶然行為，不得視為運費。

㈢附屬費

乃指船舶因受損害應得之賠償而言（海商法第二十一條第三項），例如因碰撞而得請求之損害賠償或船舶所有人得請求之共同海損額。而保險金是否包括在內？在民國八十八年修法前尚有爭議。有否定說認為依海商法第二十一條第三項但書規定，應不包括。然海商法修正後第二十一條第三項明文規定所謂附屬費並不包括保險金。

新修正海商法第二十一條參酌一九五七年海船所有人責任限制國際公約第三條及一九七六年海事求償責任限制國際公約第六、七、八條對於責任限制數額之計算標準，復參酌世界主要國家計算標準擬定以新臺幣為計算單位之責任限制數額計算標準為：

1.對財物損害之賠償以船舶登記總噸，每一總噸新臺幣二千元計算其數額。

2.對人身傷亡之賠償以船舶登記總噸，每一總噸新臺幣六千元計算其數額。

3.前兩款同時發生者，以船舶登記總噸，每一總噸新臺幣六千元計算其數額，但人身傷亡應優先以船舶登記總噸，每一總噸四千元計算之數額內賠償，如此數額不足以全數賠償，其不足額再與財物之毀損滅失，共同

在現存之責任限制數額內比例分配之。

　　惟為慮及經此計算標準所計算之責任限制數額，不因未來國內幣值劇烈變動而影響其實值，擬參照一九七六年公約所採國際貨幣基金特別提款權 (SDR) 為計算單位，並以民國八十二年十二月二十九日之匯率換算標準（一計算單位等於一‧三八一○七美元；一美元等於新臺幣二十六‧七○元）予以換算如第四項所列數額。

　　海商法第二十一條第四項規定如下：「第一項責任限制數額如低於下列標準者，船舶所有人應補足之：一、對財物損害之賠償，以船舶登記總噸，每一總噸為國際貨幣基金，特別提款權五四計算單位，計算其數額。二、對人身傷亡之賠償，以船舶登記總噸，每一總噸特別提款權一六二計算單位計算其數額。三、前二款同時發生者，以船舶登記總噸，每一總噸特別提款權一六二計算單位計算其數額。但人身傷亡應優先以船舶登記總噸，每一總噸特別提款權一○八計算單位計算之數額內賠償，如此數額不足以全部清償時，其不足額再與財物之毀損滅失，共同在現存之責任限制數額內比例分配之。四、船舶登記總噸不足三百噸者，以三百噸計算。」

四、委　棄

　　依民國五十一年公布之海商法第二十一條規定，船舶所有人得不提出船舶價值而委棄船舶。雖然如此仍必須該船舶具有海商法第二十三條所估計之價值，始能委棄，否則若發生另一次事故致船舶價值減損時，其不得委棄該船舶。又船舶之委棄為船舶所有人之權利，債權人不得請求船舶所有人委棄其船舶，且委棄僅以意思表示即生所有權之移轉或變更，不以移轉船舶之占有及登記為生效要件。就運費而言，通說認為不可委棄，因可由第二十一條第一項文義得知，委棄者僅限於船舶，且若採肯定說，則將致使少數債權人向多數運費債務人取償，似乎有不便之處。惟民國八十八年新修正公布之海商法第二十一條第一項已將原有得委棄之規定刪除。

第四項　得主張責任限制事項的例外

　　依海商法第二十二條規定，若有下列情形船舶所有人應負無限責任，

而無船舶所有人責任限制之適用：

一、本於船舶所有人之故意或過失所生之債務。

二、本於船長、海員及其他服務船舶之人員之僱用契約所生之債務。

三、救助報酬及共同海損分擔額。

四、船舶運送毒性化學物質或油污所生損害之賠償。

五、船舶運送核子物質或廢料發生核子事故所生損害之賠償。

六、核能動力船舶所生核子損害之賠償。

第三章　海上從業人員

第一節　船　長

第一項　船長的意義

依海商法第二條前段規定：「本法稱船長者，謂受船舶所有人僱用主管船舶一切事務之人員」。船員法第二條第六款謂：「指受雇用人僱用，主管船舶一切事務之人員。」是船長與船舶所有人間之關係，係基於僱傭契約，而為其特定船舶之指揮者，因主管事務之結果，在法定權限內，有時並為船舶所有人之代理人。

第二項　船長的任免

民國八十八年七月公布之海商法將原第三章「船長」刪除，並與第四章「海員」合併於船員法。依船員法第二條第四、六款規定，船長由船舶所有人僱用之。船舶為共有時，應以共有人過半數並其應有部分之價值合計過半數之同意定之（海商法第十一條）。惟僱用之船長，須為中華民國國民（船員法第五條第二項），且經考試及格，持有執業證書者且其年齡至少須滿十六歲者為限，不能由船舶所有人任意僱用。

然於此次修法前船舶所有人與船長間之契約關係究為僱傭性質或委任性質？學者見解有異：有採僱傭契約說❶，認為船長之法定代理權乃法律所規定，未經內部授權，且依海商法第二、三十七條（按：現為船員法第二條）均明文規定為「僱用」，按其文義可知是為僱傭契約。再依修正前海商法第八十條規定：「本章有關海員僱傭契約……，於船長得適用之。」之精神，可知與海員相同，均為僱傭契約。另外有認應為僱傭及委任之混合

---

❶　學者施智謀、梁宇賢教授採之，參本篇第一章❶，頁 114；本篇第二章❻，頁 310。

契約說者❷，如桂裕教授，認為船長之代理權並非法定，而是經內部委任授權，使船長可指揮監督，故除僱傭外，亦有委任性質。惟依新修正之海商法及船員法第二條第五款定義：「指船長及海員。」且依船員法同條第六至十一、十二條以下之規定，應可認為採僱傭契約之見解。

至於船長之辭退，依船員法第二十、二十二條規定船舶所有人須符合規定始可終止與船長之僱傭契約，否則尚可能必須付預告期間之薪資，以及受新臺幣六萬元以上三十萬元以下罰鍰，並得處有關船舶三十日以下之停航（船員法第八十四條第一項第一款）。依第六十四條規定，船長不得自行離職，如在航行中，縱使其僱用期限已滿，亦不得自行解除或終止其職務，當船長違反本條規定時，依同法第七十八條規定，應處警告或記點。

第三項　船長的權利義務及責任

一、權　利

依海商法及船員法之規定，船長得享有之權利主要有：

㈠薪金優先受償的權利

依海商法第二十四條第一項第一款規定，船長之薪金債權優先於一般債權受償。

㈡薪金如數受償的權利

依海商法第二十二條第一項第二款之規定，本於船長、海員及其他服務船舶之人員之僱傭契約所生之債務，船舶所有人不得主張船舶所有人責任限制，該債務應受完全之清償。

㈢其他的權利

船員法上關於海員所為之薪津（船員法第二十六～三十九條）、傷病（船員法第四十～四十四條）、撫卹（船員法第四十五～五十條）、退休（船員法第五十一～五十四條）及保險（船員法第五十五條）等規定，均適用於船長（船員法第二條第六款）。

---

❷　桂裕，《海商法新論》，頁251，75年3月初版第11次印行，正中書局。

二、義　務

　　船長本其職務，依海商法及船員法規定應負之義務，主要可分為公法上義務與私法上義務。就公法上義務而言，主要有：遵照預定航程之義務（船員法第六十二條）、救護旅客海員之義務（船員法第七十三條）、備置船舶文書之義務（船員法第六十條）、送驗船舶文書之義務（船員法第六十條）、檢送船舶文書之義務（船員法第六十條）、限制開艙及卸載貨物之義務（船員法第六十三條）、作成及送驗海事報告之義務（船員法第六十六條）、救助遭難船舶之義務（海商法第一百零二條，船員法第七十五條）、船舶碰撞後處理之義務（船員法第七十四條）、監督海員工作之義務及船舶堪航檢查之義務。而私法上義務則有：完成航行之義務（船員法第六十二條）、執行職務之注意義務與舉證責任（船員法第六十七條）、海員送回原港之義務（船員法第四十條）、卸載貨物準備完成向受貨人通知之義務（海商法第五十條）、貨物因故寄存通知各關係人之義務（海商法第五十一條）、應託運人之請求，發給載貨證券之義務（海商法第五十三條）、依載貨證券交付貨物之義務（海商法第五十八條）、運送旅客至目的地之義務（海商法第八十三、八十八條）、目的港發生災難送旅客至最近港口或送返乘船港之義務（海商法第八十九條）、航行中船舶修繕時無償性供給旅客膳宿之義務（海商法第九十條）、處理遺留物之義務（船員法第六十五條）、指示貨物卸載及旅客離船之義務（海商法第七十六、九十一條）、遇有特殊重大事件立即報告所屬公司之義務，及將船舶性能及管理事項詳告新任船長之義務。

三、權　限

　　關於船長之權限，依海商法及船員法規定，主要有：

㈠公法上的權限

1.指揮管理權

　　依海商法第二條及船員法第五十八條規定，船舶之指揮，僅由船長負其責任，船長為執行職務，有命令與管理在船舶海員及在船任何人之權；海員關於其職務，除應服從其上級海員外，均應服從船長之命令，非經許可，不得離船。

2.緊急處分權

依船員法第五十九條規定，船長在航行中，為維持船上治安及保障國家法益，得為緊急處分。

(二)私法上的權限

1.對船舶所有人的權限

⑴遭遇海難時，處分船舶之權。

⑵得僱傭引水人之權。

2.對利害關係人的權限

⑴處分海員私載貨物之權：依船員法第六十九條規定，海員不得在船舶上私載貨物，如私載之貨物為違禁品，或有致船舶或貨載受損害之虞者，船長得將該貨物投棄。

⑵處置未報明貨物之權：依海商法第六十五條第二項規定，當船長在航行中發現未經報明之貨物，如係違禁物或其性質足以發生損害者得投棄之。

⑶處置死亡或失蹤旅客、海員遺留物之權，依船員法第六十五條規定，旅客或海員死亡、失蹤時，其遺留於船上之財物，船長應以最有利於繼承人之方法處置之。

3.對貨載關係人的權限

⑴處分船上貨載之權：依海商法第一百十條規定，在海難中船長為避免船舶及貨載之共同危險，得對船上之貨載加以必要之處分。

⑵寄存貨物之權：依海商法第五十一條規定，當受貨人怠於受領貨物時，船長得以受貨人之費用，將貨物寄存於港埠管理機關或合法經營之倉庫並通知受貨人。受貨人不明或受貨人拒絕受領貨物時，船長得依前項之規定辦理，並通知託運人及受貨人。

四、責　任

(一)民事責任

1.執行職務中的過失責任

依船員法第六十七條規定，船長對於執行職務中之過失，應負責任，如主張無過失時，應負證明之責。

2.貨物裝載於甲板上致生損害或滅失的責任

依海商法第七十三、七十四條規定，船長如將貨物裝載於甲板上，致生毀損或滅失時，應負賠償責任。但經託運人之同意並載明於運送契約或航運種類或商業習慣所許者，不在此限。

3.未經諮詢重要海員而放棄船舶的責任

依船員法第七十三條規定，船長在航行中，不論遇何危險，非經諮詢各重要海員之意見，不得放棄船舶，但船長有最後決定權。當放棄船舶時，船長非將旅客、海員救出，不得離船，並應盡其力所能及，將船舶文書、郵件、金錢及貴重物救出。

4.船長違背以上責任，致生毀損或滅失時，均應負賠償的責任

㈡刑事責任

1.在航行中自行解除或中止其船長職務者，處警告或記點（船員法第六十四、七十八條）。

2.違反備置船舶文書、送驗船舶文書、檢定船舶到達日時、檢送文書簽證、限制開艙卸載貨物等行為者，應處警告或記點（船員法第六十一～六十三、七十八條）。

3.船長在放棄船舶，違反救出人物之義務者，處七年以下有期徒刑，因而致人死亡者，處三年以上十年以下有期徒刑（船員法第七十六條）。

4.船長於不甚危害其船舶、海員、旅客之範圍內，對於淹沒或其他危難之人，未盡救助之力者，應處降級、收回船員服務手冊三個月至五年（船員法第七十五、八十條）。

5.船舶碰撞後，各碰撞船舶之船長，於不甚危害其船舶、海員或旅客之範圍內，對於他船舶、海員及旅客未盡力救助者，應處降級、收回船員服務手冊三個月至五年（船員法第七十四、八十條）。

第二節　海　員

第一項　海員的意義

依海商法第二條後段規定：稱海員者，謂受船舶所有人僱用由船長指揮服務於船舶上所有人員。船員法第二條第七款謂：海員指受雇用人僱用，由船長指揮服務於船舶上之人員。故凡受船舶所有權人及其他有權僱用船員之人僱用，服務於船舶上之人員，均為海員，而不論其服務部門是駕駛、輪機或事務，且其職務之高低，亦非所問。只要其服務的地點為海商法上所稱之船舶，其權利義務即受海商法規範。而海商法中關於海員之規定，多為保護規定，原則上均為強行法規，當事人不得以民事契約變更之。

第二項　海員的僱傭

第一款　海員僱傭契約的意義及性質

依民法第四百八十二條規定：「稱僱傭者，謂當事人約定，一方於一定或不定之期限內為他方服勞務，他方給付報酬之契約。」海員之僱傭契約，應亦具有同一意義。然因海員乃長期遠離家庭，服務於海上，其危險與辛勞程度絕非一般服勞務之契約所可比擬，故基於社會政策，應予以特別保護。故船員法設有特別保護規定，在性質上為民事特別法，應優先民法而為適用，其未規定者，始適用民法之一般規定。

第二款　海員僱傭契約的訂立、內容與終止

一、當事人

海員僱傭契約之僱用人為船舶所有權人及其他有權僱用船員之人，但船長無當然僱用海員之權，因其僅在航行中就特定事項有代理船舶所有人為私法上行為之權，應無權代理船舶所有人訂立海員僱傭契約。而受僱之海員，依法令須具備規定資格及證明者，其契約之簽訂，以合格人員為限

（船員法第六條）。

二、訂立方式

海員僱傭契約，依船員法第十三條規定，其契約範本由航政機關定之。

三、契約之認可

依船員法第十二條規定海員僱傭契約簽訂後，應送請航政機關備查後，受僱船員始得在船上服務，僱傭契約終止時，亦同。船員法第十二條規定之備查僅係行政法上之管理監督，非效力規定。且本條未明文「未經認可不生效力」，故非強行規定。

四、契約的終止

海員僱傭契約之終止事由除適用民法之規定外，依船員法規定主要有終止、僱期屆滿及船員退休三者。其中終止事由又有當然終止及當事人終止二種，分述如下：

（一）終　　止

1.當然終止

依船員法第十九條規定，船舶有下列情事之一者，除船員因施救船舶人命或貨物之緊急措施必須工作者或船員生還者，仍認為契約繼續有效外，僱傭契約即告終止：

(1)船舶已沈沒或已失蹤者。船舶於二個月內無存在消息者，以失蹤論。

(2)船舶已完全失去安全航行之能力者。

2.當事人終止

又可區分為僱用人得終止者、船員得終止者：

(1)僱用人得終止者：依船員法第二十條規定，船員有下列情事之一者，僱用人得終止僱傭契約：

①訂立僱傭契約時，為虛偽意思表示，使僱用人誤信而有損害之虞。

②對於僱用人、僱用人之代理人、其他共同工作人或以上人員之家屬，實施暴行或有重大侮辱、恐嚇行為。

③受有期徒刑以上刑之宣告確定，而未諭知緩刑或易科罰金。

④違反僱傭契約或船員工作守則，情節重大。

⑤故意損毀或竊取船舶設備、屬具或貨物。

⑥無正當理由不遵守雇用人或船長之指示上船。

雇用人依前項規定終止僱傭契約時，應以書面通知船員。

雇用人依第一項第一、二款及第四至六款規定終止僱傭契約者，應自知悉其情形之日起，三十日內為之。

(2)船員得終止者：依船員法第二十一條規定，有下列情事之一者，船員得終止僱傭契約：

①船舶喪失國籍。

②訂定僱傭契約時，雇用人為虛偽意思表示，使船員誤信而有受損害之虞。

③船員因身心狀況違常，經醫師出具不適宜繼續工作之診斷書。

④雇用人、雇用人之代理人或以上人員之家屬對船員實施暴行或有重大侮辱、恐嚇行為。

⑤工作環境對船員健康有危害之虞，經通知改善而無效果。

⑥雇用人或其代理人違反契約或法令，致有損害船員權益之虞。

⑦雇用人不依契約給付薪津。

⑧船上其他共同工作人患有法定傳染病，有傳染之虞。

(3)雇用人終止僱傭者契約之限制：依船員法第二十二條增訂之預告終止僱傭契約制度之規定，非有下列情形之一者，雇用人不得預告終止僱傭契約：

①歇業或轉讓時。

②虧損或業務緊縮時。

③不可抗力暫停工作在一個月以上時。

④業務性質變更，有減少船員之必要，又無適當工作可供安置時。

⑤對於所擔任之工作確不能勝任時。

雇用人依前項規定終止僱傭契約，其預告期間依下列各款之規定：

①繼續工作三個月以上一年未滿者，於十日前預告之。

②繼續工作一年以上三年未滿者，於二十日前預告之。

③繼續工作三年以上者，於三十日前預告之。

　　船員在產假期間或執行職務致傷病之醫療期間，雇用人不得終止僱傭契約。但雇用人因天災、事變、不可抗力致事業不能繼續或船舶沈沒、失蹤或已完全失去安全航行之能力時，不在此限。

　　雇用人未依第二項規定期間預告而終止契約者，應給付預告期間之薪資。

　　不定期僱傭契約之船員終止僱傭契約時，應準用第二項規定預告雇用人或船長。定期僱傭契約之船員終止僱傭契約時，應在一個月前預告雇用人或船長。

　　雇用人經徵得船員同意，於雇用人所屬船舶間調動，另立新約前，原僱傭契約仍繼續有效。

　　㈡**僱期屆滿**

　　依船員法第二十三條規定，定期僱傭契約，其期限於航行中屆滿者，以船舶到達第一港後，經過四十八小時為終止。

　　㈢**海員退休**

　　依船員法第五十一條規定，海員在船服務年資十年以上，年滿五十五歲，或在船服務年資二十年以上者，得申請退休，年齡已滿六十五歲，或受監護、輔助宣告，或身體殘廢不堪勝任者，雇用人得強迫退休。但年滿六十五歲船員，合於船員體格檢查標準，仍得受僱為船員。

第三項　海員的權利、義務及責任

一、權　利

　　依船員法規定，海員有請求船舶所有人給付薪津與其他法定待遇金（如治療費等）之權利，以及請求船長送回原港之權利。

　　㈠**薪　津**

　　海員之薪資及津貼依法應載明於僱傭契約（船員法第十三條），海員有請求給付之權利，且不受船舶所有人有限責任之限制，得有充分受償之權（海商法第二十二條第二款）。此外，本於僱傭契約所生之薪金質權，有優先受償之權（海商法第二十四條第一項第一款）。而當海員因受傷或患病時，

在雇用人負擔治療費之期間內,仍支原薪津(海商法第四十三條)。另外,依船員法第三十九條之規定:雇用人依第二十二條第一、三項但書或非可歸責於船員之事由終止僱傭契約時,應依下列規定發給資遣費。但經船員同意在原雇用人所屬船舶間調動時,不在此限:

1. 按月給付報酬者,加給平均薪資三個月。

2. 按航次給付報酬者,發給報酬全額。

3. 船員在同一雇用人所屬船舶繼續工作滿三年者,除依第一款規定給付外,自第四年起每逾一年另給平均薪資一個月,不足一年部分,比例計給之,未滿一個月者,以一個月計。但因不可抗力致不能航行而辭退海員時,必須依船員法第二十二條先為預告,否則海員仍得請求該預告期間之薪資(船員法第二十二條)。

㈡**其他待遇金**

1. **醫療費用**

海員於服務期內受傷或患病者,由船舶所有人負擔治療費。但其受傷或患病係因酗酒或重大過失或不守紀律之行為所致者,不在此限(船員法第四十一條)。但海員非因執行職務而受傷或患病已逾三個月者,船舶所有人得停止醫療費用之負擔(船員法第四十二條)。又海員因受傷或患病上陸,應由船舶所有人支給必要之費用(如伙食費、住宿費)(船員法第四十條)。

2. **殘廢補助金**

海員不論其為按月或按航給薪,船員因執行職務而受傷或患病,雖已痊癒而成殘廢或逾二年仍未痊癒者,經符合規定條件之醫療機構診斷,審定其身體遺存殘廢者,雇用人應按其平均薪資及殘廢程度,一次給予殘廢補償;殘廢補償給付標準,依勞工保險條例有關之規定。

船員之遺存殘廢等級,經指定醫師評定為百分之五十或以上,且同時適合依勞保條例殘廢等級第七級以上或第十一級以上,並證明永久不適任船上任何職位者,應按最高等級給予殘廢補助金(船員法第四十四條)。

3. **死亡補償**

海員在服務期間非因執行職務死亡或非因執行職務受傷、患病而死亡,

雇用人應一次給與其遺屬平均薪資二十個月之死亡補償（船員法第四十五條）。如船員因執行職務死亡或因執行職務受傷、患病死亡時，雇用人應一次給與其遺屬平均薪資四十個月之死亡補償。船舶沈沒或失蹤致船員失蹤時，雇用人應按前項規定給與其遺屬死亡補償（船員法第四十六條）。船員遺屬受領死亡補償之順位如下：⑴配偶及子女。⑵父母。⑶祖父母。⑷孫子女。⑸兄弟姐妹（船員法第四十七條）。

4. 喪葬費

海員在職死亡或因傷患病死亡者，船舶所有人應給與平均薪資六個月之喪葬費（船員法第四十八條）。

5. 退休金

依船員法第五十一條規定：

船員有下列情形之一者，得申請退休：

⑴在船服務年資十年以上，年滿五十五歲者。

⑵在船服務年資二十年以上者。

船員年滿六十五歲、受監護或輔助宣告或身體殘廢不堪勝任者，應強迫退休。但年滿六十五歲退休船員，領有有效之外國船員執業證書或資格文件，合於船員體格檢查標準，受外國雇用人僱用者，得受僱之。

本法施行前之船員工作年資，其退休金給與標準，依本法施行前之海商法規定計算。另外，依船員法第五十三條規定：

為保障船員退休權益，本國籍船員之退休金事項，適用勞工退休金條例之退休金制度。但依勞工退休金條例第九條規定，未選擇適用勞工退休金條例之退休金制度者，不在此限。

船員受僱於同一雇用人從事岸上工作之年資，應併計作為退休要件，並各依最後在船、在岸之勞動基準法第二條所定平均工資計算退休金。

船員請領退休金之權利，自退休之次月起，因五年間不行使而消滅。

6. 保　險

依船員法第五十二條規定：

為保障船員生活之安定與安全，雇用人應為所僱用之船員及儲備船員

投保勞工保險及全民健康保險。

7.職工福利金

雇用人依據職工福利金條例提撥職工福利金辦理職工福利事業時，所雇用之船員與儲備船員應予以納入（船員法第五十六條）。

8.船員福利設施

航政機關得在適當港口輔導設置包括船員福利、文化、娛樂和資訊設備之船員福利設施（船員法第五十七條）。

㈢關於送回原港的權利

海員於受僱港以外，其僱傭關係終止時，不論任何原因，船長有送回原港之義務，其因患病或受傷而上陸者亦同。此項送回原港之義務，包括運送、居住、食物及其他必要費用之負擔。海員被遣送回國，如有在航程中擔任工作者，得請求報酬（船員法第四十條）。

二、義　務

依船員法規定，船員應負下列義務：

㈠不得任意離船的義務

海員非經許可，不得離船（船員法第十八條）。

㈡服從命令的義務

海員關於其職務，應服從其上級海員及船長之命令（船員法第十八條）。

㈢不得私載貨物的義務

如私載之貨物為違禁品或有致船舶或貨載受損害之虞者，船長得投棄之（船員法第六十九條）。

三、責　任

㈠公法上責任

船舶之指揮，由船長負責；船長為執行職務，有命令與管理在船海員及在船上其他人員之權（船員法第五十八條第一項）。海員服務於船舶，若不服從船長之命令或擅自離開船舶，船長有權施以強制力，令其服從或回船，並加以處分（船員法第十八、七十九條）。

㈡私法上責任

　　海員關於其職務，應服從其上級海員及船長之命令，非經許可不得離船（船員法第十八條）。海員如有違反情事，船長或船舶所有人得終止僱傭契約。海員不得在船舶私載貨物，如私載之貨物為違禁品，或有致船舶或貨載受損害之虞者，船長得將該貨物投棄（船員法第六十九條）。海員私載貨物如未投棄者，船長得命在裝載港將其起岸，或使支付同一航程同種貨物應付最高額之運費，如有損害，並得請求賠償（海商法第六十五條）。

第四章　運　送

第一節　運送契約的基本概念

第一項　運送契約的定義

運送契約乃謂當事人之一方（運送人）與他方（託運人）約定，一方以船舶為他方運送貨物或以載貨之目的提供船舶與他方，而收取金錢為報酬，所簽訂之合意書者。

第二項　運送契約的性質

依運送契約之定義，可知在運送契約中，當事人一方有支付運費之義務，他方則有完成一定工作之義務，在性質上是為一雙務契約及有償契約，並具有承攬契約之性質。在傭船契約之訂立，必須訂立書面，又為要式契約。當託運人指定第三人為受貨人時，則具利他契約之性質。

第三項　運送契約的當事人及關係人

第一款　運送人

所謂運送人，係指依運送契約，以自己名義，負實施運送義務之人❶，不論是船舶所有人或暫時擁有船舶且享有締約權之人，例如船舶承租人，均係海商法所稱之運送人。

第二款　託運人

託運人為運送契約之相對人，託運人依運送契約負有支付運費之義務❷。託運人無須同時為貨載之所有人。於國際貿易上若以 CIF 為交易條

---

❶　參本篇第一章❶，頁 134。

件，則出口商負有締結貨物運送契約之義務，為託運人。

第三款　艤裝人

艤裝人乃本於他人所訂之運送契約，將貨物交付運送人或船長運送之人❸。在託運人自己以貨物交付運送時，無艤裝人概念之存在。艤裝人並非運送契約之當事人，而係依託運人之指示，將貨物交付運送之人。

第四款　受貨人

受貨人係船長或運送人依照運送契約，於目的港之應交付貨物之人，亦即依照運送契約有權受領貨物之人❹。在國際貿易上，受貨人常為託運人以外之第三人。若受貨人與託運人並不相同時，則載貨證券之發行與交付為一第三人利益契約，即受貨人雖與運送人間並無任何法律關係存在，但受貨人根據載貨證券之發行與交付而取得獨立向運送人請求交付貨物之權利。

第二節　貨物運送（貨物運輸）

第一項　貨物運送契約的種類

第一款　件貨運送契約

以貨物之件數或數量的運送為目的之契約，為件貨運送契約（海商法第三十八條第一項第一款）。件貨運送雖亦以「運送之完成」——貨物安抵目的地為目的，但比較上，件貨運送契約較注意貨物之個性，較不重視船舶之個性，運送人以何船舶完成其運送，非託運人所重視。故原則上，運送人有代船或轉船之權利，而託運人就所託運貨物之運送，對船長並無任

---

❷　同前註。

❸　同前註。

❹　同本章❶，頁 136。

何指揮權限。

第二款　光船租賃契約

光船租賃契約，即船舶租賃，乃謂船舶所有人將船舶出租予承租人，由承租人僱傭船長及海員，對外立於所有人的地位，經營航海事業。此時承租人即海商法上的「航海所有人」，依六十九年臺上字第四一二號判決承認「承租人關於船舶之利用，對於第三人與船舶所有人有同一之權義」。

嚴格來說，光船租賃契約在性質上應與民法上之租賃契約相同，而非海商法上之運送契約，因其係以船舶之使用及收益為目的，而非以運送貨物為目的。然一般仍係以光船租賃為傭船之種類；蓋因租船營利者亦不乏以期間傭船方式承攬貨物謀利者之故。

第三款　傭船運送契約

一、航程傭船與期間傭船契約

傭船運送契約依船舶之使用方式（即支付運費之方法），可分為航程傭船契約（計航傭船）與期間傭船（計時傭船）二者。前者即以一航次的運送為目的，而利用船舶將貨物自甲地運往乙地。其可能是全部或一部傭船契約，但託運人均可依單方之意思表示解除契約（海商法第四十三、四十四條）。後者係指以船舶之全部或一部於一定時期內供運送者，其運費之計算係以日、月或整段期間為計算單位。

二、全部傭船與一部傭船契約

依使用空間而言，傭船運送契約可分為全部傭船契約與一部傭船契約。前者是以船舶的全部供運送為目的之契約，後者乃以船舶的一部供運送為目的之契約。

三、定期傭船契約❺

所謂定期傭船契約係指船舶所有人在一定期間內，將船舶之全部及其

---

❺　定期傭船契約為楊仁壽教授獨創之見解，以往學者鮮有討論者。參本篇第一章❸，頁 178–179。

所僱用之船長、海員，一併包租給定期傭船者。該傭船人除可運送自己的貨物外，亦可從事海上企業，經營運送業務，此時傭船人係就船舶之全部為使用收益。對第三人而言，傭船人為「航海所有人」，可主張船舶所有人限制責任，而債權人亦得對船舶主張優先權，就本契約的性質看來，應屬「船舶之用益」及「船員勞務供給」之混合契約。

定期傭船契約之傭船人除依約應支付傭船費用外，尚須負擔一定的航海費用，但船員的薪資及修繕費仍由船舶所有人負擔。雖然船長、海員仍由船舶所有人僱用，但傭船人對海員亦有某程度之指揮權——亦即關於商事經營載運事項，例如裝卸貨物，船長應受定期傭船人指示。然就關於航行管理事項，則船長不受其指揮。

第四款　再運送契約

一、意　義

指運送人利用其與他運送人所訂之運送契約，將其原所負之運送責任轉嫁予該他運送人，而自己從中賺取差額之運送契約 ❻。

二、與原運送契約的關係

原運送契約與再運送契約原則上各自獨立，並無主從關係。原運送契約之運送人在海商法上之責任，恆為人的無限責任，蓋船舶所有人限制責任之規定，僅適用於船舶所有人（包括航海所有人），而原運送契約之運送人並非航海所有人，故不能主張限制責任，然仍得主張海商法第七十條單位責任限制之規定。再運送人與原運送託運人間不生運送契約上之法律關係。

第五款　複合運送契約

一、意　義

指多數運送人利用不同的運送方式（陸運、海運、空運）分段實施全程之運送，而其中有一段係利用海運者。此時僅簽發單一載貨證券，且僅有一運送契約。

---

❻　參本篇第一章❶，頁 141。

二、責任型態

複合運送以單一運送契約為基礎，契約當事人係託運人與複合運送的經營人，由經營人簽發單據。其責任型態可分為五類：

㈠分割賠償責任制

由各階段運送人直接向託運人負責，複合運送經營人的責任亦限於自己實際承運的區段，亦即彼此負分割責任。然如此一來，即失去運送契約與載貨證券單一之實質意義，是其最大缺點。

㈡網狀賠償責任制

認為複合運送經營人應就運送全程負責，而其責任內容則依損害發生時之運送方式所依據的現行單式公約或國內法予以決定；但不能判斷貨損發生地，則依海運之法規負責。

㈢統一賠償責任制

由複合運送經營人就運送全程負責，且其責任型態統一，不因貨損發生地點而不同，亦即均適用多式聯運公約。一九八〇年聯合國複合運送公約即採此說❼。

㈣修正的統一賠償責任制

即原則上採統一賠償責任制，依多式聯運公約解決；但貨損發生階段可適用之單式公約，其賠償額較統一賠償責任制高時，則依該單式公約解決。

㈤綜合網狀賠償責任制

認為若損害發生地能確定，則依各該階段應適用的法規決定其責任；然若損害發生地無法確定，則另設一責任制度規範之，此時依統一賠償責任制。此為國際商會所創制者❽。

第六款　聯營運送契約

一、意義及要件

聯營運送契約，又稱連續運送契約，規定於海商法第七十四條，係指

---

❼　參柯澤東著，《海商法論》，頁 230（1988 年 10 月）。

❽　同上註書，頁 259–263。

有多數運送人利用船舶分段實施運送，而於目的港交付貨物之運送契約❾，而僅簽發單一之載貨證券。其成立要件主要有二： 1.須有數運送人就各個航程相繼運送。 2.僅簽發單一載貨證券（聯營載貨證券）。在聯營運送契約中，最重要即在討論如何處理數運送人間之運送責任問題。

二、種類及法律效果❿

㈠真正聯營運送

即指第一運送人約定由其「承擔全程」運送之義務，在中間港之轉船行為則以自己之名義及計算為之。故貨物轉船後之第二運送人以下之運送人，因與託運人間並無契約關係，而在法律上係為第一運送人之履行輔助人。

㈡非真正聯營運送

為我國海商法第七十四條第二項所規定者，謂第一運送人約定其所負之運送義務僅止於到達轉船港，對於轉船港以後之運送，僅負承攬運送人之義務，此時以下之各運送人均為運送契約當事人。此時載貨證券之發給人（即第一運送人）除就自己之航段須負責外，對其他運送人之行為仍應負法定保證責任（民法第六百三十七條，連帶責任）；而其他運送人則分段就自己實施運送之部分負運送責任（海商法第七十四條第二項，分割責任），與前述之侵權行為責任有所不同，其可主張海商法上任何有關運送人利益事項，例如船舶所有人責任限制（海商法第二十一條）、法定免責事由（海商法第六十九條）、單位責任限制（海商法第七十條第二項）等。另外，民國八十八年修法後增訂第七十五條：「連續運送同時涉及海上運送及其他方法之運送者，其海上運送部分適用本法之規定。貨物毀損滅失發生時間不明者，推定其發生於海上運送階段。」蓋現代運輸提倡所謂「戶到戶」(Door to Door) 之運輸服務，故多種運輸工具連續運送之情形屢見不鮮，故參照海牙規則或海牙威士比規則規定，明確界定本法適用範圍僅限海上運送部分。

㈢共同運送

指數運送人共同約定將貨物運達目的港而交付受貨人之運送契約。此

❾　參施著，頁 128。

❿　同上註，頁 218-220。

時單一之載貨證券係由參與運送之各運送人簽發，至於各運送人之責任，除第一運送人須負全部責任外，其他各運送人均為第一運送人，均須負全部擔保責任。

㈣部分運送

指數運送人就各自運送航程之部分，分別與託運人訂定運送契約，而分別簽發自己航程之載貨證券。此時有數運送契約及載貨證券存在，各運送人彼此負分割責任，故究其性質言，並非此處所稱之聯營運送。

第二項　貨物運送契約之訂立及發航前的解除

一、貨物運送契約的訂立

貨物運送契約依海商法第三十八條規定，分為件貨運送契約與傭船運送契約，二者的訂立方式有所不同。本法第三十九條規定：「以船舶之全部或一部供運送為目的之運送契約，應以書面為之。」是傭船運送契約是為要式契約，須以書面為之，並須依第四十條規定應記載下列事項：㈠當事人之姓名或名稱，及其住所、事務所或營業所。㈡船名及對船舶之說明。㈢貨物之種類及其數量。㈣契約期限或航程事項。㈤運費。

而件貨運送契約，觀諸本法並未特別規定其契約訂立方式，故依海商法第五條回歸適用民法一般契約規定，以託運人要約（訂位），運送人承諾（以發給「艙位承諾書」之方式為之），契約即成立，屬非要式契約。然運送人或船長於貨物裝船後，因託運人之請求，應發給載貨證券（海商法第五十三條），而載貨證券所載內容，僅規範運送人與載貨證券持有人之法律關係，至於運送人與託運人間則應適用運送契約之約定。

二、發航前的解除

一般契約之解除，除兩造當事人協議者外，尚有法定解除原因。海上運送傭船契約之解除，除依海商法第四十二條所定之法定解除原因，即「運送人所供給之船舶有瑕疵，不能達運送契約之目的時，託運人得解除契約」外，託運人得任意為之。惟應依同法第四十三、四十四條負擔法定數額之運費。而運送人欲解除海上運送契約時，僅得於託運人不依約交付運送之

貨物時，始得依民法第五百零七條解除契約。

第三項　貨物運送契約運送人的權利義務及責任

一、運送人的權利

㈠運費請求權

　　貨物運送契約既是當事人一方（運送人）與他方（託運人）約定，一方利用海船為他方運送貨物至目的港，他方俟運送完成時，給予報酬之契約。是運送既已以船舶為託運人運送貨物至目的港，自得請求託運人給付對價，享有運費請求權。而託運人為其運送契約之相對人，故有依運送契約支付運費及其他費用之義務。然貨物之受貨人並非運送契約之當事人，若有由受貨人支付運費之特約，則僅係受貨人交貨請求權行使之附停止條件，並無運費交付之義務。託運人對於運費之支付義務，係負「人的無限責任」，應以全部之財產負無限之清償責任，不得以委棄貨載之方式免除其運費支付之義務。

　　至於運費之支付範圍，在期間傭船契約中，依海商法第四十七條規定，以船舶之全部於一定期間內供運送者，託運人僅就船舶可使用之期間，負擔運費，但因航行事變所生之停止，仍應繼續負擔運費。然若該船舶之停止，係因運送人或其代理人之行為或因船舶之狀態所致者，託運人不負擔運費，如有損害，並得請求賠償。船舶行蹤不明時，託運人以得最後消息之日為止，負擔運費之全部，並自最後消息後，以迄於該次航行通常所需之期間應完成之日，負擔運費之半數。至於船程傭船契約，依海商法第四十八條規定，託運人所裝載之貨物不及約定之數量時，仍應負擔全部運費，但應扣除船舶因此所減省費用之全部，及因另裝貨物所取得運費四分之三。除上述個別規定外，海商法尚定有其他各種運送契約共同適用原則，分述如下：

　　1.因不可抗力不能到達目的港，而將原裝貨物運回時（海商法第六十六條），託運人僅負擔去航運費。此乃限制運送人權利之行使，適用於件貨運送契約，航程運送契約及期間傭船契約則不適用之。

2.因海上事故而須修繕時 (海商法第六十七條),如託運人於到達目的港前提取貨物時,應付全部運費。

3.船長轉運之情形 (海商法第六十八條),船舶在航行中遭難,或不能航行,而貨物仍由船長設法運到目的港時,如其運費較低於約定之運費者,託運人減支兩運費差額之半數。如新運費等於約定之運費,託運人不負擔任何費用,如新運費較高於約定之運費,其增高額由託運人負擔之。

(二)延滯費請求權

所謂延滯費請求權,意指運送人於「超過裝卸期間」,等待貨物之裝卸,所得請求之補償。關於延滯費之性質,觀諸修正前海商法第九十五條第二項規定:「裝載或卸載,超過裝卸期間者,運送人得按其超過之日期,請求相當損害賠償。」似為一損害賠償。然學者通說⓫及判例 (四十九年臺上字第二六二〇號判例) 以為其性質應屬「運費」之一種,名稱雖與運送費不同,但實質上仍為運送之對價。惟依修正後第五十二條第二項規定:「裝卸期間自前項通知送達之翌日起算,期間內不工作休假日及裝卸不可能之日不算入。但超過合理裝卸期間者,船舶所有人得按超過之日期,請求合理之補償。」可知文字上已作修改。

(三)交還載貨證券請求權

依海商法第六十條規定載貨證券準用民法關於提單之規定。而民法第六百三十條規定:「受貨人請求交付運送物時,應將提單交還。」是當受貨人請求交付運送物時,運送人得向受貨人行使交還 B/L 請求權。

(四)運送物處置權

海商法第六十五條規定:「運送人或船長發見未經報明之貨物,得在裝載港將其起岸,或使支付同一航程同種貨物應付最高額之運費,如有損害並得請求賠償。前項貨物在航行中發見時如係違禁物,或其性質足以發生損害者,船長得投棄之。」

⓫　學者施智謀、楊仁壽教授均言延滯費在性質係屬「運費」之一種,參本篇第一章❶,頁 164–165;❸,頁 239。

(五)運送物寄存權

　　受貨人怠於受領貨物時，運送人或船長得以受貨人之費用，將貨物寄存於港埠管理機關或合法經營之倉庫，並通知受貨人。受貨人不明或受貨人拒絕受領貨物時，運送人或船長得依上項之規定辦理，並通知託運人及受貨人。運送人對於前二項貨物有下列情形之一者，得聲請法院裁定准予拍賣，於扣除運費或其他相關之必要費用後提存其價金之餘額：1.不能寄存於倉庫。 2.有腐壞之虞。 3.顯見其價值不足抵償運費及其他相關之必要費用（海商法第五十一條）。或當載貨證券有數份者，有二人以上之載貨證券持有人，請求交付貨物時，運送人或船長應即將貨物按照第五十一條之規定寄存，並通知曾為請求之各持有人（海商法第五十八條第二項）。

二、運送人的義務

(一)船舶適當提供的義務

　　海上貨物運送的完成，必須借助船舶以完成，因此在運送契約中，運送人有依約提供船舶之義務。在實務上，因傭船運送契約相當注重船舶個性，是多以特定之船舶從事運送；而件貨運送契約因不注重船舶個性，運送人有轉船或代船之權利。依據海商法第四十二條規定，如運送人所供給之船舶有瑕疵，不能達運送契約之目的時，託運人得解除契約。此處所指之「瑕疵」，包括船舶構造上的瑕疵，例如艙底鏽裂易因水壓增大而進水；以及船舶約定性質之欠缺，例如託運人所欲託運者乃是需冷凍之大批魚蝦，而運送人所提供之船舶卻無冷凍設備或冷凍能力不足者即屬之。是運送人負有提供適當船舶的義務，即使船舶具有適航性的義務。依據海商法第六十二條第一項規定，運送人或船舶所有人於發航前及發航時對於下列事項，有為必要注意及措置的責任： 1.使船舶有安全航行之能力。 2.配置相當船員、設備及供應。 3.使貨艙、冷藏室及其他供載運貨物部分適合於受載運送與保存。

(二)貨物裝載的義務

1.停泊候載義務

　　於件貨運送契約中，除當事人另有約定外，託運人應於裝載開始前，

將貨物交付運送，原則上託運人並無請求運送人等待裝貨而另給延滯費之權利。而期間傭船運送契約因將船舶等待裝貨之期間列入傭船期間中來計算運費，故亦無候載期間之問題。

由於航程傭船運送契約之船舶等待裝船期間並不另計運費，因此該期間之長短對運送人的利益影響極大，故通常有裝載期間之約定及延滯費之問題。在約定的裝載期間內，運送人負有無償等待貨物之裝載的義務；超過裝載期間時，運送人則可請求相當之報酬。而裝載期間與超過裝載期間之總合即是所謂的候載期間。

關於裝載期間的計算方式，依據海商法規定，以託運人接到裝貨或卸貨準備完成通知之翌日起算（海商法第五十二條第二項）；而其期間之計算方式，係以「實際工作日」為標準，不工作休假日、裝載不可能之日均不算入（海商法第五十二條第二項）。而超過裝載期間之計算，是採「持續計算之原則」，遇有休假日、裝卸不可能之日均算入（海商法第五十二條第三項）。

運送人於「超過合理裝卸期間」中，得按其超過之日期請求合理之補償（海商法第五十二條第二項），稱為「延滯費」，係運送人因時間之損失依法得請求之補償，依四十九年臺上字第二六二○號判例認為其非通常之損害賠償或違約金，本質上係運送之對價。

2. 貨物照管義務

依海商法第六十條規定：「運送人對於承運貨物之裝載、卸載、搬移、堆存、保管、運送及看守，應為必要之注意及處置。」凡運送人自貨物「收受」時起，至貨物「交付」時止，對於承運貨物之裝載、卸載、搬移、堆存、保管、運送及看守，應盡善良管理人注意義務。

3. 拒絕運送禁運物、偷運物、危險物品的義務

運送人知悉貨物為違物或不實申報物者，應拒絕載運，其貨物之性質足以毀損船舶或危害船舶上人員健康者亦同。但為航運或商業習慣所許者，不在此限。運送人知悉貨物之性質具易燃性、易爆性或危險性並同意裝運後，若此貨物對於船舶或貨載有危險之虞時，運送人得隨時將其起岸、毀

棄或使之無害、運送人除由於共同海損者外，不負賠償責任（海商法第六十四條）。若運送人於運送中始發現未經報明之違禁物或危險物品者，船長得投棄之或得請求全額之運費（海商法第六十五條）。

4. 甲板上裝載禁止的義務

運送人或船長如將貨物裝載於甲板上致生毀損滅失時，應負賠償責任。但經託運人之同意並載明於運送契約或航運種類或商業習慣所許者，不在此限（海商法第七十三條）。

5. 發給載貨證券

運送人或船長於貨物裝載後，因託運人之請求，應發給載貨證券。

(三)運送實行的義務

關於運送人所負之運送實行之義務包括有：準時發航之義務、直航之義務、轉船之禁止、完成航行之義務、負擔航行費用之義務，分述如下：

1. 準時發航的義務

航程傭船契約之發航時期常以契約定之，而件貨運送契約之定期航行，則依公告之開航日期發航，運送人或船長有依約定或所公告之開航日期準時發航之義務。

2. 直航的義務

船舶自裝載港發航後，應按預定之航程直航目的港，除有因戰爭、事變或不可抗力、海上救助等正當理由外，不得任意變更（海商法第七十一條，船員法第六十二條）。

3. 轉船的禁止

原則上，貨物之轉載非經託運人之同意，不得為之，然依海商法第六十八條之規定，船舶於航行中遭難或不能航行時，例外使船長有依法轉載之權利。

4. 完成航行的義務

運送契約中之運送人應依運送契約或載貨證券所載，將貨物送達目的港。惟航行中經發現有未經報明之貨物，如係違禁品，或其性質足以發生損害者，船長得投棄之（海商法第六十五條第二項）。又如因不可抗力，不

能到達目的港時，得將原裝貨物運回裝載港（海商法第六十六條）。

5. 負擔航行費用的義務

除船舶租賃契約及定期傭船契約外，其他運送契約中，所有由海上所產生之航行費用與支出，除為共同海損外，均屬自船舶所生之債務履行之費用，依據一般契約原則，應由運送人負擔。

(四)抵達目的港時的義務

1. 通知及指示貨物卸載的義務

依海商法第五十條規定，貨物運達後，運送人或船長應即通知託運人指定之應受通知人或受貨人。在件貨運送契約中，受貨人應依運送人或船長之指示，即將貨物卸載。卸載之貨物離船時，運送人或船長解除其運送責任。而卸載期間之計算及超過卸載期間之補償的相關規定於海商法中，與「裝載」時之規定相同（海商法第五十二條）。

2. 貨物交付的義務

運送目的終了時，運送人應依約於目的港將所承運之貨物交付於受貨人。交貨時如有收據或載貨證券應收回之。如載貨證券有數份者，在貨物目的港，先後有數人請求時，依海商法第五十八條第一項規定，僅持有一份載貨證券即可請求交付；若同時有數人請求時，則依同條第三項規定，應將貨物按照第五十一條規定寄存並通知曾為請求之各持有人。若非在貨物目的港，非受載貨證券之全數，不得為貨物之交付（海商法第五十八條第一項）。貨物一經卸載離船，由受領權利人受領後，視為運送人已依記載交清貨物，債務之履行義務即告終了（海商法第五十、五十六條第一項、五十八條，民法第三百零九條）。

3. 貨物寄倉的義務

受貨人怠於受領貨物或有數權利人受領時，運送人或船長得（應）以受貨人之費用，將貨物寄存於港埠管理機關或合法經營之倉庫，並通知受貨人及託運人（海商法第五十一、五十八、五十九條）。如運送物不能寄存，或有腐壞之性質，或顯見其價值不足抵償運費或其他費用時，運送人得拍賣之(民法第六百五十條第三項)，惟應將拍賣情形通知託運人及受貨人(民

法第六百五十條第四項）。

三、運送人的責任

㈠國際公約的規定

運送契約既是「契約」，原應以「契約自由」為依歸，但是由於海運之國際性、安定性需要，常引起公力大量的介入，形成運送契約或載貨證券上的最低強制責任。運送人雖然對於運送原則負過失責任，但有免責規定。就本國海商法觀之，關於運送人之最低強制責任規定於第六十一至六十三條，法定免責事由則規定於第六十九至七十三條。法定免責條款範圍相當廣泛，並且強制免責，較民法上的普通事變責任而言，運送人之責任減輕許多。然此一免責並非本國法所獨創，而係源自於西元一九二四年之「載貨證券國際統一責任公約」（俗稱海牙規則）。由於海運之泛國際性，如前所述運送契約或載貨證券固應受國內法的拘束，實際上更受到國際公約的拘束與影響。是以下即對當前國際海事影響較大之數個公約，作一概述。

1. 海牙規則（載貨證券國際統一責任公約）

海牙規則完成於西元一九二四年，是以載貨證券所生之權利義務關係作為規範對象，而非以運送人與託運人間之法律關係為其中心，因此傭船契約欲適用海牙規則，須具備：(1)載貨證券之發行，及(2)載貨證券須轉入第三人之手（此與我國海商法之規定有所不同，詳後述）。

海牙規則雖名為關於載貨證券之規範，實則為載貨證券上運送責任之統一之責任規定，係以規範運送人責任為中心，其規範內容大別有下：

⑴法定強制責任（法定最低責任，不可預先免除之責任）：海牙規則明確規定，運送人因過失致船舶無適航能力或違反商業上照管注意義務所負之責任，不得以特約減輕或免除之。並且摒棄早期普通運送法規所採之「擔保責任主義」而改採「推定過失責任主義」。至於強制責任期間，則明定始於貨物裝船時起，至貨物卸載時止，其餘運送階段仍有契約自由原則之適用（海牙規則第三條）。

⑵法定利益：海牙規則規範中，雖對於運送人課以法定強制責任，但同時賦與其法定利益，以平衡運送人與託運人間之權利義務關係，進而鼓

勵運送人從事海上事業活動，不因法定強制責任而卻步不前。而所謂「法定利益」，包含運送人法定免責事由之擴大，單位責任限制，以及短期時效之利益三者，分述如下：

①免責事由之擴大：除原有之普通法事由外，增列因海上履行輔助人因航海技術上及船舶管理上之過失及失火所致之貨物毀損滅失，運送人亦得主張免責之規定（海牙規則第四條第二項）。

②單位責任限制：關於運送人賠償責任係採行賠償限額制度，其賠償額以每件或每包一百英鎊，或其他等值貨幣為限，以減輕運送人之賠償負擔（海牙規則第四條第五項）。

③短期時效利益：時效愈短，對運送人愈有利，海牙規則規定海上運送損害賠償請求權時效為一年（海牙規則第三條第六項）。

(3)契約自由之範疇：凡未簽發載貨證券或該載貨證券未轉入第三人之手之傭船契約，以及合法的甲板運送與活體動物的運送契約，均無上述法定強制責任及法定利益之適用，一切悉遵普通法契約自由原則。此外，凡強制規定以外之事項，或適用期間以外的運送階段，亦同。

2.布魯塞爾議定書（威士比規則）

布魯塞爾議定書係為彌補海牙規則之不足所為之修正，簽訂成立於西元一九六八年。主要內容有下：

(1)解決「單位賠償責任限制」及計件之問題賠償限額制度：海牙規則係為解決當時國際法社會之需要而產生，然因時、事、物變遷快速，已固定之海牙規則已難符需要，最明顯者當屬賠償限額的責任限制之問題，當時規定單位責任限制是以每件或每單位一百英鎊作為計算基礎，並按當時匯率折算為各國貨幣的價額，以為責任限制；惟實行以來，往年之金額已因物價上漲與匯率變化而顯得不能達到原有的功能，造成國際間的分歧。同時，更因運輸技術的進步，貨櫃的大量使用，使貨物之「件數」或「箱數」顯得無甚意義，若堅持以「件」、「箱」為單位解釋貨櫃，則一長達四十呎、重三十五公噸之貨櫃，亦稱為一「件」或「箱」，其賠償額限於一百英鎊之等值，顯有不合理。是於西元一九六八年，布魯塞爾議定書首先解

決「責任賠償限額」與「件數」問題。限額改以黃金作標準，每一單位法郎指含有成色為千分之九百的黃金重量六五‧五公絲，其計算則以每件不超過一萬法郎或每公斤不超過相當三十金法郎之金額，據此金額，再換算成各本國之通貨。同時規定「貨櫃」等類似運送容器，若於載貨證券內載明櫃內貨物件數時，即應視之為運送之件數❷。

(2)明定載貨證券轉入第三人之手時，載貨證券具有文義效力；而在海牙規則規定下僅具有推定效力（詳細將於後述「載貨證券之文義性」中說明之）。

3.漢堡規則

漢堡規則於西元一九七八年誕生，其對於海牙規則、布魯塞爾議定書及英美各國的海事法作一百八十度的轉變，不僅一反海牙規則以載貨證券之法律關係為規範之主要對象，而以海上貨物運送契約為規範之對象，並且廢除不平的海牙規則第四條第二項的全部十七款免責條款；增列運送人對其管領期間貨物之喪失、毀損、及遲延負責（漢堡規則第五條第一項），除非運送人能證明已盡所有可能合理的方法以避免損害的發生。公約之「共同瞭解」聲明：「運送人在本公約下的責任，是以推定過失或疏忽的原則為基礎。也就是說，一般，舉證責任由運送人負擔。」但保留因火災及活的動物之運送所引起的喪失、毀損、及遲延之損害賠償，其舉證責任仍應由請求人負擔（漢堡規則第五條第五項）。此外，漢堡規則適用於活的動物的運送，亦擴大了海牙規則的適用範圍❸。

(1)運送人責任的加重：基本上，漢堡規則與海牙規則最大之不同就是對於運送人與託運人間責任分配的改變，而漢堡規則除將上述原來海牙規則最著名的第四條第二項十七款免責條款刪除，加重運送人運送責任外，更將強制責任期間延長。海牙規則之責任期間，係自裝載時起到卸載時止，裝載前及卸載後之期間，當事人得以特約減輕或免除其義務與責任。而漢堡規則之責任期間則增長為運送人受貨時起以迄交貨時止，運送人責任加

---

❷　參本篇第一章❹，頁 345–355。

❸　參本篇第一章❹，頁 359–350。

重，對託運人（貨主）之保護更為周到。

(2)貨櫃運送單位計件問題：鑑於前述海牙規則單位責任限制中單位計件於貨櫃運送中所生之疑義、不合理情形，漢堡規則特於第六條第二項(a)款中規定，凡貨物裝載於貨櫃、墊板或其他類似之用於固定貨物之運送容器內之件數或裝船單位者，該記載之數量即推定為貨物之件數或裝船單位，否則一個貨櫃或一個墊板，即視為一件。再者，運送容器滅失或毀損時，如該運送容器非運送人所有或非其所提供，該運送容器本身亦視為一獨立之裝船單位（同條項(b)款），而亦屬運送人所須負責賠償之列。

㈡貨物毀損滅失的運送人責任

我國海商法有關貨物運送規定部分，基本上係沿襲海牙規則之內容，但關於強制責任適用之對象，則略有局部差異。海牙規則原則上是以載貨證券為中心，至於傭船契約則須發行載貨證券且已轉入第三人手中，始有強制責任規定之適用；且不適用於活體動物的運送。而我國海商法修正前第一百零五條規定，運送人強制責任不但適用於件貨運送契約（載貨證券），且亦適用於傭船運送契約，並不以載貨證券之發行為條件；對活體動物之運送亦未設例外規定。惟民國八十八年七月修正之海商法第六十一條規定：「以件貨運送為目的之運送契約或載貨證券記載條款、條件或約定，以減輕或免除運送人或船舶所有人，對於因過失或本章規定應履行之義務而不履行，致有貨物毀損、滅失或遲到之責任者，其條款、條件或約定不生效力。」修正後本條有關強制責任之範圍，應僅限於以件貨運送為目的之運送契約者，而對於減輕責任之記載條款或約定，亦宜明確規定不生效力，以資周延，特參考一九六八年海牙威士比規則第三條第八項之規定，將「運送契約」修正為「件貨運送契約」，及將「……貨物毀損滅失之責任者……」修正為「……貨物毀損、滅失或遲到之責任者……」。

1. 最低強制責任

(1)適用對象：依海商法第六十一條規定，強制責任適用之對象，除載貨證券外，尚有運送契約，凡二者所記載之條款、條件或約定，以免除運送人或船舶所有人，對於因過失或本章規定應履行之義務而不履行，致有

貨物毀損、滅失或遲到之責任者，其條款、條件、約定，不生效力。蓋依民法第六百四十條之規定：「因遲到之損害賠償額，不得超過因其運送物全部喪失可得請求之賠償額。」因此，即使本條將「遲到」列為最低強制責任，對於運送人並無重大不利之處；為考慮運送人和託運人間利益之均衡，避免運送人以特約條款排除本法所規定運送人因遲到應負之責任，爰增列「遲到」一詞於條文中。

(2)最低義務要求：

①提供具有堪航能力船舶之義務：所謂船舶堪航能力，係指船舶應具備足以抗拒預定航程上所可能遭遇的海上危險，包括：

A.使船舶有安全航行能力。

B.裝配上適當：即須配置船舶相當船員、設備及供應。

C.堪載能力：即使貨艙、冷藏室及其他供載運貨物部分適合於受載運送與保存（海商法第六十二條第一項）。

依海商法第六十二條第一項規定，運送人或船舶所有人於發航前及發航時，對於上述事項，應為「必要之注意及措置」，是採「過失責任主義」。即運送人應盡必要之注意發現船舶有無堪航能力，如運送人已盡其「必要之注意」仍無法發現船舶無堪航能力之事項，則運送人因無過失而可免責。再依海商法第六十二條第三項規定：「運送人或船舶所有人為免除前項責任之主張，應負舉證之責。」因此可知，運送人之過失乃事先為法律所推定。故託運人僅要證明其受有損害，且此損害係因船舶無堪航能力之事實所致即可。運送人如欲免除其責任，應證明無堪航能力係於發航後始發生或運送人已盡「必要之注意」而未能發現船舶已無堪航能力[14]。

前段說明運送人僅須於「發航前及發航時」為必要之注意及措置，使船舶具有航行能力，即履行其注意義務，係採「始航責任主義」，若船舶航行中始呈無堪航能力狀態，則屬管理船舶問題，應依海商法第六十九條第一項第一款免責規定解決。至「發航前及發航時」應作何種解釋？通說以為應採「預定航程說」[15]，即船舶在貨物裝載港之裝貨時起至發航時止，

---

[14]　參本篇第一章❶，頁 193–194。

運送人應使船舶具有堪航能力，至若船舶發航後，途中所經各個港口停泊再啟航時之有無堪航能力，則非屬本條規範之重心。

②對貨物提供商業上照管義務：海商法第六十三條規定：「運送人對於承運貨物之裝載、卸載、搬移、堆存、保管、運送及看守，應為必要之注意及處置。」即指貨物自「收受」時起，迄「交付」時止，運送人應依本條之規定，為必要之注意及處置。然貨物之運送期間（即裝載後、卸載前），依據海牙規則之規定，為一「強制責任期間」，運送人就此期間內貨物所生之毀損滅失，不得以特約方式約定減輕或免除責任（海商法第六十一條）。是貨物在「收受」之後、「裝載」之前及「卸載」之後、「交付」之前之在陸「待運期間」及「待交期間」內，是否運送人仍負商業上照管義務的「法定強制責任」，亦或僅負「任意責任」，我國海商法並未明文規定，然由於我國海商法係繼受自海牙規則，再依修正前海商法第九十三條第三項規定：「卸載之貨物離船時，運送人或船長解除其運送責任。」本文以為應將該貨物在陸「待運期間」及「待交期間」解釋為一「任意責任期間」，在此期間中，運送人雖亦應依海商法第六十三條規定，對貨物之照管為必要之注意及處置，但運送人得以免責約款之方式，減輕或免除其責任，同法第六十一條關於免責約款禁止之規定，於此並無適用。值得注意的是，修正後第五十條已刪除原條文內容之第二項，修正說明謂：件貨運送之卸載，應屬運送人之義務。現載之貨物離船時，運送人或船長係解除其海上運送責任，至於貨櫃之內陸運輸、儲放、保管責任等應適用民法及其他相關法令之規定。

(3)強制責任的事項：關於運送人強制責任之事項，依海商法第六十一條之規定，可分為二大類：一為因過失而致貨物毀損滅失之責任，二為因違背運送契約上應履行之義務，致貨物有毀損滅失之責任。例有**⓰**：

①船舶無堪航能力所生之損害賠償責任（海商法第六十二條）。

②商業上照管貨物過失所生損害賠償責任（海商法第六十三條）。

⓯　參本篇第一章**❸**，頁 204。

⓰　參本篇第一章**❶**，頁 216–217。

③承運違禁物、偷運物所生之損害賠償責任（海商法第六十四條）。

④不合理變更航程所生損害賠償責任（海商法第七十一條）。

⑤非法甲板裝載所生損害賠償責任（海商法第七十三條）。

⑥再運送人所負之法定保證責任（海商法第七十四條第二項）。

⑦關於損害賠償之計算（民法第六百三十八條）及運送人單位限制責任（海商法第七十條第二項），僅得約定提高，不得約定減低。

⑧船舶無堪航能力過失之推定（海商法第六十二條第三項）及損害通知之規定（海商法第五十六條）。

⑨約定託運人或受貨人應將貨物之保險金請求權轉讓與運送人者。依海牙規則之規定（第三條第八項），無效。我國海商法並無明文規定，本文以其與保險法保險代位之規定相違背，解釋上亦應認為其約定不生效力。

⑷強制責任期間：海牙規則規定強制責任期間為「自貨物裝載起迄貨物卸載之期間」。而關於「裝載」、「卸載」之時點，依美國所發展出之「鉤至鉤」原則，乃以船舶對貨物有無支配力決定之（「鉤至鉤」原則內容，參見後述）；而漢堡規則則認為強制責任期間，始自運送人收受貨物時起至交付貨物時止，將運送人之強制責任期間擴大至內陸交貨受貨時。至若我國，民國五十一年七月修正海商法時，似有採「鉤至鉤」原則之意圖，並依當時海商法第九十三條第三項明文規定可知，運送人強制責任有時間之限制；即貨物裝載上船後，至卸載離船時止（貨物在船期間），運送人應負海上運送強制責任，依海商法有免責約款禁止規定之適用。至於貨物收受後裝載前或卸載後交付前（貨物在陸期間），運送人雖依海商法第一百零七條（按：現行法第六十三條）對貨物應為必要之注意及處理，但其非強制責任範圍，運送人得依特約減免其責任，然運送人若有故意或重大過失，仍應負責（民法第二百二十二條）。惟民國八十八年七月修正時，原條文第九十三條第三項刪除。

⑸強制責任違反之效果：免責約款不生效力；運送人強制責任之規定，僅適用於「致有貨物毀損滅失之責任」；至於「遲延責任」，縱因過失或違背運送義務而生者，亦無強制責任規定之適用，仍得以特約減輕或免除其

責任。

違反海商法第六十一條免責約款禁止之規定者，僅該條款、條件或約定不生效力；至於其所依附之運送契約或載貨證券並不因而無效。此外，凡運送人未盡海商法第六十二、六十三條之義務，而導致貨物發生毀損滅失時，不得主張海商法第六十九條第一至十七款的免責利益。

2.法定利益

⑴單位責任限制之利益：當運送人因未盡海商法第六十二、六十三條之義務，而致貨物發生毀損滅失應負賠償責任時，其賠償範圍，原則上依民法第六百三十八條規定：「運送物有喪失、毀損或遲到者，其損害賠償額應依其應交付時目的地之價值計算之。」但例外地，依海商法第七十條第二項規定：「除貨物之性質、價值於裝載前已經託運人聲明並註明於載貨證券者外，運送人或船舶所有人對於貨物之毀損滅失，其賠償責任，以每件特別提款權六六六•六七單位或每公斤特別提款權二單位計算所得之金額，兩者較高者為限。」前項所稱件數，係指貨物託運之包裝單位。其以貨櫃、墊板或其他方式併裝運送者，應以載貨證券所載其內之包裝單位為件數。但載貨證券未經載明者，以併裝單位為件數。其使用之貨櫃係由託運人提供者，貨櫃本身得作為一件計算。由於運送人或船舶所有人之故意或重大過失所發生之毀損或滅失，運送人或船舶所有人不得主張第二項單位限制責任之利益。本條文第二、三、四項係參照一九六八年海牙威士比規則第四條第五項有關款別修訂。第二項係參照一九六八年海牙威士比規則第四條第五項(a)款規定 the nature and value of suchgoods 修訂為貨物之性質及價值。本修正條文單位責任係比照我國最大貿易國——美國之單位責任限制每件五百美元，依民國八十二年十二月二十九日匯率折算約為新臺幣一萬三千餘元，原訂三千元單位賠償責任限制金額，提高為新臺幣一萬二千元正。另第(a)款規定每公斤賠償標準為每件賠償限額的千分之三，宜增列規定每公斤賠償限額為新臺幣三十六元。為因應航運國際化之特性，本修正條文單位責任限制，以國際貨幣基金特別提款權（Special Drawing Right，簡稱 SDR）計算，依民國八十二年十二月二十九日中央銀行外匯局

提供，一 SDR 等於一・三八一〇七美元，一美元等於新臺幣二六・七元，故本單位責任限制以每件特別提款權六六六・六七單位或每公斤特別提款權二單位計算之。另外，海商法第七十條亦參照前述海牙規則同條項第(c)款增訂單位包裝件數之計算標準，以因應貨櫃、墊板或其他方式之併裝運送。而第四項則係參照海牙規則同條項(e)款增訂之。

(2)短期時效利益：按海商法規定貨物一經有受領權利人受領，推定運送人已依照載貨證券之記載，交清貨物。但有下列情事之一者，不在此限：

①提貨前或當時，受領權利人已將毀損滅失情形，以書面通知運送人者。

②提貨前或當時，毀損滅失經共同檢定，作成公證報告書者。

③毀損滅失不顯著而於提貨後三日內，以書面通知運送人者。

④在收貨證件上註明毀損或滅失者。

貨物之全部或一部毀損、滅失者，自貨物受領之日或自應受領之日起，一年內未起訴者，運送人或船舶所有人解除其責任。

本條規定乃參照一九六八年海牙威士比規則第三條第六項之規定，將「視為」修正為「推定」，以賦與受領權利人得舉證證明運送人尚未交清貨物之權利。另外增訂第一項第二款，依前述一九六八年海牙威士比規則同條項，貨物之毀損或滅失若於提貨前或當時，已經雙方共同檢定，作成公證報告書者，亦推定運送人尚未交清貨物。而第二項原條文係於五十一年修法時所增訂，其立法理由為「……從美國海上貨物運送條例之規定訂為一年」，查美國海上貨物運送條例及一九六八年海牙威士比規則均訂明「一年內未起訴者，運送人或船舶所有人解除其責任」之規定，爰依國際公約修正之。另貨物之全部或一部毀損滅失，均須於貨物受貨之日或自應受領之日起一年內起訴，否則運送人解除其責任。

(3)法定免責事由：關於運送人責任之法定免責事由，我國海商法規定於第六十九條第一至十七款、第七十二條、第七十條第一項、第七十一、七十三及六十五條，茲分別說明於下：

①第六十九條第一至十七款：海商法第六十九條，共十七款所規定的

免責事由，主要因襲自海牙規則，並無重大更動，其中第二、四至十六款為傳統海事法之免責項目；第一、三及十七款則為特殊免責項目，其事由主要可分類為：

A.運送人或其履行輔助人之行為（例如：第一、三、十七款）。

B.意外事故（例如：第二款）。

C.託運人之行為（例如：第十五款）。

D.與運送標的物有關（例如：第十二、十三、十四款）。

E.公共政策（例如：第九款）。

F.道德原因（例如：第十一款）。

G.不可抗力（例如：第四至八、十款）。

上述各款，由於其內容之重要性各有不同，為免贅語，僅將一般通說及實務上認為較為重要並有爭議之第一至三款及十七款概述如下：

(A)航海技術上之過失及船舶管理上之過失 （海商法第六十九條第一款）：本款之適用限於因運送人之使用人（不論船上或陸上之使用人），於航行或管理船舶之行為而有過失者。如運送人為「法人」時，董事、經理人或其他有監督管理權之高級職員等人均應認係運送人，其過失不得主張本款。

(B)海上或航路上之危險、災難或意外事故（海商法第六十九條第二款）：所謂運送人或船舶所有人不負賠償責任之「海上危險」者，係指船舶在航行中，因海上自然力而發生之變故而無人力參入其間者而言（六十七年臺上字第四二一五號判決）。

(C)非由於運送人本人之故意或過失所生之火災（海商法第六十九條第三款）：民國八十八年修正前，本條款規定為「失火」，則所謂「失火」，其意義為何？實務與學說見解向有分歧。實務上最高法院判例認為「失火」乃指非由於運送人或其履行輔助人之過失引起的火災（六十八年臺上字第一九六號判例、六十八年臺上字第八五三號判例、七十二年臺上字第四一八五號判例、七十三年臺上字第三六七號判例）；而學者多以為「失火」係指運送人之履行輔助人故意或過失所致，或因自然之火引起的火災，但不包括運送人本人之故意過失所引起的火災❶，其所據之理由主要有二： a.

海牙規則第四條第三項第六款即採「火，除非是運送人之實際過失或知情所致者……」，吾法既因襲自海牙規則，自應作同一之解釋。b.又貨物一經失火，常發生全損性，若非運送人之故意過失引起，應給予免責，如此才能呼應本法船舶所有人責任限制制度（海商法第二十一～二十三條之設計）。本文亦採相同之見解，認為本款火災免責的規定，係指運送人對他人故意過失所致的火災無須負責，是「失火」的原因除因自然之火所引起者外，尚包括運送人之履行輔助人故意過失所致者。本次修法特別參照一九六八年海牙威士比規則第四條第二項將本款修正為「非由於運送人本人之故意或過失所生之火災」以資明確。又「失火」於貨物離船前，運送人均可免責（七十年臺上字第四九二號判例）。

　(D)貨物管理之過失（海商法第六十九條第十七款）：修正前本款明定之非由於運送人或船舶所有人之故意或重大過失，或其代理人、受僱人之過失所發生之毀損或滅失，運送人或船舶所有人不負賠償責任事由，與同條第一款規定之航海技術上之過失及船舶管理上之過失事由在性質上有所不同，大體而言，本款所指乃「貨物管理」之問題，而第一款係屬「船舶管理」之規定，二者並非就同一事件作矛盾規定，不可不辨（司法院第一廳研究意見）。又法文中所謂「重大過失」，通說認係「實際過失」之誤譯[18]，應與海牙規則「過失責任主義」之精神相符，故必須非運送人或船舶所有人本人之故意過失，或其代理人、受僱人之故意過失所造成之損害，始可免責。是運送人仍負善良管理人之注意義務。民國八十八年七月修法後，本款修正為：「其他非因運送人或船舶所有人本人之故意或過失及非因其代理人、受僱人之過失所致者。」

　②發航後突然喪失航行能力之免責：海商法第六十二條第二項規定，船舶於發航後因突失航行能力所致之毀損或滅失，運送人不負賠償責任。

　③虛報貨物性質、價值之免責：海商法第七十條第一項規定：「託運人

---

[17]　參本篇第一章❸，頁 258；❻，頁 454；本篇第三章❷。

[18]　參劉宗榮，《海上運送與貨物保險論文選集》，頁 55，82 年 9 月再版，三民書局。

於託運時，故意虛報貨物之性質或價值，運送人或船舶所有人對其貨物之毀損滅失，不負賠償責任。」

④合理變更航程之免責：依海商法第七十一條規定，必須是為救助或意圖救助海上人命、財產或因其他正當理由而變更航程，若其目的是為裝卸貨物或乘客，則非合理變更航程，不得免責。

⑤未經同意裝載貨物毀損滅失之免責：海商法第七十二條規定，貨物未經船長或運送人之同意而裝載時，運送人或船舶所有人，對於其貨物之毀損滅失，不負責任。

⑥違禁物投棄之免責：海商法第六十五條第二項規定，未經報明之貨物在航行中發現時，如係違禁物或其性質足以發生損害者，船長得投棄之。

⑦合法甲板裝載之免責：海商法第七十三條規定，凡經託運人同意或航運種類或商業習慣所許之合法甲板裝載之貨物如發生毀損或滅失時，運送人不負不可抗力責任。

㈢貨物遲到的責任

修正前我國海商法僅對貨物之毀損或滅失詳細規定於第六十一條之下，卻對貨物遲到之運送人責任未有明文規定，但並非謂運送人對於所承載之貨物之遲到不必負責，而應依海商法第五條規定準用民法第六百三十四條，使運送人對於貨物之遲到仍應負責。然關於海商法第六十一條之強制責任規定及第七十條之單位責任限制規定，明文僅適用於貨物之毀損、滅失；不包括貨物遲到之情形。至若，海商法第一百十三及一百十五條之運送人或船舶所有人免責事由雖只規定「毀損或滅失」，對於「遲到」未有規定，但解釋上應包括遲到在內，因貨物受毀損、滅失既較遲延情形為嚴重，尚可免責，依舉重以明輕之法理言，為貫徹其意旨，應認遲到所致之情形亦應在免責之列❶。民國八十八年七月修法後海商法第六十一條已將「遲到」明文納入規範。

㈣鉤至鉤原則

海牙規則認為運送人強制責任期間，係始自於貨物裝載時迄貨物卸載

---

❶　參本篇第一章❶，頁 212。

之時，而所謂「裝載」、「卸載」之時點，在美國遂發展出「鉤至鉤」原則，其主要是以船舶對貨物有無支配力決定之；亦即視裝卸工具在岸邊或船舶上決定，說明如下：

　　1.若為船鉤（即船舶自備起吊機），「裝載」之時點，係以船上吊鉤鉤住貨物時，即為強制責任之開始；「卸載」之時點，則以船上吊鉤鉤住貨物越過船舷時（至於是否須貨物與船鉤分離而接觸地面，則有爭議），為強制責任之終止。

　　2.若為岸鉤，「裝載」之時點，係以岸上吊鉤鉤住貨物越過船舷時（至於貨物是否須與岸鉤分離而接觸船舶，則有爭議），為強制責任之開始；「卸載」之時點，是以岸上吊鉤鉤住貨物時，為強制責任之終止。值得注意的是，海上運送責任限制規定，不惟運送人當然適用，其代理人及受僱人亦得主張。故依照一九六八年海牙威士比規則第四條之一增訂海商法第七十六條：「本節有關運送人因貨物滅失、毀損或遲到對託運人或其他第三人所得主張之抗辯及責任限制之規定，對運送人之代理人或受僱人亦得主張之。但經證明貨物之滅失、毀損或遲到，係因代理人或受僱人故意或重大過失所致者，不在此限。前項之規定，對從事商港區域內之裝卸、搬運、保管、看守、儲存、理貨、穩固、墊艙者，亦適用之。」其旨在明訂運送人其代理人及受僱人之海上運送責任限制。審查會認為海上運送已非運送人所可獨立完成，此為今日海商實務從業人士之共識；自貨物收受以迄交付期間為輔助履行運送契約而從事裝卸、搬移、運送、保管、看守、儲存、理貨、穩固、墊艙者，於運送過程中均各有接觸貨物之機會，然其對貨物之賠償責任不應大於運送人。故亦增列第二項。

第四項　託運人的責任

一、應負責任事由

㈠通知不正確的責任

　　託運人對於交運貨物之名稱、數量，或其包裝之種類、個數及標誌之通知，應向運送人保證其正確無訛，其因通知不正確所發生或所致之一切

毀損、滅失及費用，由託運人負賠償責任。運送人不得以前項託運人應負賠償責任之事由，對抗託運人以外之載貨證券持有人（海商法第五十五條）。

㈡貨物未報明的責任

運送人或船長發見未經報明之貨物，得在裝載港將其起岸，或使託運人支付同一航程同種貨物應付最高額之運費，如有損害並得請求賠償，並在必要時得投棄之（如係違禁物等）（海商法第六十五條）。

二、不負責任事由

依海商法第五十七條規定，非由託運人或其代理人、受僱人之過失所致之對運送人或船舶所有人之損害，託運人不負賠償責任。

第五項　載貨證券

一、載貨證券的意義

載貨證券係指運送人或船長於貨物裝載後，因託運人之請求而發給之承認貨物已裝船，並約定其運送期間之權義關係及藉以受領貨物之特種有價證券[20]。是就「承認貨物已裝船」來看，載貨證券係證明收到特定運送之貨物，具有「收據」性質；就「約定其運送期間權義關係」者來看，運送人與證券持有人間，關於運送事項係以載貨證券所載為準，故兼有「運送契約」之效用。

二、載貨證券的性質與功能

㈠文義性

就託運人而言，載貨證券上之文義記載係其權利內容之依據，而運送人與載貨證券善意持有人間之權義依載貨證券之記載。

載貨證券上關於貨物事項記載之證明力，其立法例有二：

1.表面證據主義

即認為載貨證券上貨物事項之記載，係對抗運送人之表面證據，易言之，運送人所應交付之貨物，僅係推定如載貨證券上之記載而已；運送人倘能舉反證以推翻之，即可卸免其責。海牙規則即係採此主義。

[20]　參本篇第一章❹，頁284。

2.文義責任主義（文義證據主義）

即認為載貨證券上貨物事項之記載，於運送人與善意載貨證券持有人間，係屬於不可推翻之決定性證據。質言之，運送人對於載貨證券之善意持有人，悉依載貨證券上之記載為準據，負交付貨物之義務，縱其能舉反證證明載貨證券之記載不實，亦不得對抗載貨證券持有人。一九六八年布魯塞爾議定書修正海牙規則之表面證據主義，而改採此主義。

我國實務現採綜合主義，認為在運送契約之當事人（託運人及運送人間）及運送人與非善意第三人間，仍採表面證據主義；但在運送人與載貨證券之持有人間，則採文義證據主義。

㈡要式性

載貨證券之作成，須有一定款式，按海商法第五十四條第一項規定，載貨證券應載明：1.船舶名稱。2.託運人之姓名或名稱。3.依照託運人書面通知之貨物名稱、件數或重量，或其包裝之種類、個數，及標誌。4.裝載港及卸貨港。5.運費交付。6.載貨證券之份數。7.填發之年月日等七項，並由運送人或船長簽名。惟此七項性質上為注意規定，非要件規定，若欠缺各事項之一，並不影響載貨證券之效力。

㈢要因性

載貨證券之發行與其原因關係互有牽連。載貨證券所記載的乃是運送關係的權利義務，和運送契約有密不可分的關係。因此依海商法第五條準用民法第六百二十九條規定，提單應交付於有受領物品權利之人，故僅有提單並不足以確保其受領貨物權利為完整無瑕，因此通說以載貨證券為有因證券。

因載貨證券具有要因性，可知當運送人簽發載貨證券，依海商法第五十三條規定可知其原則上必須運送契約已成立，且貨物已經運送人收受裝船為前提。然若運送人未收受運送物而簽發載貨證券（此即「空券」），或運送人實際上收受之運送物與載貨證券記載之運送物相異（此即「物品不符」）時，其對載貨證券持有人是否仍須負責？學說見解互有差異。有贊成要因說者❹，認為載貨證券並非設權證券，必須以債權存在為前提始可簽

發，故若為空券時，既無運送契約，亦欠缺運送物，則該載貨證券無效，運送人除須負侵權行為損害賠償責任外，對載貨證券不負任何義務；若為物品不符時，運送人僅就現實收受之運送物負返還之責。另採文義說者（在日本，又稱為紙上原因說），著重於載貨證券之文義性，載貨證券以外事實之存否，對善意取得載貨證券者並無影響，不論是空券或物品不符之記載，運送人均應依載貨證券之記載負責。蓋運送人因「記載」而負責，亦即以載貨證券所記載之「文義」為其原因而負責。

此外，另有折衷說以為若過於重視載貨證券之要因性，將妨害證券之流通；但過於重視文義性，對空券賦予絕對之效果，則將流於形式，故若是空券，因運送人未收受貨物或無運送契約存在，採要因說，應認空券無效；若是物品記載不符之情形，則採文義說，認運送人仍須負責❷。

至若受貨人與託運人為同一人時，運送人可否以運送契約較少數量之記載對抗之？通說見解以為載貨證券之「文義的責任主義」，僅適用於運送人與其善意持有人間。至於運送人與託運人間，有關運送事項，仍應以運送契約為準，載貨證券僅係運送契約之證明文件而已。且依海商法第五十五條第一項規定：「託運人對於交運貨物之名稱、數量，或其包裝之種類、個數及標誌之通知，應向運送人保證其正確無訛。其因通知不正確所發生或所致之一切毀損、滅失及費用，由託運人負賠償責任。」觀之，載貨證券如尚在託運人手中時，券上所載貨物之所有權人仍為託運人，依運送契約關係，託運人仍為運送物之間接占有人，運送人不過代託運人為運送物之直接占有而已。託運人聲報運送物數量情狀等項如有錯誤，對其因通知不正確所發生或所致之一切毀損、滅失及費用，尚應對運送人負損害賠償責任，又豈容其執載貨證券，強令運送人就其文義負責之理。故其間對載貨證券之文義有爭執時，運送人仍得提出原始運送契約或其他證明文件，諸如理貨員理貨單或大副收貨單，以對抗託運人（司法院司法業務研究會第三期）。

---

❷　參本篇第一章❹，頁 306。

❷　參本篇第一章❸，頁 327–328。

㈣背書性（流通性）

所謂的流通證券，強調證券之交付與物品之交付有同一之效力，故證券上之權利因證券之交付轉讓而讓渡流通。載貨證券負擔完成國際貿易發展的目的，故應允許其自由流通轉讓。載貨證券之流通方式，依其形式種類不同而異──若為無記名載貨證券，以交付方式移轉；若為記名式或指示式證券，則須經背書再交付，始生移轉效力。惟若載貨證券為記名式證券，又有禁止背書轉讓之記載，則不認之為流通證券。

載貨證券一經背書，僅生「移轉之效力」和「資格授與之效力」，但不生「擔保效力」，故載貨證券之持有人不能向背書人行使追索權。

㈤繳回性

依據海商法第六十條準用民法第六百三十條規定，受貨人請求交付運送物時，應將載貨證券繳還之。

三、載貨證券的發行

㈠發給人

按海商法第五十三條規定，載貨證券之發給人有：

1.運送人

包括船舶承租人及定期傭船人。

2.船　長

以運送人之法定代理人資格而發給載貨證券，其無須運送人之特別授權。

3.船務代理人

依航業法第四十三條限於甲種船務代理人。即受船舶運送業書面委託，授權為中華民國境內總代理，且訂有一年以上代理契約者。

㈡請求人

依海商法第五十三條規定，載貨證券之請求人包括託運人（包括傭船運送之傭船人）及艤裝人（即本於他人所訂之運送契約，將貨物交付運送人或船長運送之人）。

(三)時　間

依海商法第五十三條規定，必須於「貨物裝載後」，始可發行載貨證券。如運送人尚未收受貨物並將之裝載上船，即發出載貨證券，該券即為空券，應認無效。

(四)份　數

按海商法第五十八條規定意旨來看，載貨證券原則上可發行數份，惟此數份載貨證券所表彰者，乃單一且同一之貨物所有權。若發行數份載貨證券，運送人於交付貨物時，依法應負下列責任：

1.在貨物目的港時，若先後有數人請求，依海商法第五十八條第一項規定，僅持有一份載貨證券即可請求；若同時有數人請求時，則依海商法第五十八條第二項前段規定，應將貨物按照海商法第五十一條之規定寄存，並通知曾為請求之各持有人。

2.非於貨物目的港時，則非接受載貨證券之全數，不得為貨物之交付（海商法第五十八條第一項後段）。

四、載貨證券的種類

(一)依證券之形式而區分

1.記名式載貨證券

即載貨證券內載明受貨人之姓名，除有禁止背書之記載外，仍得以背書轉讓他人（海商法第六十條準用民法第六百二十八條）。

2.指示式載貨證券

即載貨證券內載明將貨物交付於某人或其指定之人。

3.無記名載貨證券

即載貨證券內未載明受貨人，以載貨證券持有人為受貨人。

(二)依發行的時期而區分

1.裝船載貨證券

即貨物於裝船後，始可簽發載貨證券（海商法第五十三條）。

2.收載載貨證券

即貨物於收受後便簽發載貨證券，此時於載貨證券上未蓋 "on board"

前，其僅係貨物之收據。

(三)依運送主體而區分

1.直達載貨證券

指由同一運送人以同一船舶將託運物由某地直接運達目的港而簽發之載貨證券，其權利義務關係明確。

2.聯運載貨證券

指由二個以上運送人將貨物自某地運達目的港而簽發之載貨證券；此時運送之實施，分割成相互獨立的數個階段，由數運送人完成，其運送方式可能均為海上運送，亦可能兼有陸運或空運，但至少有一階段以海上運送方式為之，此即前述之聯營或複合運送。

(四)依貨物的情狀分類

1.清潔載貨證券

指載貨證券上載明貨物名稱、件數或重量及其包裝之種類、個數及標誌，且未註明貨物有瑕疵或包裝不良情況者，此即清潔載貨證券。

2.不清潔載貨證券

指載貨證券上未載明貨物名稱、件數或重量，或其包裝之種類、個數或標誌，或註明貨物有瑕疵或其包裝有不良情況者，稱為不清潔載貨證券。

此時為求載貨證券易於押匯，託運人常要求運送人換發清潔載貨證券而出具免責函或認賠書（詳後述）。

五、載貨證券的內容

(一)法定必要記載事項

海商法第五十四條第一項所規定之載貨證券應記載之七款事項，在性質上為注意規定，並非要件規定，若載貨證券上欠缺各事項之一，並不影響載貨證券之法律效力。而此七款事項分別為：

1.船舶名稱。

2.託運人之姓名或名稱。

3.依照託運人書面通知之貨物名稱、件數或重量，或其包裝之種類、個數及標誌。

4.裝載港及卸貨港。

5.運費交付。

6.載貨證券之份數。

7.填發之年月日。

海商事件之爭訟固可依「涉外民事法律適用法」之規定，定其應適用之法律，惟在具體個案，因託運人、受貨人與運送人之國籍互異，依法律規定，往往須適用外國法律或外國運送人故意以載貨證券之約款以排除本法之適用，對我國託運人、受貨人之保護未免不周，為使載貨證券所載之裝載港或卸貨港為中華民國港口之託運人、受貨人有依本法受裁判之機會，俾免外國運送人以載貨證券上之準據法約款排除本法之適用。故增訂海商法第七十七條：「載貨證券所載之裝載港或卸貨港為中華民國港口者，其載貨證券所生之法律關係依涉外民事法律適用法所定應適用法律。但依本法中華民國受貨人或託運人保護較優者，應適用本法之規定。」以保護我國受貨人或託運人。另外，關於管轄，海商法第七十八條規定：「裝貨港或卸貨港為中華民國港口者之載貨證券所生之爭議，得由我國裝貨港或卸貨港或其他依法有管轄權之法院管轄。前項載貨證券訂有仲裁條款者，經契約當事人同意後，得於我國進行仲裁，不受載貨證券內仲裁地或仲裁規則記載之拘束。前項規定視為當事人仲裁契約之一部。但當事人於爭議發生後另有書面合意者，不在此限。」

㈡不知條款

運送人對於海商法第五十四條第一項第三款規定之託運人之通知事項，如認與所收貨物之實際情況有顯著跡象，疑其不相符合，或無法核對時，運送人或船長得在載貨證券內載明其事由或不予載明。然運送人若依海商法第五十四條第二項規定「不予載明」，將使其所簽發之載貨證券成為「不清潔載貨證券」，致託運人無法持以向銀行押匯，對國際貿易的推展有所阻礙，故運送人或船長常依託運人之書面通知而為記載，而另外註明 "said to be"、"said to contain"、"said to weigh" 等「不知條款」或「據稱條款」。於是此種載貨證券搖身一變即非不清潔載貨證券，銀行仍得據以受理

押匯。

　　然談「不知條款」或「據稱條款」之效力如何？運送人是否仍應負載貨證券之文義責任？由於我國海商法於此並無明文，以致實務與學說見解分歧。實務見解以為載貨證券雖記載「不知條款」或「據稱條款」，運送人仍應負文義責任，因海商法第五十四條第二項規定之「得不予載明」係指運送人或船長就海商法第五十四條第一項第三款規定之通知事項，消極的不於載貨證券記載，不包括積極於載貨證券上記載不知條款或據稱條款，如有後者之情形，運送人仍應負文義責任（六十六年臺上字第一〇八號判決、六十七年臺上字第一四六二號判例）。

　　而學者則有認運送人應不必負文義責任者㉓，因上述之「得不予載明」，並不以消極的不於載貨證券記載為限，尚包括積極記載不知條款或據稱條款之情形，但運送人須先證明有第五十四條第二項之情形。亦有採折衷說者㉔，本文亦贊同認為如有海商法第五十四條第二項之情形時，運送人若不行使拒絕記載之權利，而仍依通知書面為不知條款或據稱條款之保留記載，原則上仍應承認其效力，但保留記載應明示其保留原因，否則不生保留效力而不能免除文義責任。民國八十八年七月修法時，為辨正當前國際海運實務於載貨證券上記載 "said to be"、"said to weight" 或 "said to contain" 等未明確載明本條第一項第三款內容時，我國法院判決見解不一之情形，爰參照一九六八年海牙威士比規則第三條第四項增訂條文第三項「載貨證券依第一項第三款為記載者，推定運送人依其記載為運送」以利適用。

六、載貨證券的效力

㈠債權效力

1.載貨證券的獨立性

　　所謂「獨立性」係指運送人與託運人之法律關係，依運送契約所定事項為準，而運送人與載貨證券持有人之法律關係，則僅以載貨證券所載之

㉓　參本篇第一章❸，頁302。

㉔　參本篇第一章❶，頁247。

事項為「唯一」之標準。然若託運人與載貨證券持有人為同一人時，限以原運送契約所定事項為標準。

2. 載貨證券的文義性

載貨證券填發後，運送人與持有人間有關運送事項，應依載貨證券上之記載為準，而運送人對其所簽發載貨證券之內容，是否負絕對文義責任？已於前第二目文義性文中論及，於此不再重複。

3. 載貨證券的要因性

載貨證券上之權利與其原因行為有關，必須有運送契約存在，方能作成載貨證券以表彰權利，故其非設權證券，與票據為設權證券有所不同。

㈡物權效力

1. 載貨證券的轉讓

載貨證券乃表彰其上所記載貨物所有權之有價證券，故為物權證券；載貨證券既負擔完成國際貿易發展之目的，同時亦為流通證券。證券上之權利，隨著證券本身之轉讓而移轉。載貨證券之轉讓，於無記名載貨證券之場合，僅以交付為已足，至於記名式或指示式載貨證券，則應於背書之後，再行交付，始生轉讓之效力；背書之方法，無論係完全背書抑或空白背書，均無不可。

載貨證券既許以交付或背書轉讓，因其是為權利證券，證券即代表貨物之權利，據之是為領收貨物的單據，亦可供取得融資之擔保，故得因載貨證券之處分，逕使運送物發生物權變動之效果，此即載貨證券之物權效力。觀諸海商法第六十條準用民法第六百二十九條：交付載貨證券於受領物品權利人時，其交付就物品所有權移轉之關係，與物品之交付有同一效力，自可明之。

2. 載貨證券物權效力的理論

關於載貨證券物權效力之理論，主要係在探討是否無論運送物由何人占有，載貨證券之交付均與物品之交付有同一效力？採絕對說者，認為載貨證券之物權效力乃運送人與託運人之間，依其意思表示而創設之權利，只要持有載貨證券之人即享有貨物之權利，與貨物之現實占有無關；故載

貨證券之交付與貨物之交付具有同一之效力。此說完全排除民法物權變動原則（合意＋占有），且縱運送人或船長喪失對貨物之占有，亦不影響物權移轉之效力。此說見解立基於國際貿易上有單據買賣之情形，且載貨證券具有物權化之傾向，而認其移轉應視為貨物所有權之移轉。

反之，採相對說者則以為運送物所有權之移轉，除須交付載貨證券外，尚須踐行民法所定動產讓與之手續或須運送人直接或間接占有運送物為前提。又可分為嚴正相對說及代表說（單純相對說）❷❺。前者認為運送人於收受運送物後，即為貨物之直接占有人，而載貨證券持有人成為間接占有人，亦即載貨證券所表彰者，僅係間接占有之權利，故運送物所有權之移轉，除交付載貨證券外，尚須踐行民法所定動產讓與之手續（即讓與合意＋載貨證券之交付＋讓與返還請求權）。後者則以為載貨證券係運送物之代表，載貨證券物權效力之發生，除須將之讓與外，尚須運送人直接或間接占有運送物為前提；但不須踐行民法所規定物權變動之要件。是當載貨證券讓與他人時，若貨載已遺失或被盜用致運送人喪失其對貨物之占有，則載貨證券之讓與不發生貨物所有權移轉之效力，其僅發生損害賠償債權之讓與（七十六年臺上字第七七一號判例）。

七、載貨證券認賠書（免責函）

㈠意　義

載貨證券認賠書係指海上貨物運送之託運人，因其交付運送之貨物有瑕疵，為請求運送人（或船長）發給無瑕疵之載貨證券（即清潔載貨證券）所出具之一定書面，表明擔保賠償運送人因發給清潔載貨證券所生之一切損害，此書面稱為「免責函」（又稱補償狀或認賠書）❷❻。此種以免責函交換清潔載貨證券之辦法，已成為海上運送業者採行之慣例。司法實務上亦承認之，因就託運人而言，可以免責函換取清潔載貨證券，向銀行辦理押匯，迅速取得貨款，有助於國際貿易之進行。對運送人而言，依海商法第七十四條第一項規定，其應就載貨證券所載負文義責任，如對承運貨物稍

---

❷❺　參本篇第一章❸，頁 348–349。

❷❻　參本篇第一章❶，頁 248。

有存疑或情況不明，往往不願簽發清潔載貨証券，然貨物是否有瑕疵常易爭執而致延誤裝運期間，不利航海事業之發展，是若託運人可出具免責函，運送人則可迅速裝船完成運送（五十九年臺上字第六五五號判決、六十三年臺上字第二○二號判例）。

㈡性質及效力

實務上有五十九年臺上字第六五五號判決認為免責函在性質上係屬民法上保證契約之一種，然本書則以為免責函係一種債務承擔的書面證明，為當事人一方表示就他方因一定行為所負之債務，由其獨立的負擔填補責任；亦即託運人向運送人表示願承擔運送人因簽發清潔載貨證券所負的賠償責任，所簽立之書據。而其法律關係僅存於託運人與運送人間，並無所謂主債務之存在，與民法上之保證契約須以主債務存在為前提不同。

至於免責函之效力，原則上，其僅於運送人與託運人間有效，於託運人以外第三人，則不生任何效力，運送人仍須就載貨證券上所載之文義負責（海商法第七十四條第一項），並不得以免責函對抗受貨人或其他善意第三人，但得依免責函之文義向託運人求償。惟免責函於運送人與託運人間之效力，應依具體情況判斷：

1.如託運人簽發免責函予運送人，係出於其與運送人之通謀，雙方明知貨物有瑕疵，所以換取清潔載貨證券之目的在騙取貨款，則其簽發免責函，含有詐欺作用，應以違背公序良俗（民法第七十二條）為由而認為無效。

2.若免責函之簽發係因當事人對貨載之實況不明或有爭執而一時無法判定，因其並無通謀詐欺之情形，不應否認該免責函之效力。

八、分割載貨證券（小提單）

㈠意　義

分割載貨證券係指載貨證券持有人於貨物進港或受領前，為便於分批販售及交付貨物於數不同之買受人，由原載貨證券之持有人利用分割載貨證券之方式，持向運送人或其代理人換取「小提單」，而交付於數買受人，使之得憑以直接向運送人提取貨物。

㈡效　力

分割載貨證券之效力，應視由何人簽發定之：

1. 由運送人或其代理人簽發時

此時原載貨證券之持有人將載貨證券交還而換取運送人或其代理人簽發之「分割載貨證券」，又可分為：

⑴運送人或其代理人所簽發者，為真正載貨證券。此種分割載貨證券為一獨立載貨證券，與一般在裝載港所簽發之載貨證券具有相同之效力，其持有人得按一般載貨證券之規定行使其權利。

⑵運送人或其代理人僅載明承諾交付貨物者。此時不具簽發真正載貨證券之效力，此種分割載貨證券之移轉於買受人，僅屬「交付貨物請求權」之讓與，故運送人所得對抗原載貨證券持有人之事由，亦得對抗分割載貨證券之持有人。

2. 由原載貨證券持有人簽發，並經運送人或其代理人簽署承認時

此時原持有人係以自己名義簽發「分割載貨證券」，而由運送人或其代理人簽署於上，其簽署有依原載貨證券之記載而對分割載貨證券持有人交付貨物之義務。且原載貨證券持有人已交還原載貨證券於運送人，其可視為原載貨證券之持有人將「貨物交付請求權」讓與給分割證券持有人，故運送人得以對抗原載貨證券持有人之事由，對抗分割載貨證券持有人。

3. 由原載貨證券持有人單獨發行時

由於運送人或其代理人並未簽署於其上，此種分割載貨證券即通稱所謂之「交貨單」，是以原載貨證券持有人為其發行人。由於原載貨證券仍在原持有人手中，並未交還給運送人，故貨物之所有權仍屬原載貨證券持有人所有，其對運送人之貨物交付請求權並未移轉於分割載貨證券持有人。是此種分割載貨證券並無載貨證券之性質，並無押匯功能。

第六項　散裝貨物運送

第一款　意　義

所謂散裝貨物運送，係指運載之貨物在習慣上通常未經包裝者（如：大宗之煤、穀物、糖、各種化學製品等）。縱經包裝，在某些情況下亦難免有所流失。此時對於此種散裝貨物之自然耗損、磅差，是否仍須由運送人負責？為散裝貨物運送中最重要之問題，故本文以下，即對此加以敘述探討。

第二款　自然耗損

散裝貨物在裝卸、搬移或運送途中，極可能流失一部分。若所流失之部分在正常耗損量範圍內，不論運送人是否已盡商業上合理的照管義務，實務見解認為均不必負責，因散裝貨物運送的自然耗損乃海上運送所難免，衡之一般情理，在某範圍內之短少應認非運送人或其代理人對海商法第六十三條之注意及處置有欠缺所致者，故運送人在該範圍內短少之重量，應不負賠償責任。而該「範圍」，一般認為自然耗損率為百分之三（六十七年四月二十五日第四次民庭總會決議，六十七年臺上字第三九〇七號判例、六十九年臺上字第九二七號判例）。但亦有採不同見解者，認為依海商法第六十九條第一項第十四款規定，耗損必須「因貨物之固有瑕疵、品質或特性所致之耗損或其他毀損或特性所致之耗損或其他毀損滅失」始可免責，若因其性質所造成之自然耗損不在該款之範圍，運送人欲免責須依同條第十七款舉證本人及其履行輔助人均無過失始可免責。

本書以為，為鼓勵運送人意願從事海上事業，不妨採實務上見解，使運送人對於自然耗損不負運送責任為妥。

第三款　磅　差

所謂磅差，係指散裝貨物在計算重量時，難免會因計重工具之不同，而有所誤差，對於此種誤差，運送人是否須負責任？依民國六十七年四月

二十五日第四次民庭總會決議，認為衡諸情理，於某範圍內短少之重量，應不負賠償責任。而「某範圍」，或可參酌經濟部標準檢驗局「衡器檢定檢查技術規範」關於「公差」之規定。

第七項　貨櫃運送

第一款　意　義

貨櫃運送乃謂將貨物裝入一定規格之大型箱櫃（容器），而後由運送人藉陸上、海上或空中運輸工具，將之送達目的地者。可從託運人之門口，直達受貨人之門口（door to door），此即門至門聯合一貫之運輸方法，經常涉及多式聯運（二種以上之運送方式）。

第二款　貨櫃運送的方式

貨櫃運送之方式，主要有二：一為 C.F.S. 方式 (Container Freight Station)，即由託運人自行僱用卡車將其貨物運至運送人之貨櫃場，經海關駐貨櫃場之關員驗關後，再由運送人將託運人之貨物裝入貨櫃後，裝船運送。二為 C.Y. 方式 (Container Yard)，係由託運人自行僱用貨櫃車，將貨櫃拖至託運人之倉庫或製造商之工廠，由託運人自行僱用工人將貨物裝入貨櫃，再由託運人於裝櫃完畢後拖至貨櫃場，經海關驗場之關員驗關後，再加封條，交與運送人運送。此種方式運送人對裝櫃並不負責，其須於載貨證券上記載「由託運人自裝自計」且不另收裝載費。

第三款　性　質

關於貨櫃之性質，有認係船艙之延長❷，此說以為貨櫃係由運送人提供者為限；如係由託運人或第三人所提供時，即不能認貨櫃為船艙之延長；有認係貨物之包裝者，此說立論有所不妥，因貨櫃構造堅固，造價昂貴，且可反覆使用，若認為包裝，似有未洽。縱可認其為包裝之一種，亦顯與

---

❷　參本篇第一章❶，頁 262。

一般意義之包裝不同；另外，有認為貨櫃係託運物之一種，此說亦有不妥，因若貨櫃屬於運送人所有時，即難認之係託運物之一種，且貨櫃通常會反覆使用，難解為係託運物；又有採折衷說者，視其方式不同而定其性質，認為若為 C.F.S. 運送，乃由運送人裝貨入櫃，應視為船艙之一部分。

若為 C.Y. 運送，因是由託運人自行裝櫃，應視為貨物之包裝。此說依具體狀況而定貨櫃之性質，在解釋上較具彈性亦符合實際情形，故本書贊成之。

第四款　由貨櫃運送發生的法律問題

一、貨櫃之計件方式——涉及單位責任限制問題

於貨櫃運送中，若發生貨物毀損滅失之情形，按海商法第七十條第二項規定：「……，運送人或船舶所有人對於貨物之毀損滅失，其賠償責任，以每件特別提款權六六六・六七單位或每公斤特別提款權二單位計算所得之金額，兩者較高者為限。」則其件數應如何計算？學說及實務之見解相當分歧，茲將其中較為重要幾說，列舉說明如下：

(一)貨櫃件數說

採貨櫃件數說者，是以貨櫃的件數為標準。其優點在於法律明確、計算容易，但因一個貨櫃僅算一件，易造成賠償過低。

(二)貨物件數說

貨物件數說是以貨櫃內貨物件數為計算件數之標準。優點在於可保障託運人利益，因符合事實上貨物件數。但缺點則為若由託運人裝櫃，運送人無從知悉，僅憑託運人按其計算報數記載於載貨證券上，日後如有不符，若無據稱條款之記載，運送人將因無法以反證推翻，而蒙受不利益。

(三)貨櫃所有人區別說

認為貨櫃若為運送人所有，則以貨物之件數為件數；若為託運人所有，則以貨櫃之件數為件數。

(四)貨物區別說

貨物區別說是以貨物之種類，其價值為基礎，來計算件數，認為貨櫃

中所裝載之貨物為同種類者，以貨櫃件數為計件之標準；若為不同種類者，則以種類為計算件數之單位。若為普通價格者，視為一件；若價格有差距，則以價格高低為分類件數標準。

(五)裝填區別說

此說認為若由託運人裝填入櫃，如運送人未於載貨證券中載明貨物件數，則以貨櫃件數為計件標準；但若運送人於載貨證券中特別載明貨物件數，便以貨物之件數為計件標準。然若由運送人裝填入櫃則單純以貨物之件數為標準，因既是由其裝填入櫃，當然明瞭櫃內所裝貨物之性質、種類及數量❷❽。

(六)載貨證券記載說

此說以當事人之意思來決定件數之計算，其又分為二說：

1.徹底說

認為不問何人裝填，均以載貨證券記載之件數為標準。

2.限制說

若為運送人裝填，以貨物件數為標準；若為託運人裝填，則以載貨證券記載之件數為標準❷❾。

(七)包裝機能說

此說以貨櫃內貨物之包裝是否足堪運送為標準來計算：

若個別貨物之包裝縱未以貨櫃裝之，亦足堪運送，則以貨物的件數為標準。

若其包裝未以貨櫃裝之，則無法運送或根本未包裝，則以貨櫃之件數為標準。

我國海商法於民國八十八年七月修正時，於第七十條增訂第三項：「前項所稱件數，係指貨物託運之包裝單位。其以貨櫃、墊板或其他方式併裝運送者，應以載貨證券所載其內之包裝單位為件數。但載貨證券未經載明者，以併裝單位為件數。其使用之貨櫃係由託運人提供者，貨櫃本身得作

---

❷❽　參❶❽，頁 86。

❷❾　同上註。

為一件計算。」以資明確。

二、據稱條款的問題

在 C.Y. 制之貨櫃運送，如其載貨證券上有「據稱條款」(said to be) 之記載時，通說認其屬海商法第五十四條第二項「得不予記載」之情形，有保留的效力；此時舉證責任轉由載貨證券持有人負擔，其須證明貨物之短缺，係由運送人應負責任之事由所致，始得請求賠償（散裝貨物運送之據稱條款，實務則認無保留效力，運送人就其記載仍應負責）。

三、貨櫃運送的甲板裝載問題

貨櫃運送中，貨櫃是否可以裝載於甲板上？通說採肯定說❸認為由於貨櫃運送發展迅速，將貨櫃裝載於甲板上，其安全性並不遜於船艙內裝載運送，其為航運習慣所允許。又現代貨櫃船之設計，通常有三分之一的貨櫃必須裝載於甲板上，是承認貨櫃可以裝載於甲板上。然縱為合法甲板運送，其僅免除海商法第七十三條前段之「絕對責任」，但仍應依海商法第六十三條負商業上保管責任。且當船長為避免船舶及貨載之共同危險，而投棄甲板上之貨物，依海商法第一百十六條第一項但書規定，應認係共同海損之範圍。

第三節　旅客運送

第一項　意　義

所謂旅客運送契約乃謂由旅客一方支付運費，他方以船舶將其從特定處所運送至另一特定處所之契約。

第二項　性　質

與貨物運送契約相同，均屬承攬契約之一種，於本章節未規定時，準用貨物運送之規定（海商法第七十九條）。

---

❸　參❻，頁 94。

第三項　運送人的權利、義務與責任

一、運送人的權利

運送人之權利，計有：㈠運費請求權。㈡留置權二者。分述如下：

㈠運費請求權

運費為運送之代價，故票價之請求，為運送人最重要之權利。如旅客在船舶發航或航程中不依時登船，或船長依職權實行緊急處分迫令其離船者，仍應給付全部票價（海商法第八十五條）。又旅客在航程中自願上陸時，仍負擔全部票價，其因疾病上陸或死亡時，僅按其已運送之航程負擔票價（海商法第八十七條）。但旅客於發航二十四小時前，得給付票價十分之二解除契約，其於發航前因死亡、疾病或其他基於本身不得已之事由，不能或拒絕乘船者，運送人得請求票價十分之一（海商法第八十四條）。

㈡留置權

依海商法第五條準用民法運送營業之規定，海上運送人接受旅客交付行李等物品後，如旅客因運費、行李費或附隨之費用，或其他墊支而未為清償前，得按其比例，就其所交付之財物留置之（民法第六百六十二條）。

二、運送人的義務

關於海上運送人之義務，海商法之規定主要如下：

㈠運送準備的義務

1.提供適航船舶。

2.提供適當艙位。

3.不得違反客艙管理規定（海商法第七十九條準用第六十二條）。

㈡完成運送的義務

1.除依海商法第七十九條準用第七十一條規定，必須為救助或意圖救助海上人命、財產或其他正當理由；或依船員法第六十二條規定，因事變或不可抗力，否則運送人負有自航之義務，不得任意變更航程。

2.供應膳食之義務（海商法第八十條），因膳食費已包括於票價之中。

3.船舶修繕時，應以同等級船舶完成航程（海商法第九十條）；又旅客

於候船期間，應無償供給膳宿。

4.運送人或船長應依船票所載，運送旅客至目的港（海商法第八十三條第一項），甚至當船舶因不可抗力不能繼續航行時，運送人或船長亦應設法將旅客運至目的港（海商法第八十八條）。

5.若目的港發生事故，致船舶不能進港卸客時，運送人或船長得依旅客之意願，將其送到最近港口或送返乘船港（海商法第八十九條）。

㈢運送旅客行李（民法第六百五十七條）

運送人對於旅客交付之行李，縱不另收運費，亦應與貨物運送負同一之責任。

三、運送人的責任

運送人對旅客應負下列之責任：

㈠旅客損害之賠償責任（海商法第八十三條第二項）：指未依船票所載運送旅客至目的港時所負之賠償責任。

㈡因運送人或船長之過失所致船舶碰撞或其他航海事變，致旅客之身體受傷害時，亦應負責（民法第六百五十四條），但傷害如係因不可抗力或因旅客之過失所致者，不在此限。

㈢行李損害之賠償責任：如該行李已交託與運送人（民法第六百五十七條），則與貨物之運送同一責任；如該行李未經交託運送人（民法第六百五十八條），則運送人對其自己或受僱人之過失仍應負責。

第四項　旅客的權利與義務

一、旅客的權利

所謂旅客之權利，在海商法中，主要係指旅客之契約解除權。關於此契約之解除權，依海商法可分為：㈠旅客之任意解除，與㈡法定之解除原因。分述如下：

㈠旅客的任意解除

如運送人或船長未依船票所載運送旅客至目的港，旅客得解除契約（海商法第八十三條第二項）。或旅客於發航二十四小時前，得給付票價十分之

二解除契約（海商法第八十四條前段）。而如船舶不於預定之日發航，旅客亦得解除契約（海商法第八十六條）。

㈡法定解除

旅客因死亡、疾病或其他基於本身不得已之事由，不能或拒絕乘船者，得解除契約；但運送人得請求票價十分之一（海商法第八十四條後段）。

二、旅客的義務

㈠給付票價的義務

旅客在航程中自願上陸時，仍應負擔全部票價，因疾病上陸或死亡時，僅按其已運送之航程負擔票價（海商法第八十七條）。另旅客在船舶發航或航程中不依時登船，或船長依職權實行緊急處分迫令其離船者，仍應給付全部票價（海商法第八十五條）。又如旅客於發航二十四小時前解除運送契約，則須給付票價十分之二，其於發航前因死亡、疾病或其他基於本身不得已之事由，不能或拒絕乘船者，仍應負擔票價十分之一（海商法第八十四條）。

㈡服從指示的義務（海商法第九十一條）

旅客於船舶抵達目的港後，應依船長指示，即行離船。

㈢投保意外險的義務（海商法第八十一條）

旅客於實施意外保險之特定航線及地區，均應投保意外險，保險金額載入客票視同契約，且保險費包括於票價內，並以保險金額為損害賠償之最高額。

第四節　船舶拖帶

第一項　意義及性質

船舶拖帶係指當事人約定，由一方船舶（拖船）於一定期間內拖帶他方之船舶（被拖船）至特定港，而他方給付報酬（拖船費）之契約。至於其性質，則依個別契約具體情況認定。如船舶拖帶之指揮監督權人為被拖之船舶所有人，若拖船所負之義務是在將被拖船拖往一定地點，並於完成

後請求給付報酬，在性質上屬於承攬契約（一方為他方完成一定之工作，他方俟工作完成，給付報酬之契約。民法第四百九十條）；若僅以提供勞務，定時或不定時，由他方給付報酬者，在性質上則為僱傭契約（一方於一定或不定之期限內為他方服勞務，他方給付報酬之契約。民法第四百八十二條）。反之，如船舶拖帶之指揮監督權在於拖船所有人之手，則其性質上足為運送契約。

第二項　船舶拖帶的種類及責任

一、單一拖帶

所謂單一拖帶，即以一拖船拖帶另一艘船。依海商法第九十二條規定，若拖船與被拖船不屬同一人所有，其對第三人發生損害賠償時，除契約另有訂定外，應由拖船之所有人負擔，此乃因被拖船並未使用動力，如無拖船，並不能自由移動，決定自己之去向，故原則上不負賠償責任。

二、共同拖帶

共同拖帶乃謂有二艘以上之船舶，並行地拖帶另一艘船舶是也。依海商法第九十三條規定，共同之拖船於拖帶途中，如對第三人發生損害賠償責任時，對外由該二艘共同拖船對被害人負連帶責任。至於二者之內部關係，則由實際無過失之拖船，對於加害之他拖船行使求償權。

三、連接拖帶

連接拖帶者，係一艘以上的船舶，連接地拖帶一艘或多艘船舶者。依海商法第六十九條規定，其拖船間之責任與共同拖帶者相同。

第五章　海上事故

第一節　船舶碰撞

第一款　意　義

一、意　義

　　所謂船舶碰撞係指二艘以上之船舶，在海上或水面或水中互相接觸，致一方或雙方發生損害而言❶。

二、要　件

　　根據上述之定義可知，欲構成船舶碰撞須具備下述要件：

㈠須有二艘以上的船舶

㈡須船舶間互相接觸，包括：

　　1.直接接觸

　　指船體本身相互為物理上接觸，例如 A 船船頭衝撞上 B 船右舷。

　　2.間接接觸

　　雖無上述物理上之接觸，但因轉彎之過程激起巨浪，致旁邊小船遭波浪撞翻而沈沒的，此種以海浪為媒介致本船或他船翻覆沈沒者，仍屬船舶碰撞之情形。

㈢須於海面或水面或水中接觸

　　海商法第九十四條規定：「船舶之碰撞不論發生於何地，皆依本章之規定處理之。」可知無論船舶碰撞發生於何地，縱使船舶在內陸河流發生碰撞，均有海商法上規定的適用，亦即船舶碰撞不限於海面或與海相通之地方，也就是內陸河流碰撞一樣也適用。

---

❶　參本篇第一章❸，頁 383。

㈣船舶碰撞的結果致一方或雙方發生損害

第二款　效果及責任

一、法律上效果

　　船舶碰撞在法律上所產生之效果，可分為公法上效果及私法上效果。就公法上效果而言，依海商法第一百零九條規定，碰撞船舶後，各碰撞船舶之船長應盡力救助他船船長、海員及旅客。

　　至於私法上效果，主要涉及應由何人負損害賠償責任之問題。分析如下：

㈠因不可抗力致碰撞

　　依海商法第九十五條規定，被害人不得請求損害賠償。

㈡因一方過失所致（包括引水人之過失）

　　依海商法第九十六條規定，由該加害船舶負損害賠償之責。

㈢因共同過失所致（包括引水人之過失）

　1.關於物的損害

　　依海商法第九十七條之規定，是採分割責任制，排除民法共同侵權行為採連帶責任之一般規定。

　　若過失輕重能判定時，各依其過失程度比例負責；若過失輕重不能判定時，由雙方平均負其責任。例如有 A、B 二船於太平洋發生碰撞，經過專家勘驗，A 船有百分之六十之過失，其損失一百萬元；而 B 船有百分之四十之過失，損失二百萬，則 A 可向 B 請求四十萬元，B 可向 A 請求一百二十萬元。

　2.關於人的損害

　　採民法共同侵權連帶責任之一般規定。依海商法第九十七條第二項之規定：有過失之各船舶，對於因死亡或傷害所生之損害，應負連帶責任。

㈣因不明的原因所致

　　依一九一○年船舶碰撞規定統一公約第二條第一項規定，其損害應由被害人自行負擔，其既不能舉證他人有過失，自不得請求損害賠償。我國就此並無規定，但宜作同一之解釋。

二、船舶碰撞債權的行使

船舶碰撞債權之行使，通常須藉法院之判決，據以為強制執行，故海商法將於第一百條及一百零一條規定加害船舶扣押及訴訟之管轄。

㈠管　轄

海商法第一百零一條規定，關於碰撞之訴訟，得向下列法院起訴：

1.被告之住所或營業所在地之法院（參民事訴訟法第一條第一項、第六條）。

2.碰撞發生地之法院（參民事訴訟法第十五條第二項）。

3.被告船舶船籍港之法院（參民事訴訟法第七條、第十五條第二項）。

4.加害船舶扣押地之法院（參民事訴訟法第十五條第二項）。

5.當事人合意地之法院（參民事訴訟法第二十四條）。

6.受害船舶最初到達地（參民事訴訟法第十五條第二項）。

㈡加害船舶的扣押

海商法第一百條規定，船舶於中華民國領海內水、港口、河道內碰撞者得扣押之。若非於上述地域內碰撞，而受害者為中華民國船舶或國民，法院於加害之船舶進入中華民國領水後，得扣押之。凡依前述被扣押之船舶，均得提供擔保請求放行。前述擔保，得由適當之銀行或保險人出具書面保證代之。

第二節　海難救助

一、意　義

海難救助乃指無法律上義務之人，於他人之船貨或人命在海上遭遇緊急危難予以援救之行為。

二、性　質

船舶之海難救助在性質上通說認係為民法上之無因管理，即未受委任，並無義務，而為他人管理事務者。但民法上無因管理僅生費用償還之問題，管理人並無請求報酬之權利，則與海上救助撈救有所不同。

三、要　件

如欲構成海難救助而請求相當報酬時，須具備下列要件：

㈠須以有海難存在為前提。

㈡救助之對象限於船舶或貨載。

㈢救助或撈救者須無私法上的契約義務或法律之明文。例如遭難船舶上之船員自行救助或撈救，則是基於僱傭契約所負之義務，並非本法所稱之救助撈救。

㈣須無被救助者基於正當理由拒絕施救之情事（海商法第一百零八條）。

㈤須救助或撈救有效果，否則即無法「按其效果請求相當之報酬」（海商法第一百零三條）。

四、海難救助的報酬

㈠報酬的請求

原則上，對於船舶或船舶上所有財產施以救助而有效果者，得按其效果請求相當之報酬（海商法第一百零三條），固屬無疑。然就人命之救助，係履行道德上之義務，並無報酬請求權，此觀諸依海商法第一百零二條規定，船長於不甚危害其船舶、海員、旅客之範圍內，對於淹沒或其他危難之人，應盡力救助。若違反之，則可能刑法第二百九十四條及海商法第一百零九條規定，船舶碰撞後，各碰撞船舶之船長，於不甚危害其船舶海員或旅客之範圍內，對於他船舶船長、海員及旅客，應盡力救助（救助義務）；各該船長，除有不可抗力之情形外，在未確知繼續救助為無益前，應停留於發生災難之處所（停留義務）；各該船長，應於可能範圍內，將其船舶名稱及船籍港並開來及開往之處所，通知他船舶（通知義務）。若違反上述，處五年以下有期徒刑。自可明知。

然海商法第一百零七條卻作例外規定，認為施救時救人者，對於船舶及財物之救助報酬金，有參加分配之權，以鼓勵海上運送人見義勇為，發揮人溺己溺之精神。此外，屬於同一人所有之船舶救助或撈救，仍得請求報酬（海商法第一百零四條）。此乃因船長、海員僅對航行之船舶、貨載有管理救助義務，對於船舶所有人之其他船舶並無義務，故其為救助、撈救

時，仍得請求報酬。

　　值得注意的是，民國八十八年七月修正後於第一百零三條增訂第二至四項，規定：「施救人所施救之船舶或船舶上貨物，有損害環境之虞者，施救人得向船舶所有人請求與實際支出費用同額之報酬；其救助行為對於船舶或船舶上貨物所造成環境之損害已有效防止或減輕者，得向船舶所有人請求與實際支出費用同額或不超過其費用一倍之報酬（第二項）。施救人同時有前二項報酬請求權者，前項報酬應自第一項可得請求之報酬中扣除之（第三項）。施救人之報酬請求權，自救助完成日起二年間不行使而消滅（第四項）。」

　　本條增列第二及三項，係參考一九八九年海難救助國際公約第十二、十三、十四條之規定，對於保護海洋環境有效果之施救人，得向船舶所有人請求救助支出費用（指實際、合理支出之費用）或費用之一倍之報酬，以鼓勵施救人救助船舶或貨物，盡力防止或減輕船舶或船舶上貨物造成環境之損害。

　㈡報酬金額的決定

　　報酬金額，由當事人協議定之，協議不成時，得提付仲裁或請求由法院裁判之（海商法第一百零五條）。

　㈢報酬金額的分配

　　依海商法第一百零六條準用第一百零五條規定可知，救助撈救之報酬金額分配於施救人與船舶間及施救人間，依協議定之。協議不成時，得提付仲裁或請求法院裁判。

　　條文中所謂「施救人」係指船長、海員及參與救助之旅客；所謂「船舶」係指施救人所乘之船舶。又海難救助之報酬，不得超過被救助船舶及貨載之價值；然該報酬，依海商法第二十四條第一項第三款有優先權，且依法對被救助，撈救之船貨有留置權。

第三節　共同海損

一、意義及其要件

㈠意　義

稱共同海損者，謂在船舶航程期間，為求共同危險中全體財產之安全所為故意及合理處分，而直接造成之犧牲及發生之費用（海商法第一百十條）。係民國八十八年參照一九七四年約克安特衛普規則 Rule A 及 Rule C 予以修正。不以船長之行為為絕對要件。

㈡要　件

1.須為共同危險中全體財產的安全

共同海損乃為謀共同安全，以保全共同航海團體之財產利益，所為之一正當之特別損害及費用支出之行為。是共同海損所採之損害或費用支出行為必須是為共同航海團體之利益為前提。

2.共同危險

⑴危險須現實：應依具體情形採取相當防衛手段者。且必須是現在，即其與損害之發生、時間上非常接近。

⑵危險無須偶然：亦即危險之發生，不以因不可抗力所生為限，縱因船長海員之故意、過失或貨載之固有瑕疵所生危險，亦得認為共同海損之危險。

⑶危險無須客觀存在：僅依客觀情勢，經由主觀判斷，足認有危險存在者，即認屬共同海損之危險。

⑷須為共同危險：即危險在船舶或貨載上所產生之損害在性質上及程度上相同或相似。

3.須有故意及合理的救助行為

即為船長或第三人避免共同航海團體之共同危險所為之適當且合理之非常措施。此種救助須出於故意，即積極的行為促使損害發生，包括：「意」的要件，即決意為救助手段；以及「知」的要件，能預見損害結果。並且救助手段須合理，亦即手段必須合目的性，且不得逾越必要程度❷。易言

之，即須係本於有意識之行為，合理的轉變財產之權利。

二、性　　質❸

有關共同海損之法律性質，有下列數說：

㈠共同危險體說

認為船舶及貨物在航海時，屬於一個共同團體，其所遭遇之共同危險，應由共同團體之分子分擔。為現今通說。

㈡衡平說

認為船舶及貨物遭遇危險之際，犧牲一部分財物而保全其餘之財物，對於被犧牲財物之損失，基於公平原則，應由全體共同比例分擔。

㈢契約說

此為英美法上之主張，認為貨物運送中發生危險時，擬制船長及貨主間成立協議或約定，貨主同意將貨物投棄，其損失由全體比例分擔。

㈣代理說

認為共同海損乃係船長代理船主及貨主所為處分，其損失由保留體分擔之。多為美國學者所採。

㈤不當得利說

認為保留者受利，被投棄者受有損失，其屬不當得利，由一方向他方請求賠償。法國學者採之。

三、共同海損的效力

㈠共同海損的損害及費用

1. 損害與費用的區別

共同海損行為係為避免共同危險，以保存共同航海團體之財產，使之脫離危險，所為之故意且合理行為之損害及費用。因此，於談及共同海損債權時，應先對損害與費用作以下之區別：

⑴請求客體不同：損害，指實物方面的損害，而費用則指因避免共同危險所支出之費用。

---

❷　參本篇第一章❶，頁 293。

❸　參本篇第一章❹，頁 432–433。

(2)損害額範圍不同：損害，可分成船舶及貨載之損害；而費用則包含費用海損，如救助與撈救之報酬費及海損費用利息支出，以及海損計算費用。

(3)損害額之計算方法不同：損害，對於船舶損害之計算基準，以到達時之船舶價格計算之。而貨載之損害則以卸載地、卸載時之價作為計算標準；至費用，則由全體關係人協議決定；如不能協議時，才得請求仲裁或由法院裁判。

2.共同海損的損害

(1)船舶：船舶因處分致生之損害，為共同海損債權之重要部分，包括屬具；但未記載於屬具目錄者，不認為共同海損，而其經撈救者，仍應負擔共同海損（海商法第一百十七條）。

(2)貨載：貨載一經投棄者，應屬共同海損。然有下列四種例外情形：

①未依航運習慣裝載之貨物經投棄者，不認為共同海損犧牲；但若經撈救，仍應分擔共同海損（海商法第一百十六條）。

②無載貨證券，亦無船長收據之貨物，或未記載於目錄之設備屬具，經犧牲者，不認為共同海損；但經撈救者，仍應分擔共同海損（海商法第一百十七條）。

③貨幣、有價證券或其他貴重物品，除經報明船長者外，不認為共同海損犧牲；但經撈救者，仍應分擔共同海損（海商法第一百十八條）。

④船長所備糧食、武器、船員之衣物、薪津、郵件及無載貨證券之旅客行李、私人物品，不分擔海損；但如經犧牲，其損害應由各關係人分擔之（海商法第一百二十條）。

3.共同海損的費用

海商法第一百十四條規定：

下列費用為共同海損費用：

(1)為保存共同危險中全體財產所生之港埠、貨物處理、船員工資及船舶維護所必需之燃、物料費用。

(2)船舶發生共同海損後，為繼續共同航程所需之額外費用。

(3)為共同海損所墊付現金百分之二之報酬。

⑷自共同海損發生之日起至共同海損實際收付日止，應行收付金額所生之利息。

為替代前項第一、二款共同海損費用所生之其他費用，視為共同海損之費用。但替代費用不得超過原共同海損費用。

本條係民國八十八年修法後新增。原條文並無明定共同海損費用，惟參照原條文第一百五十條定義之文字，可見此係明顯闕漏，故參照約安規則 Rule F 作概括式增訂。第一款乃概括在港埠所生之費用。另外，依共同安全說，船貨於獲救安全後之繼續航行費用，即非共同海損範圍，但依冒險完成說自共同海損一經發生，直至航程未最後完成前，均屬共同海損範圍，現行約安規則費用部分採後之學說，但有限制，即如共同海損未發生，亦應由船主負責之費用不得列入，是故本法參照之增訂第二款。而第三款之規定乃為鼓舞緊急支應。再者，所謂之「替代費用」乃係在共同海損中為代替原共同海損費用所生之其他費用，其金額須不超過原共同海損費用。例如船舶發生共同海損後避難港 A 需購置燃物、料費用，由於 A 港本項費用較昂貴，故自較廉價之 B 港購入，惟 B 港之購置費加交通費總和（即替代費用）需低於 A 港之支出。

㈡共同海損損害額的範圍及計算基礎

依海商法第一百十一條規定：共同海損以各被保存財產價值與共同海損總額之比例，由各利害關係人分擔之。因共同海損行為所犧牲而獲共同海損補償之財產，亦應參與分擔。

原條文對於共同海損損失分擔義務採列舉式，本次修正參照約安規則 Rule B，特採概括式，俾免文字與以下各條之牴觸，尤其不再採運費半額制，係為配合國際通行實務。

㈢共同海損的分擔❹

關於共同海損之分擔，係指利害關係人對於被害人或支付人，因共同海損處分所受之損害或費用支出而須分擔之債務。共同海損之應分擔人，包括因共同海損之犧牲或支出之特別費用而獲得保全之物之所有人，及因

---

❹　參本篇第一章❹，頁 444–446。

犧牲而受損害之人。易言之，不僅被保存之船舶與貨載應分擔損害，即被損害之船舶與貨載，亦應分擔。從而可知因共同海損處分受有海損之船舶所有人、貨物所有人、或運費收受人，一方為權利人，而在他方面又為義務人。依海商法第一百十二條規定：前條各被保存財產之分擔價值，應以航程終止地或放棄共同航程時地財產之實際淨值為準，依下列規定計算之：

1. 船 舶

船舶因投棄、損害及支出特別費用而獲得保存，應負擔共同海損，並以到達地、到達時之價格為準。如船舶於航程中已修復者，應扣除在該航程中共同海損之犧牲額及其他非共同海損之損害額。但不得低於其實際所餘殘值。船舶價值必須為到達時地客觀價格始能為其他共同海損利益人所承認，至個別契約下之價值，如抵押貸款或租船租金所可估計之船舶價值等，均不得視為本船舶分擔價值（海商法第一百十二條）。

2. 貨 物

貨物之共同海損分擔額，以送交最後受貨人之商業發票所載價格為準，如無商業發票者，以裝船時地之價值為準，並均包括應支付之運費及保險費在內（海商法第一百十二條）。惟有下列例外：

(1)無載貨證券亦無船長收據之貨物，或未記載於目錄之設備屬具，雖已犧牲，但經撈救者，仍應負擔共同海損（海商法第一百十七條但書），其分擔額以被撈救時地之價格為準。

(2)非航運習慣裝載之貨物，經投棄而獲撈救者，仍應負擔共同海損（海商法第一百十六條），其分擔額亦以被撈救時地之價格為準。

(3)未報明船長之貨幣、有價證券或其他貴重物品，雖被犧牲，但經撈救者，仍應分擔共同海損（海商法第一百十八條但書）。

(4)船上所備糧食武器、船員之衣物、薪津郵件及旅客之行李、私人物品，皆不分擔海損（海商法第一百二十條）。蓋此或為共同安全，或因海員生活所必需，故予特別例外規定。此外航海消耗必需品，政府之軍用武器彈藥及郵件，在海事習慣上亦不分擔共同海損。

(5)貨物之性質，於託運時故意為不實之聲明，經犧牲者，不認為共同

海損。但經保存者，應按其實在價值分擔之。貨物之價值，於託運時為不實之聲明，使聲明價值與實在價值不同者，其共同海損犧牲之補償額以金額低者為準，分擔價值以金額高者為準（海商法第一百十九條）。

3.運　　費

運費以到付運費之應收額，扣除非共同海損費用為準（海商法第一百十二條第一項第三款）。前項各類之實際淨值，均應另加計共同海損之補償額（海商法第一百十二條第二項）。

4.為共同海損行為所犧牲之財物

因共同海損行為所犧牲而獲共同海損補償之財產，亦應參與分擔（海商法第一百十一條後段）。

(四)共同海損的計算

1.理　　算

凡海損發生，其損害究應如何由各關係方負擔，如何分配責任，須經計算，此項計算，稱為海損理算。理算時，須託專人辦理。是項專人，稱海損理算師或海損精算師，須具備一定的資格方得充任。我國海商法規定，共同海損之計算，由全體關係人協議之，協議不成時，得提付仲裁，或請求法院裁判之（海商法第一百二十一條）。

2.共同海損的計算方法

共同海損分擔之計算，首先須計算出全體關係人之共同分擔比率，亦即以所有共同海損之損失額與犧牲額之總和除以「所存留之船舶價值」、「所存留之貨載之價格」、「運費之半額」及「共同海損之行為所犧牲之財物」之和所得之數作為分擔比率，再將之乘以船價、貨價、運費半額及犧牲額算出船舶所有人、貨物所有人、運費取得人及被犧牲財物之人之分擔額。

(五)共同海損債權的保障

依海商法第一百二十二條規定運送人或船長，對於未清償分擔額之貨物所有人，得留置其貨物；但已提供擔保者，不在此限。是為關於留置權之規定。依此規定，貨物所有人於請求交付貨物時，應先清償其分擔額，或提供相當之擔保，否則運送人或船長得行使留置權。

　　另外共同海損之分擔請求權可依海商法第二十四條第一項第三款主張優先權；且其債權行使時，其假扣押、假處分不受海商法第四條之限制，蓋其屬「為使航行可能所生之債務」。而利害關係人於受分擔額後，復得其船舶或貨物之全部或一部者，應將其所受之分擔額返還於關係人；但得將其所受損害及復得之費用扣除之（海商法第一百二十三條）。又因共同海損所生之債權之時效，自計算確定之日起，經過一年不行使而消滅（海商法第一百二十五條）。

　　至於共同海損債務人之責任，我國海商法第二十一條第一項規定，在共同海損中屬於船舶所有人之部分，船舶所有人僅以本次航海之船舶價值、運費及其他附屬費負其責任，是有船舶所有人責任限制之適用。而其他共同海損債務人，在解釋上亦僅負有限責任，依海商法第一百二十四條，得委棄其存留物，而免分擔海損之責。

第六章　海上保險

　　海上保險起源於海上貿易活動中之船舶、貨物保險。隨著航運業的發展，國際貿易的繁榮，海上保險的內容也在不斷地擴大。在船舶保險方面，保障之內容不再限於船舶本身，而擴大至由船舶所引起之第三人責任；在貨物保險方面，保險期間不僅包括貨物在海上運輸的全部過程外，尚延展至與海上運輸相銜接的陸上運輸期間。甚至在人類對海洋資源探測、開發、利用的同時，海上保險的範圍也不斷地向海洋石油探勘等方面擴展，期望在不久的將來，海上保險的內容有可能擴大到海上活動中之人身保險。

第一節　海上保險的意義

　　所謂海上保險，依保險法第一條及海商法第一百二十九條規定，係指當事人約定，一方交付保險費於他方，他方對於因海上一切事變及災害所生的毀損、滅失及費用，負擔賠償責任的契約❶。

　　海上保險係屬海洋危險的承擔，惟近世交通發達，國際貿易繁盛，保險範圍日益擴大，就我國海商法第一條規定來看，海及與海相通的水面或水中皆係「海」，其意義已較一般人所認知之觀念不同，然此僅指狹義之海，現代海上保險所指之「海」，其範圍頗廣，不但與海相接之碼頭、海岸或貨棧得在其列，即陸上亦往往包括在內。

　　海上保險契約與海上運送契約相同，對於海上交易皆有莫大之重要性。海上交易如無保險制度，則無今日輝煌鼎盛之成果。無海上保險，則資本家對於船舶或海外貿易，將因顧慮海上危險尤其海損事件而躊躇不前，自保險制度盛行後，因投資金額將不致蒙受損失之危險，乃敢安心從事。由此以觀，可謂海上交易，實際係受保險制度之庇護與支配，亦即面對海上危險之船舶所有人、運送人，及託運人，常得將其危險轉嫁於保險人而致力開展其業務，其重要性自然可知。

❶　參本篇第三章❷，頁 488。

第二節　海上保險的構成要素

海上保險之保險人，對於航行發生之一切危險，皆負責任，其構成海上保險之要件不外四點：一、保險人承擔之海上危險；二、受海上危險具有利害關係之保險標的；三、要保人或被保險人對特定之保險標的須具有保險利益；四、被保險人作為報酬支付予保險人之保險費。茲分別說明之❷：

一、海上危險

所謂海上危險，係指海上偶發之事故或災害而言，本法雖無列舉規定，惟大要不外「因暴風雨、船難（如沈沒）、觸礁、碰撞、擱淺、船破、投棄、火災、捕獲、掠奪，依國權之扣留、戰爭報復，及通常其他一切海上事變致保險標的所生一切滅失及損害」（參照法國商法第三百五十條）。

海上保險因係填補損失之契約，故如無危險，即無保險，此外在海上保險契約中，被保險人必須對於保險標的具有某種保險利益，而此保險利益將因保險事故之發生而受有損害。此乃保險制度存在之基本精神。

因被保險人時時有蒙受海上損害之可能，以及無危險即無保險之思想，故海上保險實為填補損害之契約，而非以獲利為手段。其應注意者：

㈠保險標的應以與海上航行有關而可能發生危險之財產權益為限（海商法第一百二十七條）。

㈡保險額不得超過保險標的之價值（海商法第一百二十六條，保險法第七十二條）。

㈢保險契約訂立時，保險標的之危險已發生或已消滅者，其契約無效（海商法第一百二十六條，保險法第五十一條）。

二、保險標的

保險標的乃指有遭受危險之虞而由保險人所承擔危險的事物。海上保險必有一定之標的，如無標的，則海上危險無所附麗，故為構成要件之一。依本法之規定，凡與海上航行有關而可能發生危險之財產權益，皆得為保險之標的（海商法第一百二十七條）。

❷　參吳智，《海商法》，頁 255–258，53 年 8 月初版。

　　依我海商法之規定，得為海上保險標的者有：㈠船舶及屬具（海商法第一百二十八、一百三十四條）。㈡運費（海商法第一百三十七條）。㈢貨物及利得（海商法第一百三十五、一百三十六條）。所謂「運費」，在船舶方面言，為運送人如未經交付貨物即不得收取之運費，包括船舶之租金及依運送契約可得之收益（海商法第一百三十七條）；在貨主方面言，為因運送而應支付或已支付之運費之損失（海商法第一百三十五條）。所謂「利得」指貨物到達目的地時可期待獲得之利益或佣金。

三、保險利益

　　海上保險，與一般保險無異，須要保人或被保險人對於特定保險標的有相當之保險利益，方有其效力，而所謂的保險利益，乃是指被保險人存在於保險標的上的某種特定法律關係，例如被保險人乃船舶所有人，船舶為保險標的，保險利益即是被保險人存在於保險標的——船舶上的所有權。而該所有權會因船舶之毀損滅失而喪失。若標的物之滅失損壞，於己為無所損失者，即屬以他人之災殃為賭博，法所不許。

　　關於保險利益，保險法有列舉之規定，茲列舉其與海上保險有關者如下：

　　㈠要保人對於財產（船貨）之現有利益，或因財產上現有利益而生之期待利益（保險法第十四條）。

　　㈡運送人或保管人對於所運送或保管之貨物，以其所負責任為限（保險法第十五條）。

　　㈢基於有效契約而生之利益（保險法第二十條）。

　　保險法關於保險利益並未設有定義，法律所列舉之各項，其範圍雖甚廣泛，但為謀保險事業之發展，應採定義主義較為妥當。

　　保險利益既為保險契約之效力條件，無保險利益者，契約失其效力（保險法第十七條）；「失其效力」乃謂已生效而後失之，若自始無保險利益，而嗣後仍未具備者，其契約應為自始無效。保險利益為法定之條件，不得由當事人合意拋棄。故以保單證明利益之契約，法律不予維持。關於保險利益之事實，有隱匿遺漏或說明不實者，保險人得解除契約（保險法第六

十四條)。

四、保險費

保險費為被保險人應支付予保險人之費用,為保險人之報酬,此外保險費亦稱為保險契約之標的,且因保險費係航行費用,故對於保險費之喪失,亦得為保險之標的。

保險費通常按保險金額之百分比計算,訂定時並按保險標的所受危險之輕重緩急,斟酌航線、海洋、船齡、船舶構造、材料種類等要素決定之;但在通常運送物保險之情形,並不考慮運送物之品質、種類。

保險人對於危險,首須有認識與估計,以決定是否訂立保險契約,惟事實上危險之計算常有重大困難,保險人對於發生危險之種種情事未必盡能熟悉,一般均根據公算法以決定之,此種計算僅係概算,尚欠精確性;但公算法係考慮保險標的所受海上危險之各種情況,觀察事故之最大數,是故公算法事實上頗能顯示其數字之可靠性;保險人亦可按檢驗公司(協會)所推算之危險作為決定保險費之基礎。船舶檢驗可察知船齡、構造方法及堅固程度,與行政上之船舶檢查同其重要;如檢查不詳確時,自亦可不予採信。各重要港口均有驗船師,以應利害關係人之請求,在英國以勞依茲 (LLOYDS) 公司組織最為舉世聞名,對於搜集資料登記最為完備,以供保險公司訂約時之調查基礎。

第三節　海上保險標的的範圍

海上保險之保險人,除契約另有訂定外,對於航海發生之一切危險,皆負責任。我國法因係採日本法之概括責任主義,故凡與海上航行有關而可能發生危險之財產權益,均得為保險之標的❸。

保險標的物依其性質,約有下列不同種類:

1. 產物類:指船舶、貨物、郵件及其他動產(包括保險費旅客之行李等),為船舶或貨物所有人對於船舶或貨物享有利益,對其存在或滅失有利害關係,故得為保險標的。

❸　同本章❶,頁 259–269。

　　2.收益類：指運費、客票、佣金、利得、開支及船員薪金等項，為船舶所有人（或運送人）及船員享有之利益，或可期待之利益，或因而必需之支付，均與收益有利害關係，故得為保險標的。

　　3.責任類：指船舶碰撞對第三者所發生之義務，或運送人因承攬貨品對貨主所負擔之義務，或保險人因承受保險對被保險人所負擔之義務均屬之。

　　以下謹分析如下：

一、產物類

㈠船舶保險 (Insurance on Ship)

　　船舶不僅船體，即其設備、屬具、物料均應包含，如該船為蒸汽機船時，並應包括機器、鍋爐、機艙之物料。

　　船舶保險之範圍，一般所採用者，大致可分為：

1.各種損失險 (All Risks)

　　凡海上一切危險均可投保之損失險，包括全部海損、單獨海損、共同海損，或船舶碰撞等，如有損害，均可獲得賠償之一種範圍最廣之損失險。惟對戰事險 (war risk insurance)，運送人責任險，則須另行獲得約定投保。

2.單獨海損除外險 (Free from Particular Average)

　　即除單獨海損保險人不負賠償責任外，其餘全部海損、共同海損、船舶碰撞危險，均在承擔之列。

3.只限全損險 (Total Loss Only)

　　亦即只限於船舶全部損失時，保險人始負賠償責任之損失險。

㈡航程或航期保險 (Voyage or Time Policy)

　　航程保險期限，以航程之長短而定，航期保險之期限，則以雙方當事人之特約期限而定。

1.航程保險

　　船舶投保水險，凡以某一確定港口至另一港口為止之航程作為保險期間之保險，而不管實際時間之保險，即稱之謂航程保險。

2. 航期保險

凡對受保期間，規定一確定期限為準者，即謂航期保險；其保險期限、航行範圍，訂明於保單內，稱為航期保單。

3. 混合保險

亦即所謂合併航程、航期兩者而定保險期間之保險（如民國九十八年元月一日至民國九十八年二月一日由基隆港至紐約港）。

我國海商法對此種分類雖然並未作何種規定，但本於「契約自由」之原則，當然為法所允許。

4. 定值或不定值保險 (Valued or Unvalued Policy)

保險標的物之價額，經保險人與被保險人雙方同意訂入保險單者，即稱為保險金額。船舶保險之保險金額，決定頗難，在要保人之意，自以多保金額為利，而保險人則以適中為宜；因保險金額過大，易滋要保人自毀以圖保費之賠償。而船舶價值計算不易，故若雙方協議以約定價值為保險金額者，即為定值保險，當有海損事件發生，造成保險標的全損時，保險人即應依照所訂之金額賠償。然保險金額未經雙方確定時，雙方則應依照標的物全損時之一般市價估算，此為不定值保險。

(三)貨物保險 (Cargo Poliey)

貨物保險為航程中港埠之間投保之一種計程水險。並包括其希望利潤在內，所謂貨物 (goods)，乃專指商品而言，他如有價證券、個人行李及隨身佩帶之金銀首飾，雖得為保險標的物，但均不在貨品範圍之內，故貨物保險之標的物即專指一切商品而言（牲畜雖得為商品之一種，但應在保險契約中特別聲明）。而貨物不僅包括本身原價，即包裝堆棧以及手續費皆可列入。凡與貨物具有利害關係之所有人、運送人、運送經理人均得以之投保。

按我國習慣，對於貨物保險，有所謂平安保險與水漬保險之分：

1. 平安險

平安保險者，即保險契約當事人雙方以特約訂定，貨物除因託運船舶不平安事故所致損失外，若船舶平安到達目的港，除由於船舶擱淺、沈沒、火災碰撞所致外，則所有單獨海損，保險人不負賠償責任，即所謂單獨海

損不賠險（free from particular average，簡稱 FPA）。

2.水漬險

水漬保險，除包括平安險外加保水漬險，即貨物雖未毀損或滅失，倘僅為水濕所污損，不能維持原有價值者，亦由保險人負責，故為單獨海損賠償保險（with particular average，簡稱 WA 或 WPA）。

㈣旅客的行李

旅客對於自行攜帶之行李為保險，嚴格言之，行李並非運送物，但係受有海上危險之財產價值物，故亦得為保險標的。

二、收益類

㈠運費 (Freight Policy)

運費得為保險，其重要性僅次於船舶及貨物兩種保險，所有關於船貨保險之原則均適用之。運費保險之保險利益，隱而不顯，不若貨物或船舶保險之保險利益，顯而易見，此種保險契約之發生，起於運送人與託運人間轉運貨物之關係，並無現實物品之可言，而以運費本身之無形損害為契約之內容。

「運費」在海上保險範圍內所含之意義，較運送契約範圍內所含意義廣泛，實包括貨物運送及雇用船舶之代價而言，其性質約可分為二類。

1.貨物運送所應收取的運費

⑴預付運費 (prepaid freight)：運送貨物其運費如係預付者，無論中途發生海難與否，運費概不退還者，應由貨物所有人（或貨物託運人）保險。

⑵到付運費 (collect freight)：如運費係到達目的地始付者，應由船舶所有人或運送人（或運費收受人）保險。

⑶保付運費 (guaranteed freight)：此外有經契約訂明無論貨物將來是否發生危險，有無運到，託運人保證給付運費者，雖非預付，但不論貨物損失與否，由託運人保證給付者。蓋運費之收取，本屬確定，倘因海損事故之阻礙，不能前運，如按運送比例結算運費，殊欠公允，因中途消費均由運送人賠墊，故均以特約先收運費或保付運費，保證屆時能由運送人收取，該項運費則由託運人保險。

2. 雇用船舶所應收取的運費

全部傭船或一部傭船運送者，即以某船全部或一部傭船，其運費不以件數計算，而以全船之租金計算者，該項運送契約，即為船舶租傭契約，俗稱傭船契約（charter party），該項運費稱為租金 (chartered freight)，提單運費或船舶租金均稱之運費。按照一般慣例，租金均係預付，傭船人（承租人）得以預付運費名義保險，傭船後，如傭船人將該船轉租或行駛某航線，攬運普通雜貨，簽發提單，收取運費，而係先運後付時，其傭船人係代船舶所有人之地位，對於該項運費，得為保險。

至其保險單之性質，大體亦與其他海上保險單同，被保險利益之損害賠償，亦開始於貨物裝運時。保險單之種類有以航程期限 (voyage chartered freight) 與特定期間（time chartered freight）兩種，即前者以航程遠近定其期限；後者以雙方特約定其期間是也。其保險金額，常以一定數額為限，其計算之標準，多以運費表定之。大抵保險之金額多為提單上所填之運費或租金，再加保險所費之數額而成者。

㈡期待利得 (Expected Profit)

利得保險，亦隱而不顯，與運費保險相似，即就貨物平安運達目的地所可獲得之利益而為保險也。所謂利得，例如貨主某擬將二十萬元之貨物運往紐約港，希望於到達目的地後，除支付一切運費、保險費等開銷外，能淨得四萬元，即以此金額投保水險。此種利益從前視為賭博，禁止訂立保險契約，然貨物本身既有遭受海上危險發生損失之虞，附隨於貨物之利益，亦難倖免，貨物因保險契約關係幸獲賠償，獨可期待之利得而禁止之，實非事理之平，故後亦許以投保。通常有下列二種：

1. 船舶所有人自運貨物所應得的利得

船舶所有人為第三者運送貨物時，固得收取運費，為自己運貨時，則應收利得，該項利得實類運費，亦係保險標的。

2. 貨物所有人託運貨物所可期待的利得

貨物之利得保險，學者又稱希望利益保險，如上例此四萬元之淨利尚在希望之中，非如原物有實價可考。此項利益，既非確定，能否獲得，殊

難預期，故其保險價額之計算，難有一定之標準，習慣上恆以保險金額推定保險價額，若日後發生爭執，被保險人應提出危險不發生時確能獲得若干數額之證明。若保險金額顯較保險價額為多，自為超額保險，其超過部分無效。反之，若保險金額較價額為少，則為一部保險，保險人僅以保險金額與保險價額之比例負擔賠償責任。

(三)開　支

船舶開支之保險，近亦日漸普遍，大都以船舶為全損狀態，而開支無著時為保險條件，如因海難而喪失，或其目的因海難而無法達成，例如港口費用、油漆費等，該項保險之被保險人，多為船舶所有人，其目的係在船舶價值之保險外，所增加之保障。

(四)船長海員應得的權利

依船員法第五十五條規定：「雇用人依本法支付之醫療費用、殘廢補償、死亡補償及喪葬費，應投保責任保險。」

(五)佣　金

上項貨物之買賣，如係由於居間人之力完成者，其所應收之佣金，亦得為保險標的。

三、責任類

(一)再保險

保險人得將其所承保之危險，轉向他人為再保險（海商法第一百二十六條，保險法第三十九條）。再保險之標的，為原保險人所承受之保險契約上之責任。再保險制度存在之目的，乃為減輕原保險人因所承受之保險契約之金額過鉅所可能產生之高額賠償責任，避免小保險業者因無法負擔而致破產、失敗，故法律特別規定原保險人得轉與他保險人訂定與原保險契約相同條件的保險契約，以分散風險，與複保險乃對於同一目的、同一危險，訂定二個以上保險契約之性質不同。

(二)船舶碰撞所發生的義務

例如被碰撞船舶本身及所載貨物之損害，各方人員生命之傷亡，以及因涉訟所生之費用，又碰撞之對象為港口建築物時，所生之損害賠償等項，

均為保險標的。惟照一般海上保險契約條款，除第三者之船舶貨物損害賠償得為承保外，其他所發生之義務，均不承保，故他國有由船舶所有人組設相互保險組織承保之。

㈢竊盜險

船舶所有人對於承運之貨物，如負偷竊損失責任者，該項責任，亦得為保險標的。通常以貴重物品易遭盜竊者為多，因而投保，以資保障。

㈣關於船舶所有人之責任保險稱為 「船東保護與補償」 保險 (“protection and indemnity” insurance)

乃專就船舶所有人對第三人負有法律上或契約上賠償責任時，予以補償之契約（保險法第十五條）。在外國此項保險通常由所謂「船東保護與補償互助會」（Protection and Indemnity Clubs 或簡稱 P. I. C.）之組織承保❹，依我國保險法關於責任保險之規定，亦屬海上保險之範圍（海商法第一百二十六條，保險法第九十～九十五條）。

第四節　海上保險契約

海上保險契約 ，為對因航海有關之事故而生之損害予以補償為目的之契約❺。此種契約，乃由當事人之一方（保險人），承保某物之海上危險，允許填補因航海事故所生之全部或一部之損失，而相對人（要保人或被保險人）允許予以報酬（保險費）之契約。為損害保險之一種。其成立之要件，亦與一般保險契約同，必以保險利益（insurance interest）之存在為前提。

保險單是保險契約的正式文件，載明雙方當事人約定的權利及義務有關事項（保險法第四十三條）。保險法第五十五條對保險單上應記載各款事

---

❹　基本上，此項保險主要在承保下列風險：

　1. 船舶因碰撞而生其他商業保險業者所不願負責之部分。

　2. 海員與岸上裝卸工人等僱傭人於船上發生人身傷亡、疾病等事故所造成之危險責任。

　3. 船舶因不適航或託運人沒有適當且謹慎管理貨物而造成貨物之損害責任。

❺　同本章❶，頁 269。

項有詳盡的規定。因此,保險契約之具體內容,首先需求諸保險單之文字,而保險單的解釋應盡量以其文字原有的或通常意義為準,但必需從契約整體觀之。保險契約不但是雙務契約,而且為附合契約,保險單都是由保險人準備統一的格式。實務上,保險單除有法律規定各款事項外(參見保險法第五十五條),其他特別事項可以由契約雙方當事人合意後,以各種條款或語句加註其上。由於其附合性,保險單上如有任何隱晦不明的地方,應作對被保險人有利的解釋(參見保險法第五十四條)。

　　各國關於海上保險契約,均規定應以書面為之,但並不一定須為要式契約,依保險法第五十五條所定:「保險契約,除本法另有規定外,應記載左列各款事項:一、當事人姓名及住所。二、保險之標的物。三、保險事故之種類。四、保險責任開始之日時及保險期間。五、保險金額。六、保險費。七、無效及失權之原因。八、訂約之年月日。」

一、當事人姓名及住所

　　保險契約(保險單)為雙務契約,須載明當事人之姓名及住所,故均為記名式。所謂當事人自包括保險人與被保險人在內,關於被保險人應包括要保人或代理人(如保險經紀人),並經本人簽名;要保人為自然人或法人均可,但保險人則必為專業保險業之股份有限公司或合作社。如為代理人,同時須記載其資格,其目的在辨明被保險人係為自己保險或為他人保險;因得保險者,並非限於保險標的所有人,行紀人或他人亦得訂立保險契約。至於當事人之住所,為認識當事人之同一性上有其利益,故應記載之。記名式之保險單,被保險人得依民法所定方法讓與;如有指示之文句時,得以背書之方法轉讓之,有見票即付之記載者,得以單純證券之交付而為移轉。

二、保險的標的物

　　保險之標的為船為貨或其他利益,均可由雙方自由約定訂明於保險單,且訂約當時不必限於標的物之是否存在,只須要保人無詐欺行為,均生效力。例如船舶或貨物雖未購進,但已付款訂購,或船舶與貨物訂約時業已到達或滅失,而事實證明要保人確不知情,則契約仍屬有效。如證明要保

人知危險已發生或船貨已滅失者,要保人自無請求賠償權,否則如已得償,應予返還。惟除表明為何物外,尚應記載其價額或估價之標準;未記載者並不影響保險之有效性,但發生海難時應由被保險人負證明保險標的價額之責任。

三、保險責任開始的日時及保險期間

(一)船舶及其屬具保險責任開始的日時及保險期間

1.航期保險:凡對受保期間規定以一確定之期限為準者,即依一定之時間而定者,為航期保險;船舶及其設備屬具之航期保險,以所保時間之起訖日期,即保險責任開始及終了之時間。例如由某年、某月、某日起,至翌年某月某日止;在起訖時無論該船舶在航程中或在港口停泊中,或在船塢修理中,保險責任及時間之起訖分別開始或終止,不容延長或縮短。

2.航程保險:即以某一確定港口至另一港口止之一航程而定者,為航程保險。通常航程保險,如被保險之船舶航向較契約為遠之地區,雖在同一航路,保險人得免除責任,並得收取保險費,蓋該項變更有加重保險人之危險;至若縮短航程,則不影響契約效力,蓋減輕保險人之危險負擔,則可任要保人或被保險人之自由。

海商法第一百二十八條前段規定:「保險期間除契約別有訂定外,關於船舶及其設備屬具,自船舶起錨或解纜之時,以迄目的港投錨或繫纜之時,為其期間……。」其保險責任之開始,自應以船舶起錨或解纜之時為開始時間,繼續有效至到達目的港投錨或繫纜之時止。

又保險期間可分為:

1.約定期間:

(1)以一定之期間定之者,即航期保險。

(2)以一定之航程定之者,即航程保險。

(3)以一定期間及一定航程定之者,為混合保險。

2.法定期間:以該條上段之規定,所謂除契約別有訂定外,係指航期保險之混合保險,即合併航程與航期而定者,如約定自某港至某港而以三個月為保險期間是,自倉庫至倉庫等之約定是;則本法自以航程保險為準,

故曰法定期間，但船舶水上營業，範圍寬廣，如每次投保，手續麻煩，故大多仍採航期保險，期間大致為一年，但亦以附加條款延長之。

㈡貨物保險責任的開始及保險期間

貨物保險責任之開始，依據海商法第一百二十八條後段關於貨物保險期間之規定：「自貨物離岸之時，以迄於其目的港起岸之時，為其期間。」則貨物一經離陸之時，即為責任開始之標準。大抵貨物保險多用於航程保險，以航程之期間為其期間。所謂離陸，如船舶係在陸地繫纜，停靠碼頭裝載，若起重吊桿屬於碼頭者，自吊桿上之貨物裝入船內時，為開始時間；起重吊桿屬於船舶者，自吊桿將貨物提起離陸時，為開始時間。

㈢運費及期待利益保險責任的開始及保險期間

本法雖未明定運費及期待利益保險責任之開始及其保險期間，但以運費及期待利益與貨運有密切關係，故其保險責任亦開始於貨物裝運之時，同時因其保險單之種類，有航程期限與特定時間之別，故其保險期間，航程保險以航程之遠近而定，特定時間保險則以雙方之特約而定。

運費及期待利益得為保險，其重要性僅次於貨物及船舶兩種保險，所有關於船貨保險之原則，均適用之；其保險責任之開始及保險期間可由當事人參照於契約內訂明之。

四、保險金額

保險金額 (sum insured) 者，謂保險人對保險事故發生時，所應負擔賠償之金額，係表明保險人應負擔義務之範圍，且為算定保險費之標準，自為保險契約重要要件之一，當然為應記載之事項。而保險金額之算定，則以保險價額為根據。至其金額給付之時期，以約定為準，無約定者，應於接到通知後十五日內給付之。又保險人不問保險之目的如何，損害之實額如何，除法律另有規定或當事人另有約定外，保險人僅支付其約定賠償額已足，不負其他任何義務（參照保險法第三十四條）。

保險金額與保險費相對立，一方為保險人所負責任之標準，一方又為被保險人或受益人所享利益之限度。又保險金額通常與保險價額多屬相等，但亦有超過之者，然其超過部分，如無詐欺情事時，僅不生契約效力，如

有詐欺情事，則他方得解除契約（參照保險法第七十六條）。蓋要保人對於保險標的有時因不明價值，例如係由於繼承產業或為餽贈得來，或投保後標的物價額下落，或由於訂約時保險人估值之錯誤，故只須出於善意，不影響契約本身效力。至保險價額超過保險金額者，自為法律所許可；惟保險責任之負擔，應以保險金額對於保險價額比例定之，其當事人另有契約訂定者，仍當從其約定（參照保險法第七十七條）。

但保險金額之記載，原則上並非必不可缺，未記載時，保險人義務不確定，成為不定保險，保險人應擔保保險標的實際可受之海損。若係限定保險，而其保險金額未達保險標的之全部價額時，保險人僅就填補部分負其責任；被保險人對未受填補之部分，自行負擔損失。

五、保險費

保險費 (premium) 者，謂要保人對於保險人負擔其危險時所應支付之金額。保險人對被保險人依照海上保險契約條款，負擔損害賠償責任，其價金即係保險費。保險費決定方法不一，惟通常都以保險金額為基礎，按千分之幾或百分之幾收取之。其費率多寡之標準，依照標的物本身之狀況，航行區域之狀況，承保條款之危險性質確定之。

我國海上契約之保險費，大體為被保險人直接給付方式，故在我國現行之保險契約，均註明倘到期不付，本契約失效等語。依照我國民法規定，是項條項應為有效，但為求穩定起見，於保險費到期前或到期後，未為給付時，保險人應先以通知催告。

六、無效及失權的原因

無效及失權原因之規定，在保險契約實際運用時，並非必要之規定，詳查海上保險契約各條款，其合於本款之規定者，為保險費未能如期給付，保險契約即行失效，或船舶出售，保險契約即行終止等條款。惟習慣上保險費均在保單註明業經給付，而船舶出售保險中止之規定，又多為附加條款，並限於船舶保險，故在保險契約內，實際上並無保險法第五十五條第七款之規定。

七、訂約的年月日

訂約時應記載年月日之目的在：

㈠推斷當事人是否已知悉危險已發生，以決定保險是否有效。

㈡決定複保險有無效力。

㈢與時效之起算點有關。

但不因欠缺日期之記載而使保險契約歸於無效。

第五節　保險價額與賠償金額

第一項　保險價額

通常保險額約有四種，即一、保險金額（海商法第一百二十六條，保險法第五十五條）。二、保險價額（海商法第一百三十四、一百三十七條）。三、損害金額（海商法第一百三十八、一百四十一條）。四、賠償金額（海商法第一百三十八條）。其中保險價額為保險標的所有保險利益之價額，亦即表示保險標的價值之金額，而非作為賠償之價額。賠償金額都以保險金額為準據，保險價額及實際損失比率定之。大抵船舶保險其保險金額較保險價額為低，而貨物保險其保險金額與保險價額相等，是謂全部保險；故如保險標的價額為一百萬元，其保險金額可能為八十萬元或七十萬元，即以此保險金額為賠償計算額。惟原則上保險人之賠償金額，不應超過保險金額（保險法第七十三條第三項）。

一般產物保險，分定額保險 (valued policy) 與不定額保險 (unvalued policy)，定額保險，於訂約時估定其價值，於保險標的物全損時賠償，除有虛偽詐欺隱瞞情事外，不得爭執。不定額保險，則於標的物損失時估計時價及實際損失而定賠償額，估價時保險人須提供帳單，發票，運費憑單，驗船師之預算書，以及其他必要證明文件。船舶及運費利益之保險都為定額保單，貨物利益保險都為不定額保單。惟定額保險除全損外，若為分損，則仍應按實際損失之程度估價賠償。關於標的物價額之估價，為恐估計發生爭議，故法律定其基本原則❻如下：

一、船舶的保險價額

關於船舶之保險，以保險人責任開始時之船舶價額，為保險價額（海商法第一百三十四條）。按保險契約為損害賠償之契約，於海損事件發生後，被保險人所應受賠償數額，依照原則，應為恢復原有狀態，與海損未發生前應有之數額同。其以責任開始之日為準，而不以船舶所在地為準者，蓋以船舶買賣，未必各地都有，故欲知所在地之時價，殊為不易。

船舶既以保險人責任開始時之船舶價額為保險價額，例如某船其航程係由基隆開往美國舊金山，當航行開始時，其價額為二百萬元，中途如無任何變故發生，其抵達舊金山之價額，應較基隆時之價額即保險責任開始時之價額為低，蓋長途行駛當蒙自然損耗，該項損耗，應由二百萬元價額內扣減，始為到達舊金山時之價額。倘中途發生全損，被保險人所受之賠償數額，依照原則，本應為基隆之價額減去自然損耗額之剩餘數額，方合恢復原有狀態之原則；但依照本法之規定，均以保險責任開始時之價額為賠償價額；故現行之船舶保險，較有利於被保險人，其目的乃獎勵航海事業。

二、貨物的保險價額

關於貨物之保險，以裝載時、地之貨物價格、裝載費、稅捐、應付之運費及保險費，為保險價額（海商法第一百三十五條）。裝載貨物等及保險費，皆得於貨物運到後，取償於賣價，故應包含於保險價額以內。例如某種貨物自甲港至乙港，當航程開始時，在甲港之成本雜繳裝運等費及保險費等為一百萬元，如安全到達乙港，除收回成本等一百萬元外，尚可獲得厚利二十萬元，倘在中途發生海損事變，全部滅失時，被保險人除收回本金一百萬元外，只有另外加保始得使可期待之利得二十萬元恢復原有狀態。

依英國一九〇六年海上保險法第十六節第三款：「關於貨物保險，其保險價額應為被保財物之成本連同一切運送費用及保險費。」可知係不包括可期待之利得。我海商法修正後第一百三十五條即改採此說❼。蓋因利得

---

❻　同本章❶，頁 300–304。

❼　其餘德、法、日等國商法規定，大致均同，惟意大利航行法第五百十六條則以

與貨物為不同性質之保險標的，依例貨物保險之利得係另外加保之方式，故貨物之保險價額應不包含可期待之利得。

關於貨物之價額，通常由當事人約定，如價額未確定者，於事故發生後，被保險人須證明保險標的之價額。有約定價額時，保險人之承諾，視為對被保險人所謂估價之承諾，被保險人無須證明運送物實際價格，惟保險人得隨時證明約定價額超過保險標的物之實際價格，故對保險人所為價額之約定，僅係單純舉證責任之轉換而已。

三、運費的保險價額

運費之保險，僅得以運送人如未經交付貨物即不得收取之運費為之，並以被保險人應收取之運費及保險費為保險價額（海商法第一百三十七條第一項）。例如某船由甲港至乙港，運送人如未經交付即不得收取之運費連同保險費為十萬元，則其運費之保險價額即為十萬元。

前述保險，得包括船舶之租金及依運送契約可得之收益（海商法第一百三十七條第二項）。乃民國八十八年修正後新增訂，以符合國際慣例（參照 MIA·Ist Schedule 16，我國保險法第二十條）。

四、預期利益的保險價額

貨物到達時應有之佣金、費用或其他利得之保險以保險時之實際金額，為保險價額（海商法第一百三十六條）。利得之確定，甚屬困難，蓋貨物到達時，其應有利得，隨市價而變動，無一定之標準，自不得不以保險金額為保險價額，以為賠償依據，又有佣金、費用根據商業習慣以保險時之「實際金額」為保險價額，藉以避免舉證或估價之困難。通常利得保險，均隨加於貨物保險中，約計為貨物價額之一成；如德國商法第八百零一條第二項，則明訂貨物價額百分之十推定為預期利益。

第二項　賠償金額

一、全　損

全部損失有實際全部損失與推定全部損失之別。所謂實際全部損失乃

到達時地價額為原則，在不能以到達時地計算時，始依上述規定辦理。

謂「保險人所承擔者，為保險標的物之安全到達最後目的地。若在航途中其物全部毀壞或滅失，或因所保之危險致其物處於全然非為被保險人或保險人所能使之到達最後目的地之情形下者，則保險人即應依契約之文義，負給付保險金額之義務」**❽**。

例如，標的物實質之毀滅，深海之沈沒，或被擄或被劫而無收復之望者，或破碎變更，按其情形不能視若如原狀存在者，皆屬之。在航途中貨物受嚴重之損害，雖在當時其物尚存在，且可在當地貶價出售，但若非全部損壞，或變更現狀，即無到達目的地之可能者，依英美判例，亦可視若實際的全部損失**❾**。

而推定全部損失，自非為實際的全部損失，但按所受損害之情形，當時其物雖如原狀存在，然若欲使其如原狀到達目的地，將為不可能或得不償失者，則被保險人得委付其物於保險人，而主張按保險金額而為賠償。

我海商法關於推定全部損失之規定如下：

㈠**關於船舶（海商法第一百四十三條）**

1. 船舶被捕獲。

2. 船舶不能為修繕或修繕費用超過保險價額時。

3. 船舶行蹤不明已逾二個月時。

4. 船舶被扣押已逾二個月仍未放行時。

此所稱扣押，不包含債權人聲請法院所為之查封、假扣押及假處分。

㈡**關於貨物（海商法第一百四十四條）**

1. 船舶因遭難或其他事變不能航行已逾二個月而貨物尚未交付於受貨人、要保人或被保險人時。

2. 裝運貨物之船舶行蹤不明已逾二個月時。

3. 貨物因應由保險人負保險責任之損害，其回復原狀及繼續或轉運至目的地費用總額合併超過到達目的地價值時。

---

❽ 此定義乃為英國艾炳吉法官 (Lord Abinger) 於 Roux v. Salvador (1836, 3 Bing N. c. 266, 285–286) 案中所提出者。

❾ 參本篇第二章**❶**，頁 526。

㈢關於運費（海商法第一百四十五條）

運費之委付，得於船舶或貨物之委付時為之。不僅限於船舶行蹤不明達一定時間時，凡船舶或貨物達推定全損時均得為之。

二、分　損

關於分損（即部分損失），可概分如貨物分損、船舶或貨物經變賣分損、運費分損及希望利益分損，詳如後述❿：

㈠貨物分損

海上保險之貨物保險，其損害額之計算，應依其至到達港在完好狀態下所應有之價值，與其於受損狀態之價值，相比較定之（海商法第一百三十八條）。所謂保險損害額者，即保險標的因危險事故發生，其價額減少或完全滅失之謂。例如某甲由 A 港運米五萬噸至 B 港，保險金額為五百萬元，其價值係依 A 港之成本加雜繳所確定者，中途因風浪受潮濕，抵達 B 港時，適逢漲價，依其完好價值可售八百萬元，依其受損價值僅為四百萬元，其減少價值為四百萬元。倘保險人比較完好與受損價值之差額在四百萬元範圍內而為賠償時，其數額將隨市價之漲跌而差異，漫無標準，實非保險應採之法；故一般標準，均先求得完好與受損數額之比例，然後再依此比例，由保險金額賠償之。照前開漲價之例，八百萬元與四百萬元之比例為二與一之比，所蒙受之損失為半數，故應以保險金額之半數，即二百五十萬元賠償之。倘適逢跌價時，依其完好價值可售五百萬元，依其受損價值僅為二百五十萬元，兩者受損害比例仍為半數，故比較定之，按保險金額應賠之數，仍為二百五十萬元，其賠償公式如下：

$$\frac{\text{受損價值}}{\text{完好價值}} \times \text{保險金額（或保險價額）} = \text{保險人應賠償之數}$$

惟是項完好價值與受損價值均照總額計算，即貨物本身淨值，連同雜繳總值計算；並非貨物本身之淨值；蓋貨物本身雖蒙受貶值之損害，但一切雜繳例如運費工資稅捐等等，並不因之減免，故應加入計算。若僅計算

---

❿　同❶，頁 304–307。

本身淨值時，其結果仍漲跌不定，難期公允，故完好價值與受損價值之比例計算，均應以總值為準。

關於一部分全損之損害，應以滅失部分之價值與全部價值比較定之。於該項損害數額之比例求得後，再與保險金額比較，即得保險人應賠之數額。如上例五萬噸米全部價值為五百萬元，中途遭火焚損害十分之一，倘保險金額為五百萬元時，保險人即賠償五十萬元，倘保險金額為四百萬元時，則保險人即賠償四十萬元正。

受損害之貨物，除船長依法為支付船舶之修繕費、救助費，或其他為繼續航行所必要之費用，將其變賣，或因不可抗力而變賣者外，應得保險人之同意並以變賣淨額與保險價額之差額為損害額；但因變賣後所減省之一切費用，應扣除之（海商法第一百四十一條）。此係指航程途中為繼續航行所需或不可抗力情節而變賣之謂，其損害以變賣價格與保險價額之差數定之；與本法第一百三十八條所指在到達港之損害情節不同。所謂因變賣後所減省之一切費用，即貨物在航程中或終了時原應支付之一切雜繳運送費而言，亦應加入計算；以此類費用，既因貨物變賣而減省，自當在差額中扣除之，以期公允。如為全部保險，則損害額即為保險人之賠償額。如為一部保險，則以保險價格之比率乘損害額所得，為保險人之賠償額。但變賣貨物時，除由於不可抗力或船長依法處理者外，應得保險人之同意（海商法第一百四十一條）；此為變賣貨物之條件，用以保障保險人之權益。

(二)船舶或貨物經變賣分損

關於受損害船舶之變賣權，修正後船長已無此權限，除特別委託外，僅船舶所有人始得為之。船舶之變賣，都係由於船舶不堪航行或因不可抗力；如因戰時航路阻斷，在外國出賣等是。若在保險期間，則保險人按其變賣價額與保險價額之差額，負擔損害額。但因變賣後所減省之一切費用應扣除之（海商法第一百四十一條）；例如船舶之保險價額為兩百萬元，變賣價額為五十萬元，以變賣價額五十萬元與保險價額兩百萬元相較，其差額即損害額，為一百五十萬元。如因變賣所節省之一切費用，如保管雜繳等費，共計五千元，則應於一百五十萬元之損害額中扣除此五千元。蓋船

舶既已變賣,則此種費用當然減省,自應由損害額中扣除之,以減省之費用並未損害。惟現行海險實務已鮮有以受損後之船舶變賣所得之價值與保險價值之差額為保險人補償之基礎。至於貨物如經船長依法變賣或出質時,其保險人負擔之損害額,亦按此辦理,惟船舶之變賣除由於不可抗力或船長依法處理者外,應得保險人之同意(海商法第一百四十一條);以保障保險人之權益。

船舶與貨物性質不同,貨物係商品,其目的在出售獲利,故有完好與受損價值之分別。船舶因非商品,不應具此區別,如船舶蒙受損害時,其賠償標準為合理之修繕費用。

如船舶蒙受單獨海損後,不為修繕時,其貶損之價值,應由保險人負擔,但以不超過前開修繕費標準之數額為限。如修繕不能或無價值者,則公開標售之淨得金額與保險價額之差額為損害額(參見德商法第八百七十三條)。

㈢運費分損

運費之損害額,其運費一部滅失時,其滅失價額即為損害額。航程中途如貨物一部分完全滅失,以致運費亦同時受滅失一部分,其運費之損害賠償數額之計算,應以運費總額與喪失數額比較定之,於求得比例後再與保險金額相較,即得保險人應賠償之數額(參見英國一九〇六年海上保險法第七十條)。

倘被保之貨物僅一部分裝船時,其實際損失部分應與實際裝船部分比例計算。

㈣希望利益分損

希望利益損害額,其利益一部滅失時,其滅失價額即係損害額。其計算方法與運費賠償額之確定,大致相似,即以利益保險總額與喪失數額比較定之,求得比例後,再與保險金額相較,即得保險人應賠償之數。

第六節　保險人的責任及義務

第一項　保險人的責任

「保險人對於保險標的物，除契約另有規定外，因海上一切事變及災害所生之毀損滅失及費用，負賠償責任」❶（海商法第一百二十九條，保險法第八十三條）。保險人所負之責任，得以本條所規定範圍為範圍，但本範圍甚為廣泛，事實上不僅限於海上，即與海相連之港埠海岸，碼頭倉庫，甚至陸上亦往往可包括於承保責任範圍內，亦即所謂 All risks policy 是。故海上保險事實上責任之範圍，均依雙方當事人所同意者，自由訂入保險契約內，亦即保險契約所保危險性質。海上保險既為填補海上之損害，則凡保險契約所載保險標的物，如在海上發生事變及災害，無論其原因若何，情形若何，其所生之滅失損害及費用，自應由保險人負其責任；即戰事之危險亦應負賠償責任（海商法第一百二十六條，保險法第三十二條），但亦有下列之例外：

一、戰事的危險，契約有反對的訂定者

戰事之危險，得為承保，但一般均以特約條款，將該項危險排除，不在承保範圍之內，亦即所謂兵險除外條款（free of war risk clause）。

本法既明定除有反對之訂定外須負賠償責任，則一旦發生損害賠償時，如有反對之約定，保險人須證明損害之事實係由戰事危險而引起，始得免責。

通常有願承保戰事危險者，亦都以特約條款列入，另加保費，而不以之列入普通海事危險範圍以內。所謂戰事危險，所常遇者如：

㈠敵國所施實質上破壞行為

如保險標的為敵國水雷、轟炸、砲擊、槍彈所破壞者為多。

---

❶ 本條係依舊法第一百五十條修訂，立法當時曾有說明：查海損責任，分類繁多，並非一紙保險契約即包括一切事變及災害，故原條文「保險標的物」之下加「除契約另有規定外」一句，所謂「另有規定」，如投保水險之水漬、火災及戰爭等險是。

㈡捕　獲

捕獲不問合法與否皆構成戰事危險，捕獲有時因船長過失而生，如船長企圖突破封鎖，或裝載戰時禁制品是。

㈢封　鎖

如因敵國或叛亂分子所施之封鎖港口行為，致船舶遭致損害，此為戰事常有現象。

㈣對敵防禦行動

船舶為避免敵方砲擊所受之破壞所遭致之危險，如逃避敵艦追擊而故意駛上礁灘，或為避免轟炸而投棄部分貨物以利速逃等，皆屬戰事危險。

㈤與軍艦碰撞

平時商船與軍艦碰撞屬於海上危險，在戰時則不能如此解決，戰時軍艦並無遵守航海規程、信號及燈火規程之義務，軍艦視攻守之需要而為移動，故與軍艦碰撞時構成戰事行為，但若兩船中一船顯有過失者，不在此限❷。

㈥軍艦的護航

在軍艦之保護下航行之船舶碰撞時，通常都因一方船舶之過失所致；護航時通常均以航行安全方法組成護航隊形，護航船舶碰撞或觸礁時，不認為戰爭行為，因護航僅在戰事狀態下為之，但並無何等戰爭行為介入，自非戰爭危險。因此縱在戰事狀態中，如無戰爭行為，不得將一切海上損害認為戰爭危險；保險標的為貨物而有毀損或滅失時亦同。此等情形，若海上危險與戰事危險分別投保兩個保險公司，則易生糾葛，若均由一保險人承保，則可避免。

以上所舉，均屬戰事危險範圍，而以現下英美法例，即因戰爭影響中

---

❷　戰爭行為是否即構成戰爭危險，學說上有不同見解，有認為上述情形僅能構成海上危險，尤其戰時無燈航行之碰撞。保險人雖訂有兵險除外之責任，但上項情形因係海上危險，故仍應負責。因是危險與損失之間須有因果關係，亦即危險須為損失之原因，而損失須為危險之結果，其間並無其他因素參雜其間，始負保險責任。

途命令變更航程，或貨物起陸不能前運，因而所受之損害及運費之喪失，亦不負責（此種因戰事中止航程，即航程中止條款）。故戰事危險以負責任為原則，不負責任為例外。

二、因要保人或被保險人或其代理人的故意或重大過失所生的危險，保險人不負賠償責任（海商法第一百三十一條）

凡危險之發生，由於要保人或被保人故意或重大過失之行為，應不得請求賠償，以維社會之公序良俗。例如颱風警報已經發布通告，而被保險人仍心存僥倖冒險開航即為重大過失，實類似故意行為，因而致使船舶沈沒，保險人即不負賠償責任。即被保險人不得請求賠償。

惟此種重大過失之故意行為，應憑事實證據為斷，以杜紛爭。再所稱重大過失之規定，限於要保人或被保險人，或其代理人；所謂代理人者，即要保人或被保險人之代理人，如船長為船舶所有人之代理人，船舶經理人為船舶共有人之代理人是。此種因要保人或被保險人或其代理人之故意或重大過失所生之危險，保險人不負賠償責任。與保險法第二十九條第二項但書，同一立法用意。但此處所指船長為船舶所有人之代理人，應為船長於航行中基於商事上之代理行為過失而言。若因航行或管理船舶之過失而生之損失，保險人仍應負責（海商法第一百三十一條但書）。

依六十九年臺上字第五二三號判決要旨：「海商法第一百七十三條（按：民國八十八年修正後為第一百三十一條）規定：『因要保人或被保險人或其代理人之故意或重大過失所致之損失，保險人不負賠償責任，但本法第一百十三條第一款及第十一款之情事，不在此限』，準此規定，要保人或被保險人或其代理人雖有同法第一百十三條第一款及第十一款之過失，如非故意或重大過失，保險人仍應負理賠之責任。」可知船舶保險之要保人或被保險人，都為船舶所有人或運送人，其對於船長、海員、引水人或僱傭人因航行或管理船舶之行為即不負責，而貨物保險之要保人或被保險人更與之責任無關，故因此所生之損害，仍應由保險人負責。修正前原文條文第一百十三條第一及十一款係沿襲一九六八年海牙威士比規則第四條第二項所列船舶所有人或運送人，在載貨證券關係下，對貨物毀損或滅失之法定

免責事項，然此免責事項，因契約當事人之不同，自難延伸對保險人亦為免責，故將該但書予以刪除。

第二項　保險人的義務

一、出具保險單的義務

保險人接受投保人之投保申請，保險契約即為成立。如果投保人要求出具保險單，保險人有出具之義務。即使在出具保險單之前，保險人已經出具過保險憑證或其他證明保險契約存在的文件，也不免除保險人出具保險單的義務。

二、費用償還的義務 (return of premium)

保險事故發生時要保人或被保險人應採取必要行為以避免或減輕保險標的之損失，保險人對於要保人或被保險人未覆行此項義務而擴大之損失，不負賠償責任。保險人對於要保人或被保險人為覆行前項義務所生之費用，負償還之責，其償還數額與賠償金額合計雖超過保險標的價值，仍應償還之。保險人對於前項費用之償還，以保險金額為限。但保險金額不及保險標的之物之價值時，則以保險金額對於保險標的之價值比例定之（海商法第一百三十條）。

三、賠償損失的義務

此乃保險人之根本義務，就是對保險事故造成的損失進行經濟賠償。保險人負責賠償之內容，大致可分全損 (total loss)、單獨海損 （particular average)、對第三人之責任、施救費用（sue and labour charges）及其他費用等（詳如本章第六節）。

四、給付保險金額的義務

保險人應於收到要保人或被保險人證明文件後三十日內給付保險金額（海商法第一百五十條第一項）。所謂證明文件者，即證明保險標的物因海難發生損害之文件。惟保險人對於證明文件如有疑義，而要保人或被保險人提供擔保時，仍應將保險金額全部給付（海商法第一百五十條第二項）。倘保險金額給付以後，保險人查明損害不實，保險人自給付後一年內，得

行使保險金額返還請求權，如過此時期而不行使，則返還請求權即行消滅（海商法第一百五十條第三項）。

五、保險責任延長的義務

船長為達成運送目的，若船舶因不能繼續航行有將貨載另以他船送達目的港之義務，此時被保險之貨物因船長之轉載，保險人應負危險責任至貨物安全卸載為止；因此種變更，非任意變更，而係強制變更，所以保險人仍應負責。否則貨載如不轉載，被保險人得於法定期間內為委付，對保險人實屬不利。

第七節　要保人的義務

要保人之義務可概略分述如後：

一、保險費的交付義務

海上保險的要保人也要交付保險費，關於保險費之交付問題，海商法並無特別規定，應適用保險法之規定。

二、危險通知的義務

要保人或被保險人於知悉保險之危險發生後，應即通知保險人（海商法第一百四十九條）。其怠於通知者，對於保險人由此所生之損害，應負賠償責任（保險法第六十三條）。

三、損害通知的義務

要保人或被保險人，自接到貨物之日起，一個月內不將貨物所受損害通知保險人或其代理人時，視為無損害（海商法第一百五十一條）。

四、保障保險人權益的義務

如有第三人對保險事故負有責任，要保人或被保險人有義務收集一切有關索賠的資料，並及時向該第三人索賠。

五、減少損失及必要協助的義務

被保險人為委付表示後，對於危險發生後之保險標的物，應盡力防止損害擴大，於保險人未能接手照料前，負有注意義務。如已視為滅失之保險標的物再行出現而為被保險人所明知者，應即將情形通知保險人；如受

請求，並應就該標的物之取得或利用予以必要之協助。

六、裝船通知的義務

　　未確定裝運之船舶之貨物保險，要保人或被保險人，於知其已裝載於船舶時，應將該船舶之名稱、裝船日期、所裝貨物及其價值立即通知於保險人，不為通知者，保險人對於未為通知所生之損害，不負賠償責任（海商法第一百三十二條）。貨物保險時，船名已知悉者，當即填入保單，惟以航運繁盛時，船名未能事先知悉，則其保單內船名只得暫缺，即船名不確定保單或流動保單 (floating policy) 俟知悉後即通知保險人填入。日本學者稱之為「預定保險」，其契約僅確定保險標的之貨物，原則上即屬生效，而不需確定運送之船舶名稱及國籍，僅課要保人或被保人知悉裝載船舶通知之義務。蓋船舶之構造，關係海上安危，貨物既已裝船，要保人或被保險人應有義務將船名、裝船日期、所裝貨物及其價值通知保險人，否則保險人對於未為通知所生之損害不負賠償責任 ❸。但船舶之結構及性能等影響船舶航行安全甚鉅，在造船技術不發達且各國造船水準差異很大之時期，船舶之國籍會影響保險人對於保費之預估，惟現今造船技術之進步，此項影響保險費率之因素，已漸式微，故要保人或被保險人於知其已裝載於船舶時，無將該船國籍通知保險人之必要。此為保險人而設，俾保險人得考慮其責任，有無再保險之必要。

七、其他義務得依保險法的規定履行之

　　㈠要保人、被保險人、其代理人、僱用人及受讓人，在被保險標的發生任何滅失及不幸時，應盡萬全之努力以防禦保護及回復該標的。至於該項措施之合理費用，保險人依照保險金額負比例分攤之責。

　　㈡要保人、被保險人或其代理人應對運送人及港埠管理機關就件數短少貨物提出賠償請求。

---

❸　海商法第一百五十五條，係指貨物保險時，未確定裝運船舶之情形而言，被上訴人於投保時已將裝貨之船名填載於投保書內，有上訴人所提之水險投保書可據，是裝貨船舶早已確定，縱未將該輪國籍通知上訴人，亦不能謂保險契約因而失效（48 年臺上字第 984 號）。

㈢要保人、被保險人或其代理人提貨時，如發現貨物顯有受損失，應立即向運送人交涉，派員會同在碼頭檢定損失，並就受損貨物提出賠償請求。

㈣要保人、被保險人或其代理人除已對運送人以書面聲明保留求償權外，對有受損可能之貨物不得出具清潔收據。

㈤貨物受損不顯著，而於提貨後發現者，應於受貨時起三日內以書面向運送人或其代理人提出賠償請求。

第八節　保險契約的消滅

第一項　保險契約的解除

海上保險契約之消滅，亦如一般損失保險，得因無效、失效或解除而歸消滅，除適用一般意思表示瑕疵之規定及保險法中已有規定者外，茲就海上保險中特別規定，或可適用於海上保險而尚待說明者❹，列述如下：

一、因可歸責於要保人或被保險人的事由得解除契約

保險契約為善意契約，應本誠信原則，被保險人對保險人應告知有關保險之一切性質，使保險人對承擔之危險及保險費率得為精確之估計。倘要保人或被保險人有違背其應盡之義務，保險人自得解除或終止契約：因保險標的在要保人或被保險人占有之下，保險人無法控制，其所處之地位，遠較要保人或被保險人為劣，與一般普通契約之地位平等者不同，故應予保障；我國保險法第五十七、六十四、六十八、七十六條等均有規定，凡可歸責於要保人或被保險人之事由，保險人均得解除契約。如：

㈠對於保險人之書面詢問，有隱匿、漏未說明，或為不實說明者。

㈡違背特約條款者。

㈢保險金額超過保險價額，訂約一方有詐欺情事者。

按要保人或被保險人有虛偽之陳述，不論出於故意過失或隱匿或不符，在他國有為契約無效之規定（如法國商法第三百四十八條），而我國則得為解除契約之原因，較具彈性，例如某船由某港開出日期，如據被保險人聲

---

❹　同❶，頁 296–300。

稱為十二月十日至十七日之期，而事後發覺該船於十二月五日開出，且聲稱時為被保險人所明知，而故為不實之告知，該保險人自得解除契約。因被保險人以船舶向保險人投保時，對該船之航行能力，人員配備，開航日期，承裝貨物，以及一切有關情況，均應向保險人作誠實之告知，不得隱瞞，倘因未盡告知或隱瞞之結果，致保險人誤為承保與之訂約，事後發現，保險人得解除契約，解約前之保險費仍應計收。故雙方訂約時，均應以真誠出之，不容有欺詐意思摻雜其間，雖或一方並無欺詐之念，若有關重要之告知係錯誤時，或怠於告知（即遺漏）而成隱瞞結果時，雙方均得解除契約（保險法第五十七條）。

二、保險人破產時得終止契約

要保人或被保險人於保險人破產時，得終止契約（海商法第一百三十三條）。保險契約為損害賠償契約，保險人於保險契約有效存續期間，亦即在危險終了前既已破產，即無賠償損害之能力，法律上認為破產一方對於他方已不能履行義務，自應許有解除契約之權。原則上保險人既已破產，契約當然解除，惟保險契約自保險人破產時起無效，並無自始無效，所以應為「終止契約」，而非解除契約 ❶❺。

再雙方訂約當時，如保險費係屬預付者，解約後其尚未到期，則按比例計算剩餘之保險費，應認屬普通債權，由破產管理人返還。保險人於破產前，將該標的物保險之全部另向其他保險人為再保險者，被保險人不能直接向再保險人為任何請求。

第二項　保險契約的無效

我國保險法第五十一條規定：「保險契約訂立時，保險標的之危險已發生或已消滅者，其契約無效……。」蓋保險契約之訂立，以有保險事故存在為前提，如訂約當時已無保險事故存在，則其契約當然無效。海上保險

---

❶❺　本法只對保險人破產時要保人或被保險人得為解除契約之規定，而對於被保險人如破產時，保險人是否亦得有解除契約之權利，則無明文，按法國商法第三百四十六條第二項規定：被保險人破產時，保險人有同樣得解除契約權利。

標的，亦以在海上固有危險之下為原則，倘保險標的無海上危險，或其危險已發生或已消滅，自不生效力。例如要保人或被保險人明知船舶已滅失或已安全到達，尚為訂約，顯屬惡意隱瞞情節，與保險契約成立要件不合，其保險契約當然無效；亦即其契約自始即不成立。惟須瞭解者，所謂保險契約無效，並非以保險標的滅失後或到達後所訂契約方屬無效，凡在簽約前，能推定被保險人已能獲知保險標的滅失，或已到達之消息，便為無效；雖現今電訊發達，推定已無必要，但在實務上保險單上多設有推定之特約條款，尤其當事人一方，欲在裁判上證明能知船舶滅失或已到達之消息，有時並非易事，故不得不以推定為原則。再保險契約如由行紀人訂立，行紀人已獲有消息時，其契約為無效；委任人得知者亦同，蓋此時委任人應以電報撤回委任。惟尚待說明者，為貨物保險，載貨證券持有人，對運送物危險之認識頗有困難，為保證證券持有人有安全感，除證明被保險人有惡意外，得認許所訂契約為有效。

查英國海上保險法第六條第一項更有規定：「於保險契約訂立時，被保險人對於標的物固無發生保險利益之必要，然於標的發生滅失時，被保險人必須享有保險利益，始能接受賠償。但於標的物之保險，註有無論業經滅失與否之條款者，雖於滅失發生後，始取得保險利益，仍得請求損害賠償；然於保險契約訂立時，被保險人明知業已滅失而保險人並不知悉者，不在此限。」

第九節　保險的委付

於被保險財產處於推定全損的情況下，被保險人可以選擇按部分損失索賠，也可以選擇按全損索賠。被保險人要求按全損賠償時，必須作出放棄財產所有權之意思表示，使保險人在按全損賠償同時取得財產之所有權，如此才符合保險的補償原則。

第一項　委付的意義

海上保險之委付 (abandonment) 指被保險人於發生法定委付原因時

（海商法第一百四十三～一百四十五條），得將保險標的物之一切權利移轉於保險人，而請求支付該保險標的物之全部保險金額（海商法第一百四十二條）**⓰**。

海上保險之標的物——船舶、貨物，或運費，因海難遭受全部損失，謂之全損，全損共分兩種：為實際全損 (actual total loss) 與推定全損 (constructive total loss)。

當發生推定全損情節時，被保險人表示願將其保險標的殘餘物及權利，移歸為保險人所有，由保險人當作實際全損（又稱全部實損）處理，而請求取得全部保險金額之手段；該項權利之移轉，即稱之曰委付 (abandonment)。故海上事故發生實際全損情形，而由保險人給付保險金額之全部，自不發生委付行為；若發生推定全損情形而作實際全損處理時，始生委付情事。倘被保險人仍自願保留其殘餘標的物之一切權利，而不為委付，自亦法之所許，但僅能獲得保險金額內之部分賠償，故委付乃由推定全損之情形而獲得實際全損之結果。關於海上保險之委付制度，起源頗早，最初規定條款者，為對失蹤船舶或無消息船舶之喪失，在一定期內如無音信時，保險人應預付填補金，委付即基於此種填補金發展而來；但嗣後船舶歸返時，被保險人應將填補金返還，至十六世紀，船舶在一定期間未歸航者，即視為實質滅失，支付填補金而廢止預付金，而被保險人則將保險標的上之權利讓與保險人；蓋船舶如再安全返歸，則被保險人將獲得不當得利。

第二項　委付的要件

委付之成立，須有一定之要件：
一、委付須在承擔危險開始後
委付必須在保險人所承擔之危險開始後始得為之，航行開始前無委付之可言，故不得為委付。惟所謂航行非事實之航行，而係指已保險之航行而言。

⓰　同**❶**，頁 307。

二、要保人或被保險人須為委付的意思表示

委付係一種損害賠償例外之處理方法，損害填補之請求須經通知，則此種非一般保險法上所規定之方法，自亦應為委付之意思表示，海事規例，均應有所表示，一般可於通知危險之當時為之，以待保險人之反應。

三、須知悉原因得為委付二個月內為之（詳後）

四、委付須發生於保險標的物未完全滅失時

亦即須有足以構成推定全損之原因（海商法第一百四十三～一百四十五條），當保險標的物完全滅失之際，保險人應有義務支付全部保險金額，此乃保險性質當然之結果，無由產生委付，故委付必須在保險標的物未被完全滅失時為之。如被保險人自願將標的物一切權利移轉於保險人所有，而取得保險金額之全部賠償，自為法之所許。

五、委付應就保險標的物的全部為之 （海商法第一百四十六條第一項）

此為委付之不可分性，無論為船為貨之保險，須就標的物之全部而為委付，不得保留或撤回，以確定其效果。設運貨之某船舶，行蹤不明已逾二個月，苟許委付其一部貨載，則何者為委付，何者不為委付，定必發生爭議。惟保險單上僅有其中一種標的物發生一部委付原因者，得就該一種標的物為委付，請求其保險金額（海商法第一百四十六條第一項但書）。例如由臺運貨一批赴日，均經保險，其中米一萬石，中途被海水浸入損壞，無法回復原狀，則可以一萬石為委付。又如某船中因一部分有禁制品之嫌被扣，該禁制品業經投保水險，則可就此部分為委付。此項規定，乃指全部保險而言，若以保險價額之一部為保險，即不足額保險 (under insuance)，因被保險人自行負擔一部分賠款，則被保險人得按照保險金額與保險價額之比例，而為委付（參照德商法第八百六十六條但書，日商法第八百三十七條第三項），即保險金額為標的物之保險價額一部分時，該保險人所接受之權利，僅為比例部分。亦即保險人於賠償後，僅取得比例部分之所有權以及所生之代位求償權。

六、委付不得附有條件

委付必須出於單純（參照日商法第八百三十七條第一項），不得附有條件（海商法第一百四十六條第二項，並參照英海上保險法第六十二條第二項後段，德商法第八百六十六條，法商法第三百七十二條，日商法第八百三十七條第一項）或期限，否則其委付無效；蓋徒增當事人間之糾葛，有失委付簡捷之主旨。例如某貨物因船舶失蹤已逾四個月，尚未交付受貨人。被保險人而為委付，倘訂明日後船舶如歸來，則返還領受之保險金額，而仍取回貨物者，此種附有解除條件之委付，則其委付為無效。

七、委付須經承諾或經判決

委付必須具備法定之原因與條件，由被保險人以通知方式，經保險人接受承諾或經判決確定後，始有效力（海商法第一百四十七條）。

本條係採英美法例，不認委付為單獨行為，照英海上保險法第六十二條第二項之規定，委付應送遞委付之通知；否則該項損害，僅應認為局部損害。委付之通知，得以書面或言詞為之，或以言詞及書面共同為之，凡能表示委付標的物之意義者，即為合格。如經保險人明示接受或因行為默示接受，委付手續即行完成。再該項接受委付不得收回，即絕對的承諾損害之義務，並承認委付之通知無疵。倘委付之通知遭保險人拒絕接受，認為委付欠缺法定原因或條件時，得陳述異議而不承認為委付行為，則委付自歸無效；但被保險人之權利，並不因之而蒙受影響。亦即該標的物仍為被保險人所有，而請求損害之填補。若要保人或被保險人有充分之委付原因，而認保險人之拒絕為無理由時，自可訴諸法律而為判決，一經確定，其委付即生效力❶。此外，委付未經承諾前，被保險人對於保險標的物之

❶　依海商法第一百八十四條第一款為委付者，須其所訂保險契約為海上保險契約，申言之，該保險契約應以「航行中，可能發生危險之財產權益，得以貨幣估價者，為其保險標的」（參照海商法第一百六十七條）。且應就保險標的物之全部為之（參照海商法第一百八十七條）。再海上保險之委付，係指「被保險人於發生法定委付原因時，得將保險標的物之一切權利移轉於保險人，而請求支付該保險標的物之全部保險金額」而言（參照海商法第一百八十二條）。又委付經承諾或經判決為有效後，自發生委付原因之日時，保險標的物，即視為

一切權利不受影響。保險人或被保險人對於保險標的物採取救助、保護或回復之各項措施，不視為已承諾或拋棄委付（海商法第一百四十七條第二項）。此乃世界性之公益規定。

第三項　委付的原因

一、船舶的委付

被保險船舶之委付，得於下列各款情形之一時為之（海商法第一百四十三條）：

⑴**船舶被捕獲時**

被捕獲之意，謂被敵方所拿捕或被海盜所掠奪。此時之被保險人，已被強制喪失船舶之占有，故應使其委付。

⑵**船舶不能為修繕或修繕費用超過保險價額時**

其不能修繕之情形大概如下：

1. **絕對的不能修繕**

即船體損害程度嚴重，以致不能修復之程度。

2. **地域的不能修繕**

例如遭難船舶之地點所需必要材料，無法自他港運至，或無法曳引船舶至可能修繕之港口。

3. **經濟的不能修繕**

即雖或修復，修繕費用可能超過修復後之船值，就經濟言，實不合算。

⑶**船舶行蹤不明時**

所謂行蹤不明者，即船舶行方不明，存否不知，為委付制度最古老之原因。被保險人不能證明船舶之滅失，故船舶之存在與否並不確定，在法律上與失蹤之情形相同；在民法上對於失蹤者有推定死亡之制度，在海商法上為求迅速確定其法律關係，故設委付制度以承認被保險人之權利。

保險人所有（參照海商法第一百八十八條）。足見委付須經保險人之承諾或經判決為有效後，因保險標的物之一切權利移轉於保險人，始發生委付之效力（74 年臺上字第 1877 號）。

㈣船舶被扣押已逾二個月仍未放行時

扣押云者，用公權力使之不得移動，禁止其航行。本法所指扣押，為被有權主管機關依法扣押之處分行為，惟該項扣押，僅因其使用收益時間之限制，而與沒收之喪失所有權者不同。例如船舶因有裝載戰時禁制品之嫌，而遭有權機關扣押已逾二個月仍未放行，被保險人即得為委付；該項機關包括外國或本國者，例如治安機關或法院是。惟此項扣押不包含債權人聲請法院所為之查封、假扣押及假處分，僅限公法上之扣押而言。再關於所逾時間，我法配合科學時代電信機械之進步，而縮短時間為二個月，而能符合實際情形。

二、貨物的委付

被保險貨物之委付，得於有下列各款情形之一時為之（海商法第一百四十四條）：

㈠船舶因遭難或其他事變不能航行已逾二個月，而貨物尚未交付於受貨人、要保人或被保險人時

通常船舶因遭難或其他事變不能航行時，運送人應即將存留之貨載另行設法以他船送達各目的地，則不得為委付。若逾二個月猶未能送達於受貨人、要保人或被保險人，事實上必有其困難，或已有滅失毀損全損可能，若延而不決，不利託運人殊甚，非保護航運之道；託運人如為被保險人，法律規定得為委付，以維權益，實屬事理之公平。

㈡裝運貨物的船舶行蹤不明，已逾二個月時

以現時航行技術與電訊之精良發達，船舶如逾二個月尚不明行蹤，自得以失蹤視之，保險貨物可推定為全損，毫無疑問。至關於船舶行蹤不明之起算點，如船舶發航後即無消息，以發航時為始期，如有消息，則以得最後消息時為始期。

㈢貨物因應由保險人負保險責任之損害，其回復原狀及繼續或轉運至目的地費用總額合併超過到達目的地價值時

因航行之必要而變賣貨物，如船舶遭遇海難，為使繼續航行必須支付種種費用而變賣貨物，如其回復原狀及繼續或轉運至目的地費用合併超過

到達目的地價值時，將形成不經濟，此類損失應由保險人負責者，為免被保險人與保險人之計算費時，自得為委付，取得全部保險金額，由保險人代位行使權利，較為省事。

三、運費的委付

運費之委付，得於船舶或貨物之委付時為之（海商法第一百四十五條）。運費亦得適用委付，蓋船舶如因海上事故而不能收取時，保險人原應負責賠償，本無所謂委付。

四、戰事危險的委付

專就戰事危險為保險者，被保險之船舶貨物或運費之委付，得在被捕獲或被扣留時為之（修正前海商法第一百八十六條）。所謂專就戰事危險為保險者，即其保險性質僅限於兵險未及他險。如專保兵險，無論其所保為船為貨或運費，一經被捕獲或扣留時，即得委付，無須等待一定時間。蓋戰事危險之保險，較一般海險難以預料，且一經被捕獲或扣留，頗難脫險；即或有被釋放者，亦絕非短時所能有望，故不受時間之條件，可即為委付行為。惟現行海險實務，戰爭危險均附於船舶或貨物保險單中，除再保險外，無專就戰事為保險，故修正後已刪除之。

第四項　委付的效力

委付之效力可分為二：即積極效力——保險標的物之移轉，及消極效力——保險金額之支付。

一、積極效力——保險標的物的移轉

被保險人就保險標的物所有一切權利，因表示委付意思而經承諾或經判決為有效後，自發生委付原因之日起，保險標的物即視為保險人所有（海商法第一百四十七條）。保險人於給付損害賠償後，取得對該項賠償部分之標的物一切剩餘權利，並得代位求償所移轉標的物之一切有關權利，即尚未受領之運送費，亦歸保險人享受；如其運送費業經保險，則其請求賠償之權利，亦由保險人取得，此即保險制度中之所謂代位權 (right of subrogation)，亦即保險人於償付保險金額後，取得該保險標的物所有權；

並得視實際需要，處分其殘餘物，或向第三者請求賠償，以彌補其賠償之損失；此為委付之積極效力。惟保險人於接受委付支付保險賠款時，應自被保險人處取得代位授權狀 (letter of subrogation)，或稱授權書 (subrogation receipt)，以確定其權利之移轉，始能據以行使代位權；因此，委付與代位權有極連帶之關係。

尚須注意者，保險人對標的物之委付所接受者，為殘餘物及權利，並不包括義務；例如某船觸礁沈沒，因而阻塞航道，主管官署因命令將該船起除，並負擔所有費用，該項起除責任，不得因已委付而加諸保險人，保險人並無起除義務。如委付標的已設定擔保物權，並應向保險人提供擔保，但其擔保權係因保險人依保險契約應負擔之危險而生者，自不在此限。

二、消極效力──保險金額的支付

保險人因委付之結果，即須對於被保險人支付保險金額。即使保險標的經保險人救助有效而歸還，亦不得拒絕保險金額之給付，此為委付之消極效力。但被保險人為委付時，尚應將一切有關保險標的物之權利證書、各種契約、與各種負擔債務，移轉及通知保險人；蓋保險標的物是否有重複保險，而使被保險人存有不當利益，及曾否分擔海損，均與保險人大有關係；本法對此雖無明文規定，然照保險法一般之規定及法理而論，亦自當作如是解釋。參照日商法第八百四十條亦有明文規定：「被保險人當為委付之時，須將保險物之所有他項保險契約，並有無負擔之債務，及其種類，通知保險人。保險人於未接到前項通知時，無須支付保險金額（但保險人得對請求支付保險金額之各項證明提出反證，例如證明裝載及滅失之證券尤其記載『內容不詳』之載貨證券，其證據力往往因薄弱而受保險人之拒絕支付，此時如被保險人提供擔保，保險人仍有保險金額支付之責任，以待證據之認定）。支付保險金額之期間，若係有定者，則其期間以保險人受前項通知之時起算。」

委付之通知一經保險人明示承諾，當事人均不得撤銷（海商法第一百四十八條）。此為貫徹委付制度簡捷精神，既為委付，此後即或發現不成為委付原因之事實，或不充分，亦不容再生異議；蓋保險之委付規定單純，

不得附有條件。

第五項　委付的期間

委付之權利於知悉委付原因發生後，自得為委付之日起，經過二個月不行使而消滅（海商法第一百五十二條）。

委付權雖經二個月不行使而消滅，惟被保險人並不因而喪失損害賠償請求權，因我保險契約之時效期間為二年，在此二年內期間未經過前，其訴訟權應未消滅；故被保險人雖不得為委付，仍得行使其損害賠償請求權，以填補其損失。在委付期間未經過前，則被保險人有對委付權及損害賠償請求權選擇之自由。

第十節　海上保險契約的再保險

海上保險契約之「再保險」（亦稱「分保」）雖屬海上保險標的之責任類範圍（詳如前述本章第三節三、），亦即依本法第一百二十六條：「關於海上保險，本章無規定者，適用保險法之規定。」及保險法第三十九條：「再保險，謂保險人以其所承保之危險，轉向他保險人為保險之契約行為。」而適用之。其實，再保險在保險經營中占有極為重要的地位，並且廣泛應用於國際保險市場之中，顯為分散危險的有利手段。一般依其形式可分為：臨時再保險、固定再保險、預約再保險及集團再保險四種❶⑧。

一、臨時再保險

亦稱為「臨時分保」、「任意分保」、「就地分保」，這是最早出現的一種分保方式。原保險人對於超過自身承保能力的直接業務，可臨時選擇再保險人進行洽分，由於分保人和分保接受人間，事先並無再保險契約，因此，有關一切分保條件均應臨時商定。使用這種分保形式，原保險人和再保險人雙方都具有自由選擇之權利。分保人有權選擇分保接受人進行分出業務；而分保接受人也有權決定對分入業務是否接受或接受多少。總而言之，臨

---

❶⑧　參司玉琢主編，《新編海商法學》，頁 470–472，1991 年 9 月第 1 版第 1 次印刷，人民交通出版社。

時分保對每件業務都應分別處理，雙方對每一臨時分保業務達成協議，本身就完成了一個獨立的再保險契約。臨時分保是固定分保的補充形式，惟對於新開辦的業務、不穩定的業務、契約規定除外的或超過契約限額的業務，都可以採取臨時分保方式分散危險，以穩定經營。

二、固定再保險

　　經分保人和再保人事先協議訂立契約，再保人對分保人所承保的危險應按固定的比例或非比例分擔責任。凡符合協議規定的業務，雙方都必須無條件地接受，並自動生效。此種契約分保多屬長期性，任何一方要求終止或修改契約內容，應在規定之期限內為之，並須以書面方式通知對方。契約再保險之各項事宜，均由雙方預先協商，並在契約中做了明確的規定，雙方均有遵守之義務。所以又稱為「義務再保險」。契約再保險可以有多種形式，可依比例為比例再保險，亦可為非比例之非比例再保險。契約再保險可以減少臨時再保險中所出現的手續繁瑣，費用過高的問題。惟契約再保險也使雙方失去最後之選擇權。分保的分出與接受均由契約規定，不得更改。

(一)比例再保險

　　此以保險金額作為區分分保人和再保人之責任基礎的一種分保方式，即由分保人和再保人事先約定以各自占原保險金額的一定比例分擔責任。雙方之權利義務也按約定比例處理。因此分保人應從原保險費中按比例向再保險人支付再保險費，而再保險人亦應按同一比例分攤賠款及有關之費用。比例再保險一般分為成數再保險和溢額再保險。

(二)非比例再保險

　　此種再保險是以賠款金額作為區分分保人和再保人之責任基礎。經雙方事先約定超過一定金額或一定百分比率的賠款，由再保人負全部或部分責任。此項分保責任與保險金額並無關係。再保人為限制自己所負之責任，一般也有責任限額之規定。這種再保險以損失為對象，通常亦稱為「損失再保險」。隨著責任保險業務的增加及巨災巨額危險業務的增多，在各國再保險市場上，該種再保險業務不斷地上升。非比例再保險主要有超賠分保、

超率分保、停止損失再保險等形式。

三、預約再保險

此種再保險是介於臨時再保險與固定再保險間之一種分保形式。原保險人和再保險人間將臨時分保業務事先訂立一份保險契約，對於契約規定的範圍內之業務，原保險人可以再為訂定，而再保人按契約規定必須接受。因此，在臨時固定分保的情形下，原保險人可以有選擇之權利，因而，具有臨時分保之性質；而再保人則要受契約的拘束，對分入的業務並無選擇的權利，所以具有固定分保的性質。事實上，預約分保是在臨時分保的基礎上發展成形，其對分出公司而言，是對固定分保之補充，如此不僅有利於增加承保能力，而且對超過固定分保限額的業務，無須與再保人逐件聯繫，簡化手續、節省時間、減少許多費用之開支。此種分保方式大多適用於火險和水險的比例分保。

四、集團再保險

此種分保處理方式是在再保險人集團內部進行。組成再保險集團的各成員保險公司，依照集團協議，要將全部或一部分原保險業務直接送交集團，然後由再保險集團的中心機構，將送達之業務按照確定的比例分配給成員保險公司。在集團中各成員保險公司之間，可以相互開展各種再保險，廣泛交換業務，充分發揮集團共同承保能力的優勢，有利於分散風險和業務經營之穩定性。

第七篇　公平交易法

第一章　公平交易法概說

第一節　立法目的及其理念❶

公平交易法（以下簡稱公平法）屬於經濟法的一部分，在經濟學上它的制定是緣自於市場價格機能的失靈，無法使社會資源達到最適分配，造成生產無效率、分配不公平等負面影響，政府部門乃以法律為工具，介入整體經濟活動的運作，對於生產無效率活動，或分配不公的制度進行干預、改變，期冀透過此公權力的參與，以事前預防和事後懲罰的雙重效果，來達成有效配置資源、維護市場交易秩序、保障消費者利益、確保市場交易公平之目標，以使經濟安定與繁榮。

公平法制定的時空背景及考慮因素，大致可分述如下：

一、經濟客觀環境的需要（或稱追求效率）

近年來隨著經濟的快速發展，國內工商企業也隨之蓬勃、繁榮，但限於國內經濟市場的狹小，營業競爭更趨激烈，為獲取利潤，而採行不正當的營業競爭手段的現象也日趨嚴重。例如在媒體上以誇大不實之廣告宣傳而引人錯誤決策，或在商品上為不實之標示，或仿冒別人產品形式、包裝等，藉以欺騙、矇混，達成銷售之目的。

另一方面，企業為避免市場激烈競爭帶來的不確定性和經營上的風險，乃利用各種聯誼之方式，或成立協會，或藉由公會開會之名義，共同議決產品之價格，產品數量的生產，或者經營市場的劃分等方式，限制彼此間

---

❶ 以下本節轉引自范建得、莊春發合著，《公平交易法（系列 1）獨占、結合、聯合》，頁 23–26，81 年。

的營業競爭,達成聯合壟斷市場的目的;此外在市場具有獨占地位的廠商,也往往利用其市場力量,減少生產藉以抬高產品售價,增進其個人利潤極大,對其相對交易人則利用其市場壟斷地位要求予特別優惠,或製造不公平進入市場之障礙,藉以阻卻他廠商之進入等行為時有所聞,罔顧消費者利益和與其交易相對人之平等待遇。

上述獨占企業或聯合壟斷市場企業的行為,皆足以破壞市場競爭之秩序,妨害市場的公平交易,使市場的競爭不能發揮其調整資源最適配置的正常功能,使消費者蒙受損害,也使與其交易的相對人遭受不公平待遇,極需謀求對策,針對此人為之故意行為,加以防止、取締、制裁與課予責任,而公平交易法之制定即肩負此項目的與功能。

二、過去已有的法律無法提供有效的保護(或稱維護競爭秩序)

在過去的法律體系架構下,欲對妨害競爭秩序的行為加以取締與制裁,所能採用的法律依據不是欠缺,就是其規定不夠周全,無法對於經濟活動的交易相對人提供適當的保護。例如,若欲取締及制裁不正當的營業競爭行為,或可引用刑法第十九章妨害農工商罪、第二十七章妨害名譽及信用罪、第三十二章詐欺背信及重利罪等相關條文之規定;而民事責任的規範,或可依據民法第七十二條的公序良俗、第一百四十八條之權利濫用,以及第一百八十四條的侵權行為的條文規定;或特別法的商標法第六十八至七十二條為之解決。對虛偽不實廣告,可引用商品標示法第六至十二、十四至十八條;食品安全衛生管理法第五章食品標示及廣告管理;藥事法第七章藥物廣告之管理;化粧品衛生管理條例第七條第三章廣告及流通管理及第五章罰則等規定加以解決。

惟上述各相關法律條文規定,或過於簡單,或過於籠統,不符合法律明確性的要求;或限於特定事項之適用,不足以應付形態多變且複雜之不正當營業競爭行為,及限制營業競爭行為。因此,制定一套完整法律,針對市場不正當競爭、聯合壟斷、市場獨占的行為,做系統與完備的規定,防止、制裁,並責以必要的法律處罰,俾有效維護市場交易之秩序,保護正當營業的企業者與社會一般消費大眾,以促進國計民生之平衡發展,實

屬迫切之需要。

三、其他因素

參考國內外學者的意見，制定公平法還有如下的理由：

㈠貫徹某種政治目的

例如，美國在三〇年代經濟大蕭條時，一度放寬反壟斷的限制，隨後卻發現情形更為惡化，是以羅斯福總統不得不檢討放寬管制的適當性，經當時臨時全國經濟委員會研究後指出:「除非能再次規範已經主宰我們生活的資本大量集中現象，否則將無防止壟斷惡質持續惡化的可能，也沒有希望貫徹與維持一個在民主政治庇佑下存在的自由經濟體系。」

這與前些時日我國人權協會，提出「經濟人權」呼籲，及痛陳貧富差距不當後，政府表示將制定公平交易法校正這種現象，這正是一種維護政治理念的表現（亦有學者如劉紹樑認為此政治目的係在遂行一種「所得重分配」之「分配正義」）。

㈡保護中小企業

這個目的反映在許多美國判決上。在本質上，這個理念受到保護弱小的「傑佛遜主義」的影響：認為維持以中小企業為主體的市場經濟，才是反壟斷的主要目的。在日本或美國，中小企業確實有受到較禮遇的處置，而我國的公平法也將這種精神，明確的反映在管制聯合的例外許可中（公平法第十五條第七款）。

㈢消費者利益的維護

這個目的與追求效率的目的相關，按此說之見，長期消費者權益是追求效率的真正目的。發展迄今，受「可運作的反壟斷學說」（Workable Antitrust Policy）影響，消費者保護的觀念已擴及「消費者財富移轉」的判斷，並認為管制價格控制能力，才是反壟斷的目的。

第二節　公平法不必然會抑制企業成長

公平法本身充滿了意識型態上的對立，原則上公平法係憲法上自由權與警察權（或社會福祉）折衝下的產物，是在應尊重人民自由權的前提下，

判斷公權力應如何干預人民市場行為及尺度；而在憲法權益的權衡下，公平法在執行上因考慮的經濟因素不同，產生不確定性是可以預期的，而在保障「自由權」與「保障社會福祉」之間的分際拿捏，正是執法者的智慧，以及法律與經濟進行科際整合的所在；因此，企業不應也不必以「不確定性」來非難公平法的妥適性。

其次，公平法的結構區分為「限制競爭之排除」、「不公平競爭之禁止」及介於兩者之間的「灰色地帶」三大部分。以一般大企業為例，固然因其「大」而易受「限制競爭之排除」方面的拘束（亦即遭市場力量濫用之質疑），但在「不公平競爭之禁止」部分，大企業在「保密」、「挖角」、「商譽」、「侵犯具商業價值之標識符號」等事項的保護上，卻可能是最大受益者。

再者，公平法雖有許多罰則，然其中許多規定均無關有罪、無罪，而是該不該申請許可，及評估「效率」與「損失」的問題；凡此均顯示出公平法這個體系結構的特殊性。限於篇幅，以下僅以表列方式來介紹公平法本身之體系結構：

三、公平交易法之體系

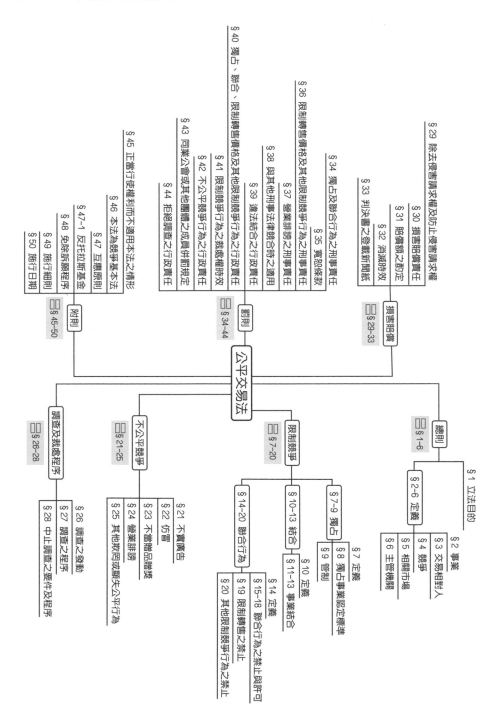

第二章　適用公平交易法的主體事業的定義

　　公平法第二條規定，公平法所稱事業包括公司、獨資或合夥之工商行號、其他提供商品或服務從事交易之人或團體。此外，由事業所組成之同業公會或其他依法設立、促進成員利益之團體，也視為公平法所稱事業。以下僅就一般法律概念來分析事業的定義。

第一節　自然人

　　民法將人分成自然人及法人二種。自然人一出生即具有權利能力，能享受權利、負擔義務。而法人則由法律規定使其擬制的具有人格，因此亦得在法令限制內具有享有權利、負擔義務的能力。

　　公平法係架構於民法概念之上，雖其目的在維護市場競爭之機能，然則其為民法之補充法的地位是無庸置疑的。是以，自然人當然也為公平法的主體之一。

　　公平法第二條有關適用主體之各款規定，係繼受自稅法上關於營利事業之組織態樣的定義。而自然人於公平法上的地位，則相當於同條第一項第三款的「其他提供商品或服務從事交易之人」。

第二節　法　人

　　法人依民法規定區分為社團法人及財團法人。公平法第二條第一項第一款所規範事業中之「公司」，其性質為營利社團法人，須依公司法完成設立登記方能成為公平法之法人主體（註見本書公司法部分相關規定）。

　　關於公司為事業類型，由於法有明文，一般來說，並無太大爭議。以我國慣用之總公司與分公司為例，依法理，分公司僅為公司之分支，並不具法人人格，因此分公司之行為應不屬於事業之行為，而須回溯至總公司，以總公司之行為論之。但若一公司化身成為母公司、子公司來經營後，則

涉及母子公司或關係企業是否屬「同一企業體」的問題。民國一百零四年修訂公平法時，即針對此一問題新增規定，詳如後述。

第三節　行政機關、非法人及其他

一、行政機關

　　當行政機關係代表國家或地方自治團體等公法人對外行為之組織體，在其權限範圍內，以機關本身名義代表所屬法人對外行為，因而具有「行為主體」之地位時，若行政機關係居於國家統治權地位行使公權力或為公法行為，並非提供商品或服務從事交易，則與公平法定義事業須具備之要件不符，非屬公平法所稱事業；惟若係立於私法主體之地位，從事一般私法上之交易行為或經濟活動時，為確保其交易相對人及競爭者之公平交易與競爭機會，仍應比照一般私人經營之事業同受公平法規範。

　　當行政機關以私法行為提供具市場經濟價值之商品或服務，或因提供商品或服務而收取規費所引起之需求行為，不論在需求時是否已為該項商品或服務之提供，均應受公平法之規範。又行政機關委託民間或其他機構辦理以私法行為提供具市場經濟價值之商品或服務為業務或目的，所引起之需求行為，不論在需求時是否已為該項商品或服務之提供，亦同。

二、非法人

　　此「非法人」所指乃非屬於法人，然仍受公平法規範之主體，即公平法第二條第一項第二款所指之獨資或合夥之工商行號。固然此二者乃營利事業組織中常見的態樣，為免掛一漏萬之危險，仍單獨列之於第二款特別予以規範。

　　獨資之工商行號，依據民法之規定，並不具有人格，亦無權利能力，故而不能單獨享受權利、負擔義務。然則，於現實社會中，獨資之商號比比皆是，而政府為規範公司法無法涵蓋的非法人部分，特另定商業登記法，以規範基於營利之目的，以獨資或合夥方式經營之事業。公平法基於同樣之理由，亦於第二條第一項第二款中予以例示之。惟獨資與合夥之商號仍有所區別，獨資之商號本身，係由個人之財產組成，無代表人，於民事訴

訟法上連最起碼的當事人能力——得為當事人之地位、資格都不具備。而合夥之商號,則有獨立之財產並設有代表人或管理人,於民事訴訟法上,具有相當於第四十條第三項之非法人地位,換言之,雖無實體法上的權利能力,但具有當事人能力。此即二者最大之不同。

三、其 他

公平法第二條第一項雖列舉三款之事業之種類,然則其第三款所謂「其他提供商品或服務從事交易之人」,一般咸認為係一種概括規定,惟則對於「其他提供商品或服務」從事交易之人或團體中之「其他」、「商品」、「服務」之定義、範圍仍存有相當大的歧異。而此部分有時亦與國家行為相競合,當國家行為有為競爭行為或供給需求行為而可能影響經濟秩序時,此時即納入本款之事業意義,而予以公平法之規範。

第四節　事業所組成之同業公會與其他團體

公平法在制定之初便曾針對是否將同業公會納入成為獨立受規範之主體而熱烈的討論❶。公平交易委員會(以下簡稱公平會)八十二年六月十六日第八十九次委員會議議決更進一步指出了數種同業公會可能牴觸公平法之行為,其中包括阻絕市場進出、限制競爭與妨害市場功能、以不當限制交易之方式或內容訂定國際協定或公約、差別待遇,或不當之共同行為等❷。

公平法第二條第二項所稱同業公會,依公平交易法施行細則(以下簡稱施行細則)第二條規定,包括:一、依工業團體法所成立之工業同業公會及工業會。二、依商業團體法成立之商業同業公會、商業同業公會聯合會、輸出業同業公會及聯合會、商業會。三、依其他法規規定成立之律師公會、會計師公會、建築師公會、醫師公會、技師公會等職業團體。

---

❶　同業公會之增加,係因臺大教授廖義男先生,於民國 76 年 5 月 6 日立法院第 79 會期審查本法案(第 2 次聯席會議時)提議補入,相關資料見公平會委託臺大法學基金會就「公平交易法行為主體研析」所做報告,頁 201–202。

❷　內容詳見公平會,《工作成果報告》,頁 124,84 年 1 月。

　　惟當事業藉由組成同業公會以外之團體為違法行為時，因非屬同業公會組織，且該組成團體不符合「提供商業或服務從事交易」之要件，易造成無法規則之法律漏洞。是故民國一百零四年修定公平法時，特別增設規定概括規定，將「其他依法設立、促進成員利益之團體」，亦視為公平法所稱之事業。

　　另須注意，同業公會或其他團體違反公平法規定時，不僅該公會或團體受罰而已，公平會得就其參與違法行為之成員併同罰之。但成員能證明其不知、未參與合意、未實施或在主管機關開始調查前即停止該違法行為者，不予處罰（公平法第四十三條）。

　　綜上所述，以規範事業及其行為之目的之公平法，其適用範圍所及之主體計有自然人、法人、獨資與合夥（非法人）、同業公會和其他依法設立、促進成員利益之團體等。此外，在特定狀況下，國家（公權力機關）亦有成為受規範事業主體之可能。

第三章　行為類型

第一節　獨占力濫用行為

一、獨占的定義

公平法之獨占有別於一般經濟學上之獨占❶，係指事業在相關市場中處於無競爭狀態，或具有壓倒性地位，可排除競爭之能力者而言（公平法第七條第一項）。若二以上事業，實際上不為價格之競爭，而其全體之對外關係，在相關市場中處於無競爭狀態，視為獨占（公平法第七條第二項）。所謂「相關市場」，指事業就一定之商品或服務，從事競爭之區域或範圍（公平法第五條）。例如，在桃園地區（區域）販賣福特汽車（一定之商品），其桃園地區即為相關市場。

依據公平法第八條及施行細則第三、四條之規定，一個獨占事業的認定的門檻標準及程序如下：

㈠必須事業在所處市場具有下列市場地位之一：

1.一事業在相關市場之占有率達二分之一，

2.二事業全體在相關市場之占有率達三分之二，

3.三事業全體在相關市場之占有率達四分之三；且

㈡前述之事業，其個別事業在相關市場占有率需達十分之一以上；或上一會計年度事業總銷售金額達公平會所公告之金額。

計算事業之市場占有率時，應先審酌該事業及該相關市場之生產、銷售、存貨、輸入及輸出值（量）之資料。而計算市場占有率所需之資料，得以公平會調查所得資料或其他政府機關記載資料為基準（施行細則第四條）。

---

❶　經濟學上之獨占有純粹獨占 (pure monopoly) 與寡占 (oligopoly) 之分，而此間公平法之獨占涵蓋較廣，又可稱之為法律獨占，參范建得、莊春發合著，《公平交易法（系列 1）獨占、結合、聯合》，頁 107–109，81 年。

　　前述門檻標準是通常所謂「量」的標準，換言之，符合此條件者便可能具備成為獨占事業所需之市場占有率；然則，一個通過門檻測試的事業是否即當然屬獨占事業，其實也不盡然，蓋因觀諸公平法第七條文義可知，「無競爭狀態」、「具壓倒性地位」及「可排除競爭之能力」均屬涵蓋於（但不等於）經濟學對獨占力之定義中的一種「質」的判斷的表現。依據經濟學理論，獨占者應具有「可在一定期間內控制價格，而不致影響其長期利得之能力」，此即獨占力之謂（抑或以之為「控制價格或排除競爭之能力」）。就此，施行細則第三條要求公平會應於認定獨占時，除市場占有率外，就「考量時間、空間等因素下，商品或服務在相關市場變化中之替代可能性」（施行細則第三條第二款）、「事業影響相關市場價格之能力」（同條第三款）、「他事業是否有加入相關市場時不易克服之困難」（同條第四款）以及「商品或服務之輸入、輸出情形」（同條第五款）等因素，加以審酌。

　　此外，除一般由市場結構而得以認定的獨占外，即便不達門檻標準的事業，仍可能因其設立或商品或服務之提供，在其相關市場的進入上受法令、技術之限制，或有其他足以影響市場供需可排除競爭能力之情事者，而被認屬獨占事業，而稱此為法定獨占或瓶頸式獨占者（公平法第八條第三項）。

二、獨占的管制與獨占力濫用行為的管制

　　公平法對獨占之管制，係對於具獨占地位事業之獨占力濫用行為的管制，而非單純對於獨占狀態加以禁止之謂。例如，臺灣中油股份有限公司在臺屬於獨占事業，但卻不因此而違法；反之，若臺灣中油股份有限公司因此而要求所有轉售其生產之機油者，應依限制之價格統一售貨，則此已涉及獨占力濫用矣。

　　所謂的獨占力濫用，在經濟上的意義有二：即不當獲取獨占利益及不當阻絕市場 (foreclosure of market) 兩大類。前者係指獨占者不當的訂價，自交易相對人處獲取暴利，從而影響消費者福祉之謂；而後者則指獨占者以訂價或其他手段排除他人或阻止他人進入市場之謂。

　　至於公平法規定之獨占力濫用行為態樣有四（公平法第九條）：

㈠以不公平之方法，直接或間接阻礙他事業參與競爭。

㈡對商品價格或服務報酬，為不當之決定、維持或變更。

㈢無正當理由，使交易相對人給予特別優惠。

㈣其他濫用市場地位之行為。

我國對於獨占之管制原本採用「事前公告」制度，其立法目的在於給予事業妥適之警告。然而獨占是一種長期存在之狀態，其判斷通常需取決於數年（至少二至三年）產業結構資料之實證分析，故此「公告」時之狀態，並不當然代表「公告」後或其前之事業亦當然具獨占地位；此外，公告所需的資料蒐集與分析，耗費人力物力甚鉅，完全不符執法效率；故此，公平會雖曾在民國八十二年二月八日公告了第一階段三十三個特定市場中之獨占事業名單，然已在民國八十三年四月二十一日行政院審查通過的「公平交易法部分條文修正草案」中決定刪除獨占事業公告規定。而今，亦業已刪除。

三、獨占的相關案例

公平會迄未真正依公平法第十條處理過獨占力濫用案件，然公平會則確有針對獨占事業之「不當」行為加以處理的經驗，例如臺鐵票價、電信局的電信資費以及高雄港務局的解纜業務均曾受到檢討；此外臺灣證券交易所收費標準、復華證券涉嫌濫用市場地位獲取超額利潤，以及三家電視公司主張擁有外製節目版權等則均經公平會委員會加以討論並作成處理（未及認定違法）。此外，臺灣中油公司交退輔會辦理之液化石油氣銷售業務，則在民國八十二年三月一日起不得再有排他性總經銷契約之安排，公平會並促使退輔會應改正液化油氣供應處的限制競爭行為（參公平會八十二年二月二十四日第七十三次委員會議）， 這是公平會對獨占事業真正以第十條加以「規範」之例子。再者，自公平會八十二年十月二十七日第一百零八次委員會決定對三家票券公司之業務（市場）基於排除聯合壟斷之必要而予以長期監控，並就「臺北市票券金融事業協會會議議程」中所顯示三家票券公司就簽證費率之收取方式及標準有所討論與決議，認其違法（公平會八十三年十月十二日及十七日之第一百五十七及十五次委員會決

議)。　此案並於民國八十四年八月間國際票券盜開本票案發後，經公平會移送臺北地檢署偵辦其違反公平法第十四條聯合行為規定之刑責。此乃創下公平會移送獨占事業法辦之先例。此外，公平會於民國一百零六年十月作出決議，認定美國手機晶片大廠高通公司 (Qualcomm Incorporated) 於行動通訊之基頻晶片市場的專利授權限制，係以不公平之方法，直接或間接阻礙他事業參與競爭之行為，而處以重罰高通新臺幣二百三十四億元（參公平會一百零六年十月十一日第一千三百五十三次委員會議）。

第二節　結　合

一、結合的定義

依公平法第十條，結合是指事業有下列情形之一者而言：

㈠與他事業合併

依事業在生產、技術及行銷上之關係，可將合併型態分成三種：1.水平合併：即同一市場層次 (market layer) 式產業 (industry) 中之事業所進行之合併，如 A 水泥公司與 B 水泥公司合併。2.垂直合併：則通常指具上下游供需式依賴關係之事業間的合併，如 A 水泥公司與 C 預拌混凝土公司合併。3.多角化合併：則指從事多角化經營之事業以在某一產業中之事業為主體與其他產業中之事業進行合併之謂，如 A 水泥公司與 D 糖果公司合併。

㈡持有或取得他事業的股份或出資，達到他事業有表決權股份總數或資本總額三分之一以上

計算股份或出資額時，應將與事業具有控制與從屬關係之事業及與該事業受同一事業或數事業控制之從屬關係事業所持有或取得他事業之股份或出資額一併計入（公平法第十條第二項），而依施行細則第六條第一項規定，公平法第十條第二項與第十一條第二項所稱控制與從屬關係，指有下列情形之一者：1.事業持有他事業有表決權之股份或出資額，超過他事業已發行有表決權股份總數或資本總額半數。2.事業直接或間接控制他事業之人事、財務或業務經營，而致一事業對另一事業有控制力。3.二事業間，

有公平法第十條第一項第三款或第四款所定情形，而致一事業對另一事業有控制力。 4.公平法第十一條第三項之人或團體及其關係人持有他事業有表決權之股份或出資額，超過他事業已發行有表決權股份總數或資本總額半數。

　　有下列情形之一者，推定為有控制與從屬關係：1.事業與他事業之執行業務股東或董事有半數以上相同。 2.事業與他事業之已發行有表決權股份總數或資本總額有半數以上為相同之股東持有或出資（施行細則第六條第二項）。

(三)受讓或承租他事業全部或主要部分的營業或財產

　　「受讓」，指當事人之一方基於契約關係而取得他方所讓與之權利或標的物之所有權而言。「承租」，則指當事人約定，一方以物租與他方使用、收益，他方支付租金之契約而言。至於所謂主要部分，迄無定見或具體案例❷。

(四)與他事業經常共同經營或受他事業委託經營

　　「與他事業經常共同經營」，指數事業間訂定損益全部共同的契約，而服從統一之指揮權，以求經濟一體化。而「委託經營」，如 A 事業將全部營業委託由受託之 B 事業利用，惟其營業上之損益仍概歸於 A 事業❸。

(五)直接或間接控制他事業的業務經營或人事任免

　　此係概括性規定，用以涵括前四類以外之結合行為類型。

二、結合之管制

(一)申　報

　　我國為避免企業藉由結合而造成獨占事業之形成，故而對於結合採行事前許可制，惟鑑於並非所有結合均有礙社會福祉，故此特於第十一條予以設限（稱之為門檻條款），只要求達一定規模或程序之結合始有申請事前許可之必要，以免妨礙產業升級所需的市場力量整合。其門檻限制如下：

---

❷　惟可參考經濟部 56 年 2 月 23 日商 04024 號、57 年 11 月 1 日商 38623 號及69 年 2 月 23 日商 05705 號解釋。

❸　參柯芳枝，《公司法》，頁 267–268，80 年 7 月。

1.事業因結合而使其市場占有率達三分之一。　2.參與結合之一事業，其市場占有率達四分之一。　3.參與結合之事業，其上一會計年度銷售金額，超過主管機關所公告的金額。銷售金額之計算，指事業之營業收入總額，並得以主管機關調查所得資料或其他政府機關記載資料為基準（施行細則第七條）。此外，計算銷售金額時，應將與參與結合之事業具有控制與從屬關係之事業與參與結合之事業受同一事業或數事業控制之從屬關係事業之銷售金額一併計入，其計算方法由主管機關公告之（公平法第十一條第二項）。

此外，由於在商業實務上，集團內相關事業常有由特定自然人控制業務經營或人事任免，或該自然人透過其他信託人、親屬、其他關係企業持股，以規避揭露其實際持股控制之情形，故民國一百零四年二月修訂公平法時，特別增訂下列規範：1.適用結合規定之事業，包括對事業具有控制性持股之人或團體（公平法第十一條第三項）。　2.所謂控制性持股，指對事業具有控制性持股之人或團體，及其關係人持有他事業有表決權之股份或出資額，超過他事業已發行有表決權之股份總數或資本總額半數者（公平法第十一條第四項）。　3.所謂關係人，包括：(1)同一自然人與其配偶及二親等以內血親。(2)前款之人持有已發行有表決權股份總數或資本總額超過半數之事業。(3)第一款之人擔任董事長、總經理或過半數董事之事業。(4)同一團體與其代表人、管理人或其他有代表權之人及其配偶與二親等以內血親。(5)同一團體及前款之自然人持有已發行有表決權股份總數或資本總額超過半數之事業（公平法第十一條第五項）。

然而關係企業間股權、資產或營業調整之結果，雖符合公平法第六條之規範態樣，惟僅涉及原有經濟體內部之調整，並不當然產生規模經濟擴大、市場競爭機能減損之效果，並無管制之必要。因此公平法第十二條規定，有下列情形時，公平法第十一條第一項不適用：1.參與結合之一事業或其百分之百持有之子公司，已持有他事業達百分之五十以上之有表決權股份或出資額，再與該他事業結合者。　2.同一事業所持有有表決權股份或出資額達百分之五十以上之事業間結合者。　3.事業將其全部或主要部分之營業、財產或可獨立營運之全部或一部營業，讓與其獨自新設之他事業者。

4.事業依公司法第一百六十七條第一項但書或證券交易法第二十八條之二規定收回股東所持有之股份，致其原有股東之持股達到他事業有表決權股份總數或資本總額三分之一以上。因為這種事業結合，屬於事業負責人依善良管理人之注意義務所行使之正當權利，且其結合之發生係由於發行股份之公司之行為所致，與公平法為防範事業結合弊害，而要求結合應事前申報之規範目的不同。 5.單一事業轉投資成立並持有百分百股份或出資額之子公司者。因此等轉投資對於市場結構並無影響，故無申報必要。 6.其他經公平會公告之類型。此為概括條款，例如控制公司調整其對從屬公司之持股方式，屬於組織內部調整，不影響市場上競爭家數或造成市場力之不當集中，即無結合管制之必要。

㈡審　查

事業結合時，應備妥施行細則第九條第一項所規定之文件，向公平會提出申請。公平會收到結合申報後，依「公平交易委員會對於結合申報案件之處理原則」進行審查，公平法第十一條第七項並規定：事業自公平會受理其提出完整申報資料之日起算三十工作日內不得為結合。

但有時結合申報案並不複雜，不需三十工作日即可審查完畢，有時結合申報案涉及重大爭議，恐無法在三十天內完成研析、審查與討論，因此公平會認為必要時，得將該期間縮短或延長，並以書面通知申報事業。惟延長之期間，不得超過六十工作日。若公平會未依規定通知延長，或延長後未作成禁止結合之決定，除有下列情形之一者外，事業得逕行結合：1.經申報之事業同意再延長期間。2.事業之申報事項有虛偽不實（公平法第十一條第八、九項）。

因過往公平法對於事業結合型態未能作出區分，但市場上事業之結合，除了合意結合外，尚有敵意併購 (hostile acquisition)，指併購者之收購行動遭被併購公司抗拒後仍強行收購，或指未事先與經營者商議即逕提公開收購要約。當敵意併購發生時，若兩家事業國內市場佔有率超過二分之一時，需要充分的時間進行事業結合的研究與討論，經濟部更須對產業結合的影響進行各類評估，也應讓行政機關有時間進行經濟分析、產業分析，也需

要讓被併購者能有答辯與防禦的機會。故民國一百零六年增設主管機關針對非合意結合案件，於進行結合審查前，應先行提供疑遭敵意併購之事業必要資料，並徵詢其意見以探求真意之必要審查程序。及若主管機關認為對我國整體經濟恐有產生重大不利益之虞，必要時亦得委請學術研究機構提供產業經濟分析意見作為審理參考依據之規定（公平法第十一條第十、十一項）。

對於事業結合之申報，如其結合，對整體經濟利益大於限制競爭之不利益時，公平會不得禁止其結合（公平法第十三條第一項）。但若結合申報案涉及重大爭議，經公平會延長不得結合之期間時，公平會對於申報案件之決定，得附加條件或負擔，以確保整體經濟利益大於限制競爭之不利益（公平法第十三條第二項）。

三、案　例

截至民國一百零七年六月底止，公平會共處理六千九百三十四件結合案。

至於不同類型的結合案則有下列幾件可供例示參考：

㈠臺灣飛利浦與臺灣飛利浦光碟合併案（多角合併）❹。

㈡長鉻實業、長鐵實業與長積不鏽鋼材合併案（垂直合併）❺。

㈢日商淀川鋼鐵與盛餘公司結合案（水平結合）❻。

㈣百慕達商受讓臺灣可口可樂百分之八十股權案（取得控制股權）❼。

㈤日商第一勸業銀行臺北分行受讓美商華盛頓太平洋分行高雄分行之營業及資產（受讓全部或主要營業及財產）❽。

㈥大批發百貨與屈臣氏百佳合意，由百佳經營大批發原有超市業務案（受讓營業及疑似委託經營案）❾。

---

❹ (82)公結字第 005 號，公報二卷三期，頁 31–32。

❺ (82)公結字第 006 號，公報二卷三期，頁 33–34。

❻ (82)公結字第 105 號，公報二卷十二期，頁 59–60。

❼ (83)公結字第 043 號，公報三卷四期，頁 42–43。

❽ (81)公結字第 002 號，公報一卷七期，頁 22–23。

㈦國泰人壽、國泰建設、三井工程直接或間接控制第一信託案（直接或間接控制他事業之經營或人事）❿。

第三節 聯合行為

一、聯合行為之定義

公平法稱聯合行為，謂具競爭關係之同一產銷階段事業，以契約、協議或其他方式之合意，共同決定商品或服務之價格、數量、技術、產品、設備、交易對象、交易地區或其他相互約束事業活動之行為，而足以影響生產、商品交易或服務供需之市場功能者（公平法第十四條第一項）。

例如：A、B、C 三家唱片公司同時約定將其所製作之錄音帶提高價錢，或限制在甲地區每家唱片公司只供應一百張錄音帶，以哄抬其價格。則三家唱片公司之行為即為公平法所規範之聯合行為⓫。

所謂其他方式之合意，指透過契約、協議以外方式，所為之意思聯絡，不問有無法律拘束力，只要事實上可導致共同行為即屬之，包括同業公會或其他團體藉章程或會員大會、理、監事會議決議或其他方法所為約束事業活動之行為（公平法第十四條第二、四項）。聯合行為之合意，公平交易委員會得依市場狀況、商品或服務特性、成本及利潤考量、事業行為之經濟合理性等相當依據之因素推定之（公平法第十四條第三項）。

在立法考量上，我國將「垂直聯合」排除在聯合行為的管制外，僅就水平聯合加以規範，且目前各國趨勢，對於垂直聯合係採放寬之立法。

二、聯合行為之管制

事業原則上不得為聯合行為，但有下列情形之一，且有益於整體經濟與公共利益，得依施行細則第十三條第一項及「聯合行為許可申請須知」之規定，向公平會提出申請以取得許可：㈠為降低成本、改良品質或增進效率，而統一商品或服務之規格或型式。㈡為提高技術、改良品質、降低

---

❾ ⑻公結字第 121 號，公報三卷七期，頁 62–63。

❿ ⑻公結字第 066 號，公報二卷九期，頁 41–42。

⓫ 公平會⑻公處字第 003 號參照；詳見公報一卷三期，頁 3–5。

成本或增進效率，而共同研究開發商品、服務或市場。㈢為促進事業合理經營，而分別作專業發展。㈣為確保或促進輸出，而專就國外市場之競爭予以約定。㈤為加強貿易效能，而就國外商品或服務之輸入採取共同行為。㈥因經濟不景氣，致同一行業之事業難以繼續維持或生產過剩，為有計畫適應需求而限制產銷數量、設備或價格之共同行為。㈦為增進中小企業之經營效率、或加強其競爭能力所為之共同行為。㈧有鑑於現代經濟活動之多樣性，民國一百零四年修訂公平交易法時，特別增加「其他為促進產業發產、技術創新或經營效率所必要之共同行為」此一概括規定（公平法第十五條第一項）。

公平會收到申請，依「公平交易委員會對於中小企業申請聯合定價案件之處理原則」等規定，於三個月內為決定。必要時得延長一次（公平法第十五條第二項）。公平會為許可時，應附期限，惟期限不得超過五年。事業如有正當理由，得於期限屆滿前三至六個月期間內，以書面向公平會申請延展，每次延展期限不得超過五年。此外，公平會為許可時，得附加條件或負擔（公平法第十六條）。

聯合行為經許可後，因許可事由消滅、經濟情況變更、事業逾許可範圍或違反公平會所附加之條件或負擔者，公平會得廢止許可、變更許可內容、令停止、改正其行為或採取必要更正措施（公平法第十七條）。

三、反托拉斯基金

聯合行為本即有暗默不易察查之特性，為強化聯合行為查處，促進市場競爭秩序之健全發展，實有設立反托拉斯 (antitrust) 之特種基金之必要。惟為避免增加中央政府財政負擔、有效調配資源，期以現有財源提撥部分比率之金額，設立反托拉斯基金，做最有效之運用。故民國一百零四年修訂公平法時，新增第四十七條之一，明訂公平會為強化聯合行為查處，促進市場競爭秩序之健全發展，得設立反托拉斯基金。其基金來源如下：㈠提撥違反本法罰鍰之百分之三十。㈡基金孳息收入。㈢循預算程序之撥款。㈣其他有關收入（公平法第四十七條之一第一至二項）。

基金之用途包括：㈠檢舉違法聯合行為獎金之支出。㈡推動國際競爭

法執法機關之合作、調查及交流事項。㈢補助公平法與涉及檢舉獎金訴訟案件相關費用之支出。㈣辦理競爭法相關資料庫之建置及維護。㈤辦理競爭法相關制度之研究發展。㈥辦理競爭法之教育及宣傳。㈦其他維護市場交易秩序之必要支出（公平法第四十七條之一第三項）。

　　本次修法，特別設立檢舉獎金，係因聯合行為具有高度隱密性，實務上常有難以蒐證之困擾。鑑於事業內部員工較容易獲得消息，為鼓勵其等揭露違法行為，提供事業內部告密者一筆獎金作為揭露之誘因，爰參考韓國、英國等國立法例研議檢舉獎勵制度，於公平法第四十七條之一第三項第一款明定基金適用於檢舉違法聯合行為獎金之支出，並於第四項授權主管機關就檢舉獎金適用之範圍、檢舉人資格、發給標準、發放程序、獎金之撤銷、廢止與追償、身分保密等事項訂定辦法，藉以發現更多不法聯合行為，強化執法成效。

四、案　例

㈠聯合行為處分案例

　　1.花蓮縣五家批發蛋行合組「臺灣省雞蛋運銷合作社花蓮承運站」，透過彼此對價格、銷售區域之約定，限制競爭，違反公平法第十四條案 ❷ 。

　　2.高雄市五家信用合作社協商訂定存款利率調整標準，違反公平法第十四條案 ❸ 。

　　3.臺灣省橡膠製品商業同業公會統一訂定輪胎修補、換裝及其他相關服務之統一價目表，並印製發給全省十六縣市之公會會員而付諸實施，違反公平法第十四條聯合行為規定案 ❹ 。

㈡聯合行為許可案例

　　1.大宗物資業者申請聯合採購、進口黃豆、玉米、小麥案 ❺ 。

---

❷　⑻公處字第 016 號，公報一卷七期，頁 6–10。

❸　⑻公處字第 022 號，公報一卷八期，頁 13–16。

❹　⑻公處字第 030 號，公報一卷九期，頁 8–12。

❺　⑻例如公聯字第 003 號，公報一卷八期，頁 8–32；⑻公聯字第 005 號，公報二卷九期，頁 9–25；及⑻公聯字第 008 號，公報一卷八期，頁 8–39。

2.中華、臺灣、中國三家電視臺股份有限公司申請聯合轉播一九九二巴塞隆納奧運案 ❶ 。

3.彰銀等三十八家金融機構申請 IC 卡銷售點服務業務聯合行為許可案 ❶ 。

4.臺灣國際商業機器股份有限公司與摩托羅拉股份有限公司申請成立「技術服務中心」聯合行為許可案 ❶ 。

5.中華、臺灣、中國三家電視臺股份有限公司申請聯合轉播第十二屆廣島亞運案 ❶ 。

第四節　限制轉售價格

一、定　義

轉售係指買賣契約當事人之一方於取得標的物所有權後，再與第三人另訂買賣契約而再移轉標的物所有權之行為。亦即由上游事業與下游交易相對人訂約就其供給的商品再轉售給第三人。因為市場的交易狀態多由轉售行為達其目的，為了避免不公平競爭行為之產生，因此，我國公平法第十九條第一項前段即針對轉售價格予以管制：「事業不得限制其交易相對人，就供給之商品轉售與第三人或第三人再轉售時之價格。」

民國一百零四年公平法修定前之規定為：「事業對於其交易相對人，就供給之商品轉售與第三人或第三人再轉售時，應容許其自由決定價格；有相反之約定者，其約定無效。」但此一規定所指之約定無效，究屬民事契約之效力規定，或係歸責該行為具限制競爭內涵之違法性而為禁止規定，學說及實務上時有爭議。為杜絕爭議，民國一百零四年修法時，改為明文禁止限制轉售價格之行為。

---

❶　(83)公聯字第 002 號，公報一卷八期，頁 30–31。

❶　(83)公聯字第 001 號，公報三卷一期，頁 34–38；及(83)公聯字第 006 號，公報三卷六期，頁 61–65。

❶　(83)公聯字第 007 號，公報三卷七期，頁 39–41。

❶　(83)公聯字第 010 號，公報三卷十期，頁 48–49。

　　轉售價格的管制是一種垂直的價格限定行為 (vertical price fixing)，得稱為製造商對於獨立零售或銷售者之價格規範行為。由此可知轉售價格限制的存在須具備下列幾個要件：

　　㈠必須有二個以上的交易關係，始有「轉售」之存在。如某石化原料工廠要求經銷商，必須按工廠指定最低價格（即不得低於該指定價），批售原料給零售商，這個要求便有受公平法第十九條第一項前段規範之可能。然若製造商與經銷商之間僅屬「代理」（代銷）關係，因代理人與本人（製造商）間並無「交易」，僅有寄售之關係，故無轉售價格之問題。

　　㈡必須從事交易者非屬母子公司或喪失獨立之地位。例如：某公司與零售商共同投資成立經銷商，並控有經銷商百分之六十的股份，此時若要求經銷商遵守轉售價格，因經銷商不具獨立人格，英、美法律通常不認定此種要求為轉售價格之協定，而視之為公司「內部」事務。至於未來我國公平會是否亦會如此處理，則仍尚待觀察。

三、案　例

　　以下舉二個公平會之決議以為參考：

　　㈠關於產品代銷可否「限制地區與價格」，公平會公研釋〇〇四號釋示：「㈠是否為代銷契約，不能僅從其契約之字面形式而應就其之實質內容加以認定。㈡如確屬代銷契約，有關公平交易法之適用問題說明如左：1.關於代銷契約中約定有銷售價格者，因代銷之事業所獲得之利潤並非因購進商品再予轉售而賺取其間之差額，因此無轉售價格之問題，不適用公平法第十八條（即現行法第十九條第一項前段）之規定……。」

　　㈡關於百貨業與專櫃廠商以及供貨商之三角關係，公平會公研釋〇二三號㈢1.釋示：「百貨公司對各供貨商或專櫃廠商按交易數額、成本差異等條件給予不同的利潤比例；或依契約、季節性促銷、節慶等商業習慣要求專櫃折扣促銷；或依契約約定產品銷售業績不佳而退貨；或單純拒絕某品牌廠商設櫃供貨銷售，而未濫用市場優勢地位時，原則上此等行為係屬契約自由範圍，至該等行為是否逾越此範疇而妨礙公平競爭，應就個案予以認定。」

其他另有下列公平會案例值得參考：

㈠臺灣必治妥、施貴寶、菁安企業等於合約或備忘錄中約定轉售價格違法案❷⓪。

㈡中央文物供應社就空大出版之教科書與經銷商為轉售價格限制約定違反公平法第十九條案❷①。

第五節　杯　葛

一、定義與管制

公平法第二十條第一款規定：「以損害特定事業為目的，促使他事業對於該特定事業斷絕供給、購買或其他交易之行為。」此即為公平法對於杯葛之規定。例如，甲圖書公司（杯葛發起人）為了打擊乙圖書公司（受杯葛人），而要求上游丙聖誕卡批發商（杯葛參與人）不得批售乙公司所需卡片之行為，即為典型之杯葛行為❷②。換言之，即以拒絕交易之手段以達其杯葛之目的。

從條款規定可看出杯葛行為之完成須有三方當事人，與杯葛行為內容相類似者為同法第九條第一款規定獨占事業不得以不公平之方法直接或間接阻礙他事業參與競爭。惟二者不同在於杯葛行為須有三方當事人方能該當，但第九條第一款之行為在主體上只須雙方當事人即已足。

對於一個排斥與其他公司交易之合意行為，認定其是否違法時，應自目的及效果二方面來觀察。以下就「典型之杯葛行為」及「其他集體拒絕交易行為」兩方面來討論：

㈠典型之杯葛行為

典型杯葛行為，目的通常在於：1.削減其他公司之競爭力，或 2.迫使其他公司離開競爭市場，或 3.剝奪其競爭力，以達懲罰目的。例如，在西元一九五九年的 Klor's Inc. v. Broadway-Hale Stores, Inc. 359 U.S.

---

❷⓪　⑻公處字第 046 號及第 056 號，公報一卷十期，頁 35-37；及十一期，頁 18-20。

❷①　⑻公處字第 040 號，公報一卷十期，頁 10-17。

❷②　公平會⑵公處字第 046 號參照；詳見公報二卷七期，頁 12-14。

207(1959) 一案中，美國聯邦最高法院認為 Broadway-Hale 以其在電器市場上之影響力，使得製造商不再將電器售予其競爭者 Klor's，令 Klor's 喪失競爭力，此一行為乃屬違法。雖然 Klor's 在市場上只有微薄之占有率，且市場並不因 Klor's 之退出而受到影響，但法院認為，容許此種杯葛行為存在，將會導致如 Klor's 一樣的小公司漸漸被消滅，從而造成影響市場之結果，所以認其應適用當然違法原則。

此外，還有所謂聯合杯葛行為（又稱為集體杯葛 (group boycott) 行為）。在性質上，聯合杯葛實與干預他人期待利益，或具體契約關係息息相關，就經濟學的觀點言，第二十條規範的行為，大都是上下游廠商交易行為的問題；而在實務上聯合杯葛是指，事業團體利用集體的力量，要求交易對象，依照團體的意見對與之抗衡的特定事業做出不利的行為。其可依據不同的團體與杯葛的方式，再區分為下列四種情況：

1.下游事業集體要求上游事業配合，造成斷絕供貨的目的，使特定事業無法獲得充分的供貨，在市場上處於不利的競爭地位，甚至不能繼續經營，退出市場。

2.上游事業集體要求下游事業配合，不向特定事業購買產品，使特定上游事業無法順利地利用有效的行銷通路，銷售產品。

3.上游事業要求同行拒售產品或提供服務，致使下游事業的經營活動受到影響。例如曾有砂石和紅磚運輸，砂石廠與磚廠均受制於專業砂石車和運磚車，停止提供運輸服務的聯合杯葛，無法將產品運交到客戶手中，即為明顯例子。

4.下游事業聯合共同拒絕購買某家上游事業的產品，使該產品面臨無法銷售的困境，當然有妨礙公平競爭的效果。

上述的聯合杯葛行為，不管是那一類型，在判定是否造成妨礙公平競爭時，仍需綜合當事人的意圖、目的、所屬市場結構、商品特性、履行情況，以及對市場競爭的影響加以判斷。

最常見的例子如：百貨公司為了達到促銷目的，常以折扣方式吸引消費者，但為避免彼此之間激烈競爭，錯開打折時間，輪流打折。該行為即

已涉及公平法第十四條的聯合行為：具競爭關係之同一產銷階段事業，以其他方式之合意，共同決定其他相互約束事業活動之行為，而足以影響生產、商品交易或服務供需之市場功能者。

(二)其他集體拒絕交易行為

其他非典型之拒絕交易行為，很難認定是否違法，通常發生於下列情形：

1.商業團體的成立

為了增進公司相互之利益，企業間常會結合成一個組織。例如在 A、B、C 三地之汽車修配商組織了一個 ABC Association，來促進汽車修配業務及提高服務品質。若 ABC Association 訂有會員規則，其中規定僅有提供全天修配業務之廠商方可加入，且凡在一年中被美國商業促進局 (Better Business Bureau) 告發三次者，在最後一次告發起一年內，不准加入 ABC Association。像這類規定有否違法便會引起相當爭議。

2.設定產品品質的標準 （Product Standards）

例如美國瓦斯爐心製造公會 (Gas Burner Association, GBA) 乃由瓦斯爐心製造及銷售者所組成。GBA 對於會員之產品都會進行檢驗，以決定是否合乎安全、耐用標準。通過測試者，GBA 便會貼上一個「檢驗通過」標籤。今 X 公司申請 GBA 對其產品加貼標籤，但 GBA 以產品不符檢驗標準為由拒絕，此行為是否違法便有爭議。

3.阻斷獲取關鍵設備的管道

例如一群化學藥品製造商集資成立一個聯合研究實驗室 (JRC)，此實驗室發明了一種可回收之去除雜質化學劑，且 JRC 對此化學劑享有專利權。今 Y 公司想加入 JRC，但為 JRC 以會員已足為由拒絕，此時便有違法之可能。

4.違法的認定

對於如上所示之非典型拒絕交易行為是否有違法，可參考美國經驗依下列目的與效果分析來判斷真相：

(1)判斷行為的目的：探討此一產業或組織的歷史背景、及所聲稱欲解決的問題，此外，亦應考慮市場力量的影響，以及是否有其他產生較少限

制競爭效果之替代方案。

(2)競爭利益的影響：假定依上述過程認定其行為「目的」合法，接下來要探究的問題便是：是否此種拒絕交易行為將賦予參加者重大之競爭利益？（即：是否加入者較被排斥者享有優越之競爭地位？）例如在上述 2.設定產品品質標準一例中，倘若消費者對於瓦斯爐心是否貼有「檢驗通過」標籤不十分在意，則 GBA 拒絕 X 公司加入 GBA，並不違法，因為這並不影響 X 公司在市場上之競爭力。

(3)其他因素：至於管制會員規則及設定產品品質標準，或其他行為是否合理，則應考慮下列因素：

①規範的目的必須與該組織之合法目的相關 （例如： 國家籃球聯盟 NBA 因球員賭博而判球監一年，即因球員行為與 NBA 整體形象之關係重大，而認此行為合理）。

②此規範必須不能太過廣泛、浮濫，亦即對會員之限制不能超過達到該組織合法目的所必要之標準。

③若該行為已合乎①、②之要求，則必須考慮其規範是否也合乎「程序」上合理性要求。此時，法院要求的是，在規範程序上不能有歧視之存在。

二、案　例

金石堂實業股份有限公司以損害其競爭同業古今集成文化事業股份有限公司為目的，於民國八十一年聖誕節前促使聖誕卡供應商斷絕對古今集成文化事業股份有限公司聖誕卡供給，被認違反公平法第十九條第一款（現行法第二十條第一款） ㉓ 。

第六節　差別待遇

一、定義與管制

有關差別待遇的管制，公平法的相關規定首先出現於第九條第三款的「無正當理由，使交易相對人給予特別優惠」，和第二十條第二款的「無正當理由，對他事業給予差別待遇之行為」。前者是指獨占事業利用市場優勢，

㉓　(82)公處字第 046 號，公報二卷七期，頁 12–14。

要求生產者以優惠價格供給產品，相當於經濟理論上所稱「獨買力」的利用。由於屬於反托拉斯法法域的部分，必須另外符合獨占事業的條件，才受規範；而後者的行為以有形成「妨害公平競爭之虞者」為要件，屬於不公平競爭法 (unfair competition) 法域的部分。

　　「差別待遇」，依公平會公研釋〇二三號釋示為係指就同一商品或服務，以不同之價格或價格以外之條件出售給同一競爭階層不同之購買者而言。例如，某具獨立地位之石油公司對於某航空公司給予較其他航空公司為高之收費，致影響該公司之競爭能力[24]。

　　在一般商業交易，差別待遇係屬常見，惟是否符合正當理由，應依施行細則第二十六條第一項規定，審酌市場供需情況、成本差異、交易數額、信用風險及其他合理之事由等情形而決定。至於差別待遇是否會構成限制競爭，依施行細則第二十六條第二項，應綜合當事人之意圖、目的、市場地位、所屬市場結構、商品或服務特性及實施情況對市場競爭之影響等加以判斷。因此，廠商對於不同銷售點按不同的進貨成本、交易數額給予不同的供應或銷售價，應為市場價格機能之正常現象；至於對銷售業績達於某一標準以上者，以減收貨款方式作為獎勵，或對慈善機構鑑於公益原因給予較低之供應價之情形，依施行細則第二十六條之審酌情形看來，尚難謂為違法。

二、案　例

　　㈠製造廠對於不同經銷商予以不同待遇之行為有無違反公平法？依公平會公研釋〇〇九號釋示，製造商就提供之設備僅要求後設之乙經銷商支付使用費，係一種交易條件之差別待遇，至於有無違反公平法「無正當理由，不得對他事業給予差別待遇之行為」之規定，則認為應依具體個案考量市場情況、成本差異、交易數額、信用風險等因素而加以判斷。

　　㈡目前出版業蓬勃發展，而各作家依其受市場歡迎程度而有不同之稿酬計算，於此於公平會公研釋〇一九號㈡釋示，則以為價格之差別待遇係指相同之商品或勞務以不同之價格為交易。出版業對不同作家給付不同之

[24]　公平會(81)公處字第 017 號參照；詳見公報一卷七期，頁 11–14。

價格或版稅，如係因作家之知名度、知識、經歷、讀者偏好、市場等因素之不同而有差異，則其並非差別待遇所指「相同之商品或服務」。而業者批售予大、中盤與販賣店之折扣，如按市場供需狀況、成本差異、交易數額、信用風險或其他合理事由，對不同銷售階層或不同銷售點給予不同之供應價或折扣，乃市場價格機能之正常現象，應不構成公平法規定之差別待遇。

㈢中油公司對永興航空公司採取差別取價被認違法 **㉕**。

㈣臺北市捷運局於招標時不當限制廠商資格被認違法 **㉖**。

第七節　低價利誘或不當方法阻礙競爭

一、定義與管制

民國一百零四年修訂公平法時，參考德國限制競爭防止法相關規定，將第二十條第三款修正為：「以低價利誘或其他不正當方法，阻礙競爭者參與或從事競爭之行為。」針對具有相當市場地位之事業從事不當低價競爭或其他阻礙競爭之行為，雖未構成掠奪性訂價，但對市場造成限制競爭效果者，予以明文規定，以維市場競爭秩序。

本款所稱低價利誘，依施行細則第二十七條第一項，是指事業以低於成本或顯不相當之價格，阻礙競爭者參與或從事競爭。至於低價利誘是否有限制競爭之虞，依施行細則同條第二項，應綜合當事人之意圖、目的、市場地位、所屬市場結構、商品或服務特性及實施情況對市場競爭之影響等加以判斷。

至於以往透過本款規範事業以贈品贈獎方式進行促銷而具有商業倫理非難性之不法內涵行為，因該行為與行為人之市場地位以及市場反競爭之效果較無關聯，屬於不公平競爭行為類型之規定，故將之移列至第三章不公平競爭專章單獨規範之。

二、案　例

㈠保祥公司以零點一元的報價搶標 B 型肝炎疫苗的供應權被認違

㉕　(81)公處字第 017 號，公報一卷七期，頁 11–14。

㉖　(83)公處字第 025 號，公報三卷三期，頁 24–25。

法❷。

　　㈡瑩圃電腦在展覽場以不正當之方法（主張智財權）爭取交易相對人被認違法❷。

第八節　脅迫、利誘或不當促使他人參與結合、聯合或限制競爭

一、定義與管制

　　公平法第二十條第四款規定：「以脅迫、利誘或其他不正當方法，使他事業不為價格之競爭、參與結合、聯合或為垂直限制競爭之行為。」例如一事業以脅迫或利誘等軟硬兼施方式，要求他事業參與公平法第十條結合之行為，或第十四條的聯合行為，而產生限制競爭之虞時，即屬之。

　　所謂垂直限制競爭之行為，是指兩個或兩個以上在同一產業中處於不同環節或層次而有交易關係的事業，如製造商與經銷商、批發商與零售商，通過契約或其他方式實施的限制競爭行為。

二、案　例

　　㈠六家唱片公司共同決定約集中下游經銷業者二十家，訂定最低售價，以市場力量促使該等中下游業者不為價格競爭，被認為違反第二十條第四款❷。

　　㈡高市餐盒食品商業同業公會，以發函方式，要求售價低於公會議定價格之業者配合調整，此種議定售價之方式已違反第二十條第四款規定❸。

---

❷　⑻公處字第 004 號，公報一卷四期，頁 1–3。

❷　⑻公處字第 081 號，公報三卷八期，頁 7–11。

❷　⑻公處字第 068 號，公報二卷十期，頁 1–4。另者本案依調查事實顯示該六家公司不無就價格為聯合，致違反公平法第十四條禁止未經許可為聯合行為之嫌。

❸　⑻公處字第 059 號，公報三卷六期，頁 29–33。

第九節　營業秘密的保護

營業秘密係屬智慧財產權之一種，應予以保護，在營業秘密法尚未立法前，是透過公平法相關規定予以保護。惟營業秘密法於八十五年制定，並於民國一百零二年修訂，將營業秘密之定義擴張至原公平法所規定之「產銷機密、交易相對人資料或其他有關技術秘密」，且該法所規範侵害類型較原公平法之規定更廣泛周延。故民國一百零四年修訂公平法時，將公平法中與營業密秘相關之規定刪除，使該等違法行為類型，回歸營業秘密法規範。

第十節　垂直非價格限制交易行為

一、定義與管制

公平法第二十條第五款的規定在學理上屬於「垂直聯合行為」管制的部分，惟聯合行為必須有二個具合意的主體共同參與，且參與者均同受規範；而第二十條第五款之規定卻是以發動「不正當限制」者單方行為為管制目標。故此，我國將聯合行為的管制限定在水平行為，而垂直聯合只受第二十條第五款的規範，且只有發動「垂直聯合」者始受到管制。

公平法第二十條第五款另一個學理上的名稱為「垂直非價格交易限制」，顧名思義，本款所稱「以不正當限制交易相對人之事業活動為條件，而與其交易之行為」，是針對交易相對人的「事業活動」，且是非價格的限制行為而言。目前施行細則第二十八條已將這類行為的主要態樣例示為：搭售、獨家交易、地域、顧客或使用之限制及其他限制。至於垂直的價格限制則屬公平法第十九條所規範之範圍。

在本質上，搭售、獨家交易，以及地理市場或消費對象的劃分亦屬具獨占力濫用的態樣。是以在探討第二十條第五款的適用時，在邏輯上應先詢問「行為人」是否具備「獨占」地位，若然，則直接適用第九條的規定，否則，則進行第二十條第五款是否適用的分析。

二、案　例

　　所謂搭售係指出售者（供給者）於出售商品（提供服務）時，要求交易相對人同時購買（或接受）其他無必要關聯性之商品（服務）而言。

　　至於排他性獨家交易，則指針對特定商品（服務）供給者以交易相對人同意不再與該供給者之競爭者為交易為條件，授予其在特定地理範圍內，該商品（服務）之獨家銷售地位之謂。

　　交易地區（地理市場）或交易對象之區隔，通常伴隨著上開排他性獨家交易的安排發生，基本上，這是一種市場區隔，以維持規模經濟和品牌內限制負面競爭為著眼的行銷手法；換言之，供給者會將市場劃分成責任區域，抑或不同的交易對象族群，而後選定不同的「區域」經銷者，使其負獨家銷售責任，且限制各獨家銷售者不得逾越各該權責地理市場之範圍或向非權責所及之交易對象為銷售。

　　㈠獨家交易安排、地域或顧客之限制等行為是否違反公平法？

　　公平會第三十四次會議決議：1.只能專售該廠商之產品，係屬於上述情形所稱獨家交易安排。2.劃定經銷區域，不許跨區銷售，係屬上述情形所謂地域或顧客之限制。3.禁止從事國、內外相關產品進出口及任何其他事業之投資，係限制經銷商之經營項目，惟是否不正當限制而妨礙公平競爭，應綜合當事人之意圖、目的、市場地位、所屬市場結構、商品特性及履行情況對市場競爭之影響等加以判斷。

　　針對違反上述規定之經銷商，製造商進而處以罰款並取消經銷資格，且對違約公司所出售之同種類產品收取比其他經銷商較高之價格，是否違反公平易法乙節，端視前述約定事項是否為不正當限制交易相對人之事業活動，如非不正當限制交易相對人之事業活動，則製造商對違約商之處罰係屬民事契約的責任問題，尚難謂違反公平法。反之，如係不正當限制交易相對人之事業活動，而有妨礙公平競爭之虞，則應受公平法第二十條第五款之規範。

　　㈡限制交易相對人之行銷通路是否違反公平法？

　　公平會第三十四次會議亦決議：關於貴公司新通路計畫中，擬限制金

儀公司不得銷售予標達之大盤商或總經銷,或其中大盤商有特殊需要向金儀公司進貨時,如協調金儀公司限量供應予大盤商或金儀先售標再轉售予該大盤商乙節,查此等限制屬一種限制交易相對人事業活動之行為,至於是否違反公平法第二十條第五款規定,以其限制是否「不正當」、是否「有妨礙公平競爭之虞」為斷。而其限制是否「不正當」以及是否「有妨礙公平競爭之虞」,本會在認定上,將會依個案具體情形綜合當事人之意圖、目的、市場地位、所屬市場結構、商品特性及履行情況對市場競爭之影響等因素判斷之。

㈢學者及龍祥公司以搭售方式要求錄影帶出租業者訂購四十部錄影節目帶,且業者並無選片自由,被認違反公平法第二十條第五款❸。

㈣三家電視臺於廣告主託播高收視節目廣告時,搭售低收視節目被認違法❸。

㈤進口化粧品公司限制百貨公司之促銷活動,被認違反公平法第二十條第五款❸。

㈥高昇出版社在經銷契約中,不當限制下游經銷商之經銷區域及交易對象,被認違法❸。

第十一節　不實廣告

一、定義與規範

事業在銷售商品或服務時,除了直接在商品本身上做標示或表徵以外,常透過宣傳廣告或其他公開活動傳達商品資訊,以吸引消費者購買。消費者則以事業所提供的商品資訊作為決定購買與否的主要判斷依據。因此不實廣告將可能導致市場功能失調 (failure) 且在法律上亦可能妨礙競爭秩

---

❸　⒇公處字第 021 號,公報一卷八期,頁 5–8;⒇公處字第 044 號,公報二卷七期,頁 4–7。

❸　⒇公處字第 056–058 號,公報二卷八期,頁 22–30。

❸　⒇公處字第 009–013 號,公報一卷六期,頁 10–26。

❸　⒇公處字第 009 號,公報二卷二期,頁 18–20。

序，故公平法第二十一條第一項規定：「事業不得在商品或廣告上，或以其他使公眾得知之方法，對於與商品相關而足以影響交易決定之事項，為虛偽不實或引人錯誤之表示或表徵。」

　　然則何謂不實？原則上是指事實、科學及邏輯不符的陳述或表現。但是在現實生活中，許多的「不實」並不至於對消費者或競爭者產生損害，因為消費者在市場經濟中，往往具有排除不良產品的「良知」與「替代產品選擇」的作用，透過這種運作，一般消費者將不致因「不實」而受騙。換言之，只有在一般注意下仍無法發現的「不實」，才會誤導一般消費者使其上當。

　　那麼究竟怎樣的「不實」，才應受到禁止呢？

　　㈠會誤導相當數目消費者。㈡使這些消費者在決定是否購買該「不實」產品時產生決定性影響。㈢廣告主的競爭者利益將因此而受到影響的廣告。另外，不實廣告行為有下面幾種類型：

　　1.不實價格、數量、品質、內容、製造方法、製造日期、有效期限、使用方法、用途、原產地、製造者、製造地、加工者、加工地及其他具有招徠效果之標示廣告（公平法第二十一條第二項）。

　　2.不實之薦證性廣告（公平法第二十一條第五項）。

　　3.不實比較性廣告。

　　4.不實擔保廣告。

　　5.不實郵購廣告。

　　6.不實商業行為廣告（如自稱是磨粉公司，然其販售之麵粉，並非由其公司磨製者）。

　　7.隱匿性廣告（未就重要事項為說明的隱匿，與明顯的不實陳述一樣）。

　　8.誘售法（如國內不動產廣告常可見「一坪×萬起」的廣告詞，但當至現場才發現，這種「便宜貨」都已賣完了，或者是設計不良的小套房之情形）。

　　9.中傷（如事業本身為不銹鋼廚具製造商，為達其銷售目的而於報紙刊登「你知道鋁鍋充滿了科學上所知的最致命細菌？」的廣告詞即是一欺

騙及不公平行為)。

　　10.吹牛廣告。

二、公平交易委員會對於公平交易法第二十一條案件之處理原則

　　為確保事業公平競爭,保障消費者權益,有效執行公平法第二十一條,禁止事業於商品(服務)或其廣告上,或以其他使公眾得知之方法,為虛偽不實或引人錯誤之表示或表徵,訂定「公平交易委員會對於公平交易法第二十一條案件之處理原則」,重點如下:

㈠名詞釋義一

　　公平法第二十一條第二項所稱商品(服務)之價格、數量、品質、內容、製造方法、製造日期、有效期限、使用方法、用途、原產地、製造者、製造地、加工者、加工地等,乃為例示規定。凡一切具有經濟價值之交易標的及具有招徠效果之其他非直接屬於交易標的之相關交易事項,包括事業之身分、資格、營業狀況,與他事業、公益團體或政府機關之關係,事業就該交易附帶提供之贈品、贈獎等均屬之。

㈡名詞釋義二

　　公平法第二十一條所稱其他使公眾得知之方法,係指得直接或間接使非特定之一般或相關大眾共見、共聞之訊息的傳播行為,包括設置市招、散發名片、舉辦產品(服務)說明會、事業將資料提供媒體以報導方式刊登、以發函之方式使事業得以共見、共聞、於公開銷售之書籍上登載訊息、以推銷介紹方式將宣傳資料交付於消費者、散發產品使用手冊於專業人士進而將訊息散布於眾等。

㈢名詞釋義三

　　公平法第二十一條所稱表示或表徵,係指以文字、語言、聲響、圖形、記號、數字、影像、顏色、形狀、動作、物體或其他方式表達或傳播具商業價值之訊息或觀念之行為。

㈣名詞釋義四

　　公平法第二十一條所稱虛偽不實,係指表示或表徵與事實不符,其差異難為一般或相關大眾所接受,而有引起錯誤之認知或決定之虞者。

㈤**判斷原則一**

虛偽不實或引人錯誤之表示或表徵判斷原則如下：

1.表示或表徵應以相關交易相對人普通注意力之認知，判斷有無虛偽不實或引人錯誤之情事。

2.表示或表徵隔離觀察雖為真實，然合併觀察之整體印象及效果，而有引起相關交易相對人錯誤認知或決定之虞者，即屬引人錯誤。

3.表示或表徵之內容以對比或特別顯著方式為之，而其特別顯著之主要部分易形成消費者決定是否交易之主要因素者，得就該特別顯著之主要部分單獨加以觀察而判定。

4.表示或表徵客觀上具有多重合理的解釋時，其中一義為真者，即無不實。但其引人錯誤之意圖甚顯者，不在此限。

㈥**判斷原則二**

前述各點判斷原則適用時，應考量下列因素：

1.表示或表徵與實際狀況之差異程度。

2.表示或表徵之內容是否足以影響具有普通知識經驗之相關交易相對人為合理判斷並做成交易之決定。

3.對處於競爭之事業及交易相對人經濟利益之影響。

㈦**判斷原則三**

廣告是否虛偽不實或引人錯誤，應以廣告主使用廣告時之客觀狀況予以判斷。廣告主使用廣告時，已預知或可得知其日後給付之內容無法與廣告相符，則其廣告有虛偽不實或引人錯誤。第一項所稱之客觀狀態，係指廣告主提供日後給付之能力、法令之規定、商品（或服務）之供給……等。

㈧**檢舉程式**

公平會收受檢舉他事業為虛偽不實或引人錯誤之表示或表徵時，基於調查事實及證據之必要，應請檢舉人為下列事項：1.以書面載明具體內容，並書明真實姓名及地址。其以言詞為之者，公平會應作成書面紀錄，經向檢舉人朗讀或使其閱覽，確認其內容無誤，記明年月日後由其簽名或蓋章。2.提供相關商品、包裝、廣告等必要事證，並釋明他事業所為表示或表徵

有使相關交易相對人就有無虛偽不實或引人錯誤之情事,依一般經驗法則判斷,足以產生之懷疑,及所受之損害。委託他人檢舉者,並應提出委任書。

須注意者,施行細則第三十條規定,公平會對於無具體內容、未具真實姓名或住址之檢舉案例,得不予處理。

檢舉案件之詳細處理程序,可參閱公平會對於公平法第二十一條案件之處理原則第十一至二十一點。

三、案 例

公平會自成立以來,處理最多的就是不實廣告案件,其中以不動產廣告最多,其他則有不實展覽、電話簿內容不實、錄音帶不實、專利不實、電影廣告不實、不實促銷等類別❸,以下僅例示一則有趣但並未受處分之案例供參考:某公司推出「購買金頂電池贈送兔子 Bunny」之廣告。在廣告中稱:「我叫 Bunny,是一隻血統高尚、熱心又溫馴的粉紅色兔子。除了吃紅蘿蔔,我還有一項嗜好就是打鼓。在每支金頂電池的廣告影片上,您都會看見我打鼓的英姿;金頂電池的強勁電力,讓我的鼓聲強勁又持久!我相信您是個對小動物有愛心的人,而這就是我所期盼的主人。」而實際所送之兔子不會打鼓,因此引起消費者之不滿,而向公平交易委員會檢舉。對此,廣告主答辯略稱:「查本公司之系爭廣告並未聲稱贈送『廣告中可打鼓的兔子』,且廣告上有贈品實物彩色照片一張,僅顯示手持圓鼓(並無鼓棒)之粉紅色玩具兔子,並無打鼓之情事。雖廣告中提及其嗜好為打鼓,且表示在廣告影片之兔子因使用金頂電池打鼓強勁持久,然此僅在加強讀者之印象,正如其自稱血統高尚,熱心又溫馴,且愛吃紅蘿蔔等語,並無引人錯誤之虞。」公平交易委員會對該案後來雖未予以處分,但仍值得參考(參照公平會第八十九次委員會議決議)。

---

❸ 參范建得、莊春發合著,《不實廣告》,附錄㈠,83 年。

第十二節　仿冒行為（矇混）

一、定義與管制

　　仿冒，意指就相關大眾所共知的產品表徵或服務設施為相同或類似的使用，致使他人產生混淆之謂。

　　公平法第二十二條所規定之仿冒，指㈠以著名之他人姓名、商號或公司名稱、商標、商品容器、包裝、外觀或其他顯示他人商品之表徵，於同一或類似之商品，為相同或近似之使用，致與他人商品混淆，或販賣、運送、輸出或輸入使用該項表徵之商品者(公平法第二十二條第一項第一款)。㈡以著名之他人姓名、商號或公司名稱、標章或其他表示他人營業、服務之表徵，於同一或類似之服務為相同或近似之使用，致與他人營業或服務之設施或活動混淆者（公平法第二十二條第一項第二款）。

　　前述規定，於下列各款行為不適用之：㈠以普通使用方法，使用商品或服務習慣上所通用之名稱，或交易上同類商品或服務之其他表徵，或販賣、運送、輸出或輸入使用該名稱或表徵之商品或服務者。㈡善意使用自己姓名之行為，為販賣、運送、輸出或輸入使用該姓名之商品或服務者。㈢在表徵未著名前，善意為相同或近似使用，或其表徵之使用係自該善意使用人連同其營業一併繼受而使用，或販賣、運送、輸出或輸入使用該表徵之商品或服務者（公平法第二十二條第三項）。但事業因他事業為前述第㈡或第㈢之行為，致其商品或服務來源有混淆誤認之虞者，得請求他事業附加適當之區別標示（公平法第二十二條第四項前段）。

　　須注意者，本條之姓名、商號或公司名稱、商標、商品容器、包裝、外觀或其他顯示他人商品或服務之表徵，依法註冊取得商標權者，應直接適用商標法相關規定，不再適用公平法（公平法第二十二條第二項）。

二、案　例

　　有關這方面之實例眾多，茲僅略舉數例於下：

　　㈠關於國內廠商仿冒外國廠商之商標，參與招標因而得標之行為，有無違反公平法相關規定之疑義。公平會公研釋〇四四號釋示認為：若該外

國商標在我國為相關大眾所共知，而國內事業對該外國商標為相同或類似使用，其結果造成與該外國廠商之商品產生混淆，則此國內事業之行為，可能涉及違反公平法第二十二條第一項第一款之規定。若該外國商標係未經註冊之外國著名商標，而國內廠商係提供與該國外廠商所生產同類之商品並使用與之相同或近似之商標時，則國內事業之行為，可能涉及違反公平法第二十二條第一項第二款之規定。

㈡公平會第六十二次委員會議決議：事業就其營業所提供之商品，不得以相關大眾所共知之他人外觀或其他顯示他人商品之表徵，為相同或類似之使用，致與他人商品混淆，為公平法第二十二條第一項第一款所明定。按該條款所稱之「其他顯示他人商品之表徵」，係事業用以區別彼我商品之特徵，亦即一般人見該表徵，即知該產品係某事業所產製。查本案檢舉人產品之外形，係該類產品功能性需求，即為了增加集熱效果，須以此種外形、構造為之，方能達到集熱效果。而儲熱槽置換方式有臥式或立式兩種，其外觀常見者為圓形或方形，參以同屬不銹鋼類之八家產品型錄比較，在八家產品十型中，圓形者有七型，方形者僅三型，可見儲熱槽外觀為圓形係常見之外觀，並非顯示商品之表徵。

㈢民國七十八年十一月時報文化公司出版系列，廣受各界歡迎之叢書《腦筋急轉彎》。大然出版社於民國八十年八月開始，亦出版以《新腦筋急轉彎》為名的類似書籍，除在書名上加一「新」字外，其內容、開本及編輯形式，均與《腦筋急轉彎》相仿。本案經公平會委員會議審議認為，《腦筋急轉彎》在《新腦筋急轉彎》出版時，銷售量超過一百二十萬本，已為出版同業及消費者所共知；亦即該《腦筋急轉彎》已達「相關大眾所共知」的程度。而《新腦筋急轉彎》一書，雖於書名上再加一「新」字，但其除於名稱上相類似外，所採之編輯形式，亦與《腦筋急轉彎》相仿，整體綜合觀察，易令人誤認二者有續集、系列關聯，因此，認大然出版社違反公平法第二十二條第一項第一款規定❸❻。

---

❸❻　(81)公處字第 007 號，公報一卷六期，頁 1–3。

第十三節　不當贈獎以增加交易機會

公平法對於不公平競爭之規定，主要是針對行為本身具有商業倫理非難性之不法內涵，與行為人之市場地位以及行為對於市場造成反競爭之效果較無關聯。而事業以贈品、贈獎方式進行促銷之案件，其性質屬不公平競爭之範疇，故民國一百零四年修法時，將該類型案件單獨立一條文，增訂第二十三條：事業不得以不當提供贈品、贈獎之方法，爭取交易之機會。前項贈品、贈獎之範圍、不當提供之額度及其他相關事項之辦法，由公平會定之。

第十四節　商業傳播不實

一、定義與管制

凡基於競爭（非以損害他人為目的）而散布關於競爭對手之不實消息者，學理上或有稱之為「商業毀謗」或「妨礙營業信譽」者，規定於公平法第二十四條：事業不得為競爭之目的，而陳述或散布足以損害他人營業信譽之不實情事。本條規定與刑法第三百十三條之規定相類似（該條規定：「散布流言或以詐術損害他人之信用者，處二年以下有期徒刑、拘役或科或併科一千元以下罰金。」），皆為維護他人之信譽、信用，且同具佐以刑罰之制裁。惟其不同者在公平法第二十四條之妨礙營業信譽或不實之傳播須基於「競爭」之目的而故意為之，而刑法則係基於損害他人信用之故意而構成妨害信用罪。再者，刑法第三百十三條涵蓋之範圍亦廣於公平法第二十四條，蓋刑法只要損害他人信用即可，不要求必須與營業信譽有關。

二、案　例

㈠公平法實施以來首樁因商業傳播不實，惡意破壞競爭對手商譽，而被判刑之案例「綠色小精靈」案，係××製造商向公平會檢舉競爭對手××公司所代理進口的勁力綠色小精靈油品添加物，產品涉嫌標示不實，結果反被地方法院依違反公平法，陳述、散布足以損害他人營業信譽之不實情事，判處有期徒刑三個月❸⁷。

㈡金陵文化股份有限公司（以下簡稱金陵公司）與劉世青均有販售同性質之刊物、講義，金陵公司被檢舉於其所出版之同性質刊物上，散布足以損害檢舉人劉世青營業信譽之不實情事，批評劉世青為「冒牌貨」、「亂湊亂編」、「地痞流氓」……等。

案經公平會委員會議決議，認被檢舉人金陵公司既散布詆毀他人名譽之事，即應舉證其散布之情事為真實，若無法證明所散布之情事為真實者，違反公平法第二十四條規定 ❸。

㈢被檢舉人日商共立理化學研究所株式會社公司（以下簡稱共立理公司）由於認為其在臺經銷之公司有販售仿冒該公司產品之嫌疑，乃以檢舉人喜慶堂化學有限公司（以下簡稱喜慶堂公司）產品使用與該公司產品相同外觀之包裝而為不公平競爭為由，向臺中地方法院聲請假處分，禁止喜慶堂公司不得使用相關產品之外觀包裝。假處分裁定後，共立理公司四處散布喜慶堂公司產品為「仿冒品」且仿冒行為業經法院裁定定案之消息，經喜慶堂公司向公平會提出檢舉。

公平會認為被檢舉人共立理公司自發生糾紛起，即不斷要求喜慶堂公司出面解決，並表示欲以公平法保護其權益。以被檢舉人此種一而再，再而三要求檢舉人出面解決，再加上檢舉人於代理期間即出現令其懷疑為仿冒之產品並經交涉仍不能獲得合理滿意答覆，最後以檢舉人違反公平法為由訴請法院裁判之情形來看，被檢舉人共立理公司之所為應可認其目的在護衛自身權益，應非公平法第二十四條所稱基於競爭之目的。

但公平會同時亦認為本案被檢舉人於法院未判決前發警告函之行為，查其內容除表明案關假處分之內容，係事實之描述外，餘均一再強調檢舉人喜慶堂公司之產品為「仿冒品」，亦未就其本身究竟享有如何之權利有所說明，致收信人無法依據警告函之訊息作出合理之判斷，並因心生畏懼而拒與檢舉人為交易，使被檢舉人因而取得較優於其競爭對手之競爭地位，被檢舉人之此種行為應屬公平法第二十五條所欲禁止之行為 ❸。

❸　參照《工商時報》，八十二年九月十九日，第三版。

❸　(83)公處字第 088 號，公報三卷八期，頁 31–39。

㈣被檢舉人文明科技股份有限公司（以下簡稱文明科技）與檢舉人輝聯電腦科技有限公司（以下簡稱輝聯公司），係加拿大商頂尖科技有限公司（以下簡稱頂尖公司）軟體產品授權在臺之前後任總代理商，其業務經營範圍均為有關電腦軟、硬體方面產品。

文明科技公司撰寫製作內載「目前頂尖公司透過牛凱將產品交由不懂電腦的輝聯（即檢舉人）繼續欺騙臺灣客戶，竟謊稱總代理，文明科技（即被檢舉人）鄭重呼籲使用者，不要受騙上當以免後悔莫及」等語之「鄭重啟事」的文字傳單加以散發，並將該等損害檢舉人營業信譽之文字，錄入被檢舉人產品電腦磁碟片測試版之首頁「輔助說明」螢幕內，對外贈送或銷售。

案經本會委員會議審議，認定：

1.檢舉人與被檢舉人所各提供之產品具有替代可能性，而可認為係屬同一市場範圍之具有競爭性質產品。被檢舉人製作、散發系爭傳單之目的，明顯即係為競爭之目的所為。

2.檢舉人輝聯公司確為頂尖公司授權之臺灣總代理。故被檢舉人於系爭傳單中宣稱檢舉人「謊稱為文明科技公司之總代理」，即屬不實情事。

3.檢舉人既確係頂尖公司授權在臺之總代理公司，且其公司營業項目亦以有關電腦方面之業務為主，因此據稱檢舉人公司「謊稱為頂尖公司之總代理」、「不懂電腦」、「繼續欺騙臺灣客戶」，實難認為係出於善意發表之言論，而不會降低社會相關大眾或交易相對人對檢舉人公司之營業上評價。若再衡其製作、散發傳單及磁碟片之手段行為，應可認定此等事實業已該當「足以損害他人營業信譽」之構成要件。

4.綜上以論，本件被檢舉人之行為已違反現行公平法第二十四條之規定❹。

---

❸　(83)公處字第 039 號，公報三卷五期，頁 5–8。

❹　(83)公處字第 111 號，公報三卷十期，頁 29–34。

第十五節　多層次傳銷

民國一百零四年修訂前公平法將「多層次傳銷」定義為「就推廣或銷售之計畫或組織，參加人給付一定代價，以取得推廣、銷售商品或勞務及介紹他人參加之權利，並因而獲得佣金、獎金或其他經濟利益者。」，並設有相關管理規定與罰則，以禁止多層次傳銷組織將參加人介紹他人加入組織之所得，作為參加人之獎金、佣金或其他經濟利益（就是俗稱的老鼠會）。惟一百零三年已制定「多層次傳銷管理法」，故民國一百零四年修訂公平法時，將多層次傳銷之相關規定配合刪除。

第十六節　其他不正交易行為

一、定義與管制

公平法所禁止的不公平競爭類型規定於第二十一至二十四條各條款，然因商業類型亦隨社會之演進而有加增，因此唯恐掛一漏萬，特於公平法第二十五條給予概括性規定，此亦即本節所欲討論之其他不正交易行為。公平法第二十五條規定如下：除本法另有規定者外，事業亦不得為其他足以影響交易秩序之欺罔或顯失公平之行為。

二、公平交易委員會對於公平交易法第二十五條案件之處理原則

公平會為使公平法第二十五條適用具體化、明確化，訂定「公平交易委員會對於公平交易法第二十五條案件之處理原則」。

㈠公平法第二十五條適用之基本精神

為釐清本條與民法、消費者保護法等其他法律相關規定之區隔，應以「足以影響交易秩序」之要件，作為篩選是否適用公平法或本條之準據，即於系爭行為對於市場交易秩序足生影響時，公平會始依本條規定受理該案件；倘未合致「足以影響交易秩序」之要件，則應請其依民法、消費者保護法或其他法律請求救濟。

為確定公平法第二十五條之適用範圍，應以「足以影響交易秩序」之要件為前提，先檢視「限制競爭」之規範（獨占、結合、聯合行為及垂直

限制競爭），再行檢視「不公平競爭」規範（如商業仿冒、不實廣告、營業誹謗）是否未窮盡系爭行為之不法內涵，而容有適用第二十五條之餘地。

關於「維護消費者權益」方面，則應檢視系爭事業是否係以其相對優勢地位，利用「欺罔」或「顯失公平」之銷售手段，使消費者權益遭受損害，而合致「足以影響交易秩序」之要件，以為是否適用公平法第二十五條規定之判斷準據。

(二)與其他法律競合之釐清

公平法第二十五條對事業之規範，常與其他法律有競合之疑義，應考量下列事項判斷之：

1.按事業與事業或消費者間之契約約定，係本於自由意思簽定交易條件，無論其內容是否顯不公平或事後有無依約履行，此契約行為原則上應以契約法規範之。惟於系爭行為危及競爭秩序或市場交易秩序時，始例外有公平法第二十五條之適用。例如在契約內容顯失公平部分，倘未合致「足以影響交易秩序」之要件，則應循民事途徑救濟解決；僅於合致前開要件，考量公共利益時，始由本條介入規範之。

2.消費者權益之保護固為公平法第一條所明定之立法目的，惟為區別兩者之保護法益重點，本條對於消費者權益之介入，應以合致「足以影響交易秩序」之要件且具有公共利益性質之行為為限，如廠商之於消費者具相對市場優勢地位，或屬該行業之普遍現象，致消費者高度依賴或無選擇餘地而權益受損之情形。

3.智慧財產權人對於有侵害其智慧財產權之虞者，得依智慧財產權相關法律自行通知侵害人請求排除侵害。但履行確認及通知之先行程序前，逕向其競爭對手之經銷通路或消費者（交易相對人或潛在交易相對人），以口頭或書面逕為對手侵害其權利之表示，而受信者無法據以為合理判斷者，即屬濫用智慧財產權造成不公平競爭之情事，而有公平法第二十五條之適用。是以，公平法介入智慧財產權之口頭或書面警告行為，係以其權利之非正當行使，致造成不公平競爭為前提要件。又其是否違反公平法之判斷，應僅以其在形式上是否已踐行權利行使之正當程序為已足，尚不及於實質

上是否已侵權之事實認定。

(三)與公平法其他條款規定之區隔適用

適用公平法第二十五條之規定，應符合「補充原則」，即本條僅能適用於公平法其他條文規定所未涵蓋之行為，若公平法之其他條文規定對於某違法行為已涵蓋殆盡，即該個別條文規定已充分評價該行為之不法性，或該個別條文規定已窮盡規範該行為之不法內涵，則該行為僅有構成或不構成該個別條文規定的問題，而無由再依本條加以補充規範之餘地。反之，如該個別條文規定不能為該違法行為之評價規範者，始有以本條加以補充規範之餘地

(四)判斷足以影響交易秩序應考量事項

第二十五條所稱交易秩序係指符合善良風俗之社會倫理及效能競爭之商業競爭倫理之交易行為，其具體內涵則為符合社會倫理及自由、公平競爭精神賴以維繫之交易秩序。判斷「足以影響交易秩序」時，應考量是否足以影響整體交易秩序（諸如：受害人數之多寡、造成損害之量及程度、是否會對其他事業產生警惕效果及是否為針對特定團體或組群所為之欺罔或顯失公平行為等事項），或有影響將來潛在多數受害人效果之案件，且不以其對交易秩序已實際產生影響者為限，始有本條之適用。至於單一個別非經常性之交易糾紛，則應尋求民事救濟，而不適用公平法第二十五條規定。

(五)判斷欺罔應考量事項

公平法第二十五條所稱欺罔係對於交易相對人，以積極欺瞞或消極隱匿重要交易資訊致引人錯誤之方式，從事交易之行為。

前項所稱之重要交易資訊，係指足以影響交易決定之重要交易資訊；所稱引人錯誤，則以客觀上是否會引起一般大眾所誤認或交易相對人受騙之合理可能性（而非僅為任何可能）為判斷標準，同時衡量交易相對人判斷能力之標準，以「合理判斷」為基準（不以極低之注意程度為判斷標準）。

其常見的類型包括：1.冒充或依附有信賴力之主體。2.不實促銷手段。3.隱匿重要資訊。

㈥判斷顯失公平應考量事項

本條所稱「顯失公平」：係指「以顯失公平之方法從事競爭或商業交易」者。其常見之具體內涵主要可分為三種類型：

1. 不符合商業競爭倫理之不公平競爭行為

⑴榨取他人努力成果

判斷是否違法原則上應考量①遭攀附或高度抄襲之標的，應係該事業已投入相當程度之努力，於市場上擁有一定之經濟利益，而已被系爭行為所榨取。②其攀附或抄襲之結果，應有使交易相對人誤以為兩者屬同一來源、同系列產品或關係企業之效果等。惟倘其所採行手段可非難性甚高（如完全一致之抄襲）者，縱非屬前述二因素之情形，仍有違法之虞，應依個案實際情形，綜合判斷之。

其常見行為態樣有：①攀附他人商譽：判斷是否為本條所保護之商譽，應考量該品牌是否於市場上具有相當之知名度，且市場上之相關業者或消費者會產生一定品質之聯想。②高度抄襲：判斷高度抄襲，應綜合考量 A.該項抄襲是否達「完全一致」或「高度近似」之程度；B.抄襲人所付出之努力成本與因而取得之競爭優勢或利益之關聯性及相當性；及 C.遭抄襲之標的於市場競爭上之獨特性及占有狀態。③利用他人努力，推展自己商品或服務之行為。

⑵以損害競爭對手為目的，阻礙公平競爭之行為

其常見行為類型如：①不當比較廣告：比較廣告中，對他事業之比較項目為欺罔或顯失公平之行為。②對自身或他事業之交易相對人散發他事業侵害其智慧財產權表示之行為：智慧財產權人發現市場上有可能侵害其權利產品，其對直接侵害之製造商或立於相等地位之進口商品之進口商或代理商，為侵害之通知請求排除，則為依法行使權利之正當行為，無論其內容真偽虛實，均屬智慧財產權爭議，而無本條之適用。其係對自身或他事業之交易相對人或潛在交易相對人以書面散發他事業侵害其權利之表示，如未經確認及通知之先行程序，足致對手之交易相對人心生疑慮，甚至拒絕交易，則構成本條之顯失公平行為。

2.以不符合社會倫理手段從事交易之行為

常見行為類型如：以脅迫或煩擾交易相對人方式，使交易相對人於決定是否交易之自由意思受到壓抑情形下，完成交易之行為。

3.以不符合社會倫理手段從事交易之行為

具相對市場力或市場資訊優勢地位之事業，利用交易相對人（事業或消費者）之資訊不對等或其他交易上相對弱勢地位，從事不公平交易之行為。常見行為類型如：⑴市場機能失靈供需失衡時，事業提供替代性低之民生必需品或服務，以悖於商業倫理或公序良俗之方式，從事交易之行為。⑵資訊未透明化所造成之顯失公平行為。

三、案　例

公平會處理公平法第二十五條的行為態樣繁多，以下謹略舉數例以供參考。

實務上關於「足以影響交易秩序之欺罔行為」的認定，可參照「保祥案」之處分書❹：保生公司在保祥公司以零點一元參與投標前，即函衛生處表示願意捐贈，嗣後因省政府未有回應，改以零元參與投標，與原先贈送之意思一致，並無欺罔之意，且因以零元報價不具買賣價金之實體，無法得標，對市場上交易秩序並無影響，故無公平法第二十五條之適用。

再者，關於「顯失公平」的認定，如「學者公司」案中，「被處分人被出租業者檢舉，其以告發出租業者未經授權私自拷貝影片之方式迫使出租業者與之簽約或續約部分，詢據被處分人則矢口否認，而出租業者亦無法提出具體證據以實所說，且縱有類此情形出租業者亦非全然無可歸責之處，是以尚不能以權利濫用之衡平觀點論究被處分人之行為有公平法第二十四條所稱『顯失公平』之情事。」❷。

又於「福特六和汽車」案中，被處分人於所印製、使用之「福特，天蠍座」車主手冊第一二七頁「保證書及保證責任之限度」加註「本譯文若發生解釋上的問題時，以英文為準」的字樣，有以賣方優勢地位對消費者

---

❹　參照⑻公平會公處字第○○四號處分書。

❷　參照⑻公平會公處字第○二一號處分書。

為顯失公平行為之情事，足以影響交易秩序，違反公平法第二十五條規定❹。

關於何種行為足被認為屬影響交易秩序之欺罔或顯失公平之行為，可舉公平會公研釋○○三號，真品平行輸入是否違反公平法一事以為探討：

公平會在討論真品平行輸入是否違反公平法時認為：

㈠真品平行輸入與仿冒之構成要件不符，不違反公平法第二十二條之規定。

㈡真品平行輸入是否違反公平法第二十一條之規定，須視平行輸入者之行為事實是否故意造成消費大眾誤認其商品來源為斷。

㈢貿易商自國外輸入已經原廠授權代理商進口或製造商生產者，因國內代理商投入大量行銷成本或費用致商品為消費者所共知，故倘貿易商對於商品之內容、來源、進口廠商名稱及地址等事項以積極行為使消費者誤認係代理商所進口銷售之商品，即所謂故意「搭便車行為」則涉及公平法第二十四條所定之「欺罔」或「顯失公平」行為。

---

❹　參照(82)公平會公處字第○一二號處分書。

第四章 公平交易法的執行

第一節 公平會的組織

公平交易委員會編制表

中華民國一百零一年二月十五日公平交易委員會公人字第一○一二三六○○九四號令訂定發布

中華民國一百零一年三月三十日公平交易委員會公人字第一○一○○○四二○八號令修正發布，自一百零一年二月六日生效

中華民國一百零四年十月十四日公平交易委員會令公人字第一○四○○一四四二一一號修正發布，並自一百零四年十月十六日生效

中華民國一百零六年八月九日公平交易委員會公人字第一○六○○一一九七三一號修正發布，並自一百零六年八月十一日生效

職稱	官等	職等	員額	備考
主任委員			一	特任，為組織法律所定。
副主任委員			一	比照簡任第十四職等，為組織法律所定。
委員			五	比照簡任第十三職等，為組織法律所定。
主任秘書	簡任	第十二職等	一	本職稱之官等職等，為組織法律所定。
參事	簡任	第十二職等	五	
處長	簡任	第十二職等	五	
副處長	簡任	第十一職等	五	
主任	簡任	第十職等至第十一職等	二	
專門委員	簡任	第十職等至第十一職等	五	
科長	薦任	第九職等	二十七	
秘書	薦任	第八職等至第九職等	六	內三人得列簡任第十職等至第十一職等。
視察	薦任	第八職等至第九職等	二十三	內十人得列簡任第十職等至第十一職等。
專員	薦任	第七職等至第九職等	三十三	
分析師	薦任	第七職等至第九職等	六	

設計師	薦任	第六職等至第八職等	三	
科員	委任或薦任	第五職等或第六職等至第七職等	五十七	
助理設計師	委任	第四職等至第五職等	一	
助理員	委任	第四職等至第五職等	七	內四人得列薦任第六職等（其中一人係由本職稱尾數一人與助理設計師職稱一人，合併計給。）
書記	委任	第一職等至第三職等	四	
人事室 主任	簡任	第十職等至第十一職等	一	
人事室 科長	薦任	第九職等	二	
人事室 專員	薦任	第七職等至第九職等	一	
人事室 科員	委任或薦任	第五職等或第六職等至第七職等	一	
人事室 助理員	委任	第四職等至第五職等	一	得列薦任第六職等（係由本職稱一人與主計室佐理員職稱一人，合併計給。）
政風室 主任	簡任	第十職等至第十一職等	一	
政風室 專員	薦任	第七職等至第九職等	二	
主計室 主任	簡任	第十職等至第十一職等	一	
主計室 科長	薦任	第九職等	三	
主計室 視察	薦任	第八職等至第九職等	一	
主計室 專員	薦任	第七職等至第九職等	二	
主計室 科員	委任或薦任	第五職等或第六職等至第七職等	二	
主計室 佐理員	委任	第四職等至第五職等	一	
合計			二一六	

附註：

一、本編制表所列職稱、官等職等，應適用「甲、中央機關職務列等表之十一」之規定；該職務列等表修正時亦同。

二、原經濟部物價督導會報派用科員二人、辦事員一人，得繼續留任原職稱原官等之職務至離職時為止，出缺不補，未列入。

三、編制表所列書記員額內其中二人，由留用原職稱之原行政院公平交易委員會雇員出缺後改置。

四、本編制表自一百零六年十月十六日生效。

第二節　調查及裁處程序

依公平法第二十六條規定，公平會對於涉有違反公平法規定，危害公共利益之情事，得依檢舉或職權調查處理。

公平會依公平法調查時，得依下列程序進行：一、通知當事人及關係人到場陳述意見。二、通知當事人及關係人提出帳冊、文件及其他必要之資料或證物。三、派員前往當事人及關係人之事務所、營業所或其他場所為必要之調查。依前項調查所得可為證據之物，公平會得扣留之；其扣留範圍及期間，以供調查、檢驗、鑑定或其他為保全證據之目的所必要者為限。受調查者對於公平會依第一項規定所為之調查，無正當理由不得規避、妨礙或拒絕。執行調查之人員依法執行公務時，應出示有關執行職務之證明文件；其未出示者，受調查者得拒絕之（公平法第二十七條）。

公平會對於事業涉有違反本法規定之行為進行調查時，事業承諾在公平為所定期限內，採取具體措施停止並改正涉有違法之行為者，公平會得中止調查。前項情形，公平會應對事業有無履行其承諾進行監督。事業已履行其承諾，採取具體措施停止並改正涉有違法之行為者，公平會得決定終止該案之調查。但有下列情形之一者，應恢復調查：一、事業未履行其承諾。二、作成中止調查之決定所依據之事實發生重大變化。三、作成中止調查之決定係基於事業提供不完整或不真實之資訊。第一項情形，裁處權時效自中止調查之日起，停止進行。公平會恢復調查者，裁處權時效自恢復調查之翌日起，與停止前已經過之期間一併計算（公平法第二十八條）。

第五章 損害賠償

　　事業違反本法之規定，致侵害他人權益者，被害人得請求除去之；有侵害之虞者，得請求防止之（公平法第二十九條）。被害人依公平法規定，向法院起訴時，得請求事業損害賠償（公平法第三十條），並得事業負擔費用，將判決書內容登載新聞紙（公平法第三十三條）。

　　如事業係故意違反公平法規定，法院因被害人之請求，得依侵害情節，酌定損害額以上之賠償，但不得超過已證明損害額之三倍。侵害人如因侵害行為受有利益者，被害人得請求專依該項利益計算損害額（公平法第三十一條）。

　　前述之請求權，自請求權人知有行為及賠償義務人時起，二年間不行使而消滅；自為行為時起，逾十年者亦同（公平法第三十二條）。

第六章　公平交易法的罰則

第一節　刑事責任

有關公平法刑法罰則部分之規範，共有公平法第三十四、三十六及三十七條，其所述及之刑事責任內容如下：

一、違反公平法第九條或第十五條規定，經主管機關依公平法第四十條第一項規定限期令停止、改正其行為或採取必要更正措施，而屆期未停止、改正其行為或未採取必要更正措施，或停止後再為相同違反行為者，處行為人三年以下有期徒刑、拘役或科或併科新臺幣一億元以下罰金（公平法第三十四條）。

二、違反公平法第十九條或第二十條規定，經主管機關依公平法第四十條第一項規定限期令停止、改正其行為或採取必要更正措施，而屆期未停止、改正其行為或未採取必要更正措施，或停止後再為相同違反行為者，處行為人二年以下有期徒刑、拘役或科或併科新臺幣五千萬元以下罰金（公平法第三十六條）。

三、違反公平法第二十四條規定者，處行為人二年以下有期徒刑、拘役或科或併科新臺幣五千萬元以下罰金。法人之代表人、代理人、受僱人或其他從業人員，因執行業務違反公平法第二十四條規定者，除依前項規定處罰其行為人外，對該法人亦科處前項之罰金。前二項之罪，須告訴乃論（公平法第三十七條）。

第二節　行政責任

行政責任係指依公平法對於違反該法者所課予之行政秩序罰而言，主要規範於公平法第三十四至三十六條、第三十九至四十四條。其內容有罰鍰、命令解散、停止營業或勒令歇業。

除前開行政秩序罰外，對於事業違反本法之行為，公平會尚可對事業

採行下列之處分：

一、限期令停止、限期改正、限期採取必要更正措施（公平法第三十六、三十九、四十、四十二條）。

二、禁止其結合（公平法第三十九條）。

三、限期命其分設事業（同上）。

四、處分全部或部分股份（同上）。

五、轉讓部分營業（同上）。

六、免除擔任職務（同上）。

七、其他必要之處分（同上）。

以上七種處分之性質均屬行政執行罰。

綜上，公平法中關於行政責任處罰規定之主要內容如下：

㈠違反公平法第九條（獨占）或第十五條（聯合行為）規定，經主管機關依公平法第四十條第一項規定限期令停止、改正其行為或採取必要更正措施，而屆期未停止、改正其行為或未採取必要更正措施，或停止後再為相同違反行為者，處行為人三年以下有期徒刑、拘役或科或併科新臺幣一億元以下罰金（公平法第三十四條）。

㈡違反公平法第十五條（聯合行為）之事業，符合下列情形之一，並經主管機關事先同意者，免除或減輕主管機關依公平法第四十條第一、二項所為之罰鍰處分：1.當尚未為公平會知悉或依本法進行調查前，就其所參與之聯合行為，向公平會提出書面檢舉或陳述具體違法，並檢附事證及協助調查。2.當公平會依公平法調查期間，就其所參與之聯合行為，陳述具體違法，並檢附事證及協助調查。前項之適用對象之資格要件、裁處減免之基準及家數、違法事證之檢附、身分保密及其他執行事項之辦法，由主管機關定之（公平法第三十五條）。

㈢違反公平法第十九條（限制轉售價格）或第二十條（限制競爭）規定，經主管機關依公平法第四十條第一項規定限期令停止、改正其行為或採取必要更正措施，而屆期未停止、改正其行為或未採取必要更正措施，或停止後再為相同違反行為者，處行為人二年以下有期徒刑、拘役或科或

併科新臺幣五千萬元以下罰金（公平法第三十六條）。

㈣事業違反公平法第十一條第一、七項規定而為結合，或申報後經公平會禁止其結合而為結合，或未履行公平法第十三條第二項對於結合所附加之負擔者，公平會得禁止其結合、限期令其分設事業、處分全部或部分股份、轉讓部分營業、免除擔任職務或為其他必要之處分，並得處新臺幣二十萬元以上五千萬元以下罰鍰。事業對結合申報事項有虛偽不實而為結合之情形者，主管機關得禁止其結合、限期令其分設事業、處分全部或部分股份、轉讓部分營業、免除擔任職務或為其他必要之處分，並得處新臺幣十萬元以上一百萬元以下罰鍰。事業違反主管機關依前二項所為之處分者，主管機關得命令解散、勒令歇業或停止營業。前項所處停止營業之期間，每次以六個月為限（公平法第三十九條）。本條公平會裁處權，因五年期間之經過而消滅（公平法第四十一條）。

㈤公平會對於違反公平法第九條（獨占）、第十五條（聯合行為）、第十九條（限制轉售價格）及第二十條（限制競爭）規定之事業，得限期令停止、改正其行為或採取必要更正措施，並得處新臺幣十萬元以上五千萬元以下罰鍰；屆期仍不停止、改正其行為或未採取必要更正措施者，得繼續限期令停止、改正其行為或採取必要更正措施，並按次處新臺幣二十萬元以上一億元以下罰鍰，至停止、改正其行為或採取必要更正措施為止。事業違反公平法第九、十五條，經公平會認定有情節重大者，得處該事業上一會計年度銷售金額百分之十以下罰鍰，不受前項罰鍰金額限制。前項事業上一會計年度銷售金額之計算、情節重大之認定、罰鍰計算之辦法，由公平會定之（公平法第四十條）。本條公平會裁處權，因五年期間之經過而消滅（公平法第四十一條）。

㈥公平會對於違反公平法第二十一條（不實廣告）、第二十三至二十五條（不當贈獎以增加交易機會、商業傳播不實、其他不正行為）規定之事業，得限期令停止、改正其行為或採取必要更正措施，並得處新臺幣五萬元以上二千五百萬元以下罰鍰；屆期仍不停止、改正其行為或未採取必要更正措施者，得繼續限期令停止、改正其行為或採取必要更正措施，並按

次處新臺幣十萬元以上五千萬元以下罰鍰，至停止、改正其行為或採取必要更正措施為止（公平法第四十二條）。

㈦公平會依公平法第二十七條規定進行調查時，受調查者違反公平法第二十七條第三項規定，得處新臺幣五萬元以上五十萬元以下罰鍰；受調查者再經通知，無正當理由規避、妨礙或拒絕者，公平會得繼續通知調查，並按次處新臺幣十萬元以上一百萬元以下罰鍰，至接受調查、到場陳述意見或提出有關帳冊、文件等資料或證物為止❶。

---

❶　管見以為按公平法因同時涉及刑罰之規定，故而當針對自然人是否涉及違反公平法中刑罰規定為調查時，此種以行政罰鍰來迫使涉案人員配合調查的作法恐有違憲法保障人權禁止執法機關未依正當程序強迫人民「自罪」之嫌。

國際私法論（修訂六版）

劉鐵錚、陳榮傳／著

　　由於科技發達、國際交通便捷，內、外國人交往頻繁，司法實務上也常有涉外民事、商事及家事之法律糾紛，法院經常面臨外國法律及國際公約的適用爭議及相關問題。兩岸四地的往來，也衍生出特殊的區際法律衝突問題，值得關注。本書以民國九十九年全面修正的涉外民事法律適用法（新涉外法）為基礎，輔以最新的法院裁判、國際公約及外國立法與學說，對國際私法與區際私法，進行全面與完整的論述，內容分為基礎論、連結因素論、外國人地位論、外國法適用論、準據法適用論、輔助法規論、涉外程序法論、區際私法論等八大部分，條分縷析，論述詳盡，不僅可作為司法實務上適用新涉外法的參考，並可作為大學教科書及學術研究之用。